SCHRIFTEN DES ARCHÄOLOGISCHEN MUSEUMS FRANKFURT

SCHRIFTEN DES ARCHÄOLOGISCHEN MUSEUMS FRANKFURT 22/2

Egon Wamers

Franconofurd 2

Das bi-rituelle Kinderdoppelgrab der späten Merowingerzeit unter der Frankfurter Bartholomäuskirche (»Dom«)

Archäologische und naturwissenschaftliche Untersuchungen

mit Beiträgen von

Thomas Flügen, Roswitha Goedecker-Ciolek,
Susanne Greiff, Sonngard Hartmann, Matthias Hüls,
Niklot Krohn, Bernd Kromer, Sigrun Martins,
Britt Nowak-Böck und Ina Schneebauer-Meißner,
Alexandra Pesch, Göran Possnert, Nils-Jörn Rehbach,
Gerwulf Schneider, Mike Schweissing, Florian Ströbele

SCHNELL + STEINER

Umschlagabbildung: Detail der Goldborte des Textilkreuzes aus dem Kinderdoppelgrab (s. S. 161)

Herausgegeben von Egon Wamers

Bibliografische Information der Deutschen Nationalbibliothek:
Die Deutsche Nationalbibliothek verzeichnet diese Publikation
in der Deutschen Nationalbibliografie; detaillierte bibliografische
Daten sind im Internet über http://dnb.dnb.de abrufbar.

1. Auflage 2015

Umschlaggestaltung/Satz: typegerecht, Berlin
Druck: BGZ Druckzentrum GmbH, Berlin
ISBN 978-3-7954-2762-7

Inhalt

Untersuchungen zu den Gefäßbeigaben

Untersuchungen zu ausgewählten Gold-, Silber- und Buntmetallobjekten

Kleidungszubehör und andere Funde im Bereich von Körpermitte und Unterschenkel

»Wir verloren die süßen, teuren Kleinen,
die wir auf dem Schoß gehegt, in unseren Armen gewiegt,
mit eigener Hand genährt und mit ängstlicher Sorge erzogen hatten,
aber wir trockneten unsere Tränen und sprachen mit dem heiligen Hiob:
›Der Herr hat es gegeben, der Herr hat es genommen,
wie es Gott gefiel, so ist es geschehen.
Der Name des Herrn sei gelobt.‹«

Gregor von Tours, Zehn Bücher Geschichten V c. 34

Die »Kinder Israels« und ihre Mütter.
Karolingerzeitliche Illustration zu Psalm 94/95 im Utrechter Psalter, fol. 55v, Ausschnitt (Reims, 820–830).

Grußwort

Vor gut 20 Jahren feierte Frankfurt am Main sein 1200-jähriges Bestehen. Schon bei seiner gesicherten Erstnennung 794 stand dieser Ort, in den Quellen *Franconofurd*, »Furt der Franken«, genannt, im Zentrum der damaligen Politik. Karl der Große hatte hier eine der folgenreichsten Synoden der Karolingerzeit einberufen mit nachhaltigen Beschlüssen zur Wirtschafts-, Währungs- und Kulturpolitik. 823 nahm hier sein Sohn Ludwig der Fromme die von ihm neu errichteten Pfalzgebäude mit einem Reichstag in Betrieb, zu dem sich weltliche und geistliche Große des Reiches einfanden sowie Repräsentanten und Diplomaten aus ganz Europa. Dessen Sohn Ludwig der Deutsche wiederum ließ eine neue Pfalzbasilika bauen (Weihe 855) und machte Frankfurt zu seiner Residenz. Am Ende seiner Regierungszeit 876 nannte Regino von Prüm die Stadt *principalis sedes orientalis regni*: »Hauptstadt des Ostreiches«. Es reichte von der Nordsee bis an die Alpen. Das Untermaingebiet mit Frankfurt im Zentrum war innerhalb von drei Generationen zu einer der Kernlandschaften östlich des Rheins geworden.

Frankfurt in der Zeit vor Karl dem Großen, den wir bis heute als unseren Stadtpatron feiern, liegt indes im historischen Dunkel. Lediglich die jahrzehntelangen Grabungen des Archäologischen Museums und des Denkmalamtes konnten spärliches Licht auf Struktur und Funktion des Ortes werfen. *Franconofurd* war im 7. und 8. Jahrhundert eine sogenannte *Villa*, ein Königshof, der das Zentrum umfangreichen königlichen Grundbesitzes bildete und von einem hochrangigen fränkischen Adeligen, einem *Actor* oder *Iudex*, verwaltet wurde. Doch die archäologischen Spuren waren spärlich, bis 1992–93 Andrea Hampel, die heutige Leiterin des Denkmalamtes, ein reiches Kindergrab der

Zeit um 700 unter dem heutigen Dom freilegen konnte, das man der Familie des Verwalters zuschreiben kann. Diese Bestattung war ein Höhepunkt der Sonderausstellung zum Stadtjubiläum 1994.

In den letzten Jahren hat Egon Wamers, Frühmittelalter-Archäologe und Leiter des Archäologischen Museums Frankfurt, zahlreiche archäologische, naturwissenschaftliche und materialkundliche Untersuchungen zu den Beigaben des Kindergrabes sowie zu den Befunden durchgeführt und angeregt, die eine völlig neue Sicht auf das Domgrab eröffnen. Sie werden mit diesem Band der internationalen Fachwelt und den Freunden Frankfurts vorgestellt. Jetzt zeigt sich, dass in dieser spektakulären Grablege zwei vierjährige Kleinkinder, eng nebeneinander in einem Sarg liegend, nach völlig unterschiedlichen Bestattungsriten beigesetzt worden waren: das eine ein Mädchen mit reicher Bekleidung und internationalem Gold- und Silberschmuck, das andere schmucklos und zuvor mit einem Bärenfell auf dem Scheiterhaufen verbrannt. Über beide hatte man ein Leichentuch mit aufgenähtem textilem Goldkreuz gebreitet. Hier ruhten, im Tode vereint, ein christliches Mädchen des fränkischen Adels und ein heidnisches Kind skandinavischer Herkunft.

Diese für das frühe Mittelalter singuläre Bestattung markiert die herausragende Stellung von *Franconofurd* schon in seinen frühen Anfängen. Es war Zentralort in jeder Hinsicht: Verkehrsknotenpunkt, Verwaltungszentrum sowie Drehpunkt internationaler Beziehungen – zugleich war es offen, integrativ und tolerant gegenüber Menschen aus fernen Ländern und fremden Glaubens. Heute berührt uns das Schicksal dieser beiden kleinen, so früh verstorbenen Frankfurter und ihre Vertrautheit noch im Tod.

Die jetzt vorgelegten interdisziplinären Forschungen zum »bi-rituellen Kinderdoppelgrab« sind von großer Bedeutung für die frühe Herrschafts-, Sozial- und Religionsgeschichte der heutigen Bankenmetropole. Darin zeigt sich die besondere Verantwortung der Stadtarchäologie Frankfurts, die gemeinsam von der Bodendenkmalpflege und vom Archäologischen Museum wahrgenommen wird, für die historische Identität unserer Stadt und ihrer Bewohner. Beide Institute präsentieren uns Jahr für Jahr ein breites Spektrum neuer Funde und Forschungen zur gesamten vor- und frühgeschichtlichen Archäologie: vom 200 000 Jahre alten Faustkeil aus Bergen-Enkheim bis zur barocken Gartenskulptur vom Gelände des Deutschen Architekturmuseums. Das alles sind spannende Zeugnisse einer reichen Geschichte, die wegen ihrer überzeitlichen und transkulturellen Anschaulichkeit ganz wesentlich zur Identifikation mit Stadt und Region beitragen können.

Peter Feldmann
Oberbürgermeister der Stadt
Frankfurt am Main

Einleitung

Wohl keine Ausgrabung der letzten 25 Jahre hat unsere Kenntnisse von den Anfängen der Stadt Frankfurt so vertieft wie die Untersuchungen von Andrea Hampel in der Bartholomäuskirche 1991–1993. Zu den spektakulärsten Grabungsbefunden gehören die Grundrisse der – erstmals 1876 nach dem Dombrand entdeckten – karolingischen Salvatorbasilika sowie weiterer – bislang unbekannter – frühmittelalterlicher Bauten und schließlich die Freilegung zahlreicher früh- bis hochmittelalterlicher Bestattungen, darunter eines reichen spätmerowingerzeitlichen Kindergrabes. Dadurch wurde die bislang nur historisch erschlossene Bedeutung des Platzes und seine adelige Potenz in merowingischer Zeit archäologisch bestätigt. Die Funde aus der Grabung, einschließlich der reichen Grabfunde, wurden entgegen der bis *dato* geübten Praxis nicht dem Museum für Vor- und Frühgeschichte (heute Archäologisches Museum) übergeben, sondern dem Frankfurter Dommuseum des Bistums Limburg, wo heute alle Funde aufbewahrt werden und wo die meisten der Grabfunde ausgestellt sind.

Bereits 1994, ein Jahr nach Abschluss der Grabungen und rechtzeitig zum 1200-jährigen Stadtjubiläum, konnte Hampel einen umfangreichen und üppig bebilderten Grabungsbericht mit ausführlicher Befunddokumentation und antiquarischer Behandlung der Beigaben vorlegen[1]. Weitere Beobachtungen und Untersuchungen zu einzelnen Beigaben folgten 1995 und 1997[2]. Nach teilweise grundsätzlicher Kritik an Grabung und Dokumentation[3] wurden 2001 von mir abweichende Datierungen und Deutungen von »Bau I« und »Mädchengrab« zur Diskussion gestellt[4]. Die im Band 22/1 dieser Reihe von Magnus Wintergerst präsentierte Aufarbeitung der Befunde der karolingisch-ottonischen Pfalz erbrachte Interpretationen der Befundlage und Funktion von »Bau I« inklusive »Mädchengrab« und »Bau II«, die sowohl Hampels wie meine Darlegungen in einigen Punkten revidierten[5]. Neuere Grabungen von Hampel 2012–2014 östlich der Aula Regia der Pfalzanlage zeitigten unter anderem komplizierte Befunde aus karolingischer und vorkarolingischer Zeit, die noch nicht abschließend bewertet werden können[6]. Da manche Aspekte des Kindergrabes noch nicht ausreichend geklärt schienen, habe ich in den letzten Jahren zahlreiche restauratorische, naturwissenschaftliche und antiquarische Untersuchungen zu den Beigaben des Kindergrabes sowie zu den Befunden angeregt, die eine grundlegende Neupräsentation des Domgrabes notwendig erscheinen lassen. Eine erste Übersicht wurde 2012/2013 im Katalog zur Sonderausstellung »Königinnen der Merowinger. Adelsgräber aus den Kirchen von Köln, Saint-Denis, Chelles und Frankfurt am Main« vorgestellt[7]. Mit diesem zweiten Band zu den Anfängen Frankfurts, »Franconofurd II«, seien diese Untersuchungsergebnisse für eine weitere wissenschaftliche Diskussion vorgelegt. Zunächst sollen die Befunde von »Bau I« mit der Grablege sowie anschließend die neuen natur-

1 Hampel 1994.
2 Hampel/Banerjee 1995; Hampel 1997.
3 Lobbedey 1995.
4 Wamers 2001.
5 Wintergerst 2007.
6 Hampel 2013; vgl. ferner unter S. 20.
7 Katalog Frankfurt 2013.

wissenschaftlichen und antiquarischen Studien zu den Beigaben vorgestellt und diskutiert werden, um abschließend eine archäologisch-historische Gesamtwürdigung dieses denkwürdigen Fundes zu erproben.

Für die umfangreichen Untersuchungen, Studien, Ratschläge und Hilfen, natürlich insbesondere für das Verfassen von Manuskripten für den vorliegenden Band, bin ich allen Koautoren zu größtem Dank verpflichtet; ihre zumeist jahrelange Geduld, bis jetzt endlich die zum Teil umfangreichen Manuskripte in den Druck gehen konnten, wurde arg strapaziert. Dabei seien vor allem die unentgeltlichen und kollegialen Untersuchungen und Beiträge genannt: zum einen die intensiven restauratorischen und materialkundlichen Analysen und Gutachten (»investigative Restaurierung«) zahlreicher Mitarbeiter des Römisch-Germanischen Zentralmuseums Mainz (Roswitha Goedecker-Ciolek, Susanne Greiff, Sonngard Hartmann, Stefan Patscher, Florian Ströbele), ermöglicht vom Generaldirektor Falko Daim; ferner die aufwändigen Untersuchungen zum Goldtextil durch Britt Nowak-Böck, Bayerisches Landesamt für Denkmalpflege, und Ina Schneebauer-Meißner, München, sowie das Gutachten zum Brakteatenanhänger von Alexandra Pesch vom Zentrum für Baltische und Skandinavische Archäologie der Stiftung Schleswig-Holsteinische Landesmuseen Schloss Gottorf. Zahllose Hinweise und Kommentare, die sich in den Fußnoten verbergen, verdanke ich Kolleginnen und Kollegen der unterschiedlichsten wissenschaftlichen Disziplinen: Sie gaben oft die entscheidenden Tipps zu völlig neuen Einsichten und Untersuchungsansätzen. In Frankfurt geht mein Dank an die Museumsmitarbeiter, die restauratorische Untersuchungen (Thomas Flügen, Sigrun Martins) beitrugen sowie die grafische Aufbereitung (Eike Quednau), redaktionelle Bearbeitung (Kim Hofmann) und Literaturrecherche (Matthias Dieler, Andrea Giar, Kirsti Stöckmann) besorgten. Der Leiterin des Frankfurter Denkmalamtes und Ausgräberin dieses Grabfundes, Andrea Hampel, danke ich für die stets gewährte Einsicht in die Grabungsunterlagen und für zahlreiche weitergehende Aufschlüsse. Dem langjährigen Leiter des Dommuseums Frankfurt und *Custos* des Kindergrabes, August Heuser, sei für die stets willkommene und geduldige Unterstützung der Forschungen am Grabmaterial gedankt.

Das Kindergrab unter der Frankfurter Bartholomäuskirche (»Dom«) – die Befundlage

Egon Wamers

»Bau I« und das Kindergrab

Zentraler neuer Befund der Hampel'schen Grabungen war die Freilegung eines Rechteckbaus (»Bau I«) von 5,90 m × 11,50 m Größe (Maße nach Zeichnung bei Wintergerst, Plan 5: außen 10,90 m × 5,30 m, innen ohne »Portikus« 7,20 × 4,00 m = 28,80 m²) unter dem westlichen Teil des Hauptschiffes der heutigen Bartholomäuskirche (»Dom«) und des in dessen Nordwestecke eingetieften spätmerowingischen Kindergrabes *(Abb. 1)*. Wintergerst vermutete »die ursprüngliche Südmauer ... an der Stelle der Fundamente der südlichen Mittelschiffpfeiler des heutigen Domes«[8]. Da einige der späteren Gräber um »Bau I« unmittelbar an seiner Nord- und Ostwand angelegt wurden, im Süden aber einen Abstand zur vermuteten Südwand von etwa 70 cm aufweisen *(Abb. 1)*, sollte überlegt werden, ob nicht die – nicht im Befund nachvollziehbare – Südwand von »Bau I« um entsprechende 70 cm weiter südlich verlief *(vgl. Abb. 8)*. Die Grabgrube wurde etwa 1,20 m vom damaligen Oberflächenniveau des Raumes ausgehoben[9]. Dass dabei »ein Teil der unteren Fundamentteile von »Bau I« abgesackt war und an der Nordwand der Grabgrube vorgefunden wurde«[10], ist nicht verwunderlich (zur Grabkonstruktion vgl. weiter unten S. 29 ff. mit *Abb. 9–11*). Der von Hampel erschlossene 7 m × 17,50 m große rechteckige »Bau II«, den sie mit der seit langem postulierten Kirche gleichsetzte, in welcher Karl der Große 793/4 Weihnachten und Ostern feierte, ist laut Wintergerst nach den Befunden nicht zu belegen[11]. Den ersten kleinen »Rechteckbau I« hat Hampel als frühe merowingische Eigenkirche des Verwalters des auf dem Domhügel vermuteten fränkischen Königshofes interpretiert, in der das Mädchen bestattet worden sei – auch wegen der kirchenbaulichen Kontinuität und der von den römischen Bauten abweichenden strengen Ost-West-Orientierung[12]. »Bau I« weist im Westen einen kleinen Raum auf, den Wintergerst als leicht eingezogenen Vorraum rekonstruierte, und als ungewöhnliche Besonderheit im östlichen Teil des Hauptraumes eine primitive Hypokaustheizung römischen Typs mit Pfeilerresten sowie mit nördlich außerhalb des Baus gelegener Schürgrube *(Abb. 2)*: Hampel vermutete, dass der Hauptraum in einen beheizten und einen unbeheizten Nebenraum untergliedert war; Wintergerst hält dies für möglich, aber nicht für zwingend. Reste des damaligen Bodenbelags wurden nicht angetroffen. Hampel hat keine definitive Aussage zur Priorität von Grab oder »Bau I« getroffen, ob also das Grab sekundär eingetieft war oder der Bau über der Grablege aufgezogen worden war. Ihre Datierung von beiden orientierte sich einmal an der Schicht unter dem Bau, die neben vorgeschichtlicher und spätrömischer auch merowingerzeitliche Keramik führte, sowie vor allem an der Zeitstellung des Grabes anhand der Beigaben[13], die heute allerdings um

8 Wintergerst 2007, 30.

9 Die Berechnung bei Wintergerst 2007, 29, wonach er auf eine Tiefe von 3,20 m kommt, beruht offenkundig auf einer Fehlmessung am Schnitt 21 bei Hampel 1994, wo er die Höhenlinie ›96 m‹ mit der ›98 m‹ verwechselt hat.

10 Wintergerst 2007, 29.

11 Wintergerst 2007, 43 ff.

12 Hampel 1994, 172 ff.

13 »Der Zusammenhang der beiden Befunde ermöglicht eine eindeutige zeitliche Ansprache der Steinkirche in die zweite Hälfte des 7. Jhs. nach Christus.« (Hampel 1994, 174).

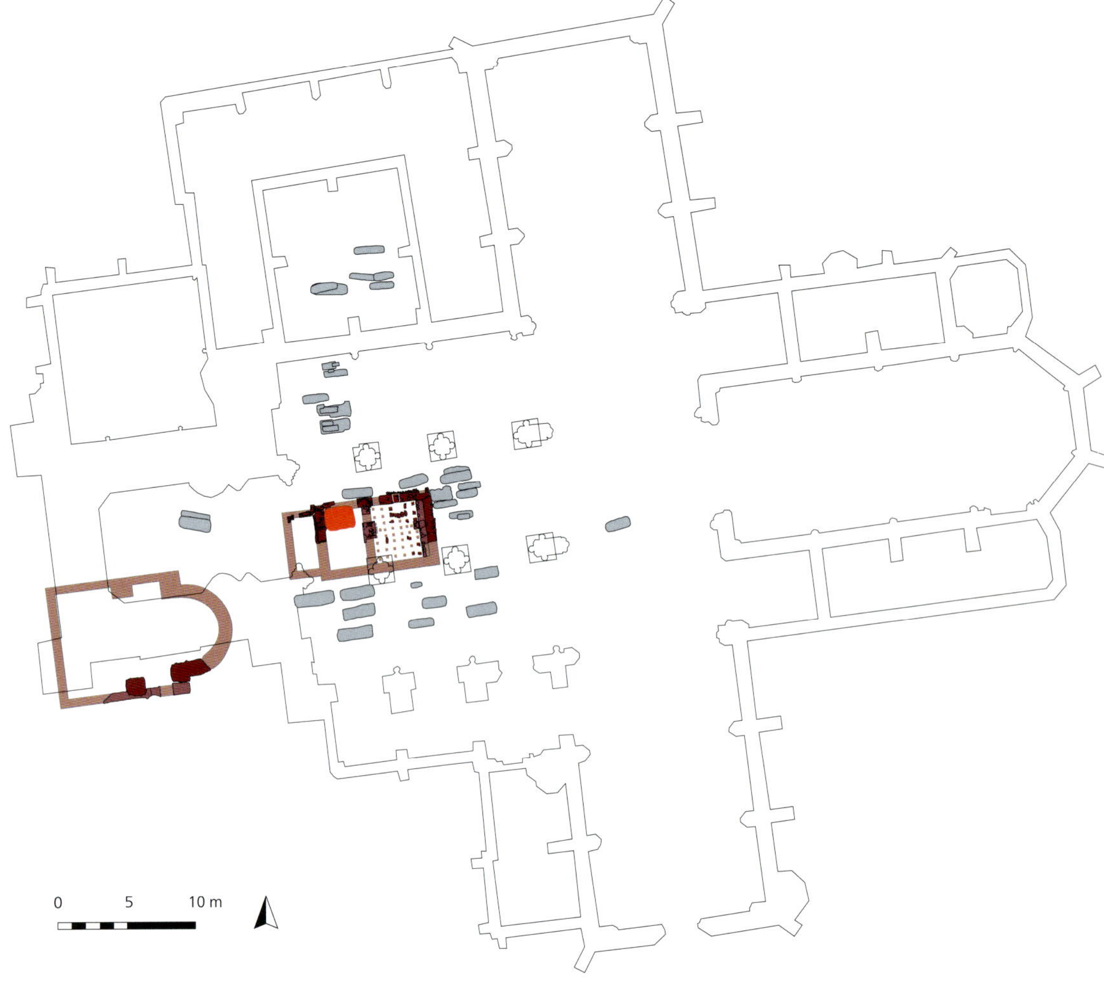

1 »Bau I« (dunkelrot) mit Kindergrab (Grab 95; rot), Apsidenbau (dunkelrot) und Gräbern des 7. bis 9./10. Jahrhunderts (blau-grau), eingetragen auf dem Grundriss der Frankfurter Bartholomäuskirche (»Dom«) (nach Wintergerst 2007).

20 bis 40 Jahre nach oben gerückt werden muss (vgl. unten S. 173 ff.).

Nach Wintergerst[14] war das Kindergrab definitiv sekundär in den kleinen Zwei-Kammer-Bau eingebracht worden. Dieser war nach seinen Vermutungen zum Zeitpunkt der Grablege bereits außer Funktion und im Verfall begriffen. Offenkundig waren beim Aushub der etwa 1,20 m tiefen Grabgrube Teile der nördlichen Mauer bis auf einen im Süden etwa 0,10 m und im Norden etwa 0,15 – 0,20 m hohen Absatz abgerutscht, wo man sie liegen ließ; drei Steine auf der Südseite unterschieden sich nach Hampel von denen der Wand von »Bau I« und wären demnach »eindeutig mit Absicht an dieser Stelle eingebracht worden«[15] *(Abb. 2; 9 – 11)*. Ob diese drei (auf der Zeichnung *Abb. 9,2*: im Planum 3 vier bis fünf) Steine so definitiv von denen aus dem Bruchsteinmauerwerk aus Sand- und Kalksteinen verschieden waren, kann heute nicht mehr überprüft werden; die auf dem Grabungsfoto *(Abb. 2)* erkennbaren flachen Platten scheinen sich nicht merklich von den anderen heruntergefallenen und noch im Mauerwerk steckenden zu unterscheiden. Am wahrscheinlichsten wäre es, dass beim Aushub der Grabgrube Teile der Nordwand abrutschten und die Bruchsteine von den Totengräbern auf die Absätze seitlich der Grabkammer gelegt wurden, bevor sie die Grabgrube wieder verfüllten – vermutlich für die Abdeckung der Grabkammer mit Holzbohlen (vgl. unten S. 29 f.). Andere, aus den hier *(Abb. 2)* und bei Hampel[16] abgebildeten Grabungsfotos sowie der Zeichnung von Planum 1 *(Abb. 9,1)* und dem

14 Wintergerst 2007, 28 ff.

15 Hampel 1994, 112. Hampel beschrieb die Lage dieser drei Steine als »zwischen der Kammer und dem eigentlichen Sarg«, was jedoch angesichts der späteren Beschreibung der Kammer nicht stimmen kann, wonach die Steine außerhalb der Kammer gelegen haben müssten (vgl. *Abb. 2; 9 – 10*).

16 Hampel 1994, Abb. 65.

2 Blick in die ausgehobene Grube des Kindergrabes 95 mit partiell freigelegten Funden. Auf den Absätzen nördlich und südlich der Grabkammer liegen Steine, die von der Nordmauer des »Baus I« (hier am oberen Bildrand) herabgefallen sind (= Hampel 1994, Abb. 69).

West-Ost-Schnitt 21 *(Abb. 10,2)* erkennbare Steine, dürften zu einem späteren Zeitpunkt, vielleicht bei der ottonenzeitlichen Einbringung der Pfeilervorlage 71[17], herabgefallen sein. Aus dem erkennbaren Befund lässt sich jedoch kein Verfall oder gar ein ruinöser Zustand von »Bau I« bereits zum Zeitpunkt der Anlage des Kindergrabes zwingend rekonstruieren. Vielmehr wäre es nicht sinnvoll gewesen, in einem ruinösen Bau eine Grabgrube auch noch eng an einer Wand auszuheben, sondern eher in Raummitte.

Das vermörtelte Bruchsteinmauerwerk von »Bau I« ist vorkarolingisch, doch wann genau er errichtet wurde, ist schwer zu beurteilen. Eine Errichtung bereits in spätantiker Zeit, wie von mir einmal vermutet[18], ist weniger wahrscheinlich. Die unter dem verziegelten Lehmboden der Hypokaustheizung durch merowingerzeitliche Keramik ins 7. Jahrhundert datierte Schicht datiert zunächst einmal nur den Einbau der Heizung, der nach Hampel nachträglich erfolgt ist[19]. Wintergerst lehnt eine Deutung von »Bau I« als Kirche vor allem wegen des »völlige[n] Fehlen[s] von Hypokaustheizungen in frühmittelalterlichen Kirchen« ab[20]. Ein anderes Argument Wintergersts gegen die Deutung von »Bau I« als Kirche ist sein Vergleich des brettchengewebten Goldlahnkreuzes, das auf einen Trägerstoff (Leinen?) aufgenäht war (dazu weiter unten S. 159 ff.), mit den langobardischen Goldblattkreuzen, die – ebenfalls aufgenäht auf einem Textil und auf Gesicht/Kopf der Verstorbenen gelegt – nie in Kirchenbestattungen angetroffen wurden[21]. Wenn auch das Frankfurter Kreuz im

17 Wintergerst 2007, 146.
18 Wamers 2001, 82 ff.
19 Hampel 1994, 176 Keramik Taf. 10; Wintergerst 2007, 31 ff. mit Abb. 11.
20 Wintergerst 2007, 33 f.; vgl. auch Wamers 2001, 82 f.
21 Wintergerst 2007, 33.

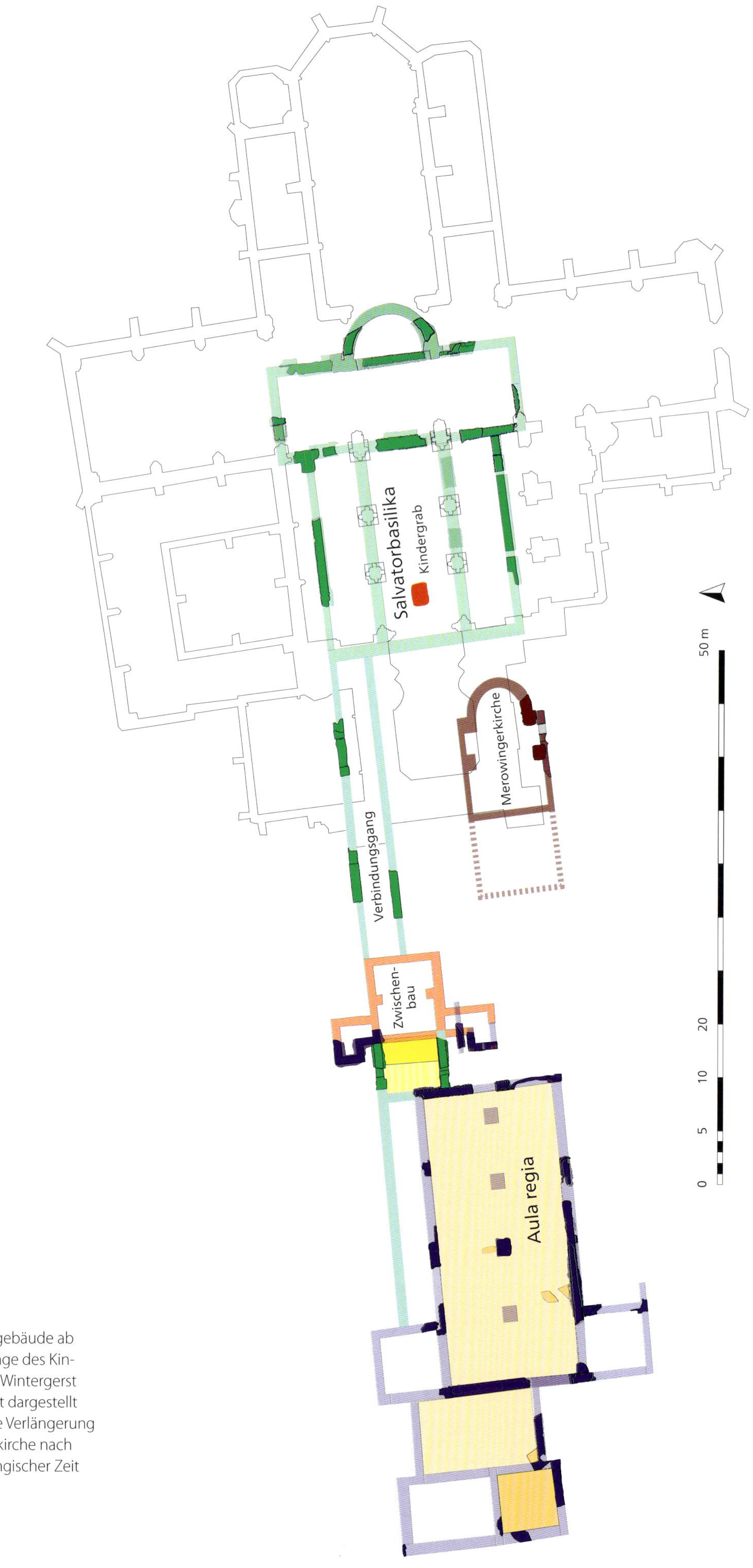

3 Plan der Pfalzgebäude ab 855 n. Chr. mit Lage des Kindergrabes (nach Wintergerst 2007). Gestrichelt dargestellt ist eine mögliche Verlängerung der Merowingerkirche nach Westen in karolingischer Zeit (vgl. S. 20).

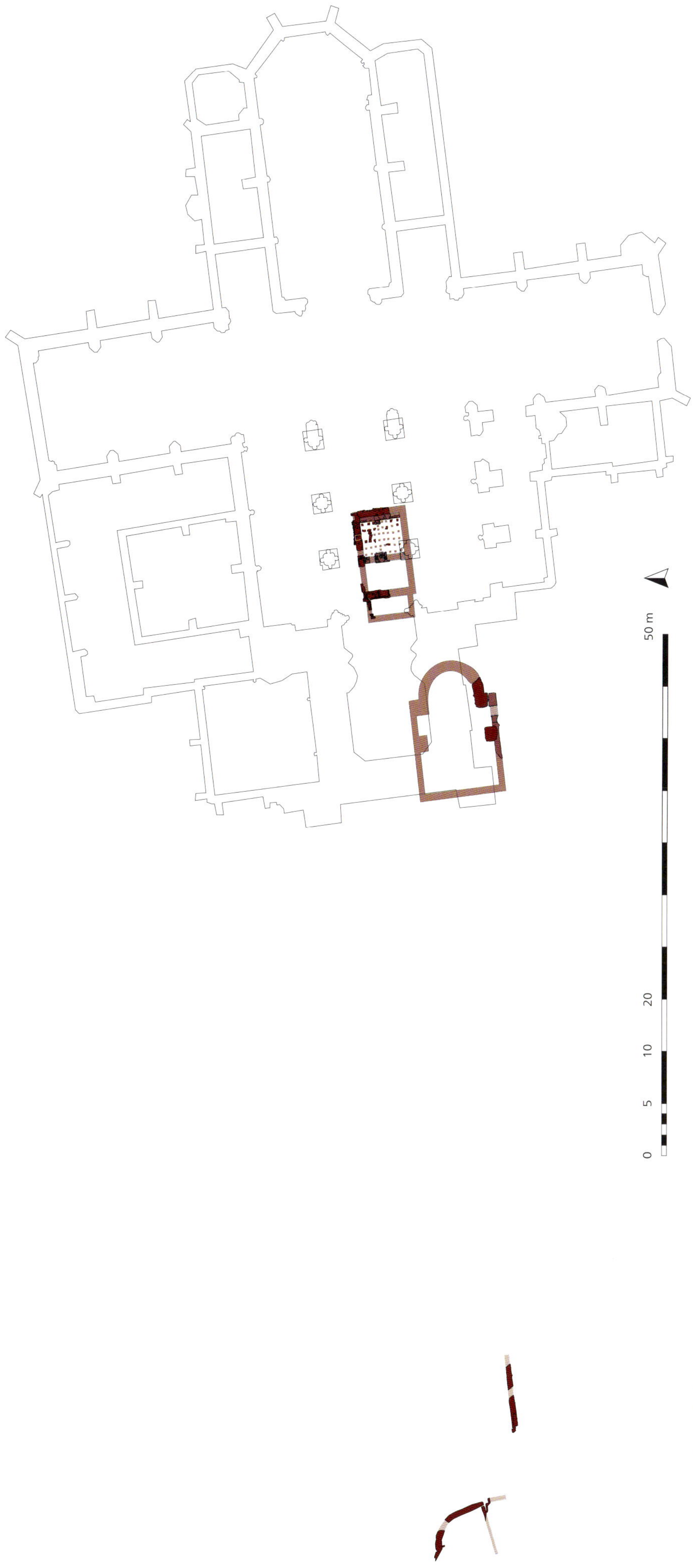

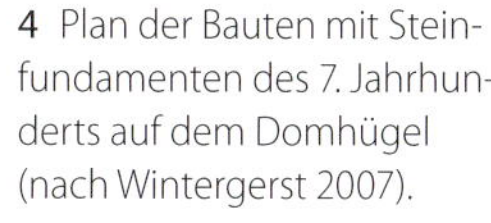

4 Plan der Bauten mit Steinfundamenten des 7. Jahrhunderts auf dem Domhügel (nach Wintergerst 2007).

Hüftbereich des Mädchens positioniert worden war, liegt hier doch ein ganz ähnliches Brauchtum vor, was nördlich der Alpen vereinzelt auch noch im frühen 8. Jahrhundert praktiziert wurde, etwa beim dendrochronologisch auf 704 datierten Grab 27 von Lauchheim, etwa 130 km südlich von Würzburg[22].

Weitere merowingerzeitliche Bauten auf dem Domhügel

Als erste merowingerzeitliche Kirche auf dem Domhügel deutet Wintergerst vielmehr einen kleinen, in der Forschung zur Frankfurter Altstadt bis dato übersehenen Apsidenraum, von dem geringe Mauerreste nur wenige Meter weiter südöstlich von »Bau I« angetroffen wurden, ebenfalls in Schichten des 7. Jahrhunderts gründend *(Abb. 1; 3)*[23]. Neben der Apsidenkonstruktion und seinem Zweifel an der Existenz eines Saalbaus des 8. Jahrhunderts (Hampels »Bau II«) führte er folgendes Argument für die Identifizierung als frühe Kirche an: Bei den nachfolgenden karolingischen Bauten wurde Rücksicht auf die Apsidenkirche genommen, indem nämlich einmal der als Torhalle geplante Zwischenbau Ludwigs des Frommen exzentrisch gesetzt und die spätere Salvatorbasilika Ludwigs des Deutschen keinen zentralen Eingang im Westen erhielt, sondern einen versetzt nach Norden, der dann durch einen Gang mit der Aula Regia verbunden wurde *(Abb. 3)*[24]. Diese Merowingerkirche hätte also auch noch nach dem Bau der neuen Basilika weiter bestanden. In einem wie von Wintergerst auf circa 12 m Länge rekonstruierten Kirchlein hätten jedoch maximal 60 – 80 Besucher Platz gefunden, was insbesondere bei hohen Anlässen wie etwa den Reichstagen von 794 oder 823 völlig unzureichend gewesen wäre, weshalb man eine Erweiterung respektive Verlängerung des Apsidenbaus in karolingischer Zeit (8. Jahrhundert) in Erwägung ziehen muss (vgl. den Rekonstruktionsversuch *Abb. 106*)[25].

Weitere, bereits von Otto Stamm, Ulrich Fischer und Bernd Steidl als nach-antik erkannte ungebundene Mauerreste weiter im Westen dürften zu anderen, nicht näher bestimmbaren Bauten des merowingischen Königshofes gehören[26] (siehe Plan *Abb. 4*), darunter ein bogenförmiges Mauerfundament unter dem »Roten Haus« und ein west-ost-verlaufendes Fundament »K1«. Auch die neuen Grabungen Hampels direkt östlich der karolingischen Aula Regia sowie in der St. Leonhardskirche scheinen vorkarolingische Mauerzüge erbracht zu haben[27]. Eine zusammen mit Architectura Virtualis GmbH an der Technischen Universität Darmstadt erstellte Computerrekonstruktion von Kirche und »Bau I« sowie der anderen beiden Bauten mit Steinfundamenten des 7./8. Jahrhunderts auf dem Domhügel, könnte – bei aller Unsicherheit – veranschaulichen, wie die Repräsentationsgebäude des karolingischen Königshofes *(villa Franconofurd*[28]*)* vor Errichtung der Pfalzbauten unter Ludwig dem Frommen 822/823 ausgesehen haben könnten, in denen Karl der Große 794 die große Synode abgehalten hat *(Abb. 5)*[29].

Insgesamt ergeben die Mauerreste die Struktur eines – wohl steinernen oder stein-fachwerkgebauten – Bauensembles eines bedeutenden[30] fränkischen Königshofes des 7. bis 8. Jahrhun-

22 Lauchheim: Stork 2001; zu den Goldblattkreuzen: Böhme 1998.
23 Die ausführliche, insbesondere auch topographische Argumentation bei Wintergerst 2007, 24 ff.
24 Wintergerst 2007, 64 ff., 73 ff. – Dass noch beim heutigen Dom der Haupteingang im Norden liegt, könnte auf eine lange Eingangs-Kontinuität hinweisen.
25 Wamers 2011, 108. – Ob eventuell der unten (vgl. unten Anm. 27) genannte L-förmige Mauerrest die Nordwestecke des erweiterten Apsidenbaus darstellte, kann beim derzeitigen Stand der Dokumentation und Auswertung nicht gesagt werden.
26 Wintergerst 2007, 20 ff.; Steidl 2000, 208 f.
27 Erste Vorabnotiz zu den Domhügelgrabungen: Hampel 2013. – Es könnte dem Augenschein auf der Grabung nach sein, dass eine Verlängerung der Nordwand des Apsidenbaus in Richtung Westen freigelegt wurde; dies ist aber vor einer detaillierten Vorlage der Befunde nicht verifizierbar. Zu St. Leonhard: frdl. Mitteilung Dr. Andrea Hampel.
28 Ann. Laureshamenses (SS 1) S. 35 f. (zitiert nach Orth 1986, 179); Ann. qui dicuntur Einhardi (SS rer. Germ.) S. 95 (zitiert nach Orth 1986, 180).
29 Vgl. die filmische Rekonstruktion Wamers 2008; Wamers 2011, Abb. 4; Katalog Frankfurt 2013, Abb. 111.
30 *»in loco celebri«* (in Überschrift des Briefes Karls d. Gr. an Elipandus und die Bischöfe von Spanien (MGH Conc. 2) S. 159 f. in einer Handschrift des 9. Jhs. (ebd.) S. 163 Anm. Vgl. Paulini Aquileiensis episotlae Nr. 16 (MGH Epp. Karol. 2) S. 520 Anm. (zitiert nach Orth 1986, 181).

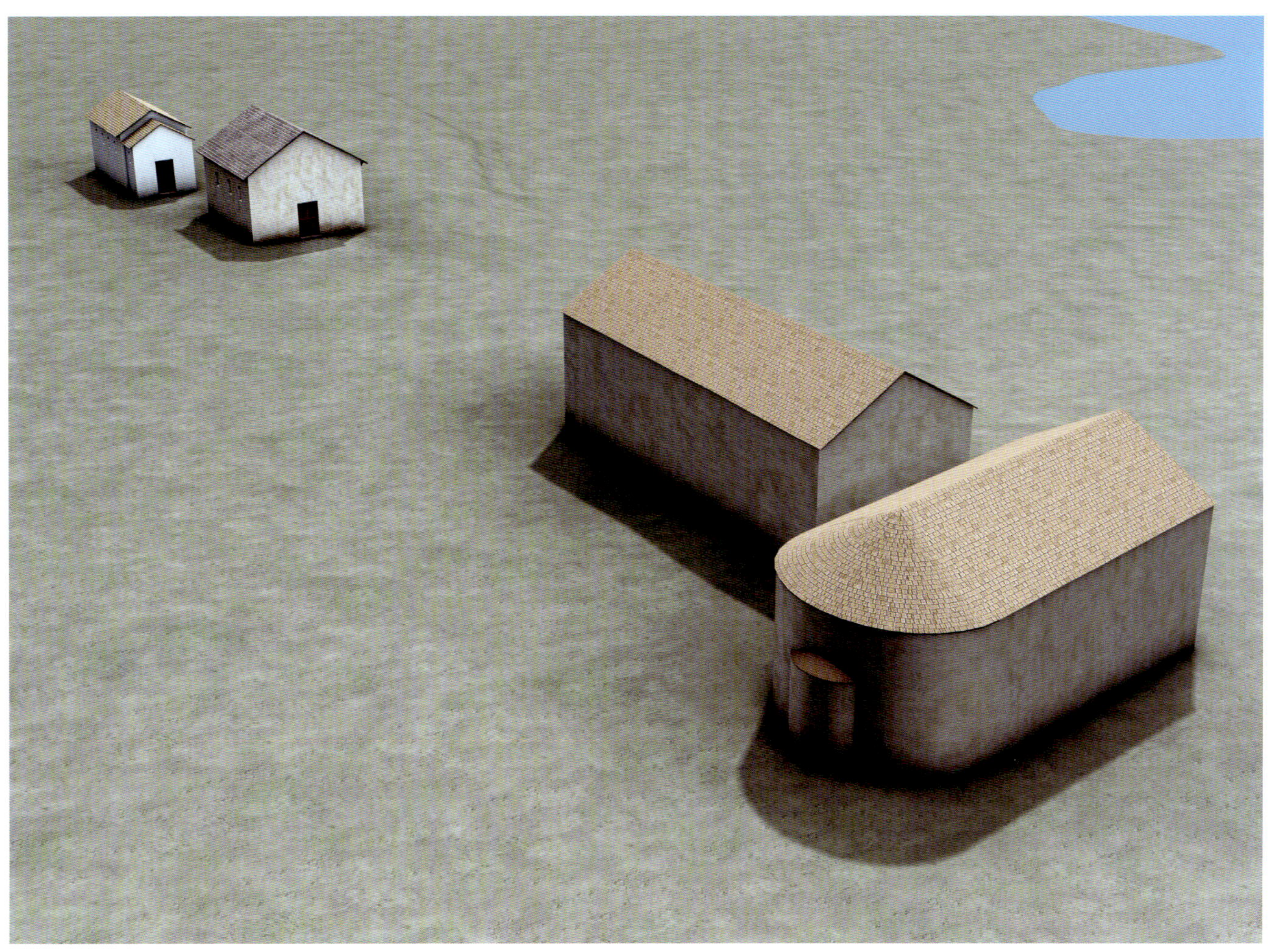

derts, zu dem zumindest eine Königshalle[31], ein größerer Rechteck(?)bau sowie eine Kirche und »Bau I« gehörten, natürlich auch eine Vielzahl von Wirtschafts- und Funktionsbauten (zum Beispiel Grubenhäuser[32]). Die hohe Übereinstimmung in Orientierung und topographischer Lage mit den späteren Pfalzbauten des 9. Jahrhunderts *(Abb. 106)* machen die bauliche und funktionale Kontinuität sehr wahrscheinlich. Vermutlich erstreckte sich dieses Ensemble nach Westen über den späteren ummauerten karolingisch-ottonischen Pfalzbezirk[33] hinaus bis zumindest in die Höhe der heutigen St. Leonhardskirche. Ob auch noch partiell stehende römische Gebäudereste wieder in Funktion genommen worden waren, lässt sich nicht mehr klären, wäre aber schlüssig.

domus ecclesiae – zur primären Funktion von »Bau I«

Was war nun die ursprüngliche Funktion von »Bau I«, wenn er keine Kirche war? In einem Tagungsbeitrag hatte ich 1999 (erschienen 2001) erwogen, ob es sich bei dem »Zweikammerbau«, in dem zu einem späteren Zeitpunkt die Kinderbestattung eingebracht wurde, um einen ehema-

5 Rekonstruktionsvorschlag zu den Steinbauten des 7./8. Jahrhunderts auf dem Frankfurter Domhügel *Abb. 4.* Blick von Nordwesten (Entwurf: E. Wamers; Ausführung: Architectura Virtualis Darmstadt).

31 Die Formulierung *»in aula sacri palatii … de sella regia … supra gradum suum«* (Libellus sacrosyllabus episcoporum Italiae [MGH Conc. 2] S. 130 f. [zitiert nach Orth 1986, 181]) lässt schon für die Synode von 794 auf einen klassischen Thronsaal mit erhöhtem Thronpodest schließen. Zur sella regia: Wamers 2015b im Druck.

32 Zu den Grubenhäusern: Wintergerst 2007, 92 ff., Pläne 16.1–2, 17.

33 Wintergerst 2007, Plan 19.

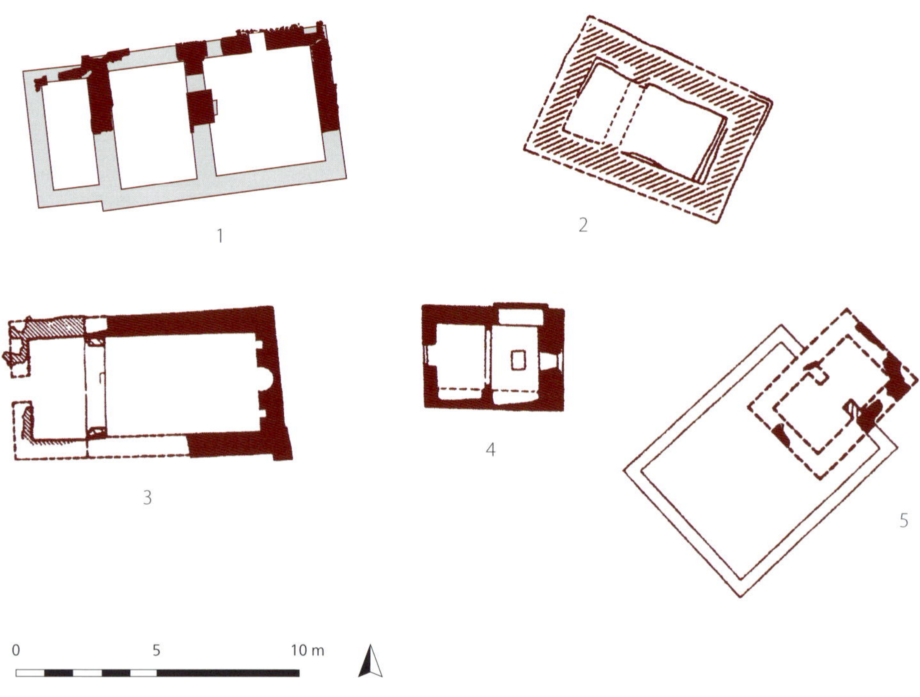

6 Spätantike und frühmittelalterliche »Zweikammerbauten« als Grabkammern in Kirchen. 1. Frankfurt am Main, Bartholomäuskirche (7. Jh.); 2. Salzburg, St. Peter (Anfang 8. Jh.); 3. Chur, St. Stephan (vor Mitte 5. Jh.); 4. Poitier, Hypogée des Dunes (Ende 7. Jh.); 5. Biel-Mett (4. Jh., in frühmittelalterliche Kirche verbaut) (1 nach Wintergerst 2007; 2–5 nach Sennhauser 1983).

ligen spätrömischen Bau hätte handeln können, wie es sie nachweislich bis ins 9. Jahrhundert auf dem Domhügel gab, worauf unter anderem die Verwendung einer partiellen – wenn auch untypischen – Hypokaustheizung hinwiese. Andere spätantike und frühmittelalterliche »Zweikammerbauten« in Kirchen, die als Grabkammern fungierten wie etwa der Zweikammerbau im Salzburger Dom *(Abb. 6)*, ließen mich daran denken, dass auch der Frankfurter »Bau I« die Funktion eines Memorialbaus und nicht die einer kleinen Kapelle gehabt haben könnte[34].

Die stratigraphisch gesicherte Datierung der Hypokaustheizung durch Wintergerst in das 7. Jahrhundert[35] steht dieser Überlegung jedoch entgegen, es sei denn, die Heizung wurde nachträglich eingebaut, wofür es aber keine Hinweise zu geben scheint. Diese – nach den Grabungszeichnungen und fotos primitive – Hypokaustheizung mit unregelmäßigen Hypokaustpfeilersteinen und einer externen Schürgrube als Feuerung wirft weitere Fragen auf, da sie ein seltenes Phänomen im 7. Jahrhundert östlich des Rheins darstellt[36]. Da die Steine (laut Hampel »Stützen in der Art von römischen Hypokausten und mit ebensolchen Ziegeln gebildet«[37]) nicht geborgen, sondern nach Ausgrabung und Dokumentation wieder vor Ort belassen und zugeschüttet wurden[38], kann man sie formen- und materialkundlich nicht mehr näher untersuchen. Es dürfte aber gesichert sein, dass hier ein »Hauptraum« von etwa 30 m² Größe errichtet

34 Wamers 2001, 82 ff.

35 Durch »eine dunkle Schicht unter dem verziegelten Lehmboden der Hypokaustheizung« mit wenigen Scherben römischer, germanischer und geglätteter Knickwand- sowie rauhwandiger grauer Drehscheibenware (Stamm 1962, Gruppe 9; Wintergerst 2007, 31 f.).

36 Vgl. Wintergerst 2007, 33 f.

37 Hampel 1994, 176; Wintergersts Aussage »Die Pfeiler bestanden meist aus Ziegel, aber auch aus Basalt und Sandstein« (Wintergerst 2007, 31), findet keine Stütze im bei ihm wiedergegebenen Befundkatalog.

38 Frdl. Auskunft Dr. Andrea Hampel, Frankfurt am Main.

worden war, der partiell – und »primitiv« – beheizt werden konnte; Hampels Erwägung einer Unterteilung in zwei Räume, also in einen etwa 10 m² großen unbeheizten im Westen und einen etwa 18 m² beheizten östlich dahinter liegenden Raum, ergibt durchaus einen Sinn.

Wegen der unmittelbaren Nähe des Apsidenbaus (Kirche) und des teilbeheizten »Zweikammerbaus« hatte Wintergerst vorgeschlagen, »Bau I« als Badeanlage oder zumindest als beheizbares Gebäude zu sehen, das in funktionalem Zusammenhang mit einem Baptisterium[39] und einer Kirche gestanden hätte. Solche – nach ihm vor allem in romanischem Gebiet belegte[40] – Bauensembles hätten nach seiner Vermutung für rituelle Reinigungen im Rahmen von Taufzeremonien gedient. Diese Deutung hat jedoch keine Entsprechung in den archäologisch nachprüfbaren Baptisteriumanlagen im Frankenreich noch in der zeitgenössischen Taufliturgie und ihrem Ritus, weder in der römischen Form, noch nach der karolingischen Liturgiereform[41].

Antje Kluge-Pinsker hat mich auf einen in mehrfacher Hinsicht frappanten, wenn auch etwa 200 Jahre älteren Parallelbefund zu Frankfurt aus Arras, Dép. Pas-de-Calais, aufmerksam gemacht *(Abb. 7)*[42]. Dort war um 400 oder im frühen 5. Jahrhundert in einem kurz zuvor bei einem Brandereignis niedergegangenen spätrömischen »öffentlichen« Gebäude eine Bischofskirche errichteten worden; Arras war also spätestens seit etwa 400 Bischofssitz. Im Verlauf des 5. Jahrhunderts hatte auch wenige Meter südlich der Kirche ein ehemaliges römisches Warmbad *(caldarium)* des 3. Jahrhunderts eine bauliche und funktionale Umnutzung erfahren: »ein hypokaustierter rechteckiger Raum von 6 m × 12 m Größe[43] mit halbrunder Apsis im Südosten«. »Die ehemalige Heizung wurde stillgelegt und durch ein neues, einfacheres System ersetzt. Die Nordwand wurde durchbrochen, um eine Verbindung zu zwei Feuerstellen vor der Nordwand des Gebäudes herzustellen. Man setzte neue Hypokaustpfeiler und baute strahlenförmige Heizungszüge in die Apsis ein. Die Fundamentmauern wurden für die Installation eines neuen Fußbodens verstärkt. Dessen erhöhtem Niveau entsprechend wurde im Eingang – etwa 60 cm über der alten Schwelle – ein Granit-Monolith (0,50 m × 1,10 m) verlegt … Der rechteckige Raum wurde durch eine Quermauer in zwei etwa gleichgroße Räume unterteilt.« Wenn auch Hypokaustpfeiler nur im südöstlichen Raum angetroffen wurden, zeigen die beiden Durchbrechungen der Nordostwand zu den Feuerstellen, dass beide Räume beheizt werden sollten/konnten. Weitere Umbaumaßnahmen, die irgend-

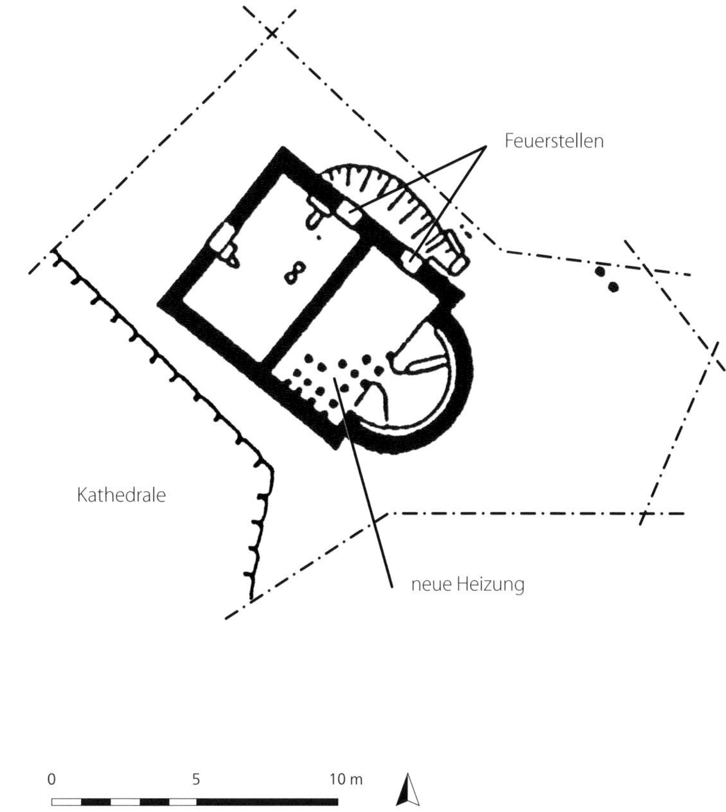

7 Arras, Dép. Pas-de-Calais, Frankreich. Römisches Warmbad *(caldarium)* des 3. mit Umbauten des 5. Jahrhunderts: Durchbruch der Nordwand mit Verbindung zu zwei Feuerstellen außerhalb der Nordwand; neue Hypokaustpfeiler und strahlenförmige Heizungszüge in der Apsis (nach Jaques 1994a).

39 Ein Baptisterium hätte nach Wintergerst unter einem der späteren ottonischen Rundtürme der Salvatorbasilika gelegen haben können (Wintergerst 2007, 36 f.).

40 Als Beispiele nennt Wintergerst Nassenfels (Lkr. Eichstätt), Angers, Cimiez und Kaiseraugst (Wintergerst 2007, 34 ff.).

41 Zu den Taufanlagen vgl. Ristow 1998 und Guyon 1991. Zum frühmittelalterlichen Taufritus: Angenendt 1984, 21 ff.; Guyon 1991, 83 ff.; Langenbahn 1997, Sp. 499–500.

42 Kluge-Pinsker (im Druck), mit Primärlit; Jaques 1994a; Jaques 1994b; Leman 1995; Carte archéologique de la Gaule 62/1, 129, Abb. 35 u. 36. – Dr. Antje Kluge-Pinsker gewährte dankenswerterweise Einblick in ihr Manuskript noch vor Drucklegung.

wann vor dem 9. Jahrhundert datiert sind, führten zum weitgehenden Abbruch des Gebäudes, das dann durch einen größeren Holzbau ersetzt wurde. Ab dem 10./11. Jahrhundert wurde dieses Gelände für Bestattungen genutzt.

Die Baumaßnahmen des 5. Jahrhunderts an diesem Apsidengebäude werden überzeugend als Umbau eines älteren römischen Heißbades zu einem Wohngebäude der bischöflichen Residenz gedeutet, die in unmittelbarer Nähe zur Bischofskirche gelegen hätte. Die Erneuerung der Heizungsanlage, jetzt allerdings weitaus »primitiver« und mit außen liegenden einfachen Feuerstellen, sowie die Untergliederung in zwei Räume für eine komfortable Wohnung legen diese Deutung nahe. Die *Vita Vedasti* berichtet anlässlich des Todes von Bischof Vedastus um 540, dass seine *domus* zumindest zwei Räume hatte: eine Schlafkammer *(cellola)* und einem Hauptraum[44].

Die Übereinstimmungen von Arras und Frankfurt sind offenkundig: Es handelt sich um zwei ähnlich große Gebäude von 60–70 m² Außenmaßen, mit »primitiver« Hypokaustheizung römischen Typs, aber mit einfacher Befeuerung über Feuerstellen von Norden/Nordosten aus. Während der Bau von Arras ein nordwest-südost-gerichtetes ehemaliges römisches Warmbad mit Apsis im Südosten war, das im 5. Jahrhundert für eine neue Nutzung umgebaut wurde, handelt es sich beim Frankfurter »Bau I« um einen Rechteckbau mit kleiner Portikus (?) im Westen, der nach Aussage der Befunde erst im 7. Jahrhundert errichtet worden war, woraus sich auch seine weitgehend streng west-östliche Ausrichtung mit nur leichter Drehung nach SSW-ONO erklärt, die mit der späteren Orientierung der karolingischen Pfalzgebäude des 9. Jahrhunderts übereinstimmt und schon für den fränkischen Königshof festgelegt worden sein wird. Nach Wintergerst ist es »sowohl möglich, dass die Heizung in einem Zug mit den Außenmauern gebaut als auch nachträglich eingebaut wurde«[45]. Beide Gebäude waren im Innern wahrscheinlich in zwei annährend gleichgroße Räume unterteilt, doch anders als in Arras wurde in Frankfurt nicht das gesamte Haus beheizt, sondern nur der östliche Teil (Raum), es sei denn, mit Einbringung des Kindergrabes etwa 100 Jahre nach Errichtung des Baus hätte man die Heizung im westlichen Raum komplett entfernt, wofür es jedoch keine archäologischen Hinweise gibt. Es liegt nahe, analog zu Arras auch den Frankfurter »Bau I« als Wohnhaus zu interpretieren, zumindest in seiner ersten Nutzungsphase. Und wegen seiner Nähe zum Apsidenkirchlein des 7. Jahrhunderts, könnte es sich ebenfalls um das Wohnhaus des örtlichen Klerus gehandelt haben: um eine *domus ecclesia.*

Von beheizbaren Wohngebäuden in der Nähe von Kirchen, die *domus ecclesiae* oder *domus basilicae* genannt werden, berichtet Gregor von Tours im 6. Jahrhundert mehrfach (zum Beispiel in Reims, Poitiers, Dijon, Lyon, Tours, Verdun). »Die meisten Kirchen hatten [solche] Kirchenhäuser …, in denen der Klerus ständig und Besucher vorrübergehend wohnten …. Das Kirchenhaus war normalerweise an die Kirche angebaut und hatte zur Kirche hin eine Tür … offenbar [gab] es auch mehrstöckige Kirchenhäuser …. Im Kirchenhaus oder an das Kirchenhaus angebaut war vielfach ein Oratorium … [sie] hatten wohl immer einen Ofen [und] ein Ziegeldach, das auf Holzsparren lag«. »Die Vorratskammer [für die Verpflegung der Pilger] seiner Bischofskirche [in Tours] hatte Gregor in ein Oratorium umgewandelt«[46]. Für die größeren Bischofsresidenzen werden in den Quellen darüber hinaus weitere

43 Laut Plan *Abb. 7* hatte der Bau Außenmaße von knapp 11 m Länge inkl. Apsis und 7 m Breite.

44 Ionae Vitae sanctorum Columbani, Vedasti, Iohannis (Hrsg. von B. Krusch 1905), 295–320. – Da diese Vita aber erst 643 von Jonas von Bobbio verfasst wurde, kann diese Bemerkung nicht zwingend als historisch betrachtet werden.

45 Wintergerst 2007, 31.

46 Weidemann 1982, Bd. 2, 155 f.

47 Duval 1991, 63 ff.; vgl. auch Staab 1990, 114 f.

48 »*…domum, ubi debeat ipse pater vester episcopus habitare, …*« Briefe des Bonifatius, Brief 25: Rau 1988.

49 Briefe des Bonifatius, Brief 24 vom Dezember 724: Rau 1988.

50 Die Existenz eines – eventuell nur temporären – Bischofssitzes für das frühe 7. Jh. in Frankfurt hält Wintergerst für nicht wahrscheinlich (Wintergerst 2007, 37).

51 Wintergerst 2007, 28 ff.

repräsentative Funktionsräume genannt[47]. Dass ein Wohnhaus für den Bischof auch im frühen 8. Jahrhundert östlich des Rheins obligatorisch war, geht aus einem Brief Papst Gregors II. vom Dezember 724 an das »ganze Volk der Thüringer« *(universo populo Thuringeorum)* hervor, in dem er die Thüringer anweist, ein Haus zu bauen, »wo er, Euer Vater, der Bischof [E.W.: *Bonifatius*], wohnen soll«[48]. In einem anderen, mehr oder weniger gleichzeitigen Brief wird das Wohnhaus des Bischofs *episcopia* genannt[49].

Stimmt diese Deutung des Frankfurter »Baus I« als *domus ecclesiae*, dann darf man auf einen hochrangigen Geistlichen schließen, der hier in *Franconofurd* installiert worden war, vielleicht gar auf einen Bischof[50]. Wintergerst hat aus den publizierten und im Grabungsbericht des Denkmalamtes dokumentierten Befunden geschlossen, dass das Kindergrab 95 in die Nordwestecke von »Bau I« eingegraben wurde, als dieser bereits zum Teil verfallen, zumindest ohne Bedachung gewesen sein muss[51]. Die Einbringung des Grabes im frühen 8. Jahrhundert bedeutet auf jeden Fall, dass die ursprüngliche Funktion von »Bau I« als Wohnhaus des örtlichen Geistlichen nach etwa 100 Jahren aufgegeben worden war. Ob man für die Aufgabe (auch Verfall?) von »Bau I« die politisch-militärischen Ereignisse zwischen 631 und 641, den Slawenfeldzug Dagoberts I. und die fränkisch-thüringischen Auseinandersetzungen, verantwortlich machen kann[52], ist mehr als spekulativ (vgl. die Bemerkungen zur politisch-historischen Situation in Ostfranken im 7./8. Jahrhundert S. 199 ff.). Es erscheint jedoch äußerst unwahrscheinlich, dass man das adelige Kindergrab in eine alte Ruine eingebracht hatte, ohne dieses Gebäude, das durchaus auch zweigeschossig hätte sein können, wieder instand zu setzen – angesichts der jetzt einsetzenden memorialen Verehrung an dieser Grablege, die man sich kaum als »Totenfeier unter freiem Himmel«[53] vorstellen kann und die offenkundig noch Mitte des 9. Jahrhunderts so lebendig war, dass Ludwig der Deutsche seine neue Salvatorbasilika exakt mit der Mittelachse über dem Grab errichtete *(Abb. 3)*[54].

Dass auf dem Königshof *Franconofurd* für den Ortsklerus ein beheizbares Wohngebäude eingerichtet wurde, kann am ehesten durch Anregungen aus Gallien erklärt werden, wo solche *domus* mehrfach schriftlich und zumindest auch einmal archäologisch nachgewiesen sind. Auch die Heizungstechnik – bei aller ostrheinischen Depravierung – spricht dafür. Wenn auch nicht völlig sicher ist, dass »Bau I« schon von Anfang an als Kleruswohnung vorgesehen war oder erst zu einem späteren Zeitpunkt, spätestens im 7. Jahrhundert, mit einer Hypokaustheizung nachträglich ausgestattet wurde, verleitet er zu Spekulationen, ob hier ein Geistlicher aus Gallien eingesetzt war, der auch östlich des Rheins nicht auf eine ihm gewohnte Bequemlichkeit verzichten wollte.

»Bau I« als *cella memoriae*

Die oben bereits angesprochene Vermutung, mit der Einbringung des Kindergrabes wäre »Bau I« zu einer *cella memoriae* umgewandelt worden, findet ihre Unterstützung in der weitverbreiteten Praxis solcher und ähnlicher Coemeterialbauten auf spätantiken und frühmittelalterlichen Friedhöfen in Gallien und im östlichen Frankenreich[55]. Für die Deutung von »Bau I« als ersten Kirchenbau durch Hampel gibt es archäologisch keinen Hinweis: Weder wurden sonst im 6. bis 9. Jahrhundert Kirchen mit Hypokaustheizun-

52 Vgl. Wintergerst 2007, 38 f.

53 Wintergerst 2007, 42.

54 Diese Platzierung ist nach Wintergerst kein Zufall, sondern Ausdruck einer fortdauernden Verehrung dieses früh verstorbenen Mädchens aus höchstem – wohl ostfränkischem – Adel (und des fremden mitverstorbenen Kindes?). An Beispielen für eine ähnlich prominente Platzierung bedeutender Gräber in Kirchen führt Wintergerst unter anderem die Sturmius-Basilika in Fulda über dem Bonifatius-Grab und Saint Denis mit dem Grab Pippins des Jüngeren an (Wintergerst 2007, 75).

55 Zum Folgenden mit reichen Belegen und weiterführender Lit.: Ristow 2006; Ristow 2013a, 63 ff. mit Abb. 32–36; Krohn 2002.

gen beobachtet, noch sind Einbauten für die Abhaltung von Liturgie (Altar, Schranken und Ähnliches) erkennbar, noch kann eine ungebrochene architektonische Kontinuität zu späteren Kirchenbauten nachgewiesen werden, nachdem der von Hampel rekonstruierte »Bau II« des 8. Jahrhunderts nicht belegt ist (vgl. oben S. 15). Hingegen nutzte die gallo-fränkische Führungsschicht im 5. Jahrhundert in großer Zahl noch existente antike Bauten für gesonderte Bestattungen, parallel zu den Reihengräberfeldern. Im 6. und 7. Jahrhundert errichtete sie dann auch eigene Gebäude als herausgehobene Grabbauten für den Adel. Bestattungen innerhalb von Kirchen waren – als *imitatio* der merowingischen Königsfamilie, die sich vom 5. bis ins 8. Jahrhundert in oft eigens für sie errichteten Kirchen bestatten ließ[56] – besonders in Gallien und im Rheinland gibt es hierfür zahlreiche Beispiele. Östlich des Rheins waren es vielfach einfache Pfostenbauten, über deren oberirdisches Aussehen spekuliert werden kann.

Viele der zumeist einfachen rechteckigen Grabbauten dienten – in antiker und vielleicht auch germanisch-paganer Tradition – als begehbare *cellae memoriae*, um der Verstorbenen zu gedenken, Totenmäler abzuhalten und vielleicht auch in einigen Fällen das eucharistische Mahl zu feiern. Bonn, Xanten, Köln, Trier und Mainz sind nur einige wenige Beispiele im Rheinland[57]. Bisweilen konnten solche *cellae memoriae* zu Keimzellen von größeren Bestattunsplätzen oder gar später von größeren Kirchen überbaut werden. Für Frankfurt dürfen wir annehmen, dass es im Umfeld des Königshofes *Franconofurd* einen Separatfriedhof für die hier amtierende Familie gab, vermutlich auf dem Domhügel, wenngleich es dafür kaum archäologische Spuren gibt, wenn man von den nicht ganz belastbaren ^{14}C-Daten einiger Gräber des 7./8. Jahrhunderts um das Kindergrab herum absieht (vgl. unten S. 28). Da es hier bis mindestens ins 9. Jahrhundert hinein römische Bauruinen gab, könnten hochrangige Familienmitglieder auch in anderen antiken Gebäuden als »Bau I« bestattet worden sein, von denen wegen der massiven späteren Überbauungen und Zerstörungen aber keine Spuren geblieben sind. Offenkundig wurden die beiden Kinder in »Bau I« beigesetzt, weil er im frühen 8. Jahrhundert seine ursprüngliche Funktion verloren hatte. Da man das Grab ganz im Nordwesten einbrachte, war noch ausreichend Platz im Gebäude für mögliche spätere Beisetzungen, die jedoch nicht erfolgten oder von denen es keine Spuren gibt. Doch offenkundig setzte jetzt außerhalb von »Bau I« eine intensive, auf die herausragende Grablege bezogene Bestattungsaktivität ein, allerdings ohne jegliche Beigaben. »Bau I« mit einem Portikus-artigen Eingang im Westen wird weiterhin begehbar gewesen sein; der östliche, ehemals beheizbare Bereich des Hauptraums, vielleicht durch eine Trennwand separiert, gibt im archäologischen Befund keinen Hinweis auf seine neue Nutzung zu erkennen. Das Kindergrab wird sicherlich durch ein Kreuz im Boden oder ein ähnliches Zeichen markiert gewesen sein, wie bei den Gräbern des 6. Jahrhunderts im Grabsaal unter dem Bonner Münster[58]. Über Form und Umfang der Verehrung, die im insgesamt etwa 30 m² großen Gebäude stattfand, kann nur spekuliert werden: für Gebete, Totenmähler und Libationen wäre Platz genug gewesen. Angesichts der archaisch-paganen Komponente der Grablege (dazu weiter unten S. 177 ff.) fällt es schwer, sich hier auch eucharistische Feiern vorzustellen.

Zum Friedhof um »Bau I«

Die bei den älteren Grabungen und denen von 1991–1993 freigelegten etwa drei Dutzend frühmittelalterlichen Bestattungen sind, abgesehen von Kindergrab 95, alle beigabenlos und gruppieren sich auffällig um »Bau I« beziehungsweise nördlich von ihm *(Abb. 1)*, zum Teil sind sie unmittelbar an seine Nord- und Ostmauer sowie etwa 0,7 m südlich seiner Südwand ge

56 Krüger 1971, 23 ff.; vgl. die Karten Abb. 31,1–2 bei Ristow 2013a.

57 Belege bei Ristow 2006, 215 ff.

58 Keller/Müssemeier 2001.

59 Wintergerst 2007, 40 ff. mit Plan 1 und weiterer Lit.

8 Gräber des 7. bis 9./10. Jahrhunderts (grau-blau) im Umfeld von »Bau I« (dunkelrot) und Apsidenbau (dunkelrot) (nach Wintergerst 2007). Die fünf Gräber 81, 87, 88, 93 und 218, von denen Knochenmaterial zur ^{14}C-Analyse entnommen wurde, sind blau markiert. Entsprechend der Lage der südlichen Gräber wurde der Grundriss von »Bau I« nach Süden verlängert (vgl. S. 15).

setzt[59]; innerhalb von »Bau I« wurde keine weitere (merowingische) Bestattung angetroffen. Sie wurden aus stratigraphischen und anderen Überlegungen in das 8. bis 9. Jahrhundert datiert, wobei nach Hampel das Kindergrab 95 das »Primärgrab« gewesen sein soll, von dem aus die Anlage des Friedhofes eingesetzt hätte.

Es ist indes unwahrscheinlich, dass Grab 95 das erste auf dem Domhügel angelegte nachrömische Grab ist, denn die Frage nach dem adeligen Bestattungsplatz des Königshofes im 6. und 7. Jahrhundert, der wie in jener Zeit üblich ein Separatfriedhof gewesen sein muss, ist noch unbeantwortet; keine weiteren reichen Gräber wurden auf dem Domhügel oder sonst in der Altstadt entdeckt, was hingegen wegen der späteren extensiven Zerstörungen und Überbauungen nicht verwunderlich ist. Die nächstliegenden Bestattungen des 6./7. Jahrhunderts, soweit bekannt durchschnittlich ausgestattete Gräber, sind erst in etwa 400 – 800 m Entfernung aus der Reineckstraße und im Bereich der ehemaligen Westbahnhöfe überliefert[60]. Man sollte vermuten, dass auch Grab 95 nahe bei einem adeligen Familienbestattungsplatz angelegt wurde. Stamms ältere Vermutung, der ich später folgte, dass bereits die beiden Gräber 83 und 87 etwa 7 m nördlich von »Bau I« ins 4./5. Jahrhundert

60 Reineckstraße 21 (Ortsarchiv FFM 99): Quilling 1896, 32; Westbahnhöfe (Ortsarchiv FFF 81), angeblich ein größeres Gräberfeld: Prähistorische Blätter 2, 1884, 39; Wamers 1986, 35, 57. Genauer Fundnachweis: J. Wahl 1982, 23 f. Nr. 6 u. 8.

datieren könnten, hat Wintergerst durch den Vergleich mit den jüngsten Domgrabungen definitiv widerlegt und sie zeitlich zum frühmittelalterlichen Friedhof geschlagen[61]. Dass jedoch schon im frühen 5. Jahrhundert auf dem Domhügel bestattet wurde, belegen spärliche Reste eines sächsischen Frauengrabes vom Tuchgaden, westlich der späteren Aula Regia; es könnte vielleicht Indiz für eine kleine Grabgruppe von sächsischen Söldnern und ihren Familien sein, die in spätrömischer Zeit auf dem Domhügel stationiert waren[62].

Zur weiteren Klärung des Alters der beigabenlosen Bestattungen um »Bau I« herum wurden einige gut erhaltene Skelette aus den jüngsten Grabungen für eine ^{14}C-Datierung ausgewählt, die ausreichende Knochensubstanz für eine solche Untersuchung aufwiesen. Grab 81, 87 und 88 aus der kleinen (Familien?)Grabgruppe nördlich von »Bau I«, Grab 93 südlich von »Bau I« sowie Grab 218 östlich von »Bau I« erschienen hierfür geeignet *(Abb. 8)*. Die Untersuchungen wurden Anfang 2011 von Göran Possnert, The Ångström Laboratory Tandem Laboratory, Universität Uppsala, durchgeführt. Wegen der starken Abweichung der Daten von Grab 88 wurde diese Probe im Jahr 2012 mit verbesserter Methodik erneut bemessen, wobei statt 370 ± 30 n. Chr. ein deutlich jüngeres Datum von 690 ± 30 erzielt wurde[63]. Die Ergebnisse lauten wie folgt[64]:

^{14}C-Analysen an Knochenmaterial aus beigabenlosen Bestattungen im Umkreis von »Bau I« *(Göran Possnert)*

Pre-treatment of bone samples (HCl method):

1. The surface is mechanically cleaned (scraping, in some cases sand blasting).
2. The sample is ultrasonically cleaned in boiled distilled water, pH=3.
3. Grinding in mortar.
4. 0.8M HCl is added, stirring at 10 °C for 30 minutes (appetite removed). Soluble fraction is named fraction A.
5. Distilled water kept at pH=3 is added to the insoluble fraction, which is stirred for 6 – 8 hours at 90 °C. Insoluble part is named fraction C and soluble part is named fraction D. Fraction D should give the most relevant age, since it contains most of the organic parts (the “collagen”) of the original bone. However, information on the influence of contaminants could be obtained from the other fractions.

In critical cases they should preferably be dated as well. The quality of the bone (and the reliability of the age) could be judged by the chemical yields in the different stages of preparation.

The fraction to be ^{14}C-dated is combusted to CO_2 and then converted to graphite using a Fe-catalyst reaction. The age of fraction D has been measured in the present investigation.

Result:

Lab number	Sample	$\delta^{13}C$‰ VPDB	^{14}C age BP	AD
Ua-41558	Grab 81	-20,2	1403 ± 39	608 ± 39
Ua-41559	Grab 87	-21,6	1256 ± 34	755 ± 34
Ua-41560	Grab 88	-20,8	1321 ± 30	690 ± 30
Ua-41561	Grab 93	-21,7	1237 ± 34	774 ± 34
Ua-41562	Grab 218	-21,5	1164 ± 30	847 ± 30

Tabelle 1 Ergebnisse der ^{14}C-Analysen von Skelettmaterial aus fünf Gräbern im Umkreis von »Bau I« *(Abb. 8)*, The Ångström Laboratory Tandem Laboratory, Universität Uppsala.

Kommentar *(Egon Wamers)*

Danach wären also Grab 81 etwa ins frühe 7., Grab 87 in die Mitte des 8., Grab 88 ins ausgehende 7., Grab 93 in die zweite Hälfte des 8. und Grab 218 in das mittlere 9. Jahrhundert zu datie-

61 Wintergerst 2007, 18 – 19.

62 Wamers 2001, 80 mit Abb. 10,2 – 3; zustimmend Stauch mit Hinweis auf vergleichbare sächsische Funde des 4./5. Jhs. aus Speyer (frdl. Hinweis Prof. Dr. Eva Stauch); Wintergerst 2007, 19 f.; – Zum spätrömischen Militärdienst sächsischer Truppen vgl. Böhme 1986; Böhme 1988; Steidl 2000, 36, 134.

63 E-Mail von Prof. Göran Possnert vom 26.04.2012.

64 Brief vom 25. April 2011; korrigiert ist in *Tabelle 1* das neue Datum für Grab 88. Welche Werte für die anderen Gräber bei einer korrigierten Messung sich ergeben hätten, wurde nicht überprüft.

65 Stauch 2004, 247 ff.

ren. Bei Berücksichtigung der Gesamtmesswerte ergäben sich mit deutlich größerer Wahrscheinlichkeit folgende Datierungsspannweiten: Grab 81 wurde im 7., Grab 87 und 88 im späten 7. bis 8., Grab 93 im 8. bis 9. und Grab 218 im 9. bis erste Hälfte 10. Jahrhundert angelegt. Wie schon bei anderen Bestattungsplätzen, zum Beispiel Wenigumstadt, beobachtet, gibt es auch auf dem Frankfurter Domhügel für die frühe und hohe Karolingerzeit das Phänomen von einfachen kleinen Nachbestattungen[65].

Auf der Basis dieser ^{14}C-Daten kann also zumindest nördlich von »Bau I«, also des vermuteten Kleriker-Wohnbaus, mit der Anlage von – beigabenlosen – Gräbern schon in der ersten Hälfte des 7. Jahrhunderts gerechnet werden. Als Bestattungsplatz für das adelige Mädchen und seine fremde Begleitung (Kindergrab 95) wählte man im frühen 8. Jahrhundert die inzwischen aufgegebene oder gar verfallene *domus ecclesiae*. Erst danach scheinen direkt an das Gebäude weitere Bestattungen angelegt worden zu sein – soweit die wenigen erzielbaren Daten Rückschlüsse erlauben. Weitere hochrangige Bestattungen mit qualitätvollen Beigaben sind im gesamten Bereich westlich des Kleriker-Wohnhauses sowie in oder nördlich der Apsidenkirche denkbar, die lediglich durch die zahlreichen Überbauungen der folgenden 1200 Jahre zerstört oder noch nicht durch Ausgrabungen freigelegt worden sind.

Zu Konstruktion und Einrichtung des Doppelgrabes

In die oben kurz angesprochene Grabgrube, die von der damaligen Geländehöhe aus etwa 1,20 m tief in die Nordostecke des mutmaßlichen Klerikergebäudes eingetieft worden war, wurde an ihrer Nordwand in West-Ost-Richtung eine etwa 2,00 m lange, 1,20 m breite und 0,60 m tiefe Grabkammer eingebracht. Gesicherte Anzeichen für eine Holzauskleidung oder lediglich einen Holzboden wurden nicht beobachtet. Nach Beobachtungen der Ausgräber, dokumentiert in Grabungszeichnungen und -fotos, waren im Süden der Kammer ein etwa 10 cm und im Norden ein etwa 15–20 cm hoher, jeweils 15–20 cm breiter Absatz stehen gelassen worden, sicherlich zunächst als Arbeitsraum für die Totengräber *(Abb. 2; 9,2*: Planum 3; *10,1–2; 11)*[66]. Auf diesen Absätzen lagen einige Bruchsteinplatten, vielleicht Fallgut von der Südmauer von »Bau I«, doch absichtlich abgelegt (vgl. oben S. 16 f.). Wie Planum 2 (95,16 m NN) zeigt *(Abb. 9,2 links)*, deckte eine doppelte Holzauflage aus unten quer und oben längs verlaufenden, etwa 10 cm breiten Brettern die gesamte eigentliche Grabkammer auf 1,10–1,20 m Breite ab, und zwar etwa 0,35 m oberhalb der Grabsohle (94,80 m NN). Es liegt nahe zu vermuten, dass die auf die Absätze der Grabkammer gelegten Steine, deren Oberkante mit circa 95,15 m NN der Auflagehöhe der Holzdecke genau entspricht, als Unterlage für die doppelte Bohlendecke dienten. Ob die Räume zwischen den Steinen mit Erdreich wiederaufgefüllt wurden oder ob eventuell jeweils ein randliches Längsbrett für die Auflage der unteren Querbretter platziert worden waren, kann aus der Grabungsdokumentation nicht entnommen werden. Eine solche Konstruktion war mehrfach auch in Wenigumstadt beobachtet worden[67]. Das wäre eine Variante der Konstruktion der »Erdkammergräber mit abgestuften Wänden«, wie sie von ostfränkischen Gräberfeldern bekannt sind, allerdings fast ausnahmslos solchen der älteren Merowingerzeit bis zur Mitte des 7. Jahrhunderts, wofür hier Grab 137 von Tauberbischofsheim-Dittigheim stehen mag[68]. Die Kammer war, soweit sich das anhand der Grabungsdokumentation verfol-

66 Das vermutet Stauch auch bei den Kammergräbern von Wenigumstadt (Stauch 2004, 207).

67 Stauch 2004, 208.

68 Tauberbischofsheim-Dittigheim: Stork 1983, 200 f., Abb. 185. Zu den diesen und ähnlichen Kammergräbern des »Bestattungstyps 9/10 bis 11/12« nach Pleidelsheim vgl. U. Koch 2001, 118 ff. – Ob der Typ von Kammergräbern mit ein- oder beidseitig abgestuften Längsseiten, der im 5. Jh. als durch donauländische Zuwanderer in die Mainlande angeregt gilt (Teichner 1999, 46 f.), auch noch im 6. (z. B. Zeuzleben: Rettner 1998, 124 f.) und 7., gegebenenfalls auch 8. Jh. in dieser entfernten Tradition stand, kann nicht beantwortet werden.

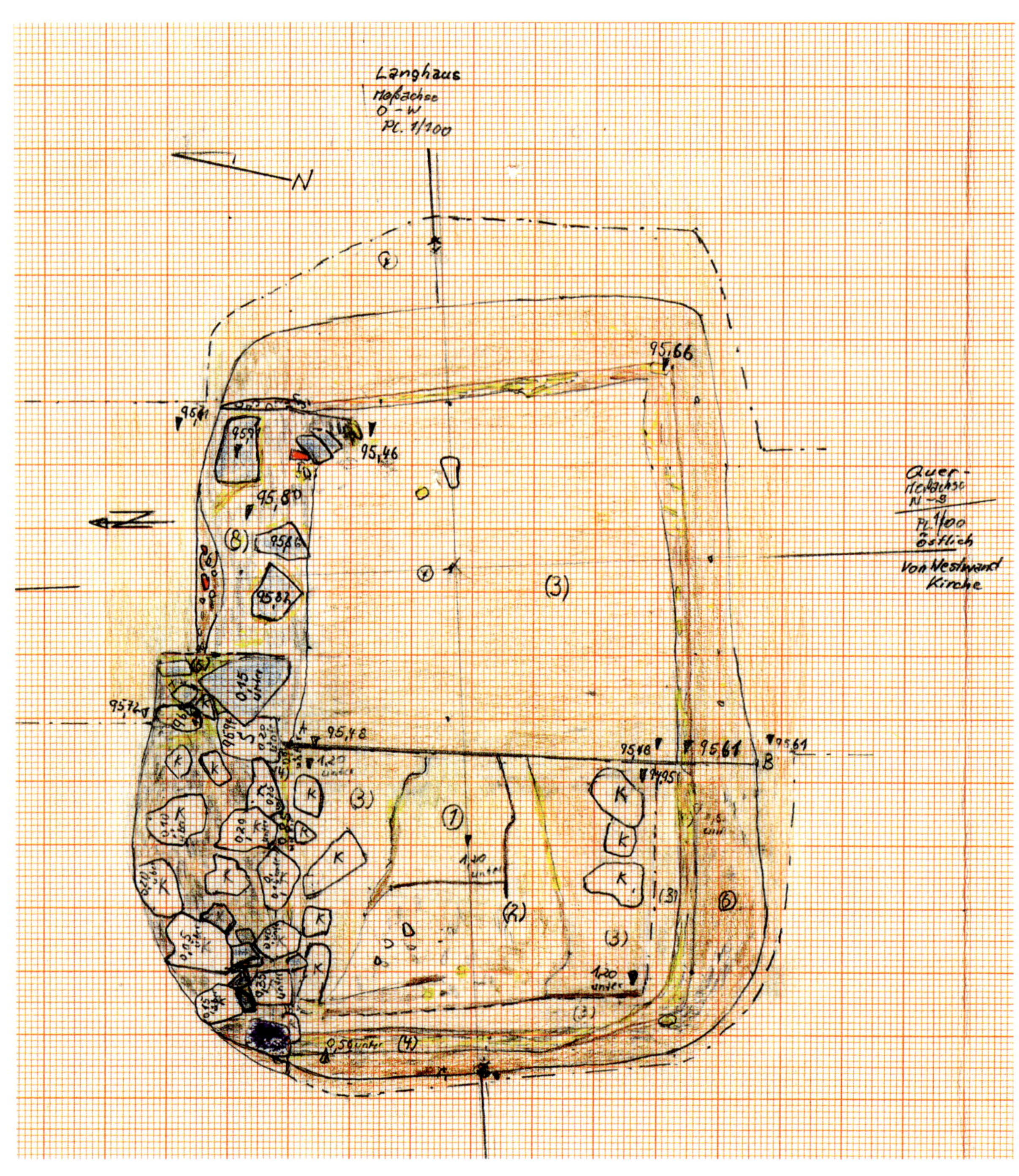

9,1 Doppelgrab 95: Zeichnung von Planum 1. Grabungszeichnung Denkmalamt Frankfurt 14.02.1992 (Wagner). Unterschiedliche Orientierung gegenüber den Plana 2–4.

gen lässt, nicht streng west-östlich ausgerichtet, sondern um etwa 8–10° leicht entgegen dem Uhrzeigersinn nach Norden gedreht. Das ist im Verhältnis zu den jüngermerowingerzeitlichen Gräbern von Wenigumstadt sehr wenig, wo im frühen 8. Jahrhundert eine durchschnittliche Abweichung von 31° beobachtet wurde[69]. Eva Stauch vermutet in der Ausrichtung der Grabanlagen von Wenigumstadt »unterschiedliche kulturelle Traditionen«, ohne diese jedoch benennen zu können. Für das Frankfurter Kindergrab orientierte sich die Ausrichtung sicherlich am bereits bestehenden »Bau I«, dem auch die anderen Bestattungen des 8./9. Jahrhunderts folgten (vgl. *Abb. 8*).

Im Norden der Kammer *(Abb. 9,2)* war der Leichnam eines vier- bis knapp fünfjährigen Kleinkindes[70] in reicher Bekleidung auf eine etwa 0,45–0,50 m breite und 1,20 m lange Holzunterlage gelegt worden, die an den Längsseiten auf zwei 3–4 cm hohen Balken oder Stollen ruhte, wie die Grabungszeichnung deutlich zeigt (Nord-Süd-Schnitt, *Abb. 10,1*). Zwei oder drei Unterlegbalken unter Särgen, meist quer-, selten längsgestellt und bisweilen eingeschnitten, wurden mehrfach in alamannischen und bajuwarischen Gräbern des 6. bis 7. Jahrhunderts beobachtet: etwa in Pliening, Lkr. Ebersberg, in Altenerding, Oberbayern, in vier Gräbern in Breitenschützing-Schlatt, Bez. Vöcklabrunn (Oberösterreich), oder in Oberflacht, Lkr. Tuttlingen[71]. Vermutlich sollten die Balken zur besseren horizontalen Lage beitragen und gegen frühzeitiges Eindringen von Bodenwasser schützen. Die im Nord-Süd-Schnitt an den Längsseiten ebenfalls erkennbaren Reste von aufgehenden senkrechten Brettern deuten auf einen kleinen Holzsarg und nicht auf ein Totenbrett. Vielleicht hatte der Sarg keine eigene obere Abdeckung, sondern Kammer und Sarg wurden oben nur von einer einzigen, wenn auch zur Verstärkung doppelten Bretterlage geschlossen. Die errechnete geringe innere Sarghöhe von gut 0,30 m legt dies jedenfalls nahe; doch dürfte dies für die Beigaben (Höhe der Töpfe 11–12 cm) und die Tote (Kopfdurchmesser circa 17 cm) ausreichend gewesen sein.

Anhand des Schmucks und der daraus erschließbaren Kleidung (dazu weiter unten S. 157 ff.) handelte es sich um ein Mädchen. Sein Blick war nach Osten gerichtet, Christus am Jüngsten Tag erwartend[72]. Im Süden der Grabkammer hatte man Speise- und Trankbeigaben deponiert (*Abb. 2; 9; 12; 18; 21*): Auf dem Boden, vermutlich auf – heute vergangene Holzteller – gelegt, fanden sich Knochen von Kalb und Ferkel sowie Wirbel eines Lachses, ferner in zwei kleinen Kochtöpfen aus hartgebrannter fränkischer Drehscheibenware eine Rinderrippe mit Hiebspuren und ein Hühnchen ohne Kopf[73]. Das stellt eine extrem vollständige Versorgung des Kleinkindes mit allen Kategorien von Fleisch und Fisch dar: Alles, was die Tafel eines begüterten Hauses aufbringen konnte, wurde ihm fürsorglich mitgegeben. Lediglich Eier fehlen, die etwa bei Thüringern und Langobarden häufig waren[74]. Zwar nehmen Qualität und Quantität von Speisebeigaben in ostfränkischen Gräbern im Verlauf des 7. Jahrhunderts in der Regel deutlich ab, doch sind sie grundsätzlich bei reichen Bestattungen markant größer als in einfachen

69 Stauch 2004, 235 ff.

70 Die lapidare anthropologische Bestimmung von Hahn (in Hampel 1994, 233 ff.) jetzt ausführlicher ergänzt von Rehbach, S. 39 ff.

71 Pliening: Codreanu-Windauer 1997, 24; Altenerding: Sage 1984, Taf. 182–183, Grab 674, 911; Breitenschützing-Schlatt: Pesseg 2010, 26 f., Taf. 15, 16, 18, 22; Oberflacht Kammergrab 162, Lkr. Tuttlingen: Schiek 1992, 76 f., Taf. 80.

72 Nach Matthäus 24,27: »Denn wie der Blitz ausgeht vom Aufgang und leuchtet bis zum Niedergang, so wird auch sein das Kommen des Menschensohnes«. Frdl. Hinweis PD Dr. Sebastian Ristow.

73 Osteologische Bestimmungen nach J. Hahn, in: Hampel 1994, 233 ff.: »… die Reste eines Haushuhns; mit Ausnahme des Schädels sind alle wichtigen Körperregionen vertreten«. – Ein Lachs (oder Meerforelle?) fand sich auch in Grab 35 von Zeuzleben, das an der Wern, einem kleinen Nebenfluss des Mains liegt (Kerth/Rettner/Stauch 1994, 445). Laut althochdeutschen Quellen zählte im frühen Mittelalter Lachs zu den beliebtesten Speisefischen (Stauch 2005, 388 f.).

74 Zu merowingerzeitlichen Speise- und Trankbeigaben vgl. Mittermeier 1986; U. Koch 2001, 177 ff.; Blaich 2009; zur Eierbeigabe bei Thüringern und Langobarden: U. Koch 2001, 179; Blaich 2009, 32 ff.

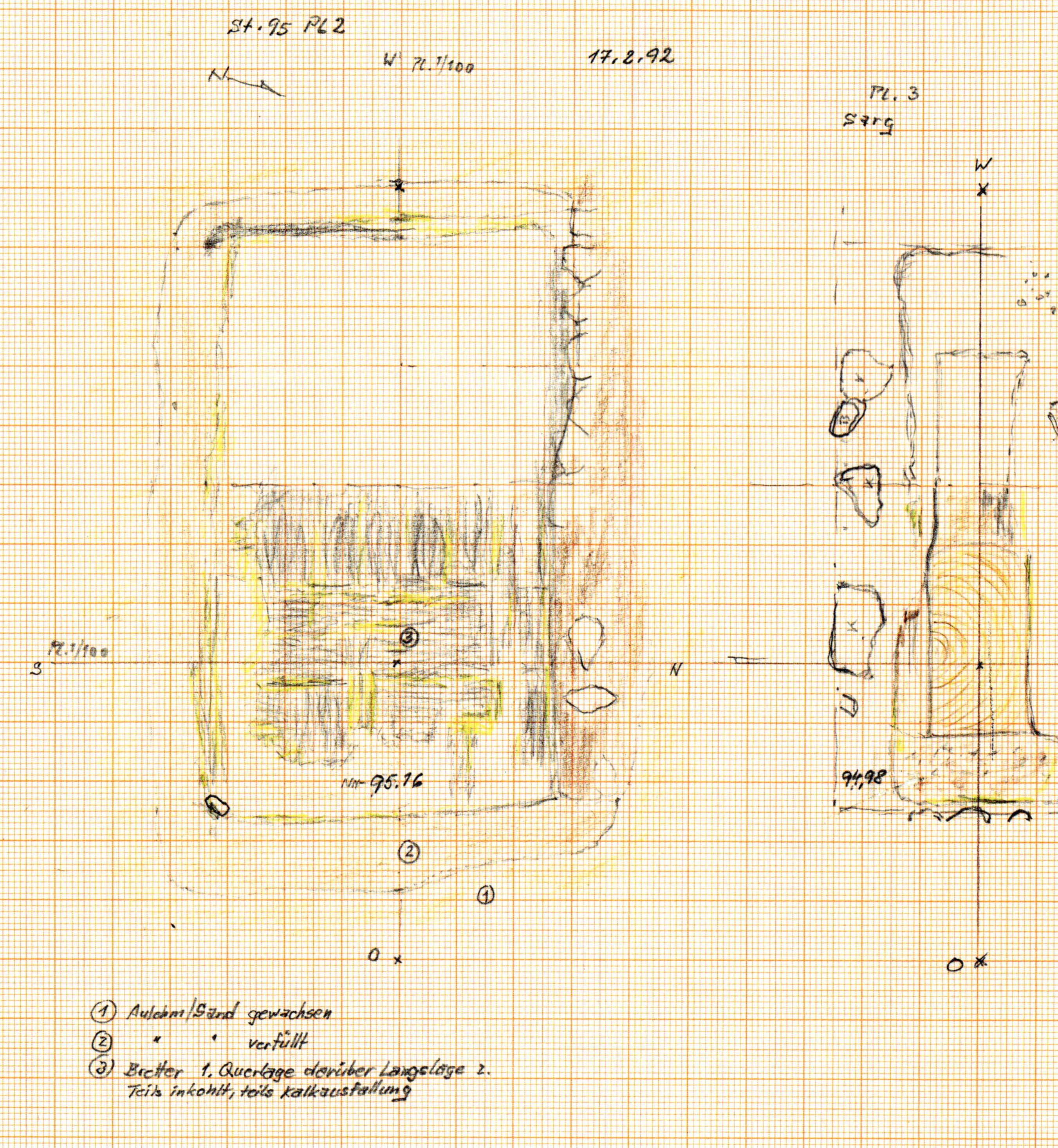

9,2 Doppelgrab 95: Zeichnungen von Planum 2, 3 (links) und 4 (rechts: Skelett und »Fundskizze Edelmetall«). Grabungszeichnungen Denkmalamt Frankfurt 17. und 20.02.1992 (R. Kubon). Planum 2, 3 und 4 (Skelett): M. 1:2; Planum 4 (»Fundskizze Edelmetall«): M. 1:1.

FFM 135,6 Dom-West
St. 95 Pl. 2-4 – Bl. 2
M 1/20 17.2 + 20.2.92

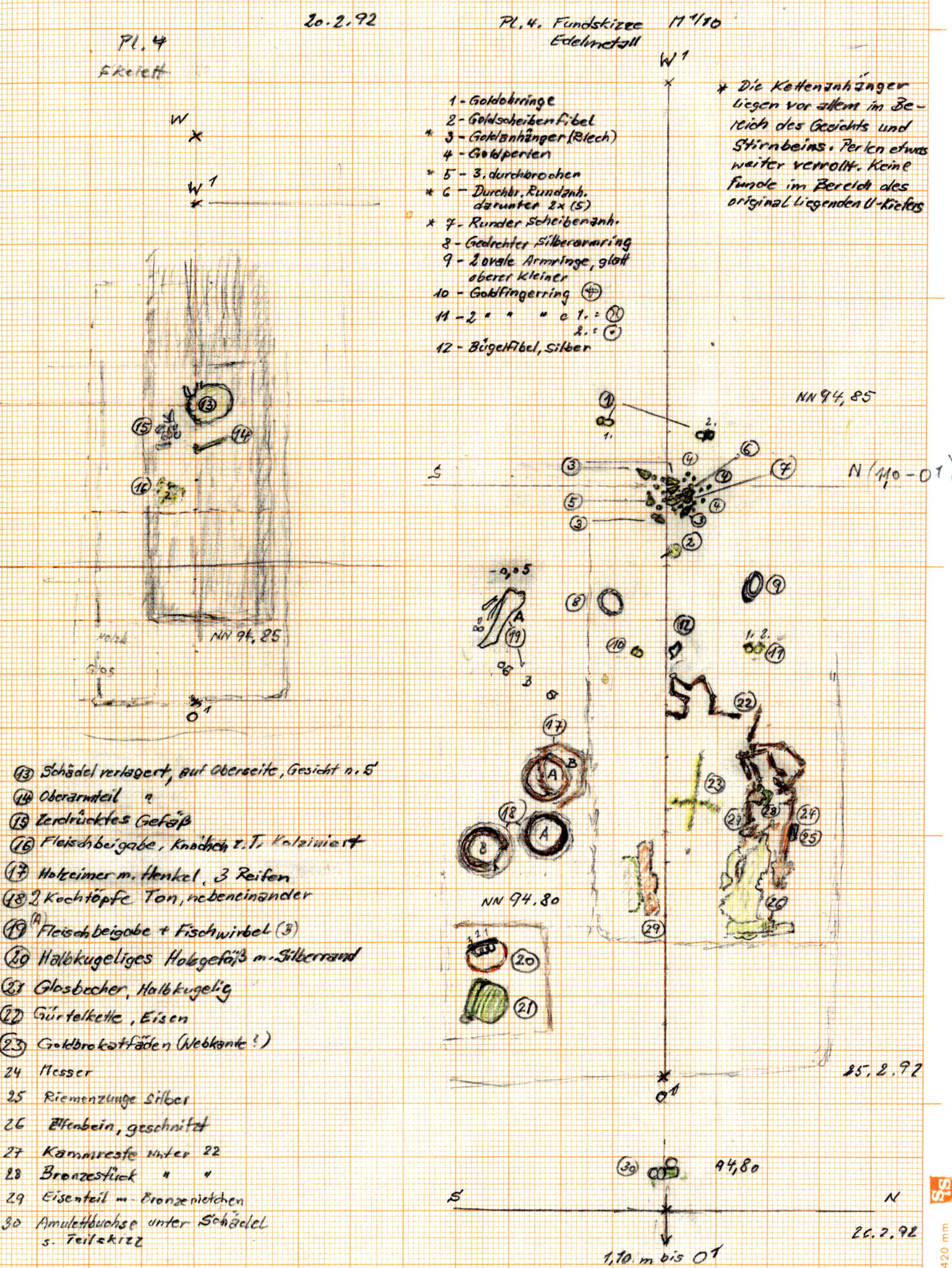

10 Doppelgrab 95, Schnitte. Grabungszeichnungen Denkmalamt Frankfurt 25. und 28.02.1992 (R. Kubon). M. 1:20

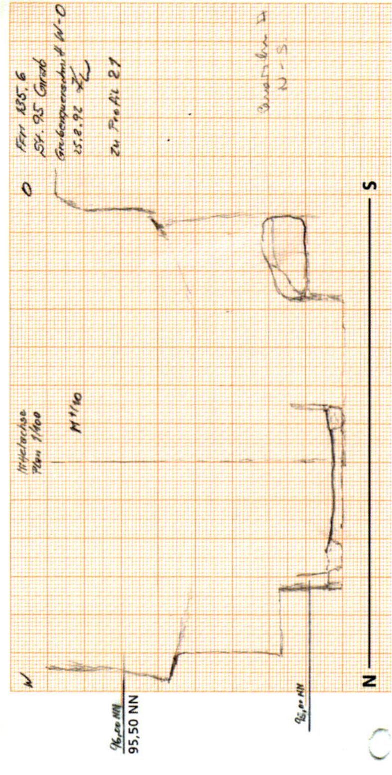

1 Nord-Süd-Schnitt gegen Osten durch das Kindergrab (Angabe in Zeichnung »W-O-Schnitt« falsch; Angabe »zu Profil 21« falsch – muss in »zu Profil 13« korrigiert werden; Höhenangaben links »96,00 NN« muss nach »95,50 NN« korrigiert werden). Man erkennt zuunterst die eigentliche Grabkammer mit dem auf Stollen oder Balken ruhenden Sarg im Norden der Kammer (links); darüber den beim Aushub entstandenen abgetreppten Grabgrubenschacht; rechts auf dem südlichen Absatz einen Stein. Bei etwa 95,35 m NN sieht man Ansätze der eingesackten ehemaligen Graboberfläche. Der in der Zeichnung angegebene Maßstab 1:10 gilt offenkundig nur für den oberen Bereich der Zeichnung, der untere Teil des Grabschachtes mit dem Sargsockel (in der Zeichnung unterhalb der 95,00 NN-Markierung) ist im Maßstab 1:20 eingetragen worden, vgl. etwa mit den publizierten Profilen 13 und 21 bei Hampel 1994, S. 30 u. 34. Korrekterweise müsste die Grabsohle auf dem Millimeterpapier 1 cm tiefer eingezeichnet werden.

Gräbern. Im späten 7. Jahrhundert finden sich Hühner in der Regel nur noch in Gräbern Zentralbaierns[75]. Auf Trankbeigabe weist ein kleiner eisenbeschlagener Schankeimer hin; er war vermutlich mit Wasser, Fruchtsaft oder einem Aufguss gefüllt und wegen des geringen Alters des Kindes vielleicht nicht mit einem vergorenen Getränk. Etwas weiter östlich hatte man ein hölzernes Kästchen (?) von etwa 20 cm Seitenlänge gestellt, in dem sich zwei erlesene Trinkgefäße befanden: eine Glastasse und ein rundlicher Holzbecher mit kompliziert aufgebauten Randbeschlägen aus Silberblech und -draht (zu den Gefäßen weiter unten S. 51 ff.). In Verbindung mit dem Schankeimer zeigt sich hierin eine typisch ostfränkische Beigabenkombination[76]. Die vergleichbar umfang- und variantenreichen Speisebeigaben aus Schmorhühnchen (ohne Kopf und Füße), Jungrind, Schwein, Ferkel sowie einen Biberschwanz im nordhessischen Doppelgrab 9 von Kirchberg-Niedenstein im Schwalm-Ederkreis[77] deuten an, dass im Umkreis der spätmerowingischen Eliten Ostfrankens des frühen 8. Jahrhunderts die Sitte der »überreichen Speisebeigaben« wieder auflebte, falls es nicht schlichtweg Ausdruck des Selbstverständnisses spätmerowingischer Eliten Ostfrankens ist.

In dieser Kombination aus eigentlicher Bestattung im Norden und der Positionierung der Beigaben im Süden folgt das Domgrab auch der Standardform der jüngermerowingerzeitlichen Gräber: Kammergrab mit Bretterauskleidung. Nach dem Zeugnis des etwa 45–50 km entfernten Gräberfeldes von Wenigumstadt ist diese Grabform noch bis etwa zur Mitte des 8. Jahrhunderts üblich, und zwar bei allen Bevölkerungsschichten; allerdings verringert sich mit abnehmendem Beigabenreichtum die Kammerbreite[78]. Mit 2,00 m × 1,20 m Grundfläche ist die Kammer für ein vier- bis fünfjähriges Kind recht groß, was jedoch mit der Reichhaltigkeit

75 Mittermaier 1986, 128; Becker 2002, 342 f. – Ganze Hühnchen inkl. Kopf und Füßen, die vornehmlich in Zentralthüringen und später auch in Zentralbaiern vorkommen, können wohl weniger als Speisebeigabe, sondern eher als Tieropfer angesehen werden; vermutlich hängen die Befunde in bajuwarischen Gräberfeldern mit thüringischen Zuwanderern zusammen (Mittermaier 1986, 128; Becker 2002, 341).

76 U. Koch 2013, 42 f.

77 Göldner/Sippel 1981; Sippel 1989, 377.

78 Stauch 2004, 206 f. mit weiterer Lit. 216 ff.

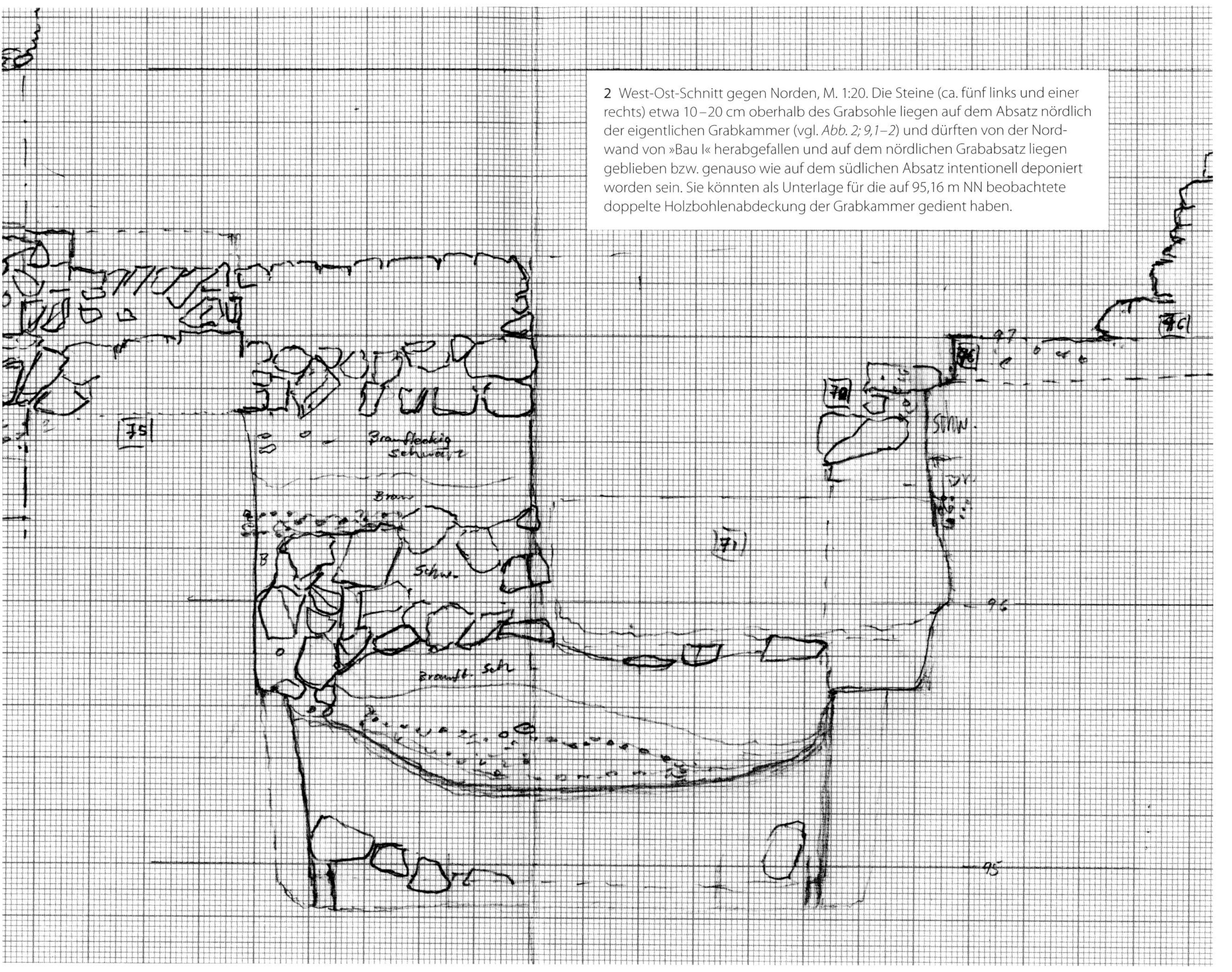

2 West-Ost-Schnitt gegen Norden, M. 1:20. Die Steine (ca. fünf links und einer rechts) etwa 10–20 cm oberhalb des Grabsohle liegen auf dem Absatz nördlich der eigentlichen Grabkammer (vgl. *Abb. 2; 9,1–2*) und dürften von der Nordwand von »Bau I« herabgefallen und auf dem nördlichen Grababsatz liegen geblieben bzw. genauso wie auf dem südlichen Absatz intentionell deponiert worden sein. Sie könnten als Unterlage für die auf 95,16 m NN beobachtete doppelte Holzbohlenabdeckung der Grabkammer gedient haben.

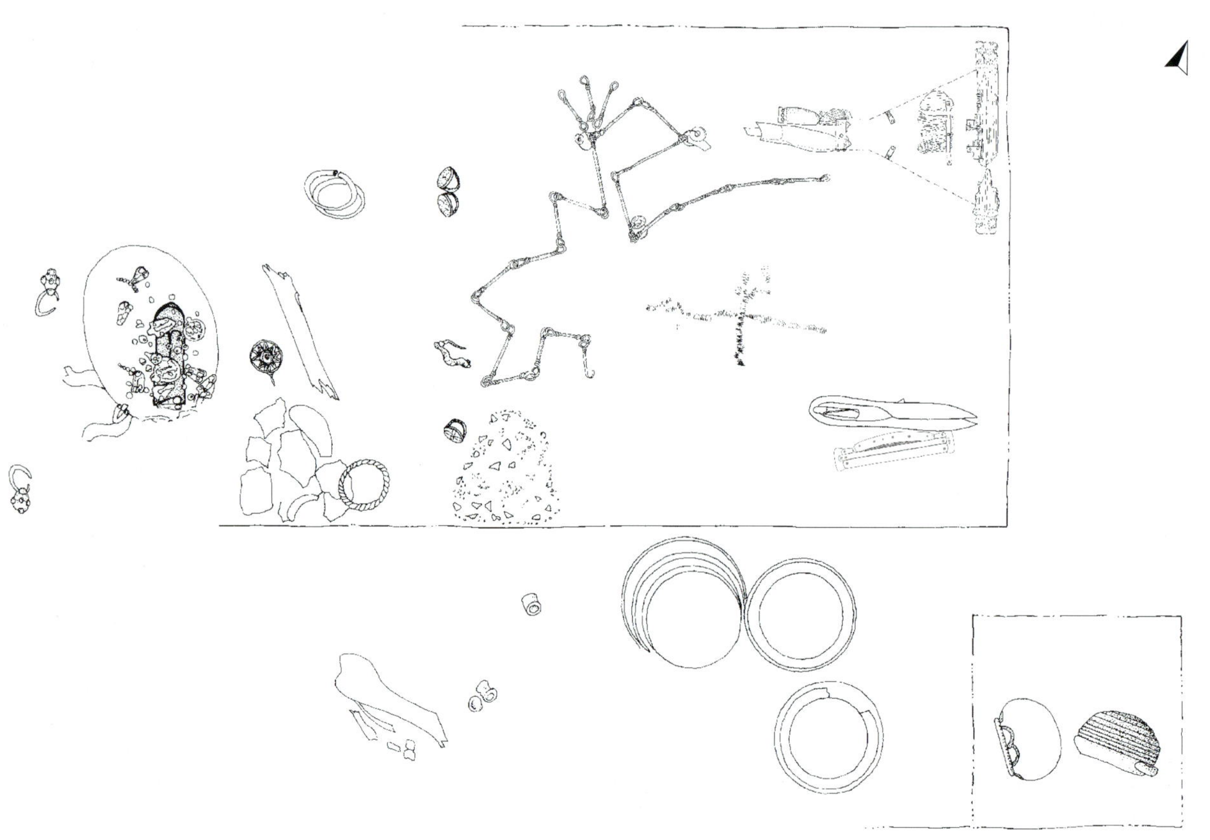

von Ausstattung und Beigaben und damit der sozialen Stellung der hier Beigesetzten zu erklären ist[79]. Auch die Positionierung der Beigaben innerhalb der Grabkammer, die immer auch von der Größe und Form der Grabkammer abhängig ist, folgt weitestgehend dem Usus der jüngeren Merowingerzeit: Speisen wie Fleisch, Eier und Fisch in Oberkörperhöhe, Trinkgeschirr weiter östlich[80].

Vom **Skelett** des Mädchens haben sich nur Teile des Schädels und der Armknochen erhalten[81] *(Abb. 2; 13–14)*. Sie sind der anthropologischen Altersstufe »Infans I« (hier 4–5 Jahre) zugewiesen worden, doch ihre Bestimmung als weiblich erfolgte nur über den Schmuck und die Accessoires ihrer Kleidung. Im Verlaufe des Verwesungsprozesses war der Schädel nach Osten auf die Brust gerollt und lag mit der Basis nach oben. Das kleine Mädchen war in vollständiger »Festtagstracht« aus verschiedenen Gewändern mit äußerst kostbarem und vielfältigem Schmuck sowie Kleidungszubehör ausgestattet gewesen *(Abb. 8; 28)*. Die einzelnen Beigaben sowie die Gesamtbekleidung werden weiter unten behandelt.

Unmittelbar rechts neben dem Mädchen, an ihrer rechten Hand und wohl innerhalb des Sarges, legten die Ausgräber eine rundliche Ansammlung von **Knochenbrand** frei, der sich vermutlich in einem organischen Behältnis wie einem Stoff- oder Lederbeutel befunden hatte *(Abb. 2; 9,3:* Planum 4,16*; 14; 96)*. Etwa 20 cm weiter westlich wurden Scherben eines einfachen freigeformten Tongefäßes angetroffen, letzteres das einzige innerhalb des Sarges deponierte Gefäß (vgl. oben S. 31 mit *Abb. 2; 9,2*: Planum 4,15*; 14; 19; 96)*[82]. Für Hampels Vermutung, dass dieses Gefäß bereits zerscherbt oder intentionell zerstört in das Grab neben den Knochenbrand gelegt wurde[83], spricht nichts: Das annähernd vollständig erhaltene Gefäß aus relativ fragiler handgemachter Keramik ist im Zuge des Grab-/Sargeinbruchs zerbrochen (zu Material und Machart vgl. unten S. 51). Die Skelettreste des Kindes sowie den Leichenbrand, die von J. Hahn jeweils nur knapp beschrieben wurden[84], hat Nils-Jörn Rehbach, Frankfurt am Main, 2004 und 2013 erneut begutachtet.

11 Blick in die holzverschalte Grabkammer mit Sarg und im Süden abgestellte Speise- und Trankbeigaben. Blick von West-Süd-West (Rekonstruktionsvorschlag: Archäologisches Museum Frankfurt; Ausführung: Architectura Virtualis Darmstadt).

12 Grabplan des Doppelgrabes. Interpretierende Umzeichnung (nach Hampel 1994, mit Änderungen): Gegenüber den Grabungsfotos *(Abb. 2; 14)* und der Grabungszeichnung *(Abb. 9,2 rechts)* sind von Hampel zum Beispiel die Gesamtproportionen leicht verändert; ferner sind zur besseren Veranschaulichung die Fingerringe der linken Hand gekippt, um die Ringplatten zu zeigen, und die Scheibenfibel, die bei der Grabung auf der Oberseite lag, wurde mit der Oberseite nach oben gezeichnet; vom freigeformten Gefäß wurden einige Scherben in der Umzeichnung nicht mit erfasst; die Lage der Ohrringe zum Schädel wurde verändert und einige Objekte leicht verschoben.
Gegenüber der Umzeichnung bei Hampel 1994, Abb. 71, wurden hier das Elfenbeinobjekt nach der neuen Rekonstruktion bei Hampel (1997, Abb. 9) und das Bündel Schere–Nadelhülse–Kamm nach Hampel (1997, Abb. 11) sowie nach den Ausführungen auf S. 122 ff. und 145 ff. geändert.

79 Vgl. die Tab. der Maße der Kammergräber in Wenigumstadt: Stauch 2004, 217 f. Tab. 36–41.
80 Vgl. Stauch 2004, 258 ff., 275 mit Abb. 114–117.
81 Anthropologische Analyse Hahn (in: Hampel 1994, 233); Rehbach S. 39.
82 Hampel 1994, 170.
83 Hampel 1994, 170.
84 In: Hampel 1994, 233.

Die menschlichen Überreste: Anthropologie, Chronologie, Isotopenanalyse

Anthropologische Untersuchungen zu den Skelett- und Leichenbrandresten *(Nils-Jörn Rehbach)*

Nach der Erstbeschreibung durch Hahn 1994 wurden 2013 die knöchernen Überreste eines menschlichen Individuums und Bruchstücke von Leichenbrand eines weiteren Individuums einer erneuten anthropologischen Analyse unterzogen.

Skelettreste

Auf einem Grabungsfoto und der Grabzeichnung ist ersichtlich, dass sich der Schädel nicht mehr in seiner anatomisch korrekten Position, sondern im Bereich zwischen Hals und Brustkorb befindet (*Abb. 2; 9,2*: Planum 4-Skelett*; 14;* vgl. oben S. 37). Die ursprüngliche Lage lässt sich aber anhand der Fundsituation der Ohrringe und des Unterkiefers vermuten. Auf der Grabzeichnung sind die ebenfalls aufgefundenen Reste des linken Unterarms nicht vermerkt.

Allgemein ist die Erhaltung der wenigen aufgefundenen Knochen eher schlecht, ihre Oberfläche blättert ab, und die Substanz selbst ist bröselig. Die Schädelfragmente sind darüber hinaus verformt, so dass eine Rekonstruktion des gesamten Schädels nicht möglich ist, auch nicht des Gesichtsschädels. Lediglich die härteren Zähne sind in einem besseren Zustand, wobei es auch hier schon zu vereinzelten Absplitterungen gekommen ist.

Die Zusammensetzung der Skelettreste ist nicht repräsentativ. Es liegen vorwiegend flache Schädelfragmente des Hirnschädels vor, darunter das größte Fragment mit einer maximalen Länge von 9 cm, während die übrigen Fragmente meist erheblich kleiner sind. Vom Gesichtsschädel sind drei Unterkieferfragmente sowie der Oberkiefer, zusammenhängend mit Teilen der Nasenknochen und den beiden Jochbeinen, erhalten geblieben. Des Weiteren findet sich ein Fragment aus dem Bereich oberhalb des rechten Auges, welches sich an den unteren Teil des Gesichtsschädels anlegen lässt *(Abb. 13,1)*. Zum Gebiss gehören noch drei vereinzelte Milchzähne und eine Zahnkrone des ersten Mahlzahns.

Vom postkranialen Skelett sind nur ein proximales Fragment eines Oberarms, jeweils ein distales Fragment von Elle und Speiche des linken Unterarms, sowie ein Fragment vermutlich eines Fersenbeins und ein wegen sehr schlechten Erhaltungszustandes nicht bestimmbares Fragment eines Langknochens.

Das Geschlecht des Individuums ist an den vorhandenen Skelettresten nicht nachzuweisen, der archäologische Befund entspricht jedoch eindeutig einem Mädchengrab (vgl. S. 157).

Das Alter des Individuums lässt sich anhand der unten aufgeführten Alterskriterien auf 4–5 Jahre mit einer Tendenz in Richtung 5 Jahre bestimmen und damit in die Altersgruppe »Infans I« (0–6 Jahre) einordnen. Als Alterskriterien dienten die Größe eines erodierten Teiles der Schädelbasis (*Pars basilaris*) mit einer maximale Breite von mindestens 30 mm – die ursprüngliche Breite dürfte jedoch größer gewesen sein –, was einem Alter über 4,5 Jahren entspricht[85], und der Zahnstatus beziehungsweise

85 Nach Scheuer/MacLaughlin-Black 1994.

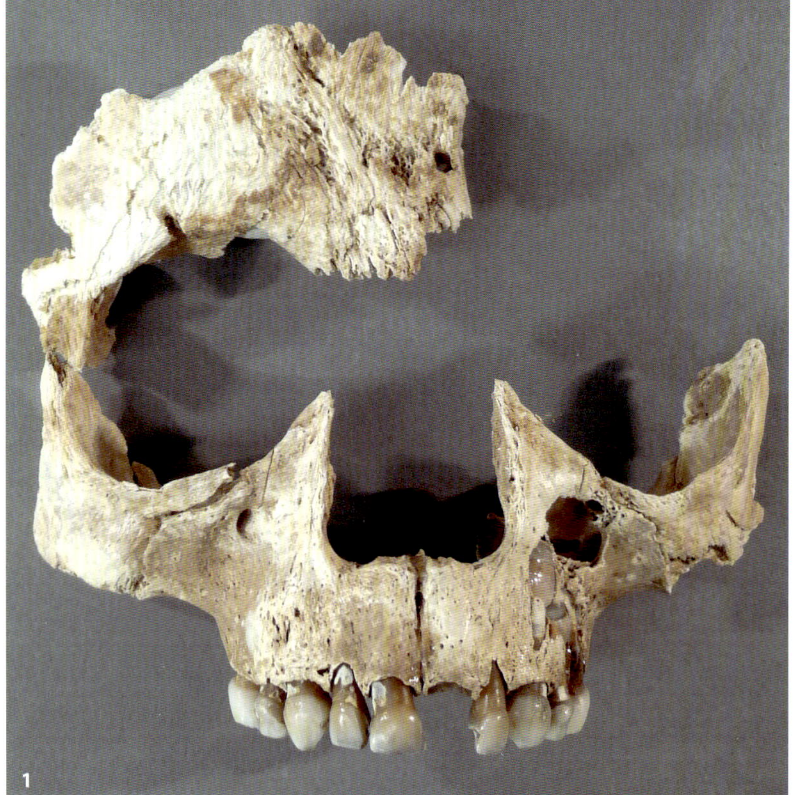

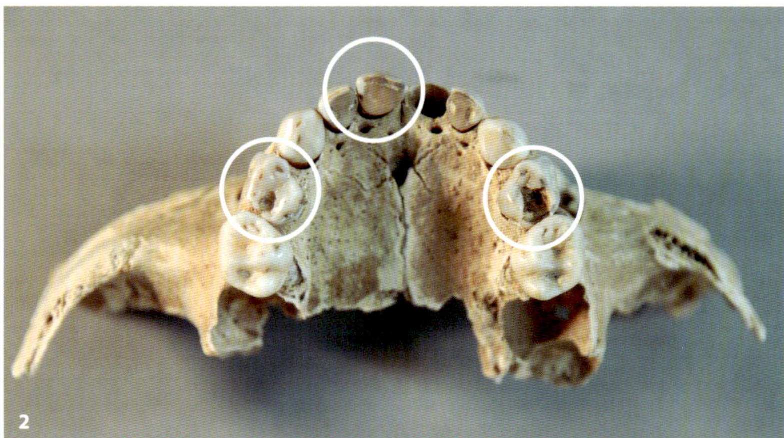

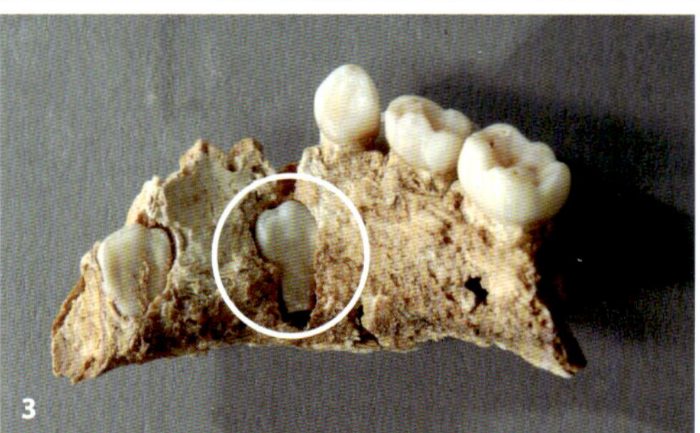

13 Skelettteile des unverbrannten Mädchens. 1 Gesichtsschädel in Frontalansicht (Länge 8,9 cm); 2 Oberkiefergebiss (Breite 9,5 cm), Aufsicht mit markierten Kariesläsionen; 3 Unterkieferfragment (Länge 4,3 cm), Blick distal, markiert ist ein dauerhafter Schneidezahn mit transversalen Rillen; 4 distale Elle (Länge 4,2 cm) und Speiche (Länge 4,5 cm) im Erdblock, mit Verfärbungen.

der Reifegrad des Gebisses mit den noch vorhandenen Milchzähnen und den bereits angelegten Dauerzähnen. Insbesondere die Schneidezähne des Unterkiefers und die Zahnkronen der ersten Mahlzähne des Oberkiefers verweisen auf ein Alter zwischen 4 und 5 Jahren.[86]

Die Analyse von Paläopathologien und weiterer anthropologischer Parameter ist nur bedingt möglich. Ein auffälliger pathologischer Befund zeigt sich jedoch am Milchgebiss des Oberkiefers. Die ersten Milchmahlzähne haben Läsionen, die durch eine Infektion durch kariogene Streptokokken und einer anschließenden Ausbildung einer Karies entstehen. Im Falle des linken ersten Milchmahlzahnes wurde sogar circa ein Drittel der Krone zerstört. Darüber hinaus sind die ersten Milchschneidezähne über ein normales Maß abgenutzt *(Abb. 13,2)*.

An den durch Erosion freigelegten und damit sichtbaren dauerhaften Schneidezähnen des Unterkiefers sind unterhalb der Zahnkrone transversale Rillen zu erkennen *(Abb. 13,3)*. Sie zeugen von einer Wachstumsstörung im 4. Lebensjahr[87].

Die Körperhöhe kann mangels vollständiger Langknochen nicht bestimmt werden. Deutliche türkis-grüne Verfärbungen an den distalen Knochenresten des linken Unterarms sind auf zwei der Toten übergestreifte kupferhaltige Armreife zurückzuführen *(Abb. 13,4)*. Die anti-mikrobielle Wirkung von Kupferionen aus der Bronze förderte die Erhaltung der Knochen, die im Kontaktbereich der Armreifen lagen.

Leichenbrand

Der vorgelegte Leichenbrand wiegt 116,3 g; geringere Mengen wie die Phalangen sowie einige zur ^{14}C-Bestimmung verbrauchte Fragmente wären hinzuzuzählen. Die Fragmente sind überwiegend größer als 5 mm.

Die Fragmente sind größtenteils weißlich und mineralisch fest, haben aber auch verein-

86 Nach Ubelaker 1978.
87 Schultz 1988.
88 Nach Hummel/Schutkowski 1986.

zelt eine leicht kreidige Oberfläche. Dies lässt auf eine Verbrennungstemperatur oberhalb 800 °C schließen. Des Weiteren finden sich vereinzelte graublaue Splitter, deren Verbrennungstemperatur zwischen 500–600 °C lag[88]. Auf einigen Schädelfragmenten erkennt man stecknadelkopfgroße, türkisblaue Farbpunkte. Diese entstanden nach der Beisetzung durch im Liegemilieu befindliches Mangan, das mit den Knochenmineralien zu Mangan-Apatit reagiert hat.

Die Zusammensetzung des Leichenbrandes ist wie bei den Skelettresten des Mädchens nicht repräsentativ. Er enthält wenige Überreste eines menschlichen Individuums, eines Bären, vermutlich eines Schweines und möglicherweise eines weiteren, nicht näher bestimmbaren Tieres[89].

Der menschliche Leichenbrand besteht vorwiegend aus Schädelfragmenten, darunter einem Jochbein, einem Felsenbein, einem Fragment oberhalb der Ohröffnung und einem Unterkieferfragment. Vom Gebiss liegen drei Kronen von permanenten Zähnen (ein Mahlzahn und zwei Backenzähne) und ein Milchzahn (vermutlich Eckzahn) vor. Unter den wenigen postcranialen Bruchstücken ließ sich jeweils ein Fragment dreier Wirbelbögen, eines distalen Oberarms, einer proximalen Elle, eines Kniegelenks eines Oberschenkels (distale Epiphyse), eines distalen Schienbeins und vermutlich eines Fersenbeins identifizieren. Darüber hinaus finden sich Kleinstfragmente diverser Langknochen und Rippen.

Der Überrest der mitverbrannten tierischen Beigaben beinhaltet acht Endphalangen (Krallen) eines europäischen Braunbären (*ursus arctos* L.) *(Abb. 96)*, das Fersenbein vermutlich eines Schweines, sowie Fragmente von Rippen und von kleineren und größeren Röhrenknochen tierischen Ursprungs.

Die folgenden Angaben beziehen sich lediglich auf die verbrannten menschlichen Überreste. Das Geschlecht des Individuums ist aus Mangel an relevanten Fragmenten nicht bestimmbar; das Alter lässt sich auf 4–5 Jahre abschätzen (Altersgruppe: *infantil*). Diese Abschätzung beruht auf der Knochengröße unter Berücksichtigung einer gewissen Schrumpfung, bedingt durch den Verbrennungsprozess[90], auf den offenen Wachstumszonen[91] und dem Zahnstatus[92]. Sämtliche Kronen der permanenten Zähne sind frei von Abnutzungsspuren, und die Zahnhälse sind noch nicht beziehungsweise nur geringfügig am äußeren Rand angelegt, was einem Alter von circa 4 Jahren entspricht.

Eine weitergehende anthropologische Analyse, etwa zur Bestimmung der Körperhöhe oder zur Paläopathologie, ist nicht möglich.

Zusammenfassend lässt sich über das Mädchen sagen, dass es in seiner kurzen Lebensspanne von maximal 5 Jahren häufiger in den Genuss von vermutlich mit Honig gesüßten Speisen kam, da die kariöse Zerstörung besonders eines Milchzahnes bereits ein fortgeschrittenes Stadium erreicht hatte. Andererseits muss es im 4. Lebensjahr auch Mangelernährung kennengelernt oder eine Erkrankung überstanden haben. Beides hätte zu der an den Dauerzähnen diagnostizierten Wachstumsstörung führen können. Die starke Abnutzung der vorderen Milchschneidezähne und auch die Abrasionsspuren an den anderen Milchzähnen zeugen auch von faserreicher beziehungsweise harter Kost.

Postmortal ist das Skelett größtenteils vergangen und der Schädel nach dem Verwesungsprozess durch den Einbruch einer möglicherweise hölzernen Unterlage in den Hals- beziehungsweise Brustbereich gerollt. Eine Abtrennung des Kopfes und Ablage desselben im Fundbereich ist auszuschließen, da sich zwei Ohrringe und der Unterkiefer »oberhalb« des Schädels befanden.

Das zweite Individuum, das vor der Grablegung verbrannt wurde, dürfte nicht viel älter als vier Jahre alt geworden sein. Die in dem Leichenbrand enthaltenen Krallen (*Phalanx III*) dürften von einem Bärenfell mit Tatzen stammen, das als Unterlage oder Umwicklung des Kinderleichnams im Zuge der Verbrennung gedient hat (vgl.

89 Vogelknochen, wie bei Hampel genannt, konnten nicht identifiziert werden (Hampel 1997, 601).

90 Grupe/Herrmann 1983.

91 Scheuer/Black 2000.

92 Ubelaker 1978.

unten S. 180 ff.). Die übrigen Tierknochen könnten als Nahrungsbeigabe angesehen werden, die ebenfalls mitverbrannt wurde.

Kommentar *(Egon Wamers)*

Demnach enthielt der Leichenbrand die Reste eines weiteren, ebenfalls 4–5 Jahre alten Kleinkindes, allerdings unbestimmten Geschlechts, sowie eines vermutlich jungen Schweins[93] und eines oder mehrerer weiterer Tiere der Größenordnung Schaf/Ziege/Hund. Bei den acht Krallen (Phalangen) eines Braunbären, sicherlich die Reste eines kompletten Bärenfells (vgl. weiter unten S. 180 ff.), und den anderen kremierten Knochenresten handelt es sich, anders als seinerzeit von der Ausgräberin vermutet, nicht um die »Beigabe« dreier »Spielkameraden« (Kind, Ferkel, Bär)[94] für das sicherlich schon christliche Mädchen (vgl. unten S. 212 ff.). Vielmehr bilden Leichenbrand und Gefäß eine Brandbestattung, die man unmittelbar neben die rechte Hand des gleichaltrigen Mädchens, und zwar innerhalb des Sarges, gelegt hatte[95]. Die weitere Diskussion dieses Brandgrabes erfolgt weiter unten (S. 177 ff.).

Zum zeitlichen Verhältnis von Körperbestattung und Brandbestattung *(Egon Wamers)*

Wegen der ungewöhnlichen Kombination von Brand- und Körperbestattung in einem Grab (vgl. dazu weiter unten S. 193 ff.) erhebt sich natürlich die Frage, ob diese beiden Gräber überhaupt gleichzeitig sind, ob vielleicht das Brandgrab älter oder jünger als das Körpergrab ist. Wie die sorgfältige Analyse des Gräberfeldes von Wenigumstadt durch Stauch gezeigt hat, sind zum Beispiel Nachbestattungen in älteren Gräbern besonders im fortgeschrittenen 8. und im 9. Jahrhundert ein häufiges Phänomen, und fast alle Brandgräber von Wenigumstadt waren Nachbestattungen in älteren Körpergräbern[96], was auch an anderen Plätzen wie Dittenheim und Kleinlangheim beobachtet wurde[97]. Doch nach dem Grabungsbericht und den Grabungsfotos gibt es keinerlei Indizien für eine Störung beim Frankfurter Grab, die eine nachträgliche Eingrabung der Brandbestattung aus Leichenbrand und Keramikgefäß anzeigen könnten (vgl. *Abb. 2; 9–12; 14*). Ganz offenkundig ist dieses Brandgrab eng an der rechten Seite des Mädels, dicht neben Schulter und Arm deponiert worden, und zwar innerhalb des Sarges. Der goldene Fingerring der rechten Hand lag laut Foto (*Abb. 14* = Hampel 1994, Abb. 75) unmittelbar am Rande des Leichenbrands; unter der Annahme, dass er seine Lage postmortal nicht in größerem Umfang verändert hätte – wofür die gleiche Horizontallage der beiden Fingerringe der linken Hand spricht –, war das Mädchen mit seiner rechten Hand direkt neben, wenn nicht gar auf den verbrannten Knochen (beziehungsweise dem Leichenbrand-Behältnis) des anderen mitbestatteten Kleinkindes niedergelegt worden. Der tordierte Armreif, der wohl am rechten Handgelenk getragen wurde, lag auf einer der Scherben des freigeformten Gefäßes – wiederum ein klarer Beleg für die gleichzeitige Einbringung von Körper- und Brandbestattung im Sarg. Eine Nachbestattung scheidet also für das Brandgrab aus.

Vor einigen Jahren hatte ich die Vermutung geäußerte, dass es sich bei dem Befund eventuell um die Reste einer älteren Brandbestattung, vielleicht des 3. bis 5. Jahrhunderts, handeln könnte, »das beim Aushub der Grabgrube für das Mädchengrab Ende des 7. Jahrhunderts angeschnitten wurde« und das man aus Pietätsgründen wieder an Ort und Stelle in dem Körpergrab beigesetzt hätte[98]. Diese Spekulation ist kaum wahrscheinlich, wie nicht nur das für das frühe 8. Jahrhundert nicht ungewöhnliche frei-

93 Hahn, in Hampel 1994, 233: »junges Schwein«.

94 Die Bärenkrallen als Reste eines ganzen Bärenfells hielt Hampel 1997, 601, für möglich.

95 So auch schon Haas-Gebhard 1998, 105 Anm. 558. – Ausführliche Zurückweisung der Vorstellungen Hampels bei Masanz 2010, 325.

14 Blick von Osten auf das freigelegte Kindergrab 95, Ausschnitt mit Schädel, Armknochen und daneben (links) positioniertem freigeformten Gefäß und »Leichenbrandnest« (= Hampel 1994, Abb. 75).

handgeformte Gefäß nahelegt, sondern vor allem die ^{14}C-Analysen vom unverbrannten und verbrannten Knochenmaterial aus dem Grab, die wir zur Klärung dieser Frage beim Leibniz-Labor für Altersbestimmung und Isotopenforschung der Christian-Albrechts-Universität zu Kiel (Prof. Dr. Pieter M. Grootes und Dr. Mathias Hüls) 2006 und 2007 in Auftrag gaben. Dabei haben wir Knochenmaterial des unverbrannten (1-KIA 29214) und des verbrannten Kindes (2-KIA 29317 und 3-KIA 30421), unbestimmte (tierische?) Leichenbrandknochen (4-KIA 29213) sowie die kremierten Bärenphalangen (5-KIA 31616) für die Beprobung ausgewählt. Zur Absicherung wurden 2013 und Anfang 2014 weitere Überprüfungen am Material durchgeführt, die indes zu abweichenden Ergebnissen führten.

96 Stauch 2004, 243 ff.

97 Haas-Gebhard 1998, 102 ff.; Pescheck 1996, 7 ff.; ferner Eschwege, Werra-Meißner-Kreis: Sippel 1987, 143.

98 Wamers 2001, 84 Anm. 71.

Probe	Probenprovenienz	Labor ID	Mess-Jahr	pMC (korr.)	Radiokarbonalter BP	$\delta^{13}C$ (‰ VPDB)
1	nicht-kremierter menschlicher Knochen (Körpergrab Mädchen)	KIA 29214	2006	84.88 ± 0.22	1315 ± 21	-18.42 ± 0.11
2	kremierte, sicher menschliche Knochen (Leichenbrand) (Unterprobe zu KIA 29213)	KIA29317	2006	85.02 +/- 0.33	1305 ± 30	-24,68 ± 0,10
3	kremierte, sicher menschliche Knochen (Leichenbrand)	KIA 30421 KIA 30421 -A (~ KIA 29213 A)[1] KIA 30421 -B	2006 2013 2014	85,63 ± 0,30 84.75 ± 0.29 84,59 ± 0,22	1245 ± 30 1330 ± 25 1345 ± 20	-24,35 ± 0,14 -22,55 ± 0,10 -23,45 ± 0,21
4	kremierter Knochen, nicht gesichert menschlich	KIA 29213 KIA 29213 -A (~KIA 30421 A)[2]	2006 2013	82.99 ± 0.24 83.69 ± 0.34	1495 ± 25 1430 ± 35	-25,35 ± 0,93 -21,41 ± 0,46
5	kremiertes Krallenbein von Braunbär (*Phalanx III*)	KIA 31616	2007	84.41 ± 0.30	1360 ± 30	-23,39 ± 0,18

Tabelle 2 Knochen- und andere Proben aus dem Kindergrab und Datierungsergebnisse des Leibniz-Labors für Altersbestimmung und Isotopenforschung der Christian-Albrechts-Universität zu Kiel.

^{14}C-Analysen von Knochenmaterial

(Matthias Huls)

Zur Datierung des Kinderdoppelgrabes wurden insgesamt fünf Proben auf ihrem ^{14}C-Gehalt untersucht. Während die Probe 1 Knochen aus der Körperbestattung eines vier- bis fünfjährigen Mädchens enthält, sind die Knochen der übrigen vier Proben kremiert worden (Verbrennung oberhalb von 600 °C; *Tabelle 2*).

Zur Datierung von Knochen wird bevorzugt Kollagen benutzt, das mit ca. 20 % der Hauptbestandteil des organischen Materials in frischen Knochen bildet. Kremierte Knochen hingegen enthalten kein ursprüngliches organisches Material mehr und werden am im Knochenapatit enthaltenen Karbonat datiert. Für kremierte Knochen ist die Übereinstimmung zwischen Knochenkarbonat- und damit assoziierten (das heißt kontemporären) Holzkohledatierungen nachgewiesen worden[99]. Darüber hinaus zeigten experimentelle Untersuchungen, dass bei der Kremierung neben charakteristischen Änderungen im Kristallgefüge des Apatits der darin enthaltene Kohlenstoff weitgehend ausgetauscht wird und eher der Zusammensetzung der Verbrennungsatmosphäre entspricht[100]. Unter der Voraussetzung, dass kontemporäre Brennmaterialien verwendet wurden (zum Beispiel frisches beziehungsweise junges Holz), entspricht die Datierung von kremierten Knochen daher im Wesentlichen der Datierung des Verbrennungsereignisses.

Die Proben wurden erstmals 2006 und 2007 datiert. Der dabei ermittelte Altersunterschied zwischen der Probe 4 und den übrigen Proben wurde 2013 und 2014 durch eine erneute Messung überprüft.

Materialprüfung und Probenaufbereitung

Vor der ^{14}C-Datierung müssen Kollagen und Karbonat von kohlenstoffhaltigen Verunreinigungen gesäubert und isoliert werden. Zur Bestimmung der Karbonat-Konzentration im Apatit sowie der Anwesenheit von Verunreinigungen von sekundärem Kalzit wurden die kremierten Proben 2–5 zunächst mit Röntgendiffraktometrie (englisch X-Ray Diffractometry, XRD) beziehungsweise FTIR (Fourier-Transform Infrarot Spektroskopie) untersucht. Im Ergebnis wurden diese Proben als kremierter Knochen (Verbrennung oberhalb von 600 °C) ohne erkennbare sekundäre Kalzitablagerung (< 3 Gew.%) eingestuft *(Abb. 15)*.

99 Lanting/Aerts-Bijma/v. d. Plicht 2001; van Strydonck u. a. 2005.

100 Hüls u. a. 2010; van Strydonck u. a. 2010.

Probenvorbereitung zur ^{14}C-Analyse

Zur Entfernung von Verunreinigungen wie zum Beispiel sekundärem Kalzit der kremierten Knochenproben wurden rund 1–3 g Probenmaterial zu >30 Gew.% mittels Essig- und Salzsäure angelöst (Aufbereitung 2006 und 2007: nur Salzsäure; 2013 und 2014: Essigsäure und Salzsäure). Das verbliebene Probenmaterial (Säurerückstand) wurde dann mit Phosphorsäure zu CO_2 hydrolisiert. Das Proben-CO_2 wurde anschließend zur Eliminierung eventuell vorhandener Schwefelverbindungen zusammen mit CuO und Ag-Wolle in eine Quarzampulle überführt, versiegelt und bei 900 °C für 4 h verbrannt.

Die Inspektion des unverbrannten Knochens von Probe 1 (**KIA 29214** – nicht-kremierter menschlicher Knochen [Körpergrab Mädchen]) unter dem Mikroskop ergab das Vorhandensein eines transparenten Überzuges. Zur Entfernung möglicher hydrophober Verunreinigungen durch organische Konservierungsmittel/Lacke wurde die Probe in einem Serienextraktor subsequent heiß mit Tetrahydrofuran, Chloroform, Petroleumbenzin, Aceton, Methanol und Wasser extrahiert. Eine Probe aus zerkleinertem, festem Knochenmaterial (0,5–2 mm) wurde dann mit HCl (circa 1 %) demineralisiert. Das demineralisierte Material wurde anschließend zur Entfernung mobiler Huminsäuren mit 1 % NaOH (20 °C, 1 h) und wieder 1 % HCl (20 °C, 1 h) extrahiert. Die bevorzugt zu datierende Fraktion, das Kollagen, wurde über Nacht bei 85 °C und pH = 3 in demineralisiertem Wasser als Gelatine gelöst. Nichtlösliche Teile, darunter auch mögliche Kontaminationen, wurden mit einem ausgeglühten 0,45 µm-Silberfilter abfiltriert. Nach der Gefriertrocknung der Gelatinelösung wurde die Gelatine (~Kollagen) in eine Quarzampulle überführt, versiegelt und bei 900 °C für 4 h verbrannt. Dies ist im Wesentlichen die von Longin (1971) beschriebene und im Leibniz-Labor angepasste Methode[101].

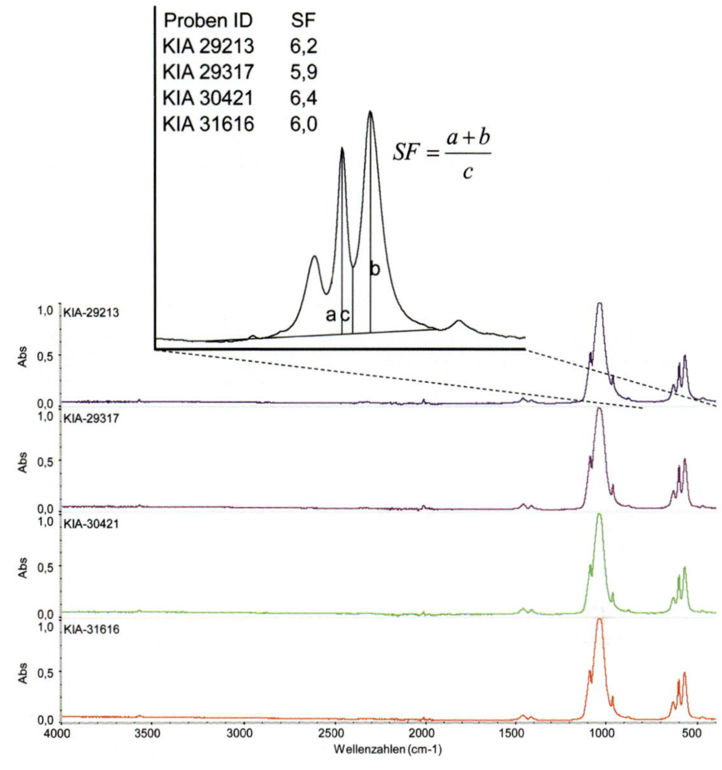

15 Infrarot-Spektrogramm der Proben KIA 29213, 29317, 30421 und 31616 (vergleiche Berichte vom 18.07.2007, 05.10.2006, 16.06.2006 und 14.03.2006). Der vergrößerte Ausschnitt zeigt die Berechnung des Splittingfaktors (SF) der Phosphat Schwingung zwischen 750 cm^{-1} und 495 cm^{-1}. Der SF steht in linearer Beziehung zur Kristallitgröße; ein SF > 5 weist auf Kristallitgrößenänderungen infolge Temperaturen > 600 °C.

AMS-^{14}C Messung

Das CO_2 aller Probenfraktionen wurde mit H2 bei 600 °C über einen Eisen-Katalysator zu Graphit reduziert und das Eisen-Graphit-Gemisch wurde für die Messung in der 3-MV HVE Beschleunigeranlage für Massenspektrometrie (AMS = accelerator mass spectrometry) in Probenhalter gepresst[102]. In der Ionenquelle der AMS-Anlage wird aus dem Graphit ein Ionenstrahl mit Kohlenstoffionen unterschiedlicher Massen (12, 13 und 14, relativer Häufigkeit: 0,989 – 0.011 – 10^{-12}) erzeugt, der durch mehrfache Analyse und Bereinigung in der AMS-Anlage in die reinen Ionenstrahlen ^{12}C, ^{13}C und ^{14}C getrennt wird. Die relative Intensität dieser Ionenstrahlen wird anschließend gemessen.

101 Longin 1971; Grootes u. a. 2004.

102 Nadeau u. a. 1998.

Die ^{14}C-Konzentration der Proben ergibt sich aus dem Vergleich der simultan ermittelten ^{14}C, ^{13}C- und ^{12}C-Gehalte mit denen des modernen CO_2-Meßstandards (Oxalsäure II) sowie geeigneter Nulleffekt-Proben[103]. Das konventionelle ^{14}C-Alter berechnet sich anschließend nach Stuiver und Polach (1977) mit einer Korrektur auf Isotopenfraktionierung anhand des gleichzeitig mit AMS gemessenen ^{13}C-/^{12}C-Verhältnisses. Dieser d^{13}C-Wert enthält auch die Effekte der während der Graphitisierung und in der AMS-Anlage auftretenden Isotopenfraktionierung und ist deshalb nicht direkt vergleichbar mit d^{13}C-Werten, die in einem CO_2-Massenspektrometer gemessen werden. Die Unsicherheit im ^{14}C-Ergebnis berücksichtigt Zählstatistik, Stabilität der AMS-Anlage und Unsicherheit im subtrahierten Nulleffekt. Für die ersten beiden haben wir die Zählstatistik und die beobachtete Streuung der Messintervalle verglichen und den größeren Wert verwendet. Das konventionelle ^{14}C-Alter bezieht sich auf einen ursprünglichen ^{14}C-Gehalt gleich dem der Standardatmosphäre und der Libby-^{14}C-Halbwertzeit von 5568 Jahren. Der beste Wert für die Halbwertzeit ist jedoch 5730±40 Jahre; zusätzlich war der ^{14}C-Gehalt der Atmosphäre variabel. Die Schwankungen im atmosphärischen ^{14}C-Gehalt wurden durch Eichmessungen an dendrochronologisch datierten Baumringen bestimmt. Die Übersetzung der konventionellen Alter in Kalenderalter erfolgte unter Berücksichtigung der neuen Halbwertzeit und der Baumringeichdaten mit dem Programmpaket OxCal4[104] und dem Intcal13 Datensatz. Die aus der Messung hervorgehende Wahrscheinlichkeitsverteilung der konventionellen ^{14}C-Alter führt in Zusammenhang mit der oftmals unregelmäßigen Eichkurve zu der Wahrscheinlichkeitsverteilung der gesuchten Kalenderalter.

Datierungsergebnisse

Die Proben haben hinreichend Kohlenstoff ergeben und lieferten ausreichend große Ionenströme in der AMS-Anlage. Die $\delta^{13}C$-Werte (AMS gemessen) liegen im Normalbereich für a) kalziniertes Knochenapatit beziehungsweise Knochenkollagen. Hinsichtlich Kohlenstoffmenge, Probenstrom und gemessener $\delta^{13}C$-Werte sind die AMS-^{14}C-Messungen insofern zuverlässig.

Die Datierungsergebnisse aus den Jahren 2006 und 2007 und der dabei ermittelte Altersunterschied zwischen den Proben 1–3 und 5 einerseits und der Probe 4 andererseits wurden in einer erneuten ^{14}C-Messung der Proben 3 und 4 im Jahre 2013/2014 überprüft (siehe *Tabelle 2*).

Die aus der AMS-Messung resultierenden Radiokarbonalter der Proben 3 und 4 (**KIA 29213-A**, Säurerückstand; **KIA 30421-A**, Säurerückstand) der ersten Wiederholung aus 2013 liefern im Vergleich zu den Messungen aus dem Jahr 2006 sich widersprechende Probenalter (siehe *Tabelle 2*). Zur Überprüfung wurde daher verfügbares Probenmaterial der Probe 3 (**KIA 30421-B**) erneut aufbereitet und gemessen. Leider stand für die Probe 4 kein weiteres Probenmaterial mehr zur Verfügung. Im Ergebnis zeigt sich, dass im Verlauf der Wiederholung 2013 offensichtlich Material der Proben 3 und 4 vertauscht wurde.

Eine korrigierte Zusammenfassung der Messergebnisse liefert *Tabelle 2*. Die ^{14}C-AMS-Messungen der Wiederholung der Probe 3 und 4 aus 2013 und 2014 ergeben im Rahmen der Messunsicherheiten übereinstimmende Altersdatierungen (Altersunterschied $< 2\sigma$). Die Kalibrierung in Kalenderjahre erfolgte daher mit dem gewichteten mittleren Probenalter (R_combine Funktion OxCal4). Allerdings ergibt das gewichtete mittlere Alter der Wiederholung von Probe 3 ein

103 Nadeau u. a. 1997, 1998.

104 Programmpaket OXCAl14: Bronk Ramsey/Scott/v. d. Plicht 2013; Intcal13 Datensatz: Reimer u. a. 2013.

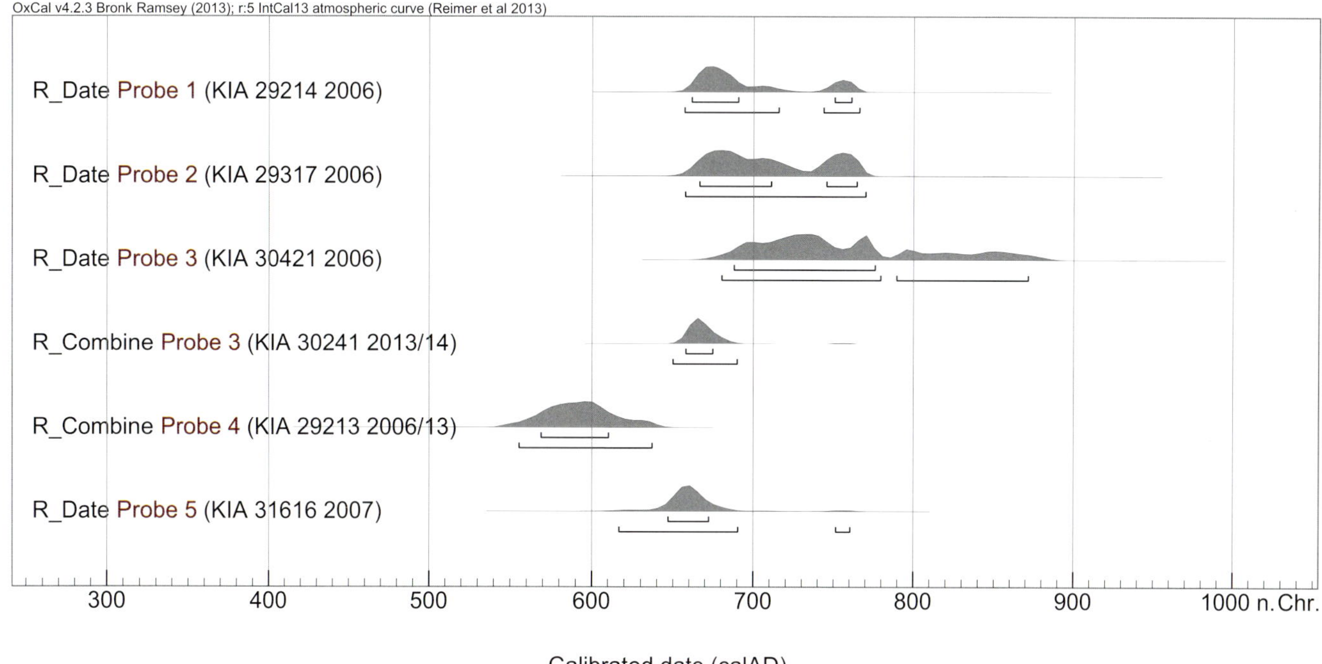

schwach signifikant älteres Probenalter (Unterschied 2,8 σ) im Vergleich zur Messung aus dem Jahr 2006. Inwieweit mögliche Verunreinigungen mit älterem oder jüngerem Kohlenstoff bei der Aufbereitung oder Fraktionierungseffekte für diesen Altersunterschied verantwortlich sind, lässt sich mit den verfügbaren Messergebnissen nicht weiter aufschlüsseln.

Eine zusammenfassende Darstellung aller kalibrierten Probenalter aus dem Frankfurter Kinderdoppelgrab ist in der Grafik *(Abb. 16)* zusammengestellt. Die Proben 1, 2, 3 und 5 ergeben konsistente Radiokarbonalter, die auf eine Niederlegung in der zweiten Hälfte des 7. Jahrhunderts schließen lassen. Abweichend dazu ergeben die ^{14}C-Messungen der Probe 4 eine Datierung in die erste Hälfte des 7. Jahrhunderts.

Das etwas ältere Datum für die Probe 4 (**KIA 29213**, nicht gesichert humaner Leichenbrand) weist damit auf ein zu den übrigen Proben 2, 3 und 5 separates Verbrennungsereignis hin. Wie bereits ausgeführt, stammt der im kremierten Apatit befindliche Kohlenstoff zu einem überwiegenden Anteil aus dem Kohlenstoff in der Verbrennungsatmosphäre und damit aus dem zur Verbrennung genutzten Brennstoff und der Atmosphäre. Für die Proben 2, 3 und 5 legen die ^{14}C-Messungen mit zur Probe 1 (Knochenkollagen) übereinstimmenden Datierungen die Verwendung von kontemporären Brennstoffen (Frischholz) bei der Verbrennung beziehungsweise Kremierung nahe, wohingegen das höhere Alter der Probe 4 dann auf eine Verbrennung mit einem höheren Anteil älterer Brennstoffe (Altholzeffekt) bei der Kremierung/Verbrennung hinweist. Ob damit zwingend eine ältere Kremierung der Probe 4 oder nur eine Verbrennung mit unterschiedlichen Brennstoffen angezeigt ist, lässt sich nicht weiter unterscheiden.

16 Grafisch-tabellarische Zusammenfassung der kalibrierten Probenalter von KIA 29213, 29214, 29317, 30421 und 31616 (vergleiche Ausführungen von M. Hüls, S. 44 ff.). Probe 1: nicht-kremierter menschlicher Knochen (Körpergrab Mädchen); Probe 2 und 3: kremierte, sicher menschliche Knochen (Leichenbrand); Probe 4: kremierter Knochen, nicht gesichert menschlich; Probe 5: kremiertes Krallenbein von Braunbär (*Phalanx III*).

Kommentar *(Egon Wamers)*

Abgesehen von dem schwer verständlichen Ergebnis der Probe 4 (2006/2013 – **KIA 29213**: nicht gesichert humaner Leichenbrand) sind – nach der Revision der ersten Ergebnisse – alle Proben (unverbranntes Kind, menschlicher Leichenbrand und verbrannte Bärenkrallen) in einen gleichen Horizont datiert und somit zu gleicher Zeit in den Boden gekommen *(Abb. 16)*. Damit sind beide Kleinkinder, das unverbrannte Mädchen mit reichen Beigaben und das in oder auf einem Bärenfell verbrannte zweite Kind,

Tabelle 3 Messergebnis der Kontrollprobe »Schädel unverbranntes Kind« des Klaus-Tschira-Labors

Labornr. MAMS	Probenname	^{14}C Alter	±	^{13}C	Cal 1 sigma	Cal 2 sigma
20612	1994/095/01 Schädel unverbranntes Kind	1367	18	-18,7	cal AD 650-665	cal AD 642-674

gleichzeitig bestattet worden – es handelt sich also um eine echte bi-rituelle Doppelbestattung. Wegen des deutlich höheren Alters der Probe 4 bezweifelt Hüls, dass diese wahrscheinlich nichtmenschlichen kremierten Knochen gleichzeitig mit den anderen kremierten Knochen und den Bärenphalangen verbrannt wurden (»separates Verbrennungsereignis«); das höhere Alter erklärt er mit »Altholzeffekt«. Im Rahmen einer Scheiterhaufenverbrennung wäre dies nur erklärlich, wenn die – vermuteten – tierischen Speisebeigaben gesondert verbrannt worden wären oder an einer Stelle auf dem Scheiterhaufen gelegen hätten, wo trockenes Altholz dominiert hätte. Dies ist eine sehr hypothetische und wenig wahrscheinliche Erklärung. Wahrscheinlicher wäre es, wenn diese älteren Tierknochen aus einer anderen Verbrennung auf demselben Scheiterhaufenplatz stammen würden und dann beim Auflesen des Kindergrab-Leichenbrandes aus »Altbestand« mit aufgelesen worden wären. Jedoch würde dies auf eine Tradition von Leichenverbrennung in (der Nähe von) *Franconofurd* über ein bis zwei Generationen hinweisen, wofür es ansonsten keinen Beleg gibt. Andererseits ist die Leichenverbrennung auf dem knapp 50 km entfernten Gräberfeld von Wenigumstadt vom späten 7. bis über die Mitte des 8. Jahrhunderts hinaus gepflegt worden, wobei jedoch keine Scheiterhaufenplätze bekannt sind[105]. Befriedigend ist keine dieser Erklärungen.

Darüber hinaus entspricht die revidierte absolute Datierung (zweite Hälfte 7. Jahrhundert) nicht der archäologischen Datierung (frühes 8. Jahrhundert: vgl. unten S. 173 ff.). Für die Proben unverbranntes Mädchen (1-**KIA 29214**) und verbranntes zweites Kind (2-**KIA 29317**) sind nach den »Peaks« auch Datierungen in der ersten Hälfte oder Mitte des 8. Jahrhunderts gut denkbar (vgl. *Abb. 16*). Da für Probe 4-**KIA 29213** (nicht gesichert humaner Leichenbrand) schon 2006/2007 ein etwa 100 Jahre höheres Alter (also zweite Hälfte 6. Jahrhundert) gemessen wurde, was nach der Neuberechnung von 2014 auf 50 Jahre reduziert wurde (etwa erste Hälfte des 7. Jahrhunderts), sollte diese Probe als »Ausschläger« aus der Gesamtbetrachtung ausgeschieden werden, vor allem, da »für die Probe 4 kein weiteres Probenmaterial mehr zur Verfügung« stand, also der ursprünglich beprobte Knochen nicht erneut beprobt und damit grundlegend überprüft werden konnte.

Da andere AMS-Labore verschiedentlich deutliche und regelhafte Abweichungen in ihren Ergebnissen gegenüber denjenigen des Leibniz Labors in Kiel erbrachten, haben wir im März 2014 auf Anraten von Hüls eine weitere Probe (Schädelknochen vom unverbrannten Kind) zur Kontrolluntersuchung an das ^{14}C-Labor des Klaus-Tschira-Archäometrie-Zentrums des Curt-Engelhorn-Zentrums Archäometrie in Mannheim übergeben[106]. Das Ergebnis lautete:

^{14}C-Analyse einer Knochenprobe vom Schädel des unverbrannten Kindes *(Bernd Kromer)*

Die Proben wurden wie nachstehend beschrieben aufbereitet und der ^{14}C-Gehalt mit dem MICADAS-Beschleuniger des Klaus-Tschira-Labors für physikalische Altersbestimmung gemessen. Aus den Knochen wurde Kollagen extrahiert und mit Ultrafiltration die Fraktion > 30kD abgetrennt. Diese Fraktion wurde gefriergetrocknet und verbrannt. Das CO_2 wurde katalytisch zu Graphit reduziert.

Das Ergebnis der Datierung ist in *Tabelle 3* und der Grafik *(Abb. 17)* aufgeführt. Die Kalibration wurde mit INTCAL13 und OxCal 4.2

105 Stauch 2004, 242 ff.

106 Prof. Dr. Bernd Kromer danke ich herzlich für die kurzfristige Beprobung.

durchgeführt. Der δ^{13}C-Wert stammt aus der Messung der Isotopenverhältnisse im Beschleuniger; sein Fehler beträgt circa 2 ‰. Der Wert kann durch Isotopentrennung bei der Aufbereitung und in der Ionenquelle des Beschleunigers verfälscht sein und ist daher nicht mit einer Messung in einem IRMS vergleichbar.

Kommentar *(Egon Wamers)*

Dieses Ergebnis, 642 – 674 n. Chr., für das unverbrannte Kind stimmt mit den jüngsten Daten des Kieler Labors in der absoluten Datierung weitgehend überein. Allerdings sind bei dieser Analyse keine Werte für das 8. Jahrhundert ausgewiesen. Auf die absolute Datierung des Domgrabes im Kontext der ^{14}C-Daten und der antiquarisch-archäologischen Analysen wird weiter unten noch eingegangen werden (S. 173 ff.).

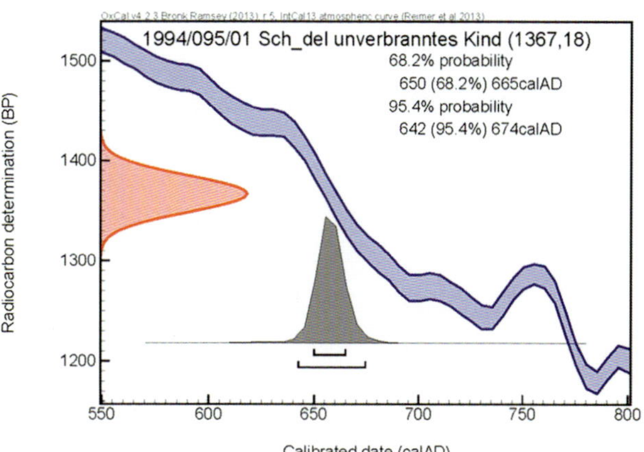

17 Grafik der Kalibration MAMS 20612, Schädel des unverbrannten Mädchens (B. Kromer).

Zur regionalen Herkunft der Kinder und des Elfenbeinobjekts an Hand der Strontiumisotopenwerte *(Mike Schweissing)*

Um der Frage der Beziehung der beiden Kinder zueinander näherzukommen, wurden im Auftrag von Egon Wamers im Jahre 2007 an der Staatssammlung für Anthropologie und Paläoanatomie München Strontiumisotopenmessungen am Zahn- und anderem Material sowie von Erdproben aus dem Grab durchgeführt. Die Untersuchungen ergaben folgende Ergebnisse.

Untersuchte Proben:

	Proben	Strontium-($^{87}Sr/^{86}Sr$)Wert
1	1994/095/001 (Zahn Mädchen)	0,708776
2	1994/095/024 (Zahn Brandbestattung)	0,708765
3	1994/095 (Bärenkrallen)	0,708769
4	1994/095/013 (Beinobjekt, Mammutknochen)	0,709014
5	1994/095/001 (Erde von Kalotte)	0,708764
6	1994/095/010 (Erde unter Gürtelschnalle)	0,708759

Tabelle 4 Strontiumisotopenwerte der Proben.

Die beiden Bodenproben (5 und 6) sind anhand ihrer Strontiumisotopie nicht unterscheidbar. Probe 5 weist einen $^{87}Sr/^{86}Sr$-Wert von 0,708764, Probe 6 einen Wert von 0,708759 auf. Die Messgenauigkeit liegt in der fünften Nachkommastelle und kann hier also nicht als signifikant unterschiedlich betrachtet werden. Die Bodenproben dienen hier als Wert für die lokale Isotopie.

Die Zahnproben weisen ebenfalls Strontiumwerte auf, welche nicht von den lokalen zu unterscheiden sind. Probe 1 (Mädchen): $^{87}Sr/^{86}Sr$ 0,708776; Probe 2 (Beibestattung): $^{87}Sr/^{86}Sr$ 0,708765.

Die Probe der Bärenkrallen zeigt ebenfalls keinen Unterschied zu den lokalen Werten (0,708769).

Die Werte des beprobten Beinobjektes (Probe 4) weisen ebenfalls mit den Werten von 0,709014 keinen signifikanten Unterschied zu den bestehenden Bodenverhältnissen auf. Die leichte Erhöhung dieser Werte sollte allerdings zusammen mit der logischen Vermutung, ein lokales Mammut eher als unwahrscheinlich anzusehen, den Schluss auf eine Gebietsfremdheit nahe legen.

Keiner der ermittelten Werte deutet hier darauf hin, dass die Individuen zugezogen sind. Allerdings muss erwähnt werden, dass die Isotopenwerte, welche hier durch die Bodenproben ermittelt wurden, auch in anderen Gebieten Deutschlands vorkommen. So ist südlich von Frankfurt entlang des Rheins bis etwa nach Freiburg von etwa gleichen $^{87}Sr/^{86}Sr$-Verhältnissen auszugehen. Ebenfalls können diese Werte im Raum zwischen der Donau und den Alpen auftreten sowie in der Norddeutschen Tiefebene. Die geologische Karte zeigt alle Gebiete mit Isotopenwerten im Bereich von $^{87}Sr/^{86}Sr$ 0,708 bis 0,709 als hell- beziehungsweise als dunkelgelb an.

So ist eine fremde Herkunft der untersuchten Individuen zwar nicht völlig auszuschließen, erscheint hier aber eher unwahrscheinlich[107].

Kommentar *(Egon Wamers)*

Für die Frage nach einer Klärung der regionalen Zuweisung der beiden Kinder hat diese Untersuchung[108] somit keine greifbaren Ergebnisse erbracht, weder positiv, noch negativ.

107 Für die Analysen danke ich Dr. Mike Schweissing, München, sehr.

108 Methodisches zur Strontiumisotopen-Untersuchung vgl. Schweissing 2009.

Untersuchungen zu den Gefäßbeigaben

Scheibengedrehte Kochtöpfchen

(Egon Wamers)

Inventar: 1994/095/016
Keramikgefäß; hartgebrannte Drehscheibenware mit ausgestelltem Kolbenrand; Rußspuren. Weitgehend unbeschädigt.
H. 12,1 cm; Bauchdm. 12,5 cm.

Inventar: 1994/095/017
Keramikgefäß; hartgebrannte Drehscheibenware mit ausgestelltem Kolbenrand; Rußspuren. Unbeschädigt.
H. 10,7 cm; Bauchdm. 11,0 cm.

Die beiden scheibengedrehten Wölbwand-Töpfchen mit leicht über der Gefäßmitte liegendem Umbruch aus rauhwandiger grauer, sandgemagerter und hartgebrannter Keramik und mit abgestrichener Außenwandung gehören zu Stamms großer Gruppe der spätmerowingisch-karolingischen »gelblichgrauen und grauen Waren mit (Rhein-)Sandmagerung«[109] *(Abb. 18 Mitte)*. Morphologisch sind sie Stauchs Gruppe 16 und damit den Belegungsgruppen von Wenigumstadt WU 12 (700–725) und WU 13 (725–759) zuzuweisen[110]. Wie der Wandungsumbruch deuten auch die leicht kantig abgezogenen Ränder eher auf eine frühkarolingische als spätmerowingische Zeitstellung. Wegen der Rußspuren an der Außenwandung wurden sie als Kochtöpfe verwendet, die man direkt ins Feuer stellte. In einem von ihnen lag eine Rinderrippe mit Schnittspuren, im anderen fanden sich Hühnerknochen ohne Kopf – also zubereitete Fleischspeisen. Mit gut 11–12 cm Höhe und 11–12,5 cm Bauchdurchmesser gehören die Töpfe zu den kleineren Exemplaren, die man sicherlich eigens für das Kleinkind ausgesucht hatte. Das Herstellungsgebiet dieser Gefäßgruppe wird wegen der mineralogisch nachgewiesenen Rheinsand-Magerung im »Rheinland« vermutet[111].

Freigeformter Keramiktopf

(Egon Wamers)

Inventar: 1994/095/025
Scherben eines Keramikgefäßes; freigeformte, schwach gebrannte Ware; dicker Boden; ausgestellter Rand mit dünner Lippe.
H. 10,7 cm; Bauchdm. 11,8 cm.

Das Keramikgefäß unmittelbar neben dem Knochenbrand wurde zwar zerscherbt im Grab angetroffen, doch fehlen nur geringe Fragmente *(Abb. 14; 19)*. Es gibt keine Anzeichen für eine intentionelle Zerstörung. Es ist von vergleichbarer Größe wie die fränkischen Töpfe. Auch hier liegt es also nahe, dass es als kleineres Gefäß eigens für das zweite Kind ausgewählt worden war. Seine Wandung ist verhältnismäßig stark, der Boden dick und schwer, der Umbruch liegt unter der Gefäßmitte, und der Rand ist schlicht und biegt leicht trichterförmig aus. Die Keramik ist grauschwarz und stark sandgemagert. Wegen der Schmauchspuren an der Wandung zum Boden hin ist auch bei ihr eine Verwendung als

109 Gruppen 10 und 11 nach Stamm 1962, 132 ff. mit Taf. 13–14. Umzeichnung der Frankfurter Gefäße mit Profilen und Schnitten: Hampel 1994, Abb. 108–109.

110 Stauch 2004, 159 f.; Belegungsphasen: 46 ff.

111 Stamm 1962, 132 ff. mit weiteren Belegen.

18 Gefäße und Gefäßreste vom Speisebeigaben-Ensemble südlich des Sarges. Oben: Eisenreifen und Henkel des Eimers; Mitte: scheibengedrehte Kochtöpfchen mit Hühnerknochen (links) und Rinderrippe (rechts); unten rechts: silberne Randbeschläge mit anhaftender Erde vom Holzbecher; unten links: Glasbecher.

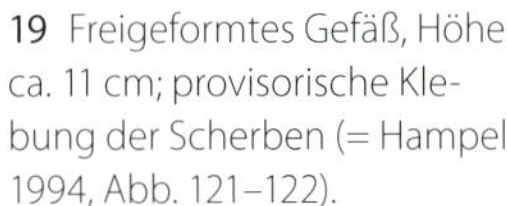

19 Freigeformtes Gefäß, Höhe ca. 11 cm; provisorische Klebung der Scherben (= Hampel 1994, Abb. 121–122).

Kochtopf nachgewiesen. Auf dem Scheiterhaufen wäre sie erheblich beschädigt worden und hätte nicht so vollständig in das Grab gelangen können: Das Töpfchen muss als echte sekundäre Beigabe für das kremierte Kind angesehen werden. Zwar enthielt es keine festen Speisebeigaben – Proben scheinen während der Restaurierung nicht entnommen worden zu sein – wie Fleisch mit Knochen, doch hätte es sich für das Kochen von Brei gut geeignet, und einfache rauhwandige, stark quarzsand-gemagerte Kümpfe für vermutlich Brei finden sich häufig in Kindergräbern[112]. Der Frankfurter Topf, der am ehesten in Stauchs Wenigumstadt-Keramikgruppe 18 zu setzen ist[113] und somit wiederum in ihre Belegungsphase 12, also in die ersten beiden Jahrzehnte des 8. Jahrhunderts, gehört zu der Gruppe freigeformter dickwandiger Grobkeramik, die in der späten Merowingerzeit als Imitationsformen der Wölbwandtöpfe wieder auftritt – so wie auch das Frankfurter Töpfchen wie eine »Hauskopie« der beiden fränkischen Drehscheiben-Töpfe wirkt. Diese Ware wurde vermutlich im lokalen Hausbrand von den Frauen der Siedlungen produziert[114]. Vor allem bei Sachsen, Friesen und im thüringischen Raum dominiert freigeformte Keramik in den Grabbeigaben des 5. bis 7. Jahrhunderts[115]. Eine formen- und materialkundliche Nähe zu den freigeformten Gefäßen des »frühen Prager Typs« aus Großprüfening (vgl. unten S. 189) kann jedoch nicht hergestellt werden.

Um einer geographischen und kulturellen Einordnung des kleinen Topfes näher zu kommen, wurde eine Materialprobe an Gerwulf Schneider von der Arbeitsgruppe Archäometrie der Freien Universität Berlin zur materialkundlichen Analyse geschickt. Schneider hat in der Vergangenheit schon zahlreiche Tonanalysen an römischen Keramiken aus Frankfurt am Main-Heddernheim und -Nied durchgeführt, und es sollte geklärt werden, ob das kleine Gefäß aus hiesigen Tonen, sprich aus hiesiger Produktion stammen könnte[116].

112 U. Koch 2007, 294 ff.; U. Koch 2013, 56.
113 Stauch 2004, 162 ff., Abb. 67.
114 Stauch 2004, 166 f.

Lab.-Nr. V998, Glühverlust bei 880 °C 6,81 %, originale Summe der Messung 98.72 %

Hauptelemente (Oxide in Gewichtsprozent, normiert auf eine Summe von 100 %)

SiO_2	TiO_2	Al_2O_3	Fe_2O_3	MnO	MgO	CaO	Na_2O	K_2O	P_2O_5	GV	Summe
67,68	0,779	17,10	5,25	0,043	1,60	3,79	0,55	2,53	0,68	6,81	98,72

Spurenelemente in ppm (Elemente in Klammern sind mit geringerer Genauigkeit bestimmt)

V	Cr	Ni	(Cu)	Zn	Rb	Sr	(Y)	Zr	(Nb)	Ba	(Ce)
84	78	35	450	82	134	152	31	338	29	934	39

Tabelle 5 Analyseergebnisse der bei 880 °C geglühten Keramikprobe des freigeformten Gefäßes von Haupt- und Spurenelementen.

Analyse der Keramikprobe des freigeformten Gefäßes *(Gerwulf Schneider)*

Das Ergebnis der Analyse wurde mit allen Analysen verglichen, die wir vom Frankfurter Raum haben. Das sind vor allem auch alle Analysen von Susanne Biegert für Heddernheim und Nied[117]. Nied können wir als Herstellungsort sicher ausschließen; danach verbleiben noch 170 Analysen.

Die Heddernheimer Keramik mit ihrer großen Variationsbreite in der Zusammensetzung schließt auch (am Rande) die Probe des handgemachten Gefäßes ein. Allerdings ist der Chrom-Gehalt (Cr), der in Heddernheim meist (aber nicht immer) über 100 ppm liegt, etwas niedrig. Ich würde dies jedoch nicht als ein ausschließendes Kriterium werten. Wie der erhöhte Phosphorgehalt (P205) und der hohe Glühverlust von 6.81 % zeigen, ist die Probe durch die Bodenlagerung chemisch etwas sekundär verfälscht. Dies betrifft den hohen Kupferwert (Cu), normalerweise unter 30 ppm, und den erhöhten Bariumgehalt (Ba), der sonst eher um 500 ppm liegt. Leider können wir die Möglichkeit einer Herkunft aus anderen Regionen nicht verneinen, da bislang kein Vergleichsmaterial analysiert wurde. Erfahrungen mit Brandenburger Keramik lassen vermuten, dass die Lehme in dieser Region ganz ähnliche Zusammensetzung wie die Frankfurter Probe haben können, insbesondere auch die typischen Gehalte an Magnesium, Calcium, Kalium, Chrom und Zirkonium.

Kommentar *(Egon Wamers)*

Nach diesen Ergebnissen muss offenbleiben, wo das freigeformte Gefäß aus der Brandbestattung gefertigt wurde; weder Heddernheim noch die nähere Region sind auszuschließen. Immerhin schließen die formenkundlichen Vergleichsbeispiele aus dem nahe gelegenen Wenigumstadt eine Herkunft aus der Untermainregion nicht aus.

Holzeimer mit Eisenbeschlägen

(Sigrun Martins)

Inventar: 1994/095/018

Daubeneimer mit Eisenbeschlägen und Resten des Henkels; geringe Holzreste.

Ursprüngl. H. ca. 11 cm; ursprüngl. unterer Dm. ca. 11,5 cm.

Bei einer erneuten restauratorischen Untersuchung der Eisenbeschläge eines kleinen Holzeimers von etwa 11 cm Höhe und 11,5 cm unterem Durchmesser konnten noch kleine Reste der Holzdauben beobachtet werden, die in Längsrichtung eine sehr feine Maserung zeigen und 1–2 cm schmal sind. Es handelt sich laut Auskunft von Thorsten Westphal (Dendrochronologisches Labor Westphal Frankfurt am Main) um Nadelholz. Aufgrund der Feinringigkeit der erhaltenen Holzfragmente muss davon ausgegangen werden, dass es sich um Holz aus

115 Kleemann 2002, 162 ff.; zur Keramik von Liebenau, die hier allerdings nur bis ins frühe 7. Jh. auftritt: Schlicksbier 2003, passim; Thüringen: Schmidt 1961, 88 ff.

116 Für diese Analyse (E-Mails vom 20.09.2009, 29.01.2010 sowie 05. und 07.2013) danke ich Dr. Gerwulf Schneider herzlich.

117 Biegert 1999.

20 Reste vom Daubeneimer. **1** Oben: oberer Reif mit Resten von tordierten organischen Bändern; unten: Reif mit angenietetem Eisenbeschlag; oben rechts: vermutlicher Rest des Bügels (Henkels); **2** Röntgenaufnahme des Reifs mit angenietetem Beschlag; Blick von innen. Ohne Maßstab.

höheren Gebirgslagen handelt[118]. Vom Boden ist nur noch ein winziges Fragment erhalten *(Abb. 20.1–2).*

Anders als in der Rekonstruktionszeichnung der Erstpublikation gezeigt[119], fanden sich außen auf dem oberen Reif keine Attaschen oder Ähnliches. Zwischen dem äußeren Reif und den Dauben konnte ein 3,4 cm langer profilierter stangenartiger Eisenbeschlag festgestellt werden, der von außen durch zwei übereinander liegende Nietlöcher vernietet wurde *(Abb. 20,1 unten).* Vorstellbar wäre eine Klammer, die durch ein innen umgeschlagenes Bügelchen gehalten wurde; doch ein solcher Bügel ist nicht erhalten. An der

118 Für die Analyse danken wir Thorsten Westphal herzlich.

119 Hampel 1994, 158 f., Abb. 111.

gegenüberstehenden Seite ist innen noch eine eiserne Öse erkennbar *(Abb. 20,2)*, doch lässt sich nicht feststellen, wie diese mit dem Stangenbeschlag verbunden war. Ein bogenförmiger Bügel runden Querschnitts von 16 cm Länge und etwa 10 cm Bogenschnitt aus durchkorrodiertem Eisen dürfte der ehemalige Henkel gewesen sein *(Abb. 20,1 rechts oben)*. Da seine Originaloberfläche nicht mehr bestimmbar ist, kann sein ehemaliger Durchmesser nur geschätzt werden: abgearbeitet ist er auf 6–7 mm. Dieser Bügel könnte die Seele gebildet haben, um die ein organisches Material (Hanf oder Ähnliches) gewickelt worden wäre. Es konnte jedoch an den Enden kein Umschlag für eine Befestigung oder ein Einhängen an der innenliegenden Öse nachgewiesen werden.

Die Dauben waren mit drei eisernen Reifen gefasst gewesen. Der untere Reif hatte einen Innendurchmesser von 11,5 cm, der mittlere einen von 11,3 cm und der obere einen von 10,3 cm. Die Breite des oberen Reifs maß 1,1 cm bei lediglich 0,2 cm Stärke; der mittlere und der untere Reif waren mit 1,5 bis 1,7 cm etwas breiter; ihre Stärke war wegen der fortgeschrittenen Korrosion nicht mehr zu ermitteln. Außen auf dem oberen Reif liegen Reste von tordierten und miteinander verzwirnten rundstabigen organischen Bändern auf, die Weidenruten ähneln, aber nicht bestimmt werden konnten *(Abb. 20,1 oben)*. In der Erstpublikation wurden diese als organischer Tragehenkel, etwa aus Bast, gedeutet. Eine Verbindung zwischen der angenommenen Seele des Henkels zu den aufliegenden organischen Resten konnte nicht gefunden werden. So bleibt ungeklärt, ob der Henkel an der inneren Öse oder doch mit dem organischen Material an dem Stangenbeschlag befestigt war. Als ungewöhnlich und wenig praktikabel muss man eine innenliegende Aufhängung bezeichnen. Falls der Henkel außen befestigt war, ist es unwahrscheinlich, dass die eiserne Seele dazugehörte, da der Durchmesser zu klein für eine Außenbefestigung ist.

Holzbecher mit Silberrandbeschlägen *(Sigrun Martins)*

Inventar: 1994/095/019
Silberne Randbeschläge eines beutelförmigen Holzbechers. Komplexe, mehrteilige Randbeschläge mit doppelbogenförmigen Besätzen. Oberer Dm. 7,8 cm.

Die bei der Grabung freigelegten komplett erhaltenen, wenn auch leicht verformten Beschläge, die zum Teil noch im Erdblock saßen *(Abb. 18)*, gehörten nach den Bodenverfärbungen zu einem rundlichen Becher mit leicht eingezogenem Mündungsbereich; das organische Material, das von Angelika Kreuz als Laubholz bestimmt wurde, und zwar Birke, Ahorn, Kirsche oder vielleicht Esche[120], ist bis auf winzige Reste völlig vergangen. Die während der Grabung *in situ* vorgenommenen Messungen des metallenen Mündungsbeschlags ergaben einen Durchmesser von 7,8 cm im Mittel; die rekonstruierte Höhe betrug ursprünglich etwa 7,5 cm, die maximale Weite etwa 10 cm. Bei der restauratorischen Untersuchung im Archäologischen Museum zeigte sich, dass alle Beschläge aus Silber bestehen; dies wurde durch Mikro-Röntgenfluoreszenz-Analysen im Archäometrielabor des Römisch-Germanischen Zentralmuseums Mainz bestätigt (siehe S. 58, 68, *Tab. 6*).

Der Mündungsbeschlag ist etwas komplexer aufgebaut als in der Erstpublikation beschrieben und zeichnerisch rekonstruiert[121]. Er besteht – »stratigraphisch« betrachtet – aus drei verschiedenen Elementen *(Abb. 22,1–6)*. Zunächst wurde der Holzrand mit einem etwa 10 mm breiten und 0,5–0,7 mm starken glatten Silberblech u-förmig umbördelt; außen bedeckt das Blech den Rand in einer Breite von 6,5 mm und innen von 2,3 mm Breite. Dann wurde das Blech mit vier kreuzförmig über den Rand gebogenen 4,5 mm breiten Silberblechzwingen fixiert. Diese durch vier Längsrippen profilierten Zwingen wurden außen unterhalb des Mündungsblechs zu je

120 In: Hampel 1994, 158.

121 Hampel 1994, 158 ff., Abb. 112–114.

21 Glastasse und Holzbecher in der Südostecke der Grabkammer; Blick von Nord-Nord-Ost in das freigelegte Grab (= Hampel 1994, Abb. 112).

zwei 2,3 mm breiten doppelrippigen Bändern aufgespalten, die nach unten hängende Voluten (Doppelbögen) bilden. Ganz außen am unteren Rand des inneren Mundblechs läuft um die gesamte Mündung herum ein etwa 2,5 mm breiter und 1,2 mm starker doppelgerippter Silberblechstreifen; an einer Stelle überlappt der Streifen geringfügig. Durch dieses äußere Blechband sind von außen in regelmäßigen, etwa 1,9 cm großen Abständen insgesamt 16 Silberstifte mit rundlichem Kopf getrieben und im Gefäßinnern umgeschlagen; sie halten damit auch die vier volutenförmigen Silberbänder und das innere Mündungsblech fest am ursprünglichen hölzernen Gefäßkorpus. Jeweils ein weiterer Niet wurde durch den Scheitelpunkt der Volutenbögen getrieben.

Die Niete haben eine Stärke von 1,3 mm, der Nietkopf von 2 mm, die Länge beträgt circa 10 mm. Sie wurden innen circa 5 mm nach unten umgeschlagen; zum Teil sind innen noch dünne quadratische Bleche als Unterlegscheiben erhalten. Daraus kann eine ehemalige Wandungsstärke des Holzbechers von 2–3 mm erschlossen werden.

Ein Teil des Randbeschlags befindet sich noch in einem kleinen Erdblock *(Abb. 18)*. Dort konnten beim Röntgen 7 Niete festgestellt werden: 2 beim Scheitelpunkt der Bögen, 5 beim umlaufenden Reif. Offensichtlich konnte bei der Montage die ursprünglich vorgesehene Positionierung der Niete nicht eingehalten werden, denn ein Niet sitzt rechts neben der vertikalen Blechzwinge, während links daneben eine Boh-

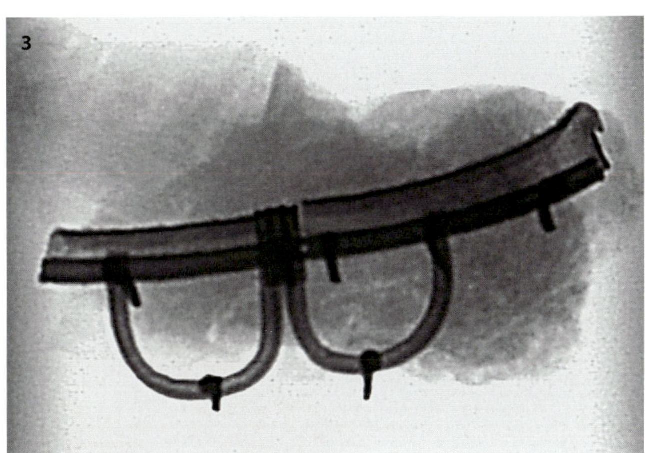

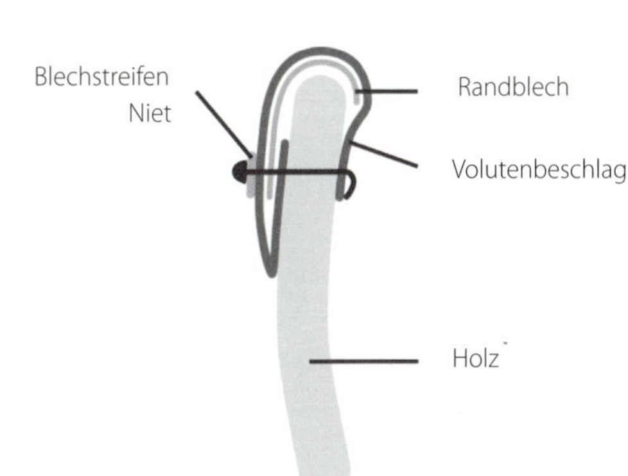

22 Silberrandbeschlagteile vom Holzbecher.

1–2 Außenansicht; **3** Röntgenaufnahme, Außenansicht; **4** Unteransicht; **5** Querschnitt Blechstreifen; **6** schematische Schnittzeichnung. Stark vergrößert, verschiedene Maßstäbe.

rung im Mündungsblech leer blieb. Insgesamt wurden also jeweils 5 Niete für die Fixierung der Doppelbögen samt Zwinge, also zusammen 20, sowie 4 (+ 1) Niete für die zusätzliche Befestigung des Mundblechs verwendet. Beim rekonstruierten Becher *(Abb. 23)* wurde der Randbeschlag nur mit 24 Nieten befestigt. Die Materialanalyse der Beschläge und ihre Auswertung finden sich in den Beiträgen von Sonngard Hartmann (S. 58 ff.) und Florian Ströbele (S. 68 ff.).

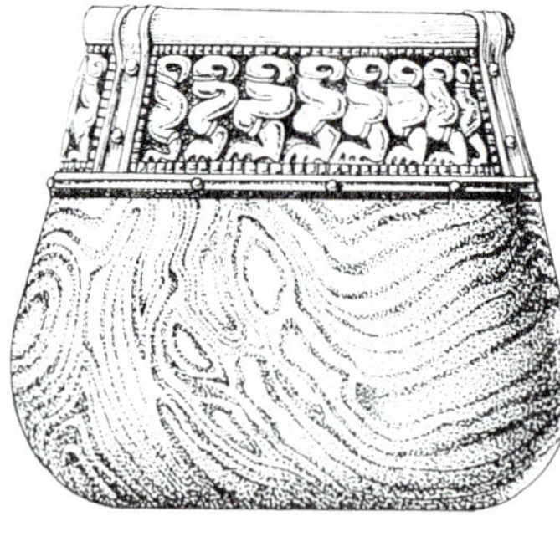

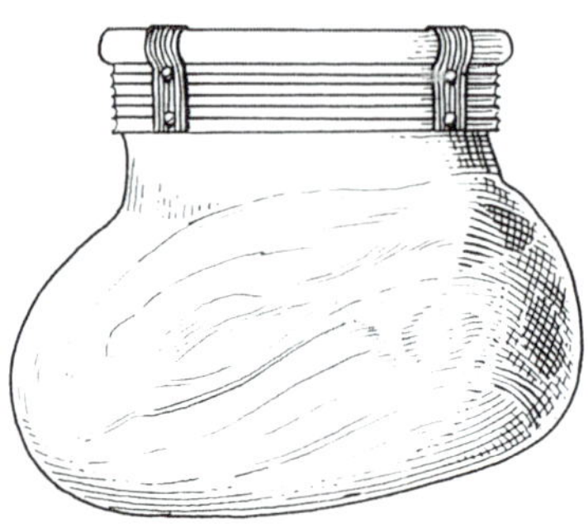

23 Rekonstruierender Nachbau des Holzbechers aus dem Frankfurter Kindergrab von 2005 (F. Martin: Holz; C. Bell: Silber). Vgl. die Bemerkungen S. 59. M. 1:1.

24 Zwei Holzbecher mit Silberrandbeschlägen aus Sutton Hoo, Suffolk, Schiffsgrab 1. M. 1:1.

Materialanalyse der silbernen Randbeschläge *(Sonngard Hartmann)*

Das Objekt befindet sich in schlechtem Zustand. Der hohe Anteil von Chlor und etwas Brom in der Gesamtanalyse zeigt, dass das Silber nahezu vollständig zu Silberchlorid und Silberbromid umgesetzt ist. Daher kann die Messung nur ungefähre Aussagen über die ursprüngliche Zusammensetzung des Materials machen.

Vier Komponenten der Randbeschläge wurden mittels Mikro-Röntgenfluoreszenz[122] gemessen: 1. bogenförmiger Beschlag, 2. das schmale Mundblech, wobei beide in der Korrosionsschicht einen erhöhten Kupfergehalt von über 10 %, etwa 2,5 % Gold sowie weniger als 1 % Bleigehalt aufweisen; ferner 3. eine breitere Blechzwinge und 4. ein Niet. Zwinge und Niet zeigen einen niedrigeren Kupfergehalt von 2–3 %. Die Zwinge weist einen ähnlichen Goldgehalt wie der Bogenbeschlag und das Mundblech auf, wobei im Niet Gold nur in Spuren enthalten ist. Der Bleigehalt entspricht dem von Probe 1 und 2.

Vergleiche zum Holzbecher

(Egon Wamers)

Die ursprüngliche Form des dünnwandigen, sicherlich gedrechselten Holzbechers kann nicht mehr eindeutig rekonstruiert werden. Die interpretierende Grabungszeichnung und die darauf aufbauende Strichzeichnung präsentieren den Becher als über-halbkugeliges Gefäß *(Abb. 9,2*: Planum 4 Fundskizze Edelmetall; *12)*; in der zeichnerischen Rekonstruktion bei Hampel (1994, Abb. 114) ist er flacher ausge-

122 Untersuchungsbericht vom 09.07.2013; kein RGZM-Werkblatt. Für die Analyse danke ich Dipl.-Ing. Sonngard Hartmann herzlich. Zur Methode vgl. die Ausführungen von Ströbele, unten S. 63 ff. **Verwendetes Gerät**: Eagle III der Firma Röntgenanalytik, Taunusstein (Rhodium-Röhre mit max. 40 kV, 1 mA, Oxford Instruments, Si(Li)-Detektor, EDAX, Auflösung 148 eV für MnKα, Probenkammer 75 × 75 × 135 cm, Röntgenoptik: Monokapillare mit 0,3 mm Brennfleck [entspricht Analysenfläche]; EDAX-Analytik, stickstoffgekühlt). **Messparameter Metall:** Atmosphäre Luft, Röhrenspannung 0 kV, Röhrenstrom 300 μA, Messzeit 300 sec, Formungszeit 35 μs, Filter Ti-25, Quantifizierung: Kombination aus Fundamentalparametermethode und standardgestützter Methode mit Eichkurve. – Vgl. die bereits am 25. März 2013 durchgeführten Messung der Beschläge durch Ströbele, unten S. 68.

123 Schiek 1992, Grab 13, 14, 40, 44, 79, 80, 120, 147, 160;

führt bei einem Höhen-Breiten-Verhältnis von etwa 7:10. Das Grabungsfoto belegt indes, dass der Becher auf dem »Kopf« (= Rand) liegend in leichter Schräglage angetroffen wurde, also mit den Randbeschlägen weitgehend nach unten *(Abb. 21)*. Die rundlich-ovale Verfärbung mit scharf-dunkler Seitenkante zeigt somit nur einen runden Metallrand des Gefäßes, das unter dem Druck von Sargdeckel und Erdreich oval verdrückt wurde, und nicht etwa ein rundliches Profil. Die Randkonstruktion mit den hängenden Volutenbeschlägen weist eine nach außen gerichtete Wandungsneigung von etwa 20° auf, so dass das Becherkorpus halbkugelig oder über-halbkugelig beziehungsweise beutelförmig gewesen sein kann; der Boden kann rundlich oder flach zum Abstellen gewesen sein. Die 2005 von Franz Martin (gedrechseltes Holzgefäß) und Camilla Bell (Silberbeschläge) angefertigte Rekonstruktion des Bechers mit einer Höhe von 7 cm *(Abb. 23)* ist somit in ihrer Morphologie nicht gesichert.

Hölzerne Trinkbecher gehörten offenkundig zum Standard-Tischgeschirr, wie etwa die hölzernen Gefäße aus dem Gräberfeld von Oberflacht zeigen[123]. Keines von diesen weist indes einen Metallbeschlag auf; sie sind überwiegend von der Form der »Schalenbecher«: niedrige weitmundige Trinkschalen mit rundlichem Boden mit kaum angedeuteter Standfläche bei 9–11 cm Durchmesser, wie man sie etwa aus Szene 44 des Teppichs von Bayeux[124] kennt *(Abb. 26)*. Andere sind kleiner oder napfartig mit dicker Wandung[125]; wiederum andere weisen eine steilere Wandung auf[126] oder sind beutelförmig mit flachem Boden[127] oder von Kugelform[128].

Rundliche, beutelförmige oder leicht konische Holzbecher mit metallenen (Rand-) Beschlägen sind aus zahlreichen merowingerzeitlichen Gräbern mehrfach bekannt geworden. Zuletzt hat sich Daniel Peters, ausgehend

25 Silberblechbeschläge von Maria Ponse Grab 53, Niederösterreich. M. ca. 1:1.

von den Bechern aus Soest Grab 165, mit den bis *dato* bekannten Funden befasst[129]; einige weitere Funde können hinzugefügt werden, so dass inzwischen über 90 kontinentale Belege vorliegen[130]. Zu ihnen kommt noch eine kleinere Zahl von angelsächsischen und skandinavischen Funden. Neben einfachen unverzierten Blechbeschlägen, die mittels drei oder mehr genieteten Zwingen am Rand gehalten werden (zum Beispiel aus Sontheim Grab 175[131]), gibt es eine gar nicht geringe Zahl von Gefäßen mit Pressblech-Zwingen oder -beschlägen, die im »Germanischen Tierstil II« verziert sind[132]. Soweit überschaubar, datieren die erhaltenen Becher in die Zeit vom 6. bis 7. Jahrhundert; der Frankfurter Becher aus einer Bestattung des frühen 8. Jahrhunderts scheint das jüngste Exemplar zu sein. In der Form der Verzierung mit vier »hängenden« Doppelvoluten ist das Stück

Taf. 17,6–7; 19,1; 35,C.1; 37,2; 47,1; 54,3; 74,B.5; 77,A.1; 79,A.8; Paulsen 1992, 110 ff.

124 Katalog Frankfurt 2009, 147.

125 Paulsen 1992, 110 ff.; Schiek 1992, Taf. 17,6–7; 19,1; 54,3; 79,8.

126 Schiek 1992, Taf. 37,2.

127 Schiek 1992, Taf. 35,c.1; 79,5.

128 Paulsen 1992, 112 f.: z. B. die stark fragmentarischen Stücke aus dem »Sängergrab«.

129 Peters 2011, 132 ff.

130 Frdl. Hinweis Dr. Daniel Peters, Berlin, vom 02.07.2013, dem für die Einsicht in seine Materiallisten herzlich gedankt sei.

131 Neuffer-Müller 1966, 15 f., Abb. 1–2.

132 Zu Schalen und Bechern mit Pressblechbeschlägen vgl. auch Krohn 2008, 80 ff.

26 Verschiedene Trinkbecher auf der – freitäglichen – Mittagstafel von Bischof Odo von Bayeux bei Hastings. Szene 44 des Teppichs von Bayeux. Um 1070 n. Chr.

meines Wissens jedoch singulär. Dagegen sind Randbeschläge in Verbindung mit strahlenförmig »hängenden« Zierbeschlägen auch von Flaschen (zum Beispiel Sutton Hoo) und Trinkhörnern (zum Beispiel Sutton Hoo, Taplow, Valsgärde) bekannt[133].

Die engsten Parallelen zu rundlich-beutelförmigen Bechern kommen aus dem Schiffsgrab König Redwalds von Sutton Hoo in East-Anglia (circa 635 n. Chr.): zwei kleine Walnuss-Holzbecher mit vergoldeten Silberblechbeschlägen, von bauchiger Form mit abgesetzter Randpartie

133 Flasche Sutton Hoo: Bruce-Mitford 1983, 361–373 Abb. 268–270; Taplow: Åberg 1926, 3 Abb. 1,5; 9; Valsgärde 7: Arwidsson 1977, Taf. 29; Valsgärde 8: Arwidsson 1954, 80 f. Abb. 53 Taf. 29.

134 Bruce-Mitford 1983, 361–373 Abb. 268–270.

135 Auch andere, etwa gravierte Randblechstreifen, wie z. B. bei Soest Grab 165: Peters 2011, Abb. 93 Taf. 165, fanden Anwendung.

136 Zeuzleben: Katalog Mannheim/Paris/Berlin 1996/1997, 972, Kat.-Nr. VII.3.2 (B. Haas); Obrigheim: Polenz 1988, Taf. 125,8.9; Soest: Peters 2011, Taf. 31,9a–b; Maria Ponsee: Katalog Bonn 2008, Kat.-Nr. 75/32–33 (P. Stadler).

(Abb. 24); sie gehören zum reichen Bankettgeschirr, das unter anderem zahlreiche byzantinische Silber und Bronzeschalen umfasste[134]. Mit etwa 4,0 cm Höhe sind sie allerdings nur gut halb so groß wie der Frankfurter Becher und dürften im Trinkzeremoniell eine andere Funktion gehabt haben.

Die Blechbeschläge für die frühmittelalterlichen Holzbecher sind über etwa eineinhalb Jahrhunderte ziemlich gleichartig montiert worden: Der eigentliche Mundbeschlag – sicher zur Hebung des Trinkgenusses – wurde in der Regel mit drei bis vier Zwingen aus geriefelten Blechstreifen an das Holzkorpus genietet. Öfters wurden zusätzlich schmale, ebenfalls mit zwei Rippen geriefelte Blechstreifen[135] eingesetzt, um entweder das Mundblech (wie bei den Bechern aus Frankfurt oder Sutton Hoo) oder horizontale oder »hängende« Zierstreifen – wie etwa bei Zeuzleben, Obrigheim Grab 139, Soest Grab 165, Maria Ponsee Grab 53 *(Abb. 25)* oder der Flasche von Sutton Hoo – mit ihnen mittels Nieten fest zu fixieren[136]. Wenngleich diese Montagen mit gerieften Zwingen, Blechstreifen und Nieten zu einem erheblichen Teil konstruktionsbedingt sind, macht die Gleichförmigkeit dieser »Technologie« doch den Eindruck einer Standardisierung, so dass man vermuten könnte, solche blechverzierten Holz- und Horngefäße wurden über mehrere Generationen in nur ganz wenigen spezialisierten Werkstätten hergestellt.

Der Doppelvoluten-Dekor des Frankfurter Bechers kennt, wie gesagt, bislang keine Parallele; er könnte eine Reminiszenz an die M-förmigen Griffe der rheinländischen Glastassen mit Fadenauflage sein, von denen sich ein (Familien-?)Altstück neben dem Holzbecher fand.

Die Beispiele von silberblech-beschlagenen hölzernen Trinkbechern und -schalen aus Adels- und Königsgräbern zeigen ihre Funktion als Trinkgefäße für hochrangige Eliten. Gregor von Tour berichtet, dass Königin Brunichilde dem Westgotenkönig Rekkared zwei mit Gold und Edelsteinen verzierte Gefäße (*paterae*, vermutlich Trinkgefäße) aus Holz anfertigen ließ[137]. Auch unser kleines Trinkgefäß, das für ein vier- bis fünfjähriges Mädchen recht groß war und kaum mit einer Hand gehalten werden konnte, zeigt also auf die hohe wirtschaftlich-soziale Stellung der Familie des Kindes.

Glastasse *(Egon Wamers)*

Inventar: 1994/095/020
Glastasse; grünblau, dickwandig mit umgelegter Randlippe und M-förmigem Bandhenkel; Fadenauflage. Deutliche Abnutzungsspuren.
H. 5,5 cm; Dm. max. 8,3 cm.

Die kleine dickwandige Tasse aus grünblauem Glas ist zum Rand hin fast kugelförmig nach innen eingezogen; der glatte Rand ist breit umgelegt *(Abb. 27,1)*. Aus der gleichen Glasmasse besteht der die Außenwandung spiralig umlaufende Glasfaden sowie ein knapp unterhalb des Randes horizontal angesetzter M- oder omegaförmiger Griff. Die Tasse ist rundherum bestoßen, insbesondere am Boden und auf dem oberen Rand, was von einer längeren Nutzung zeugt. Auf dem inneren Boden ist das Glas stark irisiert.

Solche Glastassen sind selten unter den zahlreichen Glasbeigaben spätmerowingischer Gräber[138]. In Morphologie und Glasfadendekor weisen sie gewisse Bandbreite auf: entweder weniger kugelförmig oder mit vertikal-schlaufenförmigen Fäden. Formenkundlich können sie an keine anderen Glasgefäße der Merowingerzeit direkt angefügt werden. Sie finden sich in reichen Frauen- und Männergräbern des mittleren Drittels des 7. Jahrhunderts, vorwiegend im nördlichen Mittelrhein-Gebiet *(Abb. 27,3)*. Zwei Funde

137 Gregor von Tours. Zehn Bücher Geschichte IX, 28: Buchner 1988, 278; Weidemann 1982, Bd. 2, 361.

138 Ament 1976, 58 Taf. 62,4; 119,1; Päffgen 1992, Teil 1, 363 ff., Teil 2, 291 f., Teil 3 Taf. 62,1; Hampel 1994, 164 f. Abb. 115–117. – Die Funde sind lt. Päffgen 1992, 363 (mit Anm. 88–95, korrigierend: Kärlich II/Urmitz [Mittelrhein-Mus. Koblenz Inv.-Nr. 2850]): **1** Köln, St. Severin Grab III,113; **2** Köln? (Römisch-Germanisches Museum Köln, Inventar 28,47); **3** Kärlich II/Urmitz, Lkr. Mayen-Koblenz; **4** Plaidt-Pommerhof Grab 34, Lkr. Mayen-Koblenz; **5** Duisburg; **6** Peterborough, Cambridgeshire; **7** u. **8** Charnay, Dép. Sâone et Loire; **9** Frankfurt am Main.

1

2

27 Glastassen mit Fadenauflage und omegaförmigem Griff.
1 Frankfurt, Kindergrab;
2 Charnay, Dép. Sâone-et-Loire;
3 Verbreitung der Glastassen. Fundorte (vgl. Anm. 138): 1–2 Köln; 3 Kärlich II/Urmitz; 4 Plaidt-Pommerhof; 5 Duisburg; 6 Peterborough; 7–8 Charnay; 9 Frankfurt am Main.

aus Burgund (Charnay *Abb. 27,2*) und einer aus Peterborough in Cambridgeshire dürften rare, weitverhandelte Luxusstücke sein; die rheinländische Fundkonzentration dürfte die Herstellungsgegend anzeigen. Die unterschiedlichen Ausfertigungen und Qualitäten – man vergleiche etwa die weitaus zierlicheren steilwandigen Tassen aus Charnay – deuten jedoch an, dass sie aus verschiedenen Glasmanufakturen stammen und nicht zentral gefertigt wurden. Das Frankfurter Exemplar steht morphologisch den Stücken aus Pommerhof, Köln-St. Severin und »Köln« am nächsten, in der horizontalen Fadenauflage den steilwandigen Tassen aus Charnay. Mit dem brezelförmigen Griff erinnert sie an die vier Doppelvoluten der Silberrahmung des Holzbechers (siehe oben S. 55 ff.), mit dem es ein Becherpaar bildete. Vermutlich ist es ein rheinländisches Produkt und stammt aus altem Familienbesitz.

Untersuchungen zu ausgewählten Gold-, Silber- und Buntmetallobjekten

Am Beginn der Einzelbehandlungen sollen die Metallanalysen der Gold- und Silberobjekte stehen, die Dr. Florian Ströbele vom Römisch-Germanischen Zentralmuseum Mainz 2013 im Archäologischen Museum und im Mainzer Museum dankenswerterweise durchgeführt hat.

Röntgenfluoreszenzuntersuchungen an Edelmetallobjekten *(Florian Ströbele)*

Methode und Untersuchung

Mit Hilfe der hier angewandten Röntgenfluoreszenzanalyse können das Vorhandensein von Elementen und die quantitative Zusammensetzung von anorganischen archäologischen Objekten ermittelt werden. Die in Röntgenfluoreszenzgeräten installierte Röntgenröhre sendet Röntgenstrahlung aus, die mit dem Material des zu untersuchenden Objektes in Wechselwirkung tritt. Jedes in dem Objekt vorhandene Element erzeugt dabei eine Anzahl charakteristischer Röntgenlinien, die zur Elementidentifikation verwendet werden. Die Stärke der erzeugten Signale enthält die Information über den entsprechenden Elementanteil.

Die Methode ist jedoch einigen Einschränkungen unterworfen: Die Eindringtiefe der Röntgenstrahlen in Metallen oder deren Korrosionsprodukten beträgt nur wenige µm. Anhaftender Schmutz, Korrosionsschichten oder oberflächliche Umwandlungen beeinflussen die Analyseergebnisse also signifikant. Sorgfalt bei der Auswahl der Untersuchungspunkte ist ebenfalls wichtig, da unbedingt vermieden werden sollte, solche Punkt zu untersuchen, an denen zwei oder mehr Teile aneinanderstoßen. Das Ergebnis wäre eine Mischanalyse aus diesen Teilen, die keine Aussage über die Einzelteile mehr zulässt. Sie können jedoch herangezogen werden, um zum Beispiel anhand eines erhöhten Kupfergehaltes Lötstellen zu identifizieren. Sollten Mischanalysen hier aufgeführt sein, sind sie in der Ergebnisstabelle *(Tab. 6)* als solche markiert.

Im März 2013 wurden am Archäologischen Museum Frankfurt die Edelmetallobjekte des merowingischen Kindergrabes mit Hilfe einer mobilen Röntgenfluoreszenzanlage (pRFA, Hersteller: Bruker AXS, Typ: Tracer IV-SD) untersucht. Für die Untersuchung wurde die Herstellerkalibration »precious metals« verwendet. Das Messprogramm fährt die Rhodium-Röntgenröhre mit einer Beschleunigungsspannung von 40 kV und einem Anodenstrom von 16,2 µA. Vor dem Detektor ist ein kombinierter 25 µm Titan + 300 µm Aluminium Filter geschaltet. Die Messzeit betrug für jeden Messpunkt 60 s. Der Durchmesser des Messflecks beträgt 4 mm direkt am Austrittsfenster der Röntgenstrahlung. Bei größerem Abstand wächst der Messfleck.

Bei einigen Objekten war der Messfleck des portablen Gerätes zu groß, um zuverlässige Ergebnisse liefern zu können. Diese Objekte wurden im Juni 2013 am Römisch-Germanischen Zentralmuseum mit Hilfe eines anderen Gerätes untersucht. Es handelt sich dabei um ein Mikro-Röntgenfluoreszenzgerät (µ-RFA, Hersteller: Roenalytik, Typ: Eagle III XXL). Das Gerät verfügt ebenfalls über eine Rhodium-Röntgenröhre, die für die Analysen mit einer Beschleunigungsspannung von 40 kV und einem Röhrenstrom von 300 µA gefahren wurde. Es wurde ein 25 µm Titanfilter verwendet, die Messzeit betrug 300 s. Der Brennfleck des Gerätes wird durch eine Kapillarlinse auf einen Durchmesser von 300 µm reduziert. Die Auswertung der Messung erfolgt

Tabelle 6 Ergebnisse der Metallanalysen der untersuchten Edelmetallobjekte.

mit Hilfe einer durch Eichkurven gestützten Fundamentalparametermethode.

Die Analysen sollen helfen, unter anderem folgende Fragen zu beantworten: Wurde eine Umarbeitung (Nadelkonstruktion der Scheibenfibel) in derselben Werkstatt durchgeführt in der die gleicharmige Fibel hergestellt wurde? Ist es möglich, Aussagen zu treffen, ob für die Anfertigung Neumaterial verwendet wurde? Gibt es bestimmte Gruppen von Legierungen, die für bestimmte Objekte typisch waren?

Ergebnisse

Die Messergebnisse sind in *Tabelle 6* zusammengefasst.

Bei den Silberobjekten fällt auf, dass die Silbergehalte im Allgemeinen sehr hoch und die Kupfergehalte sowie andere Verunreinigungen niedrig sind. Es handelt sich also um hochwertiges Material. Die Schwankung bei den Goldobjekten ist etwas höher; die Goldobjekte lassen sich, je nach Gold-/Silberverhältnis in mehrere Gruppen einteilen: Die Bommelohrringe haben die höchsten Goldgehalte über 93 %, gefolgt vom Goldring mit dem gegenständigen CC-Muster (Gold ~87 %, Silber ~9 %). Eine große Gruppe mit variablen Goldanteilen von 57–76 % und Silberanteilen von 18–36 % bilden die beiden anderen Fingerringe, die Pektorale und die Scheibenfibel.

Die Silberobjekte zeigen im Allgemeinen nur wenige Verunreinigungen (Gold, Kupfer < 1%); einzige Ausnahme ist hier die gleicharmige Fibel, bei der die Gold- und Kupfergehalte etwas höher sind (Gold bis 3 %, Kupfer bis 4 %). Bei allen gemessenen Silberobjekten fällt ein starkes Bromsignal auf. Das Element Brom hat eine starke Affinität zu Silber und bildet das Korrosionsprodukt Bromargyrit (AgBr), welches unter Lichteinfluss zu einer Bromphase und schwarzem, elementarem Silber zerfällt. Diese Korrosionsprodukte waren an allen untersuchten Silberobjekten in Form einer harten, schwarzen Auflage vorhanden, die sich nur äußerst schwer entfernen ließ (persönliche Mitteilung: Sigrun Martins). Lediglich auf der Rückseite der Riemenzunge und den Fragmenten der Silberbeschläge des Holzbechers konnte er flächig entfernt und der metallische Kern des Objektes freigelegt werden. Nichtsdestotrotz wurde hier immer noch Brom nachgewiesen, was zeigt, dass diese Korrosionsform tief ins Metall eindringt. Selbst auf den Goldgegenständen, die mitunter nur geringe Silbergehalte aufweisen, ist ein Bromsignal nachweisbar. Da das Silberbromid als dünne Deckschickt auf dem Metallkern aufliegt, kann es zu einer Verfälschung der Messwerte kommen. Ein weiteres häufig vorkommendes Korrosionsprodukt ist Chlorargyrit (AgCl), das sogenannte Hornsilber. Seine Lichtempfindlichkeit ist nicht so ausgeprägt, wie die des Bromargyrits. Aufgrund der Problematik, die sich aus diesem Korrosionsverhalten ergibt, werden in diesem Bericht Schwankungsbreiten der Analysen zum Teil angegeben.

Riemenzunge (1994/095/011)

Bei der Riemenzunge konnte eine große Fläche freigelegt werden. Selbst nach der Freilegung war immer noch ein deutliches Bromsignal zu erkennen. Das Material besteht aus 96 % Silber, ~2,5–3 % Zinn sowie niedrigen Gehalten anderer Elemente (Titan, Eisen, Kupfer, Gold und Blei). Eine der Nieten, die sich in der Riemenzunge befinden, wurde auf der Schauseite der Riemenzunge ebenfalls untersucht. Die Analyseergebnisse decken sich mit denen der Riemenzunge.

Tordierter Armreif (1994/095/005)

Der Armreif besteht aus reinem Silber. An verschiedenen Stellen wurden Silbergehalte zwischen 92,6 bis 96 % nachgewiesen. Darüber hinaus kommen leicht variierende Anteile anderer Elemente vor (Titan, Eisen Kupfer, Zink, Gold, Blei, Wismut). Nahe den Verschlusshaken, wo der tordierte Teil in die Haken übergeht, finden sich deutliche erhöhte Kupfergehalte (~3 % gegenüber maximal 0,5 % im tordierten Bereich). Es liegt somit nahe, dass an dieser Stelle die drei tordierten Stränge verlötet oder die Verschlussteile selbst angelötet wurden.

Objekt	Inv.-Nr.	Untersuchte Stelle	Ag	Au	Cu	Pb	Sn	Zn	Fe	Zusätzl. Elemente
1) Riemenzunge	1994/095/011	Rückseite	95,4	0,14	0,77	0,08	N/A	N/A	0,60	Ca, Ti
1) Riemenzunge	1994/095/011	Rückseite	96,0	0,16	0,43	0,09	2,6	N/A	0,51	Ti
1) Riemenzunge	1994/095/011	Schauseite Nietkopf	95,1	0,37	0,76	0,14	3,1	N/A	0,27	Ti
1) tordierter Armreif	1994/095/005	Lötstelle (Mischanalyse)	92,1	1,09	2,32	0,78	N/A	0,16	0,43	Ti, Bi
1) tordierter Armreif	1994/095/005	Armreif	96,1	0,49	0,35	0,22	N/A	N/A	0,13	Ti, Cr
1) tordierter Armreif	1994/095/005	Lötstelle (Mischanalyse)	92,6	1,16	3,11	0,54	N/A	0,08	N/A	Ti, Bi
1) tordierter Armreif	1994/095/005	Armreif	94,5	0,64	0,47	0,23	N/A	0,30	0,47	Ti, Mn, Bi
1) tordierter Armreif	1994/095/005	Lötstelle (Mischanalyse)	92,2	1,04	3,03	0,81	N/A	0,04	N/A	Bi
1) glatter Kolbenarmring	1994/095/006	Armring	93,5	1,12	1,61	0,68	N/A	0,09	0,21	Ti, Bi
1) gleicharmige Fibel	1994/095/009	Nadel	90,5	3,34	1,40	0,65	2,6	0,02	0,87	Ti, Mn, Bi
1) gleicharmige Fibel	1994/095/009	Rast	91,7	2,56	1,24	0,70	N/A	0,06	N/A	Ti, Bi
1) gleicharmige Fibel	1994/095/009	Rast	92,8	2,37	1,13	0,69	N/A	0,04	N/A	Ti, Bi
2) gleicharmige Fibel	1994/095/009	Fibelkörper	93.29	1.13	4.39	1.19	N/A	N/A	N/A	
2) gleicharmige Fibel	1994/095/009	Nadel	93.64	2.16	2.35	1.79	N/A	0.06	N/A	
2) gleicharmige Fibel	1994/095/009	Nielloeinlage	N/A	~1	N/A	0,2-0,3	N/A	N/A	N/A	
1) Granatscheibenfibel	1994/095/003	Nadel	92,7	1,45	0,72	0,05	N/A	0,03	1,40	Ti, Mn
1) Granatscheibenfibel	1994/095/003	Nadel	94,4	N/A	0,74	0,06	N/A	0,02	1,47	Ti, Cr, Au
1) Granatscheibenfibel	1994/095/003	Nadel	89,9	4,24	1,05	0,07	N/A	N/A	1,32	Ca, Ti, Cr, Ni?, Zn?
1) Granatscheibenfibel	1994/095/003	Nadel	94,4	N/A	0,65	0,06	N/A	0,03	1,35	Ca, Ti, Au
1) Granatscheibenfibel	1994/095/003	Rückseite Grundplatte	23,9	72,3	2,33	N/A	N/A	N/A	0,08	Ti
1) Granatscheibenfibel	1994/095/003	Rückseite Grundplatte	23,7	72,1	2,77	N/A	N/A	N/A	N/A	Pb
1) Granatscheibenfibel	1994/095/003	Nadel am abgebrochenen Ende	93,8	N/A	0,56	N/A	N/A	0,04	1,99	Ca, Ti
1) Granatscheibenfibel	1994/095/003	Rand	22,8	72,3	3,50	N/A	N/A	N/A	0,20	Ti, Mn
2) Granatscheibenfibel	1994/095/003	Rückseite Grundplatte	26.08	71.52	2.41	N/A	N/A	N/A	N/A	
2) Granatscheibenfibel	1994/095/003	Rand	26.29	70.26	3.45	N/A	N/A	N/A	N/A	
2) Granatscheibenfibel	1994/095/003	kleine Zarge Mitte	20.54	75.72	3.74	N/A	N/A	N/A	N/A	
2) Granatscheibenfibel	1994/095/003	tordierter Draht 1	26.58	69.86	3.57	N/A	N/A	N/A	N/A	
2) Granatscheibenfibel	1994/095/003	tordierter Draht 2	26.92	69.15	3.94	N/A	N/A	N/A	N/A	
2) Granatscheibenfibel	1994/095/003	Steg	26.84	69.54	3.62	N/A	N/A	N/A	N/A	
2) Granatscheibenfibel	1994/095/003	Fügestelle Steg/Rand (Mischanalyse)	20.17	74.11	5.72	N/A	N/A	N/A	N/A	
2) Granatscheibenfibel	1994/095/003	Fügestelle Steg/Rand (Mischanalyse)	20.90	73.62	5.47	N/A	N/A	N/A	N/A	
2) Granatscheibenfibel	1994/095/003	Fügestelle Rand/Rückseite (Mischanalyse)	26.45	68.76	4.79	N/A	N/A	N/A	N/A	
2) Granatscheibenfibel	1994/095/003	Fügestelle Rand/Rückseite (Mischanalyse)	26.64	69.44	3.91	N/A	N/A	N/A	N/A	
2) Granatscheibenfibel	1994/095/003	Fügestelle tord. Draht (Mischanalyse)	21.51	75.01	3.47	N/A	N/A	N/A	N/A	
1) Beschläge Holzbecher	1994/095/019	Bruchstücke mit Rest von Nietstift	96,2	N/A	0,51	0,02	N/A	N/A	0,44	Ti
1) Beschläge Holzbecher	1994/095/019	Fragment 1	96,3	0,07	0,60	0,00	N/A	N/A	0,76	Ti
1) Beschläge Holzbecher	1994/095/019	Fragment 2	96,0	0,23	0,68	0,03	N/A	0,02	0,69	Ti

Objekt	Inv.-Nr.	Untersuchte Stelle	Ag	Au	Cu	Pb	Sn	Zn	Fe	Zusätzl. Elemente
1) Fingerring 1Vierpass-Muster	1994/095/007	Ring	20,5	76,7	1,78	N/A	N/A	N/A	N/A	Bi
1) Fingerring 1 Vierpass-Muster	1994/095/007	Zierplatte Unterseite	20,9	76,0	2,13	N/A	N/A	N/A	N/A	Ti
1) Fingerring 1 Vierpass-Muster	1994/095/007	Traube (Mischanalyse)	19,9	76,6	2,31	N/A	N/A	N/A	N/A	Ti, Mn
1) Fingerring 1 Vierpass-Muster	1994/095/007	Zierplatte Schauseite (Mischanalyse)	22,5	74,6	1,78	N/A	N/A	N/A	N/A	Mn
1) Fingerring 2 CC Muster	1994/095/008	Ring	9,39	86,9	3,17	N/A	N/A	N/A	N/A	Bi?
1) Fingerring 2 CC Muster	1994/095/008	Zierplatte Unterseite	9,58	86,8	3,19	N/A	N/A	N/A	N/A	Ti
1) Fingerring 2 CC Muster	1994/095/008	Granulattraube (Mischanalyse)	8,61	87,4	3,45	N/A	N/A	N/A	N/A	Ti, Bi?
1) Fingerring 2 CC Muster	1994/095/008	Zierplatte Schauseite (Mischanalyse)	9,75	86,6	3,12	N/A	N/A	N/A	N/A	
1) Fingerring 3 Vierpass-Muster	1994/095/008	Ring	20,3	76,6	2,18	N/A	N/A	N/A	N/A	
1) Fingerring 3 Vierpass-Muster	1994/095/008	Zierplatte Unterseite	19,8	77,0	1,98	N/A	N/A	N/A	N/A	Ti, Bi
1) Fingerring 3 Vierpass-Muster	1994/095/008	Granulattraube (Mischanalyse)	19,7	77,1	2,11	N/A	N/A	N/A	N/A	
1) Fingerring 3 Vierpass-Muster	1994/095/008	Zierplatte Schauseite (Mischanalyse)	21,4	75,4	2,08	N/A	N/A	N/A	N/A	Bi
1) Bommelohrring links	1994/095/002	Aufhänger	4,53	94,0	1,16	N/A	N/A	N/A	N/A	
1) Bommelohrring links	1994/095/002	freie Stelle Kugel	4,40	93,2	2,17	N/A	N/A	N/A	N/A	Mn, Pb
1) Bommelohrring links	1994/095/002	untere Traube (Mischanalyse)	4,45	92,9	1,77	N/A	N/A	N/A	0,29	Ca, Ti
1) Bommelohrring rechts	1994/095/002	Aufhänger	4,25	93,3	1,90	N/A	N/A	N/A	0,25	Ti
1) Bommelohrring rechts	1994/095/002	freie Stelle Kugel	4,13	93,2	2,40	N/A	N/A	N/A	N/A	Bi
1) Bommelohrring rechts	1994/095/002	untere Traube (Mischanalyse)	4,28	92,8	2,07	N/A	N/A	N/A	0,31	Ca, Ti, Bi
1) Pektorale, Anhänger 1	1994/095/004	Rückseite	25,0	70,9	2,75	N/A	N/A	N/A	0,16	Pb, Bi
1) Pektorale, Anhänger 2	1994/095/004	Rückseite	27,5	67,0	3,73	N/A	N/A	N/A	N/A	Ti, Mn, Bi
1) Pektorale, Anhänger 3	1994/095/004	Rückseite	24,4	70,4	3,85	N/A	N/A	N/A	0,27	
1) Pektorale, Anhänger 4	1994/095/004	Rückseite	27,6	68,3	2,87	N/A	N/A	N/A	0,19	Bi?
1) Pektorale, Anhänger 5	1994/095/004	Rückseite	32,8	62,3	3,41	N/A	N/A	N/A	N/A	Pb, Bi?
1) Pektorale, Anhänger 6	1994/095/004	Rückseite	28,1	66,7	3,40	N/A	N/A	N/A	N/A	Mn, Bi?
1) Pektorale 7, Goldbrakteat	1994/095/004	Rückseite	18,0	79,2	1,74	N/A	N/A	N/A	0,25	Mn
1) Pektorale, Anhänger 8	1994/095/004	Rückseite	25,1	71,1	2,33	N/A	N/A	N/A	0,24	
1) Pektorale 9, Amethyst-Anhänger)	1994/095/004	Fassung	36,2	57,9	3,29	N/A	N/A	N/A	0,29	Ti, Pb, Bi?
1) Pektorale, Anhänger 10	1994/095/004	Rückseite	27,2	68,2	3,35	N/A	N/A	N/A	0,15	
1) Pektorale, Anhänger 11	1994/095/004	Rückseite	26,1	69,9	2,57	N/A	N/A	N/A	0,12	
1) Pektorale, Anhänger 12	1994/095/004	Rückseite	26,9	68,2	2,90	N/A	N/A	N/A	0,44	Ti
1) Pektorale, Goldperle 1	1994/095/004	neben durchlochter Stelle	27,8	67,9	2,65	N/A	N/A	N/A	N/A	Ca, Ti
1) Pektorale, Goldperle 2	1994/095/004	neben durchlochter Stelle	29,3	66,8	2,32	N/A	N/A	N/A	N/A	Ti, Bi?
		relativer Fehler	+/- 0,7%	+/- 1,3%	+/- 1%	+/- 38%	+/- 8%	+/- 25%	+/- 8%	

1) gemessen mit pRFA, 2) gemessen mit µ-RFA

Glatter Kolbenarmring (1994/095/006)

Aufgrund der starken Korrosionserscheinungen an dem Armreif konnte trotz Freilegung der zu messenden Stelle Brom nachgewiesen werden. Die Analyseergebnisse sind daher ebenfalls unter Vorbehalt zu sehen. Neben 93 % Silber ließ sich ~1 % Gold, ~1,5 % Kupfer, ~0,6 % Blei sowie Titan, Eisen und Wismut nachweisen.

Gleicharmige Fibel (1994/095/009)

Das Problem bei der Untersuchung der Fibel war ihre komplizierte Geometrie und die angebrachte Verzierung. Der Bügel selbst ist so kleinräumig verziert, dass mit der Messfleckgröße von 4 mm nur Mischanalysen zwischen Verzierung und Trägermaterial erzielt werden können. Lediglich die Nadel und die Rast konnten untersucht werden, ohne dass andere Teile der Fibel das Ergebnis verfälschten. Da beide Teile das Messfenster nicht komplett abdeckten, sind diese Analysen jedoch nur unter Vorbehalt korrekt.

Die Analysen der beiden Teile sind vergleichbar. Der Silbergehalt liegt zwischen 90,5 und 92,8 %. Die starke Schwankung erklärt sich durch die unvollständige Abdeckung des Messfensters. Weitere Elemente sind Titan, Mangan, Eisen, Kupfer, Blei und Wismut. Deutliche Unterschiede zeigten sich nur im Goldgehalt (Nadel ~3,3 %, Rast ~2,5 %).

Bei Detailanalysen der Fibelteile mit der µ-RFA konnten der Bügel sowie die Einlage untersucht werden. Der Bügel besteht aus Silber, welches einen Kupfergehalt von 4,9 % aufweist. Die Einlagen auf dem Bügel bestehen aus einem reinen Silberniello mit geringen Mengen an Gold, Kupfer und Blei als Verunreinigung. Die Reste der Vergoldung auf dem Fibelbügel weisen deutliche Quecksilbergehalte auf, was auf eine Feuervergoldung schließen lässt.

Granatscheibenfibel (1994/095/003)

Wegen des schlechten Erhaltungszustandes und der geringen Größe der Silberteile sowie der geringen Größe der Einzelteile der Fibel war eine pRFA-Untersuchung nur an der Nadel, der Bodenplatte und am Rand möglich. Weitere Detailuntersuchungen wurden mit der µ-RFA durchgeführt.

Die Nadel wurde an der Halterung untersucht. Es wurden fünf Analysen derselben Stelle in unterschiedlichen Positionen durchgeführt. Die Ergebnisse weisen eine erhebliche Schwankung auf, was an der nicht vollständigen Abdeckung des Austrittsfenster und der Bestrahlung anderer Teile der Fibel liegt. Daher kann hier lediglich eine qualitative Abschätzung gegeben werden. Die Nadel besteht aus Silber (~95 %) mit Anteilen von Gold, Kupfer, Zink und Eisen. Die Rast der Fibel ist vollständig zu Bromargyrit und Chlorargyrit durchkorrodiert und entzieht sich somit einer aussagekräftigen Analyse.

Die Bodenplatte sowie der Rand der Fibel hingegen liefern brauchbare, sich gut deckende Ergebnisse. Das Material der Grundplatte besteht aus 72,3 % Gold und 23,6 % Silber[139]. Der Rand aus 72,3 % Gold und 22,8 % Silber. Der Kupfergehalt schwankt zwischen 2,3 % auf der Grundplatte und 3,5 % auf dem Rand. Da die Goldgehalte konstant sind, ist davon auszugehen, dass hier Reste eines Silber/Kupfer Lotes sichtbar sind, mit dem die Goldteile verbunden wurden. Diese Vermutung konnte durch Messungen mit der µ-RFA an den Fügestellen bestätigt werden. Darüber hinaus finden sich lediglich Spuren von Verunreinigungen, die nahe der Nachweisgrenze des Gerätes liegen.

139 Dass hier nicht mit einheitlichen Legierungen gearbeitet wurde, zeigen die Analysen der Scheibenfibeln aus dem Arnegundegrab, deren Goldgehalt bei 5 – 8 % liegt (Périn/Calligaro 2007).

Beschläge vom Holzbecher (1994/095/019)

Die Untersuchungen an den Silberbeschlägen wurden an Fragmenten durchgeführt, die entsprechend dem Befund eindeutig zugeordnet werden konnten. An diesen Fragmenten konnte großzügig freigelegt werden. Die drei untersuchten Fragmente zeigen innerhalb des Messfehlers identische Zusammensetzungen von 96 % Silber, 0,5 % Kupfer und 0,5 % Eisen sowie Spuren von Gold, Blei und Titan. Bei Detailuntersuchungen mit der µ-RFA stellte sich heraus, dass einzelne Fragmente vollständig durchkorrodiert und zu Silberchlorid und bromid umgewandelt waren. Die hier vorgestellten Ergebnisse wurden an Fragmenten gemessen, an denen der metallische Kern noch vorhanden war.

Goldene Fingerringe (1994/095/007 und 1994/095/008)

An jedem der drei Fingerringe wurden die Ringschiene, die Rückseite der Zierplatte, die an der Seite der Zierplatte angebrachte Granulattraube sowie die Schauseite der Zierplatte untersucht. Obwohl zu erwarten gewesen wäre, dass der Ring niedrigere Kupfergehalte enthält, da hier kein Lot vorhanden ist, weisen alle untersuchten Stellen an den Ringen, unabhängig ob es sich um eine Lötstelle handelt oder nicht, nahezu gleiche Zusammensetzungen auf. Das deutet darauf hin, dass die Teile mit sehr wenig Lot zusammengefügt wurden. Dies kann als Maß für die hohe Qualität der Handwerksarbeit gesehen werden.

Die beiden Ringe mit dem Vierpass-Muster (Fingerring 1: rechte Hand, Fingerring 3: linke Hand) ähneln sich sowohl im Dekor wie auch in der Zusammensetzung. Beide Ringe weisen Goldgehalte von 76 – 77 % und Silbergehalte von 20 – 22 % auf. Die Kupfergehalte schwanken zwischen 1,8 und 2,3 %. Ring 2 von der linken Hand mit dem gegenständigen CC-Muster unterscheidet sich in seiner Zusammensetzung deutlich von den beiden anderen. Der Goldgehalt liegt mit 87 % deutlich höher, der Silbergehalt mit 9,5 % deutlich niedriger. Auch der Kupfergehalt zwischen 3,1 und 3,5 % ist deutlich verschieden von dem der anderen Ringe.

Abgesehen von den morphologischen Eigenschaften (dünnere Zierplatte, andere Anbringungsweise des Rings an der Zierplatte) weisen die Analysen ebenfalls auf eine andere Werkstatt oder zumindest auf eine andere Materialquelle hin. Darüber hinaus finden sich lediglich Spuren anderer Elemente von Verunreinigungen, die nahe der Nachweisgrenze des Gerätes liegen.

Bommelohrringe (1994/095/002)

Die beiden Bommelohrringe wurde an je drei Stellen untersucht: am Ring, an einer freien Stelle auf dem Anhänger, wo keine Dekoration aufgebracht ist, und auf der unteren aufgelöteten Perle. Die Goldgehalte aller Analysen decken sich mit 92,9 – 94 % sehr gut. Leichte Abweichungen gibt es in den Silbergehalten (linker Ohrring ~4,2 %, rechter Ohrring ~4,5 %) und den Kupfergehalten (linker Ohrring 1,1 – 2,1 %, rechter Ohrring 1,9 – 2,4 %)[140]. Darüber hinaus finden sich lediglich Spuren von Verunreinigungen, die nahe der Nachweisgrenze des Gerätes liegen.

Pektorale (1994/095/004)

Es wurden jedes der Dekorationselemente sowie zwei der doppelkonischen Goldblechperlen untersucht *(Abb. 28, 29,3)*. Eine Schwierigkeit bei den Dekorationselementen bilden die Durchbrucharbeiten, bei denen stets auch eine oder mehrere Lötstellen in die Analyse miteinfließen, sowie die aufgebrachten Drähte, bei denen dasselbe Problem vorhanden ist. Alle Dekorationselemente (bis auf die Fassung des Amethystes) bestehen aus einer Gold-Silber-Legierung mit Goldanteilen von 62 – 70 % und Silberanteilen von 25 – 30 %. Die Goldblechperlen weisen ähnliche Zusammensetzungen auf. Von ihnen un-

140 Auch hier unterscheiden sich die Analysen von denen der Ohrringe aus dem Arnegundegrab. Diese haben Goldgehalte von ~89 – 91 %, Silbergehalte ~3 – 8 % und Kupfergehalte ~2 – 7 % (Périn/Calligaro 2007).

terscheidet sich die Fassung des Amethystes mit einem Goldgehalt von 58 % und einem Silbergehalt von 36 % deutlich.

Vergleich der Nadelkonstruktion von Scheibenfibel und Bügelfibel

Eine Fragestellung an die Analytik war, ob die Nadel/Rastkonstruktion der Granatscheibenfibel (welche offensichtlich nachträglich angebracht worden war) aus derselben Werkstatt stammen kann wie die der gleicharmigen Bügelfibel. Die Analytik kann diese Frage leider nicht zweifelsfrei beantworten. Das liegt zum einen am schlechten und vor allem unterschiedlichen Erhaltungszustand der betreffenden Teile, aber auch an der geringen Größe der Teile, die keine eindeutig verortbare Analyse zulassen. Erschwerend kommt hinzu, dass sich auf der Nadel der gleicharmigen Fibel Spuren von Feuervergoldung finden (Quecksilber und erhöhter Goldgehalt), was eine zuverlässige Analyse des für die Fragestellung relevanten Trägermetalls nicht zulässt.

28 Das Schmuckensemble des Mädchens, ohne Gürtelkette mit Gehänge und Elfenbeinobjekt.

1

2

Vergleich der vorliegenden Analysen mit denen von Hans-Gert Bachmann 1994

Die Goldobjekte aus dem Kindergrab wurden bereits einmal auf ihre Zusammensetzung hin untersucht[141]. Zu den Fingerringen, den Ohrringen, der Scheibenfibel und vier der Pektoralanhänger existiert je eine Analyse. Wie die hier vorgestellten Analysen zeigen, ist es nötig, bei Objekten, welche aus mehreren Teilen bestehen, jedes Teil separat zu untersuchen, da hier signifikante Unterschiede in den Ergebnissen möglich sind. Diese Angabe wurde von Bachmann lediglich bei der Scheibenfibel publiziert. Bei Objekten mit sehr kleinen Einzelteilen besteht zusätzlich die Gefahr einer Mischanalyse zwischen verschiedenen Teilen und dem an der Verbindungsstelle eventuell sichtbaren Lot. In direktem Zusammenhang damit steht die unterschiedlichen Brennfleckgröße, die in den verschiedenen Geräten verwendet wurden (Bachmann: Philips PW 1404: 8 mm, diese Studie pRFA: 4 mm, µ-RFA: 300 µm). Ebenfalls relevant sind die Elemente, die in die Untersuchung einbezogen wurden. Da sich hier ebenfalls deutliche Unterschiede ergeben, ist ein direkter Vergleich der Analyseergebnisse nicht sinnvoll.

Schlussbemerkung

Sowohl die Gold- wie auch die Silberobjekte aus dem Kindergrab zeichnen sich durch ihren geringen Anteil an Verunreinigungen (Kupfer, Zink, Zinn, Blei) aus. Das legt nahe, dass für die Herstellung der Objekte Neumaterial verwendet wurde. Die Frage, ob die Nadelkonstruktionen der Fibeln aus derselben Werkstatt stammen, konnte mit Hilfe der Analytik nicht beantwortet werden.

Granatscheibenfibel *(Egon Wamers)*

Inventar: 1994/095/003
Granatscheibenfibel; Gold, Silber, Almandin; kastenförmiges Korpus mit Zickzack-Stegkranz; abgefeilte Grate am Korpusrand: sekundär aus größerer Filigranscheibenfibel herausgeschnitten. Zentrale Goldblechfassung mit unbestimmter organischer Einlage, umgeben von gegenständig tordiertem Doppelfiligrandraht; im Zentrum kleine runde Kastenfassung mit Almandineinlage. Auf der Unterseite eine silberne Nadelkonstruktion sekundär aufgelötet; Nadel fehlt heute.
Legierung: Au 72,3 %, Ag 22,3 – 23,6 %, Cu 2,3 – 3,5 %.
Dm. 2,1 cm.

Die goldene Miniatur-Granatscheibenfibel (die Metallanalysen der einzelnen Fibelbestandteile sind im Beitrag von Ströbele, oben S. 63 ff. mit *Tabelle 6*, aufgeführt) von 2,1 cm Durchmesser besteht aus einem kastenförmigen runden Korpus *(Abb. 30,1–4)*. Seine Frontseite ist konzentrisch gegliedert mit einer äußeren Zone von

3

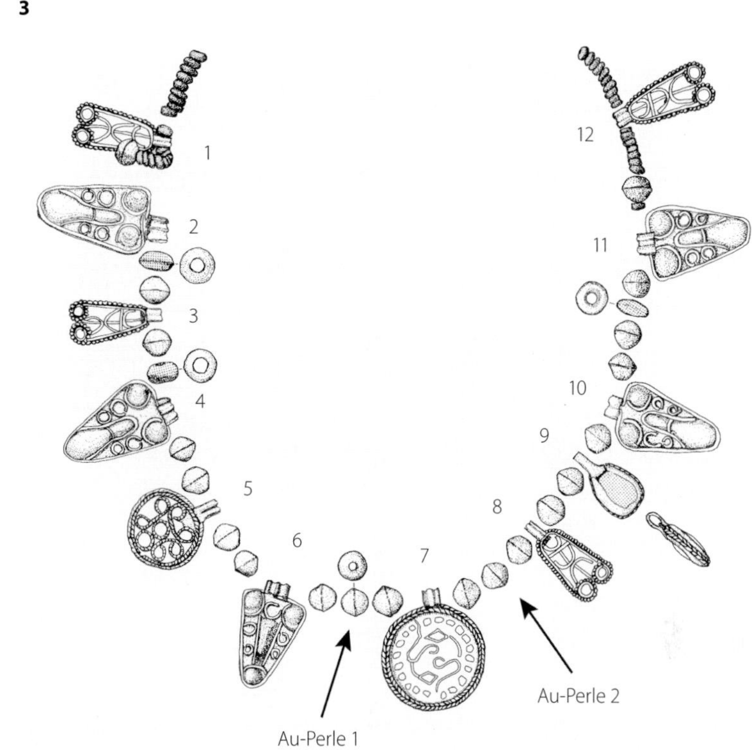

29 Pektorale des Mädchens.
1 Vorderseite;
2 Rückseite;
3 Zeichnung 1994 (= Hampel 1994, Abb. 80) mit Bezeichnung der untersuchten Elemente des Pektorales durch F. Ströbele. Ohne Maßstab.

141 Bachmann, in: Hampel 1994, 230 ff.

30 Granatscheibenfibel.
1 Vorderseite;
2 Rückseite;
3 Seitenansicht von 1993, mit erhaltener Nadel;
4 Zeichnung Seitenansicht (= Hampel 1994, Abb. 78).

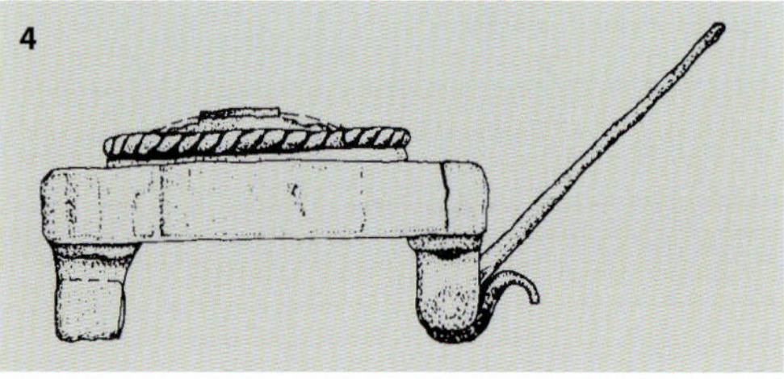

Zickzack-Cloisonné-Stegwerk aus eingelötetem Goldblech, das mit 28 polierten dreieckigen Granatscheibchen (zur Analyse der Granate vgl. den Beitrag von Susanne Greiff, unten S. 74 ff.) auf glatter Goldfolie gefüllt ist. Den geringen individuellen Größenunterschieden der Einlagen ist das Stegwerk gut angepasst. Daran schließt sich nach innen, erhöht auf dem Kasten aufsitzend, ein kräftiger doppelter Goldfiligrandraht mit gegenständiger Drehung an. Er zeigt auf der Oberseite mittelstarke Abnutzungsspuren. Ihm folgt eine runde Fassung aus kuppelförmig angesetztem Goldblech, die eine heute bräunliche, zum Teil zerstörte Einlage enthält – nach der Analyse von Greiff vom Römisch-Germanischen Zentralmuseum in Mainz: Bein (vgl. unten S. 78). Die Form der Fassung lässt auf eine ursprünglich mugelige Einlage schließen. Bekrönt wird das Ganze von einer kleinen runden, heute etwas verdrückten und aus dem Zentrum geschobenen Kastenfassung, in der eine kleine rundliche Granatscheibe sitzt.

Auf die Unterseite des Fibelkorpus' ist – nach Ausweis älterer Fotos – eine Nadelhalterung aus dickem Silberblechstreifen und Silbernadel sekundär mit kleinen Buntmetallnieten aufgenietet und -gelötet. Zu einem nicht mehr rekonstruierbaren Zeitpunkt, vielleicht bei einer der Ausleihen für Sonderausstellungen, muss die Nadel bis zur Achse abgebrochen und verloren gegangen sein. Bei Untersuchungen in den Werkstätten des Archäologischen Museums im September 2007 fehlte die Nadel bereits. Wo Nadelachse und Nadelrast angebracht sind, erkennt man größere länglich-ovale graue Verfärbungen – vermutlich Spuren der Entfernung einer älteren Befestigungsvorrichtung und/oder der Anbringung der neuen Nadelhalterung. Ferner gibt es im Zentrum den Rest eines kleinen abgetragenen, ursprünglich mitgegossenen Zapfens, der aus der goldenen Grundplatte vorstand – vermutlich ebenfalls Rest einer primären Befestigung. Die Nadel bestand aus einem rundstabigen Silberdraht, der am Befestigungsende trapezoidal flachgehämmert und S-förmig um die Buntmetallachse zwischen den Achsbacken herumgebogen ist.

Ähnlich wie – schwach erkennbar – auf der Unterseite weist das Fibelkorpus an den Seiten radial mindestens sechs kräftige, aber außen glatt abgezogene Grate auf, die den Eindruck erwecken, dass sie ursprünglich mit einem größeren Schmuckstück verbunden waren, aus dem der Kasten herausgeschnitten wurde. Feine Feilspuren auf Unter- und Oberseite bestärken diesen Verdacht *(Abb. 30,2–4)*.

Offenkundig stellt die kleine Fibel das Mittelstück einer größeren Scheibenfibel dar, aus der es herausgeschnitten und mit einer neuen silbernen Nadelhalterung versehen wurde[142]. Viele der spätmerowingischen (zumeist Gold-)Filigranscheibenfibeln[143] weisen erhöhte Zentren mit einem Almandincloisonné-Reif mit rechteckigen, runden oder dreieckigen Zellen auf[144]. Von diesen stellen die Exemplare mit innerer runder Einlage aus Bein oder anderem sowie zentraler kleiner runder Kastenfassung mit – sofern erhalten – Granatscheibchen die engeren Parallelen zu dem Frankfurter Teilstück dar. Nahezu gleich sind die Mittelstücke mit Zickzack-Cloisonné aus Großhöbing (Oberpfalz) Grab 138 *(Abb. 31)*, Niederkassel-Rheidt (Rhein-Sieg-Kr.) und Fridingen (Kr. Tuttlingen) Grab 278 *(Abb. 32)*[145]. Während Großhöbing mit seinem Vierpass aus doppelköpfigen Schlangen zur alamannischen Fibelgruppe des »Wittislinger Meisters«[146] mit Schwerpunkt in der östlichen Schwäbischen Alb gehört, ist Niederkassel-Rheidt den fränkischen Fibeln mit plastischen Insektendarstellungen zuzuweisen, die vorwiegend im westlichen Mittelrheingebiet, ausnahmsweise aber auch in Hessen (Lahn-Dill-Kreis), am Neckar, im Harzvorland und Westfalen/Soest auftreten[147], hier

31 Filigranscheibenfibel von Großhöbing (Oberpfalz) Grab 138 (Archäologische Staatssammlung München). Dm. 5,6 cm.

32 Scheibenfibel von Fridingen (Kr. Tuttlingen) Grab 278. Vorderseite und Rückseite (Landesmuseum Württemberg, Stuttgart). L. 3,8 cm; B. 3,6 cm.

142 Auf die Übereinstimmung der Mittelpartie der Fibel aus Fridingen 278 (s.u.) mit der Frankfurter Fibel wies bereits Quast 1995, 819, hin.

143 Zu den Filigranscheibenfibeln vgl. zuletzt: Graenert 2007.

144 Minden an der Sauer, Meckenheim, Grimlinghausen, Güttingen, Mertloch, Pleidelsheim, Bingen, Fridingen Grab 278: Thieme 1978, Taf. 5,4.6; 8,4; 9,6; 12,3; 13,1–2; 17,2. Kirchheim am Ries Grab 326: Neuffer-Müller 1983, Taf. 60,1. Niederkassel-Rheidt: Andrikopoulou-Strack 1990, 278. Großhöbing Grab 138: Katalog Berlin/Bonn 2002, 337, Abb. 10. Fibeln mit zum Kranz geordneten runden Einzelfassungen (z.B. Thieme 1978, Taf. 2,3–4; 6,5; 7,2.4; 11,3; 14,3–4; 15,2) können in diesem Zusammenhang unberücksichtigt bleiben.

145 Siehe Lit. Anm. 144; von Schnurbein 1987, 57ff. Abb. 21,2 Taf. 67 A.2.

146 Dazu J. Werner 1950, 23ff.; Böhner 1991, 699ff.

147 Vgl. Thieme 1978, Taf. 6,4; 7,3–4; 8,2–6; 12,3; 13,1–2 (Bingen; Wassenberg; Bonn-Kessenich; Bonn; Quedlinburg; Grimlinghausen; Meckenheim; Soest Grab 18; Mertloch; Pleidelsheim; Bingen-Umgebung); ferner Rheidt-Niederkassel. Zu den Fibeln vgl. ferner U. Koch 2001, 191, Abb. 83–84; Peters 2011, 58ff., Karte Abb. 48.

wohl fränkische Präsenz anzeigend. Beide weisen übrigens jeweils 22 Dreieckzellen auf. Von ungewöhnlicher geschweift-profilierter Form ist hingegen die Fibel von Fridingen. Ihr Cloisonné-Kranz ist wie der der Frankfurter Fibel aus 28 Dreieckzellen aufgebaut; auch ist ihre innere Fassung aus Blech aufgewölbt, jedoch fehlt ihr (heute?) die zentrale Kastenfassung sowie der »Frankfurter« Doppelfiligrandraht am Übergang von Cloisonné-Kranz zur inneren Fassung, der überhaupt bei diesen Fibeln eine singuläre Erscheinung ist, wenn man von der Fibel aus Dittenheim absieht, die allerdings auch keinen Cloisonné-Kranz kennt[148]. Von der Größe des Frankfurter Teilstücks (Durchmesser 2,1 cm) kann über die anderen Vergleichsfibeln nicht auf die ursprüngliche Gesamtgröße rückgeschlossen werden, da die Proportionen jeweils individuell gehalten sind. Sollte Großhöbing als Modell dienen, dessen innere Scheibe einen Durchmesser von 2,15 cm bei 5,6 cm Gesamtdurchmesser hat, könnte die ursprüngliche Frankfurter Fibel etwa 5,5 cm groß gewesen sein.

Grab 278 gehört zu den jüngsten Bestattungen von Fridingen und ist ins frühe 8. Jahrhundert zu datieren[149]. Dies passt gut zu der Datierung des ebenfalls umgearbeiteten »Alt«-Stücks von Frankfurt. Interessant ist, dass auch die Fibel aus Grab 278 von Fridingen offensichtlich eine sekundär zur Fibel umgearbeitete verzierte Goldscheibe ist, vermutlich Teil eines ehemals größeren Gegenstandes, den Siegmar von Schnurbein wegen seiner Qualität als »höfische Arbeit« bezeichnete[150]. Vermutlich stammt die Spolie von einem sakralen Objekt wie etwa einem Reliquiar oder Tragaltar. Die etwa X-förmig vom Cloisonné-Kranz abgehenden geschweiften Cloisonné-Bänder waren ursprünglich anders montiert, sie sind jeweils an einem oder an beiden Enden abgeschnitten.

Herkunftsbestimmung der Granate der Scheibenfibel und Analyse der zentralen Einlage *(Susanne Greiff)*

Kurzer Einblick in die stilistische Entwicklung des Granatcloisonnés

Die Verwendung von roten, aus dem Mineral Granat geschnittenen Plättchen war ein beliebter Dekorationsstil im merowingerzeitlichen Mitteleuropa. Der flächendeckende Besatz aus roten Granatplättchen überzog Gewandfibeln, Ohrringe, Armbänder und Riemenzungen, aber auch Griffe von Schwertern, Spathen und ähnlichen Waffen oder auch Pferdezaumzeug. Die hauchdünnen, beidseitig polierten Edelsteineinlagen wurden dabei typischerweise von einem Zellwerk aus dünnen Metallstegen gehalten. Eine untergelegte Folie aus Edelmetall reflektierte das einfallende Licht und intensivierte Farbton und Leuchtkraft. Außerdem deckte die gewaffelte Folie den unansehnlichen Untergrund ab, der aus einer zementartigen Füllmasse bestand.

Dieser als Granatcloisonné bekannte Stil entwickelte sich im östlichen Mittelmeerraum und wurde wahrscheinlich vom oströmischen Heer in die Welt des »Barbaricums« verbracht[151]. Als Vorläufer können Goldschmiedearbeiten mit

148 Dannheimer 1975, Abb. 6,2.

149 Frdl. Hinweis Dr. Ursula Koch, Reiss-Engelhorn-Museen Mannheim; vgl. auch Quast 1995, 824. – Die Fridinger Fibel war mit einer frühkarolingischen Sternfibel der ersten Hälfte des 8. Jhs. kombiniert. Die in Bändern gereihten filigrangesäumten Granalien gehören zum karolingischen Goldschmiedekanon und sind auf zahlreichen Riemenbeschlägen und Fibeln des 8. bis 9. Jhs. gut belegt (zum karolingischen Filigran: Wamers 1994c, 14 ff.). Die Muster auf den Bändern bestehen aus einem – leerem – Kreis mit blauem Blütenkelch, auf dem jeweils ein rotes Dreieck mit der Spitze nach unten sitzt. Ungleichmäßig geschweifte, zum Teil auch mehrfarbige Almandincloisonné-Bänder sind vor allem von hochrangigen Goldschmiedearbeiten der zweiten Hälfte des 8. und des 9. Jhs. bekannt, die ebenfalls durch dickwandige, z. T. verdrückte Stege gekennzeichnet sind: neben der noch in merowingischer Tradition stehenden Spolie auf dem Achatkästchen in Oviedo vor allem die Engerer Burse und der Ältere Lindauer Buchdeckel, die der zweiten Hälfte des 8. bis in den Beginn des 9. Jhs. zuzuschreiben sind, oder der Goldscheibenfibel von Dorestad, die wohl ebenfalls erst nach 800 zu datieren ist, mit ihren vier doppelköpfigen Schlangen aber motivisch die Wittislinger Fibeln fortführt. Bei diesen Arbeiten leben auch die Almandincloisonné-Kränze fort, allerdings nicht mehr im geometrischen Zickzack, sondern durchweg in schuppenförmigen Zellen. Während aber

Inkrustationen aus rotem Granat und farbigen Schmucksteinen wie Türkis und Lapis Lazuli gesehen werden, wie sie im 1. Jahrhundert zum Beispiel in Baktrien (auf dem Gebiet des heutigen Afghanistan) geschätzt wurden. Von dort gelangte der Stil über das Schwarzmeergebiet in den Karpatenraum, wo er letztlich zum reinen Granatstil verfeinert wurde und weitere Verbreitung fand. Die frühen granatverzierten Objekte aus dem Karpatenbecken oder von der Krim-Halbinsel besitzen häufig unregelmäßig geformte Granate, die in einzelnen Kastenfassungen sitzen und noch nicht in Form der für die späteren Phasen typischen sehr dünnen planparallel geschliffenen Plättchen vorliegen. Daraus entwickelt sich im 5. und 6. Jahrhundert dann ein flächendeckendes dichtes Cloisonné, zum Teil in schlichten geometrischen Formen, dann auch in komplizierten Tierstilmustern ausgeführt. Im 7. Jahrhundert ist ein relativ plötzlicher Umbruch zu verzeichnen, der sich darin äußert, dass auf Schmuckstücken wie zum Beispiel Filigranscheibenfibeln nur noch wenige, oft dazu sehr kleine Granate in separaten Einzelfassungen zum Einsatz kommen. Nicht nur die Art der Verwendung ändert sich, auch das Einlagenmaterial selbst ist im 7. Jahrhundert meist eine andere Granatvariante als das zuvor gebräuchliche. War es zunächst überwiegend die mineralogische Variante des eisenreichen Almandingranats, der in über einen Zentimeter großen Plättchen auftreten konnte, wurde dieser im 7. Jahrhundert vom magnesiumreichen Pyropgranat abgelöst[152]. Die Gründe für diesen Wandel sind noch nicht abschließend geklärt. Böhmische Pyrope treten sehr vereinzelt auch in früheren Funden auf, wie ein Objekt aus dem Gräberfeld von Louvres, Dép. Val-d'Oise, Frankreich zeigt, das zwischen 480 und 520 datiert[153], beziehungsweise ein Vogelfibelchen aus dem letzten Drittel des 5. Jahrhunderts aus dem Gräberfeld von Horb-Altheim[154].

Naturwissenschaftliche Untersuchungen

Es waren chemische und mineralogische Untersuchungen, die aufzeigten, dass es nicht nur stilistische Veränderungen gab, sondern dass auch in Sachen Rohmaterial ein Umbruch stattgefunden hatte. Während man mit naturwissenschaftlicher Methodik ursprünglich lediglich versucht hatte, zu klären, ob es sich bei den Einlagen um mineralisches Material oder Glas handelte[155], wurde nach der Identifizierung des Minerals Granat auch die Frage nach dessen geographischer Herkunft laut. Granate sind als Mineral an sich nicht ausgesprochen selten und kommen gesteinsbildend in zahlreichen geologischen Formationen vor, wenn auch nicht unbedingt in Edelsteinqualität. Die für das frühmittelalterliche Granatcloisonné so typische Verwendung in Form dünner Plättchen macht es jedoch auch nicht unbedingt nötig, auf Material der höchsten Qualitätsstufe zurückzugreifen. Dementsprechend kommt theoretisch weltweit eine ganze Reihe von Granatvorkommen als mögliche Lieferanten des Rohmaterials für Granatcloisonné in Frage. Auch hier helfen naturwissenschaftliche Untersuchungen weiter. Granate bilden eine Familie aus chemisch variierenden Mitgliedern.

die vegetabilen Muster auf den Fridinger Cloisonné-Streifen noch in byzantinischer Tradition stehen (die meisten der bei Vierck 1974, Abb. 8–14, abgebildeten vegetabilen Cloisonné-Muster sind karolingisch), sind sie auf den genannten karolingischen Arbeiten stärker naturnah weiterentwickelt, jetzt aber in Email. Auch diese karolingischen Nachfolgearbeiten lassen erkennen, dass man die Spolienfibel aus Fridingen später datieren muss, in die Zeit deutlich nach 700. – Beim Vergleich von Ober- und Unterseite der Fridinger Fibel wird offenkundig, dass die Bodenplatte aus Silberblech zum originalen Zierstück gehörte (die vier auf der Bodenplatte sichtbaren Niete befinden sich unter den runden Fassungen in den Ecken der Schauseite. Während die Nadelachse angelötet ist, wurde die Nadelrast »brutal« durch die Schauseite hindurch festgenietet (erst zu einem späteren Reparaturzeitpunkt?). Deutlich ist ferner, dass die X-förmigen Cloisonné-Bänder an den vier »Ecken« ursprünglich weiterliefen und für die Verfertigung zur Fibel abgetrennt wurden.

150 Von Schnurbein 1987, 57 ff., Taf. 67A.

151 Von Rummel 2007.

152 Vgl. u. a. Brandstätter/Niedermayr 1999; Quast/Schüssler 2000; Calligaro u. a. 2006; Gilg u. a. 2010; Greiff/Hartmann 2012.

153 Farges 1998, LM3 Tab. 1.

154 Beilharz 2011, 81; Greiff 2006, 5.

155 Aus'm Weerth 1882.

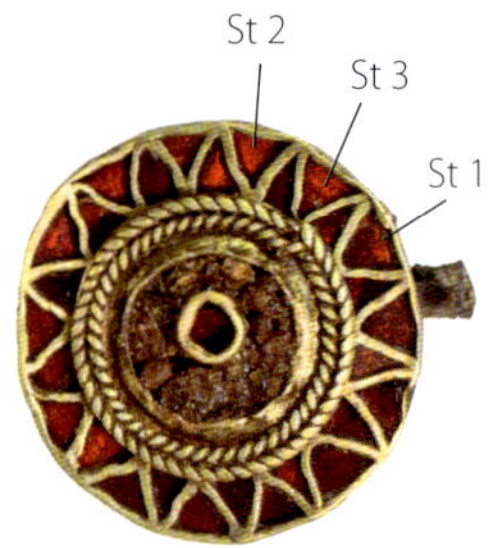

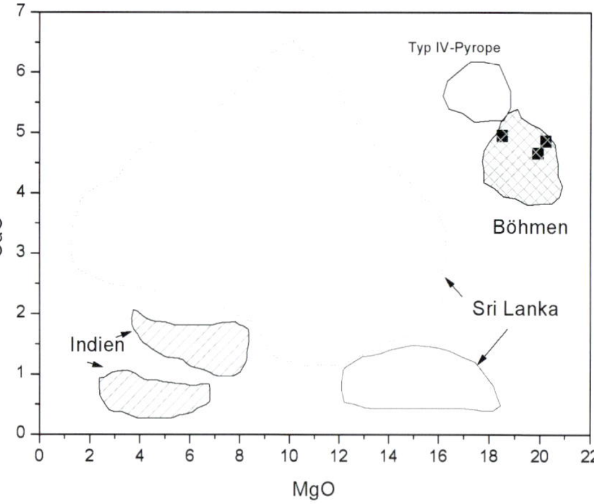

33 Analyse der Granateinlagen der Scheibenfibel des Kindergrabes.
1 Position der drei untersuchten Granate in der Fibel;
2 im System Calciumoxid:Magnesiumoxid dargestellte wichtige Granatuntergruppen, die im Frühmittelalter verwendet wurden. Die drei untersuchten Granate der Frankfurter Fibel fallen eindeutig in das Feld der böhmischen Pyrope (Typen und Felder nach Greiff; Quast/Schüssler 2000; Calligaro u. a. 2006).

Sie verfügen zwar alle über das gleiche silikatische Kristallgrundgerüst, aber je nach Untertyp können verschiedene Metallionen wie Eisen, Magnesium, Calcium und andere mehr in dieses Grundgerüst eingebaut werden. Vereinfacht gesagt ist es das geologische Milieu, das seine chemischen Spuren hinterlässt und für unterschiedliche Fundorte mehr oder weniger stark variierende Granate hervorbringt. Mit Hilfe von Analysen an Referenzmaterial gesicherter geographischer Herkunft lassen sich auf diese Weise Herkunftsbestimmungen vornehmen.

Unterschiedliche Forschergruppen aus Deutschland, Frankreich, Österreich und Großbritannien (siehe die in Anm. 157 oben genannten Publikationen, in denen sich weitere Verweise zur Forschungsgeschichte finden) haben sich anhand chemischer Analysen mit der Herkunftsfrage befasst und kamen zu dem Ergebnis, dass die eisenreichen Almandingranate aus mitteleuropäischen Funden des 5. und 6. Jahrhunderts überwiegend als Fernhandelsgut aus dem Bereich des indischen Subkontinents kamen, während die im 7. Jahrhundert zunehmend verwendeten magnesiumreichen Pyrope aus einer europäischen Lagerstätte, nämlich Böhmen, stammten. Inzwischen wurden vereinzelt noch weitere Untergruppen identifiziert, die jedoch nichts an dem grundlegenden Bild des Wandels von der Verwendung einer exotischen Ware zu einem vergleichsweise lokalen Rohstoff geändert haben.

Untersuchungsergebnisse an der Fibel aus dem Frankfurter Kindergrab

Was lässt sich nun zur kleinen granatverzierten Fibel aus dem Mädchengrab unter dem Frankfurter Dom in Bezug auf die Herkunft der Granate sagen? Drei der insgesamt 28 Granateinlagen wurden 2006 im Archäometrielabor des Römisch-Germanischen Zentralmuseums exemplarisch untersucht *(Abb. 33,1)*. Die Fibel war aufgrund des stark zersetzten mittig angebrachten Zierniets mit einem Kunststoffüberzug gefestigt worden. Zur Untersuchung der Steineinlagen musste auf der Oberfläche der Einlagen dieser Überzug entfernt werden. Da Farbton und Beschaffenheit nicht auf die Verwendung unterschiedlicher Granate an dem Stück hinwiesen, wurde auf die Freilegung weiterer Steine verzichtet.

Mit der Mikro-Röntgenfluoreszenz-(μ-RFA-) Methode lassen sich die meisten chemischen Elemente in einer Probe qualitativ und quantitativ bestimmen. Die Methode ist zerstörungsfrei beziehungsweise zerstörungsarm, es müssen lediglich eventuell vorhandene Korrosionsschichten abgetragen werden. Wegen des kleinen Messflecks (0,3 mm) kann diese Beschädigung sehr klein gehalten werden.

Die Probe wird bei der Analyse[156] durch eine dünne Glasfaserkapillare mit Röntgenstrahlung beschossen. Diese primäre Strahlung regt dann im Material der Probe eine sekundäre Röntgenstrahlung an, die Fluoreszenzstrahlung. Jedes in der Probe vorhandene Element sendet somit nach der Anregung Röntgenstrahlung von bestimmter charakteristischer Energie aus (»Linien«). Die Intensität der Linie ist prinzipiell abhängig von der jeweiligen Konzentration in der Probe. Im Detek-

156 Gerät: Eagle III XXL der Firma Roenalytik (Taunusstein), Rhodium-Röhre mit max. 40 kV, 1 mA; Si(Li)-Detektor der Firma Oxford Instruments, stickstoffgekühlt, Auflösung 148 eV für MnKα; Probenkammer 75 × 75 × 135 cm; Röntgenoptik: Monokapillare mit 0,3 mm Brennfleck (entspricht Analysenfläche). Messparameter für Granate: Vakuum, Röhrenspannung 40 kV, Röhrenstrom 200 μA, Messzeit 300 Lsec, Formungszeit 35 μs, ohne Filter, Quantifizierung über Eichkurve.

	MgO	Al_2O_3	SiO_2	CaO	TiO_2	Cr_2O_3	MnO	FeO
06-129 St1	19,93	20,07	42,31	4,66	0,44	2,23	0,41	9,95
06-129 St2	20,24	19,21	41,69	4,86	0,5	2,32	0,36	10,81
06-129 St3	18,52	19,39	42,19	4,95	0,48	1,69	0,46	12,32

Tabelle 7 Messergebnisse der Mikro-Röntgenfluoreszenzanalysen an drei der roten Granateinlagen der Fibel aus dem Mädchengrab (RGZM-Werkblattnummer 06-129) in Gewichtsprozent; Position der Messstellen siehe *Abb. 33,1*.

tor werden Energie und Intensitäten der Röntgenfluoreszenzstrahlung analysiert und daraus ein Spektrum erzeugt, das über Eichverfahren mit Standardproben bekannter Zusammensetzung quantitativ ausgewertet werden kann.

Die drei analysierten Steine wiesen alle erhöhte Magnesiumgehalte auf, so dass sie eindeutig als Pyrope identifizierbar sind *(Tab. 7)*. Das Calcium-Magnesiumverhältnis und die Chromgehalte entsprechen dem der Pyrope aus den noch heute bekannten böhmischen Vorkommen bei Podsedice, Třebenice und Měrunice *(Abb. 33,2)*[157].

Schlussfolgerungen

Da die kleine Fibel ins späte 7. oder frühe 8. Jahrhundert datiert wird, entspricht die Verwendung der lokalen böhmischen Edelsteine dem allgemeinen Bild anderer granatverzierter Funde aus diesem Zeitraum. Was jedoch im Vergleich zu anderen zeitgenössischen Objekten eher ungewöhnlich erscheint, ist die stilistische Ausführung des Granatbesatzes. Wie erwähnt, wurden die böhmischen Granate generell im 7. Jahrhundert weniger in Form der zuvor üblichen dünnen Plättchen dicht an dicht gesetzt, sondern in einigen wenigen Einzelfassungen. Die hier untersuchte Fibel weist neben einem kleinen, mittig aufgesetzten Einzelstein jedoch einen Kranz aus flächig positionierten Granatdreiecken auf, mit einer maximalen Kantenlänge von circa 4 mm.

Es wird angenommen, dass das Fibelchen ein umgearbeitetes Altstück einer größeren Fibel darstellt, von der nur der cloisonnierte Innenkranz verwendet wurde[158]. Neben der Großhöbinger Fibel führt Wamers als Vergleichsbeispiel auch eine der beiden Goldscheibenfibeln aus Grab 278 des Gräberfelds von Fridingen mit ähnlichem Innenkranz an (oben S. 73; *Abb. 32*), deren Granatbesatz auch von Dieter Quast und Ulrich Schüssler analysiert wurde[159]. Auch die Fridinger Granatdreiecke sind aus böhmischen Pyropen hergestellt worden, was möglicherweise auf einen Werkstattkreis hindeutet, der Stücke dieser Art im üblichen Repertoire hatte.

Was die Frankfurter Fibel mit anderen zeitgenössischen Pyropgranat-verzierten Funden verbindet, ist die vergleichsweise primitiv ausgeführte Kantenbearbeitung der einzelnen Steine, die bei den älteren mit Almandinplättchen besetzten Stücken wesentlich qualitätvoller ausfällt, sowie die dickere Materialstärke. Der Schutzlacküberzug an dem Frankfurter Fibelchen verhindert eine Beurteilung der Güte der Oberflächenpolitur, die bei den böhmischen Granaten ebenfalls meist eher weniger qualitätsvoll ausgeführt ist. Insgesamt sind solche späten Objekte durch einen Mangel an technischem *know how* bei der Bearbeitung der Steine gekennzeichnet. Neben den zweitklassig verarbeiteten Plättchen werden die kleinen böhmischen Pyrope sonst auch gerne als mugelig (mit gerundeter, oft halbkugeliger Oberfläche) geschliffene Steine verwendet, um zum Beispiel die Augen in Adlerfibeln darzustellen, oder als kleine Rundeln in augenähnlichen Partien auf Riemenzungen wie jene aus dem Gräberfeld von Inden-Pier[160].

157 Referenzanalysen böhmischer Pyrope basieren auf Vergleichsanalysen aus eigenem Bestand, bzw. Fiala/Paděra 1977, Tab. 3; Seifert/Vrána 2005, Tab. 1; Quast/Schüssler 2000, Tab. 2; Calligaro u. a. 2006, 128 ff.

158 Vgl. oben S. 72 ff.; Wamers 2013b, 170, Abb. 119.

159 Quast/Schüssler 2000, Kat.-Nr. 13.

160 Reichert 2012, Taf. 29; Greiff/Hartmann 2012

Analyse der zentralen Einlage

Die den kleinen Zentralstein umlaufende zierknopfartige Einfassung präsentiert sich heute als durch Eisenhydroxide bräunlich verfärbte, rissig-krümelige Masse. An einer kleinen Stelle wurde der Schutzlack partiell entfernt und eine qualitative Elementanalyse durchgeführt. Neben Calcium fand sich auch ein erheblicher Anteil an Phosphor, was die Substanz in die Gruppe der Beinmaterialien verweist, zu denen neben Knochen auch Elfenbein zählt. Diese können an gut erhaltenen Funden normalerweise anhand ihrer Struktur unterschieden werden. Aufgrund des Zersetzungszustands ist dies an der Fibel hier nicht möglich. Da sowohl Elfenbein wie Knochen dichte weißliche Materialien bilden, kann der ursprüngliche Gesamteindruck der Fibel auch ohne diese Detailinformation leicht rekonstruiert werden.

Bommelohrringe *(Niklot Krohn)*

Inventar: 1994/095/002
Zwei Bommelohrringe; Goldblech, Goldfiligran und -granulation; leere Kastenfassungen.
Legierung: Ohrring rechts: Au 92,9–94 %, Ag ~4,5 %, Cu 1,9–2,1 %; Ohrring links: Au 92,9–94 %, Ag ~4,2 %, Cu 1,1–2,1 %.
L. 3,3 cm bzw. 3,4 cm.
Gew. jeweils 4,9 g.

Die beiden filigranverzierten goldenen Schmuckanhänger *(Abb. 34)*, welche, etwas nach hinten versetzt, zu beiden Seiten des schlecht erhaltenen Schädels gefunden wurden *(vgl. Abb. 2; 9,2 rechts; 12)*, gehören zu den als Bommelohrringen bezeichneten Kopfschmuckanhängern[161]. Eine erste, noch sehr allgemeine Charakterisierung und Klassifizierung dieses markanten Schmucktyps wurde 1952 von Hans Bott vorgenommen und ein gutes Jahrzehnt später durch die Untersuchungen von Frauke Stein ergänzt[162]. Uta von Freeden modifizierte Steins Typeneinteilung 1979 in ihrer ausführlichen Studie zu den merowingerzeitlichen Ohrringen im alamannischen Gebiet und untergliederte die aus Edel- oder Buntmetall gefertigten Stücke mit bommelförmigem Blechanhänger aufgrund unterschiedlicher Formen und Verzierungen in einzelne Untergruppen[163], welche jedoch ein vornehmlich typologisches Hilfsinstrument darstellen, da es bisher noch in keinem Fall gelungen ist, identische, muster- oder werkstattgleiche Exemplare zu identifizieren.

Trotz der relativ großen Gestaltungsvielfalt besitzen die Bommelohrringe einen Aufbau, der immer gleichartig ist und im Wesentlichen aus drei Segmenten besteht. Auf der Hauptkugel, der namengebenden »Bommel« des Ohrrings, die aus zwei dünnwandigen, halbkugeligen Blechschalen zusammengelötet ist, sitzen mit Filigrandraht umgebene Einlagenfassungen und/oder Blechbuckel. Das zweite Segment, der aus Draht gefertigte, eigentliche Ohrring, ist mit der Bommel über eine ebenfalls mit Filigrandrähten verzierte Blechkonstruktion als drittem Segment der Schmuckkonstruktion verbunden. Die Formgebung dieses Verbindungsstücks zwischen Bommelanhänger und Ring diente von Freeden zur Unterscheidung der von ihr definierten Typen, innerhalb derer die Ohrringe aus dem Frankfurter Kindergrab mit ihren einzelnen Merkmalen gewissermaßen eine Zwischenstellung einnehmen. Durch die unmittelbar zwischen drei Blechbuckeln gelötete, perlenförmige Goldblechhülse, welche die Bommel mit dem Ohrring verbindet, stehen sie auf den ersten Blick den Bommelohrringen mit Kugelkranz nahe, deren Zwischenstück von drei kleineren Blechkugeln, dem besagten »Kugelkranz«, gebildet wird[164]. Hierzu zählen etwa ein mit bronzenem Ring, aber goldener Bommel versehenes Exemplar aus dem gestörten Grab 305 von Kirchheim/Ries (Ostalbkreis)[165]

161 Abgebildet auch bei Hampel 1994, 122 f., Abb. 73–74; Wamers 2013b, 168, Abb. 116.
162 H. Bott 1952, 126 u. 129; Stein 1961; Stein 1967, 63–66.
163 Von Freeden 1979, 360–389 mit 429–433 Liste 6. – Nach diesem Schema zuletzt: Pöllath 2002, Bd. 1, 110–116; Szőke 1992, 857 f.
164 Von Freeden 1979, 366–370 mit 431 f. Liste 6 Nr. 46–71.

34 Goldene Bommelohrringe des Mädchens.

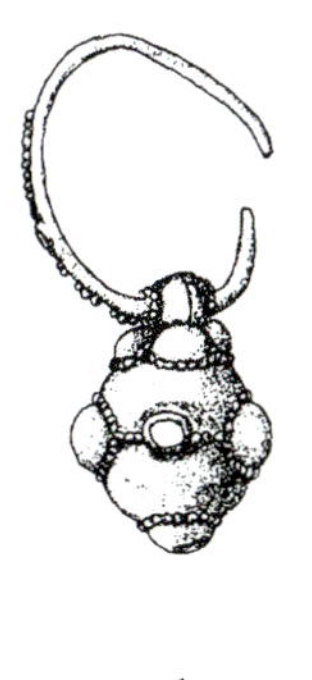

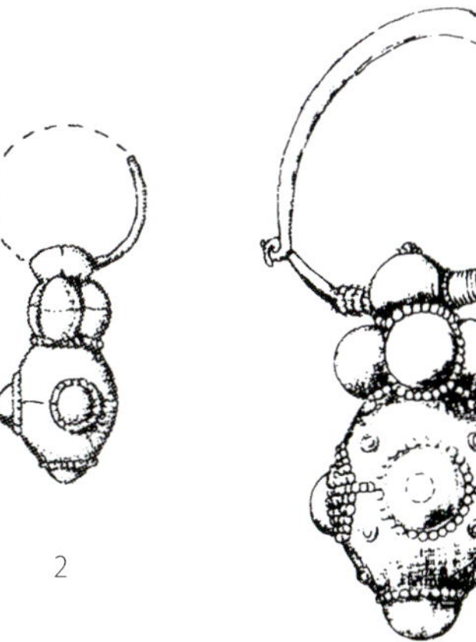

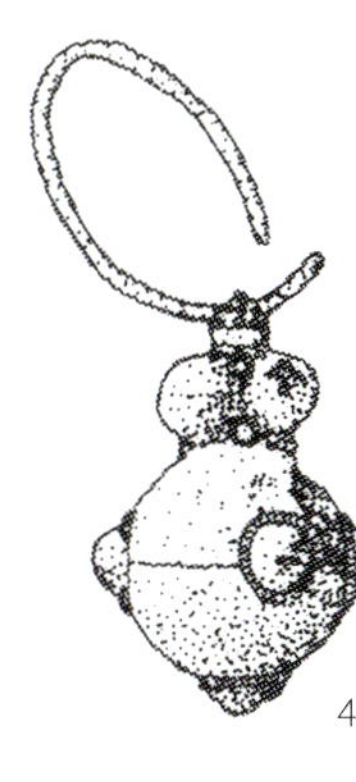

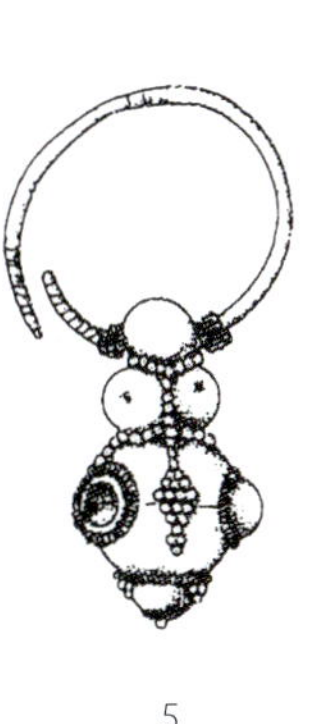

35 Bommelohrringe des 7./8. Jahrhunderts. **1** Frankfurt, Mädchengrab; **2** Kirchheim/Ries Grab 305; **3** Hechtsheim Grab 2; **4** Regensburg St. Emmeram Grab 10; **5** Aholming, Kr. Landshut, Grab 2 (nach Koch 2011). M. ca. 1:1.

sowie die von Freeden noch unbekannten, mit üppigem Granulatdekor versehenen Stücke aus Grab 2 von Mainz-Hechtsheim[166] und die Ohrringpaare aus Grab 10 von St. Emmeram in Regensburg[167] und Grab 2 von Aholming (Kr. Landshut)[168] *(Abb. 35,1–5)*. Von ihnen bieten sich vor allem die letzten beiden Beispiele aufgrund ihrer gedrungenen, kugelig-gerundeten Proportionen für einen Vergleich an. Auch das silberne, ohne Trageringe überlieferte Ohrringpaar aus Heidelberg-Kirchheim »Heuhau II« Grab 112a besitzt eine sehr ähnliche Form[169],

165 Neuffer-Müller 1983, 64, 168, Taf. 54, B 2.

166 Aufleger 1996, 627, Abb. 490; U. Koch 2011b, 56, Taf. S. 447, Grab 2,1.

167 Osterhaus/Wintergerst 1993, 294, Abb. 12,1a–1b.

168 Schmotz 2001, 151, Abb. 7,1–2.

169 Clauß 1971, 167, Taf. 25,21; von Freeden 1979, 433 Liste 6 Nr. 73.

doch fehlt bei diesen der Kugelkranz, weshalb sie von Freeden auch dem seinerzeit nur wenige Stücke umfassenden Typ mit Halbkugel als Zwischenteil zuwies[170], dem streng genommen auch die Frankfurter Ohrringe mit ihren drei flachen Blechbuckeln anstelle eines ausgeprägten Kugelkranzes anzugliedern sind. Wie beim Frankfurter Ohrringpaar sind die Bommel aller erwähnten Vergleichsbeispiele mit aufgesetzten Buckeln versehen, welche nahezu regelhaft auch an den Ohrringen des dritten durch von Freeden definierten Typs mit zylindrischem Mittelteil zu finden sind, wie etwa an dem goldenen Paar aus einem 1894 in der Kirche St. Georg in Burladingen (Zollernalbkreis) entdeckten Frauengrab, das Georg Schmitt wohl aufgrund seiner Buckel fälschlicherweise als »Zwitterform mit zylindrischem Mittelteil und Kugelkranz« bezeichnet hat[171]. Aus Staubing (Stadt Kelheim) »Aufeld« Grab 19 stammt ein Paar mit zylindrischen, leicht konisch zulaufenden filigranverzierten Mittelteilen[172], deren Proportionen etwas unverhältnismäßig zu den kugeligen, den Frankfurter Stücken aber sehr ähnlichen Bommeln wirken.

Sämtliche Naht- und Verbindungsstellen, sowohl an den Blechhälften der einzelnen Kugeln selbst als auch an den Verlötungen der Buckel untereinander, sind an den Frankfurter Stücken mit Perldraht abgedeckt, um diese in dekorativer Weise zu kaschieren und zu stabilisieren. Wie sich aus der mikroskopischen Analyse ergibt, ist dieser im Vergleich zur Filigranverzierung der Fingerringe (vgl. S. 100) nicht allzu qualitätvoll profiliert. Die Filigranverzierung, welche über den eigentlichen Ohrring verläuft, ist dagegen wesentlich aufwändiger gearbeitet. Unter dem Mikroskop in achtfacher Vergrößerung, insbesondere in der Seitenansicht, erweist sie sich als echtes, aus einzelnen Kügelchen bestehendes Granulat *(Abb. 36)*. Mit Ausnahme eines goldenen Ohrrings aus der Martinskirche in Gruibingen (Kr. Gruibingen), der mit einem gestreckt-oktaedrischen Anhänger mit Almandin- und Glaseinlagen versehen ist[173], sind Granulationsgrate auf den Tragringen sonst nur an byzantinisch-mediterranen Körbchenohrringen und deren nordalpinen Nachahmungen zu finden[174]. Abgesehen von diesem nur selten in vergleichbarer Eindeutigkeit erkennbaren Detail erweisen sich die Bommelanhänger aus dem Frankfurter Mädchengrab auf dem Prüfstand einer genauen mikroskopischen Begutachtung allerdings keineswegs als besondere Meisterstücke frühmittelalterlicher Goldschmiedekunst, wie der erste Eindruck vielleicht vermitteln mag. Im Vergleich zu den übrigen filigranverzierten Objekten aus dem Kindergrab sowie angesichts wesentlich aufwändiger verzierter Vergleichsstücke innerhalb der großen und facettenreichen Materialgruppe der Bommelohrringe handelt es sich eher um vergleichsweise nachlässig gefertigte Schmuckstücke. Hierfür sprechen auch die sowohl auf dem ›Äquator‹ des Bommelanhängers als auch auf dem Ohrring angebrachten leeren Fassungen, welche nicht den Eindruck erwecken, dass darin jemals eine Einlage gewesen wäre. Immerhin bezeugen der Feingoldgehalt von 92,9 – 94 % und das Gewicht von jeweils 4,9 g, das auffälligerweise nur wenig höher liegt als das Münzgewicht eines *solidus*, einen außerordentlich hohen Materialwert der Frankfurter Bommelohrringe[175].

Zur Herkunft der bommelförmigen Schmuckanhänger haben sich erstmals Paul Reinecke und Oskar Paret geäußert, deren Überlegungen auch in die Ausführungen von H. Bott eingeflossen sind[176]. Paret vermutete einen Ursprung im

170 Von Freeden 1979, 371 mit 432 f., Liste 6 Nr. 72 – 74.
171 Schmitt 2007, 43, 101, Taf. 24, B 1 – 2.
172 Christlein 1971, Taf. 14,4; Fischer 1993, 43, 168, Taf. 6,1 – 2.
173 Quast 1996, 542, Abb. 2, 543, Abb. 3,2 – 3.
174 Riemer 1992, 121 f., 131 Abb. 5b; Riemer 2000, 45, 46 Abb. 2c; Drauschke 2011, 67, 341 Liste 5, Taf. 31,1a,b.
175 Zur Bedeutung des Münzgewichts frühmittelalterlicher Edelmetallgegenstände vgl. Martin 1987; zum merowingischen Solidus vgl. auch Claude 1961, 237 f.
176 Reinecke 1899, 43; Paret 1922; H. Bott 1952, 127 – 133; vgl. von Freeden 1979, 386.
177 Kubitschek 1911, Taf. 2,1 – 8; Noll 1958, Abb. 44; von Freeden 1979, 386 mit 387 Abb. 14.
178 Dannheimer 1988, 37 Taf. 6,3 – 4 und Taf. 17,12; Katalog München 1998, 178 Kat.-Nr. 237. – Haas 1991, 181 Abb. 4,1 (Dittenheim) und 4,5 (Aschheim); Haas-Gebhard 1998, 61 f. und 194 Nr. 1 – 3, Taf. 71, C 1.
179 Vgl. etwa Plank 1964, 127; Stein 1961, 7; Stein 1967, 64; Stein 1968, 234 (für die Ohrringe aus Linz-Zizlau);

Krimgebiet Südrusslands, wo die Techniken der antiken Goldschmiedekunst aus der hellenistisch-römischen Antike noch lange Zeit gepflegt und über das oströmische Kunsthandwerk an die Barbaren weitervermittelt worden sein sollen. Stets wird in diesem Zusammenhang auf die Ohrringe von Untersiebenbrunn (Niederösterreich) aus dem beginnenden 5. Jahrhundert verwiesen, die unzweifelhaft byzantinischer Provenienz sind[177]. Ihnen stehen die kugelförmigen Vertreter des bajuwarischen Raumes sehr nahe, zu denen etwa die Paare aus Regensburg St. Emmeram Grab 10 *(Abb. 35,4)* sowie aus Dittenheim (Kr. Weißenburg-Gunzenhausen) Grab 138 und dem Kindergrab 11 der Kirche von Aschheim (Kr. München) gehören[178], deren Anhänger genau besehen keine Bommel sind. Doch nicht den germanischen Stämmen an der Peripherie des byzantinischen Reiches, sondern vielmehr den in der Pontusregion und im Kaukasus siedelnden Awaren schreibt die Forschung bis heute einen maßgeblichen Anteil für das Aufkommen und die Verbreitung der bommelförmigen Schmuckanhänger zu[179].

36 Makroaufnahme des Rings des linken *(Abb. 34)* Bommelohrringes mit echter, aus einzelnen Granalien bestehender Granulation. M. ca. 7:1.

Zweifelsohne sind die Grundlagen zu deren Formbildung in den oströmisch-mediterranen Kunsthandwerkstraditionen zu suchen[180], deren Ursprünge letztlich bis in die Antike zurückreichen[181] und von den Awaren – zusammen mit allen übrigen filigranen Goldschmiedetechniken – auch nur übernommen und nicht selbstständig erdacht wurden[182]. Unter den von Zlata Čilinská nach Form und Herstellungstechnik untergliederten awarischen Bommelohrringen ist die Form des Typs I, Variante C durchaus mit den Frankfurter Ohrringen vergleichbar[183], doch bleibt es mehr als fraglich, ob die Vermittlung der Bommelohrringe in den bajuwarisch-alamannischen Raum tatsächlich über die – unter dem Einfluss des byzantinischen Kunsthandwerks stehenden – Awaren des Donaugebiets erfolgte, wo doch eine transalpine Vermittlung aus dem langobardischen, ebenfalls unter direktem byzantinischen Kultureinfluss stehenden Italien sicherlich die einfachere Möglichkeit gewesen sein dürfte[184]. Hierfür spräche etwa ein aus Grab 43 der süditalienischen Nekropole von Campochiaro »Vicenne« (Prov. Campobasso) überliefertes silbernes Bommelohrringpaar[185], das große Ähnlichkeit mit einem Paar aus Überackern Grab 6 (Bez. Braunau am Inn, Oberösterreich) aufweist[186]. Zudem belegt eine Reihe von münzdatierten Grabinventaren, dass die awarischen Exemplare schwerpunktmäßig bereits in

Čilinská 1975, 69; Haas 1991, 183; Szőke 1992, 858; Haas-Gebhard 1998, 62.
180 Von Freeden 1979, 386–388.
181 Plank 1964, 127; Čilinská 1975, 90.
182 Heinrich-Tamáska 2008; Bálint 2010, 155 f.
183 Čilinská 1975, 65, Abb. 1. – Vgl. etwa Ormándy 1995, 172 Abb. 2 mit Beispielen für awarenzeitliche Bommelohrringe mit Kugelkranz in kugeliger Form.
184 Von Freeden 1979, 388 f. – Zur Fragwürdigkeit awarischen Einflusses auf Süddeutschland am Beispiel der Waffen auch von Freeden 1991, 624; vgl. auch Bálint 2000, 162 Anm. 20.
185 Bertelli/Brogiolo 2000, 61, Abb. 32–33; frdl. Hinweis Dr. Ursula Koch, Reiss-Engelhorn-Museen Mannheim.
186 Stein 1961, Abb. 8; von Freeden 1979, 432 Liste 6 Nr. 65; U. Koch 2011b, Abb. 19,8.

die erste Hälfte des 7. Jahrhunderts datieren[187], wohingegen insbesondere die Exemplare mit Kugelkranz im merowingischen Kulturkreis mit einer deutlichen zeitlichen Verzögerung erst gut 50 Jahre später, das heißt nicht vor Ende der Periode JM II nach Hermann Ament auftreten[188] und – in zeitlicher Parallelität zu den einfachen Drahtohrringen – als Hauptform des spätmerowingisch-frühkarolingischen Ohrringschmucks vor allem zu Beginn von JM III und in dessen weiterem Verlauf bis in die Mitte des 8. Jahrhunderts geläufig sind[189]. Aus diesem Grund vermutete bereits Walter Veeck, dass es sich bei den nordalpinen Beispielen lediglich um die unter dem Einfluss mediterraner Mode stehenden Derivate aus einheimischer Produktion handelt[190], worauf auch die eingangs erwähnte, vergleichsweise durchschnittliche Verarbeitungsqualität der Frankfurter Stücke hinweist. Eher dafür als dagegen spricht auch die Verbreitung der bommelförmigen Schmuckanhänger des 7. und 8. Jahrhunderts[191], die zwar nach wie vor ein gewisses Dichtezentrum im Alpenvorland, insbesondere im Chiemgau zwischen Salzach und Inn und damit im unmittelbaren Umfeld der für den mediterranen Import so wichtigen Pass-Straßen besitzt, ansonsten jedoch ein mehr oder weniger gleichmäßiges, bevorzugt auf den alamannisch-bajuwarischen Raum beschränktes und von dort nach Norden und Westen hin ausdünnendes Vorkommen aufweist *(Abb. 37)*. Wie auch bei anderen Fundgattungen dürfte das Verbreitungsbild in erster Linie auf die regional unterschiedlich lang anhaltende Beigabensitte zurückzuführen sein, aus der sich vielleicht auch die auffällige Fundleere im Hoch- und Oberrheintal erklärt.

Unverkennbar durchlaufen die Bommelohrringe im Laufe der Zeit allerdings eine typologische Entwicklung, bei der die Kugeln zunehmend schmaler und langgestreckter werden und sich kaum noch voneinander abheben[192]. Als zeitlicher Anhaltspunkt für die Datierung der langgestreckten Bommelohrringe ist insbesondere das Ohrringpaar aus feuervergoldetem Kupfer aus Grab I–IIc ab 136 (ehemals Grab S 339) im südlichen Außenfriedhof zu Vitalis I–II von Esslingen-St. Dionysius wichtig[193], das zusammen mit anderen Schmuckobjekten in einem Stoffbeutel unter dem Brustkorb eines in Bauchlage bestatteten, 40 bis 50 Jahre alten Mannes (!) gefunden und von Stein analog zur mitgefundenen Kreuzfibel in die zweite Hälfte des 8. Jahrhunderts datiert wurde[194]. Zudem weist etwa das von von Freeden in das fortgeschrittene 8. Jahrhundert datierte Grab 35 von Krachenhausen (Gde. Markt Kallmünz, Kr. Regensburg) mit gleich fünf silbervergoldeten Ohrringen dieses Typs[195] zumindest für den bayerischen Raum auf einen Funktionswandel in der Trageweise hin, da die Schmuckstücke in dieser Menge offenbar nicht mehr als eigentliche Ohrringe, sondern eher als Bestandteil eines Kopf- beziehungsweise Schläfen- oder Stirnschmucks getragen wurden, wie

187 Zu den münzdatierten Bommelohrringen: Kovrig 1963, 109 f.; Čilinská 1975, 66 f.; von Freeden 1979, 388; Haas 1991, 182; Haas-Gebhard 1998, 61 Anm. 427 mit weiterer Lit.

188 Besonders aussagekräftig ist die Datierung der Frühphase des Gräberfeldes von Zwölfaxing (Niederösterreich), in welchem der Typus des Bommelohrringes mit Kugelkranz aus sechs Gräbern belegt ist, die dem Zeithorizont um 670/80 angehören: Lippert 1967, 308 f; Lippert 1969, 35 f., 37, Abb. 3,12, 131, Taf. 14,4–5, Taf. 79,1 (Grab 33a), 135, Taf. 27,6–7 (Grab 65), 149, Taf. 54,11–12, 16–18 (Grab 155, zerbrochen), 150, Taf. 58,1 und 3 (Grab 165), 155, Taf. 70,1–8 (Grab 198, zerbrochen), 156, Taf. 70,16–22 (Grab 201, zerbrochen); von Freeden 1979, 380, 432 Liste 6 Nr. 70.

189 Vgl. Stein 1966, 385; Stein 1995, 326; von Freeden 1979, 383; Burzler 1993, 210; Damminger 2002, 81; Breibert 2005, 396; Gairhos 2010, 133.

190 Veeck 1931, 53. – Vgl. auch Giesler 1980, 86, Abb. 1,2–3 Anm. 4; Pescheck 1996, 25.

191 Zur Verbreitung der Bommelohrringe des 8. Jhs.: Stein 1961, 10, Abb. 7; Stein 1967, 416 Liste 17, Taf. 114; Schwarz 1975, 356, Abb. 16; von Freeden 1979, 382 f., 384 f., Abb. 12–13; Pescheck 1996, 26, Abb. 6; Burzler 1993, 210, Abb. 178 mit Anm. 634 (Fundortnachweis). – Die Karte *Abb. 37* ist durch folgende Fundpunkte ergänzt: Frankfurt am Main, Zillingtal, Burgenlandkreis (A); Aholming, Lkr. Landshut; Regensburg; Lauchheim, Ostalbkreis; Burladingen, Zollernalbkreis; Pfullingen, Lkr. Reutlingen; Mainz-Hechtsheim; Kaltenwestheim.

192 Von Freeden 1979, 381.

193 Stein 1966, 384 f., Taf. 36,4–5; Stein 1995, 300 Kat.-Nr. 10, 324–328, 304 Abb. 2,1 u. 3, 306 Abb. 3,5–6; von Freeden 1979, 381, 431 Liste 6 Nr. 51; Fingerlin 2004, 61, Abb. 28.

194 Stein 1966, 385; Stein 1995, 328.

195 Stroh 1954, 23, Taf. 13,E 8–14; Stein 1961, 14 Liste 3 Nr. 12–15; Stein 1967, 416 Liste 17 Nr. 12–15; von Freeden 1979, 380, 432 Liste 6 Nr. 60.

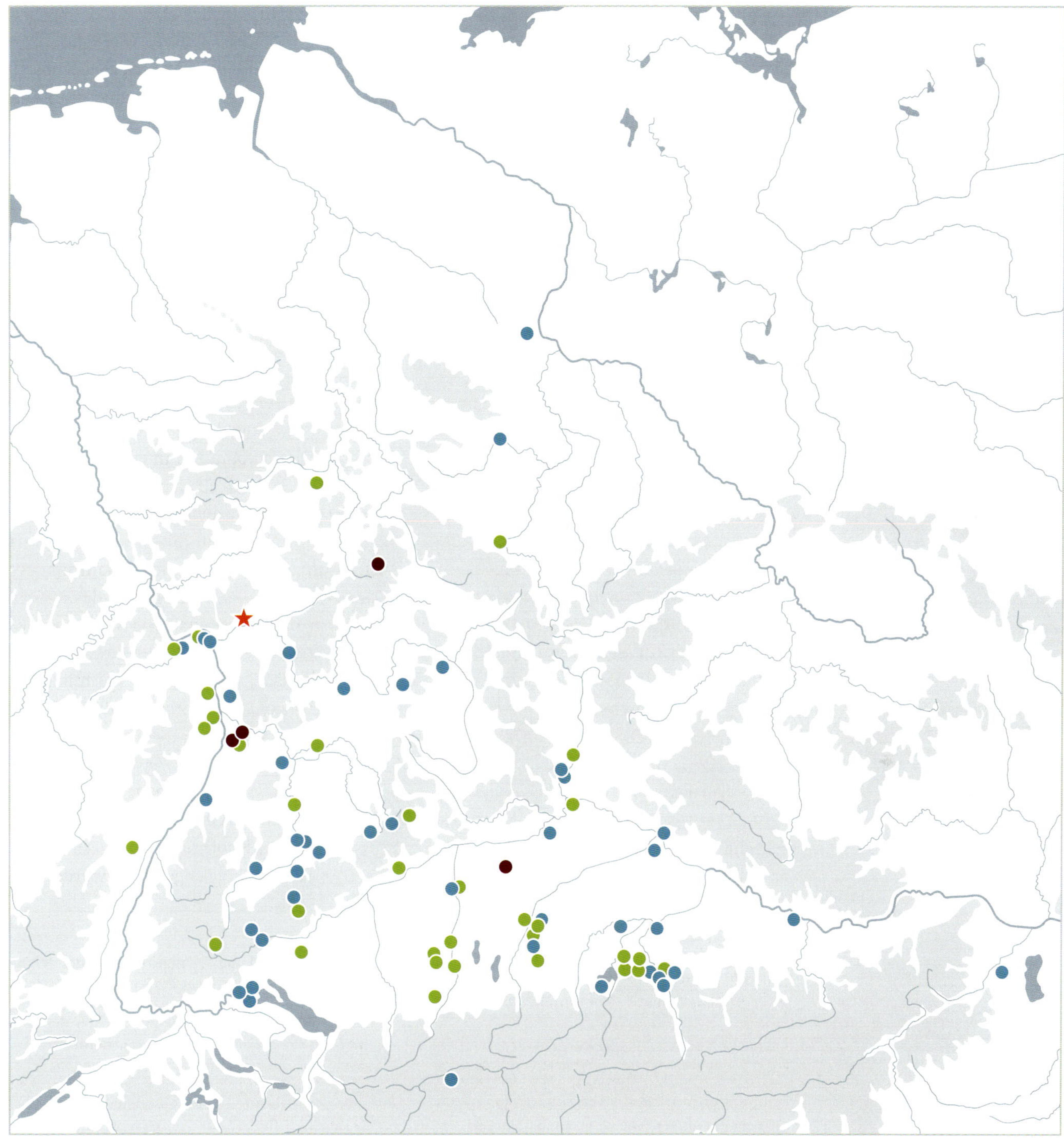

- Typ mit zylindrischem Mittelteil
- Typ mit Kugelkranz
- Typ mit Halbkugel als Zwischenteil
- ★ Frankfurt am Main

37 Verbreitung der Ohrringe mit Blechbommel (nach von Freeden 1979 und Burzler 1993).

er in den slawisch besiedelten Gebieten für das 9. bis 11. Jahrhundert auch mit anderen Ohrringformen überliefert ist[196].

Innerhalb der typologischen Fortentwicklung der Bommelohrringe nimmt das Frankfurter Paar in jedem Fall eine Sonderstellung ein, da nicht klar bestimmt werden kann, ob dessen gedrungen-kugelige Formgebung als chronologisches Indiz für eine tendenziell ältere Zeitstellung innerhalb der zweiten Hälfte des 7. Jahrhunderts gewertet werden darf oder aber auf die Proportionen der jungen Trägerin zurückzuführen ist. Die Größe der Frankfurter Ohrringe nimmt sich mit 3,3 und 3,4 cm im Vergleich zu anderen Bommelohrringen recht bescheiden aus. Auch das Vorkommen eines silbervergoldeten, den bajuwarischen Vertretern sehr ähnlichen kugelförmigen Ohrringpaars mit geripptem zylindrischen Mittelteil aus dem Grab eines Mädchens unter Tumulus H der Grabhügelnekropole auf dem Mont Sainte-Odile (Dép. Bas-Rhin)[197], das – wie in Frankfurt – mit einer gleicharmigen Fibel vergesellschaftet war, scheint die These zu bestätigen, dass die Schmuckstücke speziell für die Größe ihrer Trägerin ausgewählt oder eigens angefertigt wurden. Aus Gräbern von erwachsenen Frauen sind jedoch durchaus auch ähnlich zierliche Stücke überliefert, wie zum Beispiel das kaum 4 cm große goldene Ohrringpaar aus Tauberbischofsheim-Dittigheim Grab 344, dessen aus Perldraht gefertigte kleine Kringel an der Unterseite der Bommel an die leeren Einlagekästen der Frankfurter Stücke erinnern[198]. Im Gegenzug kommen recht große Bommelohrringe auch in Kindergräbern vor, wie etwa das fast 8 cm große, mit Kugelkranz versehene goldene Exemplar aus Dürbheim (Kr. Tuttlingen) »Pfaffensteige« Grab 2 mit der Bestattung eines etwa 8 Jahre alten Mädchens, das durch sehr feine, äußerst präzise angebrachte, dreieckig-»traubenförmige« Granulatgruppen bestickt[199]. Im Gegensatz zu den Fingerringen sind die Bommelohrringe im Reigen der exklusiven Beigaben aus dem Frankfurter Kindergrab demnach am wenigsten als »kindgerechte Spezialanfertigungen« anzusehen. Wie bei den Anhängern am Pektorale sprechen die sicher nicht vom Druck des Erdreichs über dem Grab verursachten Dellen in den Bommeln oder der Abrieb auf den Perldrähten eher dafür, dass die Ohrringe aus dem zuvor intensiv getragenen Schmuckbestand von Mutter/Schwester/Tante und so weiter stammen. Für Schmuckstücke aus derart hoch legiertem und damit weichem Gold liegen bisher allerdings keine Untersuchungen für den Entwicklungszeitraum von Gebrauchsspuren vor, so dass unklar bleiben muss, ob diese nicht auch schon in der kurzen Lebenszeit der kleinen Frankfurter »Prinzessin« entstanden sein können.

Pektorale *(Egon Wamers)*

Inventar: 1994/095/004
Pektorale aus zwölf Goldanhängern, davon fünf dreieckig mit Blechbuckeln und Filigrandekor, ein runder und vier insektenförmige aus Filigrandraht durchbrochen gearbeitet, ein nordischer D-Brakteat mit Filigrankranz sowie ein gemugelter goldgefasster Amethyst. Zwischen den Pendilien 20 Goldblech- und drei Glasperlen; an den Enden insgesamt etwa 40 kleine Silberperlen.
Legierungen aller Dekorationselemente (bis auf die Fassung des Amethystes): Au 62–70 %, Ag 25–30 %, Cu 1,7–3,9 %; Fassung Amethyst: Au 58 %, Ag 36 %, Cu 3,3 %.
Gesamtgew. 11,2 g.

Um den Hals[200] trug das Mädchen ein Pektorale aus zwölf Goldanhängern verschiedener Typen *(Abb. 29)*, davon fünf dreieckige mit

196 Von Freeden 1979, 380, 413; Haas 1991, 184; vgl. Brather 2001, 284–286, 282, Abb. 76. – In Grab 74 des awarischen Gräberfeldes von Newolino bei Kungur (Permien) hatte sich in der Kopfgegend ein Lederriemen erhalten, an dem der Ring eines zerbrochenen Bommelohrringes befestigt war: Erdélyi/ Ojtozi/Gening 1969, 63 Abb. 18,1, 67; vgl. von Freeden 1979, 413 mit Anm. 864; Haas 1991, 184 mit Anm. 37.

197 Von Freeden 1979, 43,1 Liste 6 Nr. 35; Krohn 2012, Abb. 16.

198 Stork 1984, 184, Abb. 170; von Freeden 2003, 6, Abb. 1,2.

199 Fingerlin 1981, 33, Abb. 34; Fingerlin 1986, Abb. S. 104; Krohn 2005, Taf. 45 C.

Blechbuckeln und Filigrandekor, ein runder Goldbrakteat-Anhänger, ein runder und vier insektenförmige aus Filigrandraht durchbrochen gearbeitete Anhänger sowie ein goldgefasster Amethyst *(Abb. 29)*. Zwischen diesen Pendilien sitzen als Abstandshalter insgesamt 20 Goldblech- und drei Glasperlen, an den Enden insgesamt etwa 40 kleine Silberperlen. Das Foto Abb. 79 bei Hampel (1994) zeigt nicht alle Perlen. Ob die bei Hampel[201] (hier *Abb. 29,3* und im Foto *Abb. 29,1–2*) wiedergegebene Reihenfolge der Perlen, vermutlich auf der Basis des Grabungsbefundes, dem ursprünglichen Zustand entspricht, ist angesichts der nicht alternierenden Reihenfolge der unterschiedlichen Pendilien, insbesondere der zwei aufeinanderfolgenden dreiseitigen Blechanhänger sowie der unsymmetrischen Anordnung rechts und links des Brakteatanhängers, zweifelhaft: Vermutlich muss man den Amethyst- mit dem zweiten (von rechts oben) Blechanhänger sowie eine Goldblechperle vertauschen, um eine regelhafte Abfolge zu erzielen, die es angesichts der durchdachten Gliederung sicher ursprünglich gegeben hat. Unsicherheit besteht auch bei der Lage und Verteilung der Silberperlen. Im Zentrum stand vermutlich der große runde Brakteatenanhänger (vgl. unten S. 92 ff.), der von je fünf alternierenden Blech- und Durchbruchsanhängern begleitet wird, wobei man den runden Durchbruchsanhänger mit deutlichen Gebrauchsspuren für ein Substitut für ein dreiseitiges Exemplar halten darf. Die goldgefasste Amethystpendilie sticht aus den anderen Pendilien heraus. Vermutlich wurde hier eine ältere(?), vielleicht nicht mehr ganz vollständige Kette mit anderen Anhängern ergänzt.

Die Legierung der Pendilien ist oben von Ströbele vorgelegt worden *(Tab. 6)*. Die dreiseitigen durchbrochen gearbeiteten und die Blechpendilien sowie die Goldblechperlen liegen mit Goldgehalten von etwa 67–71 % und Silbergehalten von 25–28 % alle dicht beieinander[202]. Lediglich der durchbrochene runde Anhänger weist deutlich niedrigere Gold- und höhere Silbergehalte auf, stammt also wohl aus einer anderen Fertigungsserie. Deutlich weichen die Fassung für den Amethyst mit hohem Silber- und geringem Goldgehalt sowie der Brakteatenanhänger mit sehr hohen Gold- und geringen Silber- und Kupfergehalten ab. Die formenkundliche und antiquarische Behandlung der zehn Filigrananhänger hat dankenswerterweise Niklot Krohn besorgt. Für den mit einem doppelten gegenläufig gedrehten Goldfiligrandraht und angelöteter Öse zum Anhänger umgearbeiteten, wahrscheinlich nordischen Goldbrakteaten der Gruppe D wird Alexandra Pesch ein Gutachten verdankt (S. 92 ff.). Die Beschaffenheit und Herstellungstechnik der kleinen Silberblechperlen an den äußeren Enden haben Stefan Patscher und Thomas Flügen untersucht (S. 98 ff.).

Filigrananhänger *(Niklot Krohn)*

Goldene Anhänger mit Filigranverzierung in unterschiedlicher Form und Machart sind ein regelhafter Bestandteil des Halsschmucks reich ausgestatteter Frauenbestattungen. Außer in der unveröffentlichten Freiburger Magisterarbeit von Lin Zhang aus dem Jahr 1988[203], seitdem sich der Bestand an weiteren Funden beträchtlich vermehrt hat, ist diese sehr vielschichtige Materialgattung leider noch niemals Gegenstand einer ausführlichen gesamthaften Untersuchung gewesen. Am Pektorale aus dem Frankfurter Kindergrab kommen insgesamt zehn Filigrananhänger in drei unterschiedlichen Typen vor, welche sämtlich mit den für diese Schmuckstücke typischen, rückwärtig angelöteten Ösenlaschen

200 Die Ansicht der Ausgräberin, dass das Kind die »Kette als Diadem auf der Stirn oder zumindest im Bereich des Kopfes getragen« hätte und dass »eine Tragweise als Halskette wohl ausscheide« (Hampel 1994, 128), dürfte nicht zutreffen, da der Kopf postmortal nach vorne verrollt war (vgl. die Lage der Riechdose, unten S. 113 ff.).

201 Hampel 1994, Abb. 80.

202 Geringfügig aus dem Rahmen der Blechanhänger fällt der Anhänger Nr. 6, der eine vereinfachte Nachbildung der anderen vier zu sein scheint (vgl. den Beitrag von Krohn, unten S. 86).

203 Zhang 1988.

versehen sind, die aus gerippten Goldblechstreifen bestehen.

Der **runde Filigrananhänger** *(Abb. 38)*, dessen abgeriebene Oberfläche von einem häufigen Tragen des Schmuckstücks kündet, korrespondiert im Ensemble formal mit dem Brakteatanhänger. Sein durchbrochen gearbeitetes Filigrandekor besteht aus peltaförmig eingerollten Kordeldrähten, welche um einen kleinen, ebenfalls aus Kordeldraht gefertigten Ring gruppiert sind, wodurch der Eindruck einer Kreuzdarstellung entsteht. Mit dieser Dekorkomposition lässt sich der Anhänger der von Zhang definierten Gruppe Ic der »runden Filigrananhänger mit radial angeordneter Verzierung« zuweisen[204], doch besitzt er unter diesen seit dem 6. Jahrhundert bis ins Ende der Merowingerzeit in großer Zahl verbreiteten Anhängern eine Sonderstellung, da die Drähte der vergleichbaren Filigrandekors auf den Anhänger aufgelötet und nicht als Durchbruchsmuster gefertigt sind[205].

Absolut singulär sind auch die vier ebenfalls **im Durchbruchsmuster gefertigten Anhänger**, die bereits von Egon Wamers als »insektenförmig« bezeichnet worden sind *(Abb. 38 links)*[206]. In der Tat besitzt der Umriss dieser ungewöhnlichen Schmuckstücke eine gewisse Ähnlichkeit mit zoomorphen, als Bienen- oder Zikadendarstellungen interpretierten Applikationen auf zeitgleichen Filigranscheibenfibeln[207], der durch den volutenförmig nach innen gerollten Perlrand sowie durch das Durchbruchsmuster verstärkt wird, die an Flügel- und Körperkonturen von Insekten erinnern. Durch die beeindruckende Gleichmäßigkeit des als Randsaum fungierenden Perldrahts sowie durch den glatten, vierkantig geschmiedeten Draht, welcher für das ikonologisch nicht zu entziffernde Durchbruchsmuster verwendet wurde, wirken sie regelrecht seriell hergestellt und stechen damit nicht nur aus den übrigen Anhängern des Frankfurter Pektorales hervor, sondern bleiben auch im übrigen Typenbestand der merowingerzeitlichen Filigrananhänger ohne Vergleich.

An stilisierte Insektenkörper erinnern auch die aus dem Goldblech hervorgetriebenen länglich-ovalen, tropfenförmigen Buckel, welche das Zentrum von vier der fünf mit plastischen Aufwölbungen und Filigrandekorauflage versehenen **Anhänger in Dreiecksform** bilden *(Abb. 38, zweiter von links)*; der Mittelteil des fünften Anhängers besteht dagegen aus einem ungegliederten schmalen, leicht konisch verjüngten Buckel, der in Kombination mit dem darunter angebrachten runden Blechbuckel unwillkürlich an ein Ausrufungszeichen erinnert *(Abb. 38 rechts)*. Die leichten Abweichungen in der Formgebung der Buckel sowie beim Filigrandekor verraten nicht nur die aus freier Hand gefertigte Herstellung als individuelle Einzelstücke ohne Zuhilfenahme irgendwelcher Formen oder Model, sondern sind möglicherweise auch ein Indiz dafür, dass die Anhänger nicht alle aus dem gleichen Produktionsdurchlauf stammen. So sind an einem Anhänger die an den übrigen Exemplaren sehr sorgfältig aus Kerbdraht hergestellten Filigranverzierungen, welche die buckelförmigen Hervorhebungen säumen und diese in den Zwischenräumen als kleine Kreise flankieren, etwas nachlässig angebracht, so dass einer der sonst kreisförmig angebrachten Drähte zu einer geschwungenen Schlaufe »misslungen« ist. Die abweichende Buckelgestaltung des einen Anhängers, der sich auch in seiner ganzen übrigen, stärker konturierten Erscheinung von den anderen Anhängern der gleichen Machart abhebt, vermittelt außerdem den Eindruck, dass dieser erst nachträglich gefertigt wurde. Vielleicht bildete er einen Ersatz oder eine Ergänzung innerhalb des Ensembles der übrigen Anhänger, bei denen

204 Zhang 1988, 17 f.
205 Beispiele: Köln-Müngersdorf, Grab 131: Fremersdorf 1955, 121, Taf. 23,2–3; Taf. 89,7–8; Zhang 1988, Taf. 6 E, 1–2. – Obermöllern, Stadt Bad Kösen, Burgenlandkreis, Grab 20: Schmidt 1970, 137 f, Taf. 76,b–c; Zhang 1988, Taf. 6 F,1–2.
206 Wamers 2013b, 165.
207 Vgl. Graenert 2007, 74; Trenkmann 2008.
208 Kiss 1996, 203 mit Anm. 81–89.
209 Zhang 1988, 30–34, Taf. 19–20.
210 Zhang, 1988, 34, Taf. 20 E–G.
211 Päffgen 1992, Bd. 1, 433, Bd. 2, 241 Nr. 9, Bd. 3 Taf. 56,5–8.
212 Klose/Silber 1929, 69, Abb. 33; H. Bott 1952, 107, Taf. 9,9; Zhang, 1988, 34, Taf. 20 G; Bertram 2002, 64, Abb. 39,9.

38 Filigrananhänger des Pektorales. Links: »insektenförmiger« durchbrochener Anhänger, 2. von links: dreieckiger Blechanhänger, 2. von rechts: runder durchbrochener Anhänger, rechts: dreieckiger Blechanhänger (»Ausrufungszeichen«, Ersatzstück), dazwischen: Perlen aus getriebenem Goldblech und Glasperlen.

die Eindellungen und Verformungen der Buckel eindeutige Zeichen eines häufigen, über einen längeren Zeitraum hinweg erfolgten Tragens der Schmuckstücke sind.

Als typologisch am besten greifbare und daher etwas ausführlicher behandelte Filigrananhänger im Ensemble des Pektorales aus dem Frankfurter Kindergrab gehören die fünf dreieckigen aus Goldblech gefertigten Exemplare einer größeren Gruppe formal gleichartiger Stücke an, die Attila Kiss in einer unsystematischen Zusammenstellung unter der nur teilweise zutreffenden Bezeichnung »herzförmige Anhänger« zusammengefasst und besprochen hat[208]. Zhang hat sie als »Typ V« klassifiziert und in die Untergruppen a und b unterteilt[209]. Im Gegensatz zu den durchgängig mit Filigrandrähten verzierten Anhängern des Typs Vb[210], zu welchem etwa die vier Exemplare aus dem durch eine überlange Riemenzunge mit rundem Ende in das letzte Viertel des 7. Jahrhunderts zu datierenden Grab III,74 von Köln-St. Severin[211] oder ein mit doppelkonischen Goldblechperlen und einem weiteren Filigrananhänger vergesellschaftetes Stück aus Untereching (Salzburger Land) zählen[212], sind die Anhänger des Typs Va wie die Frankfurter Stücke mit plastisch aus der Oberfläche hervorgehobenen Blechbuckeln versehen[213]. Von diesen wurden Beispiele aus 29 weiteren Fundstellen für einen Vergleich berücksichtigt, die sich bei genauerer Betrachtung nochmals in mitunter auch zeitlich klar voneinander zu unterscheidende Varianten gliedern lassen[214].

Zahlenmäßig am stärksten vertreten sind die als »traubenförmig« zu bezeichnenden Anhänger[215], bei denen drei oder sechs dicht beieinan-

213 Zhang, 1988, 30–32, Taf. 19; Taf. 20 A–D.

214 Fundliste der dreieckigen Filigrananhänger mit Blechbuckeln: **1 Alburg**, Stadt Straubing, »Bajuwarenstraße«, Grab 465: Wamser 1983, 124 Abb. 73; Zhang 1988, Filigrananhänger 94 Nr. 79 Taf. 10 F,1a–2b; Geisler 1989, 106, Abb. 103; Geisler 1998, 164 Nr. 4–5, Taf. 160,4–5, Taf. 354,465 (3), Taf. 465 (5), Taf. 355, 465 (3–5); **2 Berghausen**, Gde. Pfinztal, Kr. Karlsruhe, Grab 57: U. Koch 1982, 64, 132 f. Nr. 3, Taf. 36 A,3, Taf. 46,3–4; Zhang 1988, 30, 81 Nr. 9, Taf. 19, A 1–2b; **3 Burgweinting**, Stadt Regensburg, Grab 3700: Codreanu-Windauer 2003, 95, Abb. 108; **4 Bruckfelden**, Gde. Frickingen, Kr. Konstanz, Einzelgrab vor 1875: E. Wagner 1908, 74, Abb. 50; J. Werner 1953, 13; Garscha 1970, 57 Taf. 97,11a–b; Christlein 1974, 569 mit 566 Abb. 1,1–2; Christlein 1979, Taf. 39; Schwarzmann/

der sitzende Buckel jeweils einzeln von Perldraht umgeben sind, der auch den durch die Buckel gebildeten, profilierten Rand des Anhängers säumt. Am bekanntesten sind die zwei jeweils mit sechs Buckeln versehenen Exemplare aus einem bereits vor 1875 geborgenen Einzelgrab von Frickingen-Bruckfelden (Anm. 214, Nr. 4), denen ein leider ohne Fundort überlieferter Anhänger in den Fürstlich Hohenzollernschen Sammlungen im Schloss Sigmaringen (Nr. 22), ein weiterer einzelner Anhänger aus Reuden Grab 19 (Nr. 26) und ein Paar aus Úherce Grab 1 (Nr. 28) als absolut identische Vergleichsstücke an die Seite gestellt werden können. Für die Anhänger aller vier Fundstellen möchte man fast einen gemeinsamen Werkstattkreis vermuten, der während des 5. Jahrhunderts im ostgermanischen Raum tätig gewesen ist, wenn nicht mit den fünf zusammen mit weiteren Goldblechanhängern an einer Perlenkette befestigten Exemplaren aus Castel Trosino Grab 7 (Nr. 6) auch ein deutlich jüngerer, münzdatierter Beleg aus dem südalpinen Raum bekannt wäre, der eine Herstellung im langobardischen oder auch byzantinischen Italien zumindest für die drei süddeutschen Stücke ebenso wahrscheinlich macht.

Im Grab von Úherce, das sich durch eine Bügelfibel mit kerbschnittverzierter Kopfplatte etwa in die Mitte des 5. Jahrhunderts datieren lässt[216], befanden sich auch drei traubenfömige Anhänger mit nur drei Buckeln, für die mit den Stücken aus Eschborn Grab 43 (Nr. 8), Prag-Holesovice (Nr. 24), Prag-Podbaba Grab 5 (Nr. 25) und dem am ehesten gegen Ende des 5. oder zu Beginn des 6. Jahrhunderts verloren gegangenen Exemplar vom »Runden Berg« bei Urach (Nr. 29) eine noch größere Anzahl zeit- und werkstattgleicher Parallelen als für die Stücke mit sechs Buckeln existiert[217]. Zur Variante der traubenförmigen Anhänger mit Blechbuckeln gehören sehr wahrscheinlich auch mindestens zwei der zu einem unförmigen Konglomerat verschmolzenen Filigrananhänger, welche von der »Gelben Bürg« bei Dittenheim und damit ein weiteres Mal aus dem Areal einer völkerwanderungszeitlichen Höhensiedlung stammen (Nr. 7), sowie der wesentlich einfachere, da ohne Perldraht versehene Dreibuckelhänger aus Kollektivgrab 217 von Kahl am Main (Nr. 13), der von Felix Teichner in die Mitte des 5. Jahrhunderts datiert wird.

Den traubenförmigen Anhängern mit drei Blechbuckeln nahe stehend – im Gegensatz zu ihnen jedoch mit Perldraht beziehungsweise Granulat zwischen den Buckeln verziert – sind die beiden gedrungen-dreieckigen Exemplare aus Berghausen Grab 57 (Nr. 2) und die drei Anhänger aus Köln-St. Severin, Grab III, 99 (Nr. 14), die aufgrund entsprechender Beigabenvergesell-

Eckerle 1973, 11 f., Abb. 3; Zhang 1988, 30, 83 Nr. 21, Taf. 20 A,1–2; Derschka 1994, Abb. S. 12; **5 Bülach**, Kt. Zürich, »Füchsli«, Grab 4: J. Werner 1953, 13, 85, Taf. 1,11–12; Drack 1959, 19, Taf. 9,4; Zhang 1988, 30, 81 Nr. 11, Taf. 19 D, 1–2; **6 Castel Trosino**, Prov. Ascoli, Grab 7: Mengarelli 1902, 219 Nr. 7, Taf. 6,2; von Jenny/Volbach 1933, 42, Taf. 21; J. Werner 1935, 74 f.; J. Werner 1953, 13 Anm. 43; **7 Dittenheim**, Kr. Weißenburg-Gunzenhausen, »Gelbe Bürg«: Dannheimer 1962, 172 Taf. 3,2, Taf. 18,8; **8 Eschborn**, Main-Taunus-Kreis Grab 43: Ament 1992, 13, 68, Taf. 4,4; Zhang 1988, 30 f., 82 Nr. 18, Taf.19 B, 1–2; **9 Frankfurt am Main**, St. Bartholomäus, Grab 95 (Mädchengrab): Hampel 1994, 128f., Abb. 79–80; Katalog Mannheim/Paris/Berlin 1996/1997, 940 Kat.-Nr. VI.2.12a mit Abb. S. 941; Wamers 2013b, 168 Abb. 117; **10 Friedberg**, Kr. Aichach-Friedberg, »Fladerlachäcker« Grab 10: Trier 1991, 93, Abb. 10,3; Trier 2002, 60, 324 Kat.-Nr. 18 III Nr. 2b, Taf. 24,7, Taf. 228,1; **11 Hüfingen**, Schwarzwald-Baar-Kreis, »Auf Hohen«, Grab 317: unveröffentlicht, Archäologisches Landesmuseum Baden-Württemberg, Zentrales Fundarchiv Rastatt; vgl. Zhang 1988, 31, 85 Nr. 31, Taf. 20, C 1–3b; **12 Iffezheim**, Kr. Rastatt, Grab 21: Gutmann 1931, 71, Abb. 16,7, 77, 91; Garscha 1937, 83, Abb. 8; Garscha 1970, 171 Nr. 5, Taf. 97,12; Zhang 1988, 30, 86 Nr. 37, Taf. 19, C 1–2; Pape 1996, 493 f., 509 Nr. 2, 521 Abb. 15,2; **13 Kahl am Main**, Kr. Aschaffenburg, Kollektivgrab 217: Teichner 1999, 53f., 217 Nr. 1, Taf. 56,6; **14 Köln**, St. Severin, Grab III, 99: Päffgen 1992, I 433; II 278 Nr. 7–9; III Taf. 58,8–10; Katalog Mannheim/Paris/Berlin 1996/1997, 118 Abb. 85,8–10, 868 Kat.-Nr. IV.3.9; **15 Ladenburg**, Rhein-Neckar-Kreis, »Städtischer Friedhof/Bei St. Martin«, Frauengrab von 1957: unveröffentlicht, Lobdengau-Museum Ladenburg; **16 Lahr-Burgheim**, Stadt Lahr (Schwarzwald), Ortenaukreis, St. Peter, Grab 10: Eckerle 1958, 490 Abb. 4, 6–7 und 10–12b; Garscha 1970, Taf. 47,9, Taf. 48,1 (Rückseite); Stein 1967, 277 Abb. 42, 6–7, Abb. 10–12b; Christlein 1979, Taf. 102; Fingerlin 1974, 73, Abb. 29; Fingerlin 1985, 31, Abb. 9; Karius-Berg 1989, 58, Abb. 30; Zhang 1988, 31, 89 Nr. 52, Taf. 20 D, 1–5b; Scholkmann 1997, 461, Abb. 529; Krohn 2005, Abb. 34,2, Taf. 2,10a–d; Krohn/Bohnert 2006, 107, Abb. 110; **17 Lauchheim**, Ostalbkreis, »Wasserfurche«, Grab 437: Stork 1990, 111 Kat.-Nr. 80; **18 Lezoux**, Dép. Puy-de-Dôme, Grab F 30: Katalog Mannheim/Paris/Berlin 1996/1997, 234, Abb. 166, 888 Kat.-Nr. V.2.9 b; Kazanski 1997, 319, Abb. 17,2; Kazanski 1999, 21, schaftungen – in Berghausen mit einer silbernen Pressblechscheibenfibel[218], einem Gürtelgehänge mit stabförmigen Gliedern und Perlenanhängern sowie einem stabförmigen Riemenende vom Typ der so genannten »Nestelspitzen«; in Köln-St. Severin mit einem Münzfingerring mit Dreikugelzier und einem stern- beziehungsweise blumenförmigen Fibelchen – in die zweite Hälfte des 7. Jahrhunderts datiert werden können[219]. Ihnen anzugliedern ist ein Exemplar ohne Filigranverzierung aber mit ähnlichen Proportionen aus Friedberg Grab 10 (Nr. 10), das von Marcus Trier ebenfalls in das fortgeschrittene 7. Jahrhundert datiert wird[220].

Ebenfalls in die späte Merowingerzeit datieren die fünf Anhänger aus Grab 10 der Peterskirche von Lahr-Burgheim (Nr. 16), dessen Collier hinsichtlich seiner Zusammensetzung große Ähnlichkeit mit dem Pektorale aus dem Frankfurter Kindergrab besitzt – insbesondere durch eine zum Schmuckanhänger umgewandelte langobardische Münznachprägung, die, wie der Frankfurter Brakteatanhänger, mit einem Kordelzopf aus gegenläufig angebrachten tordierten Filigrandrähten eingefasst ist und das Zentrum des Halsschmuckensembles bildete[221]. Anders als bei den bisher aufgeführten Varianten sind die von Kordeldraht gesäumten und jeweils mit einem Granulatkügelchen bekrönten Blechbuckel dieser Exemplare allerdings nicht ›traubenförmig‹ mit der Spitze nach unten, sondern mit der schmaleren Seite des Dreipasses nach oben an der Laschenöse angelötet. Weitere dreieckige Filigrananhänger mit aufgesetzten Buckeln, die sich dem sonst üblichen Konstruktionsprinzip ebenso wiedersetzen und mit der Spitze nach oben an der Aufhängeöse angebracht sind, kommen aus Hüfingen Grab 317 (drei bisher noch unveröffentlichte Exemplare: Nr. 11) und aus Oberflacht (vier zu einer Kette mit Glas- und Amethystperlen gehörende Exemplare: Nr. 21). Aus Munzingen Grab 138 (Nr. 19) stammt ein Paar im Umriss sehr ähnlicher Dreipässe, die jedoch aus Silber bestehen und daher von Annette Groove als lokale Nachahmungen der sonst durchweg goldenen Anhänger angesprochen wurden[222].

Eine ganz andere Gestalt besitzen die Exemplare von Straubing-Bajuwarenstraße Grab 465 (Nr. 1), Bruckfelden Grab 3700 (Nr. 4), Bülach Grab 4 (Nr. 5), Iffezheim Grab 21 (Nr. 12) und Pfullingen (Nr. 23), die den Anhängern aus dem Frankfurter Mädchengrab als Vergleichsstücke am nächsten stehen. Neben der zwischen den Blechbuckeln angebrachten Filigranverzierung besteht ihre Gemeinsamkeit in der langgestreckt-dreieckigen Form, die einigen Exemplaren ein tropfen- beziehungsweise herzförmiges

Abb. 4,2; Ebel-Zepezauer 1998, 298 Abb. 1; Katalog Mannheim 2001, 138 Kat.-Nr. 4.2.1 mit Abb. S. 66; **19 Munzingen**, Stadt Freiburg i. Br., Grab 138: Groove 2001, 184 f., 302, Abb. 22, Taf. 33, C 3; **20 Nordendorf**, Kr. Augsburg, »Mittelgewand/An der Frauengewand«, ohne Grabzuweisung: AuhV 4 (Mainz 1900) Taf. 10,11; Franken 1944, 6, 47, Taf. 7,31–33; Zhang 1988, 30, 91 Nr. 64, Taf. 19, G 1–3; Trier 2002, 60, 350 Nr. 285–287, Taf. 124,12–15; **21 Oberflacht**, Gde. Seitingen-Oberflacht, Kr. Tuttlingen, »Kreuzbühl«, Grab 143 (Grab 55 nach Veeck): Schiek 1992, 71 Nr. 2, Taf. 176, A 1a; **22 Ohne Fundort**, Museum Sigmaringen: Lindenschmit 1880–1889, Taf. 12,11; **23 Pfullingen**, Kr. Reutlingen, »Entensee«, ohne Grabzuweisung: Lindenschmit 1858, Heft 12, Taf. 8,17; Lindenschmit 1880–1889, Taf. 12,4; Veeck 1931, 48, 267 II. Nr. 960, 962, Taf. 29, 5a und d; Zhang 1988, 30, 92 Nr. 67, Taf. 19 E, 1–2; Graenert/Wolf 1999, 13 Abb. 10; **24 Prag-Holesovice**, »Bubny«, Einzelgrab: Svoboda 1965, Taf. 42,3; **25 Prag-Podbaba**, »Juliska«, Grab 5: Svoboda 1965, 327 Taf. 42,2; **26 Reuden**, Burgenlandkreis (Saale), Grab 19: Ziegel 1939, 62, Taf. 18,5; Schmidt 1961, 136, Taf. 42q; Schmidt 1970, 43, Taf. 128, 1d; **27 Rommerskirchen**, Kr. Neuss, Pfarrkirche St. Peter, Grab 136: Böhner 1956, 511, Taf. 57; Stein 1967, 68, 322 Kat.-Nr. 230 Nr. 4 a–c, Taf. 93,9; Zhang 1988, 30, 34, 92 Nr. 69, Taf. 19 H, 1–3, Taf. 20 F, 1–3; Siegmund 1991, 47, Abb. 24, 48 Nr. 3; Siegmund 1998, 399 Nr. 3, Taf. 180,3; Katalog Mannheim/Paris/Berlin 1996/1997, 743, Abb. 612, 1034 Kat.-Nr. IX.3.3 c; **28 Úherce**, Bez. Louny (Böhmen), Grab 1: Smolík 1885/1886, 322 Taf. 13,1a1-a3, Taf. 13 b1-b2; Preidel 1926, 53 Abb. 61, Abb. 63; O. Menghin 1926, 108, Abb. 68,3,7,9; Svoboda 1965, 326 f., Taf. 31,3,9 und 13–15; Katalog Nürnberg/Frankfurt 1987/1988, 537, 538 Kat.-Nr. XII,6b; **29 Urach**, Kr. Reutlingen, »Runder Berg«: U. Koch 1991, 74 f., Taf. 19,3.

215 Vgl. Groove 2001, 184.
216 Vgl. U. Koch 1991, 74.
217 Zur Datierung: U. Koch 1991, 75.
218 U. Koch 1982, 53 f., 133 Nr. 5, Taf. 36 A,5, Taf. 47,3.
219 Vgl. U. Koch 1982, 54; Päffgen 1992, Bd. 1, 394 f.
220 Trier 2002, 60.
221 Krohn/Bohnert 2006, 108, Abb. 112; Krohn/Fischer 2012, 113 f., Abb. 1–2.
222 Groove 2001, 185.

Aussehen verleiht. Im Gegensatz zu den vorher genannten Varianten – den ›traubenförmigen‹ Stücken der Völkerwanderungszeit und ihren dreipassförmigen spätmerowingerzeitlichen Pendants – datieren die Anhänger der dreieckigen, herz- beziehungsweise tropfenförmigen Variante recht uneinheitlich. Dabei entziehen sich die beiden Stücke aus Pfullingen (Nr. 23) einer genaueren zeitlichen Zuweisung, da sie als Altfunde ohne Grabzuweisung überliefert sind.

Das Anhängerpaar aus Iffezheim (Nr. 12) wurde zusammen mit den Resten einer Almandinscheibenfibel gefunden, für die eine Datierung in das letzte Drittel des 6. beziehungsweise beginnende 7. Jahrhundert wahrscheinlich ist[223]. In etwa die gleiche Zeit darf auch das etwas größere Anhängerpaar aus Straubing-Bajuwarenstraße Grab 465 (Nr. 1) datiert werden, da es mit einem Almandinscheibenfibelpaar vergesellschaftet gewesen ist, von denen eine mit einer filigranverzierten Innenzone versehen ist[224]. Die Anhänger aus Bülach Grab 40 (Nr. 5) hat Joachim Werner analog zu den oben erwähnten münzdatierten Anhängern aus Castel Trosino Grab 7 in die erste Hälfte des 7. Jahrhunderts datiert[225].

In die späte Merowingerzeit, genauer gesagt: in die Niederrhein-Phasen 10–11 beziehungsweise in die Zeit »um 700«[226] datieren drei Exemplare aus Rommerskirchen St. Peter Grab 136 (Nr. 27), die mit drei filigranverzierten und mit kleinen Almandinrundel-Einlagen versehenen Anhängern der Zhang-Gruppe Vb vergesellschaftet waren, denen sie hinsichtlich ihrer langgestreckt-spitzen Dreiecksform sehr ähneln, so dass deren gemeinsame Herstellung in einer Werkstatt als zusammengehörige Teile eines Colliers wohl außer Frage stehen dürfte. Drei sehr ähnliche aber noch spitzere ›lorbeerblattförmige‹ Exemplare aus Nordendorf (Nr. 20) sind leider ohne Grabzuweisung und damit auch ohne Anhaltspunkte für eine Datierung überliefert. Auch sie demonstrieren die prinzipiell enge Verwandtschaft der beiden einzig durch das markante Merkmal der Blechbuckel voneinander unterschiedenen Formengruppen des Typs V. Dass es sich bei den Anhängern der ›spitzblättrigen‹ Variante allerdings nicht, wie vielleicht aus den oben schon erwähnten Exemplaren von Köln-St. Severin Grab III,74 und Untereching und denen aus Rommerskirchen geschlossen werden könnte, um eine spezifisch spätmerowingerzeitliche Anhängerform handelt, belegt ein sehr ähnlicher, mit Filigranverzierung und Almandineinlagen versehener ›spitzblättriger‹ Anhänger aus Gáva (Kom. Szábolcz-Szatmár) aus dem späten 5. Jahrhundert[227].

Die Tradition der verschiedenen, insbesondere in der Völkerwanderungszeit beliebten und weit verbreiteten dreipassförmigen Schmuckstücke reicht weit zurück[228]. Teichner sieht die Vorbilder für die Goldblechanhänger im völkerwanderungszeitlichen Goldflitterschmuck des Schwarzmeergebietes[229], der sich letztlich, wie viele andere Schmuckformen auch, auf sehr alte Formentraditionen, etwa des antiken graeco-skythischen Kulturkreises, zurückführen lässt[230], welche während der Völkerwanderungszeit hauptsächlich über den Einfluss der byzantinisch-mediterranen Mode auch in die Gebiete nördlich der Donau und in den nordalpinen Raum gelangten. Für die Mode der dreipassförmigen beziehungsweise dreieckigen Anhänger mit Blechbuckeln lässt sich angesichts der Zeitstellung der hier vorgestellten Exemplare erkennen, dass sie während der Völkerwanderungs- und Merowingerzeit offenbar in mehreren ›Modewellen‹ – vor allem im 5. und beginnenden 6. sowie in der zweiten Hälfte des 7. Jahrhunderts – verbreitet waren[231]. Zu den ältesten sicher

223 Vgl. Garscha 1970, 172; U. Koch 1982, 64; Pape 1996, 488 f.

224 Vgl. Vielitz 2003, 75 f. mit 67 Abb. 27 u. 192 Kat.-Nr. 940–941.

225 J. Werner 1935, 74 f.; J. Werner 1953, 13.

226 Vgl. Siegmund 1998, 199 u. 202 mit 510 Liste 3. – Das Grab enthielt ein Paar großer Drahtohrringe mit Haken-Ösenverschluss ein paar sternförmige Fibeln mit plastischem Goldblechkörper und eine ebensolche runde aus Silber mit blauen Glaseinlagen sowie eine Gürtelschnalle mit Laschenbeschlag.

227 Annibaldini/J. Werner 1963, Taf. 44,7; Katalog Nürnberg/Frankfurt 1987/1988, 222 Kat.-Nr. V,9a, Taf. 19.

228 Vgl. Päffgen 1992, Bd. 1, 433; Quast 1993, 90 mit weiterer Lit.

229 Teichner 1999, 53 Anm. 221 mit Beispielen. – Vgl. etwa die dreipassförmigen Goldflitter von Untersieben-

datierbaren Belegen zählen sechs ›spitzblättrige‹ Dreipassanhänger aus Lezoux Grab F 30 (Nr. 18), die über ein silbernes Blechfibelpaar in Stufe D2/D3 beziehungsweise in die erste Hälfte des 5. Jahrhunderts datiert werden können[232] und quasi den »Prototyp« der Anhänger des Typs Vb nach Zhang darstellen. Deren erneutes Auftauchen im 7. Jahrhundert dürfte ebenfalls mit der besonderen Vorbildfunktion der byzantinischen Mode für die Eliten des Merowingerreiches zusammenhängen[233], die ihrerseits eine Rezeption der alten Schmucktraditionen der Antike darstellt. Da die Anhänger vergleichsweise häufig in Verbindung mit Amethysten auftreten – meistens sind diese durchlocht und zu mandelförmigen Perlen geschliffen und nicht, wie in Frankfurt, mit einer separaten Einfassung versehen – wurde verschiedentlich vermutet, dass die Schmuckstücke gemeinsam mit den übrigen Filigrananhängerformen an fertig montierten Colliers in Italien hergestellt und als Import in den nordalpinen Raum verhandelt wurden[234]. Aus den in diese Ketten integrierten Münzanhängern sowie aus der Datierung des Anhängers von Iffezheim schloss Ursula Koch zudem darauf, dass die meisten Stücke bereits in den beiden letzten Jahrzehnten des 6. Jahrhunderts gefertigt wurden und erklärte etwa das Anhängerpaar aus Berghausen Grab 57 (Nr. 2) zu Altfunden, welche erst mehrere Generationen nach ihrer Herstellung ins Grab gelangt sein sollen[235]. Zwar mögen manche Münzanhänger und vor allem auch die am ehesten im ostmediterranen Raum oder in Asien abgebauten Amethyste über den transalpinen Handel in das Merowingerreich gelangt sein[236], die Tatsache, dass südlich der Alpen mit Ausnahme der schon erwähnten Anhänger aus Castel Trosino Grab 7 (Nr. 6) sonst keine weiteren adäquaten Vergleichsstücke für den hier besprochenen Typ Va nach Zhang gefunden wurden, macht eine Herkunft der Anhänger aus diesem Raum aber wenig wahrscheinlich. Ebenso spricht die vergleichsweise große Menge der spätmerowingerzeitlichen Beispiele, deren Verbreitungsschwerpunkt im alamannisch-bajuwarischen Siedlungsgebiet eher auf den linksrheinischen Rückgang der Beigaben als auf eine regionale Vorliebe schließen lassen[237], gegen die ›Altstück-Theorie‹, zumal sich etwa der oben erwähnte, in der Kette von Lahr-Burgheim Grab 10 integrierte Triens, wie vielleicht manch andere langobardische Münznachprägung auch, als durchaus zeitgenössisch und damit zu jung für die Theorie der fertig montierten Kettenensembles erweist[238]. Für die Frankfurter Anhänger lässt sich gleichwohl nicht grundsätzlich ausschließen, dass eine Verwandte den Schmuck bereits eine Zeitlang trug, bevor das Mädchen damit ausgestattet wurde. Neben den erwähnten Abnutzungsspuren sprächen hierfür das abweichende Fertigungsbild an einem der fünf Anhänger, der vielleicht ein verlorenes Stück ersetzte, sowie die Zeitstellung des Brakteatanhängers (vgl. unten S. 97), doch lässt sich letztlich nicht bestimmen, ob alle Anhänger von Anfang an zu einem gemeinsamen Halsschmuck gehört haben oder aber aus verschiedenen ›Erbstücken‹ zu einem neuen Ensemble kombiniert wurden. Dass die spätmerowingerzeitlichen Exemplare mit geringerem Materialaufwand und minderer Verarbeitungsqualität hergestellt wurden, wie etwa Bernd Päffgen und Marcus Trier behauptet haben[239], dürfte angesichts der Größe und qualitätvollen Machart vieler der hier aufgeführten Beispiele des ausgehenden 7. und beginnenden 8. Jahrhunderts allerdings ein bislang noch unbewiesenes Pauschalurteil sein.

Vielleicht hängt das erneute Aufkommen der dreipassförmigen Anhänger neben der Renaissance spätantik-mediterraner Schmuckformen

brunn: Wolfram 1985, Abb. S. 33; W. Menghin 1985, 32, Taf. 4.

230 Kern 1960, 59–66, Taf. 16a,b,d.

231 Vgl. Päffgen 1992, Bd. 1, 433.

232 Zur so genannten »Übergangsphase D2/D3« vgl. Tejral 1997, 342–352 mit weiterer Lit.

233 Vgl. Drauschke 2011, 33 f. mit weiterer Lit.

234 J. Werner 1953, 13; Christlein 1966, 74, 124 Anm. 106; U. Koch 1977, Bd. 1, 74; U. Koch 1990, 124; U. Koch 1991, 75; Groove 2001, 185; Pape 1996, 493. – Vgl. Trier 2002, 59.

235 U. Koch 1982, 64.

236 Drauschke 2008, 413; Drauschke 2010; Drauschke 2011, 48–54.

237 Zur Verbreitung vgl. Zhang 1988, 31 mit 33 Abb. 10.

238 Vgl. hierzu Krohn/Fischer 2012, 119–122.

239 Päffgen 1992, Bd. 1, 433; Trier 2002, 60.

auch mit dem kontrastreichen Wechselspiel zwischen traditionellem Amulettglauben und dem zunehmenden Einfluss des Christentums zusammen, bei dem die dreipassförmigen Anhänger – wie viele andere Anhängerformen auch – eine über ihre reine Schmuckfunktion hinausreichende, apotropäisch-symbolische Bedeutung besaßen. Nach Peter Paulsen gehört das Dreipassmotiv zu den Darstellungen der Fruchtbarkeits- und Sonnensymbolik[240]. Eine solche Bedeutung besaß vielleicht ein durchbrochener, dreipassförmiger Bronzeanhänger aus dem »Grab einer besonderen Frau« (Zentralbestattung aus Hügel 3) auf dem spätlatènezeitlichen Bestattungsplatz von Ihringen/Breisach-Gündlingen (Kr. Breisgau-Hochschwarzwald), der ehemals offenbar an einem Gürtelgehänge getragen wurde[241]. Für die Merowingerzeit, vor allem für eine Bestattung bei einer Kirche wie dem Frankfurter Domgrab, wäre es naheliegend, die Dreipassform der Anhänger in christlichem Kontext als Trinitätssymbol für die Wesensgleichheit von Vater, Sohn und Heiligem Geist zu deuten[242]. Nach Ansicht von Michael Schmaedecke tritt das Motiv des Dreipass in der mittelalterlichen Kunst allerdings »erst um 1200 auf, ohne dass eine vorherige Entwicklung zu diesem Motiv hin zu fassen ist«[243], doch dürfte sich diese Einschätzung ausschließlich auf die Verwendung in der Architektur und Bauplastik beziehen. Dreipassförmige Schmuckanhänger dienten im volksreligiösen Amulettglauben bis in das 19. Jahrhundert hinein insbesondere zum Schutz junger und schwangerer Frauen. Aus dem 18. Jahrhundert stammt eine im Germanischen Nationalmuseum Nürnberg befindliche sogenannte »Fraiskette«, auf der ein silberner Dreipassanhänger mit Koralleneinlage zusammen mit mehreren polyedrisch geschliffenen Glasperlen, einer Muschel, einem Bernstein und einem Wolfszahn auf einem Baumwollfaden aufgereiht ist[244]. »Der Ausdruck Fraisen, in Kärnten ›Fras‹, steht als Sammelbegriff für zahlreiche Krankheiten, vor allem aber Epilepsie und Konvulsion, wie sie vornehmlich bei Kindern auftritt. … Fraisketten … sind weniger Ausdruck einer religiösen Haltung, als vielmehr ein Zeichen äußerster Hilfsbedürftigkeit, die mittels Heiltumskonglomeraten versinnbildlicht und objektiviert werden«[245].

Goldbrakteaten-Anhänger *(Alexandra Pesch)*

Unter den Schmuckanhängern der Halskette aus dem Mädchengrab fällt einer auf, dessen Dekor nicht wie bei den anderen aus Filigrandrahtverzierung besteht. Es handelt sich um einen kleinen runden Pressblechanhänger mit Randdraht *(Abb. 29,1.3; 39; 40,1)*. Solche kontinentalen Funde modelgeprägter Bildscheiben stellen die Forschung gelegentlich vor Probleme, wenn es um die Identifizierung ihrer Gattung geht: Denn die Unterscheidung zwischen Pressblechanhängern, wie sie vor allem in merowingerzeitlichen Gräbern vorkommen, und den sogenannten Goldbrakteaten, die besonders in Nordeuropa für die Völkerwanderungszeit typisch sind, kann schwierig sein[246]. Dies gilt vor allem, wenn das Zentralbild nicht gut erkennbar ist. Fragliche Exemplare werden dann nicht selten beiden Gattungen zugerechnet[247]. Auch der Anhänger aus Frankfurt am Main kann als ein solcher Grenzfall betrachtet werden.

Der Anhänger besitzt eine um das Bildfeld laufende Zone aus relativ dicken, leicht viereckigen Punzen, die vergleichbar auf zahlreichen kontinentalen Pressblechscheiben vorkommt.

240 Paulsen 1967, 23.

241 Dehn 1994, 93, Abb. 52; Dehn 1996, 143, Abb. 3.

242 Schmaedecke 1999, 322. – Vgl. Braunfels 1968, Sp. 528 f., zum gleichseitigen Dreieck mit konzentrischen Kreisen als Trinitätszeichen; Stolz/Potzek 1986.

243 Schmaedecke 1999, 322 mit Bezug auf Behling 1958, Sp. 528, zum Aufkommen des Dreipasses in der Architektur.

244 G. Bott/Bertram 1994, 86 Kat.-Nr. 56 mit Abb. S. 26.

245 Ebd.

246 Allgemein zu Pressblechfibeln siehe Schulze-Dörrlamm 1986; Klein-Pfeuffer 1993; zu Brakteaten siehe Hauck/Axboe 1985–1989: die sieben Bände des Ikonographischen Katalogs der Goldbrakteaten (= IK).

247 Etwa eine Scheibenfibel aus Daxlanden, die aufgrund ihres Motivs einerseits als IK 232 in den Katalog der Goldbrakteaten (IK) aufgenommen wurde, andererseits aber auch zu den kontinentalen Pressblechfibeln gerechnet wird (Klein-Pfeuffer 1993, Kat.-Nr. 45). Ähnlich verhält es sich beim Berliner Stück IK 322

39 Goldbrakteat-Anhänger aus dem Pektorale des Mädchens.
1 Vorderseite;
2 Rückseite.

Sie taucht allerdings auch bei den Brakteaten auf, hier ebenfalls insbesondere bei kontinentalen Funden. Das eigentliche Motiv des Anhängers jedoch hat bei Pressblechfibeln und Münzimitationen keine Verwandten, dafür aber auf Brakteaten. Die Herstellung mittels einer Matrize, die Art der Ösung und die Randverstärkung mit gedrehtem Draht[248] sprechen ohnehin eher für einen Brakteaten. Dagegen steht jedoch die Datierung des Grabes und der übrigen Anhänger der Kette[249].

Völkerwanderungszeitliche Goldbrakteaten sind Anhänger mit modelgeprägten figürlichen Darstellungen. Sie gelten gemeinhin als Amulette. Es gibt vier Typen, die durch ihre Hauptmotive unterschieden werden: Die Typen A, B und C besitzen anthropomorphe Darstellungen, oft gemeinsam mit Tierbildern, der D-Typ aber zeigt die Tierdarstellung als Zentralbild. Das eingepresste Muster des Frankfurter Anhängers kann als vereinfachte Form eines typischen Brakteatenmotivs vom D-Typ verstanden werden. »Klassische« Varianten dieser Typen *(Abb. 41,2)* zeigen ein vierbeiniges Tier, dessen Kopf über den langen, S-förmig gebogenen Bandleib-Körper zurückgewandt ist. Zwei gegenüberliegende Hüft- beziehungsweise Schulterschleifen liegen an den Bildfeldseiten. Vorderbein und Hinterbein sind um den Leib gebogen, das gesamte Wesen erscheint in sich selbst geflochten. Vorne am Kopf sitzt ein gebogener Schnabel. Daher wird das vierbeinige Tier, obwohl ohne Flügel, als greifenartiges Mischwesen angesprochen[250]. Solche Varianten des D-Typs sind relativ häufig und von England über die Niederlande und Norddeutschland, vor allem aber in Dänemark, Schweden und Norwegen verbreitet *(Abb. 43)*.

Zur Herstellung von Brakteaten wurden fertige Stücke immer wieder kopiert. Auf diese Weise verbreiteten sich ihre Darstellungen rasch über weite Teile Nord- und Mitteleuropas. Doch die oft komplizierten Bilder der win-

Rosenthal-C (Klein-Pfeuffer 1993, Kat.-Nr. 349). Von den zwei Pressblechscheiben aus Altenzaun in Sachsen-Anhalt, deren Zentralmotive schwer lesbar sind, wird eine als Brakteat (IK 618; dazu Heizmann/Axboe 2011, 979f.) geführt, die andere aber nicht. Motivisch findet der Brakteat IK 206 aus Várpalota mit seinem thronartigen Sitz ein gutes Vergleichsstück in der Pressblechfibel von Eichtersheim (Klein-Pfeuffer 1993, Kat.-Nr. 54), so dass auch hier eine Diskussion möglich ist. Die Beispiele sind vermehrbar.

248 Ähnliche doppelte, gegenständig gedrehte Randdrähte haben beispielsweise IK 72 aus dem Raum Hamburg und IK 498 aus Bramdrup, Dänemark.

249 Erstmals abgebildet bei Hampel 1994, Abb. 79–80. Das Stück ist dort grob als Münzimitation angesprochen, doch ein gutes Vorbild für die zentrale Bilddarstellung konnte nicht identifiziert werden.

250 IK 3, 1, 20ff., 42–46.

40 **1** Frankfurter Brakteat-Anhänger, Dm. 1,5 cm (nach Hampel 1994, 129 mit Korrektur nach Foto *Abb. 39,1*); **2** D-Brakteat IK 588 von Sukow, Mecklenburg-Vorpommern, Dm. 1,8 cm (nach Jantzen 1998). M. 2:1.

1

2

41 Brakteaten vom D-Typ. **1** IK 559 von Várpalota, Ungarn (Dm 1,8 cm); **2** IK 468 von Nebenstedt, Niedersachsen (Dm. 2,6 cm). Zeichnungen ohne Randdraht, Ösen nur angedeutet (nach IK). M. 2:1.

1

2

42 Unverstandene beziehungsweise stark abbreviierte Motive auf D-Brakteaten. **1** IK 408 von Bad Kreuznach, Rheinland-Pfalz (Dm. 1,4 cm); **2** IK 483 von Ozingell, Kent, England (Dm. 1,55 cm). Zeichnungen ohne Randdraht, Ösen nur angedeutet (nach IK). M. 2:1.

1

2

zigen, oft nur 3 cm großen Anhänger konnten dabei von den Herstellern missverstanden werden, welche die Formen und Linien nicht in der gemeinten Weise zu deuten vermochten. So entstanden gerade an der Peripherie der Brakteatenverbreitung zahlreiche abbreviierte Exemplare, also Brakteaten, deren Zentralbilder nicht lesbar sind[251]. Dazu gehören etwa Stücke wie IK 408 aus Bad Kreuznach, Rheinland-Pfalz *(Abb. 42,1)*, und IK 483 Ozingell, Kent

251 Pesch 2007, 370–378.

252 Jantzen 1998; IK 588 und IK 559 bilden eine Formularfamilie, siehe Pesch 2007, 302ff.

253 Siehe etwa IK 438; die Angehörigen der Formularfamilie D3 bei Pesch 2007, 250–253, dort insbesondere IK 460.

(Abb. 42,2). Bei IK 408 ist der Kopf des Tieres noch gut erkennbar, doch die Körperteile sind bereits völlig unverstanden. Ganz aufgelöst erscheint dann IK 483. Hier sind die Bildchiffren unlesbar, nur auf dem Hintergrund der Kenntnis besserer Varianten können die Schlingungen überhaupt noch als Echos von Tierdarstellungen verstanden werden.

Die Deutung des Frankfurter Stückes als Brakteat wird besonders durch einen kleinen ungarischen Brakteaten ermöglicht. IK 559 aus Várpalota *(Abb. 41,1)* zeigt das greifenartige Tier der D-Brakteaten als rückwärtsblickenden Vierbeiner mit schnabelartigem Maul. Die an den Bildrändern gegenüberliegenden Hüft- und Schulterschlaufen sind erkennbar, doch Gliedmaßen fehlen oder sind unverstanden als Striche ausgeführt. Der Körper, normalerweise ein Bandleib, ist hier statt von einer durch zwei Linien markiert. Außerdem ist unter dem Tier eine zusätzliche Schlaufe zu sehen. Offenbar war der Hersteller nicht ganz sicher in der Linienführung, das Motiv ist teilweise unklar. Die Gestaltung des Kopfes allerdings, eine vereinfachte Version der D-Brakteaten-Tierköpfe (siehe *Abb. 41,2*), führt zum Frankfurter Anhänger. Denn dessen rautenähnliche Struktur am oberen Bildrand mit dem gebogenen Strich nach rechts kann so gleichermaßen als Kopfdarstellung identifiziert werden. Ähnlich ist auch der Kopf eines Vierbeiners auf IK 588 aus Sukow, Mecklenburg-Vorpommern *(Abb. 40,2)*[252], ausgeführt, dem auch wie beim Frankfurter Anhänger die Markierung des Auges fehlt. Im Vergleich zu Stücken wie IK 588 und IK 559 *(Abb. 40,2; 41,1)* können die gebogenen Bandformen auf dem Frankfurter Stück als Echos vom Körper oder von den Hüft- und Schulterschlaufen gelesen werden. Es besteht auch die Möglichkeit, in allen diesen Brakteaten aufgrund der unter dem Tier liegenden Zusatzchiffre jeweils Kopien einer anderen, heute verlorenen Brakteatenvorlage zu sehen, bei welcher dieses Element noch verständlich lesbar gewesen ist. Doch könnte die untere Zusatzchiffre auf dem Frankfurter Stück auch einen zweiten Tierkopf meinen. Denn zum einen ist sie mit der oberen Kopfchiffre quasi identisch ausgeführt, zum anderen treten durchaus D-Brakteaten mit zwei spiegelbildlich angeordneten Tieren auf, wenn auch selten[253]; ein solches Motiv könnte also ebenfalls als Vorlage gedient haben.

Mit einem Durchmesser von 1,55 cm ist der Frankfurter Anhänger gegenüber den meisten skandinavischen Brakteaten relativ klein. Dies verbindet ihn allerdings mit vielen kontinentalen Stücken[254]. Dort sind auch Brakteaten mit Randdrähten aus tordiertem Draht (nicht geperlt, wie dies normalerweise in Skandinavien der Fall ist) üblich: In den Hortfunden von Nebenstedt oder Sievern beispielsweise treten sie vermehrt auf. Einen direkt vergleichbaren Rand aus zwei gegensätzlich tordierten Drähten besitzen die Exemplare von IK 71-B aus »Hamburg«. Außerdem sind kontinentale Stücke auffallend häufig mit breiten Randzonen voller dicker Punktpunzen versehen (siehe etwa auch IK 245,1 aus Freilaubersheim), die denjenigen des Frankfurter Anhängers gleichen. Die beiden D-Brakteaten IK 588 *(Abb. 40,2)* und IK 559 *(Abb. 41,1)* haben jeweils eine breite Randzone, die zumindest bei einer Prägung der drei Exemplare von IK 559 mit dicken Punzbuckeln verziert ist (auf der Abbildung nicht zu sehen).

Die völkerwanderungszeitlichen Goldbrakteaten bieten sich als Bezugsgruppe zum Verständnis des Frankfurter Anhängers an. Dessen zentrale Bilddarstellung ist motivisch und zeichnerisch (also ikonographisch) gut mit ihnen in Verbindung zu bringen. Wenn diese Beobachtung richtig ist, lassen sich mit ihm, gemeinsam mit vielen anderen Objekten skandinavischer Prägung[255], Kontaktzonen oder zumindest menschliche Beziehungen erahnen, die vom Rhein-Main-Gebiet über den Saale-Elbe-Raum nach Skandinavien führen. Frankfurt liegt in unmittelbarer Nähe zur sogenannten

254 Hierzu wie zum folgenden Axboe 1981, 39f., 55f.

255 Vgl. dazu U. Koch 1999a; Müller-Wille 1999; Pesch 2004.

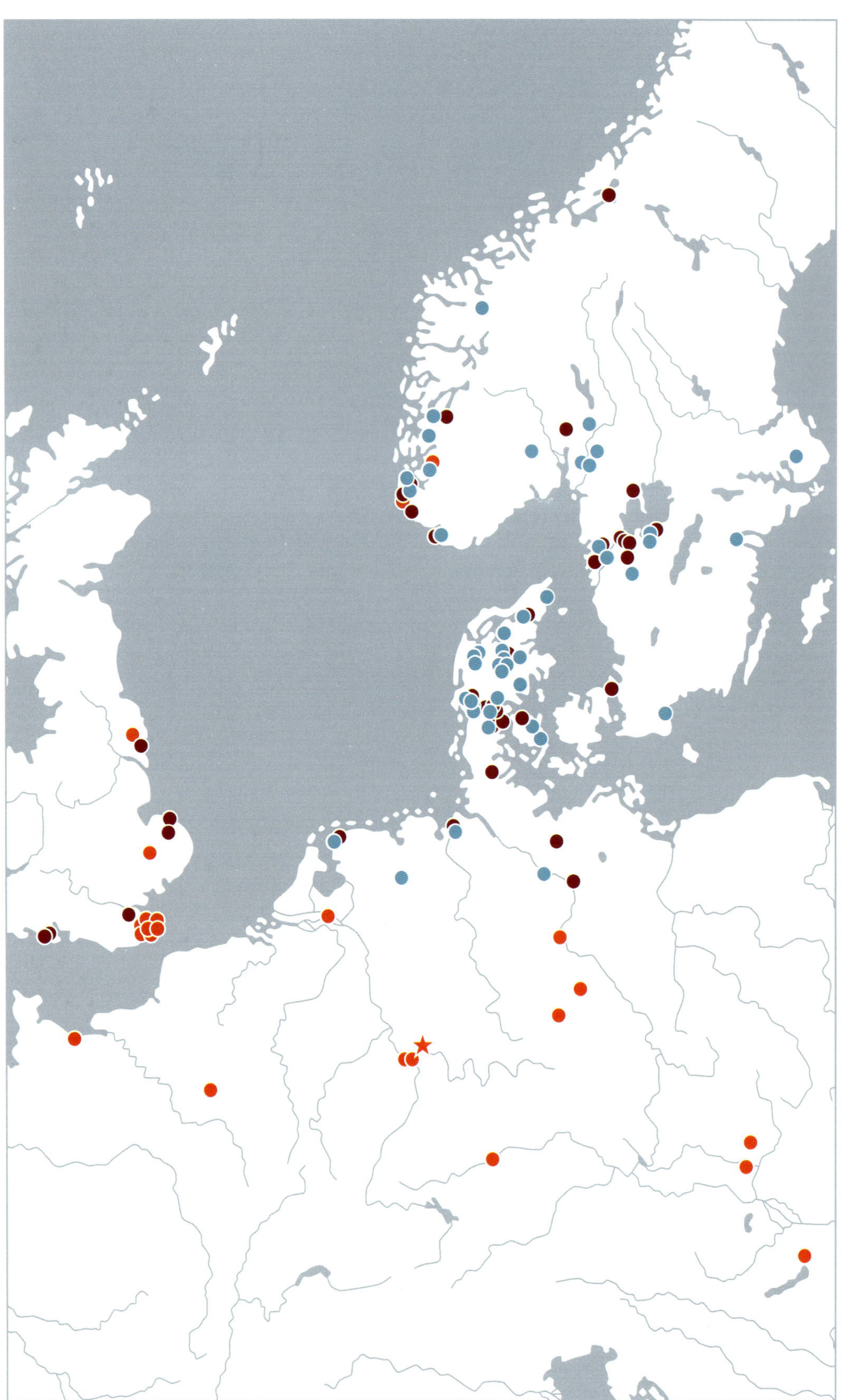

43 Verbreitung der Brakteaten Typ D, aufgeschlüsselt nach den Fundarten (Entwurf: A. Pesch, Ausführung: E. Quednau).

● Grabfund

★ Frankfurt am Main

● Hortfund

● Sonstiges

Rheinland-Pfälzischen Brakteatenregion, einer von drei kontinentalen Regionen mit erhöhtem Brakteatenvorkommen[256]. Daher verwundert das Auftreten eines Brakteaten dort nicht allzu sehr. Auch dass es ein Grabfund einer reichen weiblichen Bestattung ist, bestätigt die kontinentale Regel[257]. Lediglich die Zeitstellung des Grabes ist ungewöhnlich spät, denn kein anderes brakteatenführendes Grab konnte bisher in eine Zeit um oder nach 600 datiert werden. Es müsste sich hier um ein älteres Objekt handeln, vielleicht ein Erbstück, das an der ansonsten jüngeren Kette einen neuen Platz gefunden hat.

Trotz dieser Hinweise muss die Gattungsbestimmung des Frankfurter Anhängers unsicher bleiben. Eines jedoch scheint gewiss: Wäre er irgendwo in Skandinavien, in der norddeutschen Küstenregion oder auch in Kent gefunden worden, dürfte es wohl keinen Zweifel daran geben, dass er als Goldbrakteat klassifiziert worden wäre.

Goldblechperlen *(Niklot Krohn)*

Die zwanzig kleinen, doppelkonischen Perlen aus getriebenem Goldblech *(Abb. 38)*, welche zwischen den Anhängern des Pektorales aufgefädelt waren, fungierten gewissermaßen als »Abstandhalter«, damit sich die Anhänger nicht gegenseitig verdecken. Goldblechperlen sind bei Kettenensembles aus Gräbern der Qualitätsgruppe C nach Rainer Christlein keine Seltenheit[258]. Im Gegensatz zu den charakteristischen, zumeist sehr dünnen, spindelförmigen Exemplaren der Völkerwanderungszeit[259], die als wiederverwendete Altstücke vereinzelt auch noch während der zweiten Hälfte des 6. Jahrhunderts vorkommen[260], besitzen die merowingerzeitlichen Perlen neben der doppelkonischen auch eine gedrungene bis langgestreckt-ovale Form. Wie die Frankfurter Stücke sind sie in der Regel aus zwei miteinander verlöteten, dünnen Goldblechhülsen zusammengesetzt[261]. Zweifellos auf mediterrane Vorbilder gehen die verschiedenartig filigranverzierten Exemplare zurück, die verhältnismäßig zahlreich vor allem in Gräbern des 6. und beginnenden 7. Jahrhunderts zu finden sind[262] und im awarischen und slawischen

256 Pesch 2004, 174–177.

257 Pesch 2011.

258 Christlein 1973, 158.

259 Vgl. Deppert-Lippitz 1997. – Beispiele: Abbeville, Dep. Aisne, Grab 83: Wierre 1997, 100f. Kat.-Nr. 131, Abb. S. 101. – Augsburg, St. Ulrich und Afra, Gräber 61, 100, 106 und 206: Pohl 1977, 437, Taf. 111,7, Taf. 118,10, 439, Taf. 113,3, Taf. 118,9, 439, Taf. 113,8, Taf. 118,8, 441, Taf. 113,17, Taf. 118,1, 444 Tab. 1. – Gültlingen, Stadt Wildberg, Kr. Calw, »Buchen«, Einzelfunde von 1949: Quast 1993, 92f., 126 Nr. 41–43, Taf. 15,41–43, Taf. 26,41–43. – Haillot, Prov. Namur, Grab 9: Breuer/Roosens 1957, 210 Nr. 1, 213 Abb. 10,1; Katalog Mannheim/Paris/Berlin 1996/1997, 852 Kat.-Nr. III.4.27c. – Kaiseraugst, Kt. Aargau, Grab 166: Martin 1991, Bd. A, 30 mit 31, Abb. 13,9. – Marteville, Dép. Aisne, Grab 31: Wierre 1997, 172 Kat.-Nr. 267a. – Szentes-Nagyhegy, Com. Csongrád, Grab 84: Csallány 1961, 59, Taf. 40,1; Bóna 1976, 119, Taf. 10; Katalog Nürnberg/Frankfurt 1987/1988, 245 Kat-Nr. V,82.c, Taf. 29. – Für weitere Beispiele des 4. Jhs. vgl. auch Martin 1991, Bd. A, 30 Anm. 152.

260 Z. B. Regensburg-St. Emmeram Grab 1: U. Koch 1968, 55, 198 Nr. 1, Taf. 53,6b.

261 Zur Herstellungstechnik vgl. Heimberg 1985, 12f.

262 Beispiele: Cividale, Prov. Udine, aus den Altbeständen des Museo Archaeologico: Zorzi 1899, 131 Nr. 34; Katalog Mailand 1990, 464 Kat.-Nr. X.179 mit Abb. S. 465. – Deersheim, Kr. Halberstadt, Grab 42/II: Schneider 1983, 205, 286 Nr. II 4–II 5, 340, Abb. 102,6–7, 469, Taf. 23, 470, Taf. 24,6–7. – Donzdorf, Kr. Göppingen, »Vorschwärz«, Grab 78: Neuffer 1972, 24, 87, Taf. 23,1–7, Taf. 62,12a–c. – Grues, Dép. Luçon, Fund von 1860: Zeiß 1941, 137 Nr. 224, Taf. 9, A 8. – Holstein (Dänemark): Lindquist 1926, 73, Abb. 85, 86a–d. – Hüfingen, Schwarzwald-Baar-Kreis, »Auf Hohen«, Gräber 308 u. 328: unveröffentlicht, Zentrales Fundarchiv Rastatt. – Klepsau, Hohenlohekreis, Gräber 4 und 7: U. Koch 1980, 110, Taf. 1,3–4 (Grab 4), 7–10 (Grab 7); U. Koch 1990, 35 Nr. 6, 124, Abb. 95,3–6, Taf. 9,6 (Grab 7), 22 Nr. 12–13, 124, Abb. 95,1–2, Taf. 2,12–13 (Grab 4); Katalog Mannheim/Paris/Berlin 1996/1997, 905 Kat.-Nr. V.5.5 d (Grab 7). – Köln, Dom, Frauengrab: Doppelfeld 1959, 56f. Nr. 13.V,t–z, Abb. 32; 34; Doppelfeld 1960, 98f. Nr. 13t–z, Taf. 16,13, Taf. 21,13y; Doppelfeld/Pirling 1966, 34, Abb. S. 35; Katalog Mannheim/Paris/Berlin 1996/1997, 215, Abb. 153, 932, Kat.-Nr. VI.2.4 l; Ristow 2013b, 80 Abb. 47, 187. – Nocera Umbra, Prov. Perugia, Grab 23: Paribeni 1918; Rupp 1995, 102; Graenert 2000, 439, Abb. 12,3 – Nordendorf, Kr. Augsburg, »Mittelgewand/An der Frauengewand«, Grab 116 von 1844: Trier 2002, 57f., 407 Kat.-Nr. 52 I Nr. 1, Taf. 104, 1b–c. – Nordendorf, Kr. Augsburg, »Mittelgewand/An der Frauengewand«, Grabzusammenhang unbekannt: Lindenschmit 1900, Taf. 10,11;

Raum auch noch in jüngerer Zeit als Grabbeigabe vorkommen können[263]. Die unverzierten kugelig-runden bis doppelkonischen Exemplare sind demgegenüber wesentlich seltener und tendenziell jünger als die Filigranperlen[264]. Sehr häufig sind sie, wie im Frankfurter Kindergrab, mit goldenen Filigrananhängern und Amethysten vergesellschaftet. Das beste Beispiel bieten die »olivenförmigen« Goldblechperlen des Schmuckensembles aus Lahr-Burgheim Grab 10, das dem Pektorale des Frankfurter Mädchens, wie erwähnt, ohnehin sehr nahe steht[265]. Aus Staubing (Stadt Kelheim) »Aufeld« Grab 19 stammen drei doppelkonische Goldblechperlen und ein großer Amethyst sowie weitere Glasperlen einer Halskette, die durch die Vergesellschaftung mit einem Bommelohrringpaar mit langem konischen Mittelteil in die Zeit um 700 datieren[266]. Auch aus dem jüngst veröffentlichten, vielleicht als ›Hofgrablege‹ anzusprechenden Frauengrab von Alpersdorf (Kr. Freising) stammt eine kleine schlichte kugelförmige Goldblechperle[267]. Das Grab dürfte aufgrund seines goldenen Fingerrings mit Dreikugelzier und Emaileinlagen (vgl. S. 99 ff.) sowie eines ungewöhnlichen Trompetenarmrings aus Silberblech von »byzantinisch-awarischer« Provenienz in das dritte Viertel des 7. Jahrhunderts zu datieren sein. Daneben existiert eine große Gruppe von gleichartigen Perlen aus Silber[268], die ebenso als Nachahmungen zu verstehen sind wie die vergoldeten Bronzeperlen aus Mädchengrab 148 von Nocera Umbra (Prov. Perugia)[269] oder die zwei doppelkonischen Bronzeperlen aus Grab 3 der Johanneskirche von Stein am Rhein (Kt. Schaffhausen)[270].

Silberblechperlen *(Thomas Flügen)*

Zur Klärung der Frage, ob es sich bei den kleinen Perlchen an den Enden der Halskette *(Abb. 29)* um zusammengebackene Metall- oder um gläserne Überfangperlen handelte, wurde im Mai 2014 in den Werkstätten des Römisch-Germanischen Zentralmuseums Mainz von Stefan Patscher (Restaurator Mainz) und Thomas Flügen (Restaurator Archäologisches Museum Frankfurt) eine gesonderte Untersuchung durchgeführt.

Einlieferungszustand: Segment von vier zusammenhängenden Perlen; Gesamtlänge 5,2 mm, Perlendurchmesser: 2,8 mm; Farbe: gräulich, matt *(Abb. 44)*.

Franken 1944, 6, 47, Taf. 7, 20, Taf. 21; Trier 2002, 58 Taf. 124,15–16, Taf. 229,4–5. – Untertürheim, Kr. Dillingen/Donau, Grab 71: Grünewald 1988, 80, 245 Nr. 2a–b, Taf. 126,19a–b. – Schwenningen, Stadt Villingen-Schwenningen »Auf der Lehr« Grab 4: Veeck 1939, 40, Taf. 6,5; Oehmichen/Weber-Jenisch 1997, 29, Abb. 12; Steuer 1997, 279, Abb. 300. – Svetec (Schwaz) bei Teplice: Svoboda 1965, 211, Taf. 110,2, 4. – Velké Pavlovce (Mähren), Grab 9: Tejral 1975, 411, Abb. 23,8; Tejral 1976, 69, 83, Abb. 26,3; Busch 1988, 208 Kat.-Nr. 58, Abb. S. 209. – Wardt/Lüttingen, Stadt Xanten, Kr. Wesel, Einzelfunde: Siegmund 1998, 435 Nr. 1, Taf. 216,1. – Die ovalen Goldblechperlen von Köln-St. Severin Grab V,20 sind an ihrer Nahtstelle mit einer abgesetzten, gerippten Mittelzone versehen, die wohl eine Filigranverzierung nachahmen soll: Päffgen 1992, Bd. 1, 430 f., Bd. 2, 483 Nr. 9b, Bd. 3, Taf. 77,7a–e.

263 Beispiele: Jutas, Kom. Veszprém, Grab 196: Rhé/Fettich 1931, 35, Taf. 10,4; Bóna 1956, 213, Taf. 51,4; J. Werner 1962, 82, 157 Nr. 56, Taf. 16,4. – Oldenburg, Kr. Ostholstein, Gräberfeld zum slaw. Burgwall Starigrad, Grab 74: Gabriel 1988, 145 Abb. 15; Gabriel 1991, 203 Abb. 15.

264 Vgl. H. Bott 1952, 108; Neuffer-Müller 1983, 49; Bertram 2002, 65. – Beispiele: Inzing, Land Salzburg, Grab 157: H. Bott 1952, 108, Taf. 9,8; Bertram 2002, 65, 115 Nr. 1, Taf. 13, E 1 – 3, 64 Abb. 39,9, 80 Abb. 47. – Nocera Umbra, Prov. Perugia, Grab 17: Paribeni 1918, 195, Taf. 2; W. Menghin 1985, 166, Abb. 152; Rupp 1995, 100; Paroli 1997, 94 Nr. 3, Taf. 10; Graenert 2000, 429, Abb. 6,3–4. – Untereching, Land Salzburg: H. Bott 1952, 107 Taf. 9,9; Moosleitner 1988, 214, Abb. 141, 396 Kat.-Nr. M VIII.22 b; Bertram 2002, 64, Abb. 39,9.

265 Krohn 2005, Taf. 2,11a–e; Krohn 2008, Abb. S. 18, Krohn/Bohnert 2006, 107, Abb. 111.

266 Christlein 1971, Taf 14,3; Fischer 1993, 48, 168 Nr. 3, Taf. 6,3, Taf. 58,2.

267 Reimann u. a. 2001, 117 mit 116 Abb. 120,2.

268 Beispiele: Arzl, Stadt Innsbruck, Nordtirol, Frauengrab von 1931: Franz 1944, 9; Plank 1964, 147, Abb. 11,4; Stein 1967, 372 Kat.-Nr. 315 Nr. 10, Abb. 68,11–12. – Castel Trosino, Prov. Ascoli, Grab K: Mengarelli 1902, 204 Nr. 3 mit 205, Abb. 45. – Großhöbing, Stadt Greding, Kr. Roth, Grab 138: Nadler/Weinlich 1997, 142. – Kirchheim/Ries, Ostalbkreis, «Gözlen", Grab 34: Neuffer-Müller 1983, 49, 125, Taf. 145,2. – Nocera Umbra, Prov. Perugia, Grab 22: Paribeni 1918, 208; Rupp 1995, 97. – Schleitheim, Kt. Schaffhausen, St. Maria, Grab 30: Bänteli/Ruckstuhl 1986, 71 mit 73, Abb. 7,s; Burzler 2002, Taf. 110,6. – Schretzheim, Stadt Dillingen a. D., Grab 358 : U. Koch 1977, Bd. 1, 71; Bd. 2, 82, Taf. 96,16.

269 Paribeni 1918, 332; Rupp 1995, 98.

270 Burzler 1993, 211, Abb. 179, 399, Taf. 38,3g; Burzler 2000, 236 Kat.-Nr. 94.

Untersuchung zur Herstellungstechnik:
Zwischen zwei Perlen wurde eine kleine Probefläche von 1 mm × 1 mm angelegt, um den genauen Aufbau zu bestimmen. Die Beobachtungen fanden unter dem Mikroskop statt und wurden mit einer digitalen Okular-Kamera dokumentiert *(Abb. 45)*. Mit einer Skalpellklinge wurde in dem zu untersuchenden Bereich die gräulich matte Oberfläche abgeschabt und anschließend durch Anreiben wieder verdichtet. Der dabei entstandene silberne Glanz deutet auf einen metallenen Werkstoff hin, wahrscheinlich Silber. Durch Feinstrahlen mit Glaspulver wurde dieser Bereich noch tiefer freigelegt. Dabei löste sich die silberglänzende Schicht langsam vom Untergrund ab. Es handelt sich somit wahrscheinlich um eine Versilberung. Diese ist gekennzeichnet durch eine stabile Haftung auf dem Untergrund und eine geschlossene Oberfläche. Es gibt keine Ansatznähte, die auf ein dünnes Blech hindeuten. Somit darf man von einem »Überschmelzen« mit Silber(lot) ausgehen, vor allem unter Berücksichtigung der Größe des Objekts. Die darunterliegende Oberfläche erschien zuerst grünlich und wurde durch weiteres Freistrahlen gelblich glänzend, ein Hinweis auf eine Kupferlegierung (Bronze oder Messing). Die eigentlichen Buntmetallperlen sind bis zum Loch in ihrer Mitte massiv.

Es stellte sich die Frage, ob das Objekt aus einem längeren Perldraht hergestellt wurde, der in kurze Segmente geschnitten, durchbohrt und anschließend mit geschmolzenem Silber überfangen wurde, oder ob es sich um einzelne kleine Bronzeperlen handelt, die mit Silberlot überzogen und untereinander verschmolzen wurden. In beiden Fällen wären die beiden Enden mit einer Silberschicht überzogen gewesen, wie es dem Befund entspricht. Zur weiteren Klärung müsste man alle weiteren Perlensegmente der Kette untersuchen und gegebenenfalls eine Perle aus einem Segment lösen. Fänden sich Lotreste zwischen den Perlen, wären die Segmente aus einzelnen Perlen aufgebaut. Wären jedoch die Enden bronzefarben, dürfte ein Perldraht zur Herstellung verwendet worden sein. Diese Fragen konnten bei der geforderten zerstörungsfreien Untersuchung nicht geklärt werden.

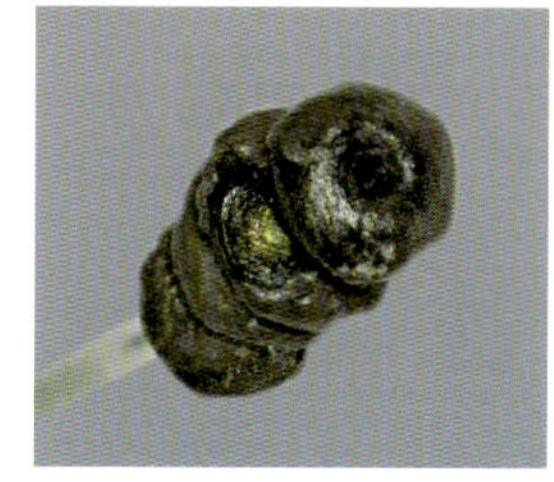

45 Makroaufnahmen vom Silberperlen-Segment. Erkennbar ist die Silberschicht am Ende des Segments und über der Bronzeoberfläche.

44 Segment von vier zusammenhängenden Silberblechperlen des Pektorales.

Fingerringe *(Niklot Krohn)*

rechte Hand:
Inventar: 1994/095/007

Fingerring 1 *(Abb. 46 links)*; Gold, Filigran; runde Ringplatte mit Filigranperlrand und Filigran-Vierpassflechtknoten. Dreikugel-Filigran am Übergang zum Reif.
Legierung: Au 76–77 %, Ag 20–22 %, Cu 1,8–2,3 %.
Lichte Weite 1,2 cm;
Dm. Schmuckplatte ca. 1 cm.
Gew. 2,5 g.

linke Hand:
Inventar: 1994/095/008

Fingerring 2 *(Abb. 46 Mitte)*; Gold, Filigran; Runde Ringplatte mit Filigranperlrand und Filigran-addorsierende C-Motive. Dreikugel-Filigran am Übergang zum Reif.
Legierung: Au 87 %, Ag 9,5 %, Cu 3,1–3,5 %.
Lichte Weite 1,3 cm; Dm. Ringplatte 1,3 cm.
Gew. 3,0 g.

46 Die drei goldenen filigranverzierten Fingerringe. Links (rechte Hand): Fingerring 1; Mitte (linke Hand): Fingerring 2; rechts (linke Hand): Fingerring 3.

Fingerring 3 *(Abb. 46 rechts)*; Gold, Filigran; Runde Ringplatte mit Filigranperlrand und Filigran-Vierpassflechtknoten und Granalien in den Zwischenräumen. Dreikugel-Filigran am Übergang zum Reif.
Legierung: Au 76–77 %, Ag 20–22 %,
Cu 1,8–2,3 %.
Lichte Weite 1,2 cm; Dm. Schmuckplatte 1,1 cm.
Gew. 2,8 g.

Die drei goldenen filigranverzierten Fingerringe *(Abb. 46)*, von denen ihrer Lage zufolge Ring 1 ursprünglich an der rechten und die Ringe 2 und 3 an der linken Hand des Mädchens aufgesteckt gewesen sein dürften, gehören zu den Spitzenerzeugnissen des merowingerzeitlichen Goldschmiedehandwerks[271]. Wie die neue Materialanalyse durch Ströbele ergeben hat (vgl. oben S. 63 ff.), stehen sich die beiden Ringe mit Vierpassknoten auf der Ringplatte (Ring 1 und 3) in der Legierung (circa 75–77 % Gold, circa 20–22 % Silber und circa 2 % Kupfer) sehr nahe. Der Ring mit den gegenständigen C-Mustern auf der Ringplatte weist hingegen einen deutlich höheren Gold- (circa 87 %) und niedrigeren Silbergehalt (circa 9 %) auf. Das lässt auf eine Herstellung der Ringe 1 und 3 aus einem Werkmaterial und damit aus einer Hand schließen. Auch wenn sich ihr grundsätzliches Erscheinungsbild und ihre Machart auf den ersten Blick sehr ähneln, weisen die Qualität und Ausführung der Filigrandekors bei näherer Betrachtung zum Teil recht deutliche Unterschiede auf.

Allen drei Ringen gemeinsam ist der glatte Ringreif aus einem 2 mm starken Runddraht (A), auf dessen breitgeschlagene Enden eine flache, von einem Perldraht (B) gesäumte runde Schmuckplatte aufgelötet ist, die beiderseits der Ansatzstellen des Ringreifs von je drei Granulatkügelchen (C) gestützt wird *(Abb. 47)*.

271 Abgebildet auch bei Hampel 1993, Abb. S. 46; Hampel 1994, 119, 136–139, Abb. 85–90; Hampel 1997, 1061 Abb. 7; Katalog Mannheim/Paris/Berlin 1996/1997, 940 Kat.-Nr. VI.2.12 c–d mit Abb. S. 941; Wamers 2013b, 172, Abb. 123.

272 In der griechischen und römischen Antike übernahmen die Granulatkügelchen offenbar die Funktion einer Löthilfe, um den separat gearbeiteten Reif mit der Zierplatte zu verbinden. An zierlicheren Exemplaren dienten sie als zusätzliche Verstärkung der Schwachstelle des Lötbereiches zwischen Ringplatte und Bügelschulter: vgl. Henkel 1913, 272 f.; Goethert-Polaschek 1984, 117 Kat.-Nr. 33d mit Abb. S. 115; Guiraud 1989, 188 Abb. 26g. – Zum römischen Ursprung der Globolizier bereits Lindenschmit 1880–1889, 403; vgl. auch Fingerlin 1971, 66 mit Anm. 7; Zeller 1992, Bd. I, 147 mit Anm. 273; Sippel 1989, 183. – Zu den ältesten Belegen für diese Verzierung zählt ein Fingerring aus einem 1889 in Tamassos auf Zypern ausgegrabenen graecophönizischen Grab des 6. Jhs. v. Chr. mit Schmuckeinlage in Form eines Skarabäus aus transluzid-grünem Glas: Greifenhagen 1975, 70 Nr. 1, Taf. 54,1.

273 Lindenschmit 1880–1889, 403. – Vgl. etwa Stein 1967, 68; Fingerlin 1971, 66; Schulze-Dörrlamm 1990, 172.

274 Moosbrugger-Leu 1971, Bd. A, 214. – Vgl. auch Ristow/Roth 1995, 61; Nawroth 2001, 140.

Die an allen drei Ringen anzutreffenden Gruppen von je drei Granulatkügelchen zu beiden Seiten der Kontaktzone zwischen Ringreif und Schmuckplatte, die im Folgenden auch als Dreikugelzier bezeichnet werden und ein typologisches Rudiment der antiken Schmuckherstellung darstellen[272], sind ein besonders signifikantes Merkmal einer großen Anzahl von merowingerzeitlichen Fingerringen, auf die bereits seit Ludwig Lindenschmit von verschiedener Seite hingewiesen worden ist[273]. Dass es sich bei dem solcherart verzierten Fingerschmuck um eine eigenständige Objektgruppe im Rang einer Leitform der jüngeren Merowingerzeit handelt, hat erstmals Rudolf Moosbrugger-Leu hervorgehoben und deren Vertreter, etwas irreführend, als »Dreiknotenringe« bezeichnet[274]. Insgesamt existieren derzeit rund 200 bekannte Exemplare[275], von denen die Mehrzahl aus Gold besteht. Der Rest verteilt sich zu annähernd gleichen Teilen auf Silber- und Bronzefingerringe. Zwei Stück – ein Ring mit Gemmeneinlage aus Borsbeek (Prov. Antwerpen)[276] und ein ehemals in der Pierpont-Morgan-Sammlung befindlicher Monogrammring unbekannten Fundorts im New Yorker Metropolitan Museum of Art[277] – sind aus Elektron, also aus einer Gold-Silber-Legierung[278], gefertigt.

Aufgrund der unterschiedlichen Gestaltungsform ihrer Schmuckplatten lassen sich die Fingerringe mit Dreikugelzier in sechs Typen unterscheiden[279], unter denen die Ringe aus dem Frankfurter Kindergrab mit ihren filigranverzierten Schmuckplatten zur kleinsten, gegenwärtig lediglich sechs Exemplare umfassenden Gruppe zu zählen sind[280], also die Hälfte aller bisher bekannten Stücke dieses Typs ausmachen. Als

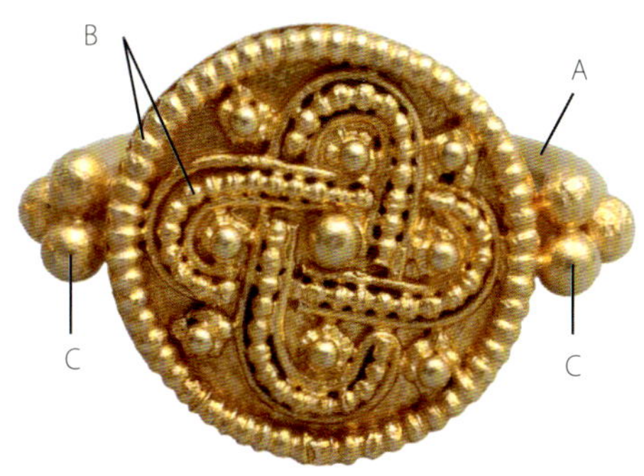

47 Für die Filigranverzierung verwendete Drahtsorten.

A: glatter Draht

B: Perldraht (stellenweise mit »Äquatorschnitt«)

C: Granulatkügelchen

exklusiv angefertigte Einzelstücke weisen sie bis auf die gemeinsame Dreikugelzier keine weiteren Gemeinsamkeiten auf. Die von einem Perldraht eingesäumte Schmuckplatte des silbernen Fingerringes aus Grab 174 des Bestattungsplatzes von Köln-Junkersdorf besitzt ein stern- oder blumenblütenförmiges Motiv, das aus insgesamt sieben Kügelchen gebildet wird, von denen eines im Zentrum sitzt und von sechs weiteren umgeben ist, welche auf kleinen Perldrahtringen aufsitzen[281]. Aus der gestörten Gruft 2 der Georgskirche von Kortsch, Gemeinde Schlander im Vinschgau (Südtirol), stammt ein goldener Fingerring mit Dreikugelzier und filigranverzierter Schmuckplatte, bei der es sich den Angaben des Ausgräbers Hans Nothdurfter zufolge um ein wiederverwendetes Teil eines Körbchenohrrings handeln soll[282]. Mit einem aus Granulatkügelchen gebildeten gleichschenkligen Kreuz ist der goldene Dreikugelzier-Ring aus Erpfingen

275 Verf. beabsichtigt, seine Studien zu dieser bemerkenswerten merowingerzeitlichen Objektgruppe an anderer Stelle ausführlicher vorzulegen, weshalb die meisten Quantifizierungen im Text nur gelegentlich mit der Nennung entsprechender Belege versehen sind.

276 de Boe 1970, 40 Nr. 4 mit 39 Abb. 22, 4 u. 74f. mit Abb. 43; Ament 1991, 415f. mit 403 Abb. 1,3.

277 Brown 1979, 257f. mit 258 Abb. 12–13; Brown/Kidd/Little 2000, 346 Kat.-Nr. 17.191.93 mit 262 Abb. 21.59 u. 263 Abb. 21.65.

278 Vgl. Jüttner 1986.

279 Vgl. Krohn 2004/2005, Liste 8: Fingerringe mit Glasfluss-, Email-, Edelstein- oder Halbedelsteineinlage (A); Gemmenringe (B); Siegel- und Monogrammringe (C); Fingerringe mit Tierdarstellungen (D); Münzfingerringe (E); Fingerringe mit granulatverzierter Schmuckplatte (F); Fingerringe mit unverzierter Schmuckplatte oder ohne Einlagen (G).

280 Krohn 2004/2005, Liste 8 F.

281 La Baume 1967, 44, 185, Taf. 11.174,3, Taf. 41,11; Krohn 2004/2005, Liste 8 F Nr. 5.

282 Nothdurfter 1999, 103f., Abb. 4; Krohn 2004/2005, Liste 8 F Nr. 6.

(Kr. Reutlingen) »Untere Wässere« versehen, der, in äußerst seltener Überlieferungsform, in einer Siedlungswüstung gefunden wurde[283].

Grundsätzlich weisen auch die Vertreter der übrigen Ringgruppen des Typs mit Dreikugelzier – ob mit Edelstein- oder Gemmeneinlage, mit Münzen oder mit Monogrammen und Siegelbildnissen versehen – mit Ausnahme des namengebenden Leitmerkmals sehr wenige Ähnlichkeiten auf, was deren besonderen Wert als individuell gefertigte Schmuckstücke unterstreicht. Lediglich die gegossenen Exemplare aus Bronze beziehungsweise Messing, welche im Hinblick auf ihre ursprüngliche, im unpatiniertem Zustand goldene Materialfarbe unverkennbar als Imitationen der aus Edelmetall gefertigten Vorbilder zu erachten sind, wurden möglicherweise in höherer Stückzahl in einer standardisierten Produktion hergestellt. In allen übrigen Fällen bietet vor allem die Ähnlichkeit konstruktiver Details einen Anhaltspunkt für die mögliche Herkunft aus einer gemeinsamen Fertigung, doch bleibt beim gegenwärtigen Forschungsstand nach wie vor offen, ob sich hinter diesen Übereinstimmungen tatsächlich die ›Handschrift‹ etwa eines Goldschmieds beziehungsweise einer gemeinsamen Werkstattgruppe verbirgt oder aber ein Indiz für die anforderungsbedingte Qualität der Schmuckstücke. Wie bei den Ringen aus dem Frankfurter Kindergrab sind etwa die Schmuckplatten der mit Glas- beziehungsweise Edelsteineinlage versehenen Ringe von Alpersdorf (Kr. Freising)[284], Kobern (Kr. Mayen-Koblenz) Grab 1[285] und ein aus der Sammlung Battke stammender (heute Schmuckmuseum Pforzheim) Ring mit Granateinlage[286] sowie die Gemmenringe von Aschheim (Kr. München)[287] und Gyulafehérvár/Alba Julia (Rumänien)[288] relativ simpel an den plattgeschlagenen, konisch auseinanderlaufenden Reifenden befestigt. Einen eigenständigen Befestigungstyp repräsentiert auch die ›pflasterartige‹ Verbindung von Ringreif und Schmuckplatte mittels eines dünnen quadratischen Goldblechs, die außer an einem mit Bernsteineinlage versehenen goldenen Ring aus dem »Grab der reichen Dame« (Grab 10) in der Peterskirche von Lahr-Burgheim (Ortenaukreis)[289] und einem zweiten goldenen Exemplar aus Blois (Dép. Loir-et-Cher) mit der Darstellung eines bärtigen, nach links gerichteten Männerkopfes und der Umschrift RACNETHRAMNUS[290] nur noch an zwei weiteren, allerdings aus Bronze gefertigten Dreikugelzierringen zu finden ist[291]. Ansonsten herrscht die Befestigung mittels gespaltenen und volutenähnlich nach außen gerollten, mitunter auch als »Doppelschleifen« beziehungsweise »leierförmig« bezeichneten Ringreifenden vor[292], die eine wesentlich bessere Verbindungsstabilität gewährleistet und nach Ernst Foltz zu den mitunter bis heute anzutreffenden Befestigungsformen zählt[293].

Von großem Nachteil erweist sich die Tatsache, dass ein nicht unerheblicher Anteil an Ringen des Dreikugelziertyps durch ihre Überlieferung für eine detaillierte Untersuchung der Materialgruppe nur sehr eingeschränkt verwendbar ist, weil sie entweder bereits im

283 Fehring 1970, 75, Abb. 16; Krohn 2004/2005, Liste 8 F Nr. 1.

284 Reimann/Neumair 2001, 117 mit 116 Abb. 120,1, 117 Abb. 122; Krohn 2004/2005, Liste 8 A Nr. 2.

285 Schulze-Dörrlamm 1990, Bd. 1, 174, Bd. 2, 267 Nr. 2774 Taf. 72,3a–b, Taf. 113,11; Graenert 2007, Taf. 46, A 3; Krohn 2004/2005, Liste 8 A Nr. 17.

286 Battke 1953, 47 f., Kat.-Nr. 57, Taf. 10; Krohn 2004/2005, Liste 8 A Nr. 28.

287 Dannheimer 1985, 130 mit Abb. 84 oben; Dannheimer 1987, 128, 130 Abb. 90; Dannheimer 1988, 45 mit 32 Abb. 5a,2, Taf. 6,8, Farbtaf. C; Dannheimer/Dopsch 1988, 435 Kat.-Nr. R.76; Ament 1991, 413 f.; Katalog München 1998, 185 Kat.-Nr. 252; Burzler 2000, 182 Kat.-Nr. 6; Krohn 2004/2005, Liste 8 B Nr. 3.

288 Garam 1993, 65 Kat.-Nr. 27 Taf. 40,3; Garam 2001, 85 Taf. 52,3, Taf. XXIV,3; Krohn 2004/2005, Liste 8 B Nr. 12.

289 Stein 1967, 277 Abb. 42,3a–b; Garscha 1970, Taf. 47,10a–c; Fingerlin 1985, 31 Abb. 9,3a–b; Scholkmann 1997, 461 Abb. 529; Krohn 2004/2005, Liste 8 A Nr. 20 Taf. 1 D, 2¸ Krohn/Bohnert 2006, 110 Abb. 115–116; Krohn 2008, 24 f.

290 Le Blant 1856–1865, Bd. 1, 225 Kat.-Nr. 164 Taf. 22,137; Krohn 2004/2005, Liste 8 C Nr. 8.

291 Barleux (Dép. Somme) mit stark abstrahierter Büste nach links und Umschrift S + L + : Deloche 1900, 171 f. Kat.-Nr. 155 mit Abb. S. 171; Krohn 2004/2005, Liste 8 C Nr. 6. – Cheseaux-sur-Lausanne (Kt. Waadt) »Bel-Air«, Streufund, schreitender Vogel nach links mit darüberstehendem Kreuz: Deloche 1900, 33 Kat.-Nr. 32 mit Abb. S. 33; Drack 1959, 19, Taf. 9,21; Moosbrugger-Leu

19. Jahrhundert oder in noch früherer Zeit gefunden wurden oder aber ohne nähere Kenntnis ihrer Herkunft und Fundumstände in den Kunsthandel gelangten und sich heute in den Beständen von Museen oder privaten Sammlungen befinden. Aus diesem Grund sind insbesondere Aussagen zur Alters- und Geschlechtsverteilung, die sich längst nicht in einer derartigen Eindeutigkeit darstellt, wie häufig behauptet wird[294], nur unter Vorbehalt möglich.

Weniger stark beeinträchtigt sind die Ergebnisse zur Verbreitung der Fingerringe mit Dreikugelzier. Neben den drei Frankfurter Vertretern sind für die rechtsrheinischen Gebiete des Merowingerreiches lediglich dreißig weitere Exemplare überliefert, unter denen der häufig abgebildete goldene Siegelring aus Lauchheim (Ostalbkreis) «Wasserfurche« Grab 38 wohl zu den bekanntesten gehört[295]. Links des Rheins sind sie dagegen in weitaus größerer Zahl und mit eindeutigen regionalen Schwerpunkten – etwa aus dem Mittelrhein- und Moselgebiet – überliefert, weshalb verschiedentlich vermutet worden ist, dass die Ringform wie auch die Mode des Ringschmucks überhaupt einen Einfluss der dort ansässigen romanischen Bevölkerung auf die fränkische Elite spiegelt[296]. Ungewöhnlich hoch ist beispielsweise die Menge der Fingerringe aus den Gräberfeldern von Kobern-Gondorf (Kr. Mayen-Koblenz), aus denen insgesamt 129 Ringe, darunter zehn Exemplare mit Dreikugelzier, bekannt geworden sind[297]. Vielleicht sollte daher die Überlegung ins Auge gefasst werden, ob die relativ dicht besiedelten Gebiete um Mittelrhein und Mosel mit ihren starken, urban geprägten romanischen Traditionen und einer intakten Infrastruktur nicht ohnehin die günstigsten Voraussetzungen für eine überregional wirksame Schmuckproduktion boten.

Allerdings ist das Vorkommen von Fingerringen mit Dreikugelzier keinesfalls auf das Merowingerreich beschränkt. Aus England stammen ein in Sibertswold beziehungsweise Sheperds Well Grab 163 (Grafschaft Kent) gefundener Silberring mit Bernsteineinlage[298] sowie ein bereits zu Beginn des 19. Jahrhunderts in London (George Street) gefundener Münzfingerring mit einem Solidus Theodosius II. (408 – 450)[299], deren Vorkommen wohl auf die intensiven Beziehungen zwischen East Anglia und dem Merowingerreich zurückzuführen ist. Auch aus den ehemals zum byzantinischen Reich gehörenden oder zumindest unter dessen Einfluss stehenden Gebieten[300] sowie sogar aus Byzanz selbst – wie das angeblich aus Konstantinopel stammende goldene Exemplar mit grünem Stein im Besitz der Dumbarton Oaks Collection Washington D. C.[301] – sind derartige Schmuckstücke überliefert. Der schon erwähnte Fund von Kortsch in Südtirol ist dagegen wohl eher als ›Ausbrecher‹ zu den südlichsten Belegen im Merowingerreich zu rechnen, als dass er ein Ausgreifen der Mode der Ringe mit Dreikugelzier in den langobardischen Raum markiert. Denn dort sind die Fingerringe regelhaft mit nur zwei Kügelchen am Übergang zwischen Ringreif und Schmuckplatte versehen[302], mit der sich die Ringe gewissermaßen auch als Distinktionsmerkmal für die Zu-

1971, Bd. A 213 Nr. 20, Bd. B 85 Abb. 149, Taf. 54,20; Müller 1986, 62 Abb. 159; Leitz 2002, 275 f. Kat.-Nr. C. T. 714, Taf. 72,2, Taf. 83,12; Krohn 2004/2005, Liste 8 D Nr. 4.

292 Lehner/Bader 1932, 172 Abb. 9,1 – 4, J. Werner 1950, 36; Dannheimer 1988, 45 mit Anm. 108b; Ristow/Roth 1995, 61; Burzler 2002, 426; vgl. auch Päffgen 1992, Bd. 1, 417 Abb. 151, 418 Anm. 82 mit weiteren Beispielen.

293 Foltz 1981, 185 mit Anm. 30, 186 Abb. 15.

294 Vgl. etwa Moosbrugger-Leu 1971, Bd. A, 212; Nawroth 2001, 160; Burzler 2002, 426.

295 Stork 1987/1988, 12 Abb. 3; Stork 1995, 23 Abb. 20; Krohn 2004/2005, Liste 8 D Nr. 12.

296 Vgl. etwa Fingerlin 1971, 67 f.; Schulze-Dörrlamm 1990, 170.

297 Schulze-Dörrlamm 1990, 170 mit Tab. 3.

298 Faussett 1856, 128, Taf. 11,8; Krohn 2004/2005, Liste 8 B Nr. 29.

299 Nelson 1939, 183, Taf. 42,3; Oman 1974, 91, Taf. 10A; Krohn 2004/2005, Liste 8 E Nr. 11.

300 Krohn 2004/2005, Liste 8 A Nr. 13 (Jugoslawien); B Nr. 12 (Rumänien); A Nr. 14, G Nr. 5, G Nr. 12 (Ungarn).

301 Ross 1965, 63 Kat.-Nr. 75 Taf. 46,75; Krohn 2004/2005, Liste 8 A Nr. 18.

302 Für Beispiele vgl. von Hessen 1983, 148 – 152 Taf. 1 – 2; Kurze 1986, Taf. 34 – 35 sowie vor allem die mit den merowingischen Ringen mit Dreikugelzier etwa zeitgleichen Exemplare aus den Reitergräbern von Trezzo sull'Adda (Prov. Bergamo) »Santo Marino«: Roffia 1986, 22 Abb. 5, 109 Taf. 5 (Grab 1), 38 Abb. 17 (Grab 2), 79 Abb. 62 – 63, 135 Taf. 31 (Grab 4); vgl. auch die Besprechung der Fingerringe durch J. Werner 1987.

gehörigkeit ihrer Träger zu einer speziellen politischen und kulturellen Identität zu erkennen geben.

Ziemlich eindeutig stellt sich auch das zeitliche Vorkommen der Fingerringe mit Dreikugelzier dar, welche mit den Worten von Moosbrugger-Leu, wie eingangs bereits angedeutet, geradezu als »Leitform des 7. Jahrhunderts« bezeichnet werden können[303]. Zu den ältesten Vertretern zählt der in Sarkophag 49 in Saint-Denis gefundene Siegelring[304], der ausweislich seiner Inschrift als Besitz von Königin Arnegunde (525–587), eine der Gemahlinnen Chlothars I. (511–561) und Mutter Chilperichs I. (561–584), identifiziert worden ist[305]. Nachdem aufgrund der stilistischen Analyse der Grabbeigaben eine Zeit lang Zweifel daran bestanden, ob die Verstorbene aus Grab 40 tatsächlich die historisch bezeugte Merowingerkönigin war[306], scheinen neuere Untersuchungen die ursprüngliche Zuweisung zu bekräftigen[307], obgleich eine Zeitstellung des Inventars am Beginn des 7. Jahrhunderts typologisch nach wie vor stimmiger wäre[308]. Sicher noch in der ersten Hälfte des 7. Jahrhunderts dürfte allerdings der Gemmenfingerring aus dem gestörten Männergrab 13 von Basel-Kleinhüningen entstanden sein[309], der in Fundvergesellschaftung mit dem engzellig tauschierten Rückenbeschlag einer eisernen, dreiteiligen Gürtelgarnitur ins Grab gelangte, auf deren frühestes Aufkommen um 600 etwa Simon Burnell hingewiesen hat[310]. Sicher zu alt datiert wurde dagegen der besagte Ring aus Kortsch Gruft 2, für dessen Zeitstellung Nothdurfter aufgrund identisch verzierter Körbchenohrringe des südalpinen Raumes das beginnende 7. Jahrhundert beziehungsweise für den Zeitpunkt der Grablegung das erste Drittel des 7. Jahrhunderts konstatierte, da sich im Beigabeninventar auch ein verzierter dreilagiger Futteralkamm befand, der über ein Vergleichsstück aus dem benachbarten Grab 3a in die Zeit um 600–630 datieren soll[311]. Das als Schmuckplatte recycelte Bauteil eines Körbchenohrrings kann jedoch auch erheblich später am Ring verarbeitet worden sein, und zudem stammt aus der unmittelbar nordöstlich neben Gruft 2 angelegten Gruft 3 eine silberne Pressblechscheibenfibel mit umgebördeltem Rand und Kreuzmotiv[312], welche die Zeitstellung beider Gräber im späten 7. Jahrhundert eher umschreiben dürfte. Auch für die Mehrzahl der übrigen Vertreter mit Dreikugelzier ergibt sich aufgrund entsprechender Fundvergesellschaftungen eine Datierung in das fortgeschrittene bis ausgehende 7. Jahrhundert. Mit einer Filigranscheibenfibel vom Typ Thieme I.5 waren zum Beispiel der mit einer blauen Glaseinlage versehene Goldring aus Grab 5 von Eislingen (Kr. Göppingen)[313] und der ebenfalls aus Gold bestehende, aber ohne Einlage überlieferte Ring aus Grab 1 Radolfzell-Güttingen (Kr. Konstanz)[314] vergesellschaftet und datieren somit in die Spätphase der Stufe IV nach Kurt Böhner[315]. Durch die Vergesellschaftung mit einer goldenen Kreuzfibel mit gleichlangen Armen und Endrundeln, einen mit Drahtumwicklung versehenen Goldohrring mit Haken-Ösen-Verschluss und zweiteiliger, ehemals kugeliger Kapsel sowie dem Fragment einer gleicharmigen Fibel aus Silber lässt sich auch der Gemmenring aus Grab 29 im Bonner Münster[316] zuverlässig in das letzte Drittel des 7. Jahrhunderts datieren.

303 Moosbrugger-Leu 1971, Bd. A, 215. – Vgl. auch J. Werner 1950, 36; Stein 1967, 68; Burzler 1993, 240; Ristow/Roth 1995, 61.

304 France-Lanord/Fleury 1962, 358 Taf. 30,2; Taf. 33,3a–c; Taf. 35,1; Fleury 1963; Fleury/France-Lanord 1998, 109 Taf. 8, 210 f. Not. II 139, II – 153; Hilberg 2000, 65 Abb. 3, 101 Abb. 30g; Krohn 2004/2005, Liste 8 C Nr. 36; Périn u. a. 2013, 105 Abb. 72.

305 Fleury 1979; Fleury/France-Lanord 1998, 210 f.

306 Roth 1986; Périn 1980, 27 f.; Périn 1991; James 1992, 249 f.; Müller-Wille 1999, 6; vgl. schon Christlein 1968, 11 mit Anm. 8: »Die jüngsten Stücke des Grabes (Wadenbinden und Schuhschnallengarnituren) können kaum vor den letzten Jahren des 6. Jahrhunderts entstanden sein. Auch der Fingerring ist eine charakteristische Form des 7. Jahrhunderts. Eine Gleichsetzung mit der historischen Arnegundis des Gregor von Tours ist aus diesem Grunde m. E. kaum möglich«.

307 Périn/Calligaro 2007, bes. 167–175; Périn u. a. 2013, 105 f.

308 Die neue Untersuchung erklärt die chronologische Diskrepanz mit der freilich etwas hilflos wirkenden Begründung, »dass die innovative höfische Kunst der üblichen Verbreitung von Kunstgegenständen immer etwas voraus war«: Périn/Calligaro 2007, 173; vgl. auch Périn u. a. 2013, 116.

Eine wichtige Rolle für die Datierung der Fingerringe mit Dreikugelzier besitzen vor allem die Exemplare, bei denen eine Münze zur Schmuckplatte umfunktioniert wurde. Auf ihre besondere Bedeutung für die gesamte Chronologie der späten Merowingerzeit wurde bereits mehrfach hingewiesen[317]. Schon J. Werner stellte fest, dass die Mode, Münzen in Ringe zu fassen, offenbar vor allem in der zweiten Hälfte des 7. Jahrhunderts besonders verbreitet war, und umschrieb die Gruppe V seiner »münzdatierten austrasischen Grabfunde«, welche er zwischen 650 und 700 ansetzte, mit Münzfingerringen, in denen byzantinische Münzen des Phocas und Heraclius gefasst wurden[318]. Ihm schloss sich Christlein an, nach dessen Untersuchungen die Münzfingerringe im alamannisch-bajuwarischen Raum ausschließlich in der Zeit der Marktoberdorf-Schicht 3 getragen wurden, die der späten Stufe IV nach Böhner (zweites Drittel 7. Jahrhundert bis 670/80) entspricht[319]. Auffällig ist, dass mehr als die Hälfte der aus dieser Schicht stammenden Münzfingerringe mit Münzen versehen sind, die während der Regierungszeit des Kaisers Heraclius (610 – 641) und seines Nachfolgers Constans II. (641 – 668) geprägt wurden.

Verlässliche Anhaltspunkte für eine chronologische Einordnung der Ringe mit Dreikugelzier liefern auch solche Vertreter, welche mit Münzen vergesellschaftet waren: die Gräber von Eltville und Borsbeek, welche jeweils zusammen mit prägefrischen Dorestader Goldtrienten des Münzmeister Madelinus gefunden wurden[320], die eine zeitliche Einordnung in die zweite Hälfte des 7. Jahrhunderts ermöglichen.

Eine Besonderheit stellen die Einlagen der Ringe von Alpersdorf und Eschenz-Untereschenz dar, die aus Email beziehungsweise Zellenschmelz bestehen. Das bereits 1829 in einem ehemals reich ausgestatteten Frauengrab von Eschenz-Untereschenz gefundene Exemplar hat eine Zierplatte, die von einem aus zwei übereinander liegenden Dreiecken gebildeten sechszackigen Stern beherrscht wird, in dessen Zentrum sich zwei konzentrische Kreise befinden. Er dürfte nicht nur hinsichtlich seiner Machart, sondern auch aufgrund seiner Vergesellschaftung mit einer silbernen überlangen Riemenzunge zu den jüngsten Exemplare der Ringe mit Dreikugelzier zu rechnen sein und kennzeichnet neben der zeitlichen Obergrenze gleichzeitig auch einen Modewechsel in der Ausgestaltung der Zierplatte. In seinen technischen Details und seiner Zeitstellung ist der Eschenzer Ring eng mit den emailverzierten Nietköpfen der Saxscheidentragebügel von Stammheim Grab 30 verbunden, die Folke Damminger in Gruppe B nach Stein beziehungsweise in die Mitte des 8. Jahrhunderts datiert hat[321]. Der Emailring aus dem erst jüngst veröffentlichten, vielleicht als sogenannte ›Hofgrablege‹ anzusprechenden Grab aus Alpersdorf, dessen Schmuckplatte mit einem mehrfarbig gestalteten Y-förmigen Gebilde verziert ist, bei dem es sich entweder um eine stilisierten Zikadendarstellung oder aber um ein Floralmotiv handelt, dürfte dagegen deutlich vor den Beginn der Gruppe B nach Stein zu datieren sein, da er mit einem silbernen punzverzierten Trompetenarmring vom Typ Pécs vergesellschaftet war[322]. Solche Armringe kommen hierzulande sehr selten vor, sind aber nach byzantinischen Vorbildern im awarisch besiedelten südwestunga-

309 Moosbrugger-Leu 1971, Bd. A, 215, Bd. B Taf. 54, 19; Giesler-Müller 1992, 22 Nr. 8, Taf. 2,8, Taf. 72, C 2; Ament 1991, 414; Krohn 2004/2005, Liste 8 B Nr. 4.

310 Burnell 1998, 129.

311 Nothdurfter 1999, 105, 109.

312 Nothdurfter 1999, 100 mit 104 Abb. 4.

313 Christlein 1979, Taf. 84,3; Krohn 2004/2005, Liste 8 A Nr. 5.

314 Garscha 1970, 77 Taf. 32,1a–b; Fingerlin 1971, 66, 167 Nr. 6, Taf. 1,5a–b; Krohn 2004/2005, Liste 8 G Nr. 4.

315 Thieme 1978, 424 f.; 439; 457 f. Kat.-Nr. 38 Taf. 10,2 (Eislingen) u. 462 f. Kat.-Nr. 60 Taf. 9,5 (Güttingen).

316 Lehner/Bader 1932, 171 f., Taf. 35, 3; Platz-Horster 1984, 79 Kat.-Nr. 73 Taf. 19,73; Ament 1991, 415; Sippel 1989, 181 Anm. 939 Nr. 2; Keller/Müssemeier 2001, 300, 301 Abb. 10, 314 Nr. 5; Krohn 2004/2005, Liste 8 B Nr. 6.

317 J. Werner 1935, 59 ff.; Christlein 1966, 84 f.; Neuffer-Müller 1983, 67; Päffgen 1992, Bd. 1, 420; Nawroth 2001, 140 f.

318 J. Werner 1935, 15, 59 ff.; J. Werner 1950, 36.

319 Christlein 1966, 84 f. mit Anm. 250.

320 de Boe 1970, 40 Nr. 2 – 3 mit 39 Abb. 22,2 – 3 u. 98f. mit Abb. 53.

321 Damminger 2002, 62 f.

322 Reimann u. a. 2001, 116 Abb. 120,3.

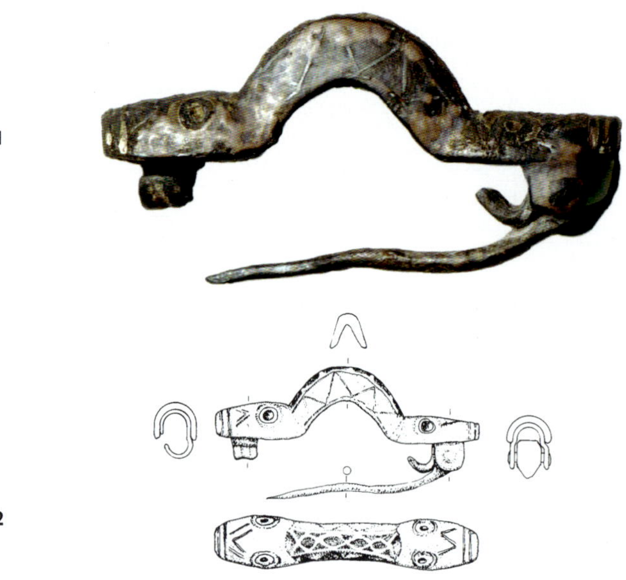

48 Gleicharmige Fibel aus dem Frankfurter Kindergrab. 1 Seitenansicht; 2 Umzeichnung von Auf- und Seitenansicht (= Hampel 1994, Abb. 91). Länge 3,5 cm. 1: M. 2:1, 2: M. 1:1.

rischen Raum in der Regel charakteristisch für das dritte Viertel des 7. Jahrhunderts. Dorit Reimann vermutet, dass die Frau mit beiden Schmuckobjekten aus dem südwestungarischen Raum in das heutige Oberbayern eingewandert ist »und dort ihren byzantinisch geprägten, sicherlich sehr wertvollen Schmuck mit weiteren kostbaren Stücken aus der neuen Heimat kombinierte«[323].

Nachgewiesenermaßen galten Fingerringe aus Edelmetall, zumal aus Gold, zu allen Zeiten in höchstem Maße als Statussymbole[324]. Während der römischen Antike galt einzig der goldene Fingerring *(anulus, aureus)* als rechtlich abgesichertes Abzeichen staatlicher Autorität und kennzeichnete die Privilegien des senatorischen und ritterlichen Adels *(nobiles)*[325].

Gleicharmige Fibel *(Egon Wamers)*

Inventar: 1994/095/009
Gleicharmige Fibel; Silber, vergoldet, Nielloeinlagen; Hohlkorpus, an den Enden halbrunden, im Bügel trapezförmigen Querschnitts. An den Enden verbreitet mit seitlichen Kreisaugen; Winkelbänder und Flechtband. Eingelötete Nadelhalterung aus Silber.
L. 3,5 cm.
Gew. 5,6 g.

Eine völlig gleichartige Nadelhalterung wie die sekundär zugerichtete runde Scheibenfibel besitzt die kleine silbervergoldete und niellierte gleicharmige Fibel, die etwa in Körpermitte/Hüfte des Mädchens lag und dort offensichtlich ein Obergewand verschloss *(Abb. 48)*. Das Fibelkorpus aus Silber mit einem Kupfergehalt von 4,4 % (vgl. Beitrag Ströbele, oben S. 67) ist nicht massiv, sondern hohl; der überhalbkreisförmig hochgewölbte schmale Bügel ist im Querschnitt trapezförmig, zu den Enden hin verbreitert er sich halbrund. Wie an den erhaltenen Goldspuren erkennbar, war die Fibel ursprünglich flächig vergoldet, zumindest auf der Außenseite. Der starke Abtrag ist für die Tragezeit eines vierjährigen Mädchens sehr hoch, so dass man auch bei

323 Reimann u. a. 2001, 117 f.
324 Ergün 1999; vgl. auch Fourlas 1971, 22 f., 98 f., 125 f.; Neuffer-Müller 1983, 67, 105; Ristow/Roth 1995, 60; Burzler 2000, 126.

49 Gleicharmige Fibel aus Domburg 33. Aufsicht und Seitenansicht. Länge 5,0 cm. M. 2:1.

diesem Stück eine Zweitverwendung annehmen muss. Die Muster sind durch Nielloeinlage (»reines Silberniello mit geringen Mengen an Gold, Kupfer und Blei als Verunreinigung«, vgl. Beitrag Ströbele, oben S. 67) betont. Der schmale Rücken des Bügels trägt ein zweizeiliges offenes Flechtband; auf seinen Seiten gibt es Winkelbänder zwischen Randlinien, und Winkelbänder beziehungsweise Winkel gibt es auch auf den Enden, die jeweils zwei seitliche Kreisaugen sowie eine gerade Endkerbe aufweisen, so dass sie wie Tierköpfe wirken. In die Enden sind ein Backenscharnier und die Nadelrast aus Silberblech eingelassen und -gelötet, die wohl aus dem gleichen Blechstück herausgeschnitten wurden (vgl. Analyse Ströbele, oben S. 67 Die von der Zugbelastung des Gewandes verbogene Nadel ist am Ende breitgehämmert und S-förmig um die Achse herumgebogen, völlig gleichartig wie die – heute verlorene – sekundäre Nadelhalterung an der Almandinscheibenfibel. Die Metallanalyse der Nadelkonstruktionen beider Fibeln konnte wegen Messungenauigkeiten jedoch keine Materialidentität belegen (vgl. oben S. 67). Dennoch ist man versucht anzunehmen, dass die Herstellung der gleicharmigen und die Umarbeitung der Granatfibel vom selben Feinschmied durchgeführt wurden, selbst wenn Nadeln und Blech aus anderen Ressourcen verwendet worden sein sollten. Während jedoch die Umarbeitung der Granatfibel vermutlich einem örtlichen Handwerker zuzuschreiben ist, dürfte die gleicharmige Fibel eher ein Produkt nordfranzösisch-friesischer Werkstätten sein (vgl. weiter unten). Diese Diskrepanz lässt sich vorläufig nicht auflösen.

In seiner Bearbeitung der gleicharmigen Bügelfibeln weist Stefan Thörle die Frankfurter Fibel seiner nicht einheitlichen Gruppe X B 1 zu, wobei diese innerhalb der übergeordneten Gruppe X B, deren Enden Tierköpfe nachahmen sollen, mit Augen versehen sein sollen – gegenüber der deutlich kleineren Gruppe X B 2 ohne Augen[326]. Ob wirklich Tierkopfdarstellungen intendiert waren, erscheint indes zweifelhaft; in den meisten Fällen sind weitere Kreisaugen auf dem Bügel angebracht, die eher

325 Vgl. Alföldi 1952, 26–35; Kolb 1977, 249.

326 Thörle 2001, 165 ff.

50 Efeuranken auf dem Fuß des Tassilokelches. Ausschnitt. Ohne Maßstab.

als Imitation von runden Steineinlagen, die es in einigen Fällen durchaus gibt, oder als Imitation von Filigran- und Granulationsverzierung anzusehen sind. In Verbindung mit den nicht selten auftretenden Winkelbändern und Strichgruppen ist eher an stilisierte vegetabile Motive zu denken.

Aus morphologischer Sicht – schmaler hoher Bügel von D-förmigem Querschnitt, ovale »Füße« mit stumpfem Ende – sind einige der Fibeln der Gruppe X B zu einer eng umrissenen (Unter-)Gruppe zusammenzufassen[327]; andere gehören morphologisch nicht hierher und sind wohl nur wegen der angeblich Tierkopf-indizierenden Kreisaugen subsumiert worden[328].

Hinsichtlich Dekor und Machart muss aber eine andere Fibel als sehr enge Parallele angeführt werden, die Thörle zur großen Gruppe der »gleicharmigen Bügelfibeln mit vegetabilen Enden« (Gruppe XII A, besonders Untergruppe XII A 1 – »Domburg und Varianten«) rechnet, wobei die Untergruppe XII A 2 – »Pommerœul und Varianten« – eine jüngere Weiterentwicklung darstellt[329]: Die massiv gegossene Silberfibel mit Feuervergoldung und Nielloeinlagen von Domburg 33[330] *(Abb. 49)* ist – wenn auch etwas länger – nicht nur nach dem Material mit dem Frankfurter Exemplar vergleichbar, sondern weist auf den Seiten niellierte Winkelbänder, auf dem Rücken eine schmale Dekorzone – jetzt allerdings mit einer eleganten Efeuranke an Stelle eines feinen Flechtbandes sowie niellierte Voluten an den Enden auf, so dass wiederum der Eindruck von Tierköpfen entsteht, insbesondere in Verbindung mit dem zungenartigen Vorsprung in der Mitte. Doch ist

327 Frankfurt-Dom, Domburg 34 und 31, Saint-Martin-de-Boscherville Grab 346, Vieux-Port, Pont-Authou, Les-Rues-des-Vignes, Hordain, ›Museum Lille‹ (Thörle 2001, Katalog 153, 979, 990, 775, 860, 721, 612, 579, 1180; Taf. 50,6.7.9.4.5.8.10.11.3). – Nicht immer sind die Zeichnungen bei Thörle korrekt: vgl. z. B. Fibel Domburg 75 (Capelle 1976) mit Thörle 2001, Taf. 51,2, bei dem eins der Enden falsch umgezeichnet und nicht vorhandene Kreisaugen hinzugefügt wurden.

328 ›Museum London‹, Bavay, Warlus (Thörle 2001, Taf. 50,13; 51,1.4).

329 Thörle (2001, 183 ff.). In der englischen Forschung werden sie zumeist als »caterpillar-brooches« bezeichnet (vgl. Evison 1966), während Thörle die Fibeln der Gruppe X mit der Anatomie einer Spannraupe vergleicht (Thörle 2001, 156).

330 Capelle 1976.

unschwer zu erkennen, dass die Voluten pflanzliche Ranken und die Dreipass-Enden Knospen darstellen; auch die lateralen Bügelmitten sind mit einem halbplastischen Blatt bedeckt. Der ganze Charakter dieser wie auch der anderen Fibeln dieser Gruppe ist also vegetabil. Auch das legt nahe, den Dekor der Domgrab-Fibel und der meisten Fibeln der Gruppe X als vegetabil zu bezeichnen. Das löffelartige Blattwerk der etwas flacheren Fibeln der Gruppe XII-Typ Pommerœul entspricht der Pflanzenornamentik der Aachener Hofschule um 800; und ein gleichartig verzierter, allerdings zerschnittener Schwertgurt-Beschlag aus Birka Grab 854 weist zudem Pflanzen im »Tassilokelch-Stil« auf[331]. Während man für die Untergruppe Pommerœul das späte 8. und die erste Hälfte des 9. Jahrhunderts veranschlagen muss, könnte die Untergruppe Domburg zeitlich etwas früher beginnen, aber auch noch bis in die Mitte des 9. Jahrhunderts hineinreichen[332]. Auch die Efeuranke auf dem Rücken der Fibel Domburg 33 gehört zum Kanon des »Tassilokelch-Stils«, wo sie oft in einzelnen Feldern oder rahmenden Zonen begegnet[333] *(Abb. 50)*. Damit ist eine eindeutige Zeitstellung der Fibel Domburg 33 in die zweite Hälfte des 8. Jahrhunderts gegeben, weshalb auch die Frankfurter Fibel kaum vor der ersten Hälfte des 8. Jahrhunderts entstanden sein kann.

Das Frankfurter Exemplar gehört zu den ganz wenigen edelmetallenen gleicharmigen Fibeln; Vergoldung und Niello-Dekor kennt meines Wissens ansonsten nur Domburg 33. Schon die Nielloeinlage als vorwiegend karolingische Technik und die Übereinstimmung in der Verzierung mit Domburg 33 legen eine Datierung der Frankfurter Fibel ins 8. Jahrhundert nahe, wohl am ehesten in dessen erste Hälfte. Unabhängig vom anderen Inventar des Mädchengrabes, das Thörle für seine Datierung der Fibel in die Zeit 680–700 n. Chr. dient, geht die Tendenz der Fibelgruppe Thörle X B, ganz deutlich in das 8. Jahrhundert[334].

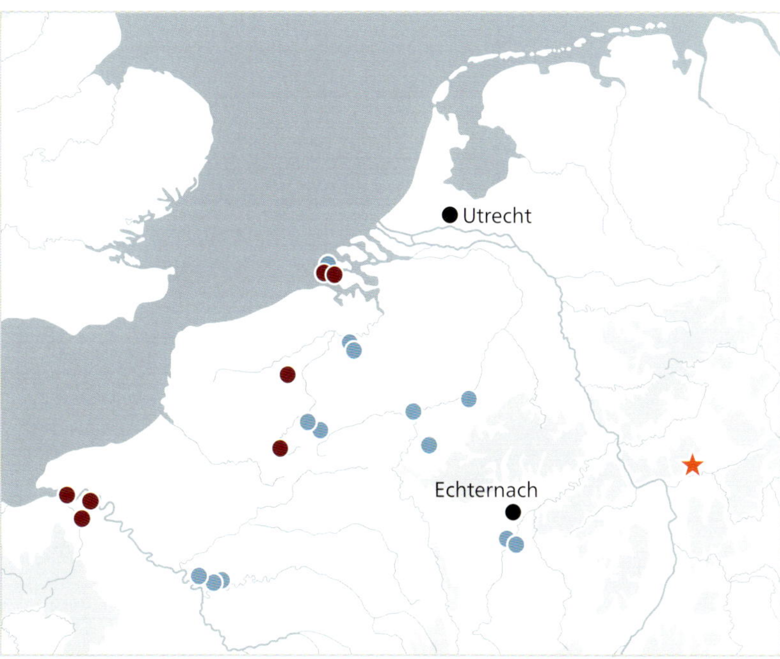

51 Verbreitung der Gleicharmigen Fibeln vom Typ Thörle (2001) Gruppe X B 1. Violett markiert sind die in Anm. 327 aufgeführten Exemplare, die morphologisch besonders eng zur Frankfurter Fibel stehen. Zu Utrecht und Echternach vgl. S. 213.

Die markante Verbreitung der Fibelgruppe X B 1 im friesisch-nordfranzösischen Raum *(Abb. 51)*, die im Grunde für nahezu alle spätmerowingisch-karolingischen gleicharmigen Fibel-Typen charakteristisch ist, zeigt hinsichtlich der Frankfurter Fibel zunächst nur eine mögliche Kontaktzone zu diesem Raum auf, insbesondere zu Domburg. Ob gar mit einer Herkunft der Fibel aus dieser Region oder mit einem hierher stammenden Schmuckschmied zu rechnen ist, kann nicht beantwortet werden: zu stark mag die restriktive Beigabensitte des 8. Jahrhunderts das Bild beeinflussen.

331 Wamers 1994b, 588 f.

332 Wamers 1994b, 589; Thörle 2001, 192 ff. – Das von Hall 1984, 102 f. angeblich in einer »Schicht des 10. Jahrhunderts« in York angetroffene Exemplar kann keine entsprechend ausgedehnte Datierung rechtfertigen.

333 Z. B. auf dem Tassilokelch selbst (Medaillon-Rahmen auf dem Fuß) oder auf den Riemenzungen von Karlburg, Ingelheim, Gornji Vbrljani in Dalmatien, aus der Waal bei Rossum (Wamers 2013c, Abb. 1, 9, 18–20). – Dies könnte auch eine Zuweisung der Domburger Fibel nach Süddeutschland bedeuten.

334 Thörle 2001, 170 ff.

52 Drei Armreife aus dem Kindergrab. Oben: tordierter Silberarmreif; Mitte: punzierter Silberarmreif; unten: Buntmetallarmreif.

Armreife *(Egon Wamers)*

linkes Handgelenk: Inventar: 1994/095/006

Silberner Kolbenarmreif *(Abb. 52 Mitte)*; geschlossene Kolbenenden; zur Hälfte mit dicht gesetzten Rauten- und Dreieckspunzen.
Legierung: Ag 93 % (vgl. Beitrag Ströbele, oben S. 67).
Lichte Weite 4,6 cm, Stabquerschnitt 0,4 – 0,6 cm.
Gew. 17,4 g.

Messingarmreif *(Abb. 52 unten)*; Kolbenenden, glattstabig.
Lichte Weite 4 cm, Stabquerschnitt 0,5 – 0,7 cm.
Gew. 28,9 g.

rechtes Handgelenk: Inventar: 1994/095/005

Tordierter Silberarmreif *(Abb. 52 oben; 53)*; dreisträngig, zu den Enden hin sich verjüngend, mit Doppel-Hakenverschluss.
Legierung: Ag 92,6 – 96 %.
Lichte Weite max. 4 cm.
Gew. 18,5 g.

An den Handgelenken trug das Mädchen drei kleine Armreife: links einen Kolbenarmreif aus Silber mit Punzverzierung und – oberhalb davon – einen aus Messing, rechts einen aus drei Silberdrähten tordierten (gewundenen) Reif mit Hakenverschluss *(Abb. 53)*. Nur für die Silberarmreife wurden erneute Metallanalysen durchgeführt (vgl. oben S. 64 ff.): der tordierte Reif aus 92,6 – 96 %-igem Silber mit leicht variierenden Anteilen von Titan, Eisen Kupfer, Zink, Gold, Blei, Wismut; der glattstabige und punzierte Reif aus 93 % Silber mit geringen Anteilen von Gold, Kupfer, Blei sowie Titan, Eisen und Wismut. Der Buntmetallreif besteht nach der Analyse von Bachmann aus Messing mit Anteilen von Zinn und Blei[335]. Alle weisen mit etwa 4,0 – 4,6 cm Innenweite kindliche Maße auf und sind eigens für das Kleinkind erworben oder angefertigt worden.

Der **punzierte Silberarmreif** aus einem verhältnismäßig dünnen Stab geschmiedet, stößt mit den Kolbenenden fest aneinander und ist flach-gestaucht *(Abb. 52 Mitte)*. Es scheint nur

335 In Hampel 1994, 232.
336 Vgl. Wührer 2000, passim.
337 Wührer 2000, 25 f.
338 Wührer 2000, 30 ff., bes. 36 ff. mit Abb. 24,1 – 3; 26,1; 30.

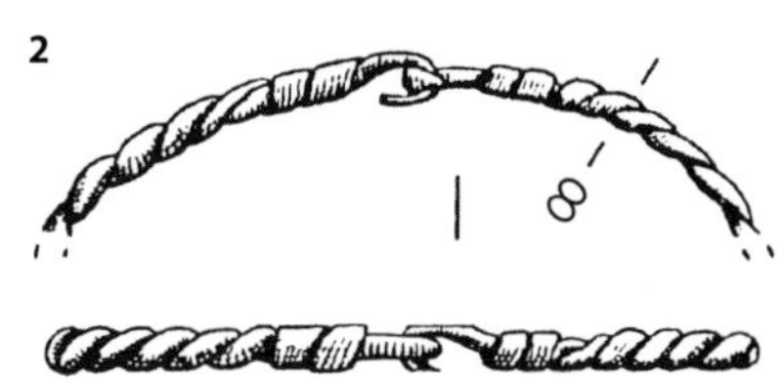

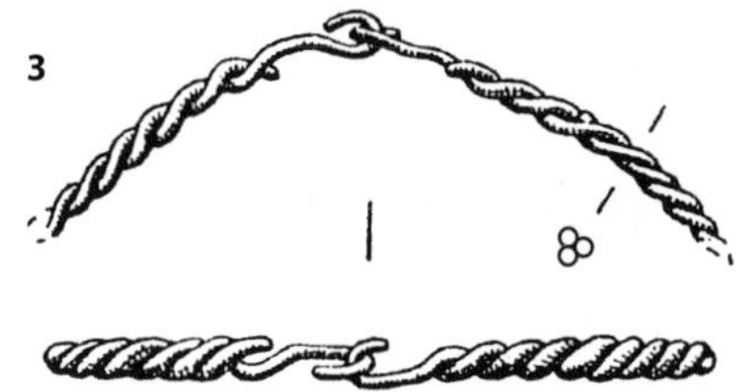

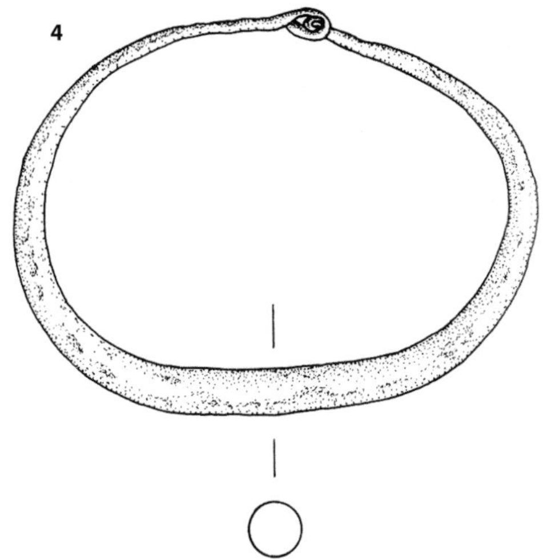

53 Zeichnung des dreisträngig-tordierten Silberarmreifs aus dem Domgrab (nach Hampel 1994, Abb. 82). Schnitt korrigiert. Lichte maximale Weite 4,0 cm.

54 Spätrömische tordierte Bronzearmreife. **1** dreisträngig mit Haken-Ösen-Verschluss aus Krefeld-Gellep Grab 1036; **2 – 3** zweisträngig mit Doppelhaken-Verschluss aus Lankhills SF 108; **4** Aholming Grab 2, Lkr. Deggendorf. 1–3: ohne Maßstab; 4: M. 1:1.

ein rautenförmiges Punzmuster verwendet worden zu sein, das in regelmäßiger Folge in vertikalen Reihen eingebracht wurde; die schmale, flächige Innenseite blieb glatt. Der Dekor bedeckt knapp die Hälfte des Reifs an den Kolbenenden; das ist gewöhnlich die Verzierungszone bei merowingerzeitlichen Kolbenarmreifen[336]. In ihrer nach Metallarten gegliederten Bearbeitung merowingerzeitlichen Armschmucks kann Barbara Wührer kein enger vergleichbares Parallelstück in ihrer Gruppe A.2.5 Silberne »Armringe mit runden punz- oder plastisch verzierten Kolben« anführen[337]. Allerdings gibt es eine ganze Zahl von morphologisch und dekorativ ähnlichen Stücken aus Buntmetall, die eine Eingruppierung des Frankfurter Silberarmreifs in das 6. und vorwiegend 7. Jahrhundert festigen[338]. Sie weisen eine Verbreitung vom Mittelrheingebiet über Südwestdeutschland, den Alpenraum bis ins langobardische Italien auf. Zwar kennt auch die Karolingerzeit wieder verzierte Armreife, doch sind diese entweder im Querschnitt D-förmig, oft gebuckelt segmentiert, oder bestehen aus gewölbtem Blech, weisen eine kontinuierliche Stärke auf und sind durchweg über die gesamte Außenfläche reich und zumeist im Kerbschnitt dekoriert[339]. Man könnte vermuten, dass der Frankfurter Reif eine individuelle Einzelanferti-

339 Vgl. Schulze-Dörrlamm 2002a, 140 ff. Vgl. ferner die Armreife aus Looveen Grab 7 (Stein 1967, Taf. 69,12–13).

55 (rechte Seite oben) Blechbüchse aus dem Kindergrab mit abgenommenem Deckel. Man erkennt beim Korpus in der Kettenglied-Öse unterhalb der Trag-Öse einen wenige Millimeter langen Rest eines dünnen Lederriemens.

56 (rechte Seite unten) Gegossene Messingdose unbekannten Fundorts (Burgund?) mit geöffnetem Deckel, Tragekette und Teil des verfärbten Meeresschwamms als originaler Füllung (Archäologisches Museum Frankfurt).

gung in der Tradition ältermerowingerzeitlicher Silberarmreifen am linken Handgelenk sozial hochgestellter Frauen wäre. Doch könnten auch die schon von Hampel beschriebenen Abnützungsspuren[340] sowie Material und Trageweise auf ein Altstück hinweisen, wozu passen würde, dass die Enden ganz zusammen- und der Reif flachgebogen wurden: ein – mehrere Generationen alter? – Kinderring wurde für ein *Klein*kind passend gemacht.

Der **glatte kräftig-rundstabige Messingarmreif** ist weitgehend kreisförmig gebogen; seine kolbenförmigen Enden stehen etwa 0,5 cm offen *(Abb. 52 unten)*. Insgesamt ist sein Stab massiver als der des Silberarmreifs. Massive Kolbenarmringe aus Buntmetall treten zwar schon in der älteren Merowingerzeit auf, doch liegt ihr Schwerpunkt im 7. Jahrhundert, einige datieren sogar bis in das frühe 8. Jahrhundert[341].

Ein Unikat in der Merowingerzeit ist indes der **tordierte Silberarmreif** vom rechten Handgelenk *(Abb. 52 oben; 53)*. Im Gegensatz zu den merowingerzeitlichen Armreifen verjüngt er sich zu den Enden hin. Entgegen der Schnittzeichnung bei Hampel (1994, Abb. 82) ist er nicht aus zwei, sondern aus drei silbernen Rundstäben gedreht, die Enden wurden miteinander verschmiedet und zu Haken umgebogen. Die hier detektierten deutlich erhöhten Kupfergehalte legen nach Ströbele eine (zusätzliche?) Lötung nahe (oben S. 64). Genauere Entsprechungen im merowingerzeitlichen Material sind mir nicht bekannt. Zwar gibt es tordierte Reife aus Edel- und Buntmetall sowie aus Eisen, doch sind es jeweils nur ein- oder zweisträngige gleichdicke Drähte oder um einen Eisenkern gewundene Silber- oder Bronzedrähte; von ihnen kommen einschließlich des Frankfurter Beispiels nur drei aus merowingerzeitlichen Kontexten; alle anderen scheinen eher spätrömische Stücke zu sein[342]. Dabei weist der von Wührer aufgeführte Goldreif aus dem Grab 307bis eines sechsjährigen Mädchens von Lavoye, Dép. Meuse, das in die erste Hälfte des 6. Jahrhunderts zu datieren ist, zwar ebenfalls einen Haken-Haken-Verschluss auf, doch handelt es sich hierbei um einen einzelnen tordierten Vierkantstab und nicht um einen aus mehreren Strängen gewundenen Reif, so dass es sich vermutlich um ein spätrömisches Altstück handelt. Ganz ähnliche, aus mehreren (allerdings Bronze-)Drähten tordierte Armreife mit umgebogenen Hakenenden oder mit Haken-Ösenverschluss *(Abb. 54,1)* sind spätrömische Schmuckstücke des 4. Jahrhunderts und in großer Zahl vom Reichsgebiet südlich der Donau, westlich des Rheins und in Südostbritannien angetroffen worden. Zwei- und dreisträngige Varianten mit Doppel-Hakenverschluss wie das Frankfurter Stück wurden indes nur vereinzelt in der Provinz Belgica im heutigen Nordfrankreich und in Südengland gefunden *(Abb. 54,2–3)*[343]. Somit könnte der Reif wiederum ein Altstück sein, dann jedoch mit einem Alter von 300 Jahren kaum ein betagtes Erbstück, sondern eher eine kuriose Antiquität. Allerdings stimmt die Legierung weitgehend mit der des silbernen Kolbenarmrings überein. Das Material Silber erinnert andererseits an skandinavische Armreifen des 9. und 10. Jahrhunderts[344], doch kann aus chronologischen Gründen keine Beziehung zu ihnen hergestellt werden. Ebenfalls einen Doppel-Hakenverschluss weisen hingegen zwei paarig getragene glattstabige und sich zu den Enden hin verjüngende Silberarmreifen aus Grab 2

340 Hampel 1994, 132.

341 Wührer 2000, 27 ff.; bronzene Kolbenarmringe des späten 7. und 8. Jhs.: Stein 1967, aus dem »Südkreis«: 68 f., Taf. 1,7; 3,20; 31,1; 42,3.17, aus dem »Nordkreis«: 100, Taf. 69,12–13.28.

342 Wührer 2000, 60 f.; Lavoye Grab 307 (ebenfalls mit einem zweiten silbernen Kolbenarmring): Joffroy 1974, 64, 129 f., Fig. 48 A, Taf. 31,3.7. – Die offenen tordierten Reife aus einem eisernen Vierkantstab mit meist kugeligen Enden (Wührer 2000, 78 f.) stehen in keiner Beziehung zu gewundenen Exemplaren wie dem Frankfurter Stück.

343 Swift 2000, 123 ff., Listen S. 300 (vor allem Lankshill, Winchester, ferner Cadbury Castle, Colchester und London sowie Vron, Mailly-le-Camp und Tournay in Frankreich), Fig. 144, Verbreitungskarten Fig. 149–150). – Frdl. Hinweis Françoise Vallet, Paris.

344 Z. B. aus dem Schatzfund von ca. 925 aus Slemmedal in Südnorwegen (Blindheim 1981, Abb. 2–3).

345 Schmotz 2001, 147 ff., 182, Abb. 7,4.6: mature Frau; weitere Grabinhalte: Riemenzunge mit lanzettförmigem Mittelfeld, Kamm, einzeiliger Kamm, Eisenfragment (Messer).

von Aholming, Lkr. Deggendorf, auf, das in die Zeit um 700 zu datieren ist *(Abb. 54,4)*[345]. Da in diesem Grab auch zwei goldene Bommelohrringe des »Frankfurter Typs« (vgl. oben S. 79 und unten S. 174) liegen, könnte man hier eine seltene spätmerowingische Armreifform mit sich verjüngenden Enden und Doppel-Hakenverschluss fassen[346].

Zylindrische Blechbüchse *(Egon Wamers)*

Inventar: 1994/095/023
Zylindrische Blechbüchse; leicht konisch; Bronze/Messing mit Weißmetall-Überzug; gelötet. Kleiner Deckel, über Ösen mit Kettengliedern am Korpus befestigt. Lederriemen-Rest in der Korpus-Öse.
Korpus: H. 7,0 cm, Dm. 2,7–3,3 cm; Deckel: H. (ohne Öse) 0,9–1,0 cm, Dm. 3,0–3,1 cm; Gesamth. im verschlossenen Zustand (ohne Öse) 7,2–7,3 cm.

Unter dem Schädel des Mädels trafen die Ausgräber neben dem Pektorale (S. 84 ff.) eine 7,3 cm lange zylindrische Buntmetall-Blechbüchse mit Weißmetallüberzug an[347]. Sie besteht aus einem länglichen zylinderförmigen und nur schwach konischen Korpus und einem kleinen 1,8 cm hohen Deckel. Die Wandung ist aus einem rechteckigen, gerollten Blech gefügt und zusammengelötet, auch das runde Bodenblech ist angelötet; der Deckel ist gleichartig gefertigt. Seitlich im oberen Viertel des Korpus und zentral im Deckel ist jeweils eine kräftige Drahtöse eingenietet; die Ösen waren durch drei kleine Kettenglieder aus Draht mit umwickelten Enden miteinander

346 Doppel-Hakenverschlüsse sind im 8. Jh. auch bei Ohrringen gebräuchlich, die durchaus größer als die kleinen Kinderarmreife aus Frankfurt sein können, z. B. aus Bräunlingen, Kr. Donaueschingen, oder Rommerskirche, Kr. Grevenbroich (Stein 1967, Taf. 26,4; 93,1.3). – Vgl. jedoch die goldenen tordierten Armreife mit filigran- und achatverzierter Verschlussplatte unbekannten Fundorts in der Archäologischen Staatssammlung München (Inventar 1985,876a–b), die in das 5. u. 6. Jh. datiert werden (Katalog München 1998, 214 f., Kat.-Nr. 314).

347 Zur Beschreibung vgl. auch Hampel 1994, 167.

befestigt, so dass der Deckel abgenommen und wieder aufgesetzt werden konnte, ohne verloren gehen zu können *(Abb. 55)*. Zudem konnte der Deckel durch ein kleines innenmontiertes federndes Blech auf die Dose geklemmt werden – offenkundig um sie fest zu verschließen. Die Ursache für die starke Korrosion unterhalb der Öse an der Büchsenwandung ist nicht geklärt. Ein wenige Millimeter langer Lederriemen-Rest in einem der Kettenglieder-Ösen legt nahe, dass die ehemals silbrig glänzende Büchse an einem Lederband um den Hals getragen wurde[348]. Im Innern der restaurierten Büchse wurden keine Reste ihres ehemaligen Inhalts entdeckt.

In der Erstpublikation hatte Hampel, darin der bisherigen Forschung folgend, die Büchse als »Amulettkapsel« aus dem »Bereich der Jenseitsvorstellungen« bezeichnet, deren Lage im Grab »eine profane Bedeutung« ausschlösse[349]. Bereits 1995 hatte ich das Stück jedoch, zusammen mit knapp einem Dutzend vergleichbarer Exemplare, als Duft-, Riech- oder Kosmetikdose, identifiziert[350]. Die Neuinterpretation wurde angeregt durch eine ähnliche, aber gegossene Messingbüchse, die vom Archäologischen Museum 1989 aus dubioser Quelle angekauft worden war *(Abb. 56)*. Auch diese Büchse besteht aus einem zylindrischen Korpus und einem kleinen aufschiebbaren Verschlussdeckel, die miteinander über Ösen und eine Kette verbunden sind; mittels einer längeren (fragmentarischen?) Kette konnte das Büchschen um den Hals getragen werden. Zwei ganz enge Parallelstücke kommen aus burgundischen Gräbern der zweiten Hälfte des 7. Jahrhunderts von Saint-Aubin, Kanton Neuchâtel, Schweiz, am Südwestufer des Neuenburger Sees (Lac de Neuchâtel) und Arçon, Dep. Doubs, etwa 30 km westlich vom Neuenburger See[351]. Letztere Büchse ist mit einer etwa 1,20 m langen Kette ausgestattet, das heißt, sie wurde vermutlich um den Leib (Taille?) getragen. Vermutlich stammte also auch die »Frankfurter« Büchse aus dieser engeren Region. Die Machart dieser gegossenen und nachgedrehten kleinen Dosen einschließlich ihrer Ketten aus achterförmigen Drahtgliedern entspricht den gegossenen Buntmetallarbeiten des mediterranen Raumes, die man vorwiegend aus dem östlichen Mittelmeerraum kennt sowie als importierte Handelsgüter aus merowingerzeitlichen Gräbern entlang der Rheinzone[352].

Das noch verschlossene »Frankfurter« Büchschen war, wie mehrere Analysen ergeben haben, gefüllt mit mediterranem Meeresschwamm, neben dem sich einige Kristalle fanden, die als kristallisierte Reste ehemaliger Oxalsäure (Kleesäure) identifiziert wurden. Diese Säure organischen Ursprungs wird aus Sauerampfer, Sauerklee, Spinat, Rhabarber, Mangold und zahlreichen anderen Speisepflanzen gewonnen. Oxalsäure in wässriger Lösung kann als Trägersubstanz für ätherische Öle oder andere pharmakologische Wirkstoffe dienen. In Verbindung mit dem Schwamm als Behältnis für eine angereicherte Oxalsäure kann das Büchschen kaum anders als die Vinaigrettes des späten 18. und des 19. Jahrhunderts fungiert haben. Als Beispiel sei hier eine 2,5 cm × 1,8 cm große englische Vinaigrette angeführt, die 1878 in Birmingham gefertigt wurde *(Abb. 58)*[353]. Jene kleinen verschließbaren Blechdosen hochstehender Damen enthielten unter einem herausnehmbaren Rost einen mit »vinaigres parfumés«, mit Duftstofflösungen getränkten »türkischen Schwamm«, also Meeresschwamm aus dem östlichen Mittelmeer. Sie wurden in kleinen Taschen oder auch an Kettchen um den Hals getragen. Seltener waren kleine zylinder-, phiolen- und hornförmige Vinaigrettes. In der frühen Neuzeit wurden die aus Pflanzen und Tieren gewonnenen aromatischen Substanzen in Essigsäure gelöst, die damals (vor Einführung von Ammoniak) am besten zur »Reizung der Nasen-

348 Die Beschreibung bei Hampel 1994, 112, wonach diese Büchse zwischen Kammerboden und »Totenbrett« gelegen habe, kann kaum zutreffen.

349 Hampel 1994, 167.

350 Wamers 1995, 150 ff.; vgl. auch Wamers 2003, 620 ff.; Wamers 2013b, 166 f.

351 Schweizerisches Landesmuseum Zürich Inventar P49519: Wamers 1995, 146 f., Taf. II,2.

352 Dannheimer 1979; Roth 1980.

353 Angeboten bei ebay, 28.12.2014 (http://www.ebay.com/itm/Birmingham-1878-Sterling-Silver-Vinaigrette-with-Chain/251771967280?pt=Antiques_Silver&hash=item3a9ec75730sch/Vinaigrettes-/107441/i.html).

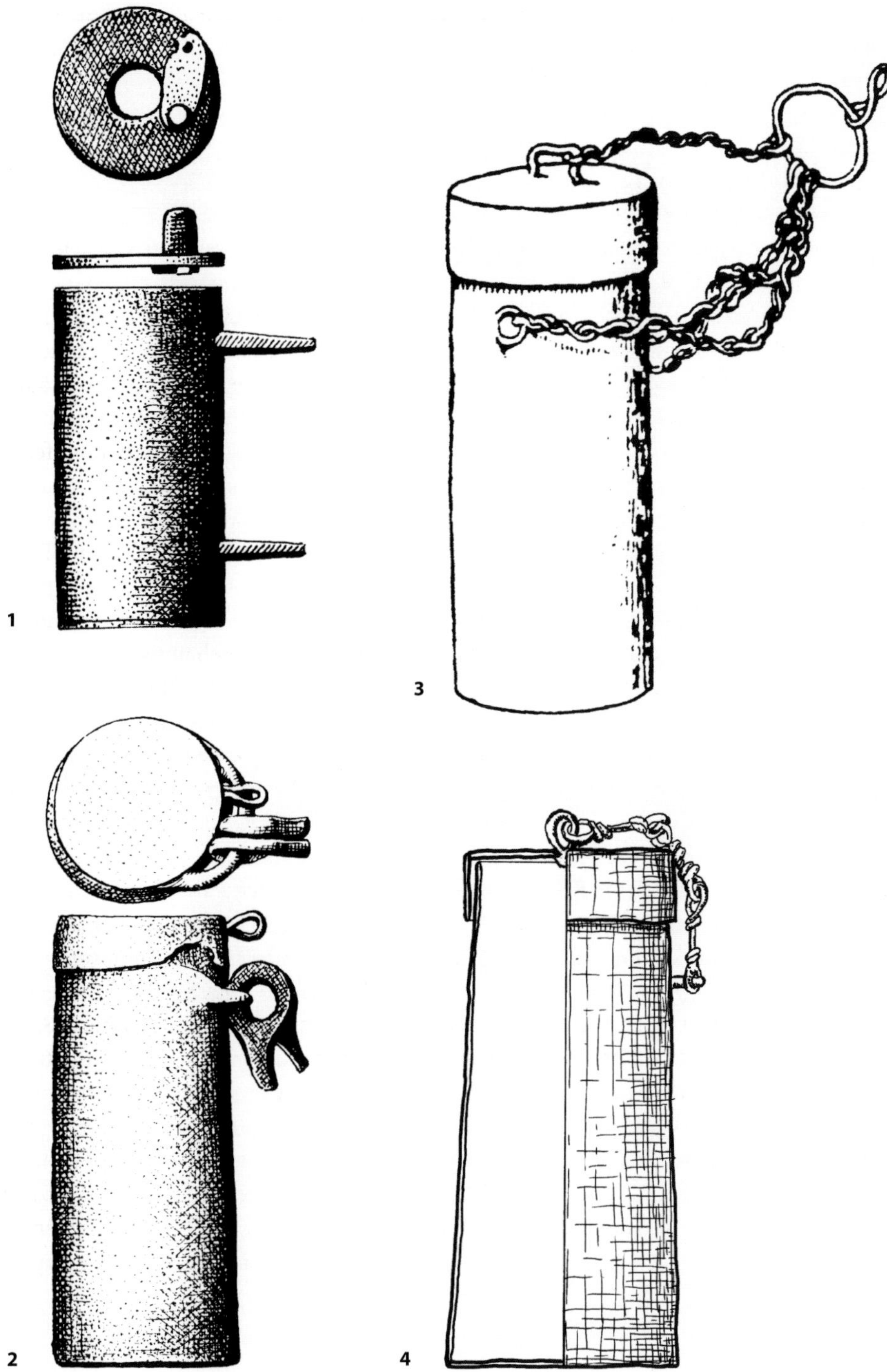

57 Riechdosen und andere Büchsen aus kaiserzeitlichen und merowingerzeitlichen Gräbern.
1 Krefeld-Gellep Grab 3475;
2 Krefeld-Gellep Grab 1962;
3 Kingston Grab 222;
4 Frankfurt-Kindergrab. M. 1:1.

58 Silberne Vinaigrette mit Kette, rechts: geöffnet. 1878 in Birmingham gefertigt (vgl. Anm. 353). Ohne Maßstab.

schleimhäute und damit zur Durchblutungsförderung der Kopfregion« geeignet war[354], wodurch die erwünschte Wirkung einer Kreislaufstabilisierung und wohl auch eine verbesserte Nasenatmung erzielt wurde. Zwar war auch in der Antike schon aus Wein gewonnener Essig bekannt, doch hat man, zumindest beim Beispiel der »Frankfurter« Büchse, Oxalsäure als Träger von aromatischen Ölen verwendet[355]. Dass aber auch über die reine »Erfrischung« und Belebung hinaus noch weitergehende Wirkungen angestrebt sein konnten, legen die Reste von Blättern des Bilsenkrauts nahe, die neben »schwarzem Staub« (Reste von Meeresschwamm?) in der Büchse von Saint-Aubin angetroffen wurden. Wurzeln, Blätter und Samen des Bilsenkrauts (*Hyoscyamus albus, aureus* und *niger* L.)[356] werden seit antiker Zeit in der Heilkunde zur (innerlichen und äußerlichen) Behandlung von zahlreichen Schmerzen und Entzündungen sowie krampflösend (auch bei Fieber und in der Frauenheilkunde) verwendet sowie als Schlaf- und Betäubungsmittel. Darüber hinaus kannte man seit alters die halluzinogene Wirkung der neurotoxischen Alkaloide (Hyoscyamin, Scopolamin) vorwiegend des *Hyoscyamus niger*, die zur Erregungssteigerung und Hervorrufung bestimmter Rauschzustände eingesetzt wurden, darunter der Halluzination vom Fliegen in der Luft und von der Verwandlung in Tiergestalten, was besonders bei schamanistischen Praktiken eine große Rolle spielte. Mit Extrakten des Bilsenkrauts wurden auch die sogenannten ›Schlafschwämme‹ (*spongiae somniferae* oder *soporiflrae*) getränkt – neben solchen aus Opium, Schierling, Cicuta und Mandragora oder anderen Narkotika; man verwendete sie zur Narkotisierung, Beruhigung und Schmerzlinderung bei chirurgischen Eingriffen[357]. Bei der kleinen Pyxis von Saint-Aubin ist wegen der geringen Größe des ehemaligen Schwamms und der privaten körpernahen Trageweise des Behältnisses eine solche Nutzung als Schlafschwamm jedoch kaum denkbar; vielmehr könnte das Bilsenkraut zur Verstärkung einer krampf- oder schmerzstil-

354 Vgl. Launert 1974, 105 ff.; Launert 1985, 26 ff.; Pillivuyt 1985, 68 ff.

355 Wamers 1995, 158 ff.

356 Berendes 1902/1970, Cap. 42 (Bilsenöl) S. 62, 69 (Bilsenkraut) S. 402–404; Paulys Real-Encyclopädie der Classischen Altertumswissenschaft 17, Stuttgart 1914, s. v. Ὑσκύαμοσ, Sp.192–195 (Stadler); H. Bächthold-Stäubli u. a. (Hg.), Handwörterbuch des deutschen Aberglaubens 1, Berlin 1927/[2]1986, s. v. Bilsenkraut, Sp. 1305–1308; J. Hoops u. a. (Hg.), Reallexikon der germanischen Altertumskunde 3, Berlin/New York [2]1978, s. v. ›Bilsenkraut‹, S. 2–4.

357 Arndt 1938, 1591 f.

358 Pirling 1989, 124 f., Taf. 81,12; Wamers 2003, 622, Abb. 104,4. – Denkbar bei dieser Bestattung einer schreibkundigen Dame ist indes auch, dass es sich bei dieser Pyxis um einen verschließbaren Tintenbehälter gehandelt hat, doch ist es eher unwahrscheinlich, dass man ein – nie ganz dicht schließendes – Tintenbehältnis am Leib getragen hat.

359 Musee Curtius, Liège (Inventar JB/4S); Länge 12,5 cm; Dm. 3 cm; Ankauf 1955 aus dem Erbe von Joseph Brassine: Wamers 1995, 151 Anm. 18, Fig. 4.3.

360 Musée des Antiquités Nationales, Saint-Germain-en-Laye Inventar 33183; 7. Jh.: Thomas 1893, 19, Taf. IV,4; http://www.culture.gouv.fr/public/mistral/joconde_fr?ACTION=RETROUVER&FIELD_7=DECV&VALUE_7=ROSNY-SUR-SEINE&NUMBER=2&GRP=0&REQ=%28%28ROSNY-SUR-SEINE%29%20%3aDECV%20%29%USRNAME=nobody&USRPWD=4%24%2534P&SPEC=5&SYN=1&IMLY=&MAX1=1&MAX2=1&MAX3=100&DOM=All. – Foto: F. Vallet.

lenden Wirkung der anderen Aromatika hinzugefügt worden sein.

Als Riechdosen können auch kleine zylinderförmige Pyxiden wahrscheinlich gemacht werden, die eine (Ketten-)Umhängevorrichtung besaßen und deren Deckel zum leichten Öffnen und Verschließen konstruiert waren, was besonders evident bei der Pyxis aus Grab 3475 von Krefeld-Gellep (reiches Frauengrab, unter anderem mit drei Stili, was anzeigt, dass die Verstorbene schreibkundig war), deren flacher Deckel mit kleinem zentralen Loch versehen war, das mit einem aufgenieteten drehbaren Blech verschließbar war *(Abb. 57,1)*[358]. Eine Sonderstellung nimmt die ritzverzierte Beindose aus Sainte Walburge bei Liège in Belgien ein, vermutlich des 7./8. Jahrhunderts[359]. Wieweit Pyxiden aus Bein (vgl. auch diejenigen von Rosny-sur-Seine, Dép. Yvelines, Frankreich[360], oder aus dem Mädchengrab (!) M 87 aus Gammertingen[361]) als Behältnisse für flüssige oder feuchte Ingredienzen geeignet waren, ist eher skeptisch zu beurteilen; vielleicht enthielten sie »trockene« Sekundärreliquien wie Stoffteile, Pflanzen oder Ähnliches. Ein typenmäßiger Sonderfall ist dabei das 3,2 cm × 2,4 cm kleine aus Bein gedrehte, vielfach sorgfältig perforierte zylindrische Döschen aus dem Außenbereich des römischen Kastells Stein am Rhein, ebenfalls mit Tragespuren sowie mit abnehmbarem oberen und unteren Deckel, die mit Gewinde in das Zylinderkorpus eingeschraubt wurden[362]. Das Schraubgewinde deutet auf spätrömische Fabrikation, da in nachantiker Zeit die Technologie der Schraubgewinde verloren ging und erst wieder in der Renaissance neu entdeckt wurde[363]. Dieses Behältnis aus spätrömischer oder späterer Zeit sollte ständig einen wohlriechenden und/oder heilsamen Duft abgeben.

Metallene Riechdosen sind vom 3. (zum Beispiel Krefeld-Gellep) bis ins ausgehende 7. Jahrhundert (Kingston, Südostengland; Prittlewell[364], Kent; »Niederrhein«; Insula Batavorum?[365], Niederlande; Burgund-Westschweiz) bekannt *(Abb. 57,1–4)*. Sie sind durchweg im westlichen Reihengräberkreis vertreten und kommen aus Frauen- oder Mädchengräbern. Die aufwändig gearbeiteten und dekorierten Büchschen dürften mediterran-südgallische Produkte sein; schlichte Blechausfertigungen wie das aus dem Frankfurter Domgrab werden eher aus lokalen Werkstätten stammen. Die an Ketten und Bändern oder in Beuteln(?) körpernah getragenen (Hänge-)Pyxiden in gut ausgestatteten germanischen Frauengräbern dokumentieren die Übernahme gehobenen mediterranen Lebensstils im ›barbarischen‹ Milieu. Das gilt auch für das in Frankfurt bestattete Mädchen aus hohem Adel.

Einen Hinweis auf Riech- oder Duftdosen oder -kapseln (Fläschchen?) belegen einige Quellen des 7. bis 9. Jahrhunderts[366]. Im XIX. Buch seiner Etymologiae, einer Enzyklopädie über das damalige gesamte Wissen der mediterranen Welt vom Altertum bis in seine Zeit, befasste sich Isidor von Sevilla im frühen 7. Jahrhundert mit dem breiten Themenspektrum von Schiffen, Gebäuden und Kleidung *(De navibus, aedificiis et vestibus)*. Das 31. Kapitel *De orna-*

361 J. Werner 1935, 90 f., Taf. 15Ce.3a; Wamers 2003, 622, Abb. 104,5 – hier fälschlich als »Großostheim« ausgewiesen, ebenso wie das Grab von Pflaumheim fälschlich als »Gammertingen« bezeichnet. – Weitere Beinpyxiden aus Pflaumheim (R. Koch 1967, 77, Taf. 14,10); andere stammen aus christlich-liturgischem Kontext (z. B. Trier, Diözesanmuseum, H. 4,3 cm, mit eingeritztem Christus und Engeln in Bogenarchitektur; 10. Jh.?: Goldschmidt 1919, Nr. 178, Taf. LIII. – Trierer Domschatz, Inventar 695, H. 11 cm, zylinderförmig mit schwacher Verjüngung nach oben, eingesetzter Deckel mit Knauf, eingeritzte Kreisaugen-Bänder, Zickzack-Bänder und Schrägschraffur; 9. Jh.: Goldschmidt 1923, Katalog 158, Taf. LII).

362 Urner-Astholz 1978, 170, Taf. 24.2; Höneisen 1993, 376, Kat.-Nr. 31.348, Abb. 221.

363 Vgl. Arrhenius 1990, 9 ff.; Krause 1995, 23 ff.

364 Frdl. Hinweis Lynn Blackmore, Museum of London.

365 Frdl. Hinweis Stefanie Hoss, Lent, Niederlande. Die Pyxis ist noch nicht publiziert. Das Grabungsfoto zeigt etwa gleich große zylindrische Unter- und Oberteile mit profilierten Endplatten und Kugel- bzw. Kegelabschluss, die eine etwa 25 cm lange Röhre aus vermutlich organischem Material oben und unten verschloss. Aus der Unterdose scheint eine schwärzliche Masse zu quellen. Das lange Behältnis liegt bei, zum Teil unter einer langen Glas- und Steinperlenkette. Das könnte bedeuten, dass es sich um einen Frauengrabfund handelt und dass diese Dose im Oberkörperbereich getragen wurde.

366 Für sorgfältige Recherche nach »olfactoriola« danke ich Prof. Dr. Martina Hartmann, München, sehr.

mentis capitis feminarum (»Vom Kopfschmuck der Frauen«) enthält eine ausführliche Aufzählung zahlreicher weiblicher (vereinzelt auch männlicher) Kleidungs- und Schmuckformen, aber nicht ausschließlich für den Kopf, sondern die gesamte Kleidung betreffend, »vom Scheitel bis zur Sohle«: Mützen, Haarschmuck, Diademe, Binden, Zierbänder, Haarnadeln, Ohr- und Hals- und Brustschmuck, Kapseln *(bullae)*, Kettchen, Armbänder und -reife, Fibeln, Lunulae als Hängeschmuck, Spiegel (wohl kleine, an der Kleidung befestigte Spiegel). In Abschnitt 19 führt Isidor Unterschenkelbinden *(periscelides)* an und *olfactoriola (»olfactoriola vascula sunt muliebria, quibus odoramenta gestantur«)*[367]. Danach handelt es sich bei letzteren also um kleine Behältnisse der Frauen, mit denen wohlriechende Spezereien und Duftmittel »herumgetragen« wurden. Ob unter den Duftstoffen *(odoramenta)* auch flüssige Parfums heutiger Form waren, ist nicht zu klären. In den abschließenden Kapiteln 32 bis 34 dieses XIX. Buches behandelt Isidor die Fingerringe, verschiedene Gürtelformen der Männer und Leibbinden sowie Schuh- und Fußbekleidung. In der Logik der Aufzählung Isidors müssen die Olfactoriola also kleine Dosen oder ähnliche Behältnisse gewesen sein, die im weitesten Sinne Bestandteil der weiblichen Kleidung waren, beziehungsweise mit ihr oder an ihr getragen wurden. Sie entsprechen somit den oben behandelten Hänge- oder Tragepyxiden aus archäologischen Befunden des burgundisch-gallischen, niederrheinischen und südenglischen Raumes sehr genau. Zumindest die Pyxiden vom Typ Arçon (sehr wahrscheinlich auch die Dose von Krefeld-Gellep Grab 3475, circa 1. Hälfte 3. Jahrhundert) sind eindeutig als Riechdosen identifiziert; auch für die durchbrochene Beindose aus Stein am Rhein gibt es kaum einen Zweifel, und für die anderen mit vergleichbarer Trageweise und leichter Verschließbarkeit ist dies sehr wahrscheinlich.

Auf solche Riech- und Duftdosen (*olfactoriola*) spielen einige weitere Autoren des 7. bis 9. Jahrhunderts an: Aldhelm, Abt von Malmesbury und Bischof von Sherborne, in seinem nach 685 geschriebenem Prosawerk *De laudibus virginitatis* (»Lob der Jungfräulichkeit«, cap. 52), einer Abhandlung über männliche und weibliche Keuschheit[368]; in den Predigten (*Homiliae*) des Beda Venerabilis (672–735) von Wearmouth/Jarrow[369]; bei Leidrad, 799–813 Bischof von Lyon[370]; in der 847 erschienenen Enzyklopädie *De universo* des Hrabanus Maurus (Buch XXI, cap. 23.15: Zitat aus Isidors Etymologiae, s. o., und cap. 24.3: Zitat von Jesaia III,18–26, s. u., sowie cap. 24.4: Zitat aus dem Kommentar des Hieronymus zu Jesaia, s. u.)[371] sowie in der um 875 von Agius verfassten Vita der Hathumoda, der Äbtissin von Gandersheim (Olfactoriola, »nach deren Besitz und Gebrauch die Eitelkeit der meisten Frauen lüstern ist«)[372]. Im hohen Mittelalter und in der Neuzeit wird, bezugnehmend auf Jesaia oder Isidor, gelegentlich der Begriff »olfactoriolum/a« erwähnt[373]. Die Verwendung im Singular, *olfactoriolum*, findet sich später, im 12. Jahrhundert, bei Abt Wilhelm von Saint-Thierry[374]. Soweit die Autoren nicht auf Isidor Bezug nehmen, handelt es sich um Paraphrasen der zitierten Jesaia-Stelle vom Ende des 3. Kapitels, die über »Genusssüchtige Frauen: ihr Ende ist Verderben« handelt, und zwar in der Ende des 4. Jahrhunderts von Hieronymus besorgten Vulgata-Übersetzung:

367 Migne 1844–1855, PL 82 Sp. 701B.

368 *»Igitur regnante Decio quando effrenata tortorum ferocitas contra bellatores Christi crudeliter exarsit, praedictas virgines nulla persecutorum rabies, nulla poenarum acerbitas ab integritatis arce detrudere valuerunt, sed omne patrimonium et ornamentorum gloriam tam discriminalia capitum et periscelides crurum, quam olfactoriola nardi et crepundia collo gemmiferis lunilis pendentia, ad stipem mansis et matriculariis prodiga liberatiate contulerunt«* (Migne 1844–1855, PL 89, Sp. 151C). Engl. Übersetzung von Lapidge und Herren 1979, hier 119f. – Die Aufeinanderfolge von »discriminalia« »periscelides« und »olfactoriola« belegt die Abhängigkeit Aldhelms von Hieronymus' Vulgata-Übersetzung und – zunächst – keine Beschreibung zeitgenössischer weiblichen Luxusausstattung.

369 Migne 1844–1855, PL 94, Sp. 484A.

370 Migne 1844–1855, PL 99, Sp. 878D.

371 Migne 1844–1855, PL 111, Sp. 582B.

372 Migne 1844–1855, PL 137, Sp. 1170D–1171A; Agii Vita et Obitus Hathumodae, cap. 2. Übersetzung von G. Grandauer in: Die Geschichtsschreiber der deutschen Vorzeit, 9. Jh. Bd. 10 (Leipzig 1890) 39.

373 Z. B. bei Petrus Damiani, 11. Jh., Epistulae CLXXX, Migne 1844–1855, PL 145, Sp. 907C–910A.

18 *in die illa auferet Dominus ornatum calciamentorum et lunulas*
19 *et torques et monilia et armillas et mitras*
20 *discriminalia et periscelidas et murenulas et* ***olfactoriola*** *et inaures*
21 *et anulos et gemmas in fronte pendentes*
22 *et mutatoria et pallia et linteamina et acus*
23 *et specula et sindones et vittas et theristra*
24 *et erit pro suavi odore fetor et pro zona funiculus et pro crispanti crine calvitium et pro fascia pectorali cilicium.*

18 An jenem Tage entfernt der Herr den prächtigen Schmuck: die Fußspangen, Stirnbänder, Möndchen,
19 die Ohrgehänge, Armkettchen und Schleier,
20 die Kopfbinden, Schrittkettchen und Gürtel, die **Riechbüchsen/-fläschchen** und Amulette,
21 die Fingerringe und Nasenringe,
22 die Feierkleider, Mäntel, Überwürfe und Täschchen,
23 die Schleier und Untergewänder, die Binden und Umschlagtüchter.
24 Und dann wird es geschehen: Statt des Balsams gibt es Moder; statt der Schärpe den Strick, statt des Lockengekräusels die Glatze, statt des Prachtgewandes die Gürtung des Sackes, ja Schande statt Schönheit.[375]

Zur entsprechenden hebräischen Vorlage für Hieronymus' Übersetzung von *»olfactoriolum«* teilt mir dankenswerterweise Michal Grünwald vom Jüdischen Museum Frankfurt mit: »In der Übersetzung der Hebräischen Bibel von L. Zunz[376] lautet die Zeile 20: ›Die Kopfzeuge, und die Schrittkettchen, und die Schnüre, und die Riechfläschchen, und die Amulette.‹ Wörtlich übersetzt bedeutet das Hebräische בתי נפש soviel wie ›Häuser (sprich Kästchen) an Seele‹. In diesen Kästchen waren wohl Gewürze, und die ›Töchter Zions‹ haben sich diese Kästchen anscheinend in Form einer Kette auf die Brust gelegt.« Diese Passage bezieht sich offenkundig auf die weibliche Tracht zur Zeit Jesaias, die schon für jüdische Frauen der zweiten Hälfte des 8. Jahrhunderts v. Chr. eine Vorliebe für Wohlgeruch erkennen lässt.

Alle im Vulgata-Text aufgeführten, das weibliche Luxusleben charakterisierenden Objektbezeichnungen finden sich auch in der Aufzählung Isidors, zum Teil in der gleichen Reihenfolge. Wenn ferner eine noch deutlich größere Zahl weiterer Tracht- und Schmuckformen hinzukommt, ist es offenkundig, dass Isidor auch diese Jesaia-Stelle für seine enzyklopädische Zusammenstellung auswertete. Die lateinische Vulgata-Übersetzung belegt, dass schon im späten 4. Jahrhundert im Lebenskreis von Hieronymus, das heißt zwischen Rom und dem östlichen Mittelmeerraum, die Olfactoriola zum Kleidungszubehör und Lebensstil wohlhabender Frauen gehörten. Dies zeigt auch Hieronymus' Kommentar zu Jesaia 3.18–21: »… *et murenulas, quae auri atque argenti texuntur virgulis, sensu videlicet, et sermonibus Scripturarum: et olfactoriola, ut Christi bonus odor simus …*«[377], womit er die Jesaia-Stelle auf die Passage von Paulus' zweitem Korintherbrief (cap. 2.15) auslegt: *»quia Christi bonus odor sumus Deo in his qui salvi fiunt et in his qui pereunt«* (»denn wir sind Gott ein guter Geruch Christi unter denen, die gerettet werden, und unter denen, die verloren gehen«).

374 Frdl. Hinweis Prof. Dr. Martina Hartmann, München. – Noch im Mitte des 19. Jhs. erschienenen Deutschen Wörterbuch von Jacob und Wilhelm Grimm, Bd. II, Sp. 479, trägt diese Bedeutung: s. v. ›büchslein, *n. pyxidicula, büchschen*‹, *im voc.* 1482 a 1^b *olfactoriolum, riechfläschchen, vgl.* nadelbüchslein, bisambüchslein, schminkbüchslein.

375 Übersetzung nach »Vulgata in deutscher Fassung«, übersetzt von V. Hamp/M. Stenzel/J. Kürzinger (http://ecclesiaeveritas.net/index.php/Isaias«). Diese Version entspricht jedoch nicht dem Wortlaut der lateinischen Vulgata, sondern bezieht griechische und hebräische Vorlagen ein und folgt in erheblichem Maße der Lutherbibel (vgl. Bibelausgabe der Deutschen Bibelgesellschaft [Stuttgart 1972/1984]). Mehrere der deutschen Begriffe sind unzutreffend; die *olfactoriola* sind sogar ganz ausgelassen worden und oben erst von mir an die passende Stelle als »Riechbüchsen« eingefügt worden.

376 Zunz 1997. – Für ihre Hilfe danke ich Michal Grünwald herzlich.

377 Hieronymus, Commentariorum in Isaiam prophetam II c. 3 (Migne 1844–1855, PL 24 Sp. 69f.).

Selbst in altsächsischen Glossen findet sich der Ausdruck »olfactoriola«, wenn auch nur an einer Stelle. Hierzu wird Robert Nedoma folgende Stellungnahme verdankt[378]:

Das Leipziger Althochdeutsche Wörterbuch[379] und Heinrich Tiefenbach in seinem lexikographischen Werk[380] verbuchen sub voce *disamo* zwei Glossenbelege, und zwar einen aus den Bibelglossen von St. Peter (: *olfactoriola*) sowie einen weiteren aus den Werdener Prudentius-Glossen (: *muscus*). An sich würde nahe liegen, in altsächsischen *disamo (Belegformen: *disoma, desamo*) eine aus bisamo, Bisam, Moschus (Sekret des Bisams) in seiner Verwendung als 'Spezerei' verschriebene Form zu erblicken, zumal in althochdeutschen Prudentius-Glossen an der betreffenden Stelle *muscus* tatsächlich das Interpretament *bisamo* beigegeben ist. Anderseits ist aber das anlautende d in mittelniederdeutsch *dēsem, desem*, niederdeutsch (dialektal) *desem*, altengl. *disma*, mittelhochdt. *tisem(e)*, *tesem* (mit hochdeutscher Lautverschiebung d > t) bezeugt, sodass es sich bei altsächsisch *disamo und den genannten Entsprechungen wohl um sprachwirkliche Formen handelt. Ferdinand Holthausen vermutet, dass alle d-Formen aus lateinisch *bisamum* sprachlich entstellt (also nicht bloß verschrieben) seien. Angesichts deren weiten Verbreitung ist dem jedoch nicht ohne weiteres zuzustimmen.«

Auch in der oben genannten Glossensammlung aus St. Peter-Karlsruhe *(»olfactoriola* [*disoma*] *uasa odoramentorum apud mulieres«)* von um 1000 n. Chr. werden also die Olfactoriola als »Behältnisse für Spezereien bei/an Frauen« bezeichnet, doch stellen sie sicher keinen eigenständigen Beleg für *olfactoriolum* dar, sondern beziehen sich sicherlich auf Jesaia/Isidor. Immerhin wird deutlich, dass auch im frühmittelalterlichen Sachsen aus pflanzlich-tierischen Grundstoffen gewonnene Duftmittel geläufig waren. Die geistlichen Autoren des 7. bis 9. Jahrhunderts von Nordengland über Westfalen, das Mittelrheingebiet bis Burgund haben diesen Begriff zunächst nur in kopialer Weise und in formelhafter Wiederholung aus Jesaia und vielleicht anderen Sekundärschriften wie Homiliensammlungen entnommen und spiegeln somit, etwa in der Charakterisierung der schmuck-ablehnenden Hathumoda durch ihren Mitbruder Agius, nicht unmittelbar die zeitgenössischen Verhältnisse wider. Doch dürften ihnen, zumindest den Geistlichen des 7. bis frühen 8. Jahrhunderts wie Aldhelm und Beda, vielleicht auch noch Leidrad von Lyon, die ja alle aus der Oberschicht stammten, die praktische Nutzung solcher Olfactoriola bekannt gewesen sein. Ob sie allerdings irgendetwas mit den althebräischen »Schrittkettchen« anzufangen wussten (vermutlich waren es Fußkettchen), ist zweifelhaft. Isidor assoziierte mit ihnen »Schmuck der Unterschenkel, mit denen ihr Schreiten verziert wird«[381]. Dass es seit dem 9. Jahrhundert keine archäologischen Belege für Riechdosen mehr gibt, liegt an der seit etwa 700 sich durchsetzenden Beigabenlosigkeit bei Bestattungen; über deren weitere Verwendung bei den Oberschichten Galliens, sicherlich auch des Mittelmeerraums, sagt diese Quellenlücke wenig aus. Dem kleinen Mädchen aus oberem fränkischen Adel in *Franconofurd* verlieh ein Olfactoriolum mediterraner Sitte internationales, exotisches Flair. Nicht ausschließen kann man aber, dass die Angehörigen mit einer solchen belebenden Riechdose auch seiner Gesundheit dienlich sein wollten.

378 Prof. Dr. Robert Nedoma, Universität Wien, danke ich herzlich für die Hilfe.

379 Althochdeutsches Wörterbuch II: C–D (Berlin 1970–1997), Sp. 555.

380 H. Tiefenbach, Altsächsisches Handwörterbuch (Berlin/New York 2010), 53.

381 Buch XXXI.19: Möller 2008, 701.

Kleidungszubehör und andere Funde im Bereich von Körpermitte und Unterschenkel

Unterhalb der gleicharmigen Silberfibel, in Höhe der Taille des Mädchens wurden eine eiserne Gürtelkette und – davon auf der linken Seite wohl herabhängend – ein Gürtelgehänge mit silberner Riemenzunge, Elfenbeinobjekt und Eisenmesser freigelegt; auf der rechten Seite wurde ein Beigabenensemble aus eiserner Schere mit Nähnadel in einem Futteral sowie ein Beinkamm angetroffen *(Abb. 2; 9,2 rechts; 12)*[382].

Im Zuge der Anfertigung von Nachbildungen des Trachtenschmucks aus dem Domgrab konnten von Roswitha Goedecker-Ciolek im Römisch-Germanischen Zentralmuseum Mainz 2006 erneute Restaurierungen durchgeführt und wichtige Beobachtungen gemacht werden, die über die im Denkmalamt durchgeführten Restaurierungen hinausgingen[383]. Im Folgenden werden zunächst die Ergebnisse der Restaurierungen und restauratorischen Beobachtungen vorgestellt. Danach folgen weitere antiquarische Untersuchungen zu einzelnen Objekten.

Gürtelkette mit Gehänge sowie Bündel mit Schere, Kamm und Nadel – Restaurierungsbericht zu den Beigaben und Textilresten im Osten des Sarges *(Roswitha Goedecker-Ciolek)*

Die Funde (eine eiserne Stangengliederkette, eine eiserne Schere, ein Beinkamm, ein kleines eisernes Messer und ein Objekt aus Elfenbein) waren nicht mehr *in situ*, als sie dem Römisch-Germanischen Zentralmuseum Mainz übergeben wurden.

Gürtelkette

Wie sich an der Lage auf dem Grabungsplan erkennen lässt, befand sich die eiserne Stangengliederkette am Körper des toten Mädchens, etwa in Leibesmitte. Der Haken war offensichtlich nicht mehr eingehängt, die Gürtelkette war somit wahrscheinlich geöffnet um das Kind herum oder auf es gelegt worden *(Abb. 2; 12; 59,1–2; 61)*. Das Gehänge der Gürtelkette lag an der linken Seite des Körpers. Auf dem Röntgenbild sieht man, dass die Stangenglieder aus circa 1 mm dünnem Eisendraht gefertigt sind. Die Korrosion hat das Eisen im Verhältnis zu der ursprünglichen Drahtstärke enorm aufgebläht, sodass das Eisen meist nur noch in hohler Form vorliegt. Soweit es noch sichtbar ist, sind alle Kettenglieder an den Enden ösenartig umgebogen und mal mehr, mal weniger eng mit Eisendraht umwickelt. An den Ösen sind sie ineinander gehängt; das äußerste linke (vom Mädchen aus äußerste rechte) 2,5 cm lange Kettenglied endet in einen Haken und diente als Verschluss, mit dem die Kette enger oder weiter getragen werden konnte. Die Länge der einzelnen Glieder liegt zwischen 3,5 und 5,5 cm. Es gibt drei Kettenglieder von 3,5 cm Länge, fünf von 4 cm Länge, eins von 4,5 cm Länge, drei von 5 cm Länge und sechs von 5,5 cm

382 Vgl. Hampel 1994, 140 ff., 152 ff.; Hampel 1997, 598 ff. (weitgehend textidentisch mit Hampel 1994); Hampel/Banerjee 1995.

383 Restaurierungsdokumentationen vom 19. 06. 2006 und Februar/März 2012, Werkblatt Nr. 06/33 – vgl. RGZM-Jahresbericht 2006, 47 f. – Für die Untersuchungen und Rekonstruktionen und zahlreiche konstruktive Diskussionen danke ich Roswitha Goedecker-Ciolek sehr.

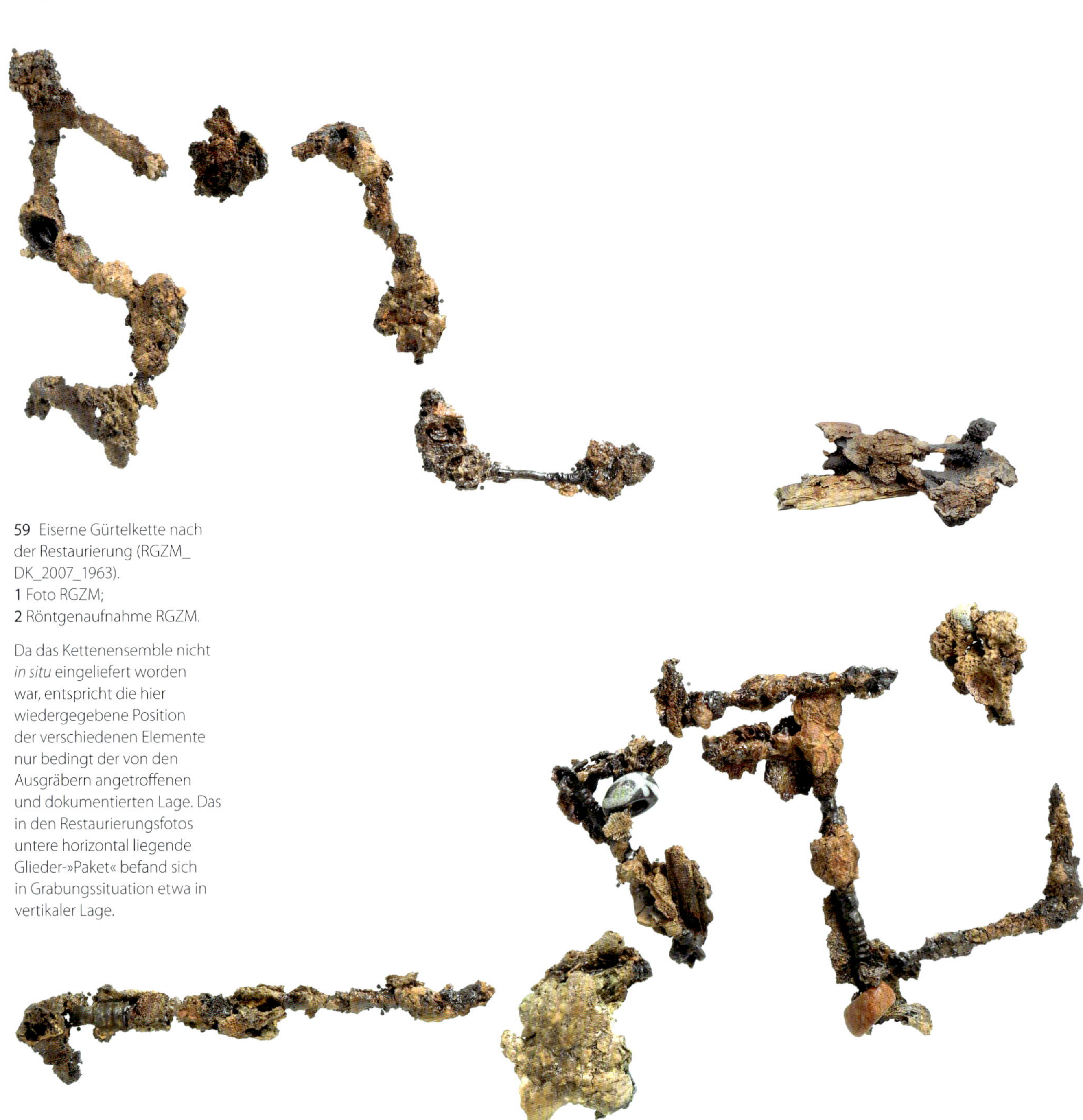

59 Eiserne Gürtelkette nach der Restaurierung (RGZM_DK_2007_1963).
1 Foto RGZM;
2 Röntgenaufnahme RGZM.

Da das Kettenensemble nicht *in situ* eingeliefert worden war, entspricht die hier wiedergegebene Position der verschiedenen Elemente nur bedingt der von den Ausgräbern angetroffenen und dokumentierten Lage. Das in den Restaurierungsfotos untere horizontal liegende Glieder-»Paket« befand sich in Grabungssituation etwa in vertikaler Lage.

Länge und schließlich ein »Bündel« mit drei Kettengliedern von 3,5 cm Länge *(Abb. 59,1–2 oben rechts; 61; 63)*, das vermutlich in der Nähe des elften oder zwölften Kettenglieds befestigt war. Die drei Kettenglieder des Bündels sind an einer Seite durch einen Eisendraht zusammengefasst. Die gegenüber liegenden Enden sind durch Korrosion zu einer unförmigen Masse verformt. Sie haben Ähnlichkeit mit kleinen »Klöppeln« (vgl. Rekonstruktionsversuch *Abb. 61*). Die Kette bestand aus 19 Gliedern und hatte eine ungefähre Länge von 90 cm.

In einigen Ösen der Kettenglieder sind mittels eines feinen Eisendrahtes einzelne Perlen einge-

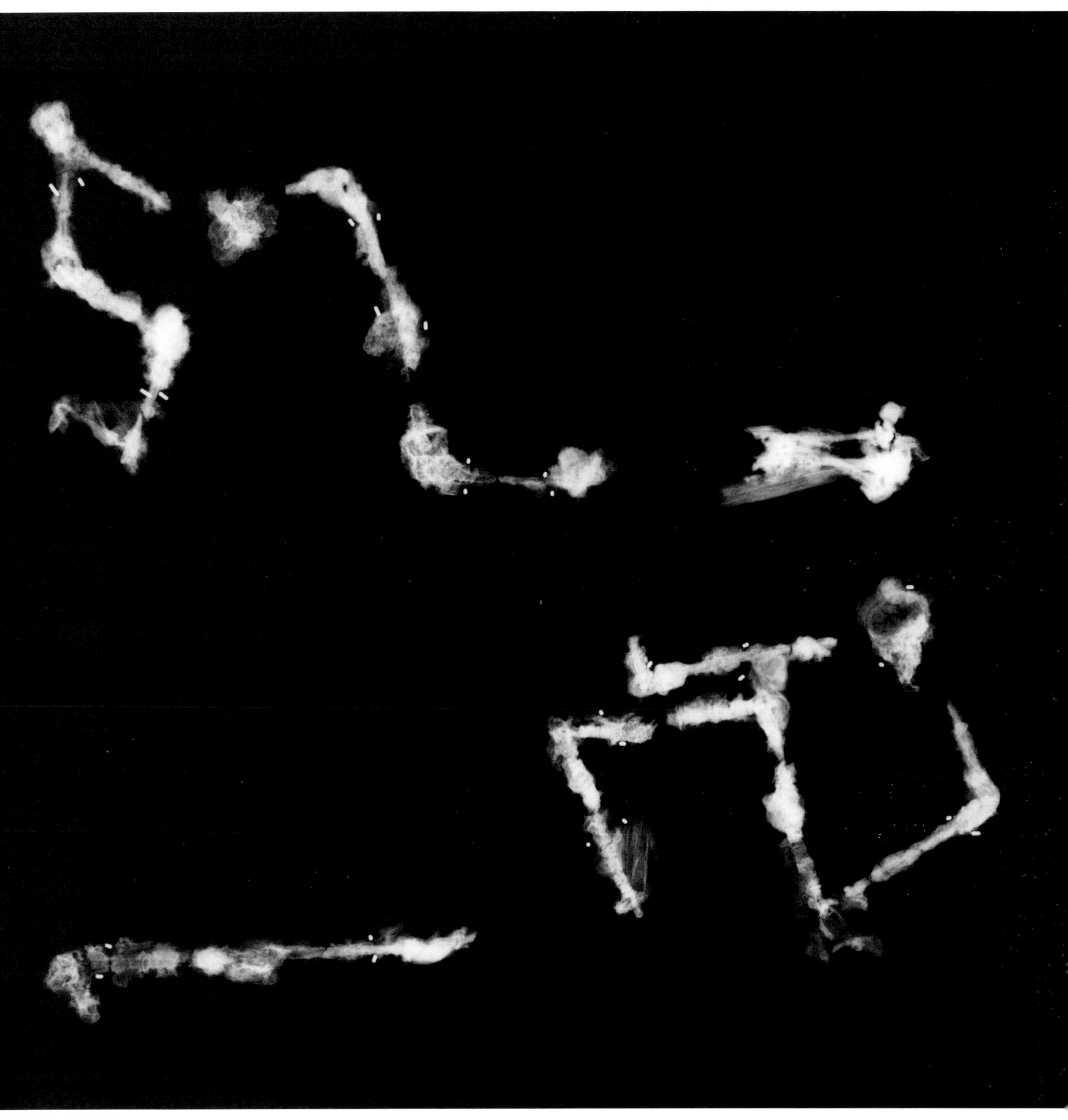

hängt. Es handelt sich um insgesamt drei Perlen: eine 0,8 cm große, irisierende Perle am Gelenk vom elftem zum zwölften Glied (gerechnet vom Hakenglied an), eine 1,3 cm große, dunkelblaue polychrome Perle am Gelenk vom 15. zum 16. Glied und eine 1,3 cm große Bernsteinperle am Gelenk vom 13. zum 14. Glied *(Abb. 60,1–3)*. Im Bereich der Bernsteinperle, vermutlich ebenfalls im Ring eingehängt, befindet sich das 1,5 cm lange und 0,9 cm breite Fragment eines **Lederriemens**. Lange Lederriemen und textile Bänder dienten dazu, verschiedene Gegenstände vom Gürtel herabhängen zu lassen (vgl. unten S. 143 f.). Am Ende des Lederriemens dürfte die

60 In der Gürtelkette eingehängte Perlen. **1** irisierende Perle; **2** dunkelblaue polychrome Perle; **3** Bernsteinperle.

silberne **Riemenzunge** angenietet gewesen sein *(Abb. 9,2*: Planum 4*; 61; 73)*; das **Messer** in der Lederscheide war vermutlich an anderer Stelle an diesem Riemen befestigt worden. An einem anderen Kettenglied befinden sich zwei verkohlte Getreidekörner[384]. Die Untersuchung ergab, dass es sich um Gerste und Roggen handelt.

Eisenmesser

Das etwa 11,5 cm lange Eisenmesser steckt in einer Scheide aus Ziegenleder. Die Nahtlöcher der Lederscheide sind gut erhalten, wobei das Nähmaterial nicht mehr vorhanden ist *(Abb. 74)*. Die Länge der Lederhülle beträgt circa 10,5 cm; eine Abschlusskante ist nicht zu erkennen. Das Messer reicht bis zu 2,2 cm mit dem Griff in die Scheide hinein. Die Länge der Griffangel ist nicht komplett. Vom Messergriff sind nur Spuren erhalten, zu wenig für eine genaue Materialbestimmung. Nach der Struktur war der Griff nicht aus Holz, sondern aus einem hornartigen Material gefertigt.

Elfenbein-Objekt

Am langen Ende der Gürtelkette war ein etwa 17 cm × 15 cm großes Objekt aus Elfenbein befestigt, das nur noch in Fragmenten erhalten war *(Abb. 2; 9,2 rechts; 12; 59; 62)*. Das Objekt war aus mehreren Einzelteilen mit Hilfe von Bronzeblechbändern zusammengenietet worden. Teile des Elfenbeins konnten von Arun Banerjee als Mammut-Elfenbein identifiziert werden[385]. Im oberen Bereich des Elfenbeinobjektes befand sich ein 3 cm langes und 1 cm breites Bronzeband *(Abb. 62 oben; 64,1–2)*. An ihm gibt es Fragmente von Elfenbein, ferner ist an ihm ein Stück Eisenkettenglied ankorrodiert, das in das letzte Glied der Kette auf der linken Seite des Mädchens passt. Das Bronzeband lag mit der Schauseite nach unten, laut Planzeichnung etwa 23 cm vom unteren dicken Balken des Elfenbeinobjektes entfernt. An einer Seite des oben erwähnten »Bündels« der Stangenglieder-Gürtelkette ist ein 4 cm langes rechteckiges Fragment aus Bein ankorrodiert *(Abb. 59 rechts oben; 63)*, das ebenfalls zum Elfenbeinobjekt gehören dürfte. Auf zwei gegenüberliegenden Seiten dieses Fragments verläuft in der Mitte eine eingetiefte Linie. Form und Linien des Beinfragments lassen darauf schließen, dass es bearbeitet war[386].

Bei den Elfenbeinfragmenten hatte die Zeit nach der Grabung zu einem weiteren Zerfallsprozess geführt. Nur eine Tränkung mit einem Acrylharz konnte das Auseinanderbrechen der Fragmente verhindern[387]. Auf der Basis der Primärrestaurierung im Frankfurter Denkmalamt konnten einige Fragmente in einen anderen Zu-

384 Die Körner wurden dankenswerterweise von Prof. Dr. Angela Kreuz, Archäologische Denkmalpflege Hessen untersucht. Das eine Korn hängt noch am Kettenglied, das andere liegt lose in einer Probenschachtel.

385 Hampel/Banerjee 1995. – Wie viele und welche Teile als Mammut-Elfenbein bestimmt wurden, ist weder aus der Publikation ersichtlich, noch konnte dies eine Nachfrage bei Arun Banerjee klären (E. Wamers).

386 Dieses Elfenbeinfragment wurde von Arun Banejee und Giovanna Bortolaso an der Johannes Gutenberg Universität Mainz begutachtet. Sie konnten wegen des schlechten Erhaltungszustandes und der Tränkungsmittel keinerlei Aussage zum Material mehr machen.

387 Zur Tränkung der Elfenbeinfragmente wurde Paraloid B 72 verwendet.

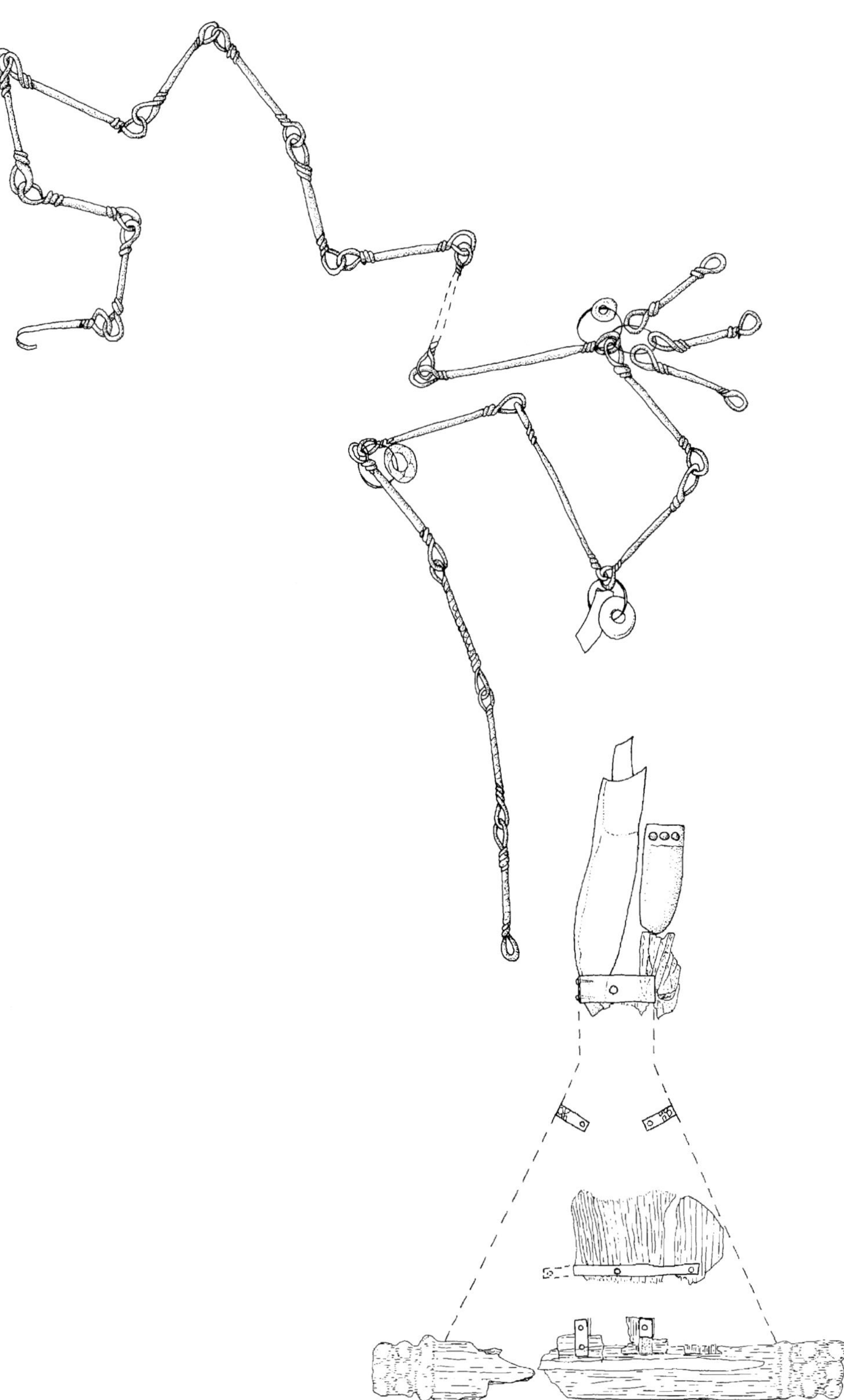

61 Zeichnerischer Rekonstruktionsversuch der eisernen Stangengliederkette samt Messer, Riemenzunge und Beinobjekt auf der Basis der Rekonstruktion von Hampel 1994, Abb. 71 und 95, mit Änderungen/Ergänzungen nach den jüngeren Restaurierungen von R. Goedecker-Ciolek. Geändert gegenüber Hampel 1994 sind der Gürtelhaken am letzten linken Kettenglied, die Einfügung des »Bündels« mit drei Kettengliedern sowie die Ergänzung um drei eingehängte Perlen und ein Lederriemenfragment. Das Beinobjekt wurde nach der jüngeren Rekonstruktion von Hampel 1997, Abb. 9, ersetzt.

62 Reste des Elfenbein-Objekts. Links: Fragmente in ungefährer Fundposition; rechts: nicht zuordbare Fragmente.

sammenhang gebracht und eine neue Rekonstruktion vorgelegt werden[388].

Bei den erneuten Untersuchungen im Römisch-Germanischen Zentralmuseum wurden folgende Beobachtungen gemacht:

Element 1: Der lange, dicke Balken am unteren Rand des Elfenbeinobjektes zeigt außer den Buckelverzierungen an den beiden Enden auch eine gering erhaltene Verzierung auf der Vorderseite *(Abb. 62 unten links)*. Über seine gesamte Länge befindet sich im Balken eine circa 4 mm breite Nut, in der Elfenbeinfragmente stecken. Das Elfenbein in der Nut ist ebenfalls 4 mm stark und füllt dessen gesamte Länge aus. In der Breite hat es sich in mehrere Schichten gespalten. An einer Stelle ist das Elfenbein durch Kupferoxid grün verfärbt. Wahrscheinlich rührt die Verfärbung daher, dass sich in der Nähe Metall befand, was die Vermutung nahelegte, hier eine Verbindung zu den anderen Elfenbeinteilen vor sich zu haben. Direkte Anschlüsse zu den Bronzebändern oder zu anderen Elfenbeinfragmenten aus dem Fundkomplex lassen sich aber nicht nachweisen. Die Buntmetall-Bandbeschläge, die mit Rundkopfnieten im Elfenbein befestigt sind, verbinden plattenartige Fragmente und andere Elfenbeinteile miteinander – so zum Beispiel

388 Dazu vergleichend: Hampel/Banerjee 1995, 143 ff.

Element 2: ein etwa halbkreisförmiges Fragment mit profilierter Oberfläche, das auf Abstand mit einem langen schmalen Bandbeschlag an einem Plattenfragment befestigt ist *(Abb. 62 links, zweites Ensemble von unten)*. Das 4,5 cm lange und 0,4 cm breite, nicht komplett erhaltene Bronzeband verläuft parallel zu einer Kante. Das gesamte zusammenhängende Stück hat eine Größe von 5,5 cm × 11 cm. Zwei Nägel des Bronzebandes sind im Abstand von 2,6 cm gerade in das circa 0,7 cm starke Elfenbein eingelassen und auf der Rückseite umgeschlagen. Auf dem halbkreisförmigen, profilierten Stück werden Beinteile mit einem der vier kleinen circa 1,2 cm langen und 0,5 cm breiten Bronzebeschläge zusammengehalten.

Element 3: Auch die restlichen drei kleinen Bronzebeschläge verbinden Elfenbeinteile *(Abb. 62 links, rechte Gruppe im zweiten »Horizont« von oben)*. Drei der vier Beschläge haben je einen schrägen und einen geraden Nagel, der vierte Beschlag hat zwei gerade Nägel.

Element 4: Das winklig abgebogene, knapp 3 cm lange und 1 cm breite Bronzeband aus dem oberen Bereich des Elfenbeinobjektes, das beidseitig circa 0,8 cm im rechten Winkel umgebogen ist *(Abb. 62 oben; 64,1)*, setzt sich wie folgt zusammen: Auf der vorderen Mitte ist das Band durch einen Rundkopfniet mit einem 0,5 cm dicken Elfenbeinfragment vernietet. In das eine umgebogene Ende sind zwei Nägel von außen geschlagen, die das Band an einem weiteren Elfenbeinfragment befestigen. Innen sind die Nagelstifte umgebogen. In das andere, gegenüberliegende Ende sind ebenfalls von außen zwei Nägel getrieben. Sie ragen im Innern gerade laufend ins Leere, haben aber an der Basis noch Reste von Elfenbein. Es scheint, als hätten wir es hier mit zwei Elfenbeinteilen zu tun, die rechts und links durch eine Nut- und Federkonstruktion miteinander verbunden sind und von einem Bronzeband zusammen gehalten werden *(Abb. 64,2)*. Ein schmaler Hohlraum befindet sich zwischen den beiden Teilen. Nach dem Befund konnte das Bronzeband erst während des Zusammenfügens der einzelnen Teile gebogen worden sein. Das Band wurde mittig mit einem der Elfenbeinteile vernietet, wobei der Nietstift auf der Innenseite flach geklopft wurde. Das an-

63 Detail der Gürtelkette: »Bündel« mit drei Pendilien (»Klöppeln«) und mit Elfenbeinresten.

64 Oberer Abschluss des Elfenbeinobjekts mit breitem Bronzeband und ankorrodiertem Stück eisernen Kettenglieds (oben) sowie mit innerer Elfenbein-Nut- und Federkonstruktion. 1 Blick von vorne; 2 Blick von unten.

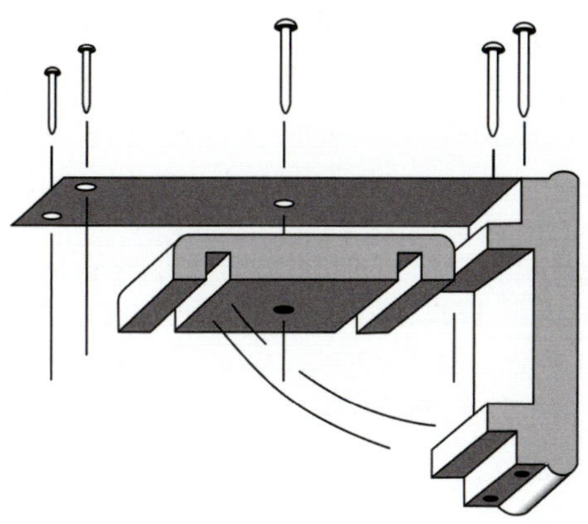

65 Schematische Rekonstruktionszeichnung der Nut- und Federkonstruktion des oberen Abschlusses des Elfenbeinobjekts (Zeichnung: M. Ober). Oben: Bronzeband, noch nicht umgebogen; darunter und rechts: Elfenbeinteile. Gegenüber *Abb. 64,1* um 180° gedreht. Ohne Maßstab.

66 Eisenschere mit organischen Anhaftungen. Am Ende des Bügels erkennt man mittig die Eisennadel mit umwickeltem Faden, innerhalb einer länglich-schmalen (Leder-) Hülse, von der nur noch die Außenwände erhalten sind. Am oberen Rand ankorrodierte Reste eines beinernen Kamms. M. 1:1.

dere Elfenbeinteil konnte nun mit der Querseite auf dem Blech mit zwei Nägeln befestigt werden. Die Nagelstifte wurden auf der Innenseite, einander zugewandt, umgebogen. Nachdem das Band beidseitig rechtwinklig umgebogen und die beiden letzten Nägel in der anderen Querseite eingeschlagen worden waren, verband das Bronzeband die zwei Elfenbeinteile dauerhaft miteinander (vgl. Rekonstruktionszeichnung *Abb. 65*). Anschlüsse zu den anderen Elfenbeinfragmenten gibt es keine.

Einige Elfenbeinfragmente weisen auf einer Seite eine abgebaute »Elfenbeinmasse« auf; vielleicht handelt es sich auch um Teile einer zweiten Platte. Wie schon am Anfang beschrieben, gibt es Stücke, die auf Abstand miteinander verbunden sind. Vielleicht war eine Seite durchbrochen gearbeitet, die andere flächig geschlossen. Die mehrfach als »harzartige Masse« angesprochenen Spuren dunkler und wulstiger Auflagen[389] finden sich auf dem gesamten Material und scheinen eher eine Korrosionsform des Elfenbeins, vermischt mit Sediment aus der Grabkammer, zu sein.

Schere, Nadel und Kamm

Am unteren Ende der rechten Körperseite, auf gleicher Höhe wie das Elfenbein-Objekt, wurde ein Bündel aus Eisenschere mit Nadel in Nadeldose und ein Knochenkamm angetroffen *(Abb. 2; 9,2; 12)*[390]. Auf beiden Seiten sowohl der Schere als auch des Kamms befindet sich ein etwas gröberer, leinwandbindiger Stoff (Typ H, vgl. unten S. 131), was vermuten lässt, dass alles zusammen in diesem Stoff verpackt und am rechten Fuß des toten Mädchens abgelegt worden war. Das Fragment eines Ripsgewebes (Typ C, vgl. unten S. 129) haftet über dem leinwandbindigen Gewebe auf der Scherenunterseite.

An der Spitze der 17,5 cm langen Scherenschneide sind verschiedene Abdrücke von Pflanzenresten zu erkennen. Da ihre Zellstruktur vergangen ist, kann man sie nicht mehr bestimmen; ihre Funktion ist nicht geklärt. Im Bügel der Schere lag eine 3 cm lange Nähnadel in einem Futteral, mit der Spitze in Richtung Bügelende *(Abb. 66)*. Die Nadelhülse, die nur noch als halbe Schale vorhanden ist, besteht aus Leder. Im Innern der Hülse, Richtung Bügelende, ist eine dünne Auflage mit längsgestreifter Struktur. Möglich ist, dass die Hülse mit einem Stopfen verschlossen war. Um die Nadel ist ein Nähfaden aus einem S-gedrehten einstufigen Zwirn mehrfach geschlungen. Die Zwirnstärke beträgt 0,3 mm. Da der Faden in einem stark abgebauten Zustand ist, konnte das Material nicht mehr bestimmt werden. Mögliche Gewebereste in der Nadelhülse konnten nicht beobachtet werden.

389 Hampel 1994, 146; Hampel/Banerjee 1995, 145 f.
390 Vgl. Hampel 1994, 152 f., Abb. 105 (Röntgenaufnahme) u. 106; sowie Hampel 1997, 599 f., Abb. 11–16, mit neuen Beobachtungen nach erweiterten Restaurierungen.

67 Detailaufnahme der an der Schere ankorrodierten Reste eines beinernen Kamms mit eingedrehter Kreisaugen-Verzierung und an dessen Rand die Reste eines leinwandbindigen Gewebes, das unterhalb von Schere und Kamm sitzt. Ohne Maßstab.

Seitlich an der Schere ist ein Teil eines ursprünglich etwa 11,5 cm langen Knochenkammes ankorrodiert, von dem nur wenig erhalten ist. Es ist ein einreihiger Dreilagenkamm, der beidseitig mit Ritzlinien und Kreisaugen verziert ist. Sehr deutlich sind halbe Abdrücke der Kreisaugenverzierungen zu erkennen und darunter die Reste eines leinwandbindigen Gewebes *(Abb. 67)*. Mit der Röntgenfluoreszenzanalyse wurde nachgewiesen, dass der Kamm durch reine Kupfernieten zusammengehalten wurde[391].

Textilien

Da die Kettenglieder nicht *in situ* angeliefert worden waren, musste deren Fundlage für die textilkundliche Auswertung anhand des Grabungsplans rekonstruiert werden. Aufgrund nicht ausreichender Detailgenauigkeit des vorliegenden Plans kann nicht gänzlich ausgeschlossen werden, dass einige der Fragmente anders positioniert waren oder dass sie mit der Unterseite nach oben angeordnet waren. Die im Folgenden verwendeten Bezeichnungen »Ober- und Unterseite« beziehen sich somit auf die Rekonstruktion nach dem Einlieferungszustand.

Auf den Kettengliedern sind acht verschiedene Stoffe erhalten:

- **Typ A**: ein leinwandbindiges Gewebe auf der Unterseite einiger Kettenglieder der linken Körperseite. Das Gewebe ist in beiden Webrichtungen mit Z-gedrehtem Garn gewebt *(Abb. 68,1)*. In der einen Webrichtung beträgt die Fadenstärke 0,2 – 0,4 mm bei 20 Fäden pro cm, und in der anderen Webrichtung 0,2 – 0,7 mm bei einer Webdichte von 14 Fäden pro cm.
- **Typ B**: ein weiteres leinwandbindiges Gewebe befindet sich ebenfalls auf der Unterseite der Kettenglieder, und zwar sowohl an Kettengliedern der rechten wie der linken Seite, auch auf dem oben erwähnten »Bündel« der Gürtelkette mit den drei »klöppelartigen« Eisenstäbchen. An diesem haftet ein mehrfach gefaltetes Stück des Gewebes. In der einen Webrichtung wurde Z-gedrehtes Garn verarbeitet, mit einer Fadenstärke von 0,2 – 0,3 mm bei 20 Fäden pro cm, in der anderen Webrichtung wurde Z- und S-gedrehtes Garn im Wechsel verwebt. Der Wechsel ist, soweit er ausgezählt werden konnte, alle drei, vier oder sechs Fäden zu beobachten. Die Garnstärke beträgt 0,2 – 0,3 mm bei 30 Fäden pro cm. Ein solcher Garnwechsel ergibt bei einfarbigen Geweben Muster in Form einer Schattierung[392], in diesem Fall vermutlich ein feines Streifenmuster. Was bei Gewebe Typ B außerdem auffällt, ist die wiederkehrende Faltenbildung, die fast immer leicht diagonal zum Kettenglied verläuft *(Abb. 68,2)*.
- **Typ C**: Gleichfalls auf der Unterseite der Kettenglieder, in der Nähe der Bernsteinperle, finden sich Reste eines Ripsgewebes aus Wolle. Für dieses Gewebe wurde im Schuss Z-gedrehtes Garn benutzt. Die Garnstärke beträgt 0,3 mm und hat eine Fadendichte von 30 Fäden pro cm. Die Kette besteht aus einem S-gedrehten Zwirn mit einer Fadenstärke von 0,5 – 0,6 mm und einer Webdichte von 6 Fäden pro cm.
- **Typ D**: Ein drittes leinwandbindiges Gewebe, das sich auf der Oberseite der Kettenglieder befindet, ist in beiden Webrichtungen mit Z-gedrehtem Garn gewebt. In der einen

391 Die µ-RFA-Analyse wurde am Römisch-Germanischen Zentralmuseum von Dipl.-Ing. Sonngard Hartmann durchgeführt.

392 Walter/Peek/Gillch 2008.

68 Gewebe-Typen aus dem Körpergrab. Ohne Maßstab.

1 Gewebe Typ A;
2 Gewebe Typ B, gefaltet;
3 Gewebe Typ D, auf dem Haken der Gürtelkette;
4 Gewebe Typ E: Schleier;
5 Gewebe Typ F: Ripsband;
6 Gewebe Typ G: Eingrat-Köper;
7 Gewebe Typ H (Leinwandbindung) und Ripsgewebe Typ C auf der Eisenschere.

Webrichtung liegt die Webdichte bei 22 Fäden pro cm und in der anderen Richtung bei 28 Fäden pro cm. Die Fadenstärken betragen 0,2 – 0,4 mm *(Abb. 68,3)*.

- **Typ E**: Auf einigen Stellen über Gewebe Typ D sind winzige Fragment eines feinen, locker gewebten schleierartigen Gewebes erhalten *(Abb. 68,4)*. Da die Fragmente sehr klein und in einem sehr schlechten Erhaltungszustand sind, konnte nur die Stärke des Garns von 0,05 – 0,1 mm vermessen werden. Der Fadenabstand liegt bei 0,5 mm.
- **Typ F**: Fragmente eines zweiten feinen Ripsgewebes befinden sich auf der Unterseite eines der Kettenglieder auf der linken Körperseite. Es ist ein 2 mm schmales Band aus Kettrips mit jeweils paarweise wechselnd Z- und S-gedrehtem Garn in der Kette. Die Fadenstärke beträgt 0,1 – 0,2 mm bei 55 Fäden pro cm. Der Schussfaden ist ein S-gedrehtes Garn mit einer Stärke von 0,6 mm und einer Webdichte von 10 Fäden pro cm *(Abb. 68,5)*. Das Ripsband liegt auf Gewebe Typ D, dazwischen das Schleiergewebe.
- **Typ G**: Ein siebtes Gewebe, ein kleines Fragment eines stark abgebauten Eingratköpers, ist ebenfalls in diesem Bereich erhalten geblieben *(Abb. 68,6)*. Es liegt über Gewebe Typ A. Vom Köper lässt sich nur noch der Faden der einen Webrichtung richtig erkennen: ein schwach Z-gedrehtes Garn mit einer Fadenstärke von 0,4 mm.
- **Typ H**: Direkt auf der Schere ist ein leinwandbindiges Gewebe erhalten geblieben, für das man in Kette und Schuss Z-gedrehtes Garn verwendet hat. Die eine Webrichtung hat 11 Fäden pro cm bei einer Fadenstärke von 0,4 – 0,8 mm. Die andere Webrichtung 14 Fäden pro cm bei einer Fadenstärke von 0,4 – 0,5 mm. Über dem leinwandbindigen Gewebe liegt ein Stück Ripsgewebe Typ C *(Abb. 68,7)*.
- **Zwirnknoten**: Am Gürtelhaken ist ein 3 mm großer Knoten zu beobachten, der auf der Unterseite des Hakens ankorrodiert ist. Er muss Teil einer Schnur gewesen sein, die aus mehreren Zwirnen bestand. Der Zwirn ist einstufig, S-gedreht und 0,6 mm dick. Zu seiner Verwendung kann keine Aussage getroffen werden.
- Auf beiden Seiten der Scheidenspitze des Messers am Gehänge (vgl. oben S. 124) sind Reste eines leinwandbindigen Gewebes erhalten. Für beide Webrichtungen wurde Z-gedrehtes Garn verwendet. Die Fadenstärke liegt bei 0,1 – 0,4 mm bei einer Fadendichte von 24 und 20 Fäden pro cm. Sehr wahrscheinlich handelt es sich um das gleiche leinwandbindige Gewebe Typ D wie an den Kettengliedern.

Zusammenfassung

An diversen Fundstücken konnten insgesamt acht verschiedene Gewebe dokumentiert werden. Eine Faserbestimmung war wegen des allgemein abgebauten Zustandes nur noch in einem Fall möglich. Eine Zuordnung der einzelnen Gewebeschichten zur Kleidung und Grabausstattung ist schwierig, da es sich nur um geringe Mengen handelt und der Fundkomplex nicht mehr in seinem Kontext vorlag. Auch war ein Vergleich der organischen Anhaftungen an den restlichen Objekten aus dem Grab nicht möglich. Rückschlüsse der Zugehörigkeit zu bestimmten Kleidungsstücken der Toten geschehen somit unter Vorbehalt (vgl. unten S. 157 f. mit *Abb. 79*).

Auf beiden Seiten der Glieder der eisernen Gürtelkette sind unterschiedliche Gewebe ankorrodiert. Auf der einen Seite gibt es, als erste Schicht, ein leinwandbindiges Gewebe Typ A und ein spinngemustertes leinwandbindiges Gewebe Typ B. Bei letzterem fällt seine scharfe Faltenbildung auf, was bedeuten kann, dass entweder der Stoff bewusst in Falten gelegt worden war oder dass die Falten zufällig durch das enge Tragen der Gürtelkette entstanden sind. Somit wäre es möglich, Gewebe Typ A als Unterbekleidung und Typ B als Überbekleidung anzusprechen. Gewebe Typ B präsentiert sich durch die streifige Spinnmusterung, deren Muster je nach Lichteinfall sichtbar wird. An einem anderen Kettenglied gibt es ein kleines Fragment eines Ripsgewebes Typ C. Der gleiche Rips befindet sich auch an der Schere, über einem dritten leinwandbindigen Gewebe Typ H. Aller Wahrscheinlichkeit nach sind Schere, Nadel und Kamm in dieses dritte, leinwandbindige Gewebe Typ H eingeschlagen gewesen. Sie wurden als Bündel auf der rechten Seite, zu Füßen der Toten, auf dem Ripsgewebe abgelegt. Der Befund an der Schere sowie an einem der Gürtelkettenglieder belegt, dass das Ripsgewebe wenigstens ab der Taille bis zu den Füßen reichte. Möglicherweise war die Tote darauf gebettet worden.

Weiterhin gibt es ein feineres leinwandbindiges Gewebe Typ D, das überwiegend auf der Oberseite der vorderen Gürtelkettenglieder anzutreffen ist und somit vermutlich zu einem Bekleidungselement gehörte, das über der Gürtelkette getragen wurde. Da sich die Fragmente des Schleiergewebes Typ E fast immer über dem Gewebe Typ D befinden, könnte dies ein Schleier gewesen sein, den das Mädchen über diesem Gewand getragen hat. Fragmente des Schleiergewebes an einem Kettenglied im unteren Bereich der linken Seite geben Hinweise auf die Mindestlänge des Schleiers.

In diesem Bereich befindet sich auch ein winziges Fragment eines Köpergewebes Typ G[393]. Das schmale Ripsband an der linken Seite im Gehängebereich diente wahrscheinlich zum Festschnüren von Gegenständen; eventuell wurden mit ihm Teile des Gehänges befestigt.

Beobachtungen und Untersuchungen zu Gürtelkette, Eisenmesser, Riemenzunge sowie Kamm, Schere und Nadel *(Egon Wamers)*

Gürtelkette

Inventar: 1994/095/010
Gürtelkette aus 19 eisernen Stangengliedern mit Hakenende; starke Korrosionsspuren. In drei Kettenglieder ist mit einem Eisendraht je eine Perle (zwei Glas- und eine Bernsteinperle) sowie ein Lederriemen eingehängt (vgl. den Beitrag von Goedecker-Ciolek, oben S. 121 ff.).
Ursprüngl. L. ca. 90 cm.

Laut Grabungszeichnung *(Abb. 9,2 rechts)* und Umzeichnungen (*Abb. 12; 61* = Hampel 1994 Abb. 71; 95) lag die etwa 90 cm lange Gürtelkette ungefähr in Leibesmitte des Kindes, war aber dem Anschein nach mit dem Hakenende, das sich zur Rechten des Kindes befand, nicht um den Leib herum eingehängt. Ob die Kette nur auf dem Körper des verstorbenen Kindes abgelegt, ob es also nicht mit ihr gegürtet war, kann nicht mehr entschieden werden. Wegen der Verwerfungen im Sarg im Gefolge der Verwesungsprozesse und des Einsturzes von Grab- und Sargdeckel ist beides denkbar. Das andere Ende der Kette hing von der linken Seite des Mädchens herab oder war dort in dieser Form platziert worden. Vermutlich an seinem letzten Kettenglied war ein flaches, etwa 17 cm hohes und breites Elfenbeinobjekt eingehängt (dazu oben die Restaurierungsbeobachtungen S. 124 f. und weiter unten S. 133 ff.). Wenn der restaurierte Befund *(Abb. 59,1–2)* nicht täuscht, war im Rücken des Kindes mittels eines (nur noch zur Hälfte erhaltenen) Eisenrings ein Bündel mit drei kleinen »Klöppeln« aus je einem Drahtglied mit kugeligem Ende eingehängt gewesen, die heute zusammengebacken sind – also eine Art Kleingehänge. In zwei weiteren durch Kettenglied-Gelenke geführten Eisendrahtringen waren einmal (im Rückenbereich) eine kleine irisierende Glasperle und einmal (im linken Gürtelkettenbereich im Gelenk vom 15. zum 16. Glied) eine blau-grüne Glasperle mit gekreuzter schleifenartiger Fadenauflage und farbigen Punkten eingehängt. Ein vierter Drahtring am Gelenk vom 13. zum 14. Glied hielt eine Bernsteinperle und einen schmalen Lederstreifen, von dem nur ein kurzes Fragment erhalten ist. In Drahtringe eingehängte Perlen sind auch von anderen Gürtelgehängen bekannt, etwa aus Lahr-Burgheim,

393 Hampel 1994, 146 ff. – Hampel weist in ihrem Text auf ein Köpergewebe in einigen Bereichen hin. Wegen fehlender Nachweise blieb die Zugehörigkeit des Köpers ungeklärt. Das bei ihr auf Abb. 98–100 dokumentierte Gewebe sieht eher nach einer Leinwandbindung aus.

394 Krohn 2004/2005, 153 ff., 534, Taf. 3A. – Auch diese Gürtelkette ist aus Eisendraht gefertigt.

395 Für frdl. Hinweise danke ich Dr. Uta von Freeden, Frankfurt am Main.

396 Vgl. Wamers 1995; Wamers, in: Katalog Paderborn 1999, Bd. 2, 440 ff., Kat.-Nr. VII.7-9.

St. Peter Grab 10, mit insgesamt sieben großen Glas- und Edelsteinperlen, darunter auch einer Bernsteinperle[394]. Die Frankfurter Glasperlen sind indes wenig spezifisch und erlauben keine weiteren Schlüsse[395].

Eiserne und – selten – bronzene Stangengliederketten unterschiedlicher Konstruktion, zum Teil mit Verteilerplatten und meist mit Schmuckperlen und Amulettelementen besetzt und behängt, sind als Bestandteil der Frauentracht seit dem frühen 7. Jahrhundert vorwiegend im alamannisch-fränkischen Bereich beliebt. Sie lösen die langen Gürtelgehänge des 5. und 6. Jahrhunderts mit Stoffbändern und unterschiedlichsten Amuletten sowie Kleingerät ab und finden sich bis weit ins 8. Jahrhundert hinein. Die Amulette aus meist tierischen und mineralischen Materialien, oft solchen aus Bein und Horn, Elfenbein-gefasste durchbrochene Zierscheiben und Hirschgeweihrosen, Cypräen, Tierzähne, die so genannten »Herkuleskeulen« oder die meist als »Amulettkapseln« bezeichneten Kapselreliquiare[396] hatten überwiegend apotropäische und heilende Funktionen und verhießen – als Zubehör der Frauentracht – insbesondere Fruchtbarkeit. Krohn hat die Frankfurter Gürtelkette in seine Zusammenstellung der einfachen Gürtelketten aufgenommen, die nur 13 Exemplare umfasst. Sie sind in das späte 7. und das frühe 8. Jahrhundert zu datieren und konzentrieren sich auf den Raum vom Mittelrhein bis zum Rhein-Neckarraum mit Ausläufern nach Burgund und Südtirol *(Abb. 69)*[397].

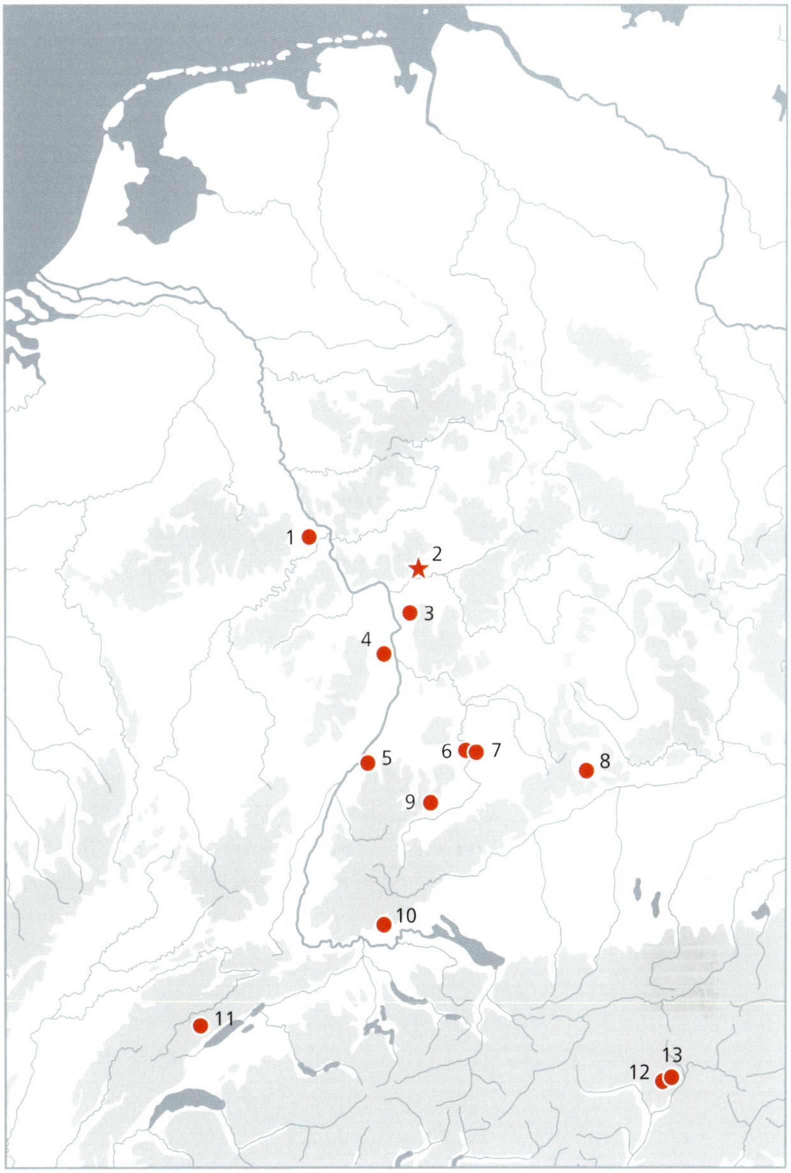

69 Verbreitung der »einfachen Stangengürtelketten« aus Eisen des späten 7. bis frühen 8. Jahrhunderts (nach Krohn 2004; vgl. Anm. 397).

1 Kobern;
2 Frankfurt am Main;
3 Goddelau;
4 Worms;
5 Schwarzach;
6–7 Pleidelsheim;
8 Kirchheim/Ries;
9 Entringen;
10 Schleitheim;
11 Doubs;
12–13 Säben.

Elfenbein-Objekt

Inventar: 1994/095/013
Mehrere Fragmente einer mehrteiligen flachen Platte; (partiell ? Mammut-) Elfenbein; Bronzebeschläge. Vermutlich von Gürtelkette herabhängend.
Ursprüngl. Gesamtmaße: ca. 17 cm × 17 cm.

Das ursprüngliche Aussehen des Elfenbeinobjekts, das nach den Beobachtungen von Goedecker-Ciolek (vgl. oben S. 124 ff.) vom unteren Ende der Kette herabhing und von dem nur Fragmente erhalten waren, ist nur schwer zu rekonstruieren. Es wurde aus (zumindest par-

397 Krohn 2004/2005, 39 f., Fundliste 9 A II c. Frdl. Hinweis Dr. Niklot Krohn. Es handelt sich um folgende Funde: **1** Kobern Grab 2, Kr. Mayen-Koblenz; **2** Frankfurt am Main, Bartholomäus-Kirche; **3** Goddelau Grab von 1883, Kr. Groß-Gerau; **4** Worms-»Schillerstraße« Frauengrab von 1880; **5** Schwarzach, Abteikirche St. Peter u. Paul, Grab 30 II, Kr. Rastatt; **6–7** Pleidelsheim Grab 174 u. 190, Kr. Ludwigsburg; **8** Kirchheim/Ries Grab 326, Ostalbkreis; **9** Entringen Grab 3, Kr. Tübingen; **10** Schleitheim Grab 504, Kt. Schaffhausen, Schweiz; **11** Doubs Grab 301, Dép. Doubs, Frankreich; **12–13** Säben Burgberg Grab 64 u. 177, Südtirol.

70 Erhaltene Beigaben aus einem Frauengrab in der Kirche von St-Ouen (St. Audoin) in Rouen, Dép. Seine-Maritime, Normandie. 1–2 Fragmentarischer Amulettanhänger aus Hirschgeweih mit Kettenaufhängung, 1 »Vorderseite«, 2 »Rückseite«; 3 Glaskanne mit Fadenauflage. 1–2: M. ca. 1:1,3; 3: ohne Maßstab.

3

tiell fossilen Mammut-)Elfenbeinteilen[398] gefertigt, mit angenieteten Bronzeblechzwingen und -bändern zusammengehalten und war, nach der Befundlage zu urteilen, etwa 17 cm breit und hoch. In Hampels erster Rekonstruktion von 1994 hatte es eine etwa trapezoide Form, nach ihrer späteren detaillierteren Analyse nahm sie eine mehr dreiseitige Grundform mit oberem Fortsatz an *(Abb. 61)*[399], also mit einem etwa flaschenförmigen Umriss. Auch die neuerlichen Analysen von Goedecker-Ciolek, nach denen das Objekt einen komplexen Aufbau mit Nut- und Federkonstruktionen aufwies, vielleicht mit Vorder- und Rückplatte, davon die vordere vielleicht durchbrochen gearbeitet, erlauben keine zufriedenstellende Gesamtrekonstruktion.

Exkurs: Beinobjekt aus Rouen und Anhänger aus West Hesslerton

Als bislang einzige engere Parallele zu diesem flachen Elfenbein-Objekt habe ich kürzlich das Beinobjekt aus Frauengrab 65 aus der heutigen Kirche St-Ouen in Rouen (Dép. Seine-Maritime, Normandie) vorgestellt[400]. Es wurde am 15. Dezember 1884 im Zuge der Einbringung einer Fußbodenheizung in einem trapezoiden Steinsarkophag im Bestattungsareal im Zentrum des Langschiffs angetroffen, wo weitere merowingerzeitliche Sarkophage freigelegt worden waren[401]. Da keine Angaben über eine geringe Größe des Sarkophages gemacht wurden, war in ihm wohl eine erwachsene Person bestattet worden – wegen der Beigaben sicherlich eine Frau. In dem Sarg fanden sich, neben einer vollständig erhaltenen Glasflasche mit Kleeblattausguss und Fadenauflage *(Abb. 70,3)* zu Füßen der Toten, ein Eisenmesser und kleine Bronzebeschläge zu ihrer Linken, wo ferner auf der Höhe der Hand »ein Kettchen und ein Elfenbeinobjekt« lagen, und weiter unterhalb und neben der Wade »Bronzeringe von 8 cm Durchmesser«, »miteinander verbunden mit Nieten auf Lederfragmenten«[402] *(Abb. 70,1–2)*; rechts vom Kopf eine eiserne Schnalle und weitere Eisenreste, winzige Keramikreste sowie »im Grab« Holzkohlereste. Von den Beigaben sind heute nur noch das Beinobjekt und die Glasflasche erhalten. Am 25. Mai 2011 bestand die Möglichkeit, die Fragmente im Musée Départemental des Antiquités in Rouen zu untersuchen[403]. Nach Analyse von François Poplin bestehen die Beinfragmente aus Hirschgeweih[404].

Es gibt drei Abbildungen des Beinobjektes: eine rekonstruierende und schönigende Zeich-

398 Die oben dargelegte Strontiumisotopenanalyse von Fragmenten des Elfenbeins, der zufolge das Elfenbein aus der gleichen Region wie die anderen gemessenen diversen Knochenreste des Grabes stammen, ist wenig hilfreich.

399 Hampel 1994, Abb. 102; Hampel 1995, Abb. 4; Hampel 1997, Abb. 9.

400 Wamers 2013b, 170 f., Abb. 125. – Für den erstmaligen Hinweis auf dieses Objekt danke ich Dr. habil. Dieter Quast, Römisch-Germanisches Zentralmuseum Mainz.

401 Prévost 1885, 11 ff.; Comte d'Estaintot/de Vesly 1886, 14 f.; Périn 1989, Lage der Gräber: Abb. 1.C.

402 »des anneaux de bronze de 8 centimètres de diamètre reliés par des rivets à des fragments de cuir« Prévost 1885, 12 f. Abb. 8 u. 5; Comte d'Estaintot/de Vesly 1886, 14.

403 Inventar: 2011.0.661. – Für die Erlaubnis zu der und Unterstützung bei der Autopsie der Fragmente danke ich Nathalie Roy sehr. Die etwa einstündige Untersuchung war jedoch nicht eingehend. Ferner konnten sie in der Ausstellung »Königinnen der Merowinger. Adelsgräber aus den Kirchen von Köln, Saint-Denis, Chelles und Frankfurt am Main« 2012/2013 in Frankfurt am Main gezeigt werden. – Für zahlreiche Hinweise und Hilfen danke ich Prof. Dr. Patrick Périn herzlich.

404 Für die Analyse und zahlreiche Kommentare und Hinweise zu den Fragmenten aus Frankfurt und Rouen danke ich Prof. Dr. François Poplin, Muséum national d'Histoire naturelle, Paris, sehr. – Prof. Dr. Patrick Périn verdanke ich eine Ablichtung der Bearbeitungskartei (»dossiers«), die Édouard Salin am 3.10.1956 im Laboratoire de Recherches Archéologiques des Musée Lorrain in Nancy angefertigt hat. Unter der Nr. 665 notierte Salin: »Longueure: 135 m/m, Largeure: 80 m/m. – Il est constitué par une sorte de cadre renforcé sur les faces, le long de trois bords sur quatre, par des demi-joncs. Deux plaques le recouvrent en s'encastrant légérement dans les demi-joncs; le décor général des plaques et des demi-joncs, se compose de stries et de quadrillage incisés.
Six petites frettes de bronze, ornées de stries, dont trois substitent partiellement, sont rivées sur l'ensemble entourant les dei-joncs; en outre quelques rivets irréguliėrement disposés contribuaient à assurer la resistance de l'assemblage. Vers le haut au droit des joncs latéreaux, le cadre offre deux pattes perforées dans lesquelles s'engagent les anneaux terminaux d'une chainette de bronze blanc, formée de tiges aux éxtremités bouclées. D'importantes restaurations de platre ont rendue inutile l'ouverture du reliquaire.«

1

2

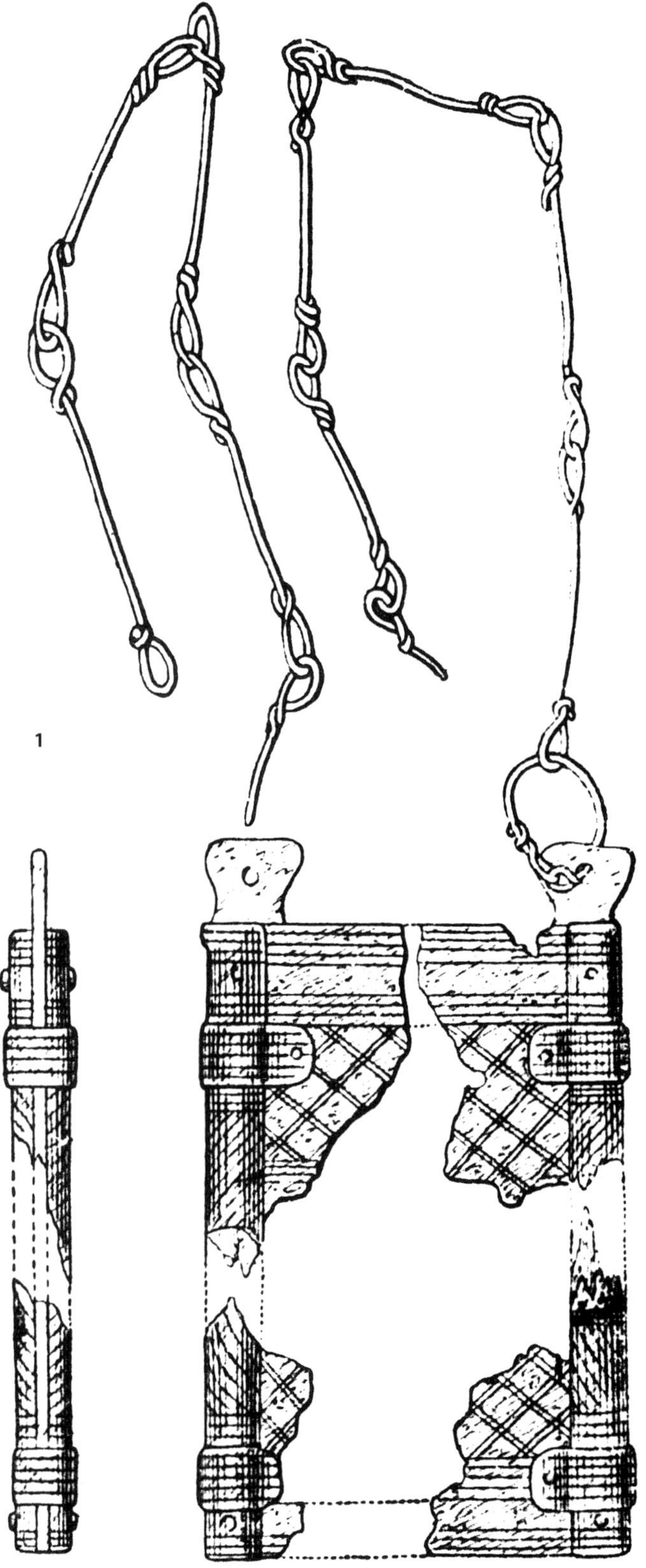

nung bei Prévost 1885, bei der aber keine Ergänzungen des Mittelteils eingefügt worden waren *(Abb. 71,1)*, eine historische Fotografie nach einer stark verändernden restaurativen Ergänzung mit Gips, die 1956 von Edouard Salin durchgeführt wurde und die bei Patrick Périn abgebildet ist[405] (*Abb. 71,2* – diese Gipsergänzungen ließ später Périn wieder in den Werkstätten der Unité de traitement d'information en conservation archéologique in Saint-Denis rückgängig machen), und schließlich die aktuelle Fotografie von 2012, bei der alle Ergänzungen zwar entfernt wurden, die Lage der Reste jedoch unverändert gegenüber letzterem Foto beibehalten wurde *(Abb. 70)*[406].

Nach den erhaltenen Fragmenten bestand das Objekt ursprünglich aus einer dreilagigen, wohl rechteckigen Beinplatte, die rechts, links und unten von einer aufgenieteten Randleiste eingefasst war. Von diesen Platten sind noch drei Eckfragmente erhalten – nur zum geringsten Teil in allen drei Lagen. Die äußeren Platten sind – wie die Randleisten – außen poliert und ritzverziert; die mittlere, beidseitig unverzierte, Platte ist in die Randleisten eingenietet und wird sandwich-artig von den einseitig verzierten Platten beidseitig bedeckt; letztere sind passgenau zwischen die Randleisten eingelassen und alle drei in Randnähe miteinander vernietet. Die mittlere Platte hat an der Oberkante rechts und links abgerundet-trapezoide zungenartige Vorsprünge mit Durchbohrung – davon die »rechte« abgebrochen. In einer ist ein Ring aus blankem Bronze(?)draht mit verschlauften Enden eingelassen, in dem wiederum die Stangengliederkette eingelassen war – das war sicher die ursprüngliche Befestigung der Kette am Objekt. Die gesamte tragende Konstruktion bestand somit aus der mittleren Platte mit den drei Randleisten. An der abgebrochenen Zungenöse[407] ist der Originalring (vgl. unten S. 138) noch erhalten, am anderen Ende wurde später, vermutlich im Zuge der

405 Périn 1989, Abb. 16. – Der größte Teil der rechteckigen Platte sowie ein erheblicher Teil der unteren und einer seitlichen Randfassung waren durch kolorierte Gipsstücke ergänzt.

406 Wamers 2013b, Abb. 125. – Auf Fotos des Musée Départemental von 2010 waren die Gipsergänzungen

ergänzenden Restaurierung (vgl. unten S. 138), ein modern gezogener Bronze(?)drahtring eingezogen und verlötet. Unten schaut – soweit erhalten – die mittlere Platte etwa 5 mm zwischen der unteren Randleiste heraus, ohne dass über ein mögliches weiteres Vorspringen der Platte im ursprünglichen Zustand etwas Verbindliches ausgesagt werden könnte.

Nach der bei Périn 1989 wiedergegebenen Rekonstruktion war das Gesamtobjekt ohne Ketten etwa 8 cm × 14 cm groß (nach Salin 8 × 13,5 cm). Die alten Gipsergänzungen waren erheblich. Bei Gustave Prévost *(Abb. 71,1)* sind die oberen Plattenteile sehr dicht aneinander gerückt, in der alten Rekonstruktion *(Abb. 71,2)* hingegen hat Salin sie etwa 3,5 cm weit auseinandergesetzt. Eine stichhaltige Begründung hierfür gibt es nicht: Weder die Breite noch die Höhe können aus anpassenden Fragmenten zweifelsfrei erschlossen werden. Während jedoch die ursprüngliche Höhe des Gesamtobjekts inklusive Ösenzungen mit circa 14 cm wahrscheinlich ist, kann man bei der originalen Breite zunächst nur ein Mindestmaß von etwa 6 cm annehmen. Hinzu kommt, dass die oberen Teile der Mittelplatte nach innen zu gerade Kanten zu haben scheinen, die wie Abschlusskanten wirken. Von den oberen und unteren Querleisten ist zu wenig erhalten, um zweifelsfrei klären zu können, ob sie ursprünglich aus einem durchgehenden Teil bestanden oder aus mehreren schmaleren Platten zusammengesetzt waren wie bei den Zahnplatten von Kämmen.

Die im Querschnitt etwa flach-halbrunden Randleisten wurden mit der mittleren Platte vernietet, wie man es von Dreilagenkämmen kennt. Wie die obere und die untere Zierplatte ursprünglich auf der Mittelplatte befestigt wurden, ist bei dem fragmentarischen Zustand nur schwer zu rekonstruieren. Randleisten und äußere Platten waren seitlich und unten durch insgesamt sechs geriefelte Blechzwingen zusammengenietet worden.

71 Alte Wiedergaben des Amulettanhängers aus St-Ouen. **1** Rekonstruierende Zeichnung der Fragmente nach G. Prévost 1885; **2** Foto der Rekonstruktion nach E. Salin 1956 mit ergänzendem Mittelteil aus Gips. 1: M. 1:1,4; 2: M. 1:1,5.

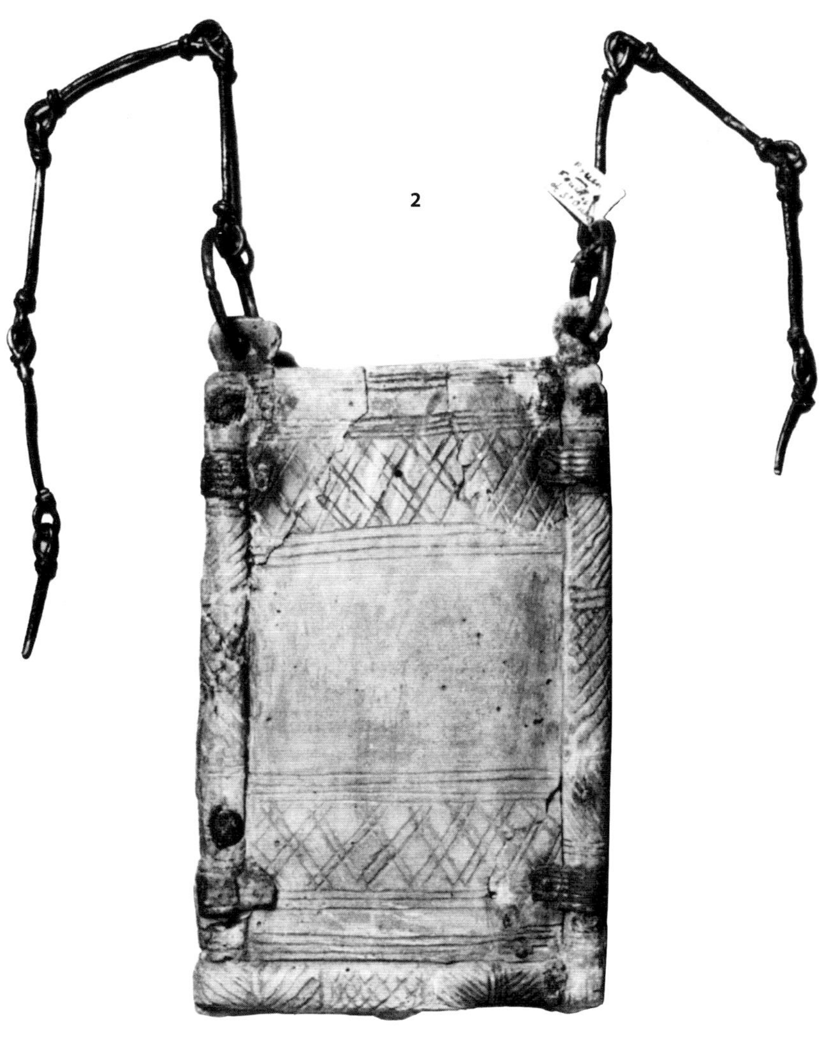

zwar schon wieder von den Originalteilen gelöst, aber immer noch zwischen die Originale platziert.

407 Hier scheint nach dem Foto des MDA Rouen ein winziger eisenoxid-verfärbter Textilrest zwischen den Platten erhalten zu sein.

Der bereits angesprochene Drahtring mit doppelter Umwicklung, der in die Öse der abgebrochenen Bein-Zunge eingelassen ist, besteht aus demselben weißlich glänzenden Drahtmaterial wie die Stangenglieder, dürfte also original sein; des Weiteren hängen an ihm drei komplette Stangenglieder. Das Material der Gliederkette kann durch Augenschein nicht sicher bestimmt werden; ihr Glanz ist silbrig; weder merkliche Eisen- noch Kupferoxidationsspuren sind zu erkennen. Vermutlich besteht die Kette aus einer stark zinn- und zinkhaltigen Bronze[408]. In den ineinander gehängten Ösen der Stangenglieder zeigen die Kettenteile starke Abnutzungsspuren, die von einer langen oder intensiven Nutzung zeugen. Im restaurierten Zustand von 1956 *(Abb. 71,2)* hängt am Ende noch ein fragmentarisches Stangenglied; die Zeichnung der Erstpublikation von Prévost *(Abb. 71,1)* hingegen zeigt fünf einhängende komplette sowie ein fragmentarisches Stangenglied. Allerdings ist die Zeichnung korrigierend beziehungsweise beschönigend (etwa was das Fehlen der unteren Blechzwingen betrifft), ist also nur bedingt verlässlich.

Der andere Ring aus dickem, gezogenem gelblichem Messing(?)draht ist an einer Stelle gebrochen und ehemals gelötet. Er ist sicherlich sekundär hinzugefügt worden, vermutlich bei der Restaurierung und Ergänzung des gesamten Objekts von 1956, denn in der Zeichnung der Erstpublikation befindet sich in der zweiten Zunge kein Ring. Dort ist diese Zunge auch noch nicht abgebrochen; andererseits sind hier – anders als im heutigen Zustand mit sieben ganzen und einem winzigen Rest – insgesamt neun und zwei halbe Kettenglieder wiedergegeben, von letzteren ein kleines und ein größeres Fragment. Diese beiden Fragmente könnten ursprünglich zusammen ein komplettes Glied ergeben haben, das zerbrochen war, womit sich nach der Primärzeichnung eine Kette von insgesamt zehn Gliedern ergäbe. In dem rekonstruierten Zustand von 1956 sind diese beiden End-Gliedfragmente noch erhalten; zudem hatte man das freie Kettchen mittels des (neuen) Bronzerings mit der festen Aufhängezunge verbunden. Jedoch besteht das »rechte« Kettchen mit originalem verschlauftem Ring aus drei kompletten (neben dem Endfragment) Gliedern, in der Primärzeichnung hingegen aus fünf. Heute weist dieses rechte Kettenteil ebenfalls drei Glieder auf, das fragmentarische Endstück fehlt jedoch. Das schon bei Prévost wiedergegebene und in der 1956er-Version bewahrte »linke« Kettchen hat immer noch vier Stangenglieder; das fragmentarische Endglied besteht nur noch aus der einhängenden Schlaufe. Was darüber hinaus eventuell noch an Kettengliedern ins Grab mitgegeben und entweder vergangen oder bei der Bergung übersehen worden war, kann heute nicht mehr bestimmt werden. Da auch der – ursprüngliche (auch bei der Grablege?) – Ring für die zweite Aufhängezunge bei der Bergung nicht angetroffen (oder übersehen?) wurde, kann über die ursprüngliche Gesamtlänge der Gliederkette und ihre Anbringung an der Kleidung der Verstorbenen nichts Sicheres mehr gesagt werden. Nach der Rekonstruktion von Salin bestand die Kette aus mindestens acht Stangengliedern (bei Annahme einer ursprünglichen Zusammengehörigkeit der beiden Fragmente). Wo und wie die freie Aufhängezunge mit der Kette verbunden war, ist nicht mehr entscheidbar, also auch nicht, ob es ein am Gürtel oder um den Hals getragenes Objekt war.

Aus den fünf komplett oder teilweise erhaltenen Bronzeblechzwingen, deren silbriger Schimmer ebenfalls auf einen hohen Zinn-/Zinkanteil zurückgehen dürfte, sowie aus zusätzlichen grünlichen, also Kupfer-Oxidationsspuren auf den Beinfragmenten lassen sich insgesamt sechs ehemalige Zwingen erschließen, mit deren Hilfe die rundlichen Randleisten (rechts, links und unten) mit der Mittenplatte vernietet waren. Die verwendeten Niete (einer mit großem flachem Kopf) bestehen aus dem gleichen (oder zumindest ähnlichen) silbrig glänzenden Material wie die Zwingen. Es liegt nahe, dass alle diese aus dem gleichen Metall wie die Kettenglieder be-

408 Eine vorgeschlagene zerstörungsfreie Materialanalyse war leider nicht möglich.

stehenden Teile aus dem gleichen Bearbeitungsprozess stammen. Darüber hinaus sind noch mindestens neun oder mehr Eisenniete erhalten, welche, in Reihe gesetzt, Randleisten und Mittelplatten(?) miteinander verbanden. Vier erhaltene weitere Eisenniete sitzen oben und unten auf der Mittelplatte; hier sind zudem bandförmige Eisenoxidspuren zu erkennen, die an diesen Stellen die Anbringung von Eisenblechen nahelegen. Zum Teil stoßen die Bronzeoxid-Spuren beziehungsweise die Bronzeblechzwingen direkt an die Spuren von Eisenrost, woraus man schließen darf, dass noch vor Einsetzen der Eisenoxidation die Bronzezwingen angenietet wurden. Da zur Befestigung einer unteren *(Abb. 70,1 unten rechts; 70,2 unten links)* Zwinge ein Teil der überstehenden Mittelplatte ausgekerbt worden war, also höchstwahrscheinlich in einem zweiten Bearbeitungs- oder zumindest Arbeitsgang aufgenietet wurde, liegt es nahe, dass ursprünglich das gesamte Objekt aus (doppelter?) Mittelplatte und halbrunden Doppelrandleisten mit Eisennieten und einigen Eisenblechzwingen zusammengenietet war. Zu einem späteren, sicher noch spätmerowingischen Zeitpunkt, hat man das ganze, inzwischen vielleicht fragil gewordene Objekt von den Eisenzwingen befreit und mit sechs »Bronze«blechzwingen wieder stabilisiert. Nicht ganz ausschließen kann man aber auch, dass die Eisenniete sekundäre Zutaten zur Stabilisierung waren. Letztlich kann nicht einmal mit völliger Sicherheit beurteilt werden, ob die heute erhaltenen Stangengliederketten die Reste der originalen oder einer späteren Aufhängung aus der Reparaturphase darstellen. Es ist sogar denkbar, dass ein älteres Objekt aus Hirschgeweih zu einem späteren Zeitpunkt neu gefasst und zu einem Anhängsel für eine Zierkette umfunktioniert worden war – wie bei einer Reliquie.

Das ursprüngliche Beinobjekt war beidseitig mit Ritzlinien verziert, es sollte also von beiden Seiten »nutzbar« beziehungsweise betrachtbar sein. Nach der alten Zeichnung von 1885 war vom »linken« oberen Teil ein größeres Fragment als nach dem Befund von 1956 und dem von heute erhalten. Soweit die Fragmente erkennen lassen, waren die vorderen und hinteren Deckplatten des rechteckigen Mittelfeldes im sichtbaren Bereich am oberen (ohne Randleiste) und unteren (mit Randleiste) Abschluss von je zwei aus vier Ritzlinien gebildeten horizontalen Bändern mit dazwischen liegendem unverziertem Horizontalstreifen von etwa 5 mm Breite begrenzt. Der Zwischenraum war/ist mit einem aus Doppelstrichen gebildeten Rautenmuster bedeckt. Da der größte Teil der Mittelplatten fehlt, können weitere mögliche Muster nicht nachgewiesen werden. Auf der von Salin rekonstruierten Gipsplatte, wonach ein breiterer Teil des Mittelfeldes unverziert geblieben war *(Abb. 71,2)*, sind lediglich am »rechten« Fragment mit der abgebrochenen Ösenzunge eine oder zwei horizontale Ritzlinien von etwa 5 mm erhaltener Breite zu erkennen, die das Rautenmuster ähnlich durchschneidet wie am oberen Rand. In der ersten zeichnerischen Wiedergabe von 1885 ist an der gegenüberliegenden, damals wohl besser erhaltenen, linken Partie ebenfalls ein solcher horizontaler (Doppel-?)strich erkennbar. Danach ist es also sehr wahrscheinlich, dass die mit Rauten verzierten Felder nur etwa 2 cm hoch waren, was vermutlich auch für das untere Fragment zutraf, und sicherlich für »Vorder-« und »Rück-«Seite. Da an die Rautenfelder oben respektive unten ein unverzierter Fries anschließt, ist es wahrscheinlich, dass sich auch zur jeweils anderen Seite hin ein ähnliches unverziertes Feld anschloss – entweder ein einzelnes großes wie in der zeichnerischen Rekonstruktion von 1885 oder eins, das erneut in der Mitte von einem Rautenfeld unterbrochen wurde. Unter der Voraussetzung einer Gesamthöhe der Dekorplatten von etwa 11 cm würde hier eine Folge von vier unverzierten (samt Horizontallinien) und drei rautenverzierten Feldern gut möglich sein – aber natürlich auch eine Folge von zwei unverzierten Rahmenfeldern (1,2 cm Höhe) und einem breiten unverzierten Mittelfeld (circa 4,6 cm Höhe) sowie jeweils zwei Rautenfeldern von 2 cm Höhe.

Die rahmenden Leisten von fast halbrundem Querschnitt sind ähnlich wie die Mittelplatten mit glatten unverzierten und schräggerieften Feldern ritzverziert; sie werden durch horizontale Dreierritzlinien begrenzt. Beim derzeitigen Stand der restauratorischen Beobachtung kann der originale Zustand nicht eindeutig rekonstruiert werden. An den oberen und unteren Enden gibt es je zwei (links: drei) etwa 0,8 cm hohe kleine freie Zonen, denen zwei Felder von etwa 1,6 cm Höhe mit Schrägritzung folgen. Ob sie mittig noch einmal von einer schmalen freien Zone unterbrochen wurden, kann nicht beurteilt werden. Die untere Leiste beginnt – auf beiden Seiten – nach einer schmalen unverzierten Endpartie direkt mit einem Feld mit Schägritzung; auf der einen, etwas besser erhaltenen Seite folgt ein weiteres Feld mit Schrägritzung, allerdings in gegenläufiger Richtung. Ob auch die anderen Randleisten mit solchen gegenläufigen Schrägriefungen verziert waren, kann wegen des mangelhaften Erhaltungszustandes nicht gesagt werden.

Der Ritzdekor – horizontale Strichgruppen, Schrägritzung/-kannelierung sowie aus Doppellinien gebildete Rautenfelder – ist wenig charakteristisch und kann wegen seiner Einfachheit nur schwer einem bestimmten Kunstkreis zugeordnet werden. Am augenfälligsten scheinen die Übereinstimmungen mit dem Zierspektrum des nordeuropäischen Kammmacherhandwerks des späten 7. bis 9. Jahrhunderts zu sein – vor allem hinsichtlich des gleichartigen Materials (Bein, zumeist Hirschhorn) und der Ritztechnik sowie der Technik der Montage der Einzelteile aus Innenplatten, die von aufgenieteten Halbrund-Leisten gefasst sind. Insbesondere die einzeiligen Dreilagenkämme aus den friesisch-norddeutschen Wurten, etwa von Elisenhof in Eiderstedt, aus internationalen Handelsorten wie Haithabu oder Dorestad, aus denen reiches Material vorliegt, oder aus Grabfunden wie dem reichen Doppelgrab 9 aus der ersten Hälfte des 8. Jahrhunderts im frühmittelalterlichen Kirchenbau von Kirchberg (Schwalm-Eder-Kreis, Nordhessen; *Abb. 75,4*) bieten hier ein gutes Vergleichsmaterial[409]. Gruppen von Querstrichen, Felderuntergliederung und vor allem die aus Doppellinien gebildeten Rautenfelder lassen kaum einen Zweifel aufkommen, dass das Hirschhorn-Objekt aus Rouen in einer der zahlreichen Kammmacher-Werkstätten gefertigt wurde. Aber auch bei Sakralobjekten wie dem Werdener Tragaltar aus der ersten Hälfte des 9. Jahrhunderts begegnen aufgenietete Beinplättchen mit – allerdings feiner – Rautenzier aus Doppellinien[410]. Gerippte Bronzebänder zur Verbindung und Fixierung von Elementen aus Bein oder Holz begegnen öfters im frühmittelalterlichen Kunsthandwerk[411] und können weder beim Objekt aus Rouen noch bei dem aus dem Frankfurter Domgrab Indizien für eine engere handwerkliche oder stilistische Zuweisung liefern.

Ob der Ritzdekor des rechteckigen Hirschhorn-Anhängers einen ikonographischen Sinn ergibt, kann vor allem wegen des fragmentarischen Erhaltungszustands nur schwer beurteilt werden. Die Randleisten mit ihrer Feldergliederung und Schrägkannelierung erinnern an kleine Säulen, welche die in horizontale Felder gegliederte Mittelplatte flankieren. Diese Felder, abwechselnd unverziert blank und mit Rautenmustern verziert, sind voneinander durch Strichgruppen getrennt, welche dadurch einer Kannelierung ähneln. In Größe und Format kommt das Stück Wachstäfelchen nahe; die Gliederung wiederum erinnert an die – zum Teil reich verzierten – spätantiken und frühmittelalterlichen Diptychen mit halbrunder Randleiste, zum Teil mit zusätzlicher Säulenrahmung der Bildszenen[412]. Mit einiger Phantasie könnte man das Beinobjekt aus Rouen für eine stark verkürzte und vereinfachte Imitation einer Kanontafel ansehen, wie etwa der aus dem Trierer Domschatz aus dem zweiten Viertel des 8. Jahrhunderts[413]: Von Säulen gerahmte horizontale Felder bestimmen das Strukturmotiv. Sollte eine solche Kanontafel von einem örtlichen Kammmacher zu einem portablen Objekt imitiert worden sein, das dann wie die seit Jahrhunderten beliebten

409 Vgl. Tempel 1970; Tempel 1972; Tempel 1979, Abb. 2–3; Ulbricht 1978, bes. Taf. 29; Kirchberg Grab 9 (Sippel 1989, 362 ff., Abb. 113, 114, Kamm: Taf. 20,8a–b; der Kamm lag im Ostteil der Grabkammer).

410 Schulze-Dörrlamm 2002, Farbtaf. IX–X.

411 Vgl. etwa die Randbeschläge für Trinkgefäße oben S. 55 ff. mit *Abb. 22*.

412 Vgl. Volbach 1976, Nr. 1 ff. – Kannelierte Säulen: Volbach 1976, Nr. 38, 43, 51–52, 63, 66, 68, 133, 135, 146, 147, 150, 152–154, 223, 224; sog. Harrach'sches Diptychon im Schnütgen-Museum, um 800 (Katalog Paderborn 1999, Bd. III, 617, Abb. 7); segmentgegliederte Säulen mit Schräg- und Vertikalkannelierung: Elfenbeintafeln mit den vier Evangelisten in der Biblio-

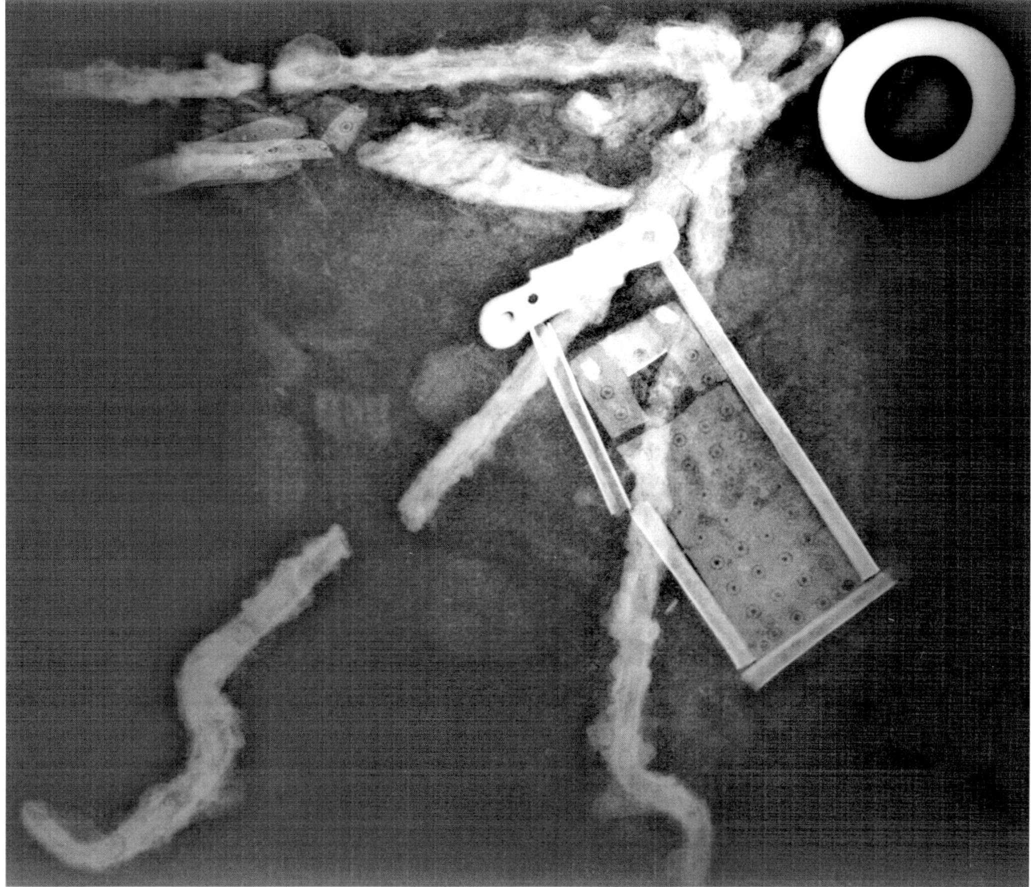

72 Gehängeteil aus Frauengrab 107 von West Heslerton, North Yorkshire, England. Röntgenaufnahme der Blockbergung des Gehänges unterhalb des Kinns der in Hocker-Seitenlage bestatteten Frau. Zu erkennen sind ferner zwei Hakenschlüssel, ein Verteilerring, eine Messerklinge, Fragmente eines Beinkammes mit Kreisaugenverzierung sowie ein weiteres stangenartiges Element.

Hirschhorn- und anderen Beinanhänger[414] als christlich-religiöses Amulett vom Gürtel der in Rouen bestatteten Frau herabhing?

Eine solche Funktion muss auch für das Elfenbeinobjekt des kleinen Frankfurter Mädchens angenommen werden, selbst wenn wir sein ursprüngliches Aussehen und vielleicht seine »Ikonographie« nicht mehr genauer bestimmen können.

Auf ein weiteres mögliches Vergleichsobjekt aus einem anglischen Frauengrab (Grab 107) von West Heslerton in North Yorkshire soll noch hingewiesen werden, auf das mich Dominic Powlesland aufmerksam machte[415]. Unmittelbar unterhalb des Kinns einer in rechter Hockerlage bestatteten Frau lag – nach der späteren Röntgenaufnahme im Block – ein Ensemble aus Toilettebesteck inklusive zweier Hakenschlüssel und anderer nicht bestimmbarer Metallteile sowie ein etwa rechteckiges »enigmatic box/purse/container lid«-Objekt *(Abb. 72)*[416] – das Ganze vermutlich an einem kräftigen gegossenen Buntmetallring befestigt. Das Grab datierten Powlesland und Christine Haughton ins späte 6. Jahrhundert. Die Außenmaße des Objekts betragen etwa 4 cm × 8 cm; es ist also etwa halb so

thèque National, Cabinet des Médailles, um 800, sowie Einband des Lorscher Evangeliars, Tafeln im Victoria u. Albert Museum London, um 800 (Katalog Paderborn 1999, Bd. III, 614, Abb. 4, 619, Abb. 8a).

413 Katalog Paderborn 1999, Bd. III, 469, Abb. 4.

414 Dazu vgl. Walter/Peek/Gillich 2008, 44 ff.

415 Powlesland/Haughton 1999, 118, 176. Für weiterführende Informationen und Bild- und Röntgen-Material danke ich Prof. Dr. Dominic Powlesland herzlich.

416 Powlesland, E-Mail vom 06.04.2011.

groß wie das Gehängeteil aus Rouen und noch einmal kleiner als das aus Frankfurt. Die Einschätzung Powleslands[417], dass es sich wohl um eine Art von Hängeobjekt mit Aufhängeösen am oberen Ende handele, wobei der Verschluss aus Buntmetall und der Rest aus Leder oder einem anderen organischen Material bestünde, ergänzte er etwas später[418] dahingehend, dass das Objekt in einem Beutel aus Leder oder anderem organischen Material stecke, der durch seitliche Metallröhren gefasst sei. Auf dem Röntgenbild ist ein langrechteckiges Objekt mit oberer quadratischer Aussparung, etwa einer Gürtelschnalle mit festem rechteckigen Beschlag ähnelnd, zu erkennen, das von einer Fassung umgeben ist; der obere U-förmige Bügel ist abgebrochen, ein Dorn oder eine Öse für einen Dorn sind nicht erkennbar. Das Objekt ist regelmäßig mit Reihen von Kreisaugen verziert – eingepunzt oder eingedreht – und gleicht somit mehreren Fragmenten in wenigen Zentimetern Entfernung, die wie die Griffplatten von Beinkämmen aussehen. Eine Materialbestimmung ist nicht erfolgt, der Dekor lässt an eine Bein-Arbeit mit eingedrehten Kreisaugen denken, wie man sie von kleinen Reliquienkästchen kennt[419]. Die Fassung besteht aus zwei langen (davon eine gebrochen) seitlichen und einer kurzen Halb- bis Dreiviertelröhre als Randbeschlägen für den unteren Abschluss sowie aus einem (oder zwei bis drei miteinander verhakten?) flachen länglichen Beschlag (Beschlägen?) profilierten Umrisses mit mindestens vier Nietlöchern, der offensichtlich oben an den Seitenröhren befestigt war – vielleicht als zu öffnender Verschluss. Nach der Röntgenaufnahme des Blocks *(Abb. 72)* zu urteilen, waren die Randbeschläge schrägschraffiert, vergleichbar den inneren Goldrandbeschlägen des so genannten Kamms Heinrichs I. im Quedlinburger Schatz[420]. Da sie etwa 1 cm über das kreisaugenverzierte Objekt hinausragen, dort auch der obere (Verschluss-?)Beschlag liegt, haben diese Randbeschläge sicherlich nicht das Zierobjekt selbst eingefasst, sondern ein Behältnis, in das es geschoben worden war. Das entspräche somit den mehrfach beobachteten Taschen für merowingische durchbrochene Zierscheiben[421].

Wenngleich zur Zeit weder das rechteckige Gehänge aus Rouen noch das deutlich kleinere aus dem anglischen West Heslerton in ihrem ehemaligen Aussehen und der Herkunft der Einzelteile zufriedenstellend bestimmt werden können, dürfen sie als Parallelen zu dem Elfenbein-Gehängeteil aus dem Frankfurter Domgrab angesehen werden. Flache, verzierte Platten aus Bein von circa 8–14 cm Länge wurden mit anderem Gerät einem Gürtelgehänge an der Frauentracht hinzugefügt; die Lage unterhalb des Kopfes im Grab von West Heslerton dürfte wegen des Schlüsselpaares keine ursprüngliche Trachtlage, sondern Beisetzungslage sein. Was diese spätmerowingerzeitlichen Anhängsel formenkundlich im Einzelnen bedeutet haben – und mit einer konkreten Bedeutung muss gerechnet werden –, kann zunächst nicht mehr gesagt werden. Sie stehen in der langen Tradition der diversen Amulett-Anhänger aus Hirschhorn und anderen Beinarten und der durchbrochenen Zierscheiben in Elfenbeinumfassungsringen, denen man wohl zumeist Fruchtbarkeitsaufgaben zuschrieb. Die drei flachen rechteckigen oder trapezoiden Anhänger des 7. und 8. Jahrhunderts aus Frankfurt, Rouen und West Heslerton könnten alte, verehrungswürdige Spolien sein, etwa Reste alter Reliquiare, die jetzt eine ähnliche Heilswirkung entfalten sollten, allerdings unter neuem christlichen Vorzeichen.

417 Powlesland, E-Mail vom 22.12.2010: »… I now wonder if it is some sort of hanging object with suspension loops at the top, the lid of which is in copper alloy and the rest in leather or some other organic material. It is only a few mm. In thickness and the alloy tubing in which the decorated plates sit could have also gripped leather or another organic material.«

418 Powlesland, E-Mail vom 06.04.2011: »It is impossible to see it in section but as it appears comprises the plate of decorated sheet bronze and rilled tubes around the outside that we assume were clamped around a textile or leather bag.

419 Vgl. etwa Kästchen aus Flensungen, Hessen, oder aus der Kirche von Albepierre (Dép. Cantal): Wamers 2000, Abb. 9 u. 12, mit weiterer Lit.

420 Kötzsche, 42 f., Kat.-Nr. 3, Abb. S. 43.

421 Walter/Peek/Gillich 2008, 44 ff.

422 Vgl. die Metallanalyse von Ströbele S. 64 oben. – Hampel erwähnte »Reste einer Vergoldung« (1994, 144, Abb. 96). Da die Rückseite der Riemenzunge

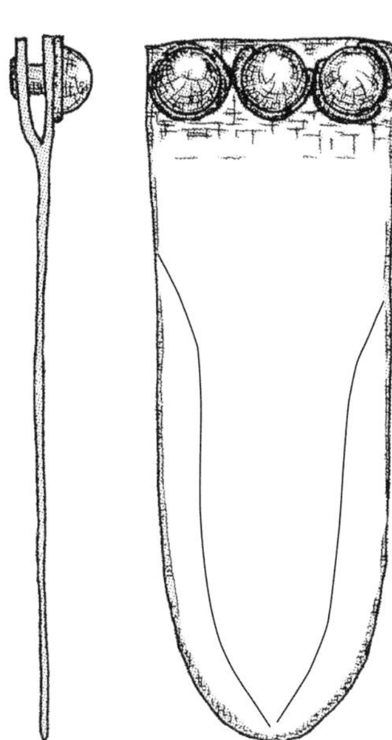

73 Silberne Riemenzunge vom Gehänge. **1** Vorderansicht; **2** Rückansicht; **3** Zeichnung von Vorder- und Seitenansicht (nach Hampel 1994, Abb. 96), Vorderansicht korrigiert mit Ritzlinien. M. 2:1.

Riemenzunge und Eisenmesser

Inventar: 1994/095/011
Riemenzunge; Silber, vergoldet; U-förmig mit drei Perlrandnieten.
Legierung: Ag 96 %, Sn ~2,5–3 %.
L. 3,8 cm, Br. 1,9 cm.

Inventar: 1994/095/012
Eisenmesser in Scheide aus Ziegenleder; Reste des Horn(?)griffs.
L. 10,4 cm.

Die silberne Riemenzunge vom Gehänge der Gürtelkette des Frankfurter Mädchens war vermutlich am Lederriemen, der neben der Bernsteinperle eingehängt war, angenietet gewesen *(Abb. 12; 61)*. Dieses kleine, 3,8 cm lange und 1,9 cm breite u-förmige Riemenende aus flachem blechartigem, fast reinem Silber[422] weist ein Schlitzende zur Aufnahme des Riemens sowie drei Silberniete mit Rundkopf und Perlkranz aus gepresstem Silberblech auf *(Abb. 73,1–3)*. Auf der Rückseite sind Inkrustationen vom Oxidationsprozess sowie eine graubeige Ablagerung, die vermutlich Anhaftungen vom Elfenbein darstellen. Anders als auf der Zeichnung bei Hampel ist die Schauseite nicht unverziert, sondern weist eine feine konturbegleitende Strichgravur auf, die ein lanzettförmiges Mittelfeld umgrenzt, wie es für viele Riemenenden des späten 7. und des 8. Jahrhunderts üblich ist; Riemenzungen mit Perlrandnieten, zumeist Schlitzende und lanzett- oder u-förmig abgesetztem Mittelfeld bei – im Fall ausreichender Materialstärke – fazettierten Rändern sind ein typisches Erzeugnis der ersten Hälfte des 8. Jahrhunderts[423].

kein Quecksilber aufweist, was bei einer Feuervergoldung der Vorderseite als Verunreinigung sichtbar sein müsste, kann eine Feuervergoldung ausgeschlossen werden. Auch auf dem Nietkopf fanden sich keine Spuren von Vergoldung« (frdl. Hinweis Dr. Florian Ströbele).

423 Wamers 1994a, 20, Anm. 87 mit Hinweisen. Vgl. etwa Stein 1967, 35 f., 56, Verbreitung Taf. 11; vgl. ferner spitz zulaufende Riemenzunge mit drei Perlrandnieten aus Frauengrab 48 in der Pfarrkirche St. Martin von Schwyz, Schweiz von um 700 (Martin 1974); Sippel 1989, 158; Krohn 2009, 222 ff. mit Abb. 3–7; zur Fazettierung der Ränder: ebd., 224 ff.; zur Datierung dieser Charakteristika, nicht nur bei den Überlangen Riemenzungen: ebd. 237 ff. – Morphologisch sehr ähnlich sind die beiden Riemenzungen von der Schuhschnallengarnitur aus Tumulus B des Frauengrabes auf dem Odilienberg im Elsass; sie datiert Krohn, vorwiegend wegen des kleineren Ersatzschilddorns mit Verzierungen im Beromünsterstil in das ausgehende 7. Jh. (Krohn 2012,

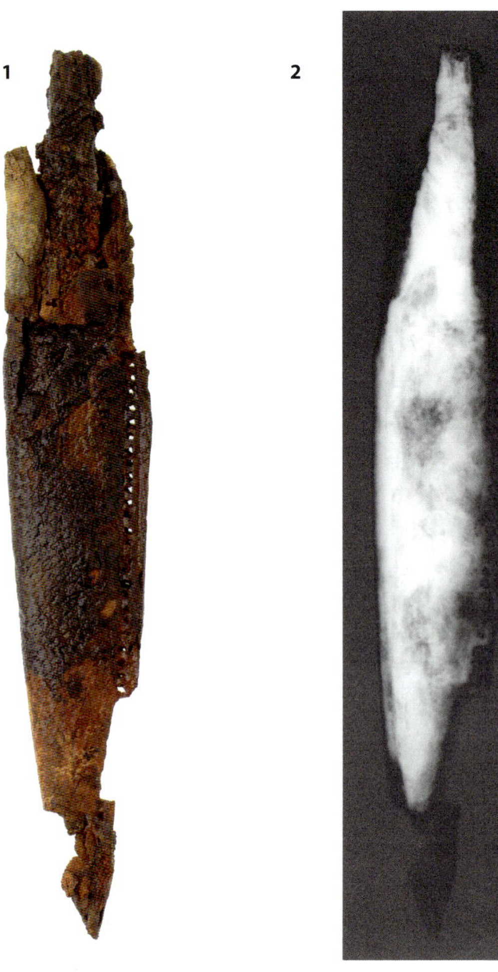

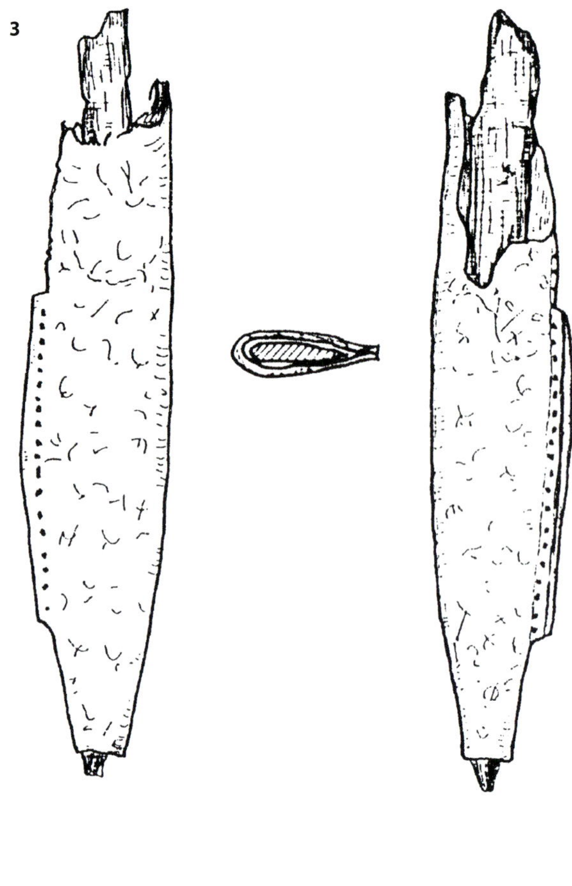

74 Eisernes Messer in Scheide aus Ziegenleder. Am Ort Reste eines Köpergewebes. 1 Foto RGZM; 2 Röntgenaufnahme RGZM; 3 Zeichnung von Vorder- und Rückseite und Schnitt (= Hampel 1997, Abb. 8). M. 1:1.

Ein gut 10 cm langes Eisenmesser mit vermutlich Horngriff in einem Futteral aus Ziegenleder (vgl. oben S. 124)[424], das neben der Riemenzunge angetroffen wurde, war vielleicht ebenfalls an diesem oder an einem weiteren Riemen befestigt gewesen *(Abb. 12; 61; 74,1–3)*. Eine Röntgenaufnahme in den Werkstätten des Römisch-Germanischen Zentralmuseums Mainz[425] zeigt, dass es sich um ein Messer mit leicht gekrümmtem Rücken und ebensolcher Schneide, die zur Spitze hin hochgezogen ist, sowie mit breiter Griffzunge handelt *(Abb. 74,2)*, also um einen gängigen Messertyp der jüngeren Merowinger- und älteren Karolingerzeit[426]. Im friesischen Gräberfeld von Zweeloo, Prov. Drenthe, mit insgesamt 61 Messern macht dieser »Typ C«, dessen Länge zwischen 11 und 17 cm reicht, knapp 45 % aller bestimmbaren Messer aus und er kommt fast ausschließlich in Frauengräbern vor[427]. In der späten Merowinger- und der Karolingerzeit finden sich Messer weitaus häufiger in Frauen- als in Männergräbern; bei entsprechenden Erhaltungsbedingungen stecken sie in – durchaus aufwändig hergestellten – einseitig genähten Lederscheiden[428].

Zusammen mit dem Elfenbeinobjekt, das ähnlich den sonst häufigen Hirschgeweihrosen und Bronzezierscheiben im Elfenbeinring am

88 f., Abb. 16). – Zu den Riemenzungen des 8. Jhs. vgl. auch Sander 2008, 71 ff.

424 Vgl. Hampel 1994, 144, Zeichnung Abb. 97; Hampel 1997, Abb. 8.

425 Für die Aufnahmen danke ich Stefan Patscher, Römisch-Germanisches Zentralmuseum Mainz, sehr.

426 Vgl. Ahrens 1978/1980, 57 ff.; U. Koch 1984, 121 f.; Wamers 1994a, 44 ff.

427 Zweeloo: van Es/Schoen 2007/2008, 810 ff., Tab. 4.

428 Z. B.: Frauengrab in der Kirche von Bülach, Kanton Zürich (Amrein/Rast-Eicher/Windler 1999, Taf. 1,10); Wijster Grab 2, Drouwen Grab 9, Bendorf K, Zweeloo Grab 17 u. 59, Immenstadt Grab P 13, Anderten

Kettenende angehängt worden war (dazu weiter unten S. 157 ff.), bildeten Riemenende und Messer ein »klassisches« Gehänge, wie es für die Frauentracht des 6. bis 7. Jahrhundert typisch ist und das an der linken Seite vom Gürtel herabhing[429]. Diese Gehänge umfassten Nützliches, wie Messer, Scheren und Kämme, sowie Accessoires und Begleiter aus dem Spektrum der Volksfrömmigkeit, wie Amulette, Privatreliquiare oder antike Kuriosa.

Kamm, Schere und Nähnadel / Nadelhülse

Inventar: 1994/095/026
Drei Fragmente eines **Beinkamms**; Bronzenieten. Einseitiger Dreilagenkamm mit gebogenem Rücken, Kreisaugenverzierung.

Inventar: 1994/095/015
Eisenschere und eiserne Nähnadel mit Faden in Lederetui
Erhaltene L. der Schere 16,5 cm.

Zum Gürtelgehänge erwachsener Frauen gehören auch Dinge wie die rechts zu Füßen des Mädchens in einem Bündel abgelegte Eisenschere, eine (Eisen- oder Bronze-)Nadel (mit eingelochtem und umwickeltem Faden) in einer Lederhülse, die wohl mit einem Stopfen verschlossen wurde[430], sowie der **Knochenkamm** *(Abb. 12)*. Bei dem, in der Rekonstruktion von Hampel, etwa 11,5 cm langen, nur noch in Fragmenten erhaltenen Kamm handelt es sich um einen einreihigen Dreilagenkamm mit flach-giebelförmiger Griffleiste und mit Kreisaugen- und Strichverzierung (soweit erkennbar senkrechte Strichgruppen auf der Griffleiste; nach Hampel: »offenbar … Strichgruppen, Flechtbänder, Kreuzbänder und kleine Dreiecke«) *(Abb. 75,1; 67)*. Laut Ausgräberin waren keine Zähne mehr erhalten. Unter dem Mikroskop erkennt man deutlich die nur millimeterlange Zähnung der Mittelplatte; die Zähne sind jedoch alle abgebrochen beziehungsweise vergangen. Die zeichnerische Rekonstruktion bei Hampel 1997, bei der der Kamm senkrecht heruntergezogene Seitenleisten aufweist, ergibt für die je drei Nieten keinen Sinn; zudem sind solche Kammformen völlig untypisch[431]. Die »abgewinkelten« Endstücke haben keine Verbindung mit der Griffleiste, weisen keine Zähnung auf, sondern vielmehr Fragmente zweier im Schnitt gewölbter parallel aufgenieteter Leisten; eine weitere dritte Leiste ist beim dritten Niet nicht mehr erhalten, aber für die Originalfassung durchaus rekonstruierbar. Doch dass solche »Winkelstücke« mit je drei Nieten tatsächlich nach dem Grabungsbefund erkennbar waren, zeigt auch die erste Rekonstruktionszeichnung von 1994 des gesamten »Paket«-Befundes, als die Ausgräberin die Niete noch als Reste einer Tasche oder »(Leder-)Schatulle« für den Kamm (mit damals noch Pinzette) deutete[432]. Sehr wahrscheinlich stellen sie vielmehr die Endstücke eines jener Kammfutterale dar, die bisweilen geschweift oder schwalbenschwanzförmig (Stauch: »fischschwanzförmig«) gestaltet gewesen sein konnten wie etwa die Exemplare aus Eschwege (Werra-Meißner-Kr.) Grab 1, oder Kirchberg (Schwalm-Eder-Kr.) Grab 9 *(Abb. 75,3–4)*[433]. Sie weisen beidseitig zwei oder drei horizontal aufgenietete Leisten auf sowie überstehende Mittelplatten, die an einem oder an beiden Enden durchlocht sind für eine Aufhängung. Beim Frankfurter Etui sind solche projektierenden Endplatten nicht mehr erhalten beziehungsweise erkennbar. Der Kamm gehört jedoch zweifelsfrei – auch hinsichtlich der Maße von etwa 11 cm – zu den einreihigen Kämmen des spätesten 7. und des 8. Jahrhunderts, die aus dem Mittelrheingebiet, den Mainlanden, dem mittelhessisch-thüringischen Raum sowie be-

Grab 108 (Stein 1967, Taf. 48,35.42; 57,22; 61; van Es/Schoen 2007/2008, Fig. 19).

429 Dübner-Manthey 1987; zuletzt Krohn 2005, Bd. I,1, 148 ff. mit ausführlicher Lit.; ferner Walter/Peek/Gillich 2008, 44–47.

430 So Goedecker-Ciolek, oben S. 128, womit die ältere Vermutung, bei der »Nähbüchse« habe es sich um eine Bronzehülse mit Deckel gehandelt (Hampel 1997, 559 f. mit Abb. 11), überholt sein dürfte.

431 Hampel 1997, Abb. 11, 16; so auch übernommen in Wamers 2013b, Abb. 126.

432 Hampel 1994, 152 f., Abb. 105.

433 Vgl. Sippel 1989, Abb. 119, Taf. 2,8; 20,8; 31,1; 40,3.

75 Beinerner Kamm aus dem Frankfurter Kindergrab und Vergleichsstücke. **1** Reste des Frankfurter Beinkamms; **2** neue schematische Rekonstruktion als Kamm im Futteral; **3–4** Dreilagenkämme im Futteral aus Eschwege Grab 1 und Kirchberg Grab 9. M. 1:1.

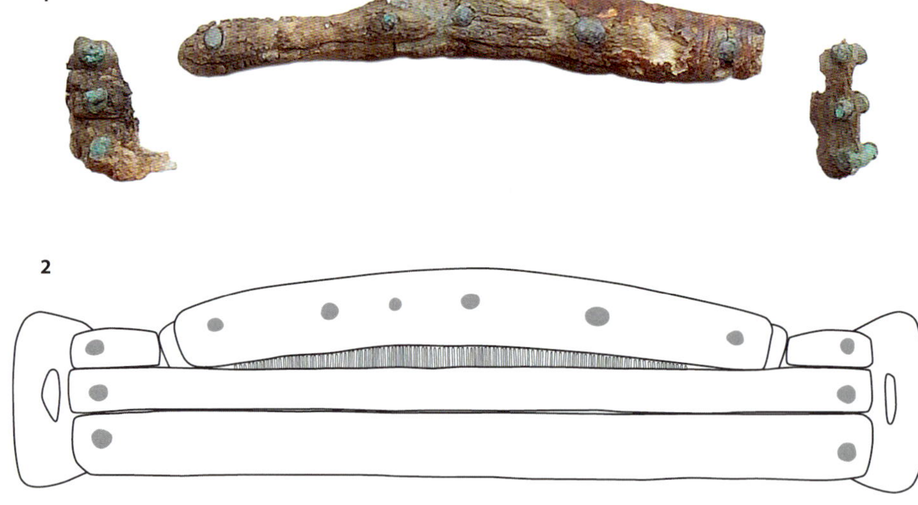

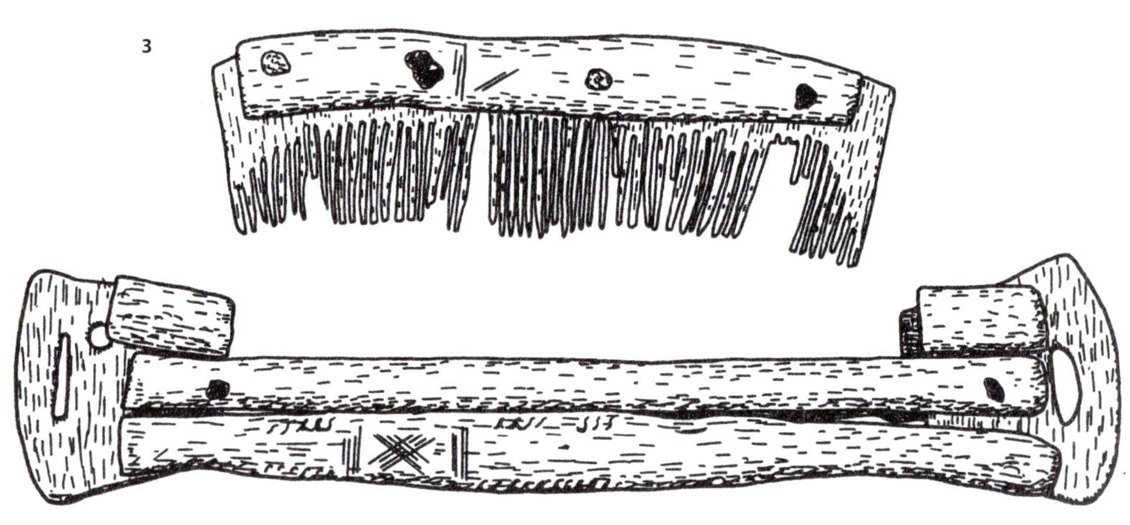

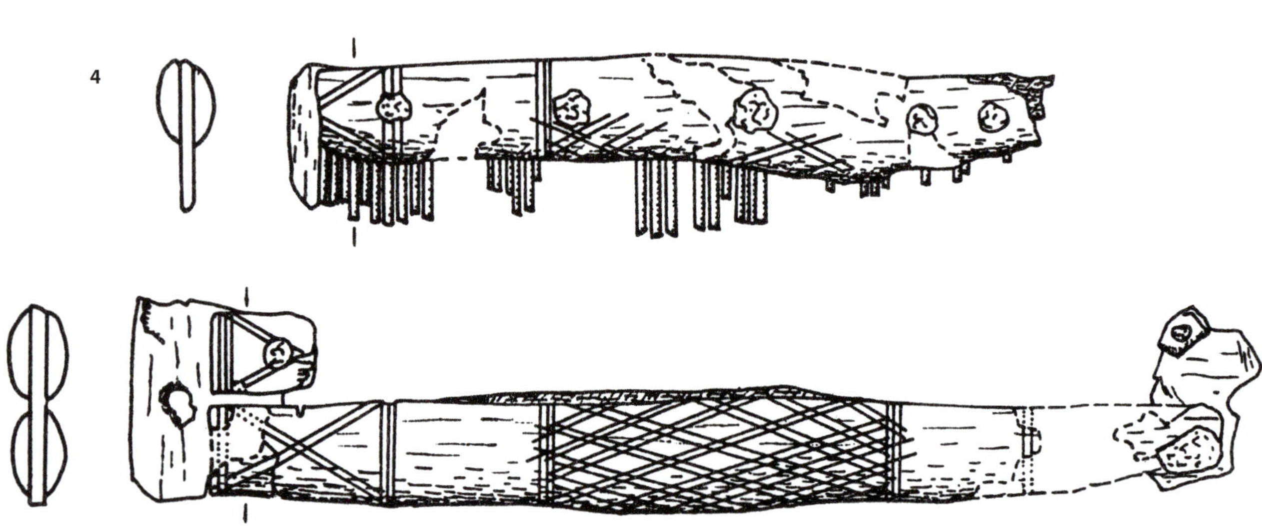

sonders häufig aus Norddeutschland und Friesland, vor allem von den Wurten, sowie seltener aus Skandinavien belegt sind[434]; hier kommen sie als Importe – etwa in Birka und Haithabu[435] – bis ins frühe 9. Jahrhundert vor. Ob das – wohl in einem Tuch – päckchenartig eingewickelte Ensemble, das auf gleicher Höhe wie das linksseitige Ensemble aus Elfenbeinobjekt, Riemenende und Messer lag, allerdings jetzt rechts der Füße des Kindes, ebenfalls Teil eines komplexen Gürtelgehänges und an der Gürtelkette befestigt war, kann nicht mit Sicherheit belegt werden. Als charakteristisches Zubehör zu Gürtelgehängen kann es auch, separiert und gesondert eingewickelt, etwa in »Trachtlage« am Mädchen deponiert worden sein. Ein gut vierjähriges Mädchen wäre mit so vielen, zum Teil großformatigen Gehängeteilen sicherlich etwas überladen gewesen.

Wenngleich Schere und Kamm in Männer- und Knabengräbern der – vorwiegend älteren – Merowingerzeit Geräte der Haar- (und Bart-)Pflege darstellen[436], dürfte im Frankfurter Domgrab die Schere in Kombination mit einer **Nähnadel**, die hier von einem durchgezogenen Zwirnsfaden umwickelt war und in einer verschließbaren Lederhülse steckte *(Abb. 66)*, als Textilarbeitsgerät zu werten sein: Beide sind primär Ausdruck weiblicher Domäne – selbst wenn das kleine Mädchen wohl nur spielerisch Handarbeiten ausführte – und symbolisieren seine zukünftige Rolle als Herrin der Webstube[437]. Nähnadeln finden sich verhältnismäßig selten in frühmittelalterlichen Frauen- und Männergräbern des Reihengräberkreises[438], wo sie zumeist im Becken- oder Hüftbereich (Kleinlangheim: in einer Tasche) angetroffen wurden. Des Öfteren dürften sie bei der Fundbergung übersehen worden sein. Recht zahlreich sind sie vom Gräberfeld Frankfurt am Main-Niedererlenbach mit neun Exemplaren aus acht Gräbern des 6. bis 7. Jahrhunderts überliefert, darunter vier Gräber weiblicher und vier Gräber männlicher Verstorbener, unter letzteren zwei Kinder[439]. In Frankfurt am Main-Niedererlenbach liegen alleine fünf dieser Gräber in der abgesonderten älteren Grabgruppe des 6. Jahrhunderts im Nordwesten des Gräberfeldes[440], woraus man auf eine gewisse kulturelle/familiale Tradition dieses Trachtaccessoires schließen darf. Fast ausnahmslos Einzelstücke, werden sie zumeist im Bauch-, Brust- und Hüftbereich angetroffen, was auf am Hals oder Gürtel getragene Nadelbehältnisse schließen lässt. Auch in Gräbern von Kindern und Jugendlichen der südwestdeutschen Alamannia werden Nähnadeln beobachtet, ebenfalls im Brust- und Beckenbereich. Hier begleiten sie überwiegend die Altersstufen »Infans II« (7–13 Jahre) und »Juvenil« (14–20 Jahre); Kleinkinder der Phase »Infans I« (0–6 Jahre) sind hingegen nur selten mit einer Nähnadel ausgestattet[441]. Über weitere Textilreste im Kontext der Nähnadeln ist vom Niedererlenbacher

434 Tempel 1970; Tempel 1972; Tempel 1979; Sippel 1989, 199 f. mit weiterer Lit.; Wamers 1994a, zu Kat.-Nr. 041; Stauch 2004, 185 f. (hier »Kammgruppe 8« von Wenigumstadt), Belege außerhalb Wenigumstadts: Anm. 328, Abb. 76; die Kämme der »A-Gruppe« von Birka (Ambrosiani 1984), die überwiegend das 9. Jh. abdecken, stellen eine Fortentwicklung der norddeutschen Dreilagenkämme des 8./frühen 9. Jhs. dar. – Noch ins späte 6. und die ersten drei Viertel des 7. Jhs. sind die stark rundlich gebogenen einzeiligen Dreilagenkämme, etwa aus Frankfurt am Main-Niedererlenbach Grab 9, 68, 87, 92 (vgl. M. Aufleger, in: Dohrn-Ihmig 1999, 100), zu datieren, die auch kein Futteral aufweisen (zu den relativ seltenen einreihigen Kämmen des 6./7. Jhs. vgl. zuletzt U. Koch 2007, 176 ff.; U. Koch 2011b, 37 ff.).

435 So die frühesten Kämme aus Haithabu, die Tempel (»Formgruppe 1«: 1970, 78 ff.) noch als lokale Produkte ansah.

436 Vgl. Dübner-Manthey 1987, 100 ff.; Krohn 2005, 381; U. Koch 2007, 166 f., 306 ff.

437 Vgl. U. Koch 1996; U. Koch 2007, 135 ff.; U. Koch 2013, 39 ff. – Eine eiserne Nähnadel mit umwickeltem Faden fand sich nach jüngsten Restaurierungen aber auch im Männergrab 115 des 6. Jhs. von Frankfurt am Main-Harheim, neben einer Ösennadel, Pinzette (beide Bronze), Ahle mit Holzschäftung, Feuerstahl, Flintsteinen sowie Messer und Schere, alles im Block geborgen (weitere Beigaben: Franziska, Keramik, Kamm, Schnalle).

438 Z. B. Pescheck 1996, 45; Sippel 1989, 161; Thiedemann 2008, 78 f.; auch schon in Körpergräbern des 4./5. Jhs. in Mitteldeutschland (z. B. Schmidt/Bemmann 2008, passim, Taf. 23,6; 25,15; 137,8; 217.

439 Aufleger, in: Dohrn-Ihmig 1999, 101 (weibliche Bestattungen: Grab 9, 16, 87, 128; männliche Bestattungen: Grab 4, 15; Knabengräber: 8, 48); vgl. U. Koch 2013, 40, Abb. 10.

440 Vgl. Grabplan Dohrn-Ihmig 1999, Abb. 19.

441 Lohrke 2004, 109 f.

und anderen Gräberfeldern nichts bekannt, was aber eine Frage der Erhaltung sein dürfte. Ob Nähzeug in Frauen- und Mädchengräbern nicht nur als Ausweis bestimmter handwerklicher Aktivitäten beziehungsweise rollenspezifischer Funktionen anzusehen ist, sondern vielleicht auch eine andere symbolische Aufgabe hatte, die in den magisch-religiösen Bereich führt, wäre noch zu untersuchen, da die weibliche Textilkunst – Spinnen, Weben, Knüpfen und Wirken – in der alten Vorstellungswelt ähnlich wie die Schmiedekunst der Männer magische Züge besaß[442].

Exkurs: Ösennadeln

Es mag zunächst überraschen, dass gleichermaßen Männer wie Frauen sowie Jungen wie Mädchen Nähnadeln im Grab (an der Kleidung) mit sich führen konnten, doch bei näherem Hinsehen lassen sich geschlechtsbedingte typologische Unterschiede zwischen den Nähnadeln aus – zumindest erwachsenen – Bestattungen erkennen: Während die dünnen, leichten Nadeln aus den Frauen- und Mädchengräbern für feine textile Handarbeiten geeignet waren, also als echte Nähnadeln bezeichnet werden können, sind die kurzen Bronzenadeln mit meist flach-abgesetztem Öhr aus Männergräbern des 6./7. Jahrhunderts relativ dickstabig und oft unterhalb des Öhrs ritzverziert *(Abb. 76,1)*[443]. Diese kräftigen und repräsentativen Nadeln, in der Forschung »Ösennadeln« genannt, werden gewöhnlich in Gürteltaschen von Knaben und erwachsenen Männern angetroffen, gelegentlich auch neben dem linken Unterschenkel des bestatteten Kriegers beobachtet[444]. Denkbar wäre, dass sie für gröbere Arbeiten am »Männerzeug« gedacht waren, etwa am ledernen Waffen- oder Reitzubehör – für Arbeiten, die vielleicht Männern vorbehalten waren oder die sie »unter Wegs« oder »im Felde« selbst durchführen mussten.

In seltenen Fällen finden sich die kräftigen Ösennadeln auch in Frauengräbern des 6. Jahrhunderts[445]. Im 7. und 8. Jahrhundert bestanden diese Nadeln vorwiegend aus Eisen. Die in der späten Merowingerzeit aufkommenden und bis ins 8. Jahrhundert in Männergräbern des Stein'schen »Südkreises« gefundenen gebogenen »Sacknadeln« könnten eine jüngere Variante der kurzen geraden oder leicht gebogenen Nadeln sein[446] *(Abb. 76,2)*. Da sie heutigen und historischen Veterinär-OP-Nadeln sehr ähneln[447], sollte eine Verwendung bei der Behandlung von Haustieren erwogen werden.

Es sollte jedoch für die kräftigen Ösennadeln noch eine andere Funktion in Erwägung gezogen werden. Im Männergrab 103 von Westheim befindet sich noch ein Drahtring im Öhr der Nadel *(Abb. 76,4)*[448], die zusammen mit einem Wetzstein und einem Messer in einer Tasche

442 Spinnen und Weben sind seit alters auch Metaphern geistiger Aktivitäten, geheimnisvoller, etwas »versponnener« oder trickreicher Denkvorgänge und Handlungen. In Dichtung, Mythologie und Mystik ist die Arbeit am Webstuhl Allegorie der Lebensplanung, das Gewebe Gleichnis des Schicksals und das flinke Weber-Schiffchen Sinnbild des wechselvollen und trügerischen Geschicks. Im Märchen bringt die spinnende Alte Unheil über junges unschuldiges Leben; Odysseus' Penelope wirkt mit ihrer »trügerischen Arbeit« am »großen Gewebe«; der von Ariadne gesponnene Faden, der dem göttlichen Helden Theseus aus dem Labyrinth des Minotaurus heraushilft, wird ihm zum Leitfaden. Die Parzen oder Moiren, die antiken Geburts- und Schicksalsgöttinnen, spinnen den Lebensfaden, lösen ihn und schneiden ihn ab. Desgleichen die drei Nornen der nordischen Mythologie oder die sechs Walküren, die im *Darraðarljóð*, dem altnordischen »Walkürenlied«, an einem grausigen Schlachtengewebe wirken. Und ausgehend von spätantiken Mariendarstellungen entwickelt sich im frühmittelalterlichen Norden die Vorstellung von einer spinnenden oder webenden Göttin. Flechtband- und Knotenornamentik sollen anschauungssymbolisch das Böse und Gefährliche fesseln und abwehren. – Eine ausführliche Behandlung dieses Themas mit Verweisen ist in Vorbereitung.

443 Z. B., ohne Anspruch auf Vollständigkeit, aus dem Donautal um Regensburg (U. Koch 1968, 44 f. mit Taf. 23,13; 26,6; 30,6; 47,4; 55,6); oder Köln-Junkersdorf Grab 348 (La Baume 1967, 106, Taf. 23); Schretzheim Grab 110 u. 519 (U. Koch 1977, 132, Taf. 129,3; weitere Belege ebd. 69); Niederstotzingen Grab 9 u. 10 (Paulsen 1967, 20, Taf. 1; 22,24–25; weitere Beispiele ebd. Anm. 10–12); Kleinlangheim (Pescheck 1996, 70); Kirchheim am Ries Grab 3, 10, 39, 50, 190, 320, 454 (Neuffer-Müller 1983, 97 f.); Kriegergrab 4 von Frankfurt am Main-Niedererlenbach (Dohrn-Ihmig 1999, Taf. 1, Grab 4, 5,3); mehrere Männergräber aus Frankfurt am Main-Harheim (in Publikationsvorbereitung durch von Freeden); Niedermörlen, Wetteraukreis, Grab II (Thiedemann 2008, 105, Taf. 41.D4. – Die anderen von Thiedemann hier aufgeführten fragmentari-

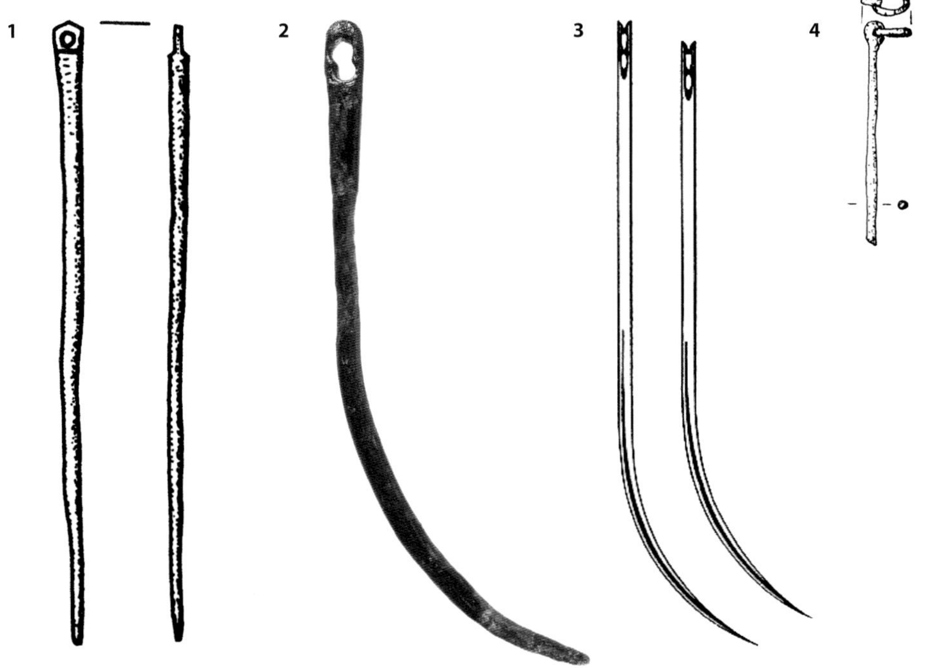

76 Große Nadeln mit Öhr. **1, 2, 4** der Männerausstattung; **3** moderne Veterinär-OP-Nadel **1** Ösennadel aus Frankfurt am Main-Niedererlenbach Grab 4, 6. Jh.; **2** »Sacknadel« des späten 7./8. Jhs. vom Frankfurter Domhügel; **3** moderne Veterinär-OP-Nadel mit Doppelöse (vgl. Anm. 447); **4** Ösennadel mit Drahtring aus Männergrab 103 von Westheim. 1, 2, 4 M. 1:1; 3 ohne Maßstab.

lag; mit ihr konnte man keine Fäden oder dünne Riemen durchziehen. Seltene Exemplare aus Bein des 7. Jahrhunderts, wie die von Dittenheim Grab 150, Kirchheim Grab 454 oder Berghausen Grab 50[449], waren für robuste Lederarbeiten kaum geeignet, und schließlich gibt es auch Nadeln aus Taschen in Männergräbern wie dem von Dittenheim Grab 96[450], die gar keine Öse aufweisen. Es könnte sein, dass die Ösen nicht zur Aufnahme eines Nähfadens gedacht waren, sondern dass durch sie ein Band zur Aufhängung gezogen war und sie entweder in einer Gürteltasche verwahrt wurden oder am Gürtel selbst hingen. Entsprechend der seit der Hallstattzeit gepflegten Toilettebesteck-Mode dienten die dekorativen Nadeln vielleicht als Zahnstocher, auch in den wenigen Fällen, wo sie in Frauengräbern angetroffen wurden. Die spätantiken und

schen Bronzenadeln aus Kriegergräbern der Wetterau sind nicht eindeutig als zu dieser Gruppe zugehörig zu identifizieren, dürften aber als unverzierte Stücke hierzugehören); Pleidelsheim Grab 15, 102, 127, Knabengrab 46; Eisennadeln in Grab 40, 101, 116 (U. Koch 2001, 175, 340); Westheim Grab XIX, 33, 103 (ggf. auch 17 und 110; Grab V, X, XII und 13 sind zu unbestimmt: Reiß 1994, 141 mit detaillierteren Angaben und weiteren Belegen. – Dittenheim (Haas-Gebhard 1998, 44).

444 Böhner 1958, Bd. 2, 123 (Rittersdorf Grab 65); Paulsen 1967, 20; Pescheck 1996, 70 (Kleinlangheim Grab 253); Haas-Gebhard 1998, 44, 201, 230 (Dittenheim Grab 150, 226).

445 Z. B. Schretzheim Grab 177 (zusammen mit einer mittel-/nordschwedischen »Nörrlandnadel«), 448, 502 (U. Koch 1977, 69); Kleinlangheim Grab 226 (Pescheck 1996, Taf. 52.12); Westheim Grab 19 (?) – die anderen von Reiß (1994, 141) aufgeführten »Ösennadeln« aus Westheimer Frauen- und Mädchengräbern sind zu fragmentarisch, um eindeutig bestimmt werden zu können, bzw. gehören eindeutig nicht zu den kräftigen Bronzenadeln mit verziertem Schaft unterhalb der Öse. – In Schretzheim Grab 177 wurde sie von einer Schwedin wohl als Ersatz für eine verlorene Nörrlandnadel für ihre nordische Tracht verwendet (U. Koch 1999a, 180, Abb. 3) und kann deshalb nicht als charakteristisch für merowingerzeitlichen Frauenschmuck gelten.

446 Zu den »Sacknadeln« zuletzt: Wamers in: Wintergerst 2007, 100 f. Nachzutragen sind zwei Exemplare aus Grab 6 und 9 des nur 33 Gräber umfassenden Gräberfelds von Breitenschützing-Schlatt, Bez. Vöcklabrunn, Oberösterreich: Pesseg 2010, 90, 93, Taf. 1; 3.

447 Vgl. http://www.pauls-praxis.de/index_details.html?_filterartnr=8013968&_searchkeyword=Nadeln&_nav=suche&_random=689932677; hier *Abb. 76,3*.

448 Reiß 1994, Taf. 52A,6.

449 Haas-Gebhard 1998, 44 mit Anm. 219.

450 Haas-Gebhard 1998, Taf. 46,6.

frühmittelalterlichen Zahnstocher[451] am weiblichen Toilettebesteck sind durchwegs kräftig gehalten, und mit blatt- oder stabförmig gestalteter, stark gekrümmter Spitze ausgestattet. Sie sind mit einer Öse versehen und waren zusammen mit den anderen Toilettegeräten wie Pinzette und Ohrlöffel sowie einem Sieblöffelchen (Weinsiebchen) an einem Drahtring aufgezogen und als Besteck am Gürtel oder Hals hangend getragen, später auch einzeln nebeneinander hangend. Daneben kennt man aus vielen gut ausgestatteten merowingerzeitlichen Frauengräbern langschäftige Geräte mit lanzettförmigem Blatt und hinterer Öse, die allerdings auch als Nagelreiniger und -messer fungiert haben können. Neben antiken Autoren berichtet Ende des 6. Jahrhunderts auch Gregor von Tours vom Gebrauch von Zahnstochern (*hastula*), allerdings aus Holz[452]. Zahnstocher aus Männergräbern sind indes archäologisch bislang nicht eindeutig identifiziert. Es sollte deshalb überlegt werden, ob die kräftigen und oft verzierten Ösennadeln aus Gürteltaschen von Kriegern nicht als Nähwerkzeug, sondern der Körperhygiene dienten. Das sollte auch für die frühkarolingischen stark gekrümmten »Sacknadeln« in Erwägung gezogen werden[453]. Die gelegentliche Fundlage der Ösennadeln am linken Unterschenkel (am Knie oder knapp darunter) ist schwer erklärbar; vielleicht handelt es sich um eine nicht-funktionale Grabdeponierung[454].

Organische (zum Beispiel aus Leder, abgesehen von Bein) **Nadelhülsen** wie im Frankfurter Domgrab sind meines Wissens anderswo im merowingischen oder karolingischen Reihengräberkreis noch nicht beobachtet worden. Doch lassen die schon angesprochenen Befunde aus Erwachsenen- und Kinderbestattungen der Merowingerzeit auf die Aufbewahrung der Nähnadeln in einem organischen Behältnis schließen, und das Frankfurter Beispiel könnte auch für andere Nähnadeln aus Grabfunden typisch sein. Indes gibt es eine kleinere Anzahl von beinernen[455] und eine beachtliche Anzahl von metallenen Röhrchen oder Büchschen zum Aufbewahren von Nadel und Faden *(Abb. 77,1–3)*, die – soweit bestimmbar – aus Frauengräbern des 8. bis mittleren 9. Jahrhunderts kommen.

Bei den metallenen Exemplaren[456] handelt es sich um kleine, bis zu etwa 11 cm lange Zylinder aus Bronze- oder Eisenblech, in die ein Stoffstück geschoben wurde, in welchem eine eiserne, selten bronzene Nähnadel mit eingeöstem Faden stak. Sie sind ein Phänomen der Randgebiete des Karolingerreiches vom frühen 8. bis zur Mitte des 9. Jahrhunderts, dabei mit deutlicher Konzentration auf die zweite Hälfte des 8. und das frühe 9. Jahrhundert. Ein Verbreitungsschwerpunkt liegt im niederländisch-friesisch-sächsischen Raum bis nach Schleswig-Holstein und ins Gebiet der unteren Elbe, ein anderer im weiteren Ostalpenraum der sogenannten Köttlacher Kultur. Eisen- und Bronzeblech sind etwa im gleichen Verhältnis vertreten; die bronzenen scheinen dabei tendenziell etwas jünger zu sein. Meistens, zumindest bei den Bronzeexemplaren gut beobachtbar, sind die Röhrchen außen mit Horizontal- und Schrägstrichen oder Rautenmustern ritzverziert. Einige wenige der Bronzeexemplare sind, einschließlich einer sparsamen Verzierung, gegossen. Behältnisse aus Knochen sind in dem beschriebenen »Nordkreis« äußerst selten.

Im so genannten Köttlacher Kulturkreis des Südostalpenraums Ober- und Niederösterreich, Mähren, Ungarn, und zwar im »Vor-Köttlach-

451 Zu Zahnstochern als Teile des Toilettebestecks vgl. Martin 1976; Martin 1984; Steuer 2007.

452 *Liber in gloria confessorum* 103,93: Weidemann 1982, Bd. 2, 365.

453 Man vergleiche etwa die spätantiken gebogenen Silber- oder Bronzegeräte, etwa aus dem Schatzfund von Kaiseraugst, die noch in frühchristlichen Kontexten Irlands auftreten (dazu mit ausführlicher Diskussion Martin 1984).

454 Die zahlreichen (70 und mehr) Ösennadeln aus den nordfriesischen Handelsplätzen Domburg und Schouwen, oft mit durchgezogenem Drahtring, im Schnitt zwischen 6 und 8 cm lang, schreibt Capelle den Schmucknadeln zu, vermutlich für den weiblichen Kopfputz (Capelle 1976, 17 ff., Nr. 109–186; Capelle 1978, Nr. 91). Dies scheint aber durch konkrete Befunde nicht bestätigt zu sein.

455 Z. B. Kleinlangheim Grab 47 (Pescheck 1996, 45, Taf. 11,9). Nadelröhrchen aus Vogelknochen schon in mitteldeutschen Körpergräbern des 4./frühen 5. Jhs.: (z. B. Schmidt/Bemmann 2008, passim, Taf. 23,6; 25,14; 27,47; 137,7; 217,7), die ab der Merowingerzeit jedoch

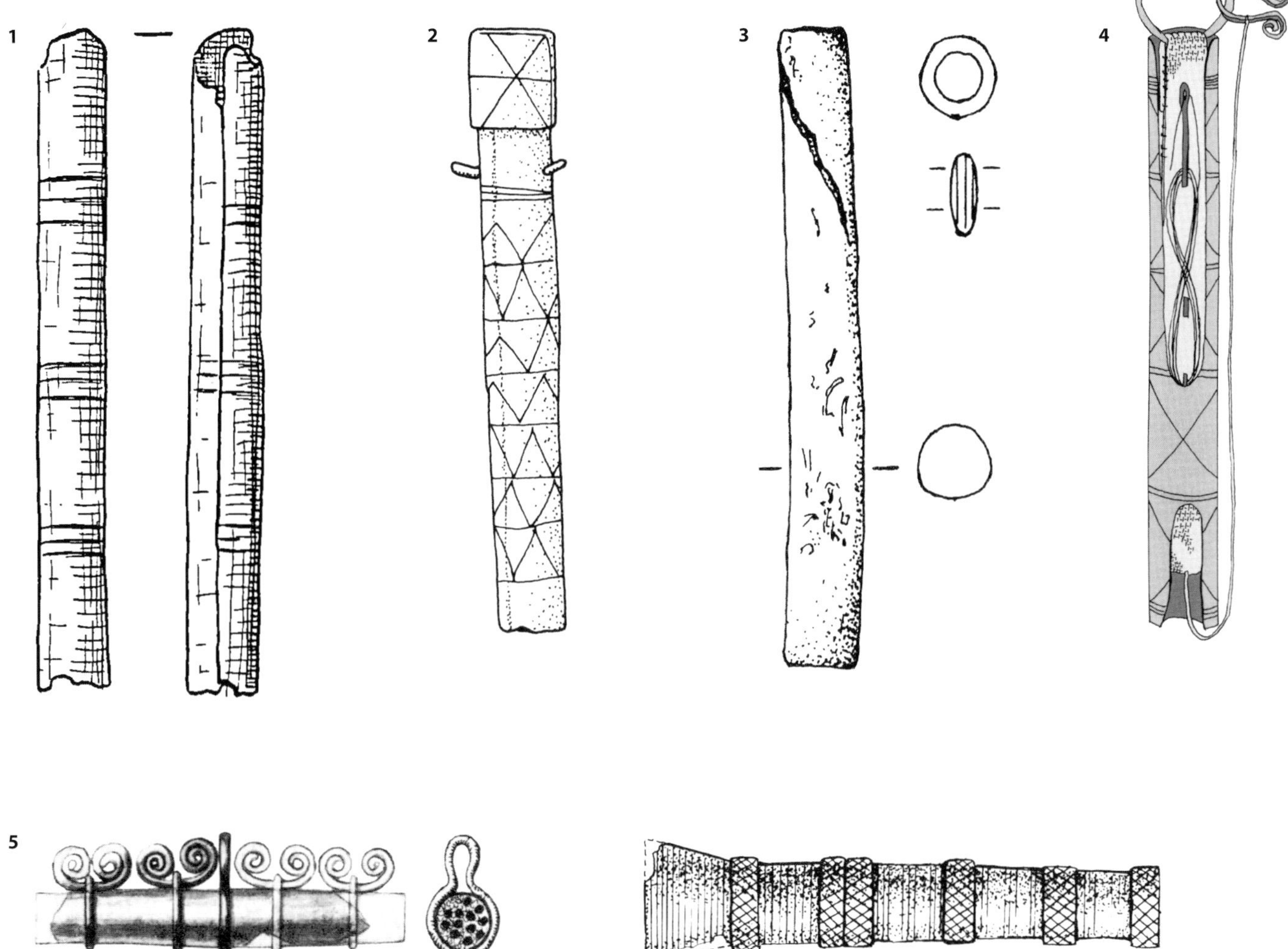

77 Behältnisse für Nähnadeln. 1 Metallröhrchen aus dem »Nordkreis« (vgl. Anm. 456); 2 Metallröhrchen mit Deckel aus Krungl (Bad Mitterndorf, Steiermark) Grab 75; 3 Beinröhrchen aus Grab 47 von Kleinlangheim, Lkr. Kitzingen; 4 Rekonstruktion eines Nadelröhrchens vom Gräberfeld Dunum, Lkr. Wittmund; 5 wikingerzeitliche Nadelröhrchen aus Birka 515 und 1046. M. 1:1.

Horizont« des fortgeschrittenen 8. und frühen 9. Jahrhunderts, wurden in Frauengräbern Nadelbüchsen aus Eisen- oder (meist) Bronzeblech gefunden, die eine äußere Ritzverzierung aus horizontalen und kreuzförmigen Linien aufweisen und oben mit einem zylinderförmigen Deckelchen verschlossen werden können (zum Beispiel Krungl Grab 75; *Abb. 77,2*)[457]. Daneben sind Büchsen aus einer (Vogel-)Knochenröhre recht häufig, die mit eingeritzten umlaufenden Rillen oder, selten, mit Kreuzrillen verziert sind[458]. Sie kommen nach Béla Szöke »auf den Gebieten

nicht mehr vorkommen (Bemmann 2009, 67 Anm. 23); Heidingsfeld Grab 3, Frauengrab, 2. Hälfte 8. Jh. (R. Koch 1967, 76, Taf. 32.7); Bovenden Grab 7, ca. Mitte 8. Jh. (Kleemann 2002, 105, Taf. 9.3); Hohenberg Grab 20, Steiermark (Nowotny 2005, 188, Taf. 5,6). Sehr frühes Beispiel: Pleidelsheim Grab 9: Knochenröhre mit Eisennadel, am Gürtel hängend, 2. Drittel 6. Jh. (U. Koch 2001, 169, 408, Taf. 7,22, Abb. 55). – Bei den sechs- oder achtkantigen, oft gelochten Knochenröhren dürfte es sich entgegen der Deutung von Thiedemann (2008, 79 zur Röhre aus Friedberg Grab 20) nicht um eine Nadelbüchse handeln; diese Röhren sind noch nicht eindeutig identifiziert: vgl. U. Koch 2001, 213 f.

456 Stein 1967, 100; Andrae 1973, 155; Siebrecht 1974; Laux 1980, 219; Szöke, in: Szöke/Éry/Müller/Vándor 1992, 142 ff.; Kleemann 2002, 103 ff.; van Es/Schoen 2007/2008, 837 ff.

457 Zur Köttlacher Kultur vgl. Giesler 1980; das Nadelbüchschen aus Krungl Grab 75: Abb. 1,12.

458 Andrae 1973, 155.

häufig vor, die früher zum awarischen Kaganat gehört haben«, aber durchweg aus »Gräbern der einfachen Bevölkerung«, wo sie im Bauch- oder Brustbereich angetroffen wurden. Sie sind ebenfalls in das 8. bis Mitte des 9. Jahrhunderts zu datieren[459]. Diese beinernen Nadelbüchsen scheinen in diesem Zeithorizont ein awarisches Phänomen zu sein[460].

Die sorgfältigen Untersuchungen und Analysen von Christina Peek und Annette Siegmüller an den gut erhaltenen und dokumentierten Nadelröhrchen vom Bestattungsplatz Dunum (Lkr. Wittmund, Niedersachsen), einem friesischen Gräberfeld, haben wichtige Aufschlüsse zur Technik und Funktion der norddeutschen Nadelröhrchen erbracht[461]. Hier trugen die Frauen im Gürtelbereich kleine, zylinderförmige Büchschen von 4,5–9,5 cm Länge und 0,7–1,2 cm Durchmesser aus Eisen- oder Bronzeblech, letztere meist mit Strichverzierung. Diese oben und unten offenen Röhrchen enthielten ein Nadelkissen aus gefaltetem Stoff, in dem – sofern erhalten – eine Nadel mit aufgezogenem und sorgfältig achterförmig umwickelten Zwirnsfaden stak *(Abb. 77,4)*. Mit Hilfe eines oberen Ringes, um den das Kissen gefaltet war, und einer Metallklemme, die mittels eines Fadens mit dem unteren Ende des Nadelkissens befestigt war und oben am Ring eingehängt wurde, konnte das Nadelkissen mit eingesteckter Nadel leicht aus dem Röhrchen heraus- und nach Gebrauch wieder hineingezogen werden. Das Nähzeug war also durchaus für die Praxis geeignet – etwa um einen kleinen Schaden wie das Aufgehen einer Naht oder das Einreißen einer »Klinke« schnell ambulant zu flicken; und es war nicht nur ein dekoratives symbolisches Accessoire an der Frauentracht. Gleichwohl wird diesen durchaus schmucken und durchdacht-praktischen Nadelbüchsen auch ein gewisser Putz- und Prestigewert zugekommen sein. Zudem fällt auf, dass im »Nordkreis« neben den Nadelröhrchen sehr oft Schlüssel oder Schlüsselpaare in den Frauengräbern anzutreffen sind, selten altertümliche Hakenschlüssel[462], öfters die Schlüssel mit tropfenförmiger, durchbrochener Griffplatte[463], nicht selten kreuzverziert. Wegen des seit langem diskutierten Symbolgehalts[464] der Schlüsselbeigabe in frühmittelalterlichen Frauengräbern und des Bildmotivs Schlüssel (für Fruchtbarkeit, Haushaltsgewalt, christliches Bekenntnis und anderes) liegt es nahe, über die praktische und rangindizierende Bedeutung hinaus auch einen weitergehenden Symbolwert der Nadelröhrchen zu vermuten: Am wahrscheinlichsten scheint hier zu sein, dass beide Anhängsel der Frauenbekleidung/-tracht in engem Zusammenhang stehen mit den zentralen wirtschaftlichen und sozialen Funktionen der hochstehenden Frauen, seien es »Hofherrinnen« oder »Wirtschafterinnen«: der Verantwortung für die textile Hausproduktion und für die verschließbaren Sachgüter und Vorräte der *familia*[465].

Aus angelsächsischen Frauengräbern des 7. Jahrhunderts sind vergleichbare schmal-lange Nadelröhren nicht bekannt: Während es einige wenige Bein-Exemplare des 4. bis 5. Jahrhunderts gibt[466], fehlen metallene Röhrchen des 7./9. Jahrhunderts vom kontinentalen Typ offensichtlich ganz. Hingegen kennt man etwa drei

459 Giesler unpubliziert; Szöke 1992, 142 ff.; Petrinec 2009, 211 f.

460 So auch Giesler, unpubliziert. – Ich danke Jochen Giesler für einen Auszug zu den Nadelröhrchen des Südostalpenraumes aus dem unveröffentlichten archäologischen Teil seiner Dissertation sehr herzlich.

461 Peek/Siegmüller 2006.

462 Z. B.: Immenstadt, Kr. Süderdithmarschen, Hügelgrab P 13, um 800 (Stein 1967, 47 f., Taf. 57,22–24); Rehrdorf Grab 9 (Laux 1980, Abb. 11,13–14).

463 Z. B.: Wijster Grab 2, um 8. Jh. (van Es 1965, Fig. 182); Drouwen, Drenthe, NL, Grab 9 (Stein 1967, Taf. 67,6–9); Zweeloo, Drenthe, NL, Grab 11, 58, 60 (van Es/Schoen 2007/2008); Große Kirche von Emmen, Grab 110, Drenthe, NL (den Hengst 2013, 131, Abb. 15); Bendorf, Kr. Rendsburg-Eckernförde, Grab K (Stein 1967, Taf. 51,5–6).

464 Vgl. z. B. Steuer 1982; Ament 1992, 20 f.; van Es/Schoen 2007/2008, 835 ff..

465 Vgl. zu diesen Begriffen der weiblichen Hierarchie in der ländlichen fränkischen Hofgesellschaft: U. Koch 2011a und 2013, 37 ff., mit weiterführender Lit.

466 Z. B. Spong Hill 1976/4 und 3078/2: Die Röhrenknochen mit äußerem quadratischen Querschnitt, wegen des Verbrennungsprozesses (aus weiblichen Brandgräbern) gebogen und fragmentarisch, haben zahlreiche Parallelen in kontinentalsächsischen Gräbern (McKinley 1994, 105 f.).

Dutzend größere, kompakte Zylinderdosen mit Deckelverschluss aus angelsächsischen Frauengräbern des 6., vorwiegend 7. Jahrhunderts, die – der Zylinder in etwa horizontaler Lage – an Kettchen getragen wurden. Sie enthielten gewöhnlich kleine Stückchen oft kostbarer Textilien, gelegentlich auch Nähnadeln. In der älteren Literatur wurden sie meist als »work-» oder »thread-boxes« bezeichnet [467], in der jüngeren Forschung rechnet man sie unter die Kleinreliquiare, weil man sie als Parallelstücke zu den kontinentalen »Amulettkapseln« oder »Kapselreliquiaren« ansieht[468]. In frühmittelalterlichen Quellen, besonders bei Gregor von Tours, werden häufig *capsae* als Reliquienbehältnisse erwähnt, die am Hals oder auf der Brust getragen wurden[469]; das Einwickeln von Reliquien in kostbare, oft ostmediterrane Stoffe, war im frühen bis späten Mittelalter *usus*[470]. Gleichwohl dürfte es sich bei den Fällen, wo in diesen »Kapseln« Textilreste und eine Nadel lagen[471], zum Teil die Nadel umwickelt mit Stoff und Fäden, eher um so etwas wie Nähbüchschen gehandelt haben, die vielleicht weniger kleine Funktionsaccessoires für das Verfertigen ambulanter Nadelarbeiten darstellten, sondern vielmehr – was von Audrey Meaney überzeugend vorgeschlagen wurde – symbolisches Trachtzubehör, welches semiotisch auf das Textilhandwerk als weibliche Domäne verwies[472].

Anders als im spät-angelsächsischen Kulturkreis des 7./9. Jahrhunderts, aber ähnlich wie in den Randzonen des Karolingischen Reiches, sind echte Nadelröhrchen als Accessoires der weiblichen Frauentracht aus dem wikingerzeitlichen Skandinavien gut belegt. Während aus Dänemark keine zusammenfassende Behandlung der Nadelbüchsen vorliegt[473] – immerhin sind aus Gräbern auf Sylt fünf Exemplare bekannt[474] –, hat Jan Petersen 1951 für Norwegen knapp 20 Frauengräber mit metallenen, seltener beinernen Nadelbüchsen zusammengestellt, die von der frühesten Wikingerzeit um 800 bis – zu etwa 75% – ins 10. Jahrhundert datieren[475]. Sie finden sich vom Oslofjordgebiet über Südnorwegen bis hinauf ins Nordland; auch von den skandinavischen Friedhöfen des 9. Jahrhunderts Kilmainham und Islandbridge in Dublin sind sie überliefert[476]. Daneben ist noch eine Handvoll bronzener und eiserner Nähnadeln registriert worden, die der Korrosion und unprofessionellen Bergungen entgangen sind. Auch in Norwegen kennt man Nadelbüchsen als Zubehör zur Frauentracht schon zur Römischen Kaiserzeit (circa 1. Jahrhundert bis Mitte des 4. Jahrhunderts). Vom gleichen Typus wie die norwegischen Nadelröhrchen sind die meisten der Exemplare von den Gräberfeldern der mittelschwedischen Handelsmetropole Birka[477] *(Abb. 77,5)*, von denen aus 69 Gräbern, davon 67 gesicherte Frauengräber, Nadelbüchsen vorliegen. Von ihnen bestehen zwei aus Silber, 49 aus Bronze, sechs aus Eisen und zwölf aus Bein. 38 Büchsen enthielten noch Nadeln, in 20 Fällen mit mehr als einer Nadel. Daneben gibt es vier Nadeln ohne beobachtete Behälter, und zwar alle aus Brandgräbern; vermutlich steckten sie in Röhrchen aus beinernem oder anderem organischen Material. Mindestens zehn Exemplare sind auch von den wikingerzeitlichen Gräbern

467 Zu den ›work-‹, ›thread‹- oder ›relic-boxes‹ vgl. mit älterer Lit.: Meaney 1981, 181 ff.; Evison 1987, 106 ff. mit Verbreitungskarte Abb. 117; Wamers 1995, 150 f.

468 Crowfoot 1990; Wamers 1995, 155 f.; Wamers in: Ausstellungskatalog Paderborn 1999, 440 ff., Kat.-Nr. VII.7–9.

469 Weidemann 1982, Bd. 2, 170 f. Vgl. ferner die Notiz bei Beda Venerabilis, Kap. III,11 (Spitzbart 1982), dass Ende des 7. Jhs. Königin Osthryda von Mercia in ein Tuch eingewickelte Erde erhielt, welche vom Waschwasser des Heiligen Oswald benetzt gewesen sei und das sie »in einer kleinen Kapsel verbarg«.

470 Vgl. Wamers 2015a im Druck, mit weiteren Hinweisen.

471 Vgl. Crowfoot 1990.

472 Meaney 1981, 185 ff., mit Verweis auf Crowfoot 1973, 202f.; zurückhaltender Crowfoot 1990, 51.

473 Frdl. Hinweis Dr. Anne Pedersen, Nationalmuseum Kopenhagen.

474 La Baume 1952/1953, 84 f.

475 Petersen 1951, 324 ff., Fig. 173–176; vgl. auch Sjøvold 1974, 316.

476 Bøe 1940, 49, Abb. 30.

477 Dazu im Folgenden Mälarstedt 1984; einige der Nadeln sind im Tafelband Arbman 1940/1943 (Taf. 167,2–7; 168,1–13; 169,1–4) abgebildet.

auf Gotland bekannt[478]. Die nordischen Exemplare sind mit circa 5 – 8,5 cm Länge kleiner als die kontinentalen Stücke. Die an beiden Enden offenen, hier aber meist verdickten zylindrischen Röhrchen weisen mittige (Doppel-)Ösen auf, in denen in vielen Fällen ein Kettchen eingehängt ist, was auf eine waagerechte Trageweise schließen lassen könnte. Einige kegelförmige Büchsen[479] besitzen einen aufgeschobenen Deckel, der ebenfalls an der Kettenkonstruktion befestigt ist, zum Öffnen des Röhrchens ohne Gefahr des Deckelverlustes – wie schon römische und frühmittelalterliche Pyxiden für Kosmetika und medizinisch-kosmetisches Gerät[480]: Sie wurden somit in leichter Schräglage am Körper getragen. Die kegelförmigen Nadelbüchsen tendieren in das 9., die zylinderförmigen überwiegend in das 10. Jahrhundert. Einige von ihnen sind mit Draht oder plastischen Elementen verziert. Ähnlich wie bei der Frankfurter Lederhülse hatte man die meisten wohl mit textilen Stopfen verschlossen. Zusammen mit Pfriem, Pinzette, Messer, Schere und Schlüssel waren sie Bestandteil der weiblichen Frauentracht. Während sie durchweg eigenständige nordische Typen darstellen, gibt es in Birka einige wenige streng zylinderförmige Blechexemplare mit horizontalen oder kreuzförmigen (rautenförmigen) Ritzlinien[481] – dazu eine seltene Parallele vom Gräberfeld Kaupang[482] sowie aus Frauengräbern aus Sylt, darunter aus dem in die frühe Wikingerzeit zu datierenden Grabhügel 35 von Nebel auf Amrum[483]; sie entsprechen weitgehend den kontinentalen Stücken des 8./9. Jahrhunderts, sind in die Zeit um 800 oder das früheste 9. Jahrhundert zu datieren und liegen zweimal in weiblichen Brandgräbern ohne charakteristische skandinavische Ovalfibeln – sie könnten somit Importe aus dem Süden sein[484]. Bei den in ganz ähnlicher Weise ritzverzierten metallenen Nadelbüchsen im Norden, etwa Kaupang Grab 210 oder aus der Siedlung Kaupang, die jedoch die charakteristisch skandinavische horizontale Trageweise mit mittiger Öse und Befestigung aufweisen[485], dürfte es sich um stilistische Adaptionen des kontinentalen Ritzdekors handeln.

In der Zusammenschau gewinnt man den Eindruck, dass Nadelbüchsen als Bestandteil weiblicher Frauentracht – abgesehen von den früh- und mittelawarischen Knochenröhren – ursprünglich, das heißt seit dem 1. bis 4./5. Jahrhundert n. Chr., ein Phänomen von Nordseegermanen (Sachsen, Friesen) und mitteldeutschen »Thüringern« sowie von Skandinaviern darstellt. Das Vorkommen im späten 7. bis 9. Jahrhundert in den Gräberfeldern am Nordrand des Karolingischen Reiches lässt vermuten, dass diese Sitte hier fortlebte und sich erst in der Materialität und im Bestattungsbrauchtum (Körpergräber) der frühen Karolingerzeit archäologisch bemerkbar macht. Das Vorkommen von organischen Nadelbehältnissen in der Merowingerzeit, besonders markant im Frankfurter Domgrab, sowie im 8./9. Jahrhundert am Südostrand des Reiches verleitet zu der Vermutung, dass es auch im Bereich der »Reihengräberzivilisation« das

478 Thunmark-Nylén 1998, Taf. 215,1–10; 216,1–4.

479 Z. B. Birka Grab 432, 550, 552, 637, 1046, 1081.

480 Vgl. Wamers 1995, Fig. 4, 5, Taf. 1, 2; Wamers 2003, 620 ff. Abb. 104. Vgl. oben S. 114 ff.

481 Birka Grab 456 und 345: Arbman 1940/1943, Taf. 168.12–13.

482 Gr. K/1950 III (Bezeichnung heute Ka. 257) vom Gräberfeld Lamøya: Blindheim/Heyerdahl-Larsen 1995, 62 f. Taf. 51,g–h. Grab III (= Ka. 257) ist eine reich mit Waffen ausgestattete Kriegerbestattung in einem Boot. Wahrscheinlich gehörte das Nadelröhrchen deshalb zur Frauenbestattung Grab V (= Ka. 259), die – ohne die für Skandinavierinnen typischen Ovalfibeln, dafür aber mit einer karolingischen »Pseudomünzfibel« – im selben Boot auf gleichem Niveau wie Grab III beigesetzt worden war (ebd. 63 f.; Pseudomünzfibel Taf. 52.K 1950 gr. V; zu den neuen Bezeichnungen vgl. Stylegar 2007). Bei der Frau aus Grab Ka. 259 handelte es sich vermutlich um eine »Fremde« aus dem nördlichen Karolingerreich, vielleicht eine Sächsin oder Friesin, oder um eine Skandinavierin mit seltenen weiblichen Importstücken aus dem sächsisch-friesischen Raum. Da sie aber auch einer nicht-skandinavischen Fibeltracht/-mode pflog, ist Ersteres (»Fremde«) wahrscheinlich (zum Grab 259 vgl. auch Wamers 2011, 90).

483 La Baume 1952/1953, 84 f.: alles dünne Bronzeblech-

Brauchtum von »symbolischen« Nadelbüchsen als Frauentracht-Accessoire gab, wenn auch nur sehr selten. Dieser Brauch materialisierte sich in der frühen Karolingerzeit in metallener Form neu und wird in den beigabenführenden Bestattungen an der Peripherie des Reiches archäologisch sichtbar. In Skandinavien gibt es eine lange, bis in die ersten nachchristlichen Jahrhunderte zurückreichende Tradition, die in den beigabenreichen Gräbern der Wikingerzeit archäologisch wieder besonders sichtbar wird; einige Röhrchen des 9./10. Jahrhunderts könnten Übernahmen aus dem Süden darstellen – zunächst einige echte Importe, dann eigenständige nordische Varianten ausbildend.

Die lederne Nadelhülse aus dem Domgrab kann somit entweder als ein glücklich überliefertes Beispiel von organischen Nadelbehältnissen des »Reihengräberbereiches« betrachtet werden oder – wofür Einiges spricht – als Indiz für eine weitere »nordische« Traditionsreminiszenz und somit für einen sächsisch/friesischen oder skandinavischen Einfluss in diesem exzeptionellen Grab. Auf jeden Fall verweist es – neben der Schere – auf die zukünftige Rolle des kleinen Mädchens als eine für die Textilarbeit verantwortliche Hausfrau.

Es ist verblüffend, dass das im Voraufgegangenen etwas ausführlicher diskutierte Beigaben-Ensemble aus dem Kindergrab Riechdose–Nadelröhrchen–Schere noch im 18. Jahrhundert fester Bestandteil der altfriesischen Frauentracht war, wie etwa zwei Hängeensembles aus den

78 Kettengehänge der »altfriesischen Frauentracht« (18. Jh.) mit Gürtelhaken, Duftflakon, Nadelröhrchen, Schere(nscheide), Fingerhut und anderen Gehängeteilen. Ohne Maßstab.

Niederlanden[486] mit Schere, Nadelröhrchen, Duftflakon und weiteren Anhängseln illustrieren *(Abb. 78)*. Es stellt sich die Frage, ob wir es hier mit einem sehr alten Trachtbrauchtum zu tun haben, das – zusammen mit einer charakteristischen Sprache – in der friesischen Nordseeküstenzone bis in das 19. Jahrhundert überlebt hat. Andererseits gilt zu beachten, dass Nadelbüchsen unterschiedlichster Materialien und Verzierungstechniken als weibliches Zubehör im 18. und 19. Jahrhundert in weiten Teilen Europas sehr beliebt waren[487].

hülsen mit Resten der Eisennadel; Grab 35: 37 ff. mit Taf. 4,2 (fragmentarisches Röhrchen mit Strich- und Kreisaugenverzierung); das Frauengrab mit Ovalfibelpaar und Ziernadel von um 800 oder kurz danach, eisernem Thorshammeranhänger des älteren Typs (vgl. Wamers 1997, Anm. 3).

484 Charlotte Blindheims (Blindheim/Heyerdahl-Larsen/Ingstad 1999, 53) aus dem insularen Vorkommen gezogener Rückschluss auf »westlichen Import« des ritzverzierten Bronzeröhrchens aus Kaupang (Ka. 257 = Lamøya 1950 Gr. III: Blindheim/Heyerdahl-Larsen 1995, 62 Taf. 51,g–h) ist angesichts der hier geschilderten Befundlage kaum wahrscheinlich.

485 Grab Ka. 210 mit Ovalfibelpaar JP 37 und Pferdefibel im Stil E/F (Blindheim/Heyerdahl-Larsen/Tollnes 1981, 216, Taf. 64); Siedlung Kaupang: Øye 2011, 356 f., Abb. 13,24.

486 »Zilveren chatelaine met gordelhaak met schaar, naaldenkokers en naaldenkussen aan jasseroncollier« (http://www.aldfryslan.nl/resultaten.php).

487 Rogers 1986, 63 ff.

Kleidung und Schmuckausstattung des Mädchens – Versuch einer Rekonstruktion *(Egon Wamers)*

Die nebenseitig abgebildete Rekonstruktion (*Abb. 79*, schon publiziert Wamers 2013b, Abb. 108) versucht, die mehrdeutigen Textilbefunde und die schwer zu interpretierenden Lagebefunde des Trachtenschmucks miteinander zur Deckung zu bringen. Die Originalfarben der Textilien konnten nicht ermittelt werden. Unter den Fibeln wurden laut Grabungsbericht und Angaben des seinerzeitigen Restaurators des Frankfurter Denkmalamtes keine Gewebereste angetroffen.

Zuunterst trug das Mädchen vermutlich ein leinwandbindiges tunikaartiges Kleid (Gewebe Typ A, hier weiß angelegt), darüber ein Überkleid, ebenfalls in Leinwandbindung, aber spinngemustert (Gewebe Typ B). Beide lagen »stratigraphisch« unter der Gürtelkette. Das Überkleid, das in Körpermitte gefältelt war, vermutlich durch einen Leibgurt, ist hier als langärmeliges, vorne – zumindest im oberen Bereich – geschlitztes Kleid grüner Färbung rekonstruiert; die aufwändige Spinnmusterung, die bei Bewegung des Stoffes oder besonderem Lichteinfall sichtbar wird[488], wurde dabei nicht versucht wiederzugeben. Zum Verschließen dieses Kleides wurde vermutlich die im Grab in Bauchhöhe angetroffene gleicharmige Fibel verwendet. Als Leibgurt diente die eiserne Gürtelkette mit Hakenverschluss. Wie das feinere leinwandbindige Gewebe Typ D, das partiell »stratigraphisch« auf der Gürtelkette beobachtet wurde, in die Bekleidung einzuordnen ist, bleibt unklar: In der Rekonstruktion wurde dieses Gewebe nicht berücksichtigt. Das Gleiche gilt für das Ripsband Typ F, das nicht überzeugend in die Kleidung eingefügt werden kann; denkbar wäre, dass es als Zug- oder Schnürband für ein Kleidungsstück (Oberkleid, Schleier?) diente oder dass mit ihm Teile des Gehänges befestigt wurden. Dagegen dürfte das feine lockere Gewebe Typ E, welches fast immer über dem Gewebe Typ D angetroffen wurde, mit großer Sicherheit als Schleier zu identifizieren sein. Schleier sind mehrfach aus reichen Frauengräbern bekannt, wo sie in manchen Fällen von einer Vitta auf dem Kopf gehalten wurden[489]. Da es keinerlei Hinweise auf irgendeinen Kopfschmuck gab, hat das Frankfurter Mädchen seinen Schleier, der in *Abb. 79* durchscheinend angelegt ist, vermutlich im Halsbereich mit der kleinen Granatscheibenfibel fixiert. Die mokkasinartigen Schuhe, von denen es im Grab keinerlei Spuren gab, wurden hier analog den Schuhbefunden aus Oberflacht[490] rekonstruiert. Angesichts der zahlreichen unterschiedlichen Gewebereste, die nur zum Teil zu einer textilen Kleidung schlüssig rekonstruiert werden können, muss man mit einer insgesamt deutlich komplexeren und vielschichtigeren Bekleidung des Mädchens rechnen.

Um den Hals trug das Mädchen das Pektorale und die Riechdose. Die Befestigung des Elfenbeinobjekts am unteren Ende der Gürtelkette kann als gesichert gelten (vgl. Goedecker-Ciolek, oben S. 124). Zum »Gehänge« des Kindes gehörte des Weiteren ein Lederriemen, welcher oben an einem Ring in der Gürtelkette hing und unten von der silbernen Riemenzunge beschwert wurde. Vielleicht war auch die Scheide mit dem Messer an diesem Riemen befestigt. Da das Ensemble Kamm–Schere–Nadelhülse offenkundig in einem Tuch eingewickelt und unten rechts vom Mädchen abgelegt war, wurde es wohl nicht am Gehänge getragen, wie es sonst bei erwachsenen Frauen üblich, für ein Kleinkind aber wohl zu voluminös war.

Während die Ohrringe paarweise getragen wurden, trug das Kind nach Ausweis der Grabungsbefunde seine Armreife und Fingerringe unsymmetrisch: links jeweils zwei, rechts jeweils einen. Die beiden Fingerringe mit Vierpassmuster (links mit intermittierenden Punkten, rechts ohne Punkte) weisen die gleiche Metallzusam-

79 Lebensbild-Rekonstruktion des Mädchens aus der Bestattung unter der Frankfurter Bartholomäuskirche (Entwurf: E. Wamers nach dem Grabungsplan Hampel 1994 *(vgl. Abb. 12)* und der Dokumentation von R. Goedecker-Ciolek; Ausführung: Florent Vincent, Paris).

488 Hägg 1991, 210, Abb. 3a–b.; Amrein/Rast-Eicher/Windler 1999, 94.

489 Vgl. etwa die Königinnengräber der Wisigarde unter dem Kölner Dom oder der Arnegunde aus Saint Denis: Katalog Frankfurt 2013, Abb. 44 und 68).

490 Schiek 1992, Taf. 53,1–2.

mensetzung mit einem hohen Silberanteil auf, kommen also aus einer Produktion und bildeten ein Paar. Beim anderen an der linken Hand getragenen Fingerring mit gegenständigem C-Muster ist der Goldgehalt deutlich höher. Gleichermaßen sind die silbernen Armreife – links der rundstabige, rechts der tordierte Armreif – von weitgehend gleicher Legierung (circa 93 % Silber und 1 % Gold), was wiederum eine werkstatt- oder produktionsbedingte Paarigkeit nahelegt. Beide Befunde würden der oben erwogenen spätrömischen oder gar nordischen Herkunft des tordierten Armreifs (S. 110 ff.) entgegenstehen und auch den unten angestellten Spekulationen über eine mögliche Zugehörigkeit von rechtem Finger- und Armreif zum brandbestatteten Kind (S. 214 f.).

Das textile Goldkreuz – Neuaufnahme, Untersuchung und Ergebnisse

Ina Schneebauer-Meißner und Britt Nowak-Böck

Goldverzierte Textilien – seltene Luxusartikel im frühen Mittelalter

Goldtextilien[491] sind als Beigaben in frühmittelalterlichen Grabzusammenhängen eine Seltenheit, in reich ausgestatteten Gräbern jedoch häufiger anzutreffen. Es ist anzunehmen, dass sie als Statussymbol galten und als Ausdruck von Prestige ausschließlich von den einflussreichsten Personen in ihrem Umfeld getragen wurden[492]. Es konnten verschiedenste Kleidungsstücke wie zum Beispiel Mantel, Tunika oder Kleid im Hals-, Ärmel- oder Saumbereich mit glänzenden Goldborten geschmückt sein. Einige Befunde aus Männergräbern belegen auch verzierte Gürtel und goldene Beinbekleidung. Insbesondere in Frauengräbern finden sich Goldfäden häufig im Stirnbereich und können als Zierelemente einer Vitta oder einer Kopfbedeckung gedeutet werden[493]. Vermutlich wurden nicht nur Kleidungsstücke sondern auch andere Grabbeigaben wie Tücher und Taschen mit goldenen Besätzen oder edlen Stickereien versehen. In Einzelfällen ist auch von einer Zweitverwendung von Goldfäden auszugehen[494].

Im süd- und westdeutschen Raum sind bislang nur wenige Befunde aus Kirchenbestattungen und nur einzelne Funde aus Kindergräbern bekannt[495]. Umso bedeutender erscheint der bislang singuläre Befund des textilen Goldkreuzes aus dem Kindergrab unter der Frankfurter Bartholomäuskirche.

Neuaufnahme des Goldtextils – Zielsetzung und Untersuchungsmethoden

Das Ziel der Bearbeitung war neben der umfassenden Dokumentation des *in situ*-Befundes die Untersuchung und Interpretation der Materialien und aller Herstellungs- beziehungsweise Verarbeitungsdetails der Goldfäden sowie die Rekonstruktion des Goldtextils zum Zeitpunkt der Grablege. Hierfür wurden neben der Auflichtmikroskopie unterschiedliche naturwissenschaftli-

491 Der Begriff »Goldtextilien« bezeichnet im Allgemeinen Gewebe, die unabhängig von der Herstellungstechnik Elemente aus Gold besitzen (nach Banck-Burgess 1998, 386). Die Begriffe »Goldstreifen« und »Goldlahn« werden für einen schmalen Streifen aus dünner Goldfolie verwendet. Die Bezeichnung »Goldfaden« ist ein Überbegriff für alle fadenförmigen Produkte u. a. Goldstreifen/Goldlahne, Golddrähte und um einen Seelenfaden gewickelte Lahne. Zur Terminologie s. Tímár-Balázsy/Eastop 1998, 128–131.

492 Vgl. Stiefel 2008, 49; Stiefel-Ludwig 2013, 340.

493 Eine mit Goldfäden verzierte Oberkörperbekleidung fand sich beispielsweise in Grab 143 in Greding-Großhöbing, Lkr. Roth (Bartel/Nadler/Kreutz 2005, 229–245); ein an Hals und Ärmel verziertes Kleidungsstück konnte in Bruckmühl Grab 31, Lkr. Rosenheim aufgedeckt werden (Pietsch 2004, 104–106; Suhr/Fehr 2007, 25–26). Die einzigen bekannten goldenen Wadenbinden sind in Grab 493 aus Straubing-Alburg erhalten (Bartel 2005, 261–272; Möslein 2005a, 251–259; Möslein 2005b, 79–118). Ein goldener Gürtel wird in Hailfingen, Grab 54 vermutet (Stoll 1939, 22) und ist aus Polling, Grab 3 bekannt (Stein 1967, 246–247; Meissner 2010, 11). Als eindrucksvolle Stirnbinde ist unter vielen beispielsweise der Befund aus Aschheim, Grab 5 zu interpretieren (Dannheimer 1988, 35–36). Weitere Informationen zu allen genannten Goldtextilien s. bei Meißner 2010, Katalogteil.

494 Grobe Nahtlöcher lassen eine sekundäre Verwendung des Goldtextils aus dem Mädchengrab 795 aus Lauchheim vermuten (Stauffer/Weisse 1998, 734).

495 Siehe hierzu Stiefel 2008, 26–27 u. 36.

80 Blockbergung mit Goldtextilbefund. M. 1:1.

che Analysemethoden eingesetzt und getestet. So konnten mittels rasterelektronenmikroskopischer Untersuchungen (REM) die Herstellungsspuren auf den Oberflächen und Schnittflächen der Goldstreifen dokumentiert und mit eigens angefertigten Referenzproben verglichen werden[496]. Gefügeanalysen mit Auflicht-Hellfeld-Mikroskopie (AH) unter polarisiertem Licht und Rasterelektronenmikroskopie (REM) sollten Aufschluss über die Herstellungsverfahren und den Gefügezustand der Goldfolie bei der Verarbeitung geben. Zur Beurteilung der Goldqualität wurde die Legierung quantitativ mit der energiedispersiven Mikroröntgenanalyse (REM-EDX) im Kern eines geätzten Anschliffes bestimmt[497]. Eine Goldanreicherung in den Goldfadenoberflächen wurde ebenso mit REM-EDX-Analysen nachgewiesen. Ein Versuch zur Bestimmung der Spurenelemente erfolgte mittels Neutronenaktivierungsanalyse (NAA)[498]. Die Identifikation beziehungsweise Lokalisierung des vergangenen Seelenmaterials und des organischen Trägermaterials der Goldverzierung wurde mittels REM und 3D-Neutronen-Computertomografie[499] versucht. Des Weiteren sollte die Verarbeitungstechnik der Goldfäden und die Herstellung der Musterborte durch auflichtmikroskopische Untersuchungen, 3D-Röntgen-Computertomografie[500] und praktische Web- und Stickrekonstruktionen[501] nachvollzogen werden.

Alle Ergebnisse waren abschließend zu bewerten und mit zeitgleichen Befunden der Merowingerzeit zu vergleichen.

Situation der Goldfäden im Befundblock

Während der Ausgrabung wurden etwa auf Kniehöhe des bestatteten Mädchens Goldfäden aufgedeckt und mit dem umliegenden Erdreich als Block geborgen (Inventar 1994/095/014)[502]. Der Befundblock ist heute ausgetrocknet und in mehrere Teilbereiche zerbrochen, aber noch vollständig und unbehandelt erhalten *(Abb. 80; 81; Cover)*.

Die Goldfäden sind größtenteils nach wie vor in ihrem ursprünglichen Verbund, einige Fäden wurden abgesammelt und liegen separat vor. Der Befund besteht aus zwei zueinander senkrecht stehenden Goldbortenabschnitten, die sich in der Mitte kreuzen und somit ein gleichschenkliges Kreuz mit einer Balkenlänge von je circa 15,0 cm bilden[503].

Durch eine Störung der Situation wurde der Querbalken an der Kreuzungsmitte nach links

81 Detail der Goldborte mit parallel nebeneinander liegenden Goldfäden (Fadendurchmesser: 350 – 450 μm). Deutlich erkennbar sind wellenartige Abdrücke in den Goldfäden, die Hinweise auf die textile Einarbeitung und auf das ursprüngliche Bortenmuster geben.

496 Wir danken Dipl. Chem. Martin Mach und Christian Gruber (Zentrallabor des Bayerischen Landesamtes für Denkmalpflege) für die Ausführung aller REM und EDX-Analysen und für die frdl. Unterstützung.

497 Für die vielfältige Hilfe sei Dr. Günter Grundmann, TU München sehr herzlich gedankt.

498 Die Analysen wurden dankenswerterweise von Dr. Xiaosong Li an der Forschungsneutronenquelle Heinz Maier-Leibnitz (FRM II) an der TU München (Garching) vorgenommen.

499 Für die 3D-Neutronen-Computertomografie-Untersuchungen an der Forschungsneutronenquelle Heinz Maier-Leibnitz (FRM II) der TU München (Garching) danken wir Martin Mühlbauer (ANTARES).

500 Die 3D-CT-Aufnahmen wurden dankenswerterweise von Stephan Tomaschko, Carl Zeiss, Industrielle Messtechnik GmbH, Aalen, sowie von P. Klofac und J. D. Stephan der Firma Siemens, München durchgeführt.

501 Für die Herstellung der gewebten Borten und die vielen Diskussionen danken wir sehr herzlich Anneliese Streiter und Erika Weiland (Nürnberg). Für die frdl. Unterstützung bei der Anfertigung der Stickereiproben sei Sibylle Ruß (Bamberg) vielmals gedankt.

502 Hampel 1994. Max. Maße des Blockes: Breite: 13,2 cm, Länge: 23,5 cm, Höhe: 3,5 cm.

503 Die Länge der im Block gemessenen, teils doppelt liegenden Partien des Querbalkens beträgt 13,1 cm. Hinzu kommen mehrere, bereits abgesammelte Goldfäden vom rechten Bereich. Die im Block erhaltenen Bortenreste des Längsschenkels haben eine Länge von 12,5 cm; weitere lose vorliegende Fragmente von ca. 2,5 cm Länge müssen auch hier dazu gerechnet werden.

82 Kartierung der Goldfäden: Goldfäden in richtiger Ausrichtung: grün; mit der Rückseite nach oben verlagerte Goldfäden: rot. M. 1:1.

83 (rechte Seite) 3D-Computertomographie-Aufnahme des Goldkreuzes im Erdblock (Aufnahme: Firma ZEISS). Im oberen Bereich des Längsbalkens ist die Zick-Zack-Musterung der Borte zu erkennen. M. 1:1.

84 Dreidimensionale, teiltransparente Darstellung der Befundsituation. Deutlich stellen sich unterschiedlich dichte Materialien wie Gold, Holzkohle und Knochenfragmente dar. (Aufnahme: Firma Siemens).

verschoben und das umgeklappte Ende auf den restlichen Querbalken verlagert *(Abb. 82)*. Vermutlich waren die Goldfäden zum Zeitpunkt der Störung im Verbund mit einem Trägermaterial, das heute vollständig vergangen ist. In wenigen Bereichen unter, zwischen und neben den Goldfäden sind dunkle Verfärbungen im Erdreich vom abgebauten organischen Trägermaterial vorhanden. Wegen fehlender charakteristischer Materialmerkmale konnten diese nicht mehr mit mikroskopischen Untersuchungsmethoden identifiziert werden. Somit bleibt zunächst ungeklärt, ob die fertiggestellten Goldbortenabschnitte als Kreuz auf einen textilen Träger oder beispielsweise auf Leder aufgebracht worden waren[504].

Im untersuchten Befund fanden sich neben den teils mit Erde überdeckten Goldfäden einige Fragmente des Skeletts und Kohlepartikel von verbranntem Eichenholz[505]. Mit Hilfe der 3D-Röntgen-Computertomografie ließen sich im Erdreich liegende Goldfäden und Knochenpartikel exakt lokalisieren und darstellen[506]. Anhand der stratigraphischen Lage der Knochenreste konnte ermittelt werden, dass das Goldtextil während der Grablege auf dem Leichnam zu liegen kam *(Abb. 83; 84)*.

Vom Goldfaden zur Musterborte

Für die Herstellung der 0,6 – 0,7 cm breiten Borte wurden die Goldfäden parallel zueinander liegend mit einer Dichte von circa 19 – 20 Fäden/cm verarbeitet, wobei sie am Rand der Musterfläche jeweils umkehren und zurückgeführt wurden[507]. Diese Randbereiche der Goldborte sind deutlich nach unten gerichtet und waren folglich hier mit dem Trägermaterial verbunden gewesen.

Zudem sind in regelmäßigen Abständen jeweils zwei oder drei gewellte, leicht glänzende Druckstellen in den Oberflächen der Goldstreifen erkennbar. An diesen Stellen wurde der goldene Musterfaden auf der Fläche abgebunden beziehungsweise niedergelegt und somit mit dem Trägermaterial zusätzlich verbunden. Mit Hilfe der 3D-CT-Aufnahmen und eingehender mikroskopischer Untersuchungen der schwachen Abdruckstellen konnte eine gleichmäßige Musterung in Form eines Zickzack-Motivs auf dem Längs- sowie auf dem Querbalken des Kreuzes identifiziert werden[508] *(Abb. 85)*.

Aus frühmittelalterlichen Befunden sind verschiedene Verarbeitungstechniken von Goldfäden bekannt. Angenommen wird die Einarbeitung von Goldfäden im webtechnischen Verfahren, als Musterfäden in Brettchengeweben oder als Wirkerei. Einige Befunde belegen ebenfalls die Applikation von Goldfäden als Stickerei in Anlegetechnik, wobei der Zierfaden auf den Trägerstoff aufgelegt und mit Überfangstichen mit dem Textil verbunden wird[509].

Verschiedene Versuche zur Rekonstruktion einer entsprechenden Borte in web- und sticktechnischem Verfahren sollte die Verarbeitungstechnik der Frankfurter Fäden klären. So wurde mit modernem Goldfaden ein 0,6 cm breiter Bortenabschnitt mit Hilfe eines Webkamms und mehrere Brettchenborten und eine Gesamtrekonstruktion mit 4-Lochbrettchen angefertigt *(Abb. 95)*. Außerdem konnte ein Bortenbereich in Stickerei in Anlegetechnik auf einem Seidenträgerstoff rekonstruiert werden.

Die Versuche machten deutlich, dass eine Borte mit entsprechendem Muster theoretisch mit allen getesteten Techniken herstellbar ist. Ein detaillierter Vergleich der Probestücke mit dem Original brachte aber Aufschluss darüber, dass eine Herstellung der Frankfurter Borte in Brettchenwebtechnik angenommen werden kann. Ausschließlich mit dieser Technik waren die typischen Merkmale wie die deutlich nach unten gerichteten Kantenbereiche und die flachen Abbindestellen der Musterfläche[510], die Geschlossenheit des Gewebes und die Fadendichte in Bezug zur Bortenbreite und dem rechtwinkligem Musterverlauf nachvollziehbar und rekonstruierbar.

85 Schematische Musterdarstellung der Goldbarte. Ohne Maßstab

504 Zwei bestickte Lederbordüren aus dem Arnegundegrab in St. Denis beispielsweise bezeugen, dass neben Textilien auch Leder als Trägermaterial für applizierte Goldverzierungen verwendet wurde (France-Lanord/Fleury 1962, 341 – 359).

505 An einigen schwarzen Kohlefragmenten wurden dankenswerterweise von Franz Herzig (Dendrolabor des Bayerisches Landesamt für Denkmalpflege) anthrakologische Untersuchungen durchgeführt. Das verbrannte Holz konnte als Quercus Sp. (Eiche) bestimmt werden.

506 Zur Anwendung der 3D-CT bei archäologischen Blockbergungen s. z. B.: Kreß/Wicha 2008, 60 – 61; Wicha 2005; Peek/Ebinger-Rist/Stelzner 2009; Berg 2010.

507 Unklar bleibt, ob die Goldverzierung ursprünglich nur den mittleren Bereich einer breiter gestalteten Borte bildete.

508 Zur schematischen Musterdarstellung von Goldborten s. Nowak-Böck 2013, 267.

509 Im Folgenden seien Beispiele aus der Merowingerzeit für die verschiedenen Techniken genannt. Brettchenweberei: Greding-Großhöbing Gr. 143 (Bartel/Nadler/Kreutz 2005, 238; Nowak-Böck 2013); Wirkerei: Lauchheim Gr. 795 (Stauffer/Weisse 1998); Stickerei in Anlegetechnik: Lahr-Burgheim Gr. 10 (Fingerlin 1985, 23 – 35; Krohn 2004/2005; Krohn 2013a, 357 f.), Gerolfing, »Löwenbuckel«, Pulling, Grab 75 (Stein 1967, 227 – 228; Schwarz 1958, 101 u. 126; Meissner 2010, 8 u. 11). Generell sprechen leicht schräg verlaufende Abbindestellen für die Einarbeitung in einer Brettchenborte, d. h. die Goldfäden wurden als Musterschuss mit Hilfe mehrfach durchlochter und mit Fäden bezogener Brettchen zu einer schmalen Zierborte verwebt, die dann als Applikation verarbeitet wurde. Die schrägen Abdrücke kommen durch die Drehung der Kettfäden über dem Musterschuss zustande. Bei der Bortenherstellung mit Hilfe eines Bandwebstuhles entstehen dagegen gerade Druckstellen im Goldfaden (zur Technik vgl. z. B. Petraschek-Heim 1978, 266 – 269; Ott 1988, 135 – 136). Ob die Druckstellen bei der Frankfurter Borte gerade oder leicht schräg verlaufen ist schwer zu beurteilen. Tatsächlich sind die Fäden etwas »verzogen«, was allerdings auch mit dem Wickeln des Goldstreifens um den Seelenfaden zusammenhängen könnte.

510 Der Tiefenunterschied zwischen Umkehrstellen an den Bortenrändern und den musterbildenden Abbindestellen entsteht durch meist einen in der Musterfläche abbindenden Kettfaden und mehrere die Umkehrstellen überlaufende Kettfäden eines Brettchens.

Zur Herstellung der Goldfäden

Die Goldfäden bestehen aus 335–513 µm breiten und 16–31 µm starken Goldstreifen, die in Z-Richtung mit circa 8–10 Windungen pro cm um einen Seelenfaden gewickelt wurden[511]. Der so entstandene Faden hat einen Durchmesser von 350–450 µm.

An mehreren Stellen konnte beobachtet werden, dass zwei und seltener drei Lahne, die sich wenige Millimeter an den Enden überlappten, zu einem Faden gewickelt wurden. Offensichtlich handelt es sich um Übergangsstellen von kurzen Folienstreifen zur Erzeugung eines längeren Goldfadens[512] *(Abb. 86; 87)*.

Der Seelenfaden ist heute vollständig vergangen. Winzige amorphe Reste konnten mittels REM-Aufnahmen erkannt, aber nicht mehr bestimmt werden. An einem lose vorliegenden Fragment der Goldborte wurde getestet, ob optisch nicht sichtbare organische Reste des Fadenmaterials in den Goldstreifenwindungen mit Hilfe der Neutronen-Computertomografie dargestellt werden können[513]. Leider erbrachte die Methode keine aussagekräftigen Ergebnisse, da sich die Goldstreifen nur unscharf in dunkler Farbe abzeichneten und Erdverfärbungen oder etwaige organische Reste nicht darstellbar waren.

Mit Hilfe der Rasterelektronenmikroskopie konnten die Sicht- und Unterseiten sowie die Schnittflächen und -kanten der Goldstreifen nach Herstellungsspuren untersucht werden. Auf den etwas porigen Unterseiten der Goldlahne sind selten Streifen[514] parallel zum Rand zu erkennen. Da auf diesen Flächen nach dem Wickelvorgang kaum Spuren entstehen können, müssen die Streifen wohl während der Herstellung entstanden sein. Auf der ebenfalls porigen Sichtfläche sind stellenweise breitere Streifen parallel und eher selten senkrecht zum Rand zu verzeichnen. Oberflächenunvollkommenheiten wie diese Streifen können vom Umformprozess, den verwendeten Werkzeugen, Arbeitsmaterialien oder der Arbeitsunterlage hervorgerufen werden *(Abb. 88)*.

Spuren von einer abschließenden Überglättung der Fäden zur Herstellung einer dichten, glänzenden Fläche, wie bereits an anderen merowingerzeitlichen Befunden beobachtet wurde, konnten nicht nachgewiesen werden[515]. Es fanden sich auch keine Hinweise für die Verwendung von Bolus (Tonerde) zur Herstellung der Goldfäden[516].

An einigen Stellen konnten kleine, abstehende Spane an den Rändern der Lahne dokumentiert werden. Diese Versatzstellen sind offensichtlich durch das Schneiden der Goldfolie in einzelne Streifen verursacht worden[517]. Die Schnittflächen der Goldstreifen verlaufen rechtwinklig bis etwas schräg zu den Streifenseiten

511 Eigene Versuche verdeutlichten, dass sich die Dichte der Wicklung um die Seele stets ändern kann, da durch ein gezieltes Nachdrehen des Fadens während der sticktechnischen Verarbeitung gleichmäßige Umkehrstellen erzeugt werden können.

512 Zur Technik s. Fürnkranz 2005, 15; Járó 1990, 47; Járó/Gondár/Tóth 1993, 119–121. Die herstellungsbedingte Länge der einzelnen Goldstreifen konnte im vorliegenden Zustand nicht ermittelt werden, da nur an einer Stelle das Ende eines Lahnstreifens zu erkennen war. Leider brachte eine Detailaufnahme von einem im Block liegenden Bortenabschnitt mittels 3D-CT keine zusätzlichen Erkenntnisse bezüglich der Herstellung der Goldfäden bzw. der Goldstreifen. Hierfür wäre eine Aufnahme mit höherer Auflösung von einem lose vorliegenden Bortenabschnitt notwendig.

513 Das zerstörungsfreie Verfahren eignet sich zur Differenzierung von verschiedenen Materialien, wie z. B. von organischen und anorganischen Werkstoffen. Die Abschwächung der Neutronen durch einige leichte Elemente ist im Gegensatz zur Röntgenstrahlung sehr stark, wodurch hohe Kontraste erzeugt werden. Metalle und andere schwere Elemente sind dagegen sehr leicht durchdringbar und werden dunkel abgebildet. Zur Anwendung der Technik an archäologischen Funden s. Gebhard 1999, 184–185; Deschler-Erb u. a. 2004; Flügel u. a. 2004.

514 Streifen: Bandförmig vertiefter Bereich auf der Oberfläche, meistens von geringer Tiefe, oder Bereich unterschiedlicher Oberflächentextur (DIN EN ISO 8785). Die Grenze zwischen der begrifflichen Unterscheidung von Streifen und Riefen verläuft fließend. Der Begriff Riefe wird im Gegensatz zu Streifen für gerade verlaufende ausschließlich nach innen gerichtete, linienförmige Vertiefungen verwendet, oftmals tiefer und mit einem spitzeren Werkzeug hervorgerufen als Streifen. Die Bezeichnung Streifen wird für flächige, nicht ganz so klar und tief verlaufende Vertiefungen verwendet. Die Oberfläche erscheint unruhiger, weshalb nicht eindeutig zu erkennen ist, ob es sich ausschließlich um nach innen gerichtete Unvollkommenheiten handelt (Meißner 2010 und Schneebauer-Meißner 2013).

515 Vgl. z. B. Dieke-Fehr/Müller-Christensen 1988, 134.

516 Vgl. z. B. die Goldfäden aus Lauchheim/Wasserfurche Grab 795 (Stauffer/Weisse 1998, 729–736).

und tragen senkrecht verlaufende Schnittspuren. Diese entstehen im Allgemeinen durch Scherschneiden oder drückendes Messerschneiden[518]. Die Beobachtungen sprechen gegen die Verarbeitung von gezogenen[519] und anschließend geplätteten Golddrähten[520]. An je einer Schnittkante beider Schnittflächen verläuft ein kurzer bis breiter Grat. Die beiden anderen Kanten sind stellenweise rechtwinklig oder etwas verrundet. Bei Betrachtung eines Goldstreifenquerschnitts liegen die Grate diagonal gegenüber, wodurch dieser parallelogrammförmig erscheint. Diese Merkmale deuten darauf hin, dass die Goldfolie nach jedem abgeschnittenen Streifen gewendet wurde, da ein entsprechender Grat stets an der unteren Kante einer Schnittfläche entsteht. Bei den Frankfurter Goldlahnen ist der Grat durch die Fadenhandhabung und Verarbeitung oftmals umgebogen oder gestaucht und dadurch als gerundete Wulst auf Sicht- oder Unterseite zu erkennen[521] *(Abb. 89; 90; 91)*. An wenigen Stellen zeigt sich eine neben dem Rand verlaufende Riefe, die vermutlich durch kurzes Abstellen oder Verrutschen der Schneide auf der Folie hervorgerufen wurde.

Die Beobachtungen und der Vergleich mit eigenen Schneideversuchen machen deutlich, dass die Frankfurter Streifen wohl durch drückendes Messerschneiden von der Goldfolie abgetrennt wurden. Bei dem verwendeten Werkzeug kann

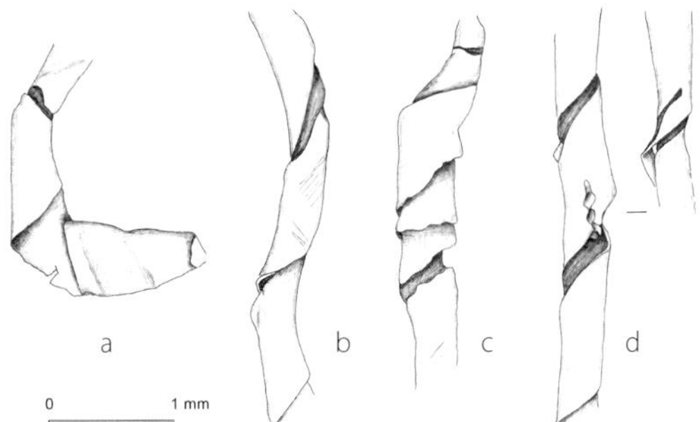

86 Details an den Goldfäden: **a)** gerundetes Streifenende; **b)** senkrecht und parallel zum Rand verlaufende Streifen auf der Sichtseite des Streifens; **c)** Mehrfachwicklung des Goldstreifens mit Streifenanfang; **d)** Fehlschnitt mit abstehendem Span.

es sich um einen Meißel oder um ein Messer handeln. Das Scherschneiden wird in diesem Fall ausgeschlossen, da bei diesem Verfahren immer eine neben dem Grat verlaufende Riefe erzeugt wird[522]. Das ziehende Schneiden mit einem Messer beziehungsweise klingenartigen Werkzeug wird ebenfalls ausgegrenzt, da dadurch Schnittspuren parallel zum Rand verursacht werden.

Für die Interpretation der Umformtechnik zur Goldfolie, aus der die feinen Streifen geschnitten wurden, mussten metallographische Untersuchungen des Goldgefüges durchgeführt werden[523]. Hierfür wurden strukturgeätzte, hochglanzpolierte Anschliffe vom Quer- und Flachschnitt eines Goldstreifens angefertigt und im Auflicht-Hellfeld in Kombination von einfach linear polarisiertem Licht und gekreuzten Polarisatoren analysiert. Die Untersuchungen

517 Diskutiert werden generell scherenartige sowie auch messerartige Werkzeuge. Ähnliche Beobachtungen eines Fehlschnittes vgl. Dieke-Fehr/Müller-Christensen 1988, 134 und Nowak 2004, 182. Zur Herstellung von geschnittenem Goldlahn s. u. a. Járó/Gondar/Toth 1993, 119–120.

518 Scherschneiden: Zerteilen von Werkstücken zwischen zwei Schneiden, die sich aneinander vorbeibewegen (DIN 8588). Drückendes Schneiden: Schneiden, bei dem die Bewegung zwischen Schneidwerkzeug und Werkstück in der Schneidebene senkrecht zur Schneide verläuft (DIN 8588). Messerschneiden: Zerteilen von Werkstücken mit einer meist keilförmigen Schneide (DIN 8588).

519 Beim Drahtziehen wird das Rohmaterial kalt durch konische, immer kleiner werdende Löcher eines Zieheisens gezogen. Dadurch dehnt sich das Material gleichmäßig und es entsteht ein langer, dünner Draht. Allgemein sind Zieheisen bereits für das 3. Jh. v. Chr. bekannt, was ein hellenistischer Depotfund von Ošanić bei Stolac/Jugoslawien belegt (Gebhard 1991; Wolters 2001). Ein frühmittelalterlicher Fund aus offenbar gezogenem Golddraht wurde im Frauengrab B808 unter dem Kölner Dom aufgedeckt (Doppelfeld 1960, 89 ff.).

520 Die Ränder von Goldstreifen aus gewalztem Draht verlaufen nicht gerade, sondern wellig. Sie haben einen im Querschnitt runden, nach außen gewölbten Rand (Meißner 2010, 42 u. 44 und Schneebauer-Meißner 2013, 296).

521 Verschiedene Untersuchungen an anderen, zeitgleichen Goldbefunden zeigten, dass die Kanten der Goldstreifen sehr unterschiedlich gestaltet sein können. So konnten an bajuwarischen Befunden verschiedentlich verlaufende Spuren von Schneidewerkzeugen und unterschiedlich geformte Grate mit Hilfe der Rasterelektronenmikroskopie dokumentiert werden (vgl. Meißner 2010 und Schneebauer-Meißner 2013).

522 Erzeugt durch die Druckfläche, also die am Schneidwerkzeug der Werkstückoberfläche zugekehrte Fläche des Schneidkeiles (DIN 8588).

523 Zu metallographischen Untersuchungen an frühmittelalterlichen Goldfäden s. Raub/Weiss 1994, 217–219; Nowak 2004, 182; Scott 1991, 7–8.

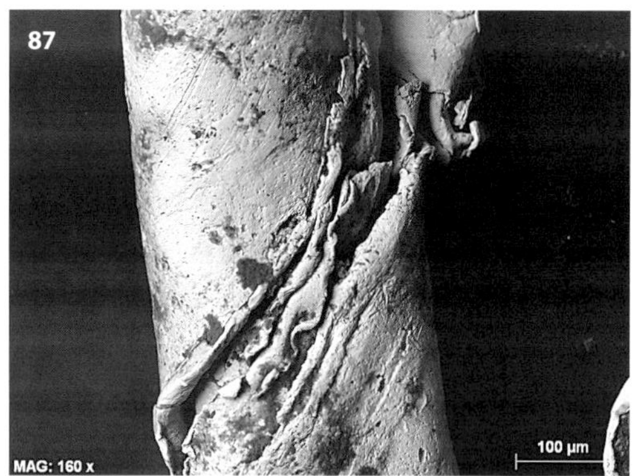

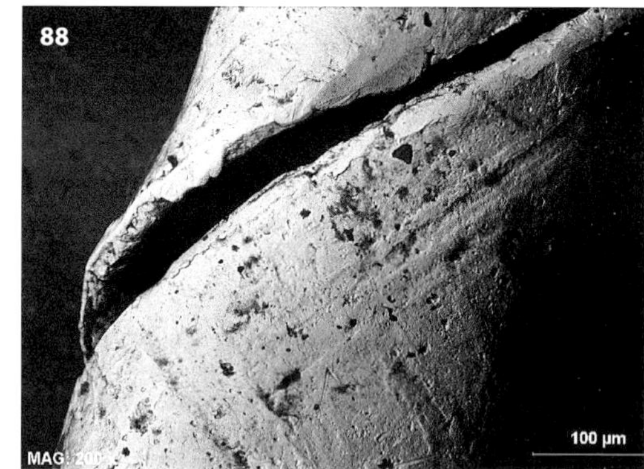

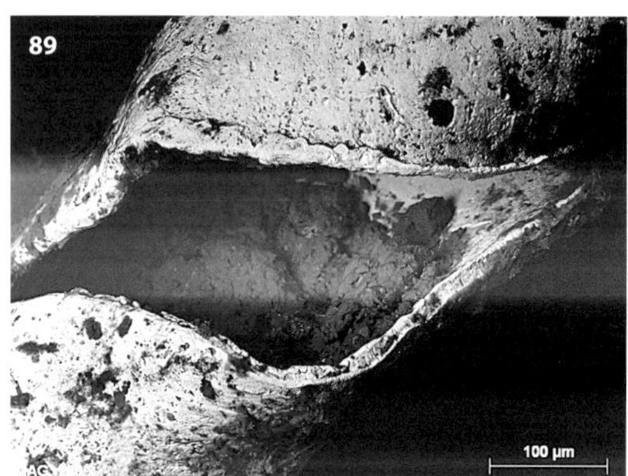

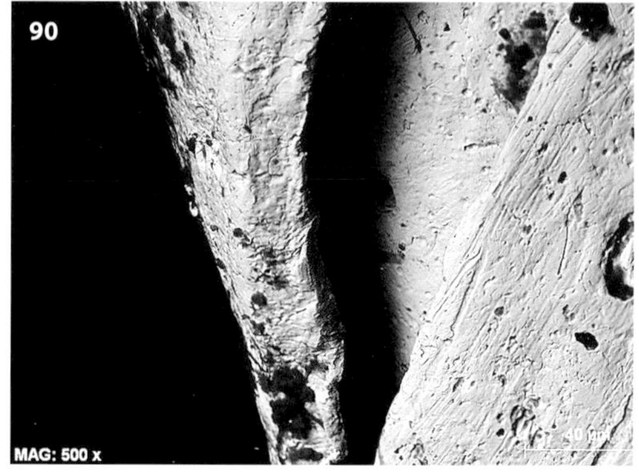

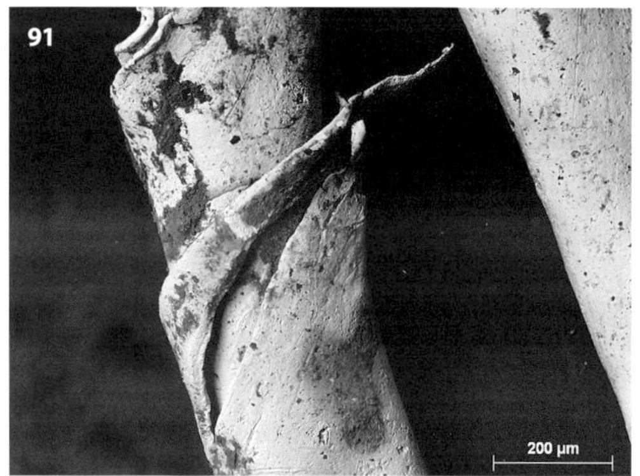

87 Mehrfach übereinander gewickelte Goldstreifen mit dünnen Goldfolienenden.

88 Breite Streifen parallel und senkrecht zum Rand verlaufend.

89 Umgefalzter Grat auf der Sichtfläche des Streifens (oben) und senkrechte Schnittspuren an der Kante (unten).

90 Schnittfläche: senkrechte Schnittspuren; Grat an innen liegender Schnittkante; Kantenverrundung an äußerer Schnittkante.

91 Durch leichtes Versetzen eines Schneidewerkzeuges entstandener Span an der Streifenkante.

zeigen, dass ein stark deformiertes (Stufe 4[524]), grobkörniges Gefüge mit einer durchschnittlichen Korngröße von circa 23 µm vorliegt. Häufig ist ein Korn pro Querschnittshöhe zu beobachten. Im Querschnitt liegen deformierte, überwiegend miteinander verschränkte Körner vor, die teilweise stark gestaucht sind. Gleitebenen ziehen sich parallel oder diagonal durch die

524 Deformationsgrade zwischen null und fünf nach Meißner 2010. Stufe 4 beschreibt stark deformierte Gefüge in denen ein Großteil der Körner zerschert und ineinander verschränkt vorliegt, »Deformation: stark«.

525 L. Klein unterstützte dankenswerterweise die Probenherstellung mit Material und fachkundlichem Rat.

526 Meißner 2010; Schneebauer-Meißner 2013.

527 Angeätzter, mit Kohlenstoff bedampfter Schliff. Gemessen wurde im inneren Querschliffbereich mit Aussparung der Randzone.

528 Die Messwerte werden in Massenprozent angegeben, es handelt sich um normierte Elementkonzentrationen in Gewichtsprozent.

529 Mit Hilfe der Neutronenaktivierungsanalyse (NAA) ließen sich Gold, Silber, Iridium und Zink nachweisen. Allerdings beeinträchtigte die Langlebigkeit der Au-

Körner, Deformationsbahnen verlaufen parallel und diagonal zur Oberfläche. Die Korngrenzen und Gitterebenen sind S-förmig verbogen. Im Flachschnitt ist ein schwach deformiertes Polygonalgefüge mit glatten bis schwach deformierten Korngrenzen sichtbar. Folglich wurden die Goldstreifen von einer stark deformierten und dadurch spannungsreichen Goldfolie abgeschnitten und in diesem steifen Zustand um eine Seele gewickelt.

Weil das Gefüge deformiert vorliegt, jedoch nicht bis zur Unkenntlichkeit umgeformt wurde, kann auf den Umformprozess geschlossen werden. Als Analysehilfe wurden eigene Reihen von Referenzproben[525] herangezogen, die verschiedenen Bearbeitungsvorgängen wie Glühen, Walzen und Hämmern ausgesetzt wurden. Das Polygonalgefüge im Flachschnitt mit nichtgestreckten Körnern und das Deformationsgefüge im Querschnitt mit unterschiedlich (nicht parallel) zur Oberfläche orientierten Deformationslamellen belegen die Herstellung der Goldfolie durch schmieden[526]. Hinweise auf gezogenes oder gewalztes Gefüge konnten nicht gefunden werden *(Abb. 92; 93; 94)*.

Die quantitativen Bestandteile der Goldlegierung wurden primär mit Hilfe der energiedispersiven Röntgenanalyse (EDX) an einem angeätzten Anschliff[527] bestimmt. Es konnten folgende Werte ermittelt werden: Gold: 93,1 %, Silber: 5,6 % und Kupfer: 1,3 %[528]. Als weitere Bestandteile der Legierung wurden geringe Mengen an Eisen, Silicium, Magnesium, Aluminium, Kalium und Calcium nachgewiesen[529]. Die Analysewerte der REM-EDX-Messungen an der Fadenoberfläche ergaben einen höheren Goldgehalt und niedrigere Silber- und Kupferwerte (siehe *Tab. 8*). Generell können Goldanreicherungen in der äußersten Schicht von Goldfäden herstellungsbedingt sein oder durch elektrochemische Korrosion während der Bodenlagerung erfolgen[530].

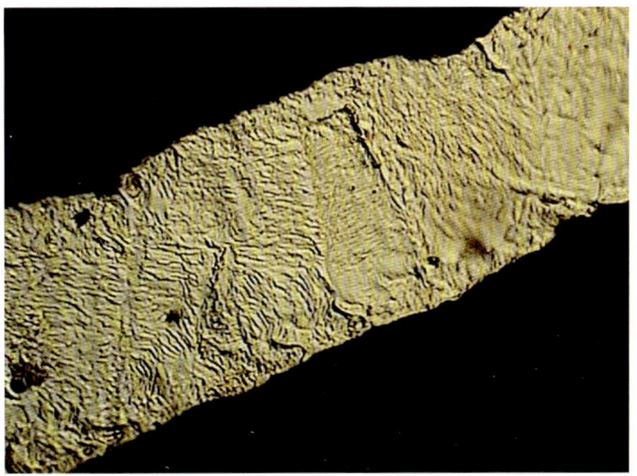

92 Querschnitt: schwach deformiertes, senkrecht zur Oberfläche ausgerichtetes Korn; AH pol; Bildbreite: 83 µm.

93 Querschnitt: schwach deformiertes, senkrecht zur Oberfläche ausgerichtetes Korn; AH xpol; Bildbreite: 83 µm.

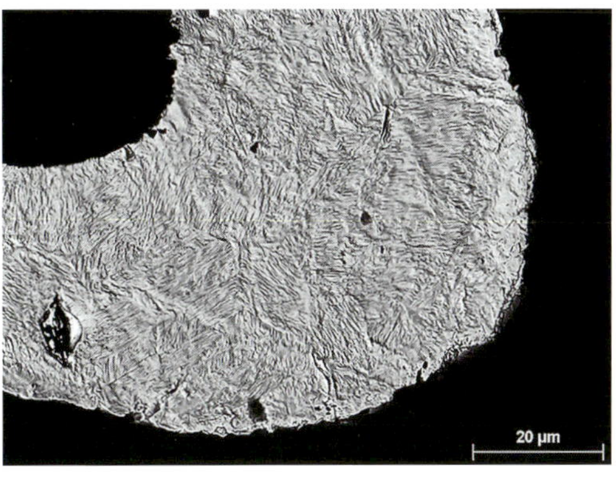

94 Flachschnitt: deformiertes Polygonalgefüge; keine Kornstreckung.

Silber und Kupfer können durch die im Boden vorhandenen wässrigen Lösungen mit Chlorid- und Huminsäureanteilen gelöst werden, wodurch eine dünne Oberfläche aus Feingold übrig

Isotope als Untergrundstrahlung die Messung der Spurenelemente erheblich, weshalb nur Spurenelemente gemessen werden konnten, deren Konzentration und/oder Strahlungsintensität höher als die Untergrundstrahlung des Au-Isotops sind. Schwache Elemente, wie zum Beispiel Kupfer, konnten nicht erkannt werden, da sie bis zum Messzeitpunkt zerfallen waren. Es wurde ein 1,26 mg schweres Fadenfragment 30 Min. bestrahlt (frdl. mündl. Mitteilung Dr. Xiaosong Li). Für die Analyse der Spurenelemente von Goldfäden sind auch andere Methoden, wie z. B. die PIXE im Einsatz (beispielsweise Untersuchung der Goldfäden aus St. Denis nach frdl. mündl. Mitteilung Dr. Antoinette Rast-Eicher).

530 Raub/Weiss 1994, 217; Raub 1996, 111.

Tabelle 8 Analyseergebnisse vom Goldfäden des Kreuzes.

Analysemethode	Messstelle	Au [%]	Ag [%]	Cu [%]
REM-EDX	Kern des angeätzten Anschliffes	93,1	5,6	1,3
REM-EDX	Fadenoberfläche 1	96,2	3,5	0,3
REM-EDX	Fadenoberfläche 2	96,9	2,6	0,5

bleibt. Eine herstellungsbedingte Goldanreicherung (zum Beispiel durch sogenannte Gelbsieden) kann für die Goldfäden ausgeschlossen werden, da Goldlegierungen mit Kupfergehalten unter 1,5 % keine Oxidschicht ausbilden.

Mit Hilfe der ermittelten Daten kann errechnet werden, dass für die Produktion der 30 cm langen Borte ein Goldfaden von circa 3,9 m Länge verarbeitet wurde. Folglich mussten für die Fadenherstellung Goldstreifen mit einer Länge von insgesamt circa 5,5 m berechnet werden, was einer Foliengröße von 30,2 cm^2 entspricht[531].

Zur Bewertung und Einordnung des Goldkreuzes

Der Befund reiht sich herstellungstechnisch bezüglich Bortenbreite, Fadendichte und Maße der Goldfäden gut in das bislang bekannte Typenbild der Merowingerzeit ein. Die Herstellung der Goldstreifen aus gehämmerten Goldfolien mit Hilfe von Schneidewerkzeugen wie Messer oder Meißel im drückenden Schneidverfahren sowie die Verarbeitung zu gewickelten Fäden wurden bereits vielerorts belegt[532]. Auch die webtechnische Einarbeitung der Z-gedrehten Goldfäden als zierender Musterschuss in einer Brettchenborte ist für die Merowingerzeit nicht nur im fränkischen Gebiet bekannt. Die geometrische Zickzack-Musterung der Borte war technisch ohne großen Aufwand herzustellen. Exakt mustergleiche Goldverzierungen sind bislang aus dem süddeutschen Raum beziehungsweise aus den möglichen Importgebieten nicht bekannt. Eine Goldborte von einem langärmeligen Gewand aus dem Frauengrab 31 aus Bruckmühl, Lkr. Rosenheim, war mit ähnlicher Musterung, allerdings wohl in sehr fehlerhafter Ausführung, verziert[533].

Weder die Herstellungstechnik noch der Musterverlauf geben eindeutige Hinweise auf den Produktionsort der Goldfäden beziehungsweise der fertigen Borte. Auch die Frage nach der Herkunft des verwendeten Goldes muss letztlich unbeantwortet bleiben, da das Einschmelzen von unterschiedlichsten Goldgegenständen zur Wiederverwendung des wertvollen Metalls sehr wahrscheinlich ist[534]. Die quantitativen Analyseergebnisse der Goldlegierung sind im Vergleich zu anderen frühmittelalterlichen Goldfäden unauffällig und konnten hierzu keine Antwort liefern.

Bislang einzigartig ist die Anordnung der Bortenstreifen zu einem gleichschenkligen, goldenen Kreuz und die vermutlich bewusste Positionierung auf Höhe der Knie des verstorbenen Mädchens. Da alle organischen Materialien im Umfeld der Goldfäden vergangen sind, ist nicht mehr zu klären, ob das Kreuz ursprünglich auf ein Gewand wie Kleid oder Mantel oder – wahrscheinlicher – auf ein Tuch appliziert war, welches das verstorbene Mädchen und vielleicht auch die beiliegende Brandbestattung bedeckte[535].

531 Berechnung der Fadenlänge mit folgenden Werten: Breite der Borte: 0,65 cm (Mittelwert); Länge der Borte: 30 cm; Fäden auf 1 cm Borte: 20; 600 Fäden × 6,5 mm = 3,90 m. Berechnung der Goldstreifenlänge mit folgenden Werten: Fadendurchmesser d: 0,35 mm (Mittelwert); Windungen pro cm: 9 (Mittelwert); Höhe einer Windung b: b = 10 mm : 9 = 1,111 mm; Länge einer Windung L: $L^2 = \pi^2 \times d^2 + b^2 = 1{,}209\ mm^2 + 1{,}235\ mm^2 = 2{,}444\ mm^2$; L = 1,563 mm; Anzahl der Windungen: 9 × 390 cm = 3510. Die Länge des Goldstreifens beträgt somit: 3510 × 1,563 mm = 5,486 m. Berechnung der Goldfläche F mit folgenden Werten: Länge des Goldstreifens L: 548,6 cm; Goldstreifenbreite: 0,055 cm (Mittelwert); Fläche F = Länge × Breite = 30,173 cm^2. Für die Berechnungen danken wir herzlich K. Nowak.

532 Járó/Gondár/Tóth 1993, 120.

533 Zur Technik und Musterung s. Nowak-Böck 2013, 263ff; Zusammenstellung der bislang publizierten Muster s. Fries-Knoblach 2013.

534 Die Herkunft des verwendeten Goldes im frühen Mittelalter ist aufgrund möglicher Verunreinigungen bei der Verarbeitung, natürlicher Schwankungen in der Rohstoffzusammensetzung und vor allem aufgrund des üblichen »Recyclings« weder mit der quantitativen

95 Grafischer Rekonstruktionsversuch des Kreuzes; Farbe und Textur des Trägermaterials sind frei gewählt. M. 1:1.

Bestimmung der Hauptbestandteile, noch mit Hilfe der Spurenelementanalyse klar zu definieren (A. Hartmann 1982, 6). Ein bewusstes Zulegieren von Bestandteilen kann ebenfalls kaum bewiesen, aber auch nicht ausgeschlossen werden. Bislang liegen nur wenig publizierte Analysen von Goldfäden der Merowingerzeit aus dem süd- und westdeutschen Raum vor. Die Untersuchungen sind an einzelnen Befunden mit unterschiedlichen Methoden durchgeführt worden und häufig fehlen konkrete Angaben zur Untersuchungsmethodik, was einen direkten Vergleich der Ergebnisse unmöglich macht (z. B. Krefeld-Gellep, Grab 2268: spektralanalytische Untersuchung s. A. Hartmann/Wolf 1975, 27; Lauchheim Grab 795: energiedispersive Röntgenanalyse, Oberflächenmessung s. Raub/Weiss 1994, 217; Lauchheim Grab 21: Emissions-Spektralanalyse, Atomabsorptionsspektralanalyse s. Nowak 2004, 182; Dürbheim Grab 2: nasschemische Analyse s. Krohn 2004/2005, 220). Zur Thematik Import und einheimische Produktion s. auch Stauffer/Weisse 1998, 735–736; Banck-Burgess 1998, 389 f.; Darrah 1987, 211 u. Anm.

535 Möglicherweise könnte eines der erhaltenen, mineralisierten Textilreste an den Metallobjekten als Trägermaterial in Zusammenhang mit dem Goldkreuz

Direkte Parallelen zu dem Frankfurter Befund gibt es bislang nicht. Textile Kreuze ohne goldenen Musterfaden sind aufgrund ihrer Vergänglichkeit nur sehr selten erhalten und somit kaum nachweisbar. Als wichtiger Befund zählt ein appliziertes Seidenkreuz auf einem »Halbgewand« aus weißem Leinen (möglicherweise eine Albe) aus dem Schrein von Bischof Severinus aus St. Severin, Köln. Die in Brettchenwebtechnik aus Seidenkette und Leinenschuss in verschiedenen Farben gefertigte, 1,5 cm breite Borte wurde vermutlich für die Grablege in der unteren Hälfte des Gewandes als gleichschenkliges Kreuz aufgenäht[536].

Ein aufgesticktes Seidenkreuz aus dem 7. Jahrhundert ist auf einem weißen, leinwandbindigen Gewand der merowingischen Königin Balthilde aus Celles-sur-Marne erhalten. Es wurde mittig auf der Brust, offensichtlich als ein Abbild des königlichen Dekolletéschmuckes getragen[537].

In dem ins 6. Jahrhundert datierten Grab 62 des alamannischen Reihengräberfeldes der Gemeinde Seitingen-Oberflacht, Kreis Tuttlingen hat sich ein seidenes Aufnähkreuz erhalten. Das gleichschenklige Kreuz besteht aus zwei Streifen, welche aus einem vermutlich aus dem östlichen Mittelmeerraum stammenden Samitgewebe herausgeschnitten und mit Überfangstichen auf einen neuen Träger aufgebracht wurden. Es wird vermutet, dass es sich um ein Pendant zu den zeitgleichen Goldblattkreuzen handelt, die wahrscheinlich auf Leinentücher oder Schleier angenäht und häufig auf Gesicht oder Oberkörper abgelegt wurden[538].

Inwieweit das Frankfurter Kreuz im Zusammenhang mit der Beigabe von Goldblattkreuzen in der Merowingerzeit zu verstehen ist und welche Motive hinter der Mitgabe des christlichen Symbols für das Mädchen persönlich standen, bleibt weiter zu diskutieren[539] *(Abb. 95)*.

gestanden haben (z. B. leinwand- oder köperbindiges Gewebe), was aber schwerlich zu belegen ist (vgl. Textiluntersuchungen von Goedecker-Ciolek, in diesem Band S. 129 ff.; Wamers 2013b, 172 und 176–178; auch Hampel 1997, 599). Denkbar wäre auch die Applikation auf einem Beutel oder einer Tasche.

536 ^{14}C-Datierung: 610–720 n. Chr. (Schrenk 2007, 104–105; Schrenk 2011, 95–103).

537 Laporte/Boyer 1991, 43 ff.; Laporte 2013, 131–136; Wamers 2013a, 149–153.

538 Streiter/Weiland 2003, 142; Hundt 1992, 118–119 und weiterführende Lit.

539 Vgl. dazu auch die Ausführungen von Wamers in diesem Band, S. 211 ff. – Die Niederlegung von Goldblattkreuzen ist im fränkischen Gebiet vergleichsweise selten, in Kirchengrablegen noch dazu nur in Einzelfällen anzutreffen. Vgl. z. B. das Goldblattkreuz um 700 aus dem Kirchengrab von Rommerskirchen (Päffgen/Ristow 1996, 740–743; Riemer 1997, 447–454; Stiefel 2008, 90 f.).

Die Zeitstellung des Grabes – ^{14}C-Daten und antiquarische Analysen

Egon Wamers

Die Ergebnisse der ^{14}C-Analysen verschiedener Proben des Knochenmaterials aus dem Kinderdoppelgrab, die 2007 und 2014 vom Leibniz-Labor für Altersbestimmung und Isotopenforschung der Christian-Albrechts-Universität Kiel (Prof. Dr. P. M. Grootes, Dr. M. Hüls; vergleiche oben S. 44 ff.) vorgelegt *(Abb. 16)* und die durch eine Gegenprobe am ^{14}C-Labor des Klaus-Tschira-Archäometrie-Zentrums des Curt-Engelhorn-Zentrums Archäometrie in Mannheim *(Abb. 17)* bestätigt wurden, erfordern eine Gesamtdiskussion der Datierung dieses Grabes.

Wenn man Probe 1 (nicht gesichert humaner Leichenbrand), bei der nicht geklärt werden kann, zu welchem Lebewesen der Knochen ursprünglich gehörte (vermutlich Speisebeigabe), nicht berücksichtigt, ergibt sich für das körperbestattete Mädchen, das kremierte Kind und für die kremierten Bärenkrallen ein weitgehend einheitliches Datum für die zweite Hälfte des 7. Jahrhunderts, in der beide Kinder mitsamt Bärenfell in das Grab gelegt wurden. Für zwei wichtige Proben, Schädelknochen vom unverbrannten und vom verbrannten Kind (Proben 2 und 3), ist indes auch eine Datierung in das frühe oder mittlere 8. Jahrhundert möglich, wenn auch mit etwas geringerer Wahrscheinlichkeit. Wie die oben von Hüls referierten Variationen bei erster und zweiter Messung respektive Überprüfung offenlegen, können ^{14}C-Messungen und -Beprobungen an archäologischem Material unterschiedlicher antiker Behandlung und nicht ausschließbarer postexkavatorischer Kontamination mit deutlichen Fehlern behaftet sein. Dies zeigte sich auch an der Korrektur der Knochenprobe aus Grab 88 vom beigabenlosen Gräberfeld des 7. bis 10. Jahrhunderts um »Bau I« herum, was zu einer Verschiebung um mehr als 300 Jahre führte (siehe oben S. 28). Vergleichbare Probleme wurden an mehreren Beprobungen aus dem Frühmittelalter beobachtet, wie bei einem »Archäologischen Arbeitstreffen« 2013 in Regensburg berichtet wurde[540]. Insbesondere die Phase vom späten 7. bis zur ersten Hälfte des 8. Jahrhunderts erweist sich mit tendenziell zu frühen ^{14}C-Daten gegenüber »klassischen« archäologischen Datierungen als problematisch und wenig verlässlich, etwa bei den Gräberfeldern Regensburg-Burgweinting, Neuburg an der Donau, im südlichen Maindreieck und in Oberbayern. Frank Siegmund konstatierte, dass »das Frühmittelalter ... durch zwei Plateaus in der Kalibrationskurve« gekennzeichnet sei, »die zwischen 420 und 550 n. Chr. und zwischen circa 680 und 740 n. Chr. exakte Daten erheblich erschweren«[541].

Nach der wichtigen Bestätigung der Gleichzeitigkeit von Körpergrab und Brandgrab durch die ^{14}C-Werte muss die genauere absolute Datierung der gesamten Grablege durch das weitentwickelte Instrumentarium der archäologischen Formenkunde und Datierung herangezogen werden.

540 »^{14}C-Datierungen im Frühmittelalter – Methodik, Probleme und Perspektiven«. Bericht der Bayerischen Bodendenkmalpflege 54, 2013, 365–456.

541 Siegmund 2014, 200. – Für den Hinweis auf diese Rezension und die folgenden Bemerkungen zur archäologischen Datierung des Frankfurter Domgrabes danke ich Dr. Ursula Koch, Mannheim, herzlich.

Die beiden scheibengedrehten und das freigeformte Töpfchen gehören formenkundlich in die frühe Karolingerzeit respektive in die erste Hälfte des 8. Jahrhunderts (vgl. oben S. 51 ff.).

Für die Bommelohrringe, die als variantenreicher Schmucktyp noch bis weit über die Mitte des 8. Jahrhunderts hinein gebräuchlich sind, dann allerdings nicht mehr als Ohr- sondern als Schläfen- und Kopfschmuck, konnte Krohn keine sichere formenkundliche Zuweisung zu den älteren gedrungenen Typen des 7. oder den jüngeren schlankeren des 8. Jahrhunderts vornehmen, weil er nicht sicher ist, ob die gedrungene Form dem Wunsch folgte, für das Mädchen kleine Ohranhänger herzustellen (siehe oben S. 84). In diesem Fall wären sie ins 8. Jahrhundert zu datieren. Nach U. Koch[542] gehören die Bommelohrringe aus dem Steinplattengrab 2 von Mainz-Hechtsheim, in ihre SD-Phase 11 (670–700), was durch die übereinstimmenden Exemplare aus Grab 24 von Lauchheim-Mittelhofen gestützt wird, das nach 690/700 dendrodatiert ist[543].

Formenkundlich noch etwas jünger sind die Frankfurter Ohrringe anzusehen, die ein Pendent in Grab 3 von Aholming, Lkr. Landshut haben[544], das in SD-Phase 12 (= WU-Phase 12 nach Stauch 2004, um 700–725) zu stellen ist.

Das Pektorale mit seinen zahlreichen unterschiedlichen Anhängern und Perlen ist aus Elementen verschiedener Zeitstufen zusammengesetzt (vgl. oben S. 84 ff.). Die Metallperlen sind nach U. Koch Leitform der SD-Phase 12: »Sie kommen zum Beispiel in Grab 3 der Kirche Burg in Stein am Rhein vor, das auf Grund der Lage jünger sein muss als das münzdatierte Grab 4, folglich in das beginnende 8. Jahrhundert gehört«[545]. Ferner sind die dreieckig-herzförmigen Blechanhänger mit Blechbuckeln und Filigranzier der ausgehenden Merowingerzeit, also dem späten 7. und frühen 8. Jahrhundert zuzuweisen (vgl. Beitrag Krohn oben, S. 86 ff.). Da unter den fünf Exemplaren eines als einfache Imitation, also vermutlich Ersatz für ein verlorenes Stück, anzusehen ist, rechnet Krohn insgesamt bei diesen Pendilien mit »ererbten« Altstücken.

Ins frühe 8. Jahrhundert zu datieren sind auch die kleine »Spolie« der »Granatscheibenfibel«, die aus einer größeren Filigranscheibenfibel herausgeschnitten wurde (vgl. oben S. 72 f.), und aus formenkundlichen Gründen auch die gleicharmige Fibel, die sogar noch bis in die zweite Hälfte des 8. Jahrhunderts reichen könnte (vgl. oben S. 109). Auch bei der Filigranscheibenfibel-Spolie muss man über die oben angegebenen allgemeinen Datierungskriterien mit einer »Spätdatierung« rechnen, da kaum eine ganz neue Fibel für eine Frau so unbekümmert für ein Kleinkind zerschnitten worden wäre, sondern man dafür eher ein älteres Familienschmuckstück nahm. Auch für diese Granatscheibenfibel kann also kaum ein Zeitraum vor 700 angesetzt werden.

Sollte es sich bei dem tordierten Silberarmreif mit Doppel-Hakenverschluss tatsächlich um ein rares spätmerowingisch/frühkarolingisches Exemplar handeln, das seine mehr oder weniger einzige Parallele im glattstabigen Armreif aus Frauengrab 2 von Aholming hätte (vgl. oben S. 111, *Abb. 54,4*), würde dies ebenfalls die Zeitstellung »um 700« unterstützen.

Für die goldenen Fingerringe mit Dreikugelzier kann keine genauere Datierung als späte Merowingerzeit angegeben werden (siehe Krohn, oben S. 99 ff.). Die silberne Riemenzun-

542 U. Koch 2011b, 4, 56 ff. mit Abb. 19.

543 Stork/Rösch 1992, 234 f.; gute Farbabb. der Ohrringe in: Katalog Stuttgart/Zürich/Augsburg 1997/1998, 307, Abb. 320.

544 Schmotz 2001, 147 ff., Abb. 7,1–2; U. Koch 2011b, 57, Abb. 19,4.

545 U. Koch 2011b, 57 (frdl. Hinweis Dr. Ursula Koch); zu Stein am Rhein: Burzler 1993, 211; vgl. auch die Ausführungen von Krohn, oben S. 97 ff. – Die Datierung des Frankfurter Grabes durch Stauch wegen der hier vorkommenden *Perlenkombinationsgruppe K* in das dritte Viertel des 8. Jhs. (»durch seine Lage unter einer Pfeilervorlage, die dem zweiten steinernen Kirchenbau zugerechnet wird, in dem die für 794/95 schriftlich bezeugte Synode stattgefunden haben soll« [Stauch 2004, 97]), folgt der irrigen Interpretation Hampels der Baubefunde (vgl. oben S. 20 ff.) und kann deshalb nicht berücksichtigt werden.

ge mit Perlrandnieten wiederum ist in die erste Hälfte des 8. Jahrhunderts zu datieren (vgl. oben S. 143 mit Anm. 423).

Zusammengefasst: Wenn auch die ^{14}C-Analysen eine Datierung der Grablege in die zweite Hälfte des 7. Jahrhunderts präferieren, deutet eine Vielzahl von Objekten aus dem Doppelgrab auf das frühe 8. Jahrhundert oder auf dessen erste Hälfte. Da dieser Zeitraum auch für die zentralen ^{14}C-Daten der Schädel des unverbrannten und des verbrannten Kindes keineswegs ausgeschlossen werden kann, ist die Beisetzung der beiden Kinder am wahrscheinlichsten in die Jahre von etwa 700 bis 730 zu setzen.

Das Brandgrab: zur Brandbestattungssitte, zur Bärenfell-»Beigabe« und zu den bi-rituellen Doppelgräbern

Egon Wamers

Brandbestattungssitte

Wie oben bei der Darstellung der Konstruktion von Grabkammer, Sarg und Grabinhalt erwähnt (S. 37), wurde unmittelbar rechts neben dem Mädchen, an ihrer rechten Hand und wohl innerhalb des Sarges, eine rundliche Ansammlung von Knochenbrand mit Resten eines etwa vierjährigen Kleinkindes, eines jungen Schweins und eines oder mehrerer anderer Säuger sowie von Bärenphalangen freigelegt *(Abb. 2; 12; 14)*. Aus den etwa 20 cm weiter westlich, das heißt im Sarg oberhalb des Knochenbrandes, angetroffenen Scherben konnte ein – bis auf geringe Fehlstellen – komplettes, etwa 11 cm hohes Tontöpfchen rekonstruiert werden *(Abb. 19; 96)*, was nahelegt, dass es vollständig im Grab deponiert worden war. Für eine intentionelle Zerstörung gibt es jedenfalls keinerlei Indizien. Knochenbrand und Tongefäß lagen auf dem gleichen Niveau wie das Mädchen, und es gibt keine Anzeichen, dass sie nachträglich in ein bereits angelegtes Körpergrab eingebracht worden wären.

Während die anderen Gefäße mitsamt verschiedenen Fleisch- und Fischbeigaben außerhalb des Sarges abgestellt worden waren, also als Behältnisse für Getränke (und Brei?[546]) zu den Speisebeigaben des körperbestatteten Kindes gerechnet werden müssen, war das kleine freigeformte Töpfchen das einzige innerhalb des Sarges deponierte Gefäß. Die deutliche, etwa 12 cm × 14 cm große, dreiseitig-rundliche Abgrenzung des Knochenbrands (Leichenbrandnest oder »Leichenbrandhäufchen«[547]) deutet darauf hin, dass er in einem organischen Behältnis aus Stoff oder Leder niedergelegt war. Es handelt sich also um eine Variante eines Urnengrabes, bei dem der Leichenbrand, eventuell mit Resten des Scheiterhaufens, ausschließlich in einer Urne lag, während die Verbrennung an einem anderen Ort stattgefunden hatte[548]. Das Knochenbrandnest und das daneben stehende Töpfchen bildeten also ganz offenkundig das Ensemble eines Brandgrabes mit Beigabe. Weitere Beigaben beziehungsweise Überreste von Kleidungsbestandteilen, die des Öfteren bei Brandgräbern beobachtet werden[549], fanden sich jedoch nicht im Leichenbrand.

Die vorwiegend im unteren Bereich des kleinen freigeformten Gefäßes beobachtbaren Brandspuren stammen nicht von der Verbrennung auf dem Scheiterhaufen, sondern von seiner Verwendung als Kochtopf. Er dürfte somit ursprünglich eine Speisebeigabe (Brei?) enthalten haben – eine Parallele zu den scheibengedrehten Töpfchen der Körperbestattung. Die Knochenreste eines jungen Schweins sowie von Schaf/Ziege/Hund könnten dabei Speisebeigaben darstellten[550]. Bei Grab 1 von Urleben, Kr. Bad Langensalza in Westthüringen, einem Brandschüttungsgrab (weibliche jugendliche Person) unter einem großen Hügel, waren neben Beigaben vom Kleidungszubehör auch Knochen eines jungen Schweins und vom Huhn mit auf den Scheiterhaufen gelangt, ein freigeformter eiförmiger Topf jedoch war, zusammen mit ei-

546 U. Koch 2013, 56.
547 So die Bezeichnung von »konzentriert gelagerten Leichenbrandes« durch Masanz 2010, 340.
548 Masanz 2010, 340.
549 Für Süddeutschland systematisch zusammengestellt: Masanz 2010, 353 ff.
550 So Masanz 2010, 358.

nem Spinnwirtel, unverbrannt in der Mitte der Brandschüttung deponiert worden. Alternativ könnten sie aber auch als Überreste des Verbrennungsritus angesehen werden (Opfertiere?, Totenmahl?), ebenso wie das Bärenfell, das auf dem Scheiterhaufen als Unterlage für den Kinderleichnam fungierte (vgl. unten S. 180 ff.). Nach Cicero etwa gehörte das Schweineopfer konstitutiv zum altrömischen Brandbestattungsritus (»*porcus caesus est*«)[551]. Jedoch gibt es – abgesehen von Tieren als Beigaben oder Totenfolger – für echte Tieropfer bei Bestattungszeremonien im frühmittelalterlichen Reihengräberkreis keine archäologischen Belege, allerdings wurden in spätsächsischer Zeit Totenmähler an und auf prähistorischen Grabhügeln praktiziert[552]. Kaum aber dürfte es sich hierbei um eine gesonderte Tierbeigabe handeln, wie es zum Beispiel Pferde oder Jagdgehilfen (Hunde, Greifvögel, Lockhirsche) sein können.

Die Brandbestattungssitte mit ihren unterschiedlichen Grabformen (im Wesentlichen Urnen-, Brandschüttungs-, Brandgruben sowie Scheiterhaufengrab)[553] ist in Skandinavien und England, im Nordseeküstenbereich von Belgien, den Niederlanden, dem Niederrhein und Friesland sowie in Westfalen und im elbgermanischen Raum östlich des Rheins von Sachsen und Thüringen eine wichtige Bestattungsform seit der Kaiserzeit und wurde erst im Zuge fortschreitender kirchlicher Organisation im späten 8. und 9. Jahrhundert sukzessive aufgegeben[554]. Im süddeutschen Raum östlich des Rheins (Maingebiet und weiter südlich) ist die Feuerbestattung hingegen seit der frühen Merowingerzeit immer wieder, wenn auch selten zu beobachten; eine klare Zunahme gab es im 7. Jahrhundert, und auch im 8. Jahrhundert wird diese Bestattungsform noch praktiziert[555]. Da sie, soweit bekannt, regelhaft nur bei noch paganen Germanen wie den Friesen und Sachsen ausgeübt wurde, wenn auch seit dem 6. Jahrhundert etwa ein Drittel der Verstorbenen auf den – oft »gemischt belegten« Friedhöfen – unverbrannt beigesetzt wurden, muss sie zunächst als Ausdruck tradiert-heidnischen, nicht-christlichen Totenkults gewertet werden. Für die Franken galt die – bisweilen noch bis ins 7. Jahrhundert praktizierte – Brandbestattung bei Thüringern als *more gentilium*, also »nach alter Sitte« der Thüringer[556]. Ebenso wurde in der Phase der karolingischen Zwangsbekehrung die Feuerbestattung der Sachsen laut *Capitulatio de partibus Saxoniae* als *ritus paganorum* deklariert[557], galt also im späten 8. Jahrhundert als heidnische Praxis. Ob die von Gregor von Tours und anderen gelegentlich für Gallien und Spanien (Westgoten) überlieferte Verbrennung von merowingischen Königinnen und hochrangigen Frauen als Strafe für Zauberei, Unzucht und Ähnliches[558] auf die ostfränkischen Brandbestattungen bezogen werden kann, ist eher zweifelhaft. Raimund Masanz betont zu Recht, dass Hingerichtete in der Regel nicht auf den gemeinschaftlichen Bestattungsplätzen beigesetzt wurden[559].

Schwerpunkte der Verbreitung im Reihengräberkreis östlich des Rheins, also dem Raum, dem auch das Untermaingebiet archäologisch-kulturhistorisch zugehört, sind die Flussläufe von Main und Donau[560]; Ausläufer reichen bis nach Mittel- (»Oberhessen«) und Nordhessen (»Niederhessen«)[561] sowie Westthüringen. Für Ober- und Niederhessen hält Klaus Sippel trotz archäologisch überaus schlechter Quellenbasis die Brandbestattung bis ins späte 7. Jahrhundert hinein für die »allgemein übliche« Bestat-

551 Scheid 2004, 21 f.: Cicero, *de legibus*, II, 22–23.
552 Laux 1987, 191 f.
553 Bärenfänger 1988, 115 ff.
554 Für den Raum zwischen Rhein und Elbe nördlich der Mittelgebirge im 8. bis 9. Jh.: Kleemann 2002, 302 ff., Verbreitung Abb. 96–97; Grünewald 2005; siehe auch für Niedersachsen und Bremen im 8. bis 10. Jh.: Bärenfänger 1988, 104 ff., Verbreitung Karten 13–18.
555 Zuletzt Sippel 1989, 129 ff.; Pescheck 1996, 7 ff.; Haas-Gebhard 1998, 102 ff.; U. Koch 1999b, 270 f.; Stauch 2004, 242 ff.; die jüngste sorgfältige, und systematisch zusammenfassende Behandlung der Brandbestattungssitte in Süddeutschland bei: Masanz 2010.
556 Büttner 1952, 85.
557 Capitulatio des partibus Saxoniae, Capitularia regnum Francorum I, 69.
558 Vgl. Haas-Gebhard 1998, 105; vollständigere Zusammenstellung der Quellen und Deutung bei Masanz 2010, 368 ff.

tungsform, vermutlich weil sie in wesentlichen Bereichen zum »sächsisch, teils zum thüringisch geprägten Siedlungsgebiet« gehörten[562]. In aller Regel findet man in ihnen handgemachte Gefäße aus dem »Hausbrand«, im Gegensatz zu der sonst üblichen hartgebrannten Drehscheibenkeramik aus fränkischen Töpfereien, die deutlich seltener auftritt[563]. Dies trifft auch für das Frankfurter Grab zu. In Kleinlangheim indes ist gut die Hälfte aller Keramikgefäße beziehungsweise -scherben aus den Brandgräbern freigeformt, gut ein Drittel dagegen scheibengedreht – ein gleichartiges Verhältnis herrscht bei den Körpergräbern vor. Bei den von Masanz untersuchten etwa 90 Brandgräbern aus Süddeutschland sind komplette, unverbrannte Gefäße als echte Beigaben neben dem Frankfurter Domgrab kaum sicher nachgewiesen: in Dittenheim Grab 105, ebenfalls ein »Leichenbrandhäufchen«[564], vermutlich Kleinlangheim Grab 85, 145, 185[565]. Auch aus den Brandgräbern des »Nordkreises« sind unverbrannte Gefäßbeigaben, die nicht als Urne Verwendung fanden, kaum nachzuweisen. Im sächsischen Liebenau, wo etwa zwei Drittel der Bestattungen Brandgräber waren, und zwar fast ausschließlich Scheiterhaufengräber, sind die als Urnen genutzten Gefäße, überwiegend freigeformte Kümpfe, entsprechend nicht verbrannt *(Abb. 99)*; daneben können pro Grab meist drei bis fünf Gefäße nachgewiesen werden – brandgeschädigt und in nur wenigen Scherben erhalten –, die wohl als Behältnisse für Speise- und Trankbeigaben neben den anderen Trachtbestandteilen und Beigaben auf den Scheiterhaufen gelegt worden waren[566]. In dieser Hinsicht weicht das Brandgrab im Sarg des Frankfurter Domgrabes ab: ein organisches Behältnis für den Leichenbrand mitsamt verbrannten Resten von – vielleicht – Fleischbeigaben und einem Bärenfell, daneben ein Speisebeigaben-Gefäß. Dass an diesem Platz weder ein Scheiterhaufen-, noch ein Brandschüttungs- oder Brandgrubengrab möglich war, ist ersichtlich. Deshalb kann kein Rückschluss auf eine eventuell tradierte Brandbestattungssitte der Familie des »Brandkindes« und ihren möglichen kulturellen Hintergrund gezogen werden.

Zumeist werden hinter diesen Brandgräbern Zuwanderer oder zumindest kultureller Einfluss aus dem sächsisch-elbgermanischen[567] sowie thüringischen Raum gesehen[568]; für Grab 65C aus Wenigumstadt aus dem 6. Jahrhundert vermutet Stauch sogar »Neusiedler aus dem anglischen oder ostholsteinischen Kulturbereich«[569]. Knapp die Hälfte der 50 Brandgräber aus Kleinlangheim und nahezu alle der neun jüngermerowingerzeitlichen Gräber aus Wenigumstadt sind Nachbestattungen, die in (Körper-)Kammergräber eingebracht wurden, doch lediglich Brandgrab 235 wurde gleichzeitig mit einer Körperbestattung (Grab 104B) angelegt. Ganz offenkundig handelt es sich bei den Brandgräbern des 7. und 8. Jahrhunderts zwischen Nordhessen und dem Donauraum um keine autochthone Bevölkerung, die den örtlichen Totenritualen folgte. Für den Königshof *Franconofurd* um 700/730 n. Chr. ist nicht vorstellbar, dass die Familie des fränkischen *exactors/iudex*, der seine Tochter fränkisch-konventionell bestattete, parallel eine völlig fremde Bestattungssitte heidnischen Charakters für ein weiteres eigenes Kind betrieb. Dieses brandbestattete Kind muss einen anderen kulturell-ethnischen Hintergrund gehabt haben, insbesondere, wenn man zudem die Bestattung auf einem Bärenfell in Rechnung zieht.

559 Masanz 2010, 370. – Weitere Brandgräber sollen auch aus dem Gräberfeld Tauberbischofsheim-Dittigheim kommen.
560 Verbreitungskarte für Süddeutschland bei Masanz 2010, Abb. 1.
561 Sippel 1989, 129 ff., 215 ff.; Timpel 1977, 275 ff.
562 Sippel 1989, 222.
563 Vgl. Masanz 2010, 360 ff.
564 Haas-Gebhard 1998, 179.
565 Masanz 2010, 341 Tab. 4, 359 ff., Katalog S. 382 ff.
566 Vgl. die Gräberkataloge bei Cosack 1982; Häßler 1983, 1985, 1990.
567 Sippel 1989, 130 f. mit Verweis auf die Brandschüttungsgräber von Liebenau, 218 ff.
568 U. Koch 1999b, 270 f. (»aus dem sächsisch-thüringischem Raum«).
569 Stauch 2004, 242.

Bestattungen mit Bärenfell

Die acht kremierten **Bärenkrallen** im Leichenbrand des zweiten Kindes im Sarg des Frankfurter Domgrabes (vgl. oben S. 177 f.; *Abb. 96*) habe ich bereits 2009 und 2013 als Beleg für eine Bestattung mit Bärenfell gedeutet[570]. Erstmals hat Hans Losert das Frankfurter Kindergrab mit Befunden auf einem vielleicht frühslawischen Gräberfeld von Regensburg-Großprüfening[571] verglichen[572] und entsprechend interpretiert. Darauf sei weiter unten näher eingegangen.

Brandbestattungen mit Bärenfell, im archäologischen Befund also Leichenbrand mit einigen kremierten Krallenbeinen (*Phalanx III* = Endphalangen), sind jedoch kein frühslawisches Spezifikum, sondern haben eine lange, vorwiegend germanische Tradition[573]. Vereinzelte neolithische, bronze- und eisenzeitliche Beispiele von – durchweg reichen und meist männlichen – Körper- und Brandbestattungen auf Bärenfellen[574] zeigen eine latente Affinität europäischer Eliten zu dieser herausragenden Grabausstattung. Eine detaillierte Auflistung und Analyse aller mehrere Hundert Bestattungen des ersten Jahrtausends n. Chr. mit Bärenkrallen kann hier nicht erfolgen. Neben der von mir 2009 summarisch und hier in den folgenden Anmerkungen genannten Literatur sei auf die 2013 erschienene ausgewählte Zusammenfassung von Oliver Grimm[575] verwiesen, die zahlreiche weitere Funde aufführt sowie einen neuen kursorischen Überblick gewährt. Gleichwohl bleibt eine grundlegende Bearbeitung dieser Gräber ein dringliches Desiderat. Soweit die Phalangen zoologisch untersucht sind, handelt es sich stets um solche des europäischen Braunbären (*Ursus arctos* L.). Im Folgenden sei die zeitliche und räumliche Entwicklung der »Bärenfellgräber«, das heißt von Gräbern mit kompletter oder partieller Bärenfell-Beigabe, im germanischen Raum des ersten Jahrtausends in groben Zügen dargelegt, soweit der publizierte Forschungsstand es erlaubt. Ein Anspruch auf annähernd vollständige Erfassung wird hier nicht erhoben, allenfalls kann ein repräsentatives Bild gezeichnet werden. Dabei werden hier durchbohrte oder in anderer Form zum Anhänger umgearbeitete Bärenkrallen nicht mit eingerechnet, da sie als Schmuckstücke mit Amulettcharakter eine völlig andere Funktion haben[576]. Die oft nur ungenau datierten oder datierbaren Grabfunde erschweren natürlich eine feine Untergliederung und Differenzierung der Geschichte dieses Phänomens. Zudem können viele Krallen im Leichenbrand unentdeckt geblieben sein, was sich etwa bei der Nachdurchsicht jüngereisenzeitlicher Leichenbrände aus Mittelschweden zeigte[577]. Des Weiteren gilt zu beachten, dass – durch Brandbestattung – kremierte Krallen (Endphalangen) deutlich bessere Erhaltungschancen haben als unverbrannte Phalangen, die im Körpergrab dem normalen Verwesungsprozess unterliegen[578]. Das dürfte grundsätzliche Auswirkungen auf die Häufigkeit von beobachteten Bärenkrallen aus Brandgräbern im Verhältnis zu denen aus Körpergräbern haben, was stets bedacht werden sollte.

Eine erste Phase von – überwiegend germanischen – Gräbern mit Bärenkrallen zeichnet sich in den beiden Jahrhunderten um Christi Geburt ab: In der ausgehenden vorrömischen Eisenzeit und der beginnenden römischen Kaiserzeit, vornehmlich etwa der Zeitraum von 50 v. Chr. bis 50 n. Chr., repräsentieren mehr als 40 Gräber mit einem, meist mehreren Phalangen einen frühen, konzentrierten Horizont[579]. Es handelt sich ausnahmslos um Brandgräber und bis auf

570 Wamers 2009, 10 f., Abb. 4; Wamers 2013b, 172 f., Abb. 128–129.

571 Eichinger/Losert 2003; Eichinger 2006; Losert 2011.

572 »Germanen und Slawen in Nordbayern«. Vortrag am 24.01.2006 (Colloquium Praehistoricum) im Institut der Archäologischen Wissenschaften der Universität Frankfurt.

573 Für zahlreiche Literaturhinweise, Diskussionsbeiträge und die Überlassung eines inhaltsreichen, wenn auch unpublizierten Manuskriptes zum Themenkreis »Bärenfell und Tiervermummung« danke ich Dr. Ingo Gabriel, Schleswig, herzlich.

574 Dazu Beermann 2013, Kap. II.1. – Sebastian Beermann M.A. sei für eine Kopie seiner Arbeit herzlich gedankt.

575 Grimm 2013.

576 Vgl. für das merowingerzeitliche Kontinentaleuropa: Arends 1978, 376 ff.; Wamers 2009, 21 f. mit Abb. 14–15. – Grimm hingegen subsummiert in seiner auf das Jagdwesen ausgerichteten Untersuchung Gräber mit Bärenkrallen- sowie mit Bärenzahnanhängern zusam-

96 Teile des Brandgrabes aus dem Kindergrab: freigeformter Keramiktopf (Nachbildung), Teile des konservatorisch fixierten Leichenbrandnestes sowie sechs der acht im Leichenbrand entdeckten kalzinierten Bärenkrallen.

ganz wenige, zum Teil unsichere Ausnahmen um Männerbestattungen. Ihre Verbreitung hat einen Schwerpunkt im elbgermanischen Raum von der Unterelbe bis nach Thüringen und Böhmen, im Mainmündungsgebiet und am Mittelrhein, auf den Ostseeinseln Bornholm, Öland und Gotland einschließlich der benachbarten Festlandküste[580] *(Abb. 98)*. Diese Regionen scheinen die Ausgangsräume einer nach-prähistorischen, germanischen »Bärenfellgräber-Sitte« darzustellen, von denen aus eine kontinuierliche Tradition bis in die Merowinger- und die Karolingerzeit erkennbar wird. Ob dahinter auch wechselseitige Beziehungen der dieses Brauchtum praktizierenden Gruppen stehen, bedarf der sorgfältigen Analyse, ist aber zu vermuten[581]. Streuungen nach Gallien, Südostengland, Polen und in die Slowakei könnten am ehesten durch persönliche

men mit den »Bärenfellgräbern« unter die begrifflich wenig konkreten »bear-related furnishings« (Grimm 2013, 285 ff.).

577 Steen/Vretemark 1992, 97.

578 Holck 1997/2008; Mansrud 2004, 41 f.

579 Schönfelder 1994, Tab. 1 mit Verbreitungskarte Abb. 3. Grab 55 von Döhren, Kr. Minden-Lübecke, aus dem 4.–5. Jh. v. Chr. wird hier ausgenommen, andere bei Nicklasson 1997, 137 f.; Peška/Tejral 2002, 455–459, Tab. 1; M. B. Henriksen 2009, 215 ff.; Grimm 2013 und Beermann 2013 genannte Funde sind hinzuzuzählen. Ein Anspruch auf Vollständigkeit der erfassten Belege kann nicht erhoben werden.

580 Brzyków in Polen; Grab 113, 115 und 152 von Slusegård auf Bornholm; Övre Ålebäck Grab 2 auf Öland: Pescheck 1939, 158, 204 f. Abb. 76,2; Stenberger 1977, 246 f. Abb. 152–153; Klindt-Jensen 1978, Bd. 2, 297; Petré 1980, 9 (frdl. Hinweise Dr. Ingo Gabriel).

581 Die bei Nicklasson 1997, 137 f., Tab. Abb. 53, ohne nähere Begründung angegebenen Datierungen noch ins

Mobilität oder Handel/Geschenkaustausch samt Kulturtransfer erklärt werden.

Zweifel daran, dass diese in unterschiedlicher Anzahl (1–15) im Leichenbrand angetroffenen kremierten Endphalagen Überbleibsel von – zusammen mit der Leiche sowie gegebenenfalls mit anderen Beigaben – vollständig auf dem Scheiterhaufen verbrannter Bärenfelle darstellen[582], sind kaum angebracht[583] – man vergleiche nur die Zerstreuung der verbrannten Überreste recht reicher Bestattungen auf den Scheiterhaufenplätzen in Liebenau und, was von den angebrannten Resten zum Recyceln weggelesen wurde[584]. Vermutlich wurden die Felle einschließlich der Tatzen, aber ohne Schädel zuunterst auf den Scheiterhaufen gelegt, worauf dann der Leichnam sowie weitere Beigaben gebettet wurden. Per Holck schloss aus verbrennungstechnischen Gründen eine Umwicklung des Leichnams mit einem Bärenfell auf dem Scheiterhaufen aus[585]. Das Auflesen des Leichenbrandes nach der Verbrennung erbrachte natürlich in der Regel nicht mehr die komplette Zahl der ursprünglich 20 Krallen; viele dürften späterer archäologischer Bergung und noch späterer osteologischer Beobachtung entgangen sein. Überlegungen, aus einer geringen Zahl erhaltener/geborgener kremierter Krallen auf Felle mit weniger als vier Tatzen oder gar auf die *pars pro toto*-Verbrennung nur von einzelnen Tatzen zu schließen, sind spekulativ. Selbst wenn nur einzelne Tatzen, aus welchen Gründen auch immer, auf den Scheiterhaufen gelegt worden wären, wäre damit symbolisch und semiotisch der gleiche Bestattungsbrauch verfolgt worden wie bei einem kompletten Fell.

Die Niederlegung des Leichnams auf einem Bärenfell ist indes durch etwa ein Dutzend Körpergräber der jüngeren römischen Kaiserzeit, Völkerwanderungs- sowie Merowingerzeit belegt, wozu auch noch Beispiele der jüngeren Wikingerzeit hinzugezählt werden können. Das Paradebeispiel hierfür ist Grab 2 in Hügel IV von Døsen in Hordaland (Mittelwestnorwegen), wo innerhalb einer Steinkiste unter einem Hügel mit Steinpackung auf einer Lage mit Birkenrinde ein Bärenfell ausgebreitet war, von dem nicht nur die Krallen, sondern auch erhebliche Teile des Fells erhalten waren *(Abb. 97,1–2)*[586]. Als erster hatte 1912 Haakon Schetelig bei der ausführlichen Publikation betont, dass mit diesem Befund auch die kremierten Krallen aus den Brandgräbern als Reste kompletter Bärenfelle erklärt würden[587]. Grimm hat aus den publizierten Befunden immerhin elf Körpergräber aus Süd- und Westnorwegen zusammengestellt, bei denen Bärenfelle (nachgewiesen durch Krallen und Fellreste) als Unterlagen für den Toten dienten[588]. Hinzu kommen drei oder vier Brandgräber, bei denen die Urne oder Gebeine von einem Bärenfell umwickelt oder ein Bärenfell in eine Metallurne gesteckt waren. Daraus könnte man vielleicht auf eine Variante schließen, bei der auch zur Verbrennung vorgesehene Tote in ein Bärenfell gewickelt auf den Scheiterhaufen gelegt wurden[589].

Wenn das bisher bekannte Fundbild[590] nicht täuscht, erlischt im zweiten Jahrhundert die Bärenfell-Bestattungssitte auf dem Kontinent, wenn man von »exotischen« Einzelfällen wie dem Königsgrab von Mušov in der Slowakei (um 200 n. Chr.) absieht *(Abb. 98)*. In den folgenden Jahrhunderten der jüngeren Eisenzeit bis zur Wikingerzeit findet die Bestattung im oder mit Bärenfell eine zunehmende Verbreitung in Süd- und Mittelskandinavien, also in den Gebieten mit überwiegend germanischer Besiedlung. Die große Zahl von inzwischen mehr als 250 erkannten Gräbern, zu denen eine etwa ebenso große Zahl von Gräbern mit bislang unentdeckten oder -beobachteten Bärenkrallen kommen dürfte[591], zeigt, dass wir es mit einem durchaus häufigen Phänomen zu tun

2. Jh. v. Chr. (»FR2/3«) konnten nicht überprüft werden.

582 Holck 1997/2008, 173, dem sich Grimm 2013, 291 f., anschließt.

583 Vgl. Schetelig 1912, 144; Schönfelder 1994, 218; M. M. Henriksen 2001, 11; Beermann 2013.

584 Häßler 1983, 15 ff.; Häßler 1985, 15 ff.; Häßler 1990, 14 ff.

585 Z. B. Holck 1997/2008, 173 f.

586 Schetelig 1912, 141–149.

587 Schetelig 1912, 144, Abb. 346.

588 Grimm 2013, 277 ff. mit Tab. 1 und Verbreitungskarte Abb. 2.

1

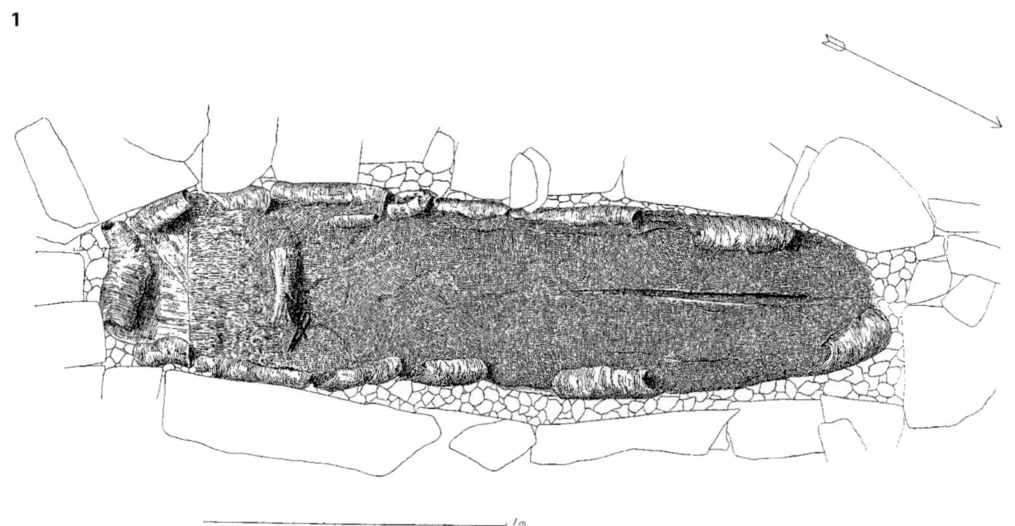

2

97 Grab 2 in Hügel IV von Døsen, Hordaland, Norwegen, mit Körperbestattung auf Bärenfell. **1** Zeichnung des Grabes mit Birkenrindenlage, auf der das Bärenfell ausgebreitet war. **2** Detailfoto einer Bärenfell-Tatze mit Krallen und Tuchresten. Ohne Maßstab.

589 Die verbrennungstechnischen Bedenken Holcks (1997/2008, 173) müssten experimentalarchäologisch überprüft werden.

590 Jüngste summarische Auflistung nach der publizierten Lit. und Online-Datenbanken bei Grimm 2013, 285 ff., Tab. 2 mit Verbreitungskarte Abb. 5. Die Verbreitungskarte Wamers 2009, Abb. 5, gibt zwar das generelle Bild weitgehend zutreffend wieder, ist aber nicht auf dem letzten Stand der Kenntnisse.

591 Grimm 2013, passim, spricht von »c. 500 burials of the 1st millennium AD in northern and middle Europe … [with] bear-related furnishings«, worunter er allerdings auch solche mit Bärenkrallen- und -zahn-Amuletten fasst.

98 Verbreitung der Bärenfell-Gräber des 1. bis 2. und des 3. bis 10. Jahrhunderts in Mittel- und Nordeuropa (vgl. S. 180 ff.). Die Dichtekonzentrationen der zahlreichen Gräber des 2. bis 5. Jahrhunderts in Skandinavien sind nur als farbige Areale markiert. Große Symbole = mehrere Gräber (nach Wamers 2009, mit Ergänzungen und Korrekturen).

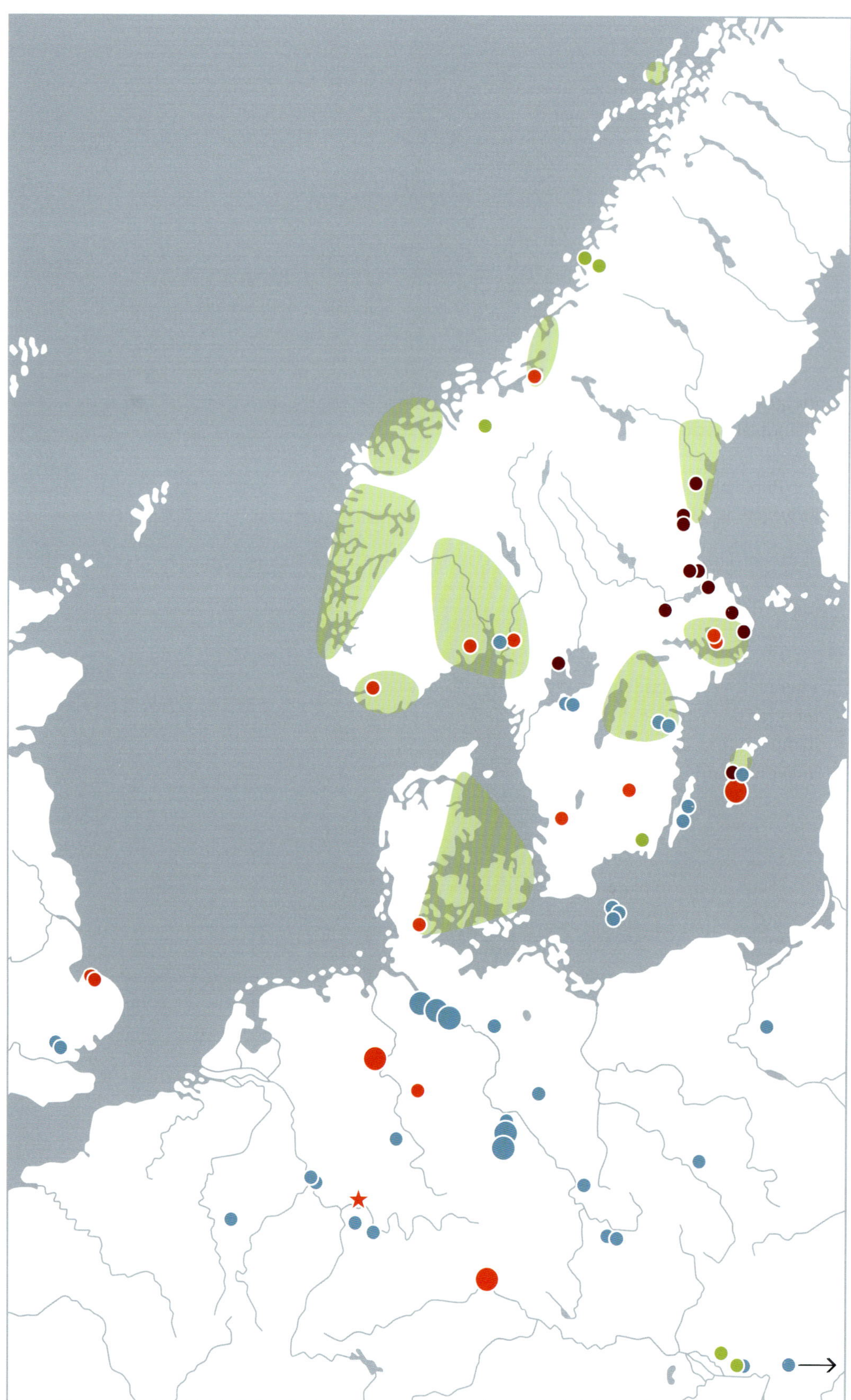

haben, das bei mindestens 10 bis 20 Prozent der Bestattungen Anwendung fand[592]. Zentren sind nach dem bisherigen Kenntnisstand vor allem in West- und Südnorwegen, Zentralschweden von Västergötland bis Uppland und in Medelpad, Hälsingland und Gästrikland[593], die Ostseeinsel Gotland sowie Dänemark (Jütland und die Inseln)[594]. In den nordskandinavischen Bereichen mit autochthoner samischer Bevölkerung, wo wir noch bis in die frühe Neuzeit Bärengräber und Bärenknochendepots des schamanistischen nordeurasischen Bärenkultes vorfinden[595], sind sie hingegen, abgesehen von drei germanischen Männergräbern des 3./4. Jahrhunderts von einem Fundplatz auf den Lofoten, weitgehend unbekannt.

Der Publikationsstand über Bärenfellgräber in Norwegen ist unterschiedlich. Aus Nordnorwegen sind nur wenige Beispiele bekannt, was wiederum mit bislang unzureichender Dokumentation zusammenhängen kann[596]. Drei oder vier Gräber der jüngeren römischen Eisenzeit aus Føre, Bø, Nordland (Vesterålen) ragen inselartig heraus[597]; zwei Krallen aus einem reichen Männergrab der Wikingerzeit aus Risøy, Hadsel, Nordland könnten das einzige wikingerzeitliche Bärenfellgrab aus Norwegen anzeigen[598]. Weiter südlich schließen Nord-Trøndelag und Møre og Romsdahl mit insgesamt etwa 15 Gräbern an – darunter nur wenige Körperbestattungen –, kleinere Schwerpunkte bildend[599]. Eine zusammenfassende Bearbeitung gibt es für das Vestland (Sogn og Fjordane, Sunnmøre, Hordaland), allerdings ohne detaillierten Katalog[600]. Diese 65 Gräber gehören in das 3. bis 5. Jahrhundert; von ihnen sind 62 Brandgräber. Für das südwestnorwegische Rogaland nennt die Online-Datenbank der norwegischen Museumssammlungen etwa 20 Gräber mit Bärenkrallen des 2. bis 5. Jahrhunderts[601]. Eine Aufstellung von immerhin 51 jüngereisenzeitlichen Brandgräbern mit Bärenkrallen liegt seit 2004 für Süd- und Südostnorwegen (Vest- und Aust-Agder, Buskerud, Oppland, Telemark, Hedemark, Akershus, Vestfold, Østfold) mit einer dichten Verbreitung im Oslofjordgebiet vor[602]; sie datieren zu 90 % in die römische Kaiserzeit und Völkerwanderungszeit und zu 10 % in die Merowingerzeit. Wie viele Körpergräber aus dieser Region Bärenkrallen enthielten, ist nicht untersucht; im Analogieschluss zu den anderen skandinavischen Landschaften dürften es nicht viele sein. Aus der Beobachtung Signe Hvoslef Krügers, dass im Vestland knapp die Hälfte aller Brandgräber Bärenfelle enthielten, ist zu entnehmen, dass die Sitte von Brandbestattung mit Bärenfell im 3. bis 5. Jahrhundert in Norwegen ein durchaus häufiges Phänomen war[603]. Insgesamt darf man aus den vorliegenden Zahlen schließen, dass die Bärenfell-Bestattungssitte in Gesamtnorwegen auf die jüngere römische Eisenzeit und die Völkerwanderungszeit konzentriert und vorwiegend an die Brandbestattungssitte gebunden war und dass regionales Vorkommen und Häufigkeit etwa der damaligen Besiedlungsdichte entsprach.

Aus Dänemark inklusive dem – heute deutschen – Südjütland sind mittlerweile insgesamt 27 Brandgräber des 3. bis 5./6. Jahrhunderts mit einer bis sieben (nicht-perforierten) Bärenkrallen bekannt, in einem Falle (Postgården) mit 27 Krallen und somit mindestens mit zwei Bären(fellen), wobei alleine 14 Gräber von vier

592 Vgl. die Kalkulationen bei Grimm 2013, 288 f.
593 Petré 1980.
594 Møhl 1977; Krüger 1988.
595 Zum Bärenkult vgl. Wamers 2009, 14 ff. mit weiterführender detaillierterer Lit. und Verbreitungskarte der Bärengräber und Bärenknochendepots Abb. 12.
596 Bruun 2007, 69. Vier Krallen aus einem Grab der römischen Eisenzeit auf Edøy, Lenvik, Tromsø, sollen auf einem Stoffstück innerhalb einer Tasche gesessen haben (ebd. 69).
597 Bruun 2007, 69.
598 Sjøvold 1974, 111 f., 323.
599 M. M. Henriksen 2001, 10.
600 Krüger 1988.
601 www.unimus.no/arkeologi s.v. »bjørneklo/ør«; Grimm 2013, 287.
602 Mansrud 2004, 135 f., Beilage 4. – Für die Zusendung ihrer Hovedfagsuppgave und weiterer wichtiger Lit. und Hinweise danke ich Anja Mansrud herzlich.
603 Grimm 2013, 288 f., weist zu Recht darauf hin, dass man diese »Brandgräber-Zahlen« für das Vestland mit denen der Körpergräber vergleichen müsste, um die Gesamthäufigkeit des Phänomehns »Bärenfellgräber« genauer beurteilen zu können.

Bestattungsplätzen aus Südostfünen kommen[604]. Dieses Bild spiegelt sicherlich auch die Bearbeitungsintensität; doch insgesamt darf man auf eine hohe Dichte dieser Sitte auch im dänischen Raum schließen.

Nach der Untersuchung Bo Petrés von 1980, die nur die bis 1960 ergrabenen Bestattungen behandelte, gehören von den über 103 schwedischen Bärenfell-Gräbern[605] sechs der vorrömischen und 20 der römischen Eisenzeit, 25 der Völkerwanderungszeit (5. bis 6. Jahrhundert), 21 der Vendelzeit (7. bis 8. Jahrhundert) und 12 der Wikingerzeit (9. bis 10. Jahrhundert) an; die anderen scheinen nicht datierbar zu sein. Alle Bestattungen bis auf 15 sind Brandgräber; von diesen 15 Körpergräbern wiederum stammen 13 aus Gotland. Das heißt: Nach diesem Sachstand sind, vom Sonderfall Gotland abgesehen, auch in Skandinavien Brandbestattung und Bärenfell-Beigabe engstens miteinander verknüpft. In den letzten beiden Jahrzehnten nach Petrés Zusammenstellung sind weitere circa 90 Gräber mit Bärenkrallen aus Södermanland und zumeist Uppland gelistet worden[606]. Die eisenzeitlichen und frühmittelalterlichen Zentrallandschaften Mittelschwedens von Medelpad bis Uppland und Södermanland sind auch bei den Bärenfellgräbern die fundreichsten Regionen.

Die Entwicklung der »Bärenfell-Grabsitte« in Skandinavien zeichnet sich somit folgendermaßen ab: Wenngleich sich nur wenige Funde dem 2. Jahrhundert zuweisen lassen, scheint sich nach der frühen Phase der beiden Jahrhunderte um Christi Geburt eine kontinuierliche Ausbreitung und Intensivierung der (Brand-)Bestattungen mit Bärenfell-Beigabe in der jüngeren Römischen Eisenzeit und Völkerwanderungszeit bis zur frühen Merowingerzeit klar abzuzeichnen, während diese Sitte auf dem germanischen Kontinent nach dem ersten nachchristlichen Jahrhundert nicht weiter ausgeübt wurde. Mit der vollen Merowingerzeit wird die Bärenfell-Beigabe auch in Norwegen nicht länger praktiziert. Nur in Schweden lebt diese Bestattungssitte bis in die der Merowingerzeit entsprechende Vendelzeit (Mitte 6. bis spätes 8. Jahrhundert) und weiter bis in die Wikingerzeit (9. bis 10. Jahrhundert) fort.

Die Ursprünge dieses Brauchtums scheinen nach dem bisherigen Fundbild in der nordalpinen Expansionsphase des Römischen Reiches bei männlichen Kriegereliten elbgermanischer und vereinzelt spätkeltischer Prägung sowie bei solchen ostseegermanischer Provenienz im südlichen Skandinavien zu liegen. Vermutlich stehen dahinter frühe Kontakte mit dem römischen Militärwesen, worauf etwa das neckarsuebische Kriegergrab mit römischer Helmbeigabe von Groß-Gerau (circa 30 bis 40 n. Chr.) und die bekannte Anwesenheit von Neckarsueben in der kaiserlichen Leibwache[607] hindeuten mögen. Weder das Fundbild, noch die Grabkontexte selbst erlauben eine definitive Aussage über einen engeren Entstehungsraum dieser Sitte. Die verhältnismäßig zahlreichen, aber doch schütter gestreuten Belege im elb- und ostgermanischen Großraum reflektieren eher die seinerzeitige süd-ostwärts gerichtete Migration als ein Zentrum. Die ungebrochene Tradition in Skandinavien hingegen, wo etwa beidseits des Oslofjords schon – wenn auch seltene – Bärenfell-Brandgräber der Bronze- und der vorrömischen Eisenzeit bekannt sind[608], scheint anzudeuten, dass wir hier den Traditionskern dieser Bestattungssitte fassen. Auf dem Kontinent tritt nach der folgenden 400-jährigen Fundlücke – abgesehen von zwei elbgermanischen Fürstengräbern (Mušov und Kostolná pri Dunaji) am Donauknie – die-

604 Møhl 1977; Nielsen 2008; M. B. Henriksen 2009, 215 ff., 443; Bantelmann 1988, 43 f.; Wahl 1988, 118, 121. – Grimm 2013, 287, Liste Tab. 2, führt für Dänemark »ca. 35« Gräber auf; darunter befinden sich aber auch solche mit Bärenkrallen-Amuletten.

605 Petré 1980, Liste S. 5–6. Darüber hinaus gibt es nach Petrés Wissen von 1980 weitere 40 Gräber mit Bärenphalangen aus schwerpunktmäßig dem Mälartal und der Völkerwanderungszeit angehörend, einige auch der Vendel- und Wikingerzeit (ebd. S. 10.).

606 Bennet 1987, 118 f.; Sigvallius 1994, 74 f.; Sander 1997, Abb. 10; Melin/Sigvallius 2001, Tab. 15 – vgl. die Auflistung bei Grimm 2013, 287, Tab. 2.

607 Lenz-Bernhard 1999, 17 ff., 24 ff.

608 Beermann 2013, Kat.-Nr. 90–92.

609 Liebenau: Häßler 1990, 38 f., 58 f., 64 f.; May 1994, 183, 186; Wamers 2013b, 173, Abb. 130, Spong Hill: Mc Kinley 1994, 134. – Die bei May 1994 für Liebenau gemachten Angaben sind in mancherlei Hinsicht unzutreffend: Die Recherchen von Dr. Babette Ludowici in den De-

ser Bestattungsbrauch im 6. Jahrhundert in vereinzelten Fällen anscheinend wieder unvermittelt auf: im sächsischen Gräberfeld Liebenau *(Abb. 99)*, aber auch in Südostengland (Spong Hill, East Anglia), wo ebenfalls seit rund vier Jahrhunderten nicht mehr mit Bärenfell bestattet wurde. Soweit beurteilbar, handelt es sich um einige wenige mature Frauen- und eine Männer-Bestattung, und die Bärenfelle sind immer nur in Brandgräbern zu beobachten[609]. Die vier Scheiterhaufengräber in Liebenau – reich wie in der Regel alle Brandgräber des Platzes – sind:

- R 13/B5 (Frau, 40–59 J.): Belegungsphase 4: Mitte bis zweite Hälfte des 6. Jahrhunderts (Brieske/Schlicksbier 2005, 112)
- R 14/B3 (Frau, 20–80 J.): Belegungsphase 4 *(Abb. 99,1)*: Mitte bis zweite Hälfte des 6. Jahrhunderts (frdl. Auskunft Dr. Vera Brieske)
- R 14/B4 (Frau, 20–80 J.): Belegungsphase 3a: um 500 (Brieske/Schlicksbier 2005, 110)
- S 13/B1 (Mann): Belegungsphase 5b: erste Hälfte des 7. Jahrhunderts (Brieske/Schlicksbier 2005, 114); nach erneuter Überprüfung der Beigaben hält Brieske eine Datierung dieses Grabes noch ins 6. Jahrhundert für ebenso wahrscheinlich[610].

Sie liegen ganz dicht beieinander im südwestlichen Teil des Gräberfeldes[611] *(Abb. 99,2)*. Daraus ist auf eine enge verwandtschaftliche und vermutlich wohl auch soziale, wenn nicht gar ethnische Verbindung dieser vier Verstorbenen zu schließen, die sich ansonsten, was Verbrennungs- und Beigaben-Brauch betrifft, nicht voneinander oder von den anderen Brandgräbern des Gräberfeldes unterscheiden. Dahinter etwa eine Familie von Pelzhändlern sehen zu wollen, wie bei skandinavischen Befunden verschiedentlich vorgeschlagen, ist wenig wahrscheinlich, handelt es sich hierbei doch primär um eine damals seit Jahrhunderten in Skandinavien verwurzelte altgermanische Bestattungssitte, die hier in Sachsen kaum neu erfunden oder aus einer Laune heraus imitiert wurde. Vera Brieske, die das Gräberfeld Liebenau auch auf mögliche ethnisch-kulturelle Differenzierungen hin untersucht hat[612], wies mich darauf hin, dass die Konzentration der Bärenfell-Brandgräber im Gräberfeld in einem der beiden Areale (»Westgruppe« und »Ostgruppe«) liegt, die sie wegen der hier beobachtbaren Verdichtung thüringischer Funde als Bestattungsareale zweier thüringischer Familien deutet. Diese wären »im Anschluss an die Eroberung des Thüringerreiches durch die Franken 531/34 nach Liebenau umgesiedelt und um die Mitte des 6. Jahrhunderts hier bestattet« worden[613]. Das passt nun sehr gut zu anderem nordeuropäischen Fundmaterial des 5. und 6. Jahrhunderts auf dem Kontinent, überwiegend Trachtenschmuck und Goldbrakteaten-Amulette, die entweder direkt in Thüringen oder im Kontext thüringischer Gräber oder Gräberfeldareale zu beobachten sind. U. Koch hat für dieses Phänomen folgende Erklärungen vorgelegt[614]: Das reiche nordeuropäische (schwedisches und dänisches) Fundmaterial, dem – weniger reiches – thüringisches Material in Süd- und Mittelskandinavien entspricht[615], sei nicht nur Beleg für intensive, enge Kontakte, sondern darüber hinaus für die dauerhafte Niederlassung von Nordleuten in Thüringen. Andere süddeutsche Bestattungen mit nordischem Fundgut interpretiert sie als Beleg für skandinavische Händler oder Reisläufer, die bis in die Alamannia und nach Baiern kamen oder die als Krieger in fränkischen Heeren dienten. Die in Thüringen siedelnden Skandinavier waren hier offenkundig

pots des Niedersächsischen Landesmuseums Hannover zu den Gräbern aus Liebenau erbrachten z. T. deutlich abweichende Zahlen von erhaltenen Bärenkrallen, als bei May angegeben (z. B.: 8 Endphalangen in Grab R 14/B3 [Wamers 2013b, zu Abb. 130] gegenüber 3 Exemplaren bei May 1994, 183 Tab. 32). Es kann auch nicht ausgeschlossen werden, dass bei sorgfältiger Neudurchsicht der Leichenbrände weitere kremierte Bärenkrallen erkannt werden.

610 Frdl. Hinweis vom 29.01.2015. Für mehrere erhellende Auskünfte und Recherchen im Januar 2015 (s. auch unten Anm. 613 und 616) danke ich Dr. Vera Brieske sehr.

611 Häßler 1990, Beilage Übersichtsplan, S. 5 Plan Abb. 2.

612 Brieske 2001.

613 Brieske 2001, 270 ff. mit Karte 11. Die thüringischen Areale liegen in den Quadranten R 13–R 15 und L 12–K 12. Zitat aus E-Mail vom 12.01.2015.

614 U. Koch 1999a.

615 Vgl. auch Schmidt 2005, 406 ff.

1

2

Thüringischer Import
(Ende 5./Anf. 6. Jh.)
Vogelkopffibeln
Fibeln Typ Rositz
S-förmige Fibeln
Dreirundelfibeln
(Gleicharmige Zangenfibeln)
Massive Bronzeringe
(Beutelringe)
U T S R Q P O N M L K J H G F E D
6 7 8 9 10 11 12 13 14 15 16 17
N

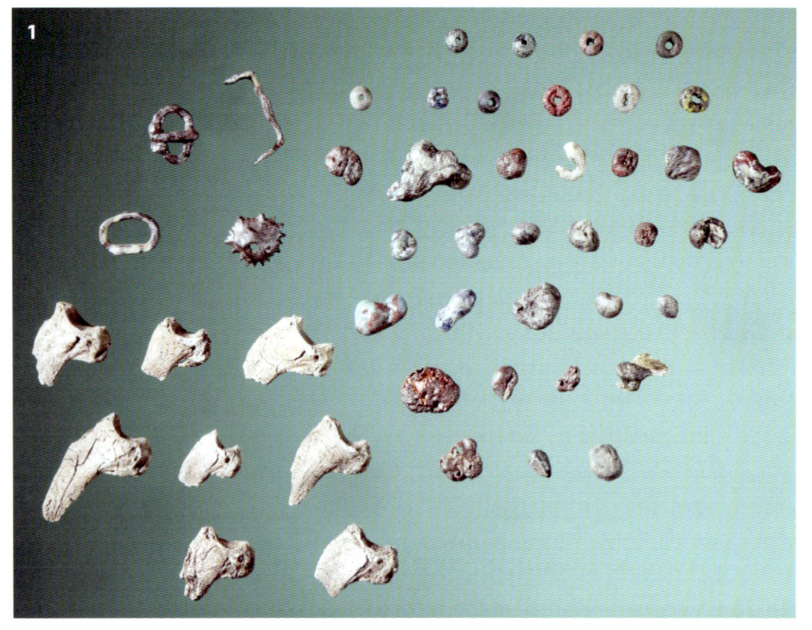

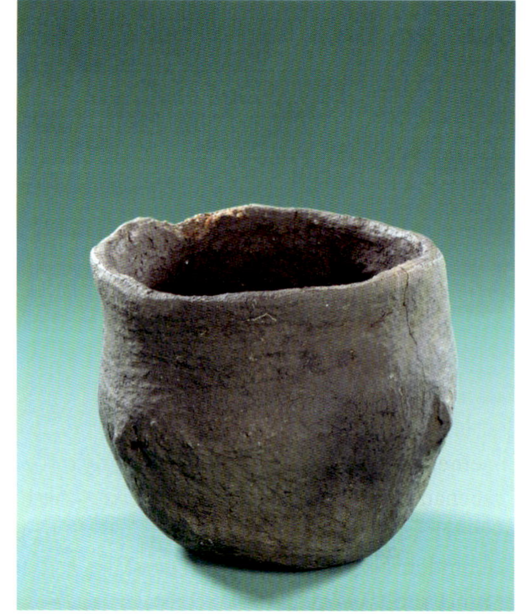

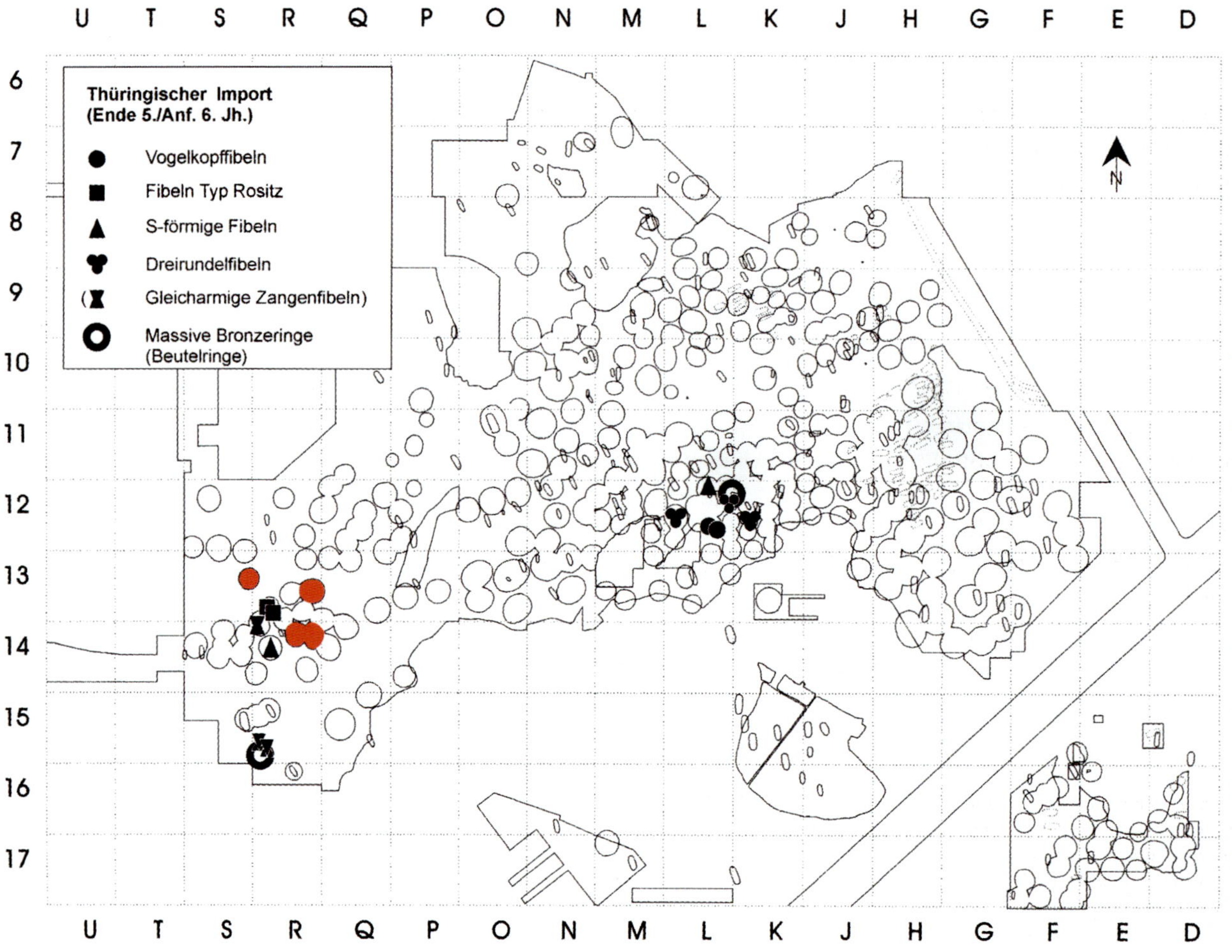

mit ihren Familien ansässig geworden und lebten in einvernehmlichem und engem Kontakt mit den Einheimischen. Nach dem Verlust der Selbständigkeit der Thüringer seien diese Nordleute, zusammen mit umgesiedelten thüringischen Familien, mit in deren neue Siedlungsgebiete gezogen, wo sie auf Gräberfeldern in thüringischen Bestattungsarealen archäologisch nachweisbar sind, etwa im bairischen Altenerding, alamannischen Nersheim oder bairisch-schwäbischen Schretzheim. Dieses Interpretationsmodell U. Kochs[616] kann man in gleicher Weise auf die vier Bärenfell-Brandgräber skandinavischen Typs in einem thüringischen Bestattungsareal von Liebenau anwenden: Es handelt sich ganz offensichtlich um Gräber von ehemals in Thüringen siedelnden Nordleuten, die mit einer thüringischen Familie nach Liebenau gezogen waren – vermutlich nach 531/34. Da die Bärenfell-Beigabe im friesisch-niederländischen Raum bislang nicht beobachtet worden ist[617], bietet sich kaum eine andere Herkunft für diese Gräber in Liebenau an.

Einflüsse aus Skandinavien liegen auch angesichts der allgemein bekannten kultisch-bestattungsrituellen Parallelen in East Anglia und Suffolk, wovon neben den Bärenfell-Brandgräbern von Spong Hill vor allem die Schiffsgräber von Sutton Hoo und Snape zeugen, und der im 8. Jahrhundert bekannt werdenden (Verwandtschafts-?)Beziehungen der kontinentalsächsischen Elite (Widukind[618]) nach Dänemark nahe.

Es ist noch auf die singulären »Bärenfellgräber« aus Regensburg-Großprüfening in der Oberpfalz zurückzukommen, die Losert dem slawischen Kulturkreis zuordnen möchte (vgl. oben. S. 180). Dieses – noch nicht vollständig untersuchte und publizierte – kleine Brandgräberfeld (meist Urnen in Flachgräbern oder unter Hügeln) weist mehrfach mehrere Individuen je Grab auf; in der Regel sind Speisebeigaben zu beobachten, dreimal auch mit Bärenkrallen, weshalb Losert vermutet, dass die Toten auf Bärenfellen oder in solche gehüllt verbrannt wurden. Durch vereinzelten merowingerzeitlichen Trachtenschmuck kann das Gräberfeld in die zweite Hälfte des 6. Jahrhunderts datiert werden; die Parallelen verweisen nach ihm auf elbgermanisch-langobardisches und bajuwarisches, vielleicht awarisches Formengut. Die handgeformten Gefäße bezeichnet Losert als »bauchige Derivate des frühslawischen Prager Typs« und damit das Gräberfeld als slawisch, und er bringt es mit slawischer Einwanderung nach Nordbayern in Verbindung. In einem ähnlichen Kontext sieht er das Brandgrab im Frankfurter Mädchengrab mit Bärenkrallen und einem Gefäß, das ihn an frühslawische Keramik erinnert. Er schließt »Bezüge zu frühslawischen Brandbestattungen« nicht aus und denkt »an eine Geisel, vielleicht in Obhut der Erbauer der Kirche, die gleich mit dem reich ausgestatteten Mädchen verstarb«[619]. Die ethnische Deutung der Bestattungen von Großprüfening als »slawisch« übernimmt indirekt auch Grimm[620]. Vorbehaltlich der bislang partiellen Publikation des Gräberfeldes sollte die ethnische Deutung Loserts jedoch mit Zurückhaltung betrachtet werden.

Vom – ursprünglich vermutlich größeren – Gräberfeld konnten insgesamt 22 Brandbestattungen mit mindestens 40 Individuen freigelegt werden, davon neun in Urnen, die anderen wohl Brandschüttungsgräber beziehungsweise »organische Urnengräber«. Diese Brandgräber orientieren sich an 20 Kreisgräben, die wahrscheinlich »Reste vorgeschichtlicher oder römischer Grabhügel bzw. Einfriedungen« darstellen. Unter diesen Gräbern enthielten drei Gräber Bärenkrallen: Grab 7 (Brandschüttung, Mann 41–60 Jahre) enthielt neben einer Bärenkralle ein

99 Bärenfell-Brandgräber vom sächsischen Gräberfeld von Liebenau, Lkr. Nienburg/Weser. 1 Beigaben des Brandgrabes R 14/B3. Von der ursprünglichen persönlichen Ausstattung der hier beigesetzten erwachsenen Frau haben nach der Verbrennung auf dem Scheiterhaufen und dem Auflesen der Rückstände aus der Asche sowie der Fundbergung insgesamt 33 zum Teil geschmolzene Glasperlen, zwei Bronzeperlen, eine Schnalle, eine Krampe, ein Ring und ein Eisenfragment den Weg auf den Beisetzungsplatz gefunden. Ein kleiner freigeformter Tonkumpf steht für eine Speise- oder Trankbeigabe. Zweite Hälfte des 6. Jahrhunderts n. Chr.
2 Gräberfeldplan mit den »thüringischen Arealen« in der Mitte und im Südwesten (nach Brieske 2001) sowie Eintrag der Bärenfellgräber (rote Punkte) im Südwestareal.

616 Ganz ähnlich wurde diese Deutung schon von Brieske in ihrer ungedruckten Magisterarbeit »Nordische Einflüsse im Fundgut des spätvölkerwanderungszeitlichen Thüringen« (Münster 1994) vorgeschlagen.
617 Frdl. Hinweise Dr. Egge Knol, Groningen, und Prof. Dr. Wietske Prummel, Rijksuniversiteit Groningen, für die hier herzlich gedankt sei.
618 Reichsannalen ad 777 und 782: Rau 1968.
619 Zuletzt Losert 2011. Für wichtige Auskünfte (E-Mails vom 22.05.2006 und 05.07.2010) danke ich PD Dr. habil. Hans Losert herzlich. – Die bei Eichinger/Losert 2003, 98, angegebene Kralle aus Grab 1 ist offensichtlich eine frühe Fehlmeldung.
620 Grimm 2013, 293 (»… Slawonic areas in Eastern Europe …«).

Röhrchen aus zusammengerolltem Bronzeblech; Grab 8 (eine Urne und mehrere Brandschüttungen, fünf bis neun Individuen = zwei »Mädchen« 14–20 Jahre, zwei Frauen 20–25 Jahre, fünf Männer 15–40 Jahre) enthielt neben zwei Bärenkrallen ein Messer, einen bronzenen Schildniet und eine Urne; Grab 9 (eine Urne und mehrere Brandschüttungen, vier Individuen = zwei Knaben und zwei Mädchen 1–6 Jahre) enthielt neben zehn Bärenkrallen, winzige Silber- und Bronzeblechsplitter als Reste von Beschlägen von Holzgefäßen sowie eine Urne[621]. Von den 22 Gräbern sind vier anthropologisch noch unbestimmt, sechs enthielten jeweils ein Individuum, zehn waren Doppelbestattungen unterschiedlicher Zusammensetzung, oft Frau mit Kind, und die Gräber 8 und 9 waren Mehrfachbestattungen, dabei Grab 9 mit zwei Knaben und Mädchen in Alter von etwa 1 bis 6 Jahren. Diese Befunde sind nach dem bisherigen Publikationsstand schwer zu deuten; die Mehrfachbestattungen dürften mit seuchenartigen Krankheiten zu erklären sein. Die Bärenfell-Sitte ist demnach mindestens zwei, höchstens 14 Individuen zuzuschreiben; allerdings können die Toten aus Grab 8 und 9 auch jeweils nur mit insgesamt einem Bärenfell verbrannt worden sein. Die Konzentration von Grab 7, 8 und 9 im südwestlichen Teil des Gräberfeldes, die Mehrfachbestattungen Grab 8 und 9 dabei direkt nebeneinander[622], machen auch hier eine kulturell-landsmannschaftliche Zusammengehörigkeit wahrscheinlich. Zwar gibt es Gründe, die handgeformten Gefäße, darunter aus Grab 8 und 9, dem »Prager Typ« zuzuweisen[623], doch die wenigen Trachtbestandteile sind charakteristisch für den »ostmerowingischen« Reihengräberkreis inklusive des langobardischen Spektrums. Wegen der Keramik könnte man die Bevölkerung von Großprüfening als »frühslawisch-grundiert« bezeichnen, jedoch mit starkem »germanischem« Einschlag und Beziehungen zum elbgermanisch-langobardischen Donauraum. Aus den publizierten Befunden geht (noch) nicht hervor, dass frühslawische Keramik und Bärenfell-Beigabe miteinander kombiniert auftreten.

Da aus (früh)slawischem Umfeld Bärenfell-Beigabe bislang unbekannt ist, sollte dieses Element im Großprüfeninger Gräberfeld eher aus einem »nördlichen«, germanischen Kulturkreis erklärt werden können: aus dem Gürtel von Friesland über Westfalen, Niedersachsen/Schleswig bis Nordthüringen und den weiter angrenzenden Bereich, so wie es Stauch auch für die anderen Brandbestattungen erwägt, die seit dem späten 6. Jahrhundert im rechtsrheinischen Reihengräberkreis auftreten und die ebenfalls meist mit handgeformter Keramik einhergehen[624]. Wegen der räumlichen und wohl auch familialen Konzentration auf dem Gräberfeld von Großprüfening sollte man analog den zeitgleichen Befunden aus Liebenau auch hier in Erwägung ziehen, ob es sich nicht ebenfalls um migrierte Skandinavier handelt, vor allem angesichts weiterer skandinavischer Funde im oberen Donautal (Kösching, Schretzheim, Neresheim). Das Frankfurter Kindergrab jedoch ist etwa fünf bis sechs Generationen jünger als die Grablegen von Großprüfening.

Interessant ist auch die Geschlechtsverteilung bei den Gräbern mit Bärenfellen. Nur wenige Leichenbrände eignen sich zu einer Geschlechtsbestimmung – die meisten sind überhaupt nicht untersucht –, und nicht immer

621 Angaben laut Kurzkatalog der Grabfunde bei Losert 2011, 488 f.
622 Gräberfeldplan bei Losert 2011, Abb. 1.
623 Man vgl. nur die bei Zeman 1976, Abb. 3,2; 4,9–10; 10,7; 16,13; 24,1; 26,2; 28,6; 32,2; 40,5; 42,3; 46,3; 47,8; 49,7, abgebildeten Gefäße; auch die öfters zu beobachtende Lochung der Gefäßwand auf der Schulter (Zeman 1976, Abb. 10,7; 24,1) kann lt. frdl. Erläuterung von PD Dr. habil. Hans Losert (E-Mail vom 26.02.2015) mit sekundären Durchbohrungen für die Verklammerung von Rissen und Brüchen mittels Schnüren erklärt werden.
624 Stauch 2004, 242 ff.
625 Für Südnorwegen gibt Mansrud 2004 keine Aufschlüsse.
626 M. B. Henriksen 2009, 215 ff.; Gräber mit durchlochten, also als Amulette oder Schmuck getragenen Bärenzähnen, werden hier nicht mitgezählt.
627 Petré 1980, 9.
628 Wamers 2009, 12 f.
629 Eichhorn 1927, 233; Wegewitz 1937, 126 f.; Petré 1980, 10 ff.; Oehrl 2013, 312 f.
630 Oehrls Versuch, das Fell, auf dem im 10. Jh. der mit einer Streitaxt bewaffnete und von zwei Jagd- oder Kampfhunden begleitete Krieger von Hallvede auf Gotland gebettet wurde (2013, 312, Abb. 30 = Wamers

geben die spärlichen Beigaben eine eindeutige Antwort. Die 14 bestimmbaren der 62 Knochenreste aus dem norwegischen Vestland[625] sind gleichmäßig auf Männer und Frauen verteilt beziehungsweise lassen sich durch die Beigaben entsprechend zuweisen; ähnlich sieht es bei den schwedischen Gräbern aus. Auch für die 14 fünischen Bestattungen halten sich Männer- und Frauengräber die Waage; nur einmal ist ein Kind vertreten[626]. Unter den gotländischen Körpergräbern mit Bärenfellen ist der Frauenanteil höher als im sonstigen Schweden[627], was vielleicht auch mit den Erhaltungsbedingungen zu tun hat. In Skandinavien und bei den kontinentalen Sachsen (Liebenau) scheint es also hinsichtlich der Brandgräber mit Bärenfellen eine »emanzipatorische« Entwicklung im Verlaufe des Frühmittelalters gegeben zu haben: Während noch in den beiden Jahrhunderten um Christi Geburt Brandbestattungen mit Bärenfell-Beigabe weitgehend auf Männergräber beschränkt war, sind in der späten römischen Eisenzeit, der Völkerwanderungs- und Merowingerzeit bis hin zur Wikingerzeit Frauen im gleichen Maße vertreten. Für das Frankfurter Doppelgrab lassen sich somit keine Rückschlüsse auf das Geschlecht des verbrannten Kindes ziehen.

Die Bedeutung der Bärenfellbeigabe in Gräbern des 1. Jahrtausends n. Chr. habe ich bereits 2009 diskutiert[628]. Überlegungen in der Forschung, dass die »Bärenfellgräber« Reflex der Bärenjagd oder Zeugnisse von (Bärenfell-) Pelzhandel seien[629], können nur soweit greifen, dass man an Bärenfelle nur durch Jagd beziehungsweise durch Handel, vielleicht auch als Geschenk gelangen konnte. Ein direkter Nexus zwischen dem Bestattungsbrauch und Jagd oder Handel ist nicht belegbar[630]. Gegen Bärenfelle als Jagdtrophäen sprechen ferner, dass in Dänemark, Südschweden und Gotland gewiss seit der römischen Eisenzeit keine Bären mehr lebten[631], sowie die zahlreichen Frauengräber mit Bärenfellen. Und schließlich wären die Bärenfelle als Jagd-Trophäen sicherlich zusammen mit anhängendem Schädel in das Grab gelegt worden.

Eine Verbindung der Bärenfell-Beigabe mit einem angeblichen germanischen Bärenkult innerhalb einer »Odins-Religion«, der sich vor allem aus der Berserkr-Tradition (»bjørnekrigere«) speist[632], hatte ich schon 2009 zurückgewiesen. Zunächst handelt es sich bei der Vorstellung von »Berserkertum«, also von ekstatischen, in Bärenfelle gewandeten »Odinskriegern«, die als Leibwachen und Elitetruppen nordischer Fürsten fungierten, um ein vornehmlich literarisches Phänomen des hohen Mittelalters[633]. Dieser Deutung steht zudem entgegen, dass zahlreiche Frauengräber mit Bärenfellen ausgestattet waren[634].

Einen Zusammenhang mit einem herausragenden Kriegertum scheinen aber vor allem die frühen Männer-Brandgräber der beiden Jahrhunderte um Christi Geburt nahezulegen. Abgesehen vom frühen, sporadischem Auftreten bei metallzeitlichen Kriegereliten entstand nach dem bisherigen Fundbild die Bärenfell-Bestattungssitte im Mittelrhein- und Unterelbe-Gebiet sowie in Südostskandinavien, also zeitlich weitgehend parallel mit der Expansion des Römischen Reiches nach Gallien, Germanien und Britannien. Auf dem Kontinent ist hierbei das spätkeltisch-elbgermanische Kriegermilieu mit Kontakt zum römischen Militär bis hin zur kaiserlichen Leibwache betroffen (vgl. oben S. 180 ff.). Ob dahinter Imitationen der Bärenfell-Tragesitte

2009, Abb. 6), als seine – mit der Axt (!) erlegte – Jagdbeute zu deuten, ist nicht valide.

631 Møhl 1977, 123 ff.; Iregren 1988, 295 ff.

632 Ström 1980; M. M. Henriksen 2001, 12 ff.; Hedeager 1997.

633 Von See 1961a, von See 1961b; Wamers 2009, 2 ff.; anders Simek 1995, 47 f.

634 Im Aufsatz »Von Bären und Männern« von 2009, 23 ff. mit Abb. 16, hatte ich den Befund eines vermeintlichen geopferten Bären im Bootgrab K/VIII (305) eines jungen Kriegers auf dem Gräberfeld von S. Bikjholberget/Lamøya bei Kaupang in Norwegen diskutiert und Blindheims Deutung als Beleg für *Bärenkult* (Blindheim, in: Blindheim/Heyerdahl-Larsen 1995, 128) zurückgewiesen. Erst nach Drucklegung hatte ich am 15. April 2010 dankenswerterweise von Anja Mansrud, Oslo, erfahren, dass es sich bei dem von Holck nach den Grabungszeichnungen identifizierten angeblichen Bärenskelett um Reste zweier Hunde handelte, von denen zumindest einer enthauptet worden war (Bestimmung durch das Zoologische Museum Bergen; vgl. Mansrud 2006, 142 f.), was mir vorher entgangen war. Damit haben sich alle Spekulationen zu einem »Bärenkult« im Umfeld der Bootsbestattung von Kaupang 305 erledigt.

der Standartenträger *signiferi*, römischer Elitesoldaten, stehen, ist nicht unwahrscheinlich[635], wenngleich bei diesen der Bärenschädel – wie auch der Wolfsschädel bei den Wolfsfellen – eine zentrale Rolle spielt[636]. Ob die südostskandinavischen (und südostenglischen) frühen Bärenfellgräber eine Teilnahme dieser Regionen an einer frühen Kontaktnahme mit dem römischen Militär signalisiert, müsste überprüft werden. Immerhin belegen campanische Bronzegefäße im Grab 1 von Isberga, Öland[637], und andere reiche römische Importe in den britischen Gräbern[638] enge Beziehungen zur römischen Welt. Es verbleibt indes der reduzierte Bedeutungsgehalt der in die Gräber gegebenen Bärenfelle ohne Schädel gegenüber den kompletten Bärenfellen, in die sich die Signiferi hüllten und dabei den Schädel auf dem Kopf trugen – was im Übrigen auch die zentrale Behandlung des Bärenschädels bei den circumpolaren Jägervölker betrifft[639] –: Hierbei nahmen die Träger die Gestalt und wohl auch das Wesen des Bären an.

Die meisten der Gräber mit Bärenfellen des gesamten hier behandelten Zeitraums vom ersten Jahrhundert v. Chr. bis ins 10. Jahrhundert n. Chr. gehören einer herausragenden, zumindest gehobenen sozialen Schicht an; dies gilt auch für die Brandgräber mit naturgemäß reduziertem Beigabenreichtum. Nur wenige Gräber sind als »einfach« oder »ärmlich« zu bezeichnen. Insofern ist Schönfelders Einschätzung der frühen Gräber, dass die Bärenfelle innerhalb der Grabbeigaben, womit auch die häufig reichen Beigaben der Toten übereinstimmen, Statussymbole darstellten, auch für die anderen Regionen und Epochen zutreffend[640]. Er spricht von »sozialer Hierarchie oder Prestige«, was jedoch nicht immer mit sozialer Macht verbunden gewesen sein müsse. Allerdings gibt es unter diesen »Bärenfellgräbern« auch einige eher ärmlich ausgestattete Beispiele, die man ansonsten nicht als Oberschichten-Gräber bezeichnen würde. Einige Bestattungen hingegen, wie Mušov in der Slowakei, Døsen in Norwegen *(Abb. 97)* oder Högom in Medelpad, kann man geradezu als Königs- oder Fürstengräber bezeichnen.

Zweifellos waren Bärenfelle kostbar, nicht nur, wenn sie persönliche Jagdbeute waren, sondern auch als Handelsgut oder hochwertiges Geschenk. Wie eine ganze Anzahl von Körpergräbern der römischen Kaiserzeit, Völkerwanderungszeit und Wikingerzeit zeigen, wurde der Leichnam direkt auf die Bärenfelle (ohne Schädel) gebettet; sie dienten somit als kostbare, hochrangige Unterlage für einen herausragenden Verstorbenen. Analog wird man die Bärenfelle auch auf dem Scheiterhaufen verwendet haben. Auf jeden Fall belegt das Auflesen der Krallen aus dem Leichenbrand, dass man diesem Bestattungselement eine Bedeutung zumaß, der auch der verbrannte Körper in der Urne nicht verlustig gehen sollte. In seltenen Fällen, wie beim Körpergrab Eik in Vest-Agder, wurde der Leichnam vom Bärenfell umhüllt[641], was jedoch keinen Bedeutungswechsel bedeutete. Ob darüber hinaus dem Bärenfell weitere Symbolik zugedacht wurde, vermutlich Wesensmerkmale des Bären, die auf den Verstorbenen übergehen oder die dessen Wesen oder soziale Stellung repräsentieren sollten, ist schwer zu belegen, aber keinesfalls auszuschließen. Da auch Frauen auf Bärenfellen bestattet wurden, dürften »männliche« Tugenden wie Tapferkeit, Mut und Stärke, von denen Ulrik Møhl glaubte, dass sie mit dem Fell dem Verstorbenen zuwachsen sollten[642], nicht der eigentliche Symbolwert des Bärenfell gewesen sein – es sei denn, der im späteren Volksglauben Mittel- und Nordeuropas zu Tage tretende ambivalente Cha-

635 Wamers 2009, 4 ff.
636 Wamers 2009, Abb. 1–3.
637 Lamm 2005, 276 ff., Abb. 4.
638 Schönfelder 1994, 221, Tab. 1, 222.
639 Wamers 2009, 14 ff.
640 Schönfelder 1994, 220 ff.
641 Eik: Gjessing 1925, 44; Grimm 2013, 281, Tab. 1,3.
642 Møhl 1977, 126; vgl. auch M. M. Henriksen 2001, 11; Nielsen 2008, 10; M. B. Henriksen 2009, 215 ff.
643 Vgl. Wamers 2009, passim.
644 Z. B. Roth 1984, 43 ff.; Haas-Gebhard 1998, 105; Stauch 2004, 245 f.
645 J. Wahl/S. Wahl 1983, 519.
646 Masanz 2010, 346 ff. – Nicht als »bi-rituelle Bestattungen« zu bezeichnen sind Nachbestattungen von Brandgräbern in schon existierende Körpergräber, oft mit großem zeitlichen Abstand, etwa auf dem Gräberfeld von Wenigumstadt, Lkr. Aschaffenburg (Stauch 2004, 244 ff.). Auch Mengen Grab 221 und 479 (Kr. Breisgau-Hochschwarzwald) dürfte eher Nachbestattun-

rakter des Bären als einerseits gefährliches Krafttier und andererseits als Geschlechtspartner von jungen Frauen wäre schon im ersten Jahrtausend lebendig gewesen[643].

Somit spricht alles dafür, dass die Bestattung auf dem Bärenfell, sei es ohne oder mit Verbrennung, in den allermeisten Fällen lediglich der Ausdruck eines hohen Sozialstatus des oder der Verstorbenen war. Gelegentliche weitere Sinnstiftungen wird man aber nicht ausschließen können – vielleicht am ehesten bei den frühen Männergräbern mit Verbrennungsritus. Was bedeutet das nun für das zweite, etwa vierjährige Kind aus dem Frankfurter Domgrab, das mit – verbrannten – Speise- und Trank- oder Breibeigaben unmittelbar neben dem kostbar gekleideten Mädchen im gleichen Sarg bestattet worden war? In der Forschung hält man die Brandbestattung für »eine aufwendige Beisetzungsweise«, was somit durchaus für ein hohes Sozialprestige der so Bestatteten spräche[644]. Zumeist beruft man sich dabei auf den Verweis von Joachim und Susanne Wahl, dass die »Brandbestattung, sofern sie nicht für die gesamte Bevölkerungsgruppe üblich ist, in allen vier außereuropäischen Kontinenten meist den höheren sozialen Schichten vorbehalten bzw. ein Vorrecht der Vornehmen ist«[645]. Bei diesem ethnologischen Vergleich waren Beispiele aus Indien, Melanesien und Assam sowie bei nordamerikanischen Indianern herangezogen worden. Ob jedoch der Bestattungsaufwand hierbei eine Rolle spielte, dürfte zweifelhaft sein. Für das frühmittelalterliche Europa dürfte der Bau eines Scheiterhaufens mit anschließender Brandauslese und gegebenenfalls Urnendeponierung oder Grubeneinschüttung, verbunden bisweilen mit Überhügelung nicht kostenträchtiger gewesen sein als die Anlage einer holz- oder steinverkleideten Kammer mit Einbringung eines Sarges oder Sarkophages und sorgfältiger oberirdischer Abdeckung samt Kennzeichnung. Gleichwohl, wenn man die Beigaben-Ärmlichkeit vieler Brandgräber als Folge des Verbrennungs- und Aufleseprozesses in Rechnung stellt, kann man sie auch nicht grundsätzlich als ärmer und somit sozial niedriger gestellt ansehen. Insbesondere die Brandgräber aus Liebenau weisen einen durchweg hohen Beigabenanteil auf. Das Frankfurter Kleinkind erhält durch das mitverbrannte Bärenfell einen vergleichbar hohen Sozialstatus wie das körperbestattete Kind (sind eventuell bestimmte Schmuck- und andere Beigaben nicht mit auf den Scheiterhaufen gelegt oder nicht sorgfältig aus der Asche herausgelesen worden?) – jetzt aber nach einem ganz anderen, fremden Bestattungsritus. Es dürfte dem unverbrannten Mädchen durchaus gleichgestellt gewesen sein.

Zur Sitte bi-ritueller Doppelbestattungen

Noch seltener als die Brandgrabsitte in der jüngeren Merowingerzeit ist das Phänomen der **bi-rituellen Bestattungen**, also die gleichzeitige Anlage von Brandgrab und Körpergrab, wobei eine kleinere Brandbestattung (Leichenbrandnester) in die mehr Platz fordernde Körperbestattung eingefügt oder – in seltenen Fällen – Brand- (Brandschüttungen) und Körperbestattung gleichgewichtig nebeneinander deponiert wurden[646]. Neben dem Frankfurter Domgrab sind mir folgende Befunde bekannt geworden (geordnet von Nord nach Süd), wobei sicherlich weitere entsprechende Bestattungen bei der Bergung unerkannt geblieben sind:

gen (einmal Brand- oberhalb von Körper-, das andere Mal Körper- oberhalb von Brandbestattung) gewesen sein, obwohl der zeitliche Abstand nicht mehr genauer zu ermitteln ist: Walter 2009, 50, Taf. 64B. – Die »menschlichen Leichenbrandreste, die durch Sieben und Schlämmen in der Auffüllung von Grab 9 [des kleinen spätantik-frühmittelalterlichen Gräberfeldes Oberlienz-Lamprechtgarten, Osttirol] in der südlichen Hälfte des westlichen Umgangs geborgen wurden« (Stadler 1998, 17), erlauben keine sichere Deutung, ob es sich um eine echte bi-rituelle Bestattung zweier Individuen handelt. – Die von Grünewald 2005, 207 ff., als »bi-rituelle Gräber« bezeichneten Bestattungen, »bei denen eine rechteckige Grabgrube ausgehoben wurde, die von ihrer Größe einem Körpergrab angemessen war, in die dann eine Brandbestattung eingebracht wurde«, entsprechen nicht dem hier behandelten Typus der »bi-rituellen Doppelbestattungen« und bleiben deshalb von der Betrachtung ausgeschlossen.

1. **Eschwege**-Niederhone Grab 17, Kammergrab, Werra-Meißner-Kreis[647]: Leichenbrandreste eines wohl männlichen, 40- bis 60-jährigen Individuums ohne erkennbare Beigaben südlich (also rechts) einer extrem reichen, wenn auch beraubten West-Ost-Körperbestattung eines 50- bis 60-jährigen Reiters in großer Kammer; sehr wahrscheinlich bei der Erstverfüllung des Grabes etwa 1,70 m höher eingebracht[648]; Datierung: mittleres Drittel 7. Jahrhundert.
2. **Kaltenwestheim** Grab 2/1962, Lkr. Schmalkalden-Meiningen[649]: Leichenbrand in einem Holzkästchen, deponiert in einem Holzkammergrab mit gestörter (?) reicher West-Ost-Körperbestattung (Reitergrab: Sporn und Trense); ferner Tierknochen (Speisebeigaben?); (falls Ost-West-Orientierung, dann Leichenbrand rechts vom Toten); Datierung: zweite Hälfte 7. Jahrhundert?
3. **Kaltensundheim** Grab 22B, Lkr. Schmalkalden-Meiningen[650]: Leichenbrandkonzentration (in organischem Behältnis?) an der Spitze eines Saxes rechts der West-Ost-Körperbestattung eines Kriegers; im Süden Keramikgefäß und Tierknochen (Speisebeigaben?); Datierung: 7. Jahrhundert?
4. **Frankfurt am Main** Domgrab
5. **Kleinwelzheim** Grab 98, Lkr. Offenbach[651]: Leichenbrandnest an der rechten Körperseite eines weiblichen Körpergrabes; Lanzenspitze und Schildbeschläge erweisen es als Männergrab; Datierung: keine Angaben.
6. **Wenigumstadt** Grab 235, Lkr. Aschaffenburg[652]: organisches Leichenbrandbehältnis plus Leichenbrandstreuung an der inneren Westwand der Grube von Körpergrab 104B, an dessen Kopfende; gleichzeitig angelegt; Grab 104B ohne gesicherte Beigabenreste; Beigaben von 235: feuergeschädigte Perlen, Reste eines Dreilagenkamms und eines Keramikgefäßes; adulte Frau; Datierung: letztes Drittel des 7. Jahrhunderts.
7. **Kleinlangheim** Grab 211/212, Lkr. Kitzingen[653]: rechts neben West-Ost-Körperbestattung 211 (40- bis 50-jähriger Mann mit Messer und Klappmesser) war Grab 212 als lockere Leichenbrandstreuung in Körpergröße mit Gürtelschnalle und Fragmente eines feuergeschädigten Tontopfes; Geschlecht nicht bestimmt; Datierung: 7. Jahrhundert.
8. **Hessigheim** Grab 136, Lkr. Ludwigsburg[654]: Leichenbrandhäufchen in organischem Behältnis (etwa 30 Jahre, männlich) zu Füßen einer reichen Kriegerbestattung (circa 40 Jahre) in einem Kammergrab; verbrannter beinerner Pyramidenknopf (einer Spathaaufhängung) im Leichenbrand, Spuren weiterer Metallbeigaben an den Knochen; Datierung: erste Hälfte bis Mitte 7. Jahrhundert[655].
(9. **Dittenheim** Grab 34/34A, Lkr Weißenburg-Gunzenhausen[656]: eine Nachbestattung eines Frauen-Brandgrabes des späten 6. Jahrhunderts in ein Männer-Körpergrab der 2. Hälfte des 6. Jahrhunderts. Gleichzeitige Bestattung nicht völlig gesichert.)
(10. **Westheim** Grab 104, Lkr. Weißenburg-Gunzenhausen[657]: Leichenbrandfragment (Hirnschädel) im gestörten Körpergrab einer spätadulten oder frühmaturen Frau; Datierung: frühes 6. Jahrhundert. Wegen der Störung nicht völlig gesichert.)
(11. **Westheim** Grab 235, Lkr. Weißenburg-Gunzenhausen[658]: nicht vollständig verbrannte Reste eines Kleinkindes (Infans I) im stark gestörten Doppelgrab eines Mannes und einer Frau (beide adult oder frühmatur); Datierung: zweite Hälfte 7. Jahrhundert. Wegen der Störung nicht völlig gesichert.)
12. **Ergolding** Grab 244, Lkr. Landshut[659]: Leichenbrandhäufchen in der Westhälfte einer Grabkammer, in der sechs männliche Körpergräber lagen, zwischen den Beinen eines frühadulten Mannes mit »Säbel« und anderen Beiga-

647 Sippel 1987, 143, zum Leichenbrand: Kunter, ebd., 158; Sippel 2002.
648 Sippel hält den Leichenbrand für »am ehesten nachträglich eingebracht« (2012, 163).
649 Frdl. Hinweis Ulrike Trenkmann, Weimar. – Bemerkenswert ist ferner, dass »zwischen den Körpergräbern … auch drei Gruben und ein Gräbchen mit Leichenbrand freigelegt wurden« (E-Mail vom 25.09.2014). Für großzügige Vorabinformation aus ihrer noch nicht fertiggestellten Dissertation danke ich Ulrike Trenkmann herzlich.
650 Frdl. Hinweis Ulrike Trenkmann, Weimar.
651 Lüdecke 1987, 3; Masanz 2010, 390.
652 Stauch 2004, Teil 1, 243, Taf. 84, Teil 2, 233 f.; Masanz 2010, 346.

ben; das Grab von einem Kreisgraben umgeben im nordöstlichen Friedhofsareal; Datierung: Mitte 7. Jahrhundert.

Es lassen sich mindestens zwei Varianten der bi-rituellen Bestattung ausmachen: zum einen Körpergräber, in die Leichenbrandhäufchen, also Beutel oder andere organische Behältnisse mit Leichenbrand eingefügt wurden, und zwar rechts der Leiche. Dies ist neben Frankfurt auch in Eschwege, hier allerdings deutlich oberhalb des Körpergrabes, Kaltenwestheim (vielleicht auch Kaltensundheim?), Kleinwelzheim und Kleinlangheim der Fall. Die Grabbefunde von Westheim sind gestört und deshalb nicht detailliert auswertbar. Die Körper- und die Brandbestatteten können Männer wie Frauen sein, im Fall von Kleinwelzheim sind sie nachweislich unterschiedlichen Geschlechts, in Eschwege vermutlich beide männlich. In Frankfurt und in Westheim Grab 235 wurde je ein verbranntes Kleinkind zu einer Körperbestattung gelegt, einmal zu einem gleichaltrigen Kind, das andere Mal zu zwei jungen Erwachsenen. Eine andere Variante gibt sich durch die Beisetzung des Leichenbrands in Beutel oder Schüttung zu Füßen oder zwischen den Beinen von Kriegern zu erkennen: so in Kaltensundheim, Ergolding und Hessigheim. Ergolding mit sechs Männerbestattungen (Gefolgschaft?) und Hessigheim, wo Körper- und Brandbestattung männlich sind, provozieren zu der Spekulation, ob hier Gefolgschaftsangehörige oder eher noch »Burschen« des/der Krieger mitbestattet wurden, die dann wahrscheinlich aus einer anderen Bestattungskultur stammten; auch Sklaven oder allgemein Menschenopfer sollte man nicht ausschließen, was auch für Eschwege Grab 17 zutreffen dürfte, wo sich der Leichenbrand als deutlich zweitrangige »Beigabe« in der Grabverfüllung des reichen Kriegers zu erkennen gibt.

Die Verbreitung dieser bi-rituellen Bestattungen zeigt zwei Konzentrationen: einmal im Bereich Osthessen/Westthüringen im Werra-Stromgebiet und zum andern im Untermaingebiet. Die weit gestreut liegenden Gräber vom Mittelmain über den mittleren Neckar und an der Altmühl südlich von Gunzenhausen bis nach Niederbayern lassen sich kaum zusammenbinden *(Abb. 100)*. Kleinlangheim, Dittenheim und zweimal Westheim sind dabei keine ganz gesicherten oder »klassischen« Fälle. Sie datieren – abgesehen von den unsicheren Beispielen von Dittenheim und Westheim 104 aus dem 6. Jahrhundert – überwiegend in das mittlere bis späte 7. Jahrhundert; lediglich Frankfurt ist erst nach der Jahrhundertwende anzusetzen. Vielleicht darf man – als eine Variante zu den bi-rituellen

100 Verbreitung der bi-rituellen Bestattungen des 6. bis frühen 8. Jahrhunderts (vgl. S. 193 ff.). **1** Eschwege-Niederhone; **2** Kaltenwestheim; **3** Kaltensundheim; **4** Frankfurt am Main; **5** Kleinwelzheim; **6** Wenigumstadt; **7** Kleinlangheim; **8** Hessigheim; **9** Dittenheim; **10–11** Westheim; **12** Ergolding; **13** Urleben; **14–16** Schretzheim.

6. Jh. n. Chr.
7./8. Jh. n. Chr.
undatiert
Frankfurt am Main
( ) unsichere Befunde

Jupiter-Eiche
Grenze des Merowingischen Reiches

653 Pescheck 1997, 250 f., Taf. 49 u. 82; Masanz 2010, 346.
654 Stork/Wahl 2006; Masanz 2010, 385.
655 Dr. Ingo Stork teilte mir dankenswerterweise mit (E-Mail vom 25.08.2008), »dass dieser Befund innerhalb einer Gräbergruppe mit ostgotischen Viertelsiliquen, die als Obolus beigegeben sind, liegt«.
656 Haas-Gebhard 1998, 102, 152; Masanz 2010, 346 f.
657 Reiß 1994, 24 f., 303, Abb. 157; Masanz 2010, 392.
658 Reiß 1994, 24 f., 395 f., Abb. 27,4–5; Masanz 2010, 393.
659 H. Koch/Stelzle-Hüglin 2001, 112 f.; H. Koch 2006; Masanz 2010, 383 f.

Bestattungen – noch den spätmerowingerzeitlichen Grabhügel (13. **Urleben**-»Milchinsel«, Kr. Bad Langensalza), hinzuzählen, etwa 30 km nordwestlich von Erfurt und damit sich den thüringischen anschließend[660]: Im Zentrum des Hügels gab es eine Brandstelle, vermutlich von einem »Feuer ..., das mit dem Totenkult in Verbindung zu bringen ist«. Im Abstand von etwa 3 m wurden in Dreiecksposition zwei (zerstörte) Körper- und ein Brandgrab freigelegt, letzteres ein Urnengrab mit äußerer Brandschüttung (jugendliche Frau mit verbrannten Resten einer Perlenkette, eines Kamms und von Silberschmuck; als Urne war ein freigeformtes Gefäß ähnlich dem Frankfurter Topf genutzt worden). Am Hügelrand und nordöstlich von ihm lagen mehrere Körpergräber (zum Teil Steinkistengräber, zum Teil mit Nachbestattungen) sowie drei Pferdegräber. Die drei um die zentrale »Feuerstelle«, die dann überhügelt wurde, gruppierten Gräber darf man als mehr oder weniger gleichzeitig und aufeinander bezogene Gruppenbestattungen betrachten, also ebenfalls so etwas wie eine »bi-rituelle« Bestattung. Das Brandgrab und die anderen datierbaren Gräber gehören in das späte 7. und frühe 8. Jahrhundert.

Hinzuweisen ist in diesem Zusammenhang ferner auf die drei Brandgräber vom Gräberfeld (14.–16. **Schretzheim** in Bayerisch-Schwaben), die jeweils dicht neben drei Kindergräbern (Grab 30, 120, 503) der Mitte bis zweiten Hälfte des 6. Jahrhunderts lagen und damit wohl auf diese unmittelbar bezogen waren[661]. Man könnte sie als eine Variante der echten bi-rituellen Bestattungen ansehen; zumindest Grab 120 und Brandgrab B lagen in derselben Grabgrube. Vielleicht waren die im Befund nebeneinander liegenden Bestattungen Grab 30/Brandgrab A und Grab 503/Brandgrab C durch oberirdische Grabbauten miteinander verbunden. Die drei »bi-rituellen Grabpaare« sind zudem durch ihre Lage am Südrand des Gräberfeldes miteinander verknüpft, so dass man hinter ihnen einen bestimmten kulturhistorischen Kontext vermuten möchte. Wenngleich U. Koch die Gräber nicht direkt mit den etwas älteren thüringischen Bestattungen von Schretzheim in Beziehung setzten mochte[662], ist auffällig, dass diese »bi-rituellen Grabpaare« in einem Umfeld mit deutlich thüringischem und östlich-merowingischem Fundgut sowie mit nordeuropäischem Material liegen[663] *(Abb. 101)*. Grab 30 ist sogar eines jener Kindergräber mit grobem Kumpf, was U. Koch als »östlich-merowingische Beigabensitte« wertet, und Grab 120 liegt unmittelbar neben Grab 247 mit einem thüringischen Bügelfibelpaar. Diese »thüringische Nähe« der drei Brandgräber von Schretzheim erinnert an den Kontext der vier Bärenfellgräber von Liebenau (vgl. oben S. 187), während der enge Bezug der Schretzheimer Brandgräber zu Kindergräbern mit dem Frankfurter Grab übereinstimmt.

Bi-rituelle Bestattungen frühmittelalterlicher Zeit des hier beschriebenen Typenspektrums scheinen in anderen Regionen Europas nur in Skandinavien in sehr seltenen Fällen vorzukommen. Vom ursprünglich etwa 45 Grabhügel umfassenden Gräberfeld von Bollstanäs im schwedischen Uppland lieferte Hügelgrab A 29 folgenden Befund der späten Vendel-/frühen Wikingerzeit (^{14}C = 765± 100 n. Chr.): Über dem Scheiterhaufenplatz eines mit brandgeschädigten Beigaben sowie Knochen von Hund, Pferd und (Beiz-?) Vogel versehenen kremierten 20- bis 40-jährigen Mannes waren zwei unverbrannte Skelette enthaupteter Männer von 17–22 beziehungsweise 20–40 Jahren bäuchlings und nebeneinander, aber gegenwändig gelegt worden. Der Ausgräber Ove Hemmendorff deutete die beiden als geopferte Sklaven oder Knechte[664]. Drei weitere wikingerzeitliche Befunde gibt es von Gotland, wobei die gleichzeitige Niederlegung jedoch nicht immer ganz gesichert ist[665]. Im wikingerzeitlichen Dänemark (Jütland, die Inseln, Schonen) findet man in der Verfüllung von Körpergräbern sehr häufig tierische und menschliche verbrannte Knochen: in aller Regel zusätzlich »gerollt« und in die Grabgrube gestreut, was mit einem nicht genauer bestimmbaren Bestattungs-

660 Timpel 1977.
661 U. Koch 1977, 178 f.
662 U. Koch 1977, 179.
663 U. Koch 1999a, Karte Abb. 3.
664 Hemmendorff 1984. – Für den frdl. Hinweis auf diesen Befund danke ich Dr. Torun Zachrisson, Stockholm.

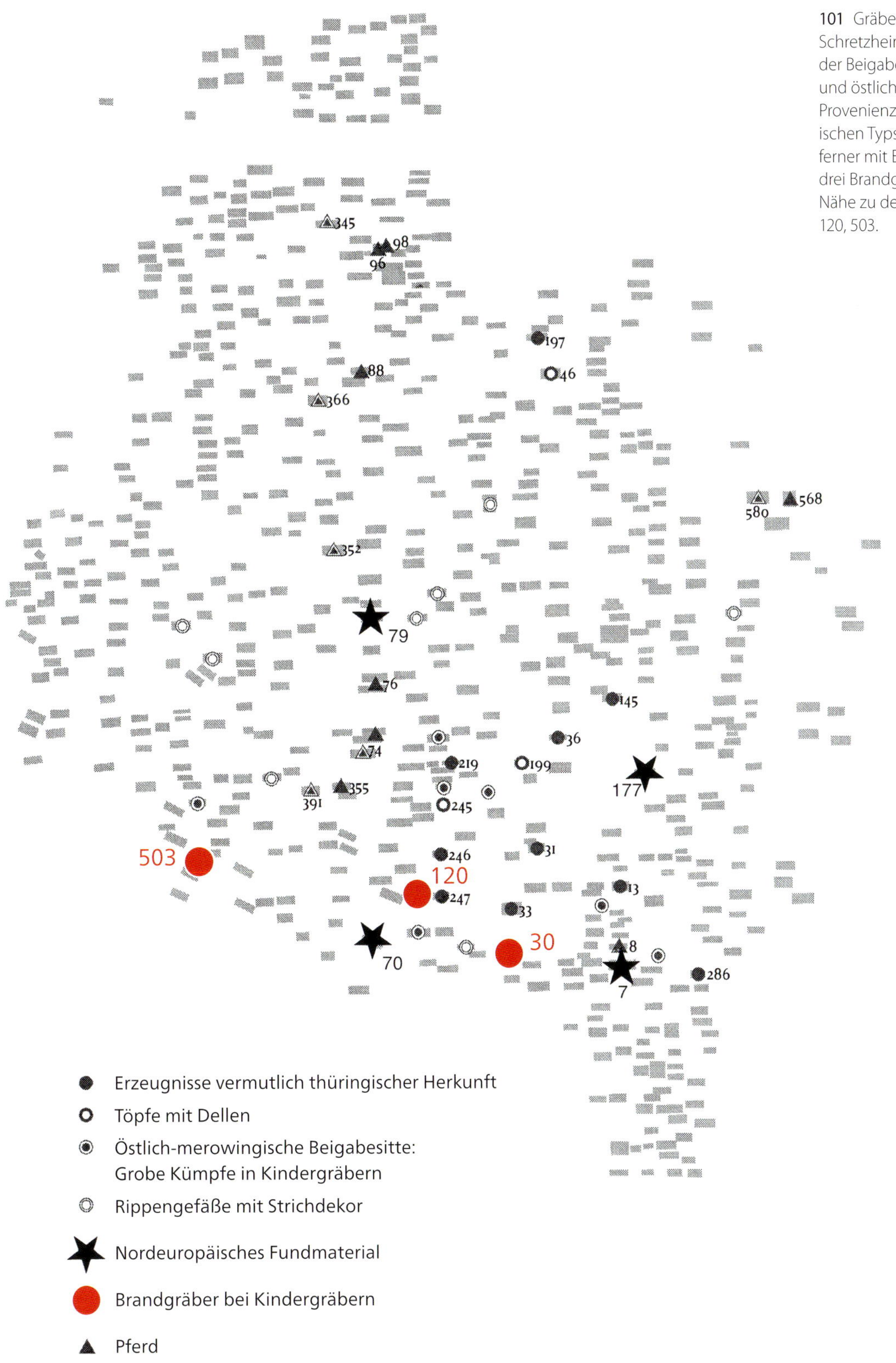

101 Gräberfeldplan von Schretzheim mit Eintrag der Beigaben thüringischer und östlich-merowingischer Provenienz sowie nordeuropäischen Typs (nach Koch 1999a); ferner mit Eintrag in Rot der drei Brandgräber in direkter Nähe zu den Kindergräbern 30, 120, 503.

kult (Opfer?) zu tun haben muss[666]. Nur in ganz seltenen Fällen finden sich kleine Konzentrationen von Leichenbrand in der Grabfüllung. Diese Befunde belegen jedoch keine echte gleichzeitige Beisetzung von Körper- und Brandbestattungen in einem Grab. Ein echtes bi-rituelles Grab liegt hingegen mit Grab LØ aus Bregentved auf Seeland aus dem 4. Jahrhundert vor: Hier waren im Südteil eines weiblichen, gut ausgestatteten Körpergrabes (seitliche Hockerlage, Nord-Süd-orientiert) in einer klar umrissenen rundlichen Form Leichenbrand und Keramikfragmente angetroffen worden, also eine Art Leichenbrandnest, das dem Ausgräber Mogens Henriksen zufolge gleichzeitig mit der Körperbestattung in die Grabgrube eingebracht worden war. Daraus schloss er, dass »diese beiden Personen trotz der ganz unterschiedlichen Leichenbehandlung ein enges Verhältnis gehabt haben müssen«[667]. Aus West- und Südwestnorwegen sind vier Gräber der späten Völkerwanderungs- und frühen Merowingerzeit, also etwa des 5./6. Jahrhunderts, mit Körper- und Brandbestattungen bekannt[668]: Steinplattengräber unter den Grabhügeln Byrkje in Bø sowie in Kolve, beide Kommune Voss, Hordaland, ohne Hügel in Hove, Kommune Vik, Sogn og Fjordane, und schließlich ein Grabhügel mit Steinsetzungsgräbern von Fosse, Kommune Time, Rogaland. Nur bei Fosse scheinen die Körper- und Brandbestattungen gleichzeitig eingebracht zu sein. Bei Byrkje und Hove wechseln sich jeweils eine Körper-, Brand- und Körperbestattung in dreifacher Lage ab, bei Kolve liegt eine Brand- über der Körperbestattung; hier liegen also eher unzeitgleiche, also nacheinander folgende Bestattungen verschiedenen Typs von vielleicht Familienangehörigen in derselben Steinkammer vor. Siv Kristoffersen und Terje Østigård halten für solche und andere »Bi-ritualität« im völkerwanderungszeitlichen Grabbrauch Norwegens weder soziale oder geschlechtsspezifische Ursachen für ausschlaggebend, sondern unterschiedliche »Todesmythen« und »kosmologische« Vorstellungen innerhalb der damaligen Bevölkerung.

Angesichts der unterschiedlichen Ausprägung sowie der zeitlichen Differenz der skandinavischen Befunde kann man kaum eine direkte Beziehung zu den kontinentalen bi-rituellen Bestattungen herstellen, auch wenn sie in Regionen mit dichter Bärenfell-Bestattungstradition auftreten. Letztlich kann man sie als nicht generalisierbare Sonderfälle des allgemein in Skandinavien beobachtbaren Phänomens der gleichzeitig praktizierten Brand- und Körperbestattungssitte betrachten, hinter denen unterschiedliche religiöse Vorstellungen stehen werden, während »ethnisch« grundierte kulturhistorische Unterschiede nicht auszumachen sind.

Doch zumindest die konzentrierte »Nordgruppe« der bi-rituellen Bestattungen an Werra und Untermain im Dreieck von Eschwege, Frankfurt und Kleinlangheim dürfte einen gemeinsamen kultur-historischen Hintergrund aufzeigen. Damit ist der Raum östlich des Rheins umschrieben, in dem sich im 6. bis 8. Jahrhundert rheinfränkische, hessische, thüringische und mainfränkische Macht- und Herrschaftsansprüche sowie archäologische Kulturzonen überschneiden und durchdringen. Darauf sei weiter unten bei der auswertenden Zusammenfassung eingegangen.

665 Gällungs, Väskinde (Frauenskelett mit Leichenbrand von Mensch und Tier in Urne); Ire, Hellvi Grab 183A (reiche Frauenbrand und unbestimmte Körperbestattung mit Messerbeigabe) und Hellvi Grab 193A (zentral platzierte Brandbestattung unbekannten Geschlechts und unverbranntes fünf- bis sechsjähriges Kind): Thunmark-Nylén 2006, 585 f. – Frdl. Hinweis Dr. Torun Zachrisson.

666 Zu den Befunden mit Diskussion: Ulriksen 2011, 188 ff. Ulriksen hält eine Verbindung der Leichenbrand-Einbringung mit einer Odinsverehrung (wegen der Verknüpfung von Brandbestattung mit Odin in der Ynglinga saga, Kap. 8) für möglich.

667 M. B. Henriksen 2009, 88 mit Anm. 49. – Ich danke Mogens Henriksen für den Hinweis auf diesen Befund, den Einblick in seine Grabungsdokumentation sowie für weitere wertvolle Hinweise zu wikingerzeitliche Befunden in Dänemark.

668 Auf diese Bestattungen machte mich dankenswerterweise Prof. Elna Siv Kristoffersen, Universitetet i Stavanger, Arkeologisk Museum, aufmerksam, der auch weiterführende Literaturhinweise (Bø und Kolve: Schetelig 1912, 90 ff.; Hove: Schetelig 1917, 15 ff.; Fosse: Lund 1938/1939; zusammenfassende Behandlung: Kristoffersen/Østigård 2006; Kristoffersen/Østigård 2008, 129 ff., 138 f. (mit weiterer Lit.; siehe auch den Online-Katalog der norwegischen Universitätsmuseen http://www.unimus.no/arkeologi/forskning/index.php) verdankt werden.

Zur Geschichte und Missionierung des ostfränkisch-thüringischen Raumes im 7. und 8. Jahrhundert

Egon Wamers

Das angesprochene Dreieck zwischen Nord- (Nieder-)hessen, dem Mittelmain- und dem Untermaingebiet umschreibt den Raum, der sich dem fränkisch-merowingischen Königtum nach der Unterwerfung der Alamannen 496/506 bei seinem weiteren Ausgriff nach Osten als erstes darbot. Dabei spielte das Thüringerreich wegen seiner Größe und politisch-militärischen Potenz, die auf eine lange Tradition zurückblicken konnte, eine herausragende Rolle, die es auch nach seiner Unterwerfung 531/34 und anschließender »Frankisierung« einschließlich basaler Christianisierung beibehielt[669]. Nicht nur das Untermaingebiet und Hessen-Thüringen, sondern auch die Länder mainaufwärts und weiter südlich bis zur Donau wurden von den Franken in Besitz genommen und, zumindest von zentralen Stützpunkten aus, verwaltet. Dabei lässt sich anhand der merowingisch-rheinländischen Prägung der Bestattungsplätze des 6. und 7. Jahrhunderts lediglich im Lahntal und im Untermaingebiet einschließlich der Wetterau und dem – heute südhessischen – Raum eine dichtere fränkische Präsenz ablesen. In Thüringen richtete 633/34 Dagobert I. im Zuge der Slawenabwehr aus strategisch-militärischen Gründen den *ducatus Thoringiae* ein. Der als Herzog eingesetzte *dux* Radulf, von fränkischer Herkunft, agierte indes bald sehr eigenständig (»königsgleich«). Das Herzogtum Thüringen hatte sein Zentrum im Thüringer Becken; in der Frühzeit, im 6. Jahrhundert, reichte thüringischer »Einfluss« jedoch südwärts bis in das Mittelmain-Gebiet um Würzburg; dies legen Ortsnamen und archäologische Funde wie etwa das reiche Fürstinnengrab von Zeuzleben nördlich von Würzburg oder die Gräbergruppe von Staffelstein nahe[670]. Ob der Herrschaftsbereich des Dukats auch im 7. Jahrhundert noch bis in den mainfränkischen Raum reichte, ist in der Forschung umstritten und dürfte eher zweifelhaft sein[671]. Archäologisch zeigt sich in Mainfranken schon ab 500 Einfluss aus dem Rhein-Main-Gebiet[672].

Parallel zu den Maßnahmen in Zentralthüringen im Rahmen seiner Slawenpolitik richtete Dagobert höchstwahrscheinlich einen weiteren Dukat in den mittleren Mainlanden ein mit dem *castellum* Würzburg als Hauptsitz. Dies geschah wohl im Gefolge eines Feldzuges 631/32 gegen das slawische Samo-Reich östlich von Saale und Main, an dem auch ein *exercitus Alamannorum* unter der Führung eines *dux* Chrodobert teilnahm, der vermutlich den Weg über den Main nahm. Auch *Chrodobertus* war wahrscheinlich fränkischer Herkunft, und die Bezeichnung des Heeres als »alamannisch« stand hier wohl für »ostfränkisch«, woraus Wilhelm Störmer die ansprechende Vermutung ableitete, dass Chrodobert mit jenem »Hruodi« identisch sei, der nach der *Passio minor sancti Kiliani*[673] der erste der Herzöge jenes mainfränkischen Dukats gewesen war. Ihm folgten Heden I., Gozbert und

669 Eine kurze Einführung aus archäologischer Sicht in die Quellenlage bei U. Koch 2001, 17 ff., allerdings mit Schwergewicht auf Alamannien. Vgl. ferner Störmer 1989 u. 1993 und Kälble 2009 mit weiterführender Lit.

670 R. Koch/U. Koch 1996, 271 f., Abb. 202; Losert 2007, 139 ff.; Haberstroh 2007, 167 ff.

671 Zum Folgenden Störmer 1993 und Kälble 2009, 355 ff., mit weiterer Lit. Eine durchgehende politische Einheit von Thüringen und Mainfranken nimmt Butzen (1987, 148 ff.; 1989, 251 ff.) an.

672 Haberstroh 2007, 169 ff.

673 Zu den Viten Kilians: Goetz 1989.

Heden II.[674]. Um 717/19 wurde dieser mainfränkische Dukat von Karl Martell offensichtlich aufgelöst. Diese Maßnahme stand in Zusammenhang mit der Machtpolitik der Hausmeier gegen eine allgemeine aufständische Bewegung der ostfränkischen Dukate, vornehmlich der Alamannen, gegen die Hausmeier schon unter Martells Vater Pippin kurz nach 700[675]. Das Adelsgeschlecht der Hedene[676] verfügte der jüngeren Kiliansvita (*Passio maior sancti Kiliani*) zufolge »schon zur Zeit König Dagoberts I. über herrschaftliche Rechte in Mainfranken«; darüber hinaus hatte im frühen 8. Jahrhundert der in Würzburg residierende Herzog Heden II. auch nördlich des Thüringer Waldes umfangreiche Besitzungen[677], die zusammen mit einer ganzen Zahl von *Heden*-Orten einen erheblichen Herrschaftsanspruch in Verbindung mit »Landesausbau, Verkehrsleitlinien und Verteidigung« erkennen lassen – offenkundig jedoch das altthüringische Zentrum um Erfurt auslassend[678]. Der alte »zentralthüringische« Dukat des »königgleich« residierenden Radulf, von dessen Nachfolgern nichts überliefert ist, dürfte zu dieser Zeit aus dynastischen oder anderen unbekannten Gründen nicht mehr sonderlich »aktiv« gewesen sein; die laut Willibalds 755/68 verfasster Bonifatius-Vita (Kap. 6) vom altangestammten Adel »Zentralthüringens« als unheilvoll und tyrannisch bezeichnete Herrschaft Hedens II.[679] deutet auf eine zu der Zeit praktizierte Machtausübung von Würzburg aus bis zum Grabfeld östlich von Fulda und nördlich des Thüringer Waldes. In dieser Vita führte Willibald neben Heden II. als weiteren »Gewaltherrscher« einen *dux* Theotbald auf, der vielleicht ein Bruder von Heden II. Frau Theodrada war und dessen Wirkungsbereich bis in den Aschaffenburger Raum reichte, wo er laut einer (verlorenen) Weiheinschrift eine Kirche St. Dionysius in Nilkheim stiftete, die von einem Priester Adelhuno erbaut und vom Mainzer Bischof Rigibert/Ricobert 711/716 geweiht wurde[680]. »Dies legt fast eine Samtherrschaft oder Herrschaftsteilung mit Heden nahe«[681]. Wieweit in dieser Phase um 700 der Macht- und Einflussbereich des mainfränkischen Dukats über den Aschaffenburger Raum hinaus das nur eine halbe Tagesreise mainabwärts gelegene *Franconofurd* sowie das Mainzer Vorland östlich des Rheins umfasste – Walter Schlesinger zog neben Aschaffenburg auch den Glauberg bei Büdingen als Sitz Theotbalds in Erwägung[682] –, kann nur spekuliert werden. Denkbar wäre auch, dass angesichts der späteren Bedeutung von *villa* und *fiscus Franconofurd* Theotbald seinen Amtssitz in Frankfurt hatte und von hier aus das Untermaingebiet und die Wetterau verwaltete[683]. Immerhin werden im späten 8. und frühen 9. Jahrhundert nach den Schriftquellen alte Beziehungen zwischen den Adelsfamilien des Mittelmain-Gebietes und des Frankfurter Raums deutlich (vgl. unten S. 207 ff.). Die mainfränkische Herrschaft der Hedene ging zu Ende, als Karl Martell nach 717 alle Dukate östlich des Rheins (außer Alamannien und Baiern), die sehr selbständig geworden waren, auflöste[684]. Laut *Passio minor* des hl. Kilian soll »das Volk der Ostfranken Herzog Hetan vertrieben« haben; diese »Ostfranken«, was auch eine unhis-

674 Störmer 1993, 13 ff. Vgl. auch Kälble 2009, 357 f.

675 Krohn 2013b, 63, mit Bezug auf das 826 verfasste *Breviarum regum Francorum*.

676 Aus der umfangreichen Lit. zu den Hedenen vgl. nur mit älterer und weiterführender Lit. M. Werner 1982b, 148 ff.; Störmer 1993; Scheibelreiter 1999; Weiß 2007, 123 ff., und Schimpf 2008, 21 ff. – Kälble 2009, 358 f., hält es jedoch für wahrscheinlich, dass das mainfränkische Herzogtum seinen Einfluss erst unter Heden II. (704–717) auf die Gebiete nördlich des Thüringer Waldes ausgedehnt hätte.

677 Kälble 2009, 356. – Vielleicht standen Heiratsverbindungen dabei im Hintergrund (Kälble 2009, 359).

678 Schimpff 2008, zusammenfassend 60 ff.

679 M. Werner 1982b, 148 ff.; Kälble 2009, 355 ff.

680 Störmer 1989, 264 f.; Störmer 1993, 17 f.; Kälble 2009, 359, 366, und Krutzler 2009, 131 f., jeweils mit weiterer Lit. Scheibelreiter (1999, 107 f.) vermutet, dass er ein Bruder Hedens des Älteren gewesen wäre, was hingegen weder chronologisch noch onomatologisch einen Sinn ergibt. Nach Kälble war Heden II. »möglicherweise« Nachfolger von Herzog Theotbald in Thüringen, der vielleicht Vater der Theodrada gewesen sein könnte (2009, 359). Gegen Theotbald als Zeitgenossen Hedens II. spricht sich Mordek 1994, 349 f., aus.

681 Störmer 1993, 17; vgl. auch Störmer 1989, 264. – Zurückhaltend zur Verwandtschaft Theotbalds mit der Familie Hedens: M. Werner 1982b, Anm. 502 mit älterer Lit.

682 Schlesinger 1968, 341. Schlesinger deutete auch die vermeintlichen vorbonifatianischen Bauten auf dem Domplatz Fulda als zu einer Art Pfalz von Herzog Heden gehörend (ebd. 340 f.), doch vorbonifatianische merowingerzeitliche archäologische Spuren müssen nach den jüngeren Analysen von Kind 2007, 399 ff.;

torische Bezeichnung aus der Abfassungszeit der Passio um 800 sein kann, waren also vermutlich auch an der Vertreibung der Hedene beteiligt. Von Heden, Theodrada und Theotbald schweigen die Quellen nach 717, doch bedeutet dies nicht zwangsläufig die physische Vernichtung der Herzogsfamilie, wie die Fortexistenz ihrer beider Tochter Immina als Leiterin des von Heden auf dem Würzburger Marienberg gegründeten Klosters bis Mitte des 8. Jahrhunderts nahelegt[685].

Über die »ethnische« und politische Situation im Raum zwischen Rhein und Thüringen im 7. und frühen 8. Jahrhundert gibt es nur spärliche Hinweise *(Abb. 102)*. Neben den nach Süden drängenden Sachsen, in Richtung der Siedlungsgebiete der »Hassi/Hessi« im heutigen Ober- und Niederhessen, sowie den nach Osten sich anschließenden Thüringern weiß man über die Bewohner des Untermain-Gebietes kaum etwas. Thüringen und die mittleren Mainlande wurden offenkundig von fränkischen Herzögen als Dukate regiert (siehe oben S. 199 f.), jedoch sichtlich am langen fränkischen Zügel und – bis zum Zugriff durch Karl Martell 717/719 – beide in großer Eigenständigkeit. Für den Raum zwischen Rhein und diesen Dukaten scheint es keine zentralen Herrschaften von *duces* oder gar eines *rex* gegeben zu haben, denn in den Schreiben von Papst Gregor III. von 722 und 738 an die Provinzen Germaniens östlich des Rheins wendet er sich nur an *viri magnifici* und *optimates*, die er namentlich[686] aufführt, was von genauer, durch Bonifatius vermittelter Kenntnis der Situation zeugt. Die Mächtigen in Thüringen, mit denen Bonifatius ab 719 zu tun hatte, waren »Senatoren und Fürsten des ganzen Volkes« (*senatores … plebis totiusque populi principes*) respektive seine »Stammesältesten und Fürsten« (*seniores plebis populique principes*)[687]. In einer in der Forschung vieldiskutierten Adresse des Schreibens von Papst Gregor III. an die »Edlen und das Volk der Provinzen Germaniens« (*optimatibus et populo provinciarum Germaniae*), die auf etwa 738 datiert wird[688], werden folgende Völkerschaften genannt: *Thuringis et Hessis, Borthariis et Nistresis, Wedreciis et Lognais, Suduodis et Graffeltis vel omnibus in orientali plaga Rheni constitutis*: »Thüringer und Hessen, *Borthari* und *Nistresi*, *Wedrecii* und *Lognai*, *Suduodi* und *Graffelti* sowie alle im östlichen Landstrich des Rheins Wohnenden«.

Da es sich um Landstriche und Völkerschaften handeln muss, in denen Bonifatius bis etwa 738 tätig war, müssen sie im Raum östlich des Mittelrheins gelegen haben, und zwar im Wirkungsbereich der von ihm gegründeten Bistümer Büraburg, Erfurt und Würzburg. Die paarweise Aufzählung lässt auf jeweils benachbarte »Provinzen« schließen. Nach Konsultation der widerstreitenden Forschung ist für mich am wahrscheinlichsten, dass zunächst die beiden übergeordneten Völker Thüringer und Hessen genannt wurden und dann – in Paaren – die jeweils untergeordneten Provinzen/Gaue: dem erstgenannten Thüringen zugeordnet die *Borthari* und *Nistresi* (verschriebene »*Osthari*« und »*Uistresi*« als Bewohner des Ost- und des

Kind 2009, 45 ff., 63 ff. als erledigt betrachtet werden.

683 Dass Papst Gregor III. 738 einen Brief »allen Edlen und das Volk (*optimates et poplulo*) in den Provinzen Germaniens, den Thüringern und Hessen« und mehreren weiteren »in den östlichen Landstrichen wohnenden« Völkern schrieb, ohne einen übergeordneten Herzog oder Graf zu nennen (vgl. Krutzler 2009, 116 f.), bezieht sich auf die Situation um 738, als die alten Dukate und Herrschaften östlich des Rheins bereits seit etwa zwei Jahrzehnten von Karl Martell aufgelöst waren und diese Regionen direkt den Hausmeiern unterstanden.

684 Lindner 1972, 71 ff.; Schlesinger 1968, 341; Kälble 2009, 361.

685 Dies war zweifellos eine ›mildere‹ Behandlung der Familie Hedens durch Karl Martell als zwei Generationen später die völlige Auflösung der Agilolfinger-Herzogsfamilie Tassilos von Baiern.

686 *Asolfus, Godolaus, Wilareus, Gundhareus, Alvoldus* (Briefe des Bonifatius, Brief 19: Rau 1988). Dabei dürfte es sich um adelige Grundherren in Thüringen und Ostfranken gehandelt haben (T. Schieffer 1954, 114 ff.).

687 Willibalds Leben des Bonifatius, Kap. 5 u. 6: Rau 1988. Krutzler 2009, 124 ff. – Auch in *Amanaburch*, der fränkischen Höhenbefestigung bei Marburg, traf er nur auf die Zwillinge Dettic und Deorulf als »Vorsteher« (*praeesse*) – wohl nicht nur der Befestigung, sondern auch des oberen Lahngaus (Willibalds Leben des Bonifatius, Kap. 6: Rau 1988).

688 Briefe des Bonifatius, Brief 43: Rau 1988. Aus der Fülle der Lit. (frdl. Hinweise Prof. Dr. Jürgen Udolph, Leipzig) vgl. nur Niemeyer 1952, 4 ff.; G. Wagner 1956, 51 ff.; Becher 1999, 2 ff.; Schwind 1999; H. Wagner 2003, 130 ff.; Krutzler 2009, 59 ff.

102 Ostfranken um 700 n. Chr. Von den Franken abhängige Herzogtümer; Völker und Völkerschaften laut Brief Papst Gregors III.; im Text behandelte Orte.

Westgaus?[689]), dann den Hessen zugeordnet leicht erklärbaren *Wedrecii* und *Lognai* als Bewohner der Wetterau und des Lahngaus (wozu noch Amöneburg gehörte), und schließlich die den Mainlanden mit Zentrum Würzburg zugeordneten *Suduodi* und *Graffelti*, den »Südbewohnern« und den Bewohnern des Grabfeldes südlich und nördlich des Mains *(Abb. 102)*. Diese »Provinz«-Namen finden sich partiell in den späteren Gauen des 9./10. Jahrhunderts wieder[690], wo sich ihre Ausdehnung und Grenzen jedoch partiell verschoben haben[691].

Sollte diese Zuordnung annähernd zutreffend sein, wobei wir hier die am wenigsten gesicherten, abgelegenen »Provinzen« der *Borthari* und *Nistresi* außer Acht lassen können, dann hätte sich der Amts- und Herrschaftsbereich von Heden II. auf die Gaue der *Suduodi* und Grabfeld-Bewohner (wo er Willibrord mit Hammelburg begüterte) erstreckt, und Theotbald könnte die Gaue der Wetterauer und vielleicht zusätzlich auch den Lahngau verwaltet haben. Zur Wetterau dürfte auch das nordmainische Gebiet um den späteren *fiscus Franconofurd* sowie als südöstlichster Zipfel der Aschaffenburger Raum gehört haben, wo Theotbald die Kirche von Nilkheim stiftete. Allerdings erstreckte sich der Fiskus nach dem im 8./9. Jahrhundert belegten Königsgut[692]

689 So H. Wagner 2003, 131 ff. – Die Identifizierung mit westfälischen Brukterern und nordwesthessischen Bewohnern der Gegend nördlich des Siegzuflusses Nister (so G. Wagner 1956, mit Karte Skizze 4) ist wenig wahrscheinlich.

690 Vgl. G. Wagner 1956; H. Wagner 2003, 130 ff.

691 Vgl. die Karten von »Wettereiba« und Niddagau bei Kropat 1973.

692 Metz 1972; Backhaus 1984, zu Karte 11a–b.

693 Weiß 2007, 127.

694 Schmieder im Druck, um Anm. 47–49.

695 Zu Bonifatius vgl. T. Schieffer 1954; von Padberg 2003.

nicht bis in den Aschaffenburger Raum. Auf jeden Fall gehörte Aschaffenburg zum direkten Amtsbereich des Mainzer Bischofs, war doch die von Heden gestiftete Kirche in Nilkheim 711/716 von Bischof Rigibert/Ricobert geweiht worden[693], wenn es auch keinen Schriftbeleg für frühe Mainzer Rechte im Frankfurter Raum gibt[694]. Sollte *Franconofurd* Amtssitz Theotbalds gewesen sein, würde das Mädchen aus dem Domgrab zu seiner Familie gehört haben.

In diesen Jahren, 719, 721–722 sowie ab 723, beginnt auch die Missionsarbeit von Wynfreth-Bonifatius in Hessen und vor allem in Thüringen, für die er eine ausdrückliche Unterstützung durch Karl Martell genoss[695]. In Hessen konzentrierte er sich auf den Bereich des heutigen Ober- und Niederhessens (Klostergründungen Amöneburg, Fritzlar und Fulda; Bistumsgründung in Büraburg; Zerstörung des Baumheiligtums Geismar). In Thüringen wurde das Bistum Erfurt und das Kloster Ohrdruf gegründet, in Mainfranken das Bistum Würzburg und die Klöster Kitzingen, Ochsenfurt und Tauberbischofsheim. Hier, östlich des Rheins, traf Bonifatius auf Spuren eines älteren Christentums[696]. Mit der »Frankisierung« der Landschaften östlich des Mittelrheins einschließlich Oberhessens, Mainfrankens und Thüringens waren in diesen Ländern der neue Glaube und die neuen Kulte bekannt und, zumindest in der Oberschicht, Teil einer neuen kulturellen und sozialen Identität geworden[697]. Bei der breiten Bevölkerung, die der vorchristlichen Religion und Kultpraxis nachhaltiger verhaftet blieb, war diese neue Religion sicherlich nicht tief verankert und verinnerlicht; im alltäglichen Brauchtum lebte das jahrhundertealte Heidentum sicher noch lange fort. Es verwundert deshalb nicht, dass schon vor Bonifatius im mainfränkischen Dukat herzoglich autorisierte Missionsversuche unternommen wurden: zunächst in den späten 680er Jahren durch den Iren Kilian im Würzburger Raum, sicherlich ein Christentum mit irischer Rigorosität vertretend und sich vornehmlich an den Gefolgschaftsverband des Herzogs wendend. Die vom *dux* Gozbert, dem Vater Hedens II., zunächst geförderte Mission führte jedoch wegen Kilians Kritik an der ›inzestuösen‹[698] Verbindung Gozberts mit Geilana zu einem baldigen (689), blutigen Ende mit der Erschlagung Kilians und seiner Missionsgefährten im Auftrag des Herzogpaars[699].

Nach Gozberts Tod, in den 690er Jahren, startete sein Sohn Herzog Heden II. eine erneute Missionsaktion, diesmal mit Hilfe des in der Friesenmission erfahrenen, aber um 715 aus Friesland vertriebenen Angelsachsen Willibrord, der die Zustimmung Karl Martells erhalten hatte[700]. An seinem Sitz Würzburg errichtete er 706 eine Marienkirche (vermutlich Umbau einer älteren Kirche), zu der wenig später Gebäude für ein Kloster kamen, dem bis 740 Hedens II. Tochter Immina als Äbtissin vorstand[701]. Die umfangreichen Besitzungen, die Heden II. Willibrord übertrug, 704 nördlich des Thüringer Waldes (Arnstadt, Mühlberg, Großmonra) und 716/17 in Hammelburg an der Fränkischen Saale, wo dieser ein Kloster errichten sollte, zeigen, dass ein wichtiges Missionsziel Willibrords und damit Hedens die Bekehrung und Seelsorge deutlich nördlich des Würzburger Raumes im eigentlich thüringischen Herzland um Erfurt lag. Die ein halbes Jahrhundert später vom Bonifatiusbiograph Willibald geäußerte harsche Kritik an der angeblich tyrannischen und dem thüringischen Christentum schädlichen Herrschaft der *duces* Theotbald und Heden II., die auch weitere 40 Jahre später um 800 in der älteren Kiliansvita deutlich formuliert wird, kann sich somit kaum auf eine »unchristliche«, auf Restitution des Heidentums zielende Politik des mainfränkischen Herzogs bezogen haben, sondern eher gegen den Versuch der – auch missions-begleitenden – Machtausdehnung Hedens nach Norden[702].

696 Werner 1982a, 278 ff.
697 Kälble 2009, 391 ff.
698 Geilana war vor ihrer Ehe mit Gozbert mit seinem Bruder verheiratet gewesen, der vermutlich sein Amtsvorgänger oder Herrschaftsteilhaber gewesen war (Störmer 1989, 261 f.).
699 Zu Kilians Wirken: Werner 1982a, 280 ff.; Störmer 1989, 261 ff.
700 Zur Willibrord-Mission in Thüringen: Wampach 1930, 27 ff., 63 ff.; Werner 1982a, 287 ff.
701 Störmer 1989, 263 ff.
702 Störmer 1989, 264.

Nachdem der Hausmeier Karl Martell Heden entmachtet und die Dukate östlich des Mittelrheins, in Mainfranken und Thüringen aufgelöst hatte, setzte er das Missions- und Kirchenorganisationswerk in Ostfranken fort. Jetzt arbeitete Wynfreth-Bonifatius im Raum Hessen-Thüringen-Mittelmain, später auch in Baiern, wo er auf ein Christentum traf, das in seinen Augen verwildert und mit starken heidnischen Praktiken durchsetzt war. Schon bei den Amtsträgern in der Befestigung Amöneburg, einem Stützpunkt der fränkischen, die Lahn aufwärts gerichteten Ostbewegung, bei den Zwillingen Dettic und Deorulf, musste er laut seiner 755/68 von Willibald verfassten Vita eine »schändliche Verehrung der Götzenbilder« konstatieren, »der sie, einen Rest von des Christentums Namen sehr missbrauchend, anhingen«[703]. Noch größer ging die Klage in den von ihm versandten und empfangenen Briefen sowie in seiner Vita über die Verhältnisse in Thüringen. Bezeichnender Weise agierte er hier im gleichen Raum, in dem schon zuvor Willibrord im Auftrag Hedens II. missionierte. Offensichtlich trafen hier Bonifatius und seine zahlreichen Helfer auf die Missionsgehilfen Willibrords, die – mit seinen Gütern als Stützpunkten – noch missionarisch und seelsorgerisch tätig waren; vermutlich wichen sie in Lehre und Lebenswandel vom strengen römischen Kanon etwas ab. Auch scheinen ältere Differenzen zwischen Bonifatius und Willibrord aus Utrechter Zeit[704] bei dem Zusammentreffen wieder aufgebrochen zu sein. Dabei gilt zu bedenken, dass in Bonifatius' Zeit abweichendes Christentum wie etwa der Arianismus als Heidentum galt[705]; und auch christlicher Praxis irischer und angelsächsischer Observanz, die nicht in allen Punkten den kanonischen Regeln Roms folgten, begegnete der Missionar argwöhnisch bis ablehnend.

Die Vorwürfe von Bonifatius und – als Echo – der Päpste über das verwilderte Christentum östlich des Rheins einschließlich Baierns (falsche, kenntnislose, ungeweihte Priester, die Tiere opferten sowie Ehebrecher, Trunkenbolde, Jäger und Krieger waren[706]) geben indes – abgesehen von den Opferpraktiken – wenig Konkretes über ein echtes Heidentum oder synkretistische Praktiken zu erkennen, sondern schildern eher einen für fränkische Krieger üblichen Lebensstil, den sie auch als Kleriker nicht ablegten; vielfach wurden solche und ähnliche Missstände schon in der Spätantike beklagt[707]. Dies gilt auch für die Vorwürfe von Papst Gregor III., die er 738 in seinem berühmten Mahnschreiben an Fürsten und Völkerschaften in Germanien, unter anderem an Hessen und Thüringer, richtete: »Wahrsager und Losdeuter, Opfer für Tote, an Hainen und Quellen, Vorzeichen, Amulette, Beschwörer und Zauberer und andere gotteslästerliche Gebräuche«[708]. Diese Begriffe und Praktiken sind Standardvorwürfe für nicht-christliches Heidentum, was ganz ähnlich auch schon in den Predigten des Bischofs Caesarius von Arles (470–542) begegnet[709]. Gleichwohl lassen die geschilderten Vorwürfe auch echte Spuren germanisch-(auch romanischer Tradition?)heidnischer Praktiken und Bräuche erkennen: Tieropfer, Opfer an Baumheiligtümern und Quellen, wie die wohl

703 Willibalds Leben des Bonifatius, Kap. 6: Rau 1988.
704 Werner 1982a, 283 ff.
705 Wood 1995, 253; Krutzler 2009, 269; Krutzler 2011, 59.
706 Brief Papst Zacharias vom Mai 748 (Briefe des Bonifatius, Brief 80: Rau 1988). Vgl. Störmer 1989, 257 ff.
707 Krutzler 2009, 271 f.; Krutzler 2011, 60 f.
708 Briefe des Bonifatius, Brief 43: Rau 1988. – Auch Hugeborc spricht in der von ihr 778 verfassten Vita Wynnebaldi, eines Mitbruders (701–761) von Bonifatius, von »Teufelslust, Götzendienst, Totenbeschwörung« (Vita Wynnebaldi; vgl. Störmer 1989, 257), allerdings bezogen auf das verwilderte Christentum um sein Kloster Heidenheim herum – in der Gegend, in der zwei birituelle Bestattungen auf dem Gräberfeld Westheim (s. oben S. 197) sowie eine kleine Holzkirche von um 600 (Paa 2010) freigelegt wurden.
709 Krutzler 2009, 276; Krutzler 2011, 63.
710 Dazu zuletzt ausführlich Krutzler 2011, 76 ff.
711 Reichsannalen ad 772: Rau 1968.
712 Text des *Indiculus*: Rau 1988, 444–448. – Der durchweg der Phase der Sachsenmission Karls des Großen in der zweiten Hälfte des 8. Jhs. zugewiesene Indiculus muss nach den jüngeren Forschungen von Michael Glatthaar (2004, 502, 580 ff.; R. Schieffer 2007, 116 f.) doch in Bonifatianische Kontexte gerückt werden.
713 Willibalds Leben des Bonifatius, Kap. 6: Rau 1988, 495 ff. – Die nachfolgende Passage »… und falsche Brüder drangen ein, die das Volk verführten und unter dem Namen der Religion einer höchst verderblichen Sekte von Ketzern Eingang verschafften. Von diesen sind namentlich zu nennen Torchtwine und Berehthere, Eanbercht und Hunread, Ehebrecher und Hurer …« be-

authentische Erzählung der Bonifatius-Vita von der Fällung der Jupiter-Eiche im nordhessischen Geismar 723 belegt[710]. Ein halbes Jahrhundert später, 772, zerstörte auch Karl der Große ein germanisches Baumheiligtum, die Ermensul (»All-Säule«) der Sachsen, etwa 100 km nordwestlich von Geismar[711]. Wohl ebenfalls mit Bonifatius in den Jahren um 740 in Verbindung zu bringen ist der *Indiculus superstitionum et paganiarum*, eine Auflistung verschiedener heidnischer Praktiken und Bräuche, der weitaus konkreter und offensichtlich authentisch-germanisches Heidentum im Wirkungskreis von Bonifatius listet, also bei Hessen (und Sachsen?), Thüringern und vermutlich auch im mainfränkisch-bairischen Raum[712]: Neben den Opfern und Praktiken an Quellen und Felsen, Umzügen und Orakelwesen, Heiligtümern, »Götzenbildern« (*simulacra*) und viel Absonderlichem und Dunklem werden vor allem Praktiken im Umfeld des Totenkultes sichtbar: *sacrilegia* (vermutlich Opfer) an Gräbern und über Verstorbenen oder Totenverehrung (Ahnenkult).

Die aus den spärlichen Indizien der Bonifatiusbriefe und seiner Vita aufscheinende Beziehung des ostfränkisch-hessisch-thüringischen Spätheidentums zum sächsischen Heidentum dürfte mit dem seit dem 7. Jahrhundert erfolgenden Vordringen der Sachsen in den hessisch-thüringischen Raum zu erklären sein. Willibald bringt den Glaubensverlust in Thüringen direkt mit den Auswirkungen der in den Jahrzehnten um 700 anzusetzenden »unheilvollen Regierung des Theotbald und Heden« über Thüringen zusammen, die unter anderem dazu geführt haben sollte, »dass der noch zurückbleibende Rest des Volkes sich der Herrschaft der Sachsen unterwarf. Aber mit dem Aufhören der [vormaligen thüringischen, E.W.] Herrschaft christlicher Herzöge [nach Radulf?, E.W.] hörte im Volk auch der Eifer für die christliche Religion auf …«[713].

Das aus der Bonifatius-Vita und anderen Schriftquellen im 7. und frühen 8. Jahrhundert erschließbare Vordringen der Sachsen nach Süden in den nordhessisch-thüringischen Raum[714] ist auch in der schütteren archäologischen Überlieferung zu fassen. Sippel konnte in seiner detaillierten und immer noch aktuellen Bearbeitung der – bemerkenswert spärlich belegten – frühmittelalterlichen Grabfunde in Nordhessen, also in Ober- und Niederhessen, eine überwiegend durch Brandbestattung und dem weitgehenden Fehlen rheinfränkischen Einflusses[715] charakterisierte Bevölkerung registrieren, die er als »alteingesessen« bezeichnete[716]. Diese Brandbestattungssitte, überwiegend unter Hügeln, bindet diese Region an das nordwärts anschließende sächsische Siedlungsgebiet. Sächsischer Einfluss zeigt sich nach Sippel zudem im Material und Charakter einiger nordwesthessischer Bestattungen[717], die direkt sächsische Präsenz nahelegen. Daneben sind im Osten des heutigen Nordhessens Einflüsse aus Thüringen[718] und Rheinfranken nur vereinzelt zu beobachten. Somit stellen sich Ober- und Niederhessen archäologisch völlig anders dar als das untere Lahntal, das Untermaingebiet und das heutige Südhessen. Dieser Gesamtbefund

zieht sich wegen der Namen der »Häretiker« sicherlich auf angelsächsische Missionsbrüder Willibrords, die noch in Thüringen tätig waren (vgl. T. Schieffer 1954, 115; M. Werner 1982a, 286 ff.

714 Schlesinger 1975; Kälble 2009, 343, 359 ff.

715 Sippel 1989, 218 f.

716 Sippel 1989, 218 ff.; Sippel 1999. Neben den wenigen beobachteten Körper- und den recht häufigen Brandgräbern in Oberhessen konnte Sippel auch für Niederhessen einen ursprünglich deutlich höheren Bestand an Brandbestattungen wahrscheinlich machen, die durch Erosion und andere Umstände vergangen sind und in denen er die angestammte hessische Bevölkerung vermutet.

717 Goddelsheim, Kr. Waldeck-Frankenberg; Liebenau, Kr. Kassel; Kirchberg Grab 18, Schwalm-Eder-Kr.; Gießen: mit typischem Reihengräber-Material in überhügelten Brand- und Körperbestattungen, was er als Adaption fränkischen Sachguts oder als Übernahme von fremden = sächsischen Bestattungssitten durch Franken deutet (Sippel 1989, 218; Sippel 1999, 499).

718 Eschwege (Niederhone) Grab 1, Werra-Meißner-Kr., mit einer Pferd- und Hund-Bestattung (Sippel 1989, 291 ff.); vor allem das »Fürstengrab« des mittleren 7. Jhs. von Eschwege (Niederhone) Grab 17 (Sippel 1987; 2002).

legt nahe, dass mit der sächsischen Südexpansion Richtung Nordhessen (und Thüringen) auch Elemente des altsächsischen Heidentums in den Raum Hessen/Thüringen gelangten und hier ein Rest-Heidentum wiederbelebten, was dann zu dem pagan-christlichen Brauchtum führte, das die Bonifatiusüberlieferung so sehr beklagt. Angesichts des von den angelsächsischen Klerikern als besonders heidnisch betrachteten Brauchtums rund um den Totenkult liegt es nahe, die für West- und Rheinfranken fremdartigen und befremdlichen Praktiken der Totenverbrennung und insbesondere der bi-rituellen Bestattungen als Charakteristika dieses altgermanischen Heidentums zu werten. Auch der Frankfurter Befund fällt in diesen Kontext.

Das bi-rituelle Kinderdoppelgrab unter der Frankfurter Bartholomäuskirche. Versuch einer Synthese

Egon Wamers

Franconofurd und das Untermaingebiet im 7. und 8. Jahrhundert

Vor dem Hintergrund der im Vorangegangenen dargelegten archäologischen, antiquarischen, naturwissenschaftlichen und historischen Analysen und Ausführungen stellt sich das Kinderdoppelgrab unter der Bartholomäuskirche als Schlüsselfund Frankfurter Frühgeschichte dar. Die wechselvolle Geschichte und Archäologie des Untermaingebietes seit der Zeitenwende[719] ist einerseits durch tiefgreifende historische Umbrüche geprägt wie die römische Besetzung seit augusteischer Zeit, den Fall des Limes um 260 sowie die damit verbundene Inbesitznahme durch Elbgermanen (Sueben, Alamannen), später Ostgermanen (Burgunder) sowie fränkische Merowinger und Karolinger. Andererseits geben sich über die 800 Jahre hinweg auch Konstanten zu erkennen wie die herausragende topographische Funktion dieser Region für den Verkehr von Menschen, Waren und Ideen, insbesondere in Ost-West-Richtung. Für Germanen und östliche Reiternomaden wirkte das Mainmündungsgebiet wie ein offenes Tor zu den reichen Kulturlandschaften der romanisierten Rheinlande und Galliens. Für die Herrschaftssicherung und den Expansionsdrang der Römer, die auf der gegenüber liegenden Rheinseite die Hauptstadt *Mogontiacum* (Mainz) der Provinz Obergermanien angelegt hatten, und für die von Gallien aus nach Norden, Osten und Südosten ausgreifenden Franken fungierte das Untermaingebiet hingegen als Brückenkopf und Aufmarschgebiet, die militärisch gesichert werden mussten. So waren auf dem Frankfurter Domhügel seit Vespasian kleinere Militäreinheiten stationiert, später im 4. Jahrhundert alamannische Föderaltruppen der Bucinobanten sowie im 5. Jahrhundert sächsische und andere germanische Söldner. Mit der fränkischen Inbesitznahme des Untermaingebiets nach den Siegen über die Alamannen 496/7 und 507 war den expansionshungrigen Merowingern der Weg nach Osten zu den von verschiedenen germanischen Völkerschaften besiedelten Ländern bis zu Elbe und Donau geöffnet. Vermutlich in dieser Phase wurde die alte hochwasserfreie Militärstation an einer zentralen Mainfurt zu *Francono furd* umbenannt: »Furt der Franken«. Das Mittelrhein- und Untermaingebiet nahm bei der fränkischen Expansion nach Osten eine strategische Schlüsselstellung ein und wurde zu einer der Kernlandschaften des Fränkischen Reiches. Große Ländereien im Untermaingebiet und den umgebenden Landschaften gingen in den Besitz des fränkischen Königs über und wurden, wie auch anderswo, in *fisci* genannte Verwaltungsbezirke gegliedert. Aus den Urkunden des 8. bis 9. Jahrhunderts wird ersichtlich, dass es im Rhein-Main-Gebiet große, zusammenhängende Komplexe von Königsgut, also Reichsgut gab[720]. Der breite Streifen südlich und nördlich des Mains, etwa von einer Linie Gelnhausen–Seligenstadt im Osten bis zur Mainmündung und darüber hinaus, war im Westen in einen kleineren Fiscus Trebur und im Osten den größeren Fiscus *Franconofurd* gegliedert *(Abb. 103)*, das Ganze als großes, von Frankfurt

719 Vgl. Wamers 1989; U. Koch 2001, 17 ff.; Wamers 1994d, 36 ff.

720 Metz 1960, 155 ff.; Schalles-Fischer 1969, passim; Metz 1972; Backhaus 1984.

aus verwaltetes *ministerium*, das auch linksrheinische Weinbaugebiete um Worms einschloss. Dies zeigt die systematische grundherrschaftliche Etablierung der neuen merowingisch-fränkischen Herrschaft östlich des Mittelrheins.

Vereinfacht und schematisch dargestellt, umfasste in karolingischer Zeit – und das dürfte auch schon für die Merowingerzeit gegolten haben – ein *fiscus* mehrere *villae*, die jeweils einem Haupthof, dem Königshof, unterstanden[721]; in Frankfurt war es die im 9. Jahrhundert mehrfach genannte *villa Franconofurd*. Jede *villa* wiederum umfasste mehrere Fronhöfe (*hubae*, Hufen), die freie und unfreie Bauern als Hintersassen bewirtschafteten und von deren Ertrag sie Abgaben zu leisten hatten, wozu auch noch Hand- und Spann-Dienste kamen. Den Fiscus Frankfurt hat man auf 50 bis 60 Hufen geschätzt[722]. Die Bedeutung und Dominanz des Frankfurter Königshofes zeigt sich daran, dass er Ende des 8. Jahrhunderts zu einer Pfalz herangewachsen war, in der Karl der Große 794 seine berühmte Synode abhalten konnte. Die Errichtung neuer Verwaltungs- und Repräsentationsbauten durch Ludwig den Frommen 822/23 und einer prächtigen Basilika 855 durch Ludwig den Deutschen, eingeweiht durch den Mainzer Erzbischof Rabanus Maurus, sowie der Aufstieg Frankfurts zur bedeutendsten ostfränkischen Pfalz des 9. Jahrhunderts machen deutlich, dass *Franconofurd* im 7. bis 9. Jahrhundert das politische und wirtschaftliche Zentrum des Untermaingebiets war.

Dennoch ist nicht sicher, dass der Königshof *Franconofurd* schon um 700 die den späteren Königshöfen und Pfalzen obliegende Aufgabe des Königsdienstes, des *servitium regis*, wahrzunehmen hatte. Dieser Dienst bestand nach der Verordnung *Capitulare de villis* Karls des Großen von etwa 800 im Wesentlichen in der Unterbringung und Versorgung des umherreisenden Königshofes, der keine feste Residenz hatte (»Reisekönigtum«). Zum Hof gehörten Gefolge, Hofstaat, eine mannstarke Leibwache sowie zusätzliche Begleitung und Gäste – also insgesamt mehrere hundert Personen. Hinzu kam die Erwirtschaftung von Erträgen, sei es landwirtschaftlicher, geldlicher (Zehnt) oder anderer materieller Art als Aufgaben der Königshöfe. Es versteht sich, dass die Verfolgung solcher Aufgaben und damit die sachkundige Verwaltung in die Hände vertrauter und kundiger Männer gelegt wurde, also vorwiegend von Angehörigen des merowingischen Adels und besonders durch Verwandtschaft und Gefolgschaft verpflichteten Männer. Sie wurden als *iudex* oder *(ex)actor dominici* bezeichnet, also »Richter« (weil ihnen auch judikative Funktionen zukamen) beziehungsweise »Vollstrecker«/»Manager«, was von den Historikern zumeist mit »Amtmann« übersetzt wird *(Abb. 104)*. Im frühen 9. Jahrhundert war *Nantcarius* der *exactor* des Fiskus *Franconofurd*, sicher ein Angehöriger der großen Adelsfamilie der Nantharinen, die seit 600 in Mainz und später im Untermaingebiet fest etabliert war, was Felicitas Schmieder zu der Spekulation veranlasste, ob es sich bei dem Mädchen aus dem Domgrab um »eine Nantharia« gehandelt haben könne[723]. Ob jedoch der Königshof *Franconofurd* auch schon seit 700, als die karolingischen Hausmeier östlich des Rheins ihre Herrschaft noch gar nicht etabliert hatten, von den Nantharinen verwaltet wurden, ist völlig ungewiss[724]. In der ersten Hälfte des 8. Jahrhunderts haben auch andere westlich des Rheins beheimatete Familien Besitzrechte östlich des Rheins, etwa die Familie der Irmina von Oeren[725] oder das Geschlecht der Mattonen, die allerdings seit dem 7. Jahrhundert fest am Mittelmain verwurzelt und bis zum Grabfeld hinauf begütert waren[726]. Zum niederen Adel des Maingaus gehörte etwa die Familie von Einhard, dem Biographen Karls des Großen, die im Raum Hammelburg begütert war[727] *(Abb. 103)*. Wer nach der Auflösung der Dukate in »Ostfranken« durch Karl Martell nach 717, was vermut-

721 Zu den Aufgaben der Königshöfe und Pfalzen und der Struktur von Grundherrschaft und Königsdienst vgl. zusammenfassend mit weiterführender Lit.: Wamers 2015b im Druck.

722 Schalles-Fischer 1969, 302 ff.

723 Vgl. Schmieder im Druck, nach Anm. 32; Wamers 2013b, 180. Zu den Nantharinen vgl. auch Metz 1960, 151 f., 158 ff.

724 Genauso ungewiss ist der Wohn-/Residenzort des *Nantherius*, an den und an elf weitere fränkische Große sich

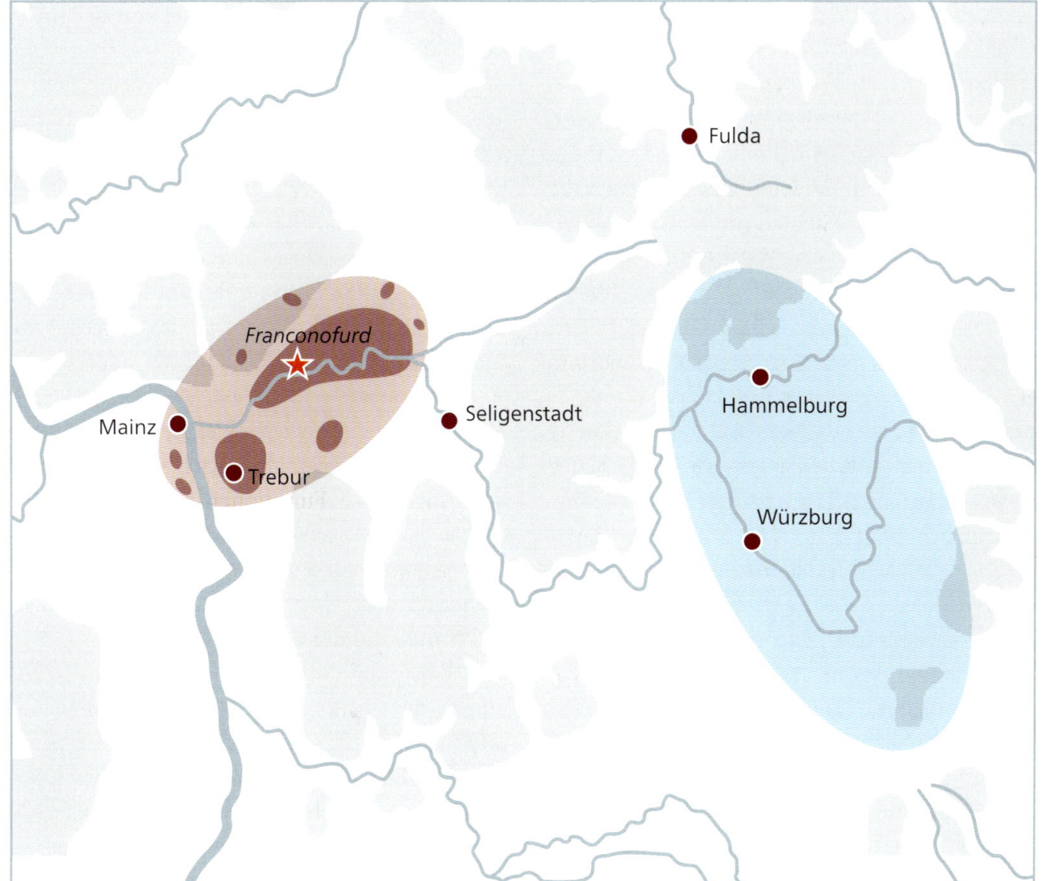

103 Mainlande um 800. Rote Fläche: Fiskalbezirk Frankfurt-Trebur einschließlich Reichsforst und Wildbann; die dunklen Flecken markieren das im 8./9. Jahrhundert schriftlich belegte und erschlossene Königsgut (nach Backhaus 1984). Die blaue Fläche umreißt die in den Schenkungsurkunden sichtbar werdende Besitzkonzentration der Mattonen (nach Störmer 1997).

lich mit dem Ende der Herrschaft von Heden II. im Mainfranken und von (seinem Verwandten?) Theotbald einherging, zu dessen Machtbereich Aschaffenburg gehörte (vgl. oben S. 200 ff.), im zweiten bis dritten Viertel des 8. Jahrhunderts den Frankfurter Fiskalbezirk verwaltete, bleibt jedoch weitgehend im Dunkeln. Einiges spricht dafür, dass die Familie der Fastrada, Karls des Großen vierter Frau, hier einigen Einfluss hatte[728]. Eine Verwandtschaft lässt sich mit den Hedenen wie mit den Mattonen wahrscheinlich machen; und ihre Familie hatte Besitzungen in Frankfurt-Rödelheim. Die enge Bindung an Frankfurt zeigt sich vermutlich auch in der Wahl von Frankfurt als Versammlungsort für die Synode von 794, was auf den Einfluss Fastradas zurückgeführt wurde[729]. Dass sie nicht in dem kleinen Kirchlein auf dem Domhügel bestattet wurde, als sie hier am 10. August 794 starb, sondern von ihrem Verwandten Erzbischof Richolf von Mainz (787–813) in der Kirche des von ihm erbauten St. Albans-Klosters in Mainz, ist mit der jetzt hohen Stellung der Königin erklärlich. Sollten diese Vermutungen zutreffen, hätte die Familie der Hedene hier auch nach 717 immer noch Einfluss gehabt. Jedenfalls ist es gut vorstellbar, dass das kleine adelige Mädchen vom Domhügel aus der Familie der Fastrada stammte.

748 Papst Zacharias in einem Schreiben wendet zur Einschärfung kirchlicher Vorschiften (Briefe des Bonifatius, Brief 83: Rau 1988).
725 Werner 1982b, 154 ff.
726 Gockel1974, 84 ff.; Störmer 1997, 31 ff. mit Karte der Schenkungen S. 34.
727 Störmer 1997 mit weiterer Lit. und Diskussion.
728 Zu Fastrada vgl. Staab 1997.
729 Nelson 1997.

Was kann die Archäologie zu Aussehen und Charakter des fränkisch-merowingischen Königshofes *Franconofurd* sagen? Nach den oben referierten und interpretierten Grabungsergebnissen wurden auf dem Frankfurter Domhügel im 7. Jahrhundert, wahrscheinlich in seiner ersten Hälfte, mehrere Bauten mit Steinfundamenten errichtet: eine kleine Kirche mit Apsis, wenige Meter westnordwestlich davon ein kleines, teilbeheiztes Rechteckgebäude sowie etwa 70 m weiter westlich zwei weitere Bauten, einer von ihnen bogenförmig und mit kleiner Apsis. Sie alle werden als Vorgängerbauten der späteren karolingischen Pfalz gedeutet, die sich genau an dieser Stelle 200 Jahre später in gleicher West-Ost-Ausdehnung erstreckte. Der kleine Rechteckbau wird hier als Wohnhaus des örtlichen Klerikers angesehen (*domus ecclesiae* – vgl. oben S. 21 ff.); wegen der Vergleichsbefunde für solche »Kirchenhäuser« in Gallien und Neustrien und der Technik der Hypokaustheizung, wenn auch stark depraviert, liegt es nahe, hierin eine Entlehnung aus Gallien zu sehen, vermutlich sogar einen indirekten Hinweis auf einen Kleriker aus dieser Region, der sicherlich hochrangig war und nicht nur ein unbedeutender Priester für eine kleine Eigenkirche – oben (S. 25) war ja bereits die Frage gestellt worden, ob es sich um einen Bischof gehandelt haben könnte.

Für die Bauten im Westen wird eine Funktion als Verwaltungs- und Repräsentationsgebäude vorgeschlagen. Es waren sicherlich die Bauten, in denen Karl der Große 794 die große Synode abhielt. Geistliche aus Oberitalien berichteten, dass sie in der Aula der Pfalz stattgefunden habe und dass Karl von einer erhöht stehenden *sella regia*, einem Thron, den Vorsitz geführt habe[730]. Eine stark ergänzende Rekonstruktion dieser spärlichen Mauerbefunde mag eine Vorstellung davon geben, wie diese Baulichkeiten Mitte des 7. Jahrhunderts ausgesehen haben könnten *(Abb. 5)*. Da noch im 9. Jahrhundert auf dem Domhügel Reste römischer Gebäude in beträchtlicher Höhe standen[731], muss man über diese fränkischen Neubauten hinaus auch noch mit einer Nutzung von römischen Bauresten und Ruinen rechnen, die man vielleicht partiell in Stand gesetzt hatte und für Wohn- oder Wirtschaftszwecke verwendete. Ferner wurden nördlich und westlich des Domhügels einfache Kleinbauten in Holz- und Grubenbautechnik dokumentiert[732] – sicher für landwirtschaftliche oder handwerkliche Nutzung. Die spärlichen Befunde lassen somit die Struktur eines merowingischen Königshofes des 7. Jahrhunderts mit Verwaltungs-, Sakral- und Wirtschaftsaufgaben erkennen, von dem aus auch der kontrollierende Blick hinunter auf die Mainfurt ging, wo sich am Ufer Anlegestellen, Boots- und Warenschuppen sowie Fischerhütten reihten. Einige wenige Gräber des 6. und 7. Jahrhunderts wurden 100 m weiter nördlich in der heutigen Kaiserstraße und 400 m westlich an den Westbahnhöfen freigelegt; diese kleineren Friedhöfe gehörten zu umliegenden Höfen, auf denen »Hintersassen« wirtschafteten.

Von dem Separatfriedhof, auf dem die Familie des adeligen Verwalters, wie es seinerzeit üblich war, ihre Toten bestattete, gibt es keine Spur[733]. Das Kindergrab unmittelbar östlich des Kirchleins lässt darauf schließen, dass er in diesem Areal lag. Darauf deutet auch die Tradition der zahlreichen nachfolgenden – beigabenlosen – Bestattungen des 8./10. Jahrhunderts, von denen den ^{14}C-Datierungen zufolge einige wenige auch noch ins 6./7. Jahrhundert gehören könnten, doch sollte man diesen Datierungen nicht allzu sehr trauen (vgl. oben S. 173 ff.). Man kann aber durchaus damit rechnen, dass es »Adelsgräber« in dem kleinen Apsidenkirchlein gab, von dem ja nur geringste Reste die jahrhundertelangen Bauaktivitäten in der Altstadt überlebt haben. Im frühen 8. Jahrhundert, etwa zwischen 700 und 720/30, wurde das knapp fünfjährige Mädchen mit seiner fremden Begleitung in einer Holzkammer beigesetzt, die seine Angehörigen in die Nordwestecke des ehemaligen

730 … *de sella regia … supra gradum suum …* (Libellus sacrosyllabus episcoporum Italiae [MGH Conc. 2] S. 130 f. [zitiert nach Orth 1986, 181]).

731 Vgl. Wamers 2001, 78.

732 Wintergerst 2007, 92 ff., Plan 16,1–2.

733 Vielleicht könnte die »Sacknadel« westlich der Pfalzgebäude *(Abb. 76,2)* Hinweis auf eine Männerbestattung des späten 7./8. Jhs. sein, kennt man solche Nadeln doch nur aus Grabfunden.

Klerikerhauses einbauten. Wintergerst hatte aus den dokumentierten Grabungsbefunden von 1992/93 geschlossen, dass das Gebäude bereits verfallen, zumindest aber sein Dach eingefallen war, was aber oben (S. 25) zurückgewiesen wurde. Es ist zudem sehr unwahrscheinlich, dass man ein Grab für so hochrangige und aufwändig ausgestattete Kinder in die Ecke einer richtigen Ruine eintiefte. Ein eingefallenes Dach und zusammengebrochene Wände wären sicher wieder in Stand gesetzt worden – vor allem angesichts der mehrere Generationen andauernden Verehrung dieser Kinder bis hin zum Orientierungsmal für die neue Pfalzbasilika unter Ludwig dem Deutschen (vgl. oben S. 18, *Abb. 3*, und unten S. 217). Deshalb wird das kleine Gebäude jetzt zur Memoria umgestaltet worden sein, zu einer Gedächtnisstätte, an der die Angehörigen für die Kinder beten und Votivgaben darbringen konnten. Allerdings muss man sich fragen, warum Ludwig die memoriale Verehrung eines Kleinkindes aus einer ostfränkischen Adelsfamilie, die vermutlich mit den Hedenen, Mattonen und seiner Stief-Großmutter Fastrada versippt war, so prominent aufgriff und zum Fixpunkt seiner Pfalzkapelle machte?

Doch gleich, ob verfallen oder umgenutzt: Offenkundig diente das teilbeheizte Haus an der Kirche um 700 nicht mehr als Wohnung für den örtlichen Geistlichen. Das kann nur bedeuten, dass hier um 700 kein Geistlicher (Bischof) mehr residierte, also *Franconofurd* keinen eigenen ranghohen Geistlichen mehr hatte. Es war ja auch der Bischof von Mainz, Rigibert, der in diesen Jahren um 711/716 die Kirche im 45 km entfernten Nilkheim weihte. War er eventuell auch anwesend bei der Beisetzung der beiden adeligen Kinder[734]? In diesem Fall wäre ihm das befremdliche Bestattungsritual kaum verborgen geblieben und er hätte es *nolens-volens* toleriert. Könnte man ihm (oder einem anderen Geistlichen) die christliche Signierung dieser frevelhaften Grablege durch ein Leichentuch mit aufgenähtem Kreuz aus Goldbändern zuschreiben, damit es für ihn überhaupt akzeptabel war? Andererseits muss er die Praxis von Brandbestattungen (auch solchen in Körpergräber eingetieften) vom Gräberfeld Wenigumstadt her gekannt haben, wo sie – gut 10 km südwestlich von Nilkheim und noch innerhalb seines Amtsbereichs – vom späten 7. bis Mitte des 8. Jahrhunderts praktiziert wurde.

Der »Priestermangel« in *Franconofurd* (und auch im sonstigen Untermaingebiet?) stimmt nun gut mit der in diesen Jahrzehnten völlig unzureichenden Qualität von Klerus und Seelsorge in Hessen, Thüringen und Baiern überein, worüber Bonifatius sich so sehr beklagte. Deshalb auch mussten sich etwa die Würzburger Herzöge Gotzberg und Heden II. sowie Karl Martell die missionarische Unterstützung von Iren und Angelsachsen holen, denn Mainz war dazu offensichtlich personell nicht in der Lage. Mit dem Angelsachsen Wynfreth-Bonifatius gelang Karl Martell dann ab 723 eine grundsätzliche Wende in der Evangelisierung und Seelsorge dieses Raumes.

Das Zeugnis der anthropologischen und antiquarischen Analyse für die kulturhistorische Stellung des Kindergrabes

Qualität und Fülle von Ausstattung und Beigaben des Mädchens weisen es dem oberen Adel (Eliten) der ausgehenden Merowingerzeit zu, wofür insbesondere die Menge und Güte des Goldes und das handwerkliche Niveau des Schmucks sprechen. In der Kombination aus edelmetallenen Ohrringen, Pektorale, Armreifen, Fingerringen und Fibeln folgt das Schmuckensemble altem höfischem Muster, was auch für den feinen Schleier zutrifft, den das Mädchen trug *(Abb. 79)*[735], oder für das Oberkleid aus ei-

734 Etwa 80 Jahre später sorgte sein Nachfolger Erzbischof Richolf dafür, dass die in *Franconofurd* verstorbene Königin Fastrada in Mainz bestattet wurde.

735 Wamers 2013b, 178 f.; detailliert zur »königlichen Hoftracht« im frühen Mittelalter vgl. Katalog Frankfurt 2013, passim.

nem spinngemusterten Gewebe, das wegen der komplizierten Webtechnik ebenfalls als kostbar galt[736]. Die goldenen Fingerringe dürfen direkt als adeliges Standesabzeichen gewertet werden. Aber auch das brandbestattete Kind darf man einer herausgehobenen Schicht zuordnen, wofür die materialaufwändige Brandbestattung und das seltene, kostbare Bärenfell sprechen.

Dass für die gut Vierjährige eigens drei goldene Fingerringe, drei Armreife sowie die Miniatur-Zurichtung einer kostbaren Erwachsenenfibel bei einem Goldschmied in Auftrag gegeben wurden, spricht ebenso für eine überaus fürsorgliche Zuwendung der Angehörigen wie ihre Ausstattung mit seltenen und kostbaren Erbstücken (nordisches Goldamulett, rheinländische Glastasse, »Mutters Fibel«?, spätrömischer Armreif?) und mit Zubehör aus der Welt der erwachsenen Frauen (Riechdose, Nähzeug). Die liebevolle Fürsorge wird noch einmal in den extrem umfangreichen Speisebeigaben deutlich, die dem Kind das leibliche Wohl sichern sollten, das es offenkundig zu Lebzeiten nicht hatte. Angesichts dieser reichen Gesamtausstattung ist es eher wahrscheinlich, dass die von Rehbach diagnostizierte Wachstumsstörung im Alter von vier Jahren weniger auf eine Hungerphase als auf eine schwerere Erkrankung zurückzuführen ist (vgl. oben S. 40).

Eine in mancher Hinsicht vergleichbare Grablege, allerdings eine Doppelbestattung von Mann und Frau, finden wir in Grab 9 von Kirchberg im nordhessischen Schwalmederkreis, aus dem frühen 8. Jahrhundert: Das beraubte Grab in einem Kirchenbau enthielt ebenfalls silberne Riemenenden mit Perlrandnieten, Goldlahngewebe, ein Pektorale mit Goldblechanhängern, einen goldenen Fingerring, Goldlahngewebe, Glasbecher, silbertauschierte Sporen, einen Dreilagenkamm im Etui, eine Eisenschere sowie »überreiche Speisebeigaben« (vgl. oben S. 34)[737]. Die hier im selben Zeitraum Bestatteten gehörten zur gleichen ostfränkisch-hessischen Aristokratenschicht des frühen 8. Jahrhunderts wie die Familie des Frankfurter Mädchens, die das gleiche selbstbewusste Repräsentationsbedürfnis und vermutlich auch eine Rückbesinnung auf archaische Bestattungsformen hatte, wie es zu der Zeit auch bei den alamannischen und bairischen Eliten Ostfrankens[738] zu beobachten ist.

Was die regionale Zuordnung beider Kinder betrifft, so sind die oben (S. 49 f.) dargelegten Auswertungen der Strontiumisotopenanalyse, die auf der Basis von charakteristischen Bodenisotopen die Aufwachsgegend und damit Herkunft von Lebewesen aufzeigen soll, ohne verwertbare Ergebnisse geblieben. Unverbranntes Mädchen und verbranntes Kind sowie der Braunbär weisen alle zusammen gleichartige Isotopenwerte auf, die zudem in vielen Gegenden Deutschlands vorherrschen. Offensichtlich bedarf diese Methode noch weiterer umfangreicher Daten und Auswertungen, um historisch valide Erkenntnisse zu zeitigen.

Dagegen können an Kleidung und Körper getragene Schmuckstücke weitaus bessere Hinweise geben, weil sie erfahrungsgemäß Indikatoren auf Produktions- und Absatzgebiete sowie auf Brauchtumsregionen sein können. Quast hatte vor zwei Jahrzehnten bereits darauf hingewiesen, dass die Verbreitung der beim unverbrannten Mädchen erkennbaren »Mehrfibeltracht« aus gemischten Paaren von Scheiben-, Rechteck- oder gleicharmigen Fibeln« einen »deutlich fränkischen Charakter dieser Tracht« aufweise[739]. Doch zeigt die bei ihm wiedergegebene Verbreitung der »ungleichen Paare«, worunter auch das Frankfurter Mädchen fiele, eine klare Konzentration vom Mittelrheingebiet über den Mittelmain- und Neckarraum bis in den westlichen Nordalpenraum. Ganz ähnliche Verbreitungen mit fränkisch-alamannischen Bezügen zeigen sich für die Bommelohrringe, die Filigran- und Blechanhänger des Pektorales, die Rundfibel, die Kolbenarmreife und die Gürtelkette, wobei nach den Verbreitungskarten *(Abb. 37; 69)* besonders der alamannisch-bajuwarische Raum ein Schwergewicht bildet.

736 Bender-Jørgensen 1992, 142.
737 Göldner/Sippel 1981; Sippel 1989, 291 ff.
738 Dazu Krohn 2013b.
739 Quast 1995, 816 f. mit Verbreitungskarte Abb. 11.

In eine andere Richtung zeigen hingegen die silbervergoldete und niellierte gleicharmige Fibel, ein nordfranzösischer Typ (Verbreitungskarte *Abb. 51*), das Elfenbeinpektorale und die Riechdose, die »Beziehungen« nach Westen, in mediterran geprägtes Milieu belegen. Auch die drei goldenen, eigens für das Mädchen hergestellten kleinen Fingerringe mit Dreikugelzier gehören hierher. Bei der Provenienz der gleicharmigen Fibel denkt man natürlich an den Wirkungskreis des Willibrord, mit Utrecht und Echternach als Mittelpunkte (*Abb. 51*; vgl. aber Anm. 333); bei seinen Aufenthalten in Würzburg und von dort Richtung Thüringen reiste er im frühen 8. Jahrhundert sicherlich über die Rhein-Main-Schiene, vermutlich per Schiff, wie es später bei den Karolingern üblich war, und machte wohl in *Franconofurd* Station. Liegt es nicht nahe, dass ein solch rares Fremdstück am ehesten über die frühe angelsächsische Mission in die Hände der adeligen Familie an der Mainfurt kam?

Zwei Objekte aus dem Grab geben hingegen Beziehungen nach Norden zu erkennen. Der goldene D-Brakteat als zentraler Anhänger im Pektorale des Mädchens gehört zu einer Amulettgruppe, die etwa von 525–575 originär in Südskandinavien produziert und von Frauen getragen wurde; ihr gepresstes Motiv stellt einen stilisierten Vogelgreif dar, also ein mediterranes Motiv, das im Norden adaptiert wurde. Abgesehen von einer konzentrierten Gruppe in Südostengland, wo sie einen besonderen engen Kontakt nach Skandinavien indizieren, sind sie auf dem Kontinent (in Frauengräbern) nur schütter verbreitet *(Abb. 43)*. In das Rhein-Main-Gebiet dürften das Frankfurter und zwei weitere Exemplare südlich von Mainz – ganz analog zu den anderen nordischen Funden auf dem Kontinent – am ehesten über Thüringen, sprich durch migrierte Thüringer mit Nordleuten im Gefolge gekommen sein, auch wenn es sich, wie aus der Analyse von Pesch zu entnehmen ist, um eine kontinentale Sonderform handelt, die von in Thüringen siedelnden, Nordleuten gefertigt worden waren[740]. Wegen der späten Datierung des Frankfurter Grabes dürfte es sich um ein altes Familienerbstück handeln.

Soweit die oben dargelegten Recherchen erkennen lassen, ist im Frühmittelalter die Sitte von Frauen und Mädchen, an der Kleidung ein – symbolisches? – Nähzeug in Form einer Hülse mit aufgefädelter Nadel und gelegentlich kleinem Stoffläppchen zu tragen, fest in Skandinavien, bei Friesen und Sachsen verwurzelt; das Nähzeug mit – ansonsten noch nicht beobachteter – organischer Nadelhülse im Domgrab ist am ehesten mit dieser altgermanischen Tradition zu verbinden.

Damit sind wir beim nordeuropäisch-sächsischen Gepräge des Brandgrabes rechts neben dem Mädchen. Die elitäre altgermanische Sitte, Verstorbene mit einem Bärenfell zu verbrennen und zu bestatten, war seit dem 1./2. Jahrhundert eine charakteristische skandinavische Bestattungsform bis ins 5./6. Jahrhundert. In der späten Vendel-/Merowingerzeit, ab dem 7. Jahrhundert, ist sie hingegen nur noch in Südschweden zu beobachten *(Abb. 98)*. Die nach dem bisherigen Forschungsstand wenigen – inselartig gelegenen – Fälle aus dem kontinentalsächsischen Raum des 6. Jahrhunderts wurden oben als Zeugnis einer Präsenz von Skandinaviern in Liebenau erklärt, die hierhin zusammen mit thüringischen Familien gezogen waren, vermutlich nach der fränkischen Eroberung des Königsreiches 531/34. Zum Frankfurter Sonderfall besteht aber noch nach derzeitigem Forschungsstand eine etwa 100- bis 150-jährige Lücke. Doch wenn man zudem das nordische Goldbrakteaten-Amulett mit ins Kalkül zieht, dann kann man sich kaum dem Schluss entziehen, dass das zweite im Frankfurter Doppelgrab bestattete Kind zu einer Familie skandinavischer Herkunft gehörte. Viele weitere Nordleute lebten seit Generationen in enger »Symbiose« mit einheimischen, vermutlich thüringischen Familien auf dem Kontinent zusammen und teilten mit ihnen sogar Asyl und Wanderschaft. Der 150 Jahre alte Goldbrak-

740 Zur Anwesenheit von Skandinaviern auf dem Kontinent bzw. zum skandinavischen Einfluss im 5. bis 7. Jh. vgl. U. Koch 1999a, 177 ff.; Blaich 2005; Martin 1997/1998; Schmidt 2005.

teat war vielleicht als Altstück der Halskette beigefügt worden und zeugt von lange bestehenden Beziehungen der beiden Familien.

Eine thüringisch-skandinavische Komponente zeichnet sich auch im Phänomen der bi-rituellen Bestattungsform ab, die einen deutlichen Schwerpunkt in westthüringisch-mainländischen Raum aufweist. Die drei – oben als Variante herangezogenen – »bi-rituellen Gräberpaare« aus Schretzheim führen in zwei Fällen selbst thüringisch-östlich-merowingisches Material und liegen insgesamt in einem Friedhofsareal, aus dem entsprechendes sowie skandinavisches Fundmaterial kommt (siehe oben S. 196 mit *Abb. 101*). Auch das reiche thüringische bi-rituelle Elitengrab 17 im heute hessischen Eschwege weist nordische Bezüge auf: der Bildschmuck auf den Phaleren italischen Typs kommt zwar aus der Bilderwelt des mediterranen Arenawesens, doch gibt es dazu ganz enge Entsprechungen mit leichten nordischen Adaptionen in den Patrizen von Torslunda auf Öland und von anderen nordischen Bilddenkmälern, weshalb Eschwege als Mittlerstation auf dem Weg von Italien nach Skandinavien fungiert haben wird[741].

Vor diesem Hintergrund erhält auch die selten beobachtete sächsisch-friesisch-skandinavische Tracht- und Beigabensitte von komplettem Nähzeug eine besondere Note. Wenn wir uns seine Lage im Grab vergegenwärtigen, könnte man eine weitergehende Spekulation wagen:

Gehörte das in ein Stoffbündel gewickelte Ensemble von Schere, Nähzeug und Kamm in der (von oben betrachtet) unteren linken Ecke des 50 cm schmalen Sarges eventuell gar nicht zur Ausstattung des körperbestatteten Mädchens, sondern zu der des brandbestatteten Kindes? Dicht an der rechten Seite des Mädchens fanden sich von oben nach unten die Speisebeigabe in freigeformtem Gefäß, der exzeptionelle gewundene Silberarmreif, vermutlich ein spätrömisches Altstück, ein Beutel(?) mit dem kompletten Leichenbrand sowie ganz weit unten das Bündel mit Schere/Nähzeug/Kamm *(Abb. 2; 9,2 rechts; 12; 14)*. Da schon die Speisebeigabe nicht mit auf den Scheiterhaufen, sondern als echte Beigabe zum Leichenbrandbeutel gelegt worden war, hätten die Angehörigen in gleicher Weise auch beim Armreif und beim Bündel verfahren können. Der Armreif lag sehr weit rechts vom Handgelenk des Mädchens, wenn man von der Lage des rechten Fingerrings ausgeht. Er unterscheidet sich grundsätzlich von ihren typisch rheinländischen Kolbenarmreifen, ist auch sonst ein Unikat im westlichen Reihengräbermaterial und wurde oben mit spätrömischen Stücken beiderseits des Kanals oder gar mit – jüngeren – skandinavischen Formen verglichen. Zwar sind Kammtyp und Schere auch am Mittelrhein und in den Mainlanden nicht unüblich (vgl. oben S. 145 f.), doch in Verbindung mit dem Nähzeug passen sie eher in den sächsisch-friesischen und skandinavischen Raum, wo solche einzeiligen Kämme mit Futteral deutlich stärker vertreten sind, was allerdings auch chronologische Gründe haben kann, denn »im Norden« gibt es weitaus mehr beigabenführende Bestattungen des 8. und 9. Jahrhunderts als weiter südlich. Sollte die oben gemachte Spekulation zutreffen, dass zu den Beigaben des kremierten Kindes auch der Armreif und das Bündel gehörten, könnte es wegen der Nähzeug-Beigabe ebenfalls ein Mädchen gewesen sein, aber – wie der noch unpublizierte Befund aus Grab 115 von Frankfurt am Main-Harheim (siehe Anm. 437) – auch ein Knabe. Allerdings zeigt sich in der Ring-Trageweise des Mädchens (links je zwei Finger- und Armringe, rechts jeweils nur einen) sowie in der Übereinstimmung in der Legierung der beiden typologisch unterschiedlichen Silberarmreife eher eine Zugehörigkeit der rechtsseitigen Ringe zum Mädchen. Aus diesen Gründen ist diese Spekulation wenig wahrscheinlich.

Bevor jedoch der Sarg mit den beiden so antagonistischen Kleinkindern mit einem Deckel geschlossen wurde, um ihn in die gut 1 m tiefe holzverschalte Grabkammer abzulassen, bedeckte man sie mit einem Tuch, auf das zwei gewebte

741 Vgl. Wamers 2009, 25 ff. (zum Motiv der ›Bärenkämpfer‹). Übernahmen des Eschweger Hauptmotivs auf der mittleren Phalere (»Potnia theron«) zeigen sich in kleinen Frauenfigürchen von Tissø auf Seeland und Stavnsager, Jütland.

Streifen Goldborte in Kreuzform genäht waren. Dies kann nur aus dem Wunsch heraus entstanden sein, diese eigentümliche Beisetzung dem Schutz des Kreuzes zu unterstellen und sie noch einmal gesondert christlich zu signieren. Ob die Abdeckung mit kreuzverzierten Textilien ein ganz seltenes Verfahren bei Bestattungen war, wie die wenigen archäologischen Belege etwa aus Oberflacht (vgl. oben S. 170 f.) anzudeuten scheinen, ist nicht sicher, denn nur bei sehr wenigen Grablegen herrschten entsprechend günstige Erhaltungsbedingungen für eine spätere Bergung. Das Ausbreiten von Decken über Verstorbenen ist jedoch mehrfach für das 6. und 7. Jahrhundert beobachtet worden, etwa beim Grab von Königin Wisigarde unter dem Kölner Dom *(Abb. 105)* oder bei den alamannischen Gräbern von Bülach, Giengen an der Brenz und Donzdorf[742]. Vom friesischen Gräberfeld Dunum, Lkr. Wittmund, konnten leinwandbindige Leichentücher bei 25 Bestattungen der Jahrzehnte um 800 identifiziert werden, die über die in kompletter Kleidung samt Zubehör gewandeten Toten gebreitet worden waren. Annette Siegmüller hält sie für einen »fränkisch-christlich orientierten Bestattungshabitus« und damit für ein Zeichen der ab 792 einsetzenden Christianisierung[743]. Welches der oben von Goedecker-Ciolek identifizierten Gewebe aus dem Kindergrab als Trägergewebe für das Goldkreuz diente – nach den Beobachtungen von Siegmüller wurden für Grabtücher gewöhnlich leinwandbindige Gewebe mit Z/Z-gesponnenen Fäden verwendet –, bleibt jedoch ungeklärt. Gewiss darf man sein, dass die Bedeckung von Toten in der späten Merowinger- und Karolingerzeit mit einem kreuzverzierten Tuch, gar mit einem aus Goldborten, keineswegs die Regel war. Wer hier in *Franconofurd* auch immer dafür verantwortlich war, die Angehörigen oder ein Kleriker: Mit der Kreuzbedeckung sollte das Grab mit dem Kind aus christlicher Familie und dem aus heidnischer Tradition ausdrücklich als christliche Bestattung gekennzeichnet werden. Dies lässt weniger verblasstes christliches

104 Stiftsherr von St. Benedikt in Mals, Vinschgau. Ende des 8. Jahrhunderts.
Der Mann trägt eine langärmelige Tunika über einer Hose mit umwickelten Unterschenkeln. Sein dunkelblauer Mantel wird auf der rechten Schulter durch einen Knoten oder eine Fibel gehalten. Der Mann hält eine zweischneidige Spatha mit streifentauschiertem Gefäß, die in einer mit dem Schwertgurt umwickelten Schneide steckt, als Zeichen seiner herrscherlichen und richterlichen Gewalt vor sich. So kann man sich den Amtmann *(exactor, iudex)* von *Franconofurd* im späten 8. Jahrhundert vorstellen.

Brauchtum erkennen als vielmehr den Geist der Neuevangelisierung und -missionierung im Zuge der insularen Mission östlich des Rheins ab 700 n. Chr.

Wie kann man sich nun den historischen Kontext der eigentümlichen bi-rituellen Kinderbestattung vorstellen? Aus der Familie des Verwalters auf dem Königshof *Franconofurd* verstarben im frühen 8. Jahrhundert ein gut vierjähriges Mädchen und ein weiteres gleichaltes Kind. Das Mädchen dürfte die Tochter des *exactors* gewesen sein, der hier im Auftrag des

742 Amrein/Rast-Eichler/Windler 1999, 104, Anm. 129; zu Köln vgl. jüngst: Ristow 2013b, 86, Anm. 12, Abb. 45.

743 Siegmüller 2011.

105 Beispiel für die Abdeckung einer reichen Bestattung mit einer Decke: Rekonstruktionszeichnung des Grabes von Königin Wisigarde unter dem Kölner Dom, um 538.

fränkischen Königs sein Amt versah – vielleicht schon in Erbfolge. Es liegt nicht völlig fern, dass es sich um jemanden aus der Familie des (Hedenen?) Theotbald handelte, wenn er es nicht selbst war, der gegen 711/16 bei Aschaffenburg eine Kirche stiftete und dessen Amtsbereich vielleicht die Wetterau einschloss (vgl. oben S. 200 ff.). Der Trachtenschmuck des Mädchens hat deutlich mehr Bezüge in den ostfränkisch-süddeutsch-alamannischen Raum als in die Regionen westlich des Rheins, wohin lediglich einige Exotika wie die gleicharmige Fibel, die Riechdose und die Glastasse verweisen. Diese ostfränkisch-alamannische Tendenz mag daran erinnern, dass ein *dux* Chrodobert, Führer des *exercitus Alamannorum*, 631/32 für Dagobert I. erfolgreich am Feldzug gegen das Samo-Reich teilnahm und vielleicht mit jenem Hruodi identisch ist, welcher als erster der Hedene das Herzogsamt um Würzburg innehatte (oben S. 199 ff.). Die Hedene wiederum hatten spätestens Ende des 7. Jahrhunderts ihren Macht- und Einflussbereich nordwärts nach Thüringen ausgedehnt, betrachteten sich wohl auch als thüringisches Adelsgeschlecht[744]. Als westthüringische Komponente stellt sich nach den bisherigen Befunden auch die bi-rituelle Doppelbestattungssitte dar. Wenn nun in *Franconofurd* eine Adelsfamilie mit vielleicht thüringischen Wurzeln residierte, könnten zu ihrer *familia* nicht auch Skandinavier gehört haben, die seit alters mit ihr verbunden waren, so wie es von mehreren anderen Fällen des 6. und 7. Jahrhunderts bekannt ist? Dann wäre eine solch befremdliche Doppelbestattung, die die unterschiedlichen religiösen und ethnischen Traditionen der beiden Kinder und ihrer Familien respektierte, durchaus nicht unwahrscheinlich, auch wenn die Hedene seit mindestens zwei Generationen Förderer des Christentums waren. Erstaunlich ist jedoch schon, dass noch im frühen 8. Jahrhundert die skandinavische Ethnizität des zweiten Kindes virulent war und akzeptiert wurde. Die Bedeckung der beiden im Sarg mit einer Art Leichentuch mit aufgenähtem Goldkreuz wirkt wie eine Sanktionierung durch die Kirche, was am ehesten durch den damaligen Mainzer Erzbischof Rigibert denkbar wäre, der ja in entfernterer und komplizierter Weise mit den Hedenen familiär verbunden war[745].

Wenn auch die Frage nach einer genaueren genealogischen Verortung der Familie des Frankfurter »Amtmanns« im frühen 8. Jahrhundert weiterhin offen ist *(Abb. 104)*, könnte doch die erkennbare Bindung der späteren Königin Fastrada, die selbst mit den mainfränkischen Hedenen und Mattonen verwandt war,

744 Eine Verknüpfung der Familie der Hedene mit einer der großen Familien westlich des Rheins konnte bislang nicht nachgewiesen werden; dies gilt auch für die im Mittelmosel-Eifel-Gebiet konzentrierte Familie der Irmina von Oeren (M. Werner 1982b, 165 ff.).

745 Ewig 1977. Vgl. auch Flug 2006, 33 ff.

746 W. Hartmann 2002, 126 ff. , Zitat S. 128.

747 Nach Wintergerst 2007, 27 f., bezog sich die in den Quellen erwähnte Schenkung einer Ruotlind von 874 *»ad sanctam mariam ad nostram capellem«* auf die ältere, noch im 9. Jh. existente kleine Apsidenkirche des 7. Jhs. Der Wortlaut mit doppeltem »ad« bezeichnet

106 Rekonstruktionsvorschlag zu den Bauten der Pfalz Frankfurt an der Mainfurt, um 855, auf der Basis des Plans von M. Wintergerst 2007 – *Abb. 3*. Blick von Nordwesten. Am linken Bildrand erkennt man die von Ludwig dem Deutschen errichtete Salvatorbasilika, die durch einen überdachten Gang mit der von seinem Vater Ludwig dem Frommen 823 errichteten Aula regia verbunden ist. Einen zentralen Westeingang zum Hauptschiff gab es nicht; hier stand offensichtlich noch in der Mitte des 9. Jahrhunderts die Merowingerkirche, die hier in einer verlängerten Ausbauphase, wie oben S. 20 vermutet, rekonstruiert ist. Das Kindergrab lag etwa 5 m östlich der Westwand, zentral in der Mittelachse (Entwurf: E. Wamers; Ausführung: Architectura Virtualis Darmstadt).

an den Frankfurter Raum (vgl. oben S. 209) auf einigen Einfluss dieser ostfränkisch-mainfränkischen Adelssippen am Untermain hinweisen. Einen weiteren Hinweis möchte man aus der mit dem außergewöhnlichen Grab verbundenen besonderen Verehrung beider Kinder ziehen. Die Einrichtung einer Memoria, die man aus der Beisetzung in einem kompakten (zweigeschossigen?) Gebäude und aus der Tatsache der etwa 120–150 Jahre späteren zentralen Platzierung der neuen Frankfurter Pfalzbasilika durch Ludwig den Deutschen erschließen kann, macht deutlich, dass es hier – trotz Bärenfell-Brandbestattung – eine lange Tradition der Verehrung gegeben haben muss, die von einem fränkischen Großen bis zum Enkel Karls des Großen reichte. Frankfurt war die »eigentliche Hauptstadt« des Ostfränkischen Reichs Ludwigs des Deutschen, neben der anderen fast gleich häufig besuchten Residenz Regensburg[746]. Die Neubauten von Kirchen (*oratoria*) an beiden Orten, der Salvatorkirche[747] in Frankfurt *(Abb. 106)* und der Regensburger Alten Kapelle[748], waren programmatisch, denn sie folgten in Grundriss und Proportion der – deutlich größeren –Lateransbasilika in Rom, womit nach Wintergerst Ludwig ganz bewusst auf Rom Bezug nehmen wollte, darin seinen Großvater Karl der Große nachahmend, der Aachen zum Neuen Rom machen wollte[749]. Wenn Ludwig nun dieses neue programmatische Sakral-Bauwerk seiner Hauptresidenz exakt über dem Kindergrab (nicht über dem gesamten Rechteckbau) ausrichtete, muss es sich bei der/den Kleinen um in dynastischer wie sakraler Hinsicht herausragende Figuren gehandelt haben. Wintergerst hatte in Erwä-

jedoch eher eine Dotation an den Marienaltar in der Salvatorbasilika, der noch in der gotischen Bartholomäuskirche der Hauptaltar war, und an das von Ludwig eingerichtete Marienstift. Auch die – spät überlieferte – Weiheinschrift für die Salvatorkirche zum 1. September 855 (Kloft/Schmieder 2007, 230 ff.).

748 *Oratoria nova ad Franconovurd et Reganesburg admirabile opere construxit* (Rau 1969, 329: Notker Taten Karls).

749 Wintergerst 2007, 75 f.

gung gezogen, dass es sich bei dem Mädchen um eine »sogenannte Adelsheilige« gehandelt habe, die »durch das Kindesalter … auch keusch und jungfräulich« gewesen wäre[750]. Doch zum einen passt der bi-rituelle, semi-pagane Charakter dieser Bestattung nicht zum Bild vom Adelsheiligen. Zum anderen kann es sich angesichts des geringen Alters von gut vier Jahren kaum um den typischen Adelsheiligen des frühen Mittelalters gehandelt haben, worunter man die in Tat und Wirkung heiligmäßig lebende Person adeligen Standes verstand, in der *nobilis* und *sanctus* zusammenfielen[751]. Auch wird das Kind keine Märtyrerin gewesen sein, die es in den Stand der Heiligmäßigkeit versetzt hätte.

Weil die lokale Überlieferung für Frankfurt im 6. bis 8. Jahrhundert, sowohl was Schriftquellen wie auch was personalisierbare, aussagekräftige Grabfunde betrifft, außerordentlich spärlich ist, kann eine weitergehende Interpretation des so singulären bi-rituellen Kinderdoppelgrabes unter der späteren Bartholomäuskirche nicht erfolgen. Auch aus der bekannten Genealogie Ludwigs des Deutschen und seiner Familie lassen sich keine Hinweise auf den Zusammenhang zwischen Kindergrab/-Memoria und der Positionierung der Basilika für seine Hauptresidenz finden. Eher sollte man vermuten, dass im Falle einer familiären Beziehung des Mädchens mit Karls des Großen vierter Frau Fastrada, der wohl kaum von ihm geliebten Stiefgroßmutter Ludwigs des Deutschen (vgl. oben S. 211), er keine besondere Neigung zur Fortführung der Memorialtradition gehabt hätte. Doch könnte es sein, dass schon Fastrada für eine Verfestigung des Erinnerungskultes um das Kind oder die Kinder gesorgt hatte, die noch 60 Jahre nach ihrem Tod so lebendig war, dass die neue Basilika sich daran orientierte? Sehr wahrscheinlich hatte sich am Grab der beiden Kinder eine lokale Tradition der Verehrung entwickelt, die vielleicht mit Wunderaktivitäten und Pilgerbesuchen verbunden war und die dann bei den Bauplanungen für St. Salvator diese wichtige Rolle spielen sollten.

Das alte Geheimnis dieser beiden so fremden und gleichzeitig so vertrauten kleinen Kinder war nach 150 Jahren gewiss schon vergessen.

750 Wintergerst 2007, 75.

751 Zum Begriff des »Adelsheiligen« vgl. Bosl 1965; Prinz 1965, 489 ff.; Lexikon des Mittelalters 1, 1980, 147, s.v. »Adelsheiliger« (M. Heinzelmann); Angenendt 1997, 99 ff.

English Summary

The children's-grave under the Frankfurt Church of St. Bartholomew ('Cathedral') – the findings

This chapter deals with the archaeological evidence presented in 1994 by Andrea Hampel (from the 1991–1993 research) from excavations under the Frankfurt Church of St. Bartholomew, the significantly different analysis of findings by Magnus Wintergerst 2007 and this writer's own observations. Several buildings with stone foundations were built on the Frankfurt Cathedral Hill in the 7th century, probably in the first half *(fig. 4)*: a small church with an apse, a few meters west north west of it a small, partially heated rectangular building ('Bau I') as well as two more buildings 70 metres further west, probably with administrative and reception functions, one of them curved and with a small apse, possibly indicating the location of the *sella regia*. All of these are interpreted as predecessors of the later Carolingian Palace, stretching 200 years later in the same West-East extent, exactly at this point *(fig. 3)*. Unlike the former interpretation, the small rectangular building is regarded in this investigation as the residence of a local cleric *(domus ecclesiae)*, probably borrowing from Gaul, and indicating a high-ranking cleric. All these buildings belonged certainly to the Frankish king's Court *(villa)* of the lower main fiscal district of Franconofurd *(fig. 103)*, where Charlemagne held the great Synod in 794.

In around 700–730 A.D. a grave shaft was dug within the meanwhile functionless residential building ('Bau I'), and a wooden coffin inserted, aligned west–east, containing the remains of two children (one interred and the other cremated, see *fig. 2; 9,2; 12*) of about four years old. Within the grave chamber to the south of the coffin sumptuous dining offerings had been deposited. They had covered the whole burial with a double layer of boards *(fig. 11)*. One of the children was an interred body of a girl with rich clothes and jewellery (She is believed to be a family member of the noble administrator of *Franconofurd*). The other child, the gender of which is unknown, was cremated, and was burned together with a Bearskin which presumably had served as a rug. The cremated remains of the child were placed within an organic bag together with a hand-made ceramic pot, to the right of the girl within the sarcophagus. Presumably the building then served as a *cella memoria*, where the children were held in memory for generations. Around this building three dozen burials without grave goods were sited, stratigraphically dated from the 8th to the 10th century; ^{14}C-analyses taken from five graves suggest burial since the early 7th century. More rich burials of the presumed separate aristocratic cemetery are unknown.

The human remains: anthropology, chronology and isotope analyses

The recent anthropological study (N.-J. Rehbach) of sparse unburned and burned bone fragments out of the coffin revealed that the girl (by archaeological determination) was about 4 to 5 years old (*infans*) with a tendency towards 5 years old. Her remains showed signs of discrete decay (caries) and traces of growth disorder – perhaps due to illness, in the fourth year of her life. The body had been cremated at a temperature of more than 800 °C. There were found eight cremated brown bear phalanges (claws) in addition to human remains, as well as fragments of pig and other undeterminable animals. These are probably the remains of a bear coat and dinner offerings, which had been burned on the pyre.

A number of ^{14}C-analyses on the remains of burned and unburned bones and claws indicates, despite conflicting results, that both children died and were buried at the same time, i.e. in the second half of 7th century (*fig. 16*; about archaeological dating suggesting the early 8th century see p. 137 ff.).

Studies on the vascular offerings

The only vessel *in* the coffin was a complete vessel but was found broken in pieces. The small cooking pot, made from free-form, soft-fired ceramics had been placed alongside the cremated remains. It will have contained food. Comparative findings from the East Francian region date it to the early 8th century.

All the other vessels had been deposited outside of the coffin in the south of the grave chamber and acted as containers or dishes for food and drink offerings *(fig. 18)*. Two cooking pots with prepared meat (pork ribs and chicken) were a type of late-Merovingian standard ceramic which was disc-turned and hard-fired ('Rheinland' ware) from the first half of the 8th century.

The fragments of the small softwood bucket with three iron hoops and fiber-wrapped iron handle cannot be reconstructed or further specified; presumably it was filled with a beverage. One box contained two precious round cups: a well-lathed, but a completely decomposed (no wood remains) wooden goblet with complex silver hardware design on the rim, and a rare thick-walled glass cup, probably a 'Rhenisch' product and was then already one or two generations old. There are no close parallels known for the wooden goblet; morphologically and technically similar pieces are known from rich Merovingian and Anglo-saxon graves.

Studies on selected gold, silver and non-ferrous metal objects

Material analyses:

The gold and silver objects and the cup rim fittings, found beside the body and the clothing jewellery of the unburned child *(fig. 28)* were studied by members of the Römisch-Germanisches Zentralmuseum in Mainz and their comprehensive material analyses are listed in *Tabelle 1*. The silver is of a uniform high-quality, while the gold works have a greater range of variation in gold alloys. An analysis of the spoliated disc fibula with gold body revealed that the garnet originated from Bohemian deposits. The heavily worn central insert was made of bone or ivory.

Object analyses:

As mentioned earlier (Wamers 2013b), the small round garnet disc fibula was originally the centrepiece of a larger Frankish-Alamannic filigree disc fibula of the late 7th century. It was made into a miniature fibula for a little girl by riveting a secondary needle holder under the body.

The filigree ornate golden pompom earrings ('Bommelohrringe') are subjected to an analysis of their manufacture and antiquarian study (N. Krohn). Despite the high gold content, they are only of average form quality. Their small size is no evidence of a special design for the little girl; according to Krohn, despite the compact morphology a date cannot be confirmed to the 7th or 8th century (see. however, the comments of E. Wamers on the dating of the tomb p. 137 ff.). It does however have a distribution focus in southwest Germany and the Oberbayern region.

The golden filigree and granulation embellished finger rings (with three ball decorative embellishments), manufactured specifically for young children, are among the top products of the Merovingian goldsmiths craft (N. Krohn). The girl had a ring on both hands featuring a quatrefoil knot. There was also a finger ring with an opposite C-shaped pattern on a larger plate to the left. Finger rings with three ornamental balls ('Dreikugelzier'), a leading form of the earlier Merovingian period, are represented mainly west of the Rhine, perhaps indicators of an urban elite.

Of the 12 gold pendants (N. Krohn) of necklaces there are five triangular gold sheet pendants with fine filigree trim and driven half-relief decoration in insect morphology; one of them is a spare piece of imitation. The pendants, which can be traced back to early Byzantine forms, are popular mainly in the younger Merovingian period and even up to the 8th century. Four of the five openwork filigree pendants are triangular and unique in the Merovingian material; they too are decorated with insect-like motifs. The round openwork pendant has a cross shaped pelta patterns with a central circle, thus anticipating a popular Carolingian cross motif on round fibulas. Strong signs of wear could testify to an older age. The circular gold foil pendant (A. Pesch) is likely to be a Nordic gold bracteate of type D, which must be an antique in this context of the early 8th century. Nordic bracteates are rare finds in Continental women's graves of the 6th century, so it may be a family heirloom in this grave. Even if it might have been made on the Continent it shows relations to Scandinavia.

An archaeological treatment of double-conical sheet gold beads for pectorals (N. Krohn), also a leading form of the late Merovingian period of the decades around 700, is followed by production-technical observations (Th. Flügen) on the small silver plate beads; these are silver covered beads of copper alloy.

The equal-armed gilded silver brooch with a niello inlay belongs to a type that is common in the north-eastern French-Belgian-Dutch territory between the Seine and the Rhine estuary and dated to the first half of the 8th century. In Frankfurt it must be regarded as 'foreign goods', pointing possibly to personal relationships that are not closely definable to these regions.

Amongst the three small children's bracelets are the two 'Kolbenarmreife' (piston bracelets, one silver, one brass) early Merovingian standard forms. It isn't clear if the unique twisted silver bracelet is a reused late Roman old piece, or is an extremely rare documented late Merovingian bracelet form.

The closable copper alloy sheet box worn around the neck had already been treated several times (Wamers 1995, 2003, 2013b). It belongs to the smelling or olfactory boxes of Mediterranean character from the Roman times to the early medieval period. They contained a sponge soaked in fragrances – comparable to modern vinaigrettes. The written sources for such *'olfactoriola'* are subjected to a detailed analysis.

Clothing accessories and other discoveries of the midsection area and lower leg

This chapter is introduced by a summary of the extensive observations made during the restorations and analyses of R. Goedecker-Ciolek. Items observed included an iron belt chain, an ivory pendant together with a leather strip, an iron knife and a strap fitting, all hanging on the left side, besides textile remnants as well as a bundle with scissors, comb and needle container *(fig. 61)*. The ivory object has a complex structure with a tongue and groove construction and with bronze fittings, but its original shape and design is unclear. Digressions regarding comparative pieces from female graves in England and Rouen do not provide convincing results for the function of this object which is in the tradition of Merovingian amulet pendants.

The comb however, in contrast to the primary publication, is a typical single-line type with bent back, stuck in a bone sheath, dating from the late 7th to the 9th centuries. A sewing needle and thread are wrapped in a leather case and subject to a detailed comparative analysis and comments. The parallels so far known indicate a Frisian/Saxon background for this (costume accessory?) part.

Goedecker-Ciolek detected eight tissues with a complex stratigraphy which are summarised in a reconstruction of the girls' costume and jewellery and illustrated in a drawing.

The textile gold cross – re-recording, examination and results

B. Nowak-Böck and I. Schneebauer Meissner introducing the elaborate studies and analyses of the recovered block in gold wire work *(fig. 80)*, which had been laid down in the coffin, at about knee height, encountered in a cross shape. The strips had been made by tablet weaving, the textile patterns could be reconstructed. This cloth, which had disappeared with time, with the sewn gold cross was laid uppermost in the coffin; it covered both children and could be a late echo of the 'gold foil cross custom.

The dating of the tomb – ^{14}C-data and antiquarian analyses

There is a confliction of dates for this tomb, between the carbon ^{14}C-dating which would suggest the second half of the 7th century, and the date range of the offerings in the children's grave which signify a slightly later date of about 700 to 730. Similar differences between ^{14}C and antiquarian dating were also observed in several other early Merovingian findings.

The cremation grave: on the cremation burial custom, the bearskin grave good, and the bi-ritual double-graves

The cremation burial custom in the 6th to 8th century occurs primarily east of the Rhine from the North Sea to – much less often – the area South of the river Main, and is largely a phenomenon of cultures which were still pagan. Into the areas of the Merovingian linear cemetery burials ('Reihengräberkreis'), this treatment of the dead must have come through contacts of various kinds, primarily on personal relations and mobility. The cremation burial with a bearskin is an old Germanic custom; as a Continental phenomenon in the 7th and 8th centuries it can be explained only by influences from Scandinavia *(fig. 98)*. Comparisons with the findings from the Lower Saxony cemetery of Liebenau and the contexts of Nordic foreign goods on the Continent make it very likely that the second, cremated child interred in the coffin was of Scandinavian origin. This can be best explained even in the 7th and 8th centuries by a continued presence of northern people on the Continent east of the Rhine. Bi-ritual burials in turn show a pronounced western Thuringian and Main-Frankish distribution *(fig. 100)*, which should be related to the ethnic-religious special position of this area and is reflected in the syncretic situation, of which Boniface complained.

On the history and missionary activity of the East Frankish-Thuringian area in the 7th and 8th centuries

This chapter attempts to trace the – sparsely recorded – political and mission history of East Francia in the late Merovingian and early Carolingian period. Discussed here in particular are: the relationship between the Thuringian and Main-Frankish Duchy, the role of the Hedene family in the lower Main area and in the pre-Boniface mission, as well as the 'ethnic' circumstances east of the Rhine as raised in Boniface's letters and Boniface's Life (*vita*) *(fig. 102)*. The issue of the syncretistically appearing religious situation that Boniface encountered is considered here, and how far that provides information on the spiritual background for the bi-ritual children's double-grave in Frankfurt.

The bi-ritual children's double-grave at the Frankfurt Bartholomew Church. Attempt at a synthesis

The question of who is buried in the Frankfurt Cathedral grave and what ethnic and manorial conditions existed east of the Rhine can only be answered with speculative caution. It can only be guessed as to how far the Frankish fiscal district of *Franconofurd*, founded in the 6th century, was still dominated by the Frankish central authority during the Merovingian period of weakness in the late 7th and early 8th centuries, or whether it was influenced by Thuringia, or perhaps more likely of the Main-Frankish Duchy of the Hedene family *(fig. 103)*.

Under Charles Martel, Charlemagne, who held here in 794 the great synod, together with his wife Fastrada of the old East Frankish nobility, under Louis the Pious, who built the new Palatinate buildings in 823, and Louis the German, who built the new Palatinate Basilica in 855 and made Frankfurt his residence, developed the Lower Main region to one of the core landscapes of the East of the Rhine. The bi-ritual children's grave of 700–730 sheds an illuminating light on a region in transition.

Translation: Quentin Hutchinson

Anhang

Literatur

Åberg, N. 1926 The Anglo-Saxons in England during the early centuries after the invasion. Arbeten utgifna med understöd av Vilhelm Eckmans Universitetsfond 33 (Uppsala 1926).

Agii Vita et Obitus Hathumodae Agii Vita et Obitus Hathumodae (Leben des Abtes Eigil von Fulda und der Aebtissin Hathumoda von Gandersheim). Übers. von G. Grandauer. In: Die Geschichtsschreiber der deutschen Vorzeit 10, 9. Jh. (Leipzig 1890).

Ahrens, C. 1978/1980 Die eisernen Messer des spätsächsischen Gräberfeldes Ketzendorf. Hammaburg Serie NF 5 (1978/80) 51–64.

Alföldi, A. 1952 Der frührömische Reiteradel und seine Ehrenabzeichen. Deutsche Beiträge zur Altertumswissenschaft 2 (Baden-Baden 1952).

Ambrosiani, B. 1984 Kämme. In: Arwidsson (Hg.) 1984, 161–174.

Ament, H. 1976 Die fränkischen Grabfunde aus Mayen und der Pellenz. Germanische Denkmäler der Völkerwanderungszeit B 9 (Berlin 1976).

Ament, H. 1991 Zur Wertschätzung antiker Gemmen in der Merowingerzeit. Germania 69/2, 1991, 401–424.

Ament, H. 1992 Das alamannische Gräberfeld von Eschborn (Main-Taunus-Kreis). Materialien zur Vor- und Frühgeschichte von Hessen 14 (Wiesbaden 1992).

Amrein, H./Rast-Eicher, A./Windler, R. 1999 Neue Untersuchungen zum Frauengrab des 7. Jahrhunderts in der reformierten Kirche von Bülach (Kanton Zürich). Zeitschrift für schweizerische Archäologie und Kunstgeschichte 56, 1999, 73–114.

Andrae, R. 1973 Mosaikaugenperlen. Untersuchungen zur Verbreitung und Datierung karolingerzeitlicher Millefiori-glasperlen in Europa. Acta Praehistorica et Archaeologica 4, 1973, 101–198.

Andrikopoulou-Strack, N. 1990 Archäologische Beobachtungen zur frühmittelalterlichen Besiedlung von Niederkassel. In: Archäologie in Nordrhein-Westfalen. Geschichte im Herzen Europas (Mainz 1990) 276–278.

Angenendt, A. 1984 Kaiserherrschaft und Königstaufe. Kaiser, Könige und Päpste als geistliche Patrone in der abendländischen Missionsgeschichte. Arbeiten zur Frühmittelalterforschung der Universität Münster 15 (Berlin/New York 1984).

Angenendt, A. 1997 Heilige und Reliquien. Die Geschichte ihres Kultes vom frühen Christentum bis zur Gegenwart[2] (München 1997).

Annibaldini, G./Werner, J. 1963 Ostgotische Grabfunde aus Acquasanta, Prov. Ascoli Piceno (Marche). Germania 41, 1963, 356–373.

Arbman, H. 1940/1943 Birka: Untersuchungen und Studien. 1: Die Gräber (Uppsala 1940/1943).

Arends, U. 1978 Ausgewählte Gegenstände des Frühmittelalters mit Amulettcharakter (Heidelberg 1978).

Arndt, W. 1938 Schwämme. In: W. Arndt/ F. Pax (Hg.), Die Rohstoffe des Tierreichs (Berlin 1938) 1578–1613.

Arrhenius, B. 1995 Die Schraube als Statussymbol. Zum Technologietransfer zwischen Römern und Germanen. In: I. Huld-Zetsche (Hg.), Frankfurter Beiträge zur Mittelalter-Archäologie 2. Schriften des Frankfurter Museums für Vor- und Frühgeschichte 12 (Bonn 1990) 9–26.

Arwidsson, G. 1954 Valsgärde 8. Die Grabfunde von Valsgärde II. Acta Musei Antiquitatum Septentrionalium Regiae Universitatis Upsaliensis 4 (Uppsala 1954).

Arwidsson, G. 1977 Valsgärde 7. Die Grabfunde von Valsgärde III. Acta Musei Antiquitatum Septentrionalium Regiae Universitatis Upsaliensis 5 (Uppsala 1977).

Arwidsson, G. (Hg.) 1984 Birka. Untersuchungen und Studien II:1. Systematische Analysen der Gräberfunde (Stockholm 1984).

Aufleger, M. 1996 Metallarbeiten und Metallverarbeitung. In: Katalog Mannheim/Paris/Berlin 1996/1997, 618–628.

Axboe, M. 1981 The Scandinavian Gold Bracteates. Studies in their manufacture and regional variations. With a supplement to the catalogue of Mogens B. Mackeprang. Acta Archaeologica 52, 1981, 1–100.

Bachmann, H.-G. 1994 Metallanalyse der Fundstücke. In: A. Hampel, Der Kaiserdom zu Frankfurt am Main. Beiträge zum Denkmalschutz in Frankfurt am Main 8 (Nußloch 1994) 230–232.

Backhaus, F. 1984 Karolingisch-ottonisches und salisch-staufisches Reichsgut. In: F. Schwind (Hg.), Geschichtlicher Atlas von Hessen. Text- und Erläuterungsband (Marburg 1984) 56–62.

Bálint, C. 2000 Byzantinisches zur Herkunftsfrage des vielteiligen Gürtels. In: Ders. (Hg.), Kontakte zwischen Iran, Byzanz und der Steppe im 6.–7. Jahrhundert. Varia archaeologica Hungarica 9 (Budapest/Neapel/Rom 2000) 99–162.

Bálint, C. 2010 Avar Goldsmiths' Work from the Perspective of Cultural History. In: Ch. Entwistle/N. Adams (Hg.), Intelligible Beauty. Recent Research on Byzantine Jewellery. British Museum.

Research Publications 178 (London 2010) 146–160.
Banck-Burgess, J. 1998 Goldtextilien. Reallexikon der Germanischen Altertumskunde[2] XII, 1998, 386–392.
Bänteli, K./Ruckstuhl, B. 1986 Die Stiftergräber der Kirche St. Maria zu Schleitheim. Archäologie der Schweiz 9/2, 1986, 68–79.
Bantelmann, N. 1988 Süderbrarup. Ein Gräberfeld der römischen Kaiserzeit und Völkerwanderungszeit in Angeln. 1. Archäologische Untersuchungen. Untersuchungen aus dem Schleswig-Holsteinischen Landesmuseum für Vor- und Frühgeschichte 63 (Neumünster 1988).
Bärenfänger, R. 1988 Siedlungs- und Bestattungsplätze des 8. bis 10. Jahrhunderts in Niedersachsen und Bremen. British Archaeological Reports International Series 398 (Oxford 1988).
Bartel, A. 2005 Die Goldbänder des Herrn aus Straubing-Alburg. Untersuchungen einer Beinbekleidung aus dem frühen Mittelalter. Bericht der Bayerischen Bodendenkmalpflege 43/44, 2002/2003, 261–272.
Bartel, A./Nadler, M./Kreutz K. 2005 Der Prachtmantel des Fürsten von Höbing. Textilarchäologische Untersuchungen zum Fürstengrab 143 von Großhöbing. Bericht der Bayerischen Bodendenkmalpflege 43/44, 2002/2003, 229–249.
Battke, H. 1953 Geschichte des Ringes in Beschreibung und Bildern (Baden-Baden 1953).
Becher, M. 1999 Verfassung und Ethnogenese der Sachsen während des 8. Jahrhunderts. In: H.-J. Häßler (Hg.), Sachsen und Franken in Westfalen. Zur Komplexität der ethnischen Deutung und Abgrenzung zweier frühmittelalterlicher Stämme. Studien zur Sachsenforschung 12 (Oldenburg 1999) 1–31.
Becker, Th. 2002 Bemerkungen zu Hühnerbeigaben in frühmittelalterlichen Grabkontexten. In: Ch. Bücker u. a. (Hg.), Regio Archaeologica. Archäologie und Geschichte an Ober- und Hochrhein. Festschrift für Gerhard Fingerlin zum 65. Geburtstag. Internationale Archäologie. Studia honoraria 18 (Rahden/Westf. 2002) 337–349.
Beermann, S. 2013 Bärenkrallen und Bärenfelle als Grabbeigabe. Studien zu einer Grabsitte in Mittel- und Nordeuropa von der vorrömischen Eisenzeit bis in die Wikingerzeit. Ungedruckte Magisterarbeit (Georg-August-Universität Göttingen 2013).
Behling, L. 1958 Dreipaß. In: Zentralinstitut für Kunstgeschichte (Hg.), Reallexikon zur deutschen Kunstgeschichte 4: Dinanderie–Elle (München 1958).
Beilharz, D. 2011 Das frühmerowingerzeitliche Gräberfeld von Horb-Altheim. Forschungen und Berichte zur Vor- und Frühgeschichte in Baden-Württemberg 121 (Stuttgart 2011).
Bemmann, J. 2009 Was ist und ab wann gibt es archäologisch betrachtet typisch Thüringisches? Eine kritische Bestandsaufnahme. In: H. Castritius/ D. Geuenich/M. Werner (Hg.), Die Frühzeit der Thüringer. Archäologie, Sprache, Geschichte. Ergänzungsbände zum Reallexikon der Germanischen Altertumskunde 63 (Berlin/New York 2009) 63–81.
Bender-Jørgensen, L. 1992 North European Textiles until A.D. 1000 (Arhus 1992).
Bennett, A. 1987 Graven. Religiös och social symbol. Strukturer i folkevandringstidens gravskick I Mälaromradet. Theses and Papers in North-European Archaeology 18 (Stockholm 1987).
Berendes, J. 1902/1970 Des Pedanois Dioskurides aus Anazarbos Arzneimittellehre in fünf Büchern (Wiesbaden 1902, Neudruck 1970).
Berg, I. 2010 Visualisierung von Computertomografien (CT) in der Archäologischen Forschung, Einsatz von VG Studio MAX 2.0. Restauro 4, 2010, 242–244.
Bertelli, C./Brogiolo, G. P. 2000 Il future dei Longobardi. L'Italia e la costruzione dell'Europa di Carlo Magno (Mailand 2000).
Bertram, M. 2002 Die frühmittelalterlichen Gräberfelder von Pocking-Inzing und Bad Reichenhall-Kirchberg. Rekonstruktion zweier Altgrabungen. Museum für Vor- und Frühgeschichte, Staatliche Museen zu Berlin, Bestandskataloge 7 (Berlin 2002).
Biegert, S. 1999 Römische Töpfereien in der Wetterau. Schriften des Frankfurter Museums für Vor- und Frühgeschichte 15 (Frankfurt am Main 1999).
Blaich, M. C. 2005 Thüringisches und skandinavisches Fundgut in frühmittelalterlichen Gräbern des Rhein-Main-Gebietes. Kommentar zu vier Verbreitungskarten. In: Häßler (Hg.) 2005, 63–82.
Blaich, M. C. 2009 Bemerkungen zur Speisebeigabe im frühen Mittelalter. In: Heinrich-Tamáska/Krohn/Ristow (Hg.) 2009, 27–44.
Blindheim, Chr. 1981 Slemmedal-skatten. En liten orientering om et stort funn. Viking 45, 1981, 5–31.
Blindheim, Chr./Heyerdahl-Larsen, B./ Tollnes, R. L. 1981 Kaupang-funnene 1. Norske Oldfunn 9 (Oslo 1981).
Blindheim, Chr./Heyerdahl-Larsen, B. 1995 Gravplassene i Bikjholbergene/ Lamøya. Undersøkelsene 1950–57. Del A. Gravskikk. Kaupangfunnene 2. Norske Oldfunn 16 (Oslo 1995).
Blindheim, Chr./Heyerdahl-Larsen, B./ Ingstad A. S. 1999 Kaupang-funnene II. Gravplassene I, Del B. Oldsaksformer; Del C. Textilene. Norske Oldfunn 19 (Oslo 1999).
de Boe, G. 1970 Een merovingisch Grafveld te Borsbeek (Antwerpen). Archaeologia Belgica 120 (Brüssel 1970).
Bøe, J. 1940 Viking Antiquities in Great Britain and Ireland. Teil 3. Norse Antiquities in Ireland (Oslo 1940).
Böhme, H. W. 1986 Das Ende der Römerherrschaft in Britannien und die angelsächsische Besiedlung Englands im 5. Jahrhundert. Jahrbuch des Römisch-Germanischen Zentralmuseums Mainz 33/2, 1986, 469–576.
Böhme, H. W. 1988 Zur Bedeutung des spätrömischen Militärdienstes für die Stammesbildung der Bajuwaren. In: H. Dannheimer/H. Dopsch (Hg.), Die Bajuwaren. Von Severin bis Tasilo 488–788. Gemeinsame Landesausstellung des Freistaates Bayern und des Landes Salzburg. Ausstellungskatalog Rosenheim/Bayern, Mattsee/Salzburg (München 1988).
Böhme, H. W. 1998 Goldblattkreuze. Reallexikon der Germanischen Altertumskunde[2] XII, 1998, 312–318.
Böhner, K. 1956 Rommerskirchen (Kreis

Grevenbroich). In: Jahresbericht des staatlichen Vertrauensmanns für kulturgeschichtliche Bodenaltertümer vom 1. Januar 1951 bis 31. Dezember 1953. Bonner Jarhrbücher 155/156, 2. Teil, 1955/1956, 509–512.

Böhner, K. 1958 Die fränkischen Altertümer des Trierer Landes. Germanische Denkmäler der Völkerwanderungszeit B 1 (Berlin/New York 1958).

Böhner, K. 1991 Die frühmittelalterlichen Silberphaleren aus Eschwege (Hessen) und die nordischen Pressblechbilder. Jahrbuch des Römisch-Germanischen Zentralmuseums 38, 1991, 681–743.

Bóna, I. 1956 Die Langobarden in Ungarn. Die Gräberfelder von Várpalota und Bezenye. Acta Archaeologica Academiae Scientiarum Hungaricae 7, 1956, 183–244.

Bóna, I. 1976 Der Anbruch des Mittelalters. Gepiden und Langobarden im Karpatenbecken (Budapest 1976).

Bosl, K. 1965 Der »Adelsheilige«. Idealtypus und Wirklichkeit. Gesellschaft und Kultur im merowingerzeitlichen Bayern des 7. und 8. Jahrhunderts. In: C. Baur (Hg.), Speculum historiale. Geschichte im Spiegel von Geschichtsschreibung und Geschichtsdeutung. Festschirft für Johannes Spörl (Freiburg 1965) 167–187.

Bott, G./Bertram, M. 1994 Das Amulett. Die Magie des Schmucks. Kataloge des Museums- und Kulturvereins Schloss Albeck 1 (Sirnitz/Feldkirchen 1994).

Bott, H. 1952 Bajuwarischer Schmuck der Agilolfingerzeit. Formenkunde und Deutung. Schriftenreihe zur bayerischen Landesgeschichte 46 (München 1952).

Brandstätter, F./Niedermayr, G. 1999 Ein Beitrag zur mineralogischen Charakterisierung von Granaten in Schmuckstücken der Völkerwanderungszeit. European Journal of Mineralogy 11/1 Beiheft, 1999, 40.

Brather, S. 2001 Archäologie der westlichen Slawen. Siedlung, Wirtschaft und Gesellschaft im früh- und hochmitttelalterlichen Ostmitteleuropa. Ergänzungsbände zum Reallexikon der Germanischen Altertumskunde 30 (Berlin/New York 2001).

Braunfels, W. 1968 Dreifaltigkeit. In: E. Kirschbaum/W. Braunfels (Hg.), Lexikon der Christlichen Ikonographie 1 (Rom/Freiburg/Basel/Wien 1968) Sp. 525–537.

Breibert, W. 2005 Das karolingerzeitliche Hügelgräberfeld von Wimm, MG Maria Taferl, VB Melk, Niederösterreich. Untersuchungen zur Problematik frühmittelalterlicher Bestattungssitten im niederösterreichischen Donauraum. Arheološki vestnik 56, 2005, 391–433.

Breuer, J./Roosens, H. 1957 Le cimetière franc de Haillot. In: Annales de la Société archéologique de Namur 48, 1955, 171–298 = Archaeologica Belgica 34 (Brüssel 1957).

Brieske, V. 2001 Schmuck und Trachtbestandteile des Gräberfeldes von Liebenau, Kr. Nienburg /Weser. Vergleichende Studien zur Gesellschaft der frühmittelalterlichen Sachsen im Spannungsfeld zwischen Nord und Süd. Das sächsische Gräberfeld bei Liebenau, Kreis Nienburg (Weser). Studien zur Sachsenforschung 5,6 (Oldenburg 2001).

Brieske, V./Schlicksbier, G. 2005 Zur Chronologie des Gräberfeldes von Liebenau, Kr. Nienburg (Weser). In: Häßler (Hg.) 2005, 97–118.

Bronk Ramsey, Ch./Scott, E. M./v. d. Plicht, J. 2013 Calibration for Archaeological and Environmental Terrestrial Samples in the Time Range 26–50 Ka Cal Bp. Radiocarbon 55/4, 2013, 2021–2027.

Brown, K. R. 1979 Dating of some Frankish Rings in the Metropolitan Museum of Art. Bonner Jahrbücher 179, 1979, 251–258.

Brown, K. R./Kidd, D./Little, Ch. T. 2000 From Attila to Charlemagne. Arts of the Early Medieval Period in The Metropolitan Museum of Art. Papers presented at a symposium at the MMA called »The Morgan Collection and related migration period material« on may 22 and 23, 1995. The Metropolitan Museum of Art Symposia 1 (New York 2000).

Bruce-Mitford, R. L. S. 1983 The Sutton Hoo Ship-Burial. Vol. III,1. Late Roman and Byzantine Silver, Hanging-Bowls, Drinking Vessels, Cauldrons and other Containers, Textiles, the Lyre, Pottery Bottle and other items (London 1983).

Bruun, I. M. 2007 Blandede graver – blandede kulturer? En tolkning av gravskikk og etniske forhold i Nord-Norge gjennom jernalder og tidlig middelalder (ungedruckte Magisterarbeit. Det samfunnsvitenskapelige fakultet Universitetet i Tromsø 2007), (http://munin.uit.no/handle/10037/1038).

Buchner, R. 1988 Gregor von Tours. Zehn Bücher Geschichte (Gregorii Episcopi Turonensis. Historiarum Libri Decem). Übers. von W. Giesebrechts, neubearbeitet von R. Buchner. Ausgewählte Quellen zur deutschen Geschichte des Mittelalters. Freiherr vom Stein-Gedächtnisausgabe II und III (Darmstadt 1988).

Burnell, S. P. 1998 Die reformierte Kirche von Sissach BL: Mittelalterliche Kirchenbauten und merowingerzeitliche »Stiftergräber«. Archäologie und Museum 38, 1998, 226–232

Burzler, A. 1993 Die frühmittelalterlichen Gräber aus der Kirche Burg. In: M. Höneisen (Hg.), Frühgeschichte der Region Stein am Rhein. Archäologische Forschungen am Ausfluß des Untersees. Schaffhauser Archäologie 1 = Antiqua 26 (Basel 1993) 191–232.

Burzler, A. 2000 Archäologische Beiträge zum Nobilifizierungsprozeß in der jüngeren Merowingerzeit. Materialhefte zur bayerischen Vorgeschichte A 77 (Kallmünz 2000).

Burzler, A. 2002 Der Sonderfriedhof bei der Kirche. In: A. Burzler/M. Höneisen/J. Leicht/B. Ruckstuhl (Hg.), Das frühmittelalterliche Schleitheim – Siedlung, Gräberfeld und Kirche. Schaffhauser Archäologie 5/1 (Schaffhausen 2002) 414–458.

Busch, R. 1988 Die Langobarden. Von der Unterelbe nach Italien. Veröffentlichungen des Hamburger Museums für Archäologie und die Geschichte Harburgs (Helms-Museum) 54 (Hamburg 1988).

Butzen, R. 1987 Die Merowinger östlich des mittleren Rheins. Studien zur militärischen, politischen, rechtlichen, religiösen, kirchlichen, kulturellen Erfassung durch Königtum und Adel im 6. sowie 7. Jahrhundert. Mainfränkische Studien 38 (Würzburg 1987).

Butzen, R. 1989 Mainfranken im Reich der

Merowinger und frühen Karolinger. In: Erichsen 1989, 247–256.

Calligaro, Th. u.a. 2006 mit P. Périn/F. Vallet/J.-P. Poirot, Contribution à l'étude des grenats mérovingiens (Basilique de Saint-Denis et autres collections du musée d'Archéologie nationale, diverses collections publiques et objets de fouilles récentes). Nouvelles analyses gemmologiques et géochimiques effectuées au Centre de Recherche et de Restauration des Musées de France. Antiquités nationales 38, 2006–2007, 111–144.

Capelle, T. 1976 Die frühgeschichtlichen Metallfunde aus Domburg auf Walcheren. Teil 1 und 2. Nederlandse Oudheden, Rijksdienst voor het Oudheidkundig Bodemonderzoek 5 (Amersfoort 1976).

Capelle, T. 1978 Die karolingischen Funde von Schouwen. Teil 1 und 2. Nederlandse Oudheden, Rijksdienst voor het Oudheidkundig Bodemonderzoek 7 (Amersfoort 1978).

Capitulatio des partibus Saxoniae Capitulatio des partibus Saxoniae, hg. von A. Boretius. Monumenta Germaniae Historica, Capitularia regum Francorum I (Hannover 1883).

Christlein, R. 1966 Das alamannische Reihengräberfeld von Marktoberdorf im Allgäu. Materialhefte zur bayerischen Vorgeschichte 21 (Kallmünz 1966).

Christlein, R. 1968 Qualitätsgruppen unter den Grabausstattungen des 6. und 7. Jhs. aus Süd- und Westdeutschland. Universitäts-Dissertation Freiburg i. Br. (Freiburg 1968).

Christlein, R. 1971 Das Reihengräberfeld und die Kirche von Staubing bei Weltenburg. Archäologisches Korrespondenzblatt 1, 1971, 51–55.

Christlein, R. 1973 Besitzabstufungen zur Merowingerzeit im Spiegel reicher Grabfunde aus West- und Süddeutschland. Jahrbuch des Römisch-Germanischen Zentralmuseums Mainz 20, 1973, 147–180.

Christlein, R. 1974 Grabfunde des 5. Jahrhunderts von Frickingen, Ortsteil Bruckfelden, Kreis Überlingen. Fundberichte aus Baden-Württemberg 1, 1974, 565–572.

Christlein, R. 1979 Die Alamannen. Archäologie eines lebendigen Volkes[2] (Stuttgart 1979).

Čilinská, Z. 1975 Frauenschmuck aus dem 7.–8. Jh. im Karpartenbecken. Slovenská Archeológia 23/1, 1975, 63–96.

Claude, D. 1961 Zu Fragen der merowingischen Geldgeschichte. Vierteljahrschrift für Sozial- und Wirtschaftsgeschichte 48, 1961, 236–250.

Clauß, G. 1971 Reihengräberfelder von Heidelberg-Kirchheim. Badische Fundberichte Sonderheft 14 (Karlsruhe 1971).

Codreanu-Windauer, S. 1997 Pliening im Frühmittelalter: Bajuwarisches Gräberfeld, Siedlungsbefunde und Kirche. Materialhefte zur bayerischen Vorgeschichte A 74 (Kallmünz 1997).

Codreanu-Windauer, S. 2003 Zwei neue frühmittelalterliche Grabgruppen in Burgweinting, Stadt Regensburg, Oberpfalz. Das archäologische Jahr in Bayern 2003, 93–96.

Cosack, E. 1982 Das sächsische Gräberfeld bei Liebenau, Kr. Nienburg (Weser). Germanische Denkmäler der Völkerwanderungszeit A 15 (Berlin 1982).

Crowfoot, E. 1973 Textile Fragments from Polhill. In: B. Philp (Hg.), Excavations in West Kent 1960–1970. Second Research Report in the Kent Series (Kent 1973) 202–203.

Crowfoot, E. 1990 Textile fragments from ›relic-boxes‹ in Anglo-Saxon graves. In: P. Walto/J.-P. Wild (Hg.), Textiles in Northern Archaeology. NESAT III: Textile Symposium in York 6–9 May 1987 (London 1990) 47–56.

Csallány, D. 1961 Archäologische Denkmäler der Gepiden im Mitteldonaubecken von 454 bis 568 u. Z. Archaeologia Hungarica 38 (Budapest 1961).

Damminger, F. 2002 Die Merowingerzeit im südlichen Kraichgau und in den angrenzenden Landschaften. Untersuchungen zur Siedlungsgeschichte des 5.–8. Jahrhunderts im Gebiet zwischen Oberrhein, Stromberg und Nordschwarzwald. Materialhefte zur Archäologie in Baden-Württemberg 61 (Stuttgart 2002).

Dannheimer, H. 1962 Die germanischen Funde der späten Kaiserzeit und des frühen Mittelalters in Mittelfranken. Germanische Denkmäler der Völkerwanderungszeit A 7 (Berlin 1962).

Dannheimer, H. 1975 Untersuchungen zur Besiedlungsgeschichte Bayerns im frühen Mittelalter. In: Ausgrabungen in Deutschland. Teil 2: Römische Kaiserzeit im freien Germanien, Frühmittelalter I. Monographien des Römisch-Germanischen Zentralmuseums 1,2 (Mainz 1975) 224–237.

Dannheimer, H. 1979 Zur Herkunft der »koptischen« Bronzegefäße der Merowingerzeit. Bayerische Vorgeschichtsblätter 44, 1979, 123–174.

Dannheimer, H. 1985 Funde aus einem reich ausgestatteten Frauengrab von Aschheim. Das Archäologische Jahr in Bayern 1985, 130–131.

Dannheimer, H. 1987 Auf den Spuren der Baiuwaren. Archäologie des frühen Mittelalters in Altbayern. Ausgrabungen – Funde – Befunde (Pfaffenhofen 1987).

Dannheimer, H. 1988 Aschheim im frühen Mittelalter. Münchner Beiträge zur Vor- und Frühgeschichte 32/1 (München 1988).

Darrah, J. A. 1987 Metal Threads and Filaments. In: J. Black (Hg.), Recent Advances in the Conservation and Analysis of Artefacts. Jubilee Conservation Conference, Reprints, University of London (London 1987) 211–221.

Dehn, R. 1994 Das Grab einer »besonderen Frau« der Frühlatènezeit von Gündlingen, Stadt Breisach, Kreis Breisgau-Hochschwarzwald. Archäologische Ausgrabungen in Baden-Württemberg 1994, 92–94.

Deloche, M. M. 1900 Etude historique et archéologique sur les anneaux sigillaires et autres des premiers siècles du Moyen Age (Paris 1900).

Deppert-Lippitz, B. 1997 Spätrömische Goldperlen. In: U. v. Freeden/A. Wieczoreck (Hg.), Perlen. Archäologie, Techniken, Analysen. Akten des Internationalen Perlensymposiums in Mannheim vom 11.–14. November 1994. Kolloquien zur Vor- und Frühgeschichte 1 (Bonn 1997) 63–76.

Derschka, H. R. 1994 Frühe Herrschaftsverhältnisse – das »Adelsgrab« von Bruckfelden. In: Ders./J. Krebber/A.

Mayer (Hg.), 900 Jahre Frickingen, Dorfgeschichte 1094–1994 (Frickingen, Radolfzell 1994).

Deschler-Erb, E. u. a. 2004 mit E. H. Lehmann/L. Pernet/P. Vontobel/S. Hartmann, The complementary use of neutrons and x-rays for the non-destructive investigation of archaeological objects from swiss collections. Archaeometry 46/4, 2004, 647–661.

Dieke-Fehr, A./Müller-Christensen, S. 1988 Zur golddurchwirkten Vitta aus Grab 5 bei der Pfarrkirche. In: Dannheimer 1988, 134.

Dohrn-Ihmig, M. 1999 Das fränkische Gräberfeld von Nieder-Erlenbach, Stadt Frankfurt am Main. Beiträge zum Denkmalschutz in Frankfurt 11 (Frankfurt a. M. 1999).

Doppelfeld, O. 1959 Die Domgrabung. XI: Das fränkische Frauengrab. Kölner Domblatt. Jahrbuch des Zentral-Dombauvereins 16/17, 1959, 41–78.

Doppelfeld, O. 1960 Das fränkische Frauengrab unter dem Chor des Kölner Domes. Germania 38, 1960, 41–113.

Doppelfeld, O./Pirling, R. 1966 Fränkische Fürsten im Rheinland. Die Gräber aus dem Kölner Dom, von Krefeld-Gellep und Morken. Schriften des Rheinischen Landesmuseums Bonn 2 (Düsseldorf 1966).

Drack, W. 1959 Die Schweiz im Frühmittelalter. Repertorium der Ur- und Frühgeschichte der Schweiz 5 (Zürich 1959).

Drauschke, J. 2008 Zur Herkunft und Vermittlung »byzantinischer Importe« der Merowingerzeit in Nordwesteuropa. In: S. Brather (Hg.), Zwischen Spätantike und Frühmittelalter. Archäologie des 4. bis 7. Jahrhunderts im Westen. Ergänzungsbände zum Reallexikon der Germanischen Altertumskunde 57 (Berlin/New York 2008) 367–423.

Drauschke, J. 2010 Byzantine jewellery? Amethyst beads in East and West during the Early Byzantine period. In: Ch. Entwistle/N. Adams (Hg.), Intelligible Beauty. Recent Research on Byzantine Jewellery. British Museum. Research Publications 178 (London 2010) 50–60.

Drauschke, J. 2011 Zwischen Handel und Geschenk. Studien zur Distribution von Objekten aus dem Orient, aus Byzanz und aus Mitteleuropa im östlichen Merowingerreich. Freiburger Beiträge zur Archäologie und Geschichte des ersten Jahrtausends 14 (Rahden/Westf. 2011).

Dübner-Manthey, B. 1987 Die Gürtelgehänge als Träger von Kleingeräten, Amuletten und Anhängern symbolischer Bedeutung im Rahmen der frühmittelalterlichen Frauentracht (Berlin 1987).

Duval, N. 1991 La domus ecclesiae. Les dépendances non cultuelles de l'ecclesia. Naissance des arts chrétiens (Paris 1991) 63–68.

Ebel-Zepezauer, W. 1998 Ostgermanische Blechfibeln des 5. und 6. Jahrhunderts zwischen Rhein und Garonne. Archäologisches Korrespondenzblatt 28/2, 1998, 297–303.

Eckerle, A. 1958 Merowingische Gräber im Bereich der Kirche St. Peter in Lahr, Stadtteil Burgheim. In: W. Krämer (Hg.), Neue Ausgrabungen in Deutschland (Berlin 1958) 484–491.

Eichhorn, G. 1927, Der Urnenfriedhof auf der Schanze bei Großromstedt. Mannus-Bibliothek 41 (Leipzig 1927).

Eichinger, W. 2006 Im Westen viel Neues. Die archäologischen Ausgrabungen »An den Klostergründen« in Regensburg. Beiträge zur Denkmalpflege in Regensburg für die Jahre 2003 bis 2005. Denkmalpflege in Regensburg 10, 2006, 60–71.

Eichinger, W./Losert, H. 2003 Ein merowingerzeitliches Brandgräberfeld östlich-donauländischer Prägung bei Großprüfening, Stadt Regenburg, Oberpfalz. Das archäologische Jahr in Bayern 2003, 98–101.

Erdélyi, I./Ojtozi, E./Gening, W. F. 1969 Das Gräberfeld von Newolino. Archaeologia Hungarica 46 (Budapest 1969).

Ergün, N. 1999 Der Ring als Statussymbol. Kölner Jahrbuch 32, 1999, 713–725.

Erichsen, J. (Hg.) 1989 Kilian. Mönch aus Irland – aller Franken Patron. Veröffentlichungen zur Bayerischen Geschichte und Kultur 19 (Würzburg 1989).

van Es, W. 1965 Wijster: The Cemetry. Palaeohistoria XI, 1965, 409–595.

van Es, W./Schoen, R. P. 2007/2008 Het vroegmiddeleueuwse grafveld van Zweeloo. Palaeohistoria 49/50, 2007/2008, 795–935.

Comte d'Estaintot/de Vesly, L. 1886 Procès-Verbal des Fouilles de Saint-Ouen de Rouen (Rouen 1886).

Evison, V. I. 1966 A caterpillar brooch from Old Erring Farm, Shoreham-by-Sea, Sussex. Journal of the Society for Medieval Archaeology 10, 1966, 149–151.

Evison, V. I. 1987 Dover, The Buckland Anglo-Saxon Cemetry. Historic Buildings and Monuments Comission for England. Archaeological Report 3 (London 1987).

Ewig, E. 1977 Zur Bilhildisurkunde für das Mainzer Kloster Altmünster. In: K.-U. Jäschke/R. Wenskus (Hg.), Festschrift für Helmut Beumann zum 65. Geburtstag (Sigmaringen 1977) 137–148.

Farges, F. 1998 Mineralogy of the Louvres Merovingian garnet cloisonné jewelry: Origins of the gems of the first kings of France. American Mineralogist 83, 1998, 823–330.

Faussett, B. 1856 Inventorium Sepulchrale. An Account of some Antiquities dug up at Gilton, Ingston, Sibertswold, Barfriston, Beakesbourne, Chartham and Crundale, in the County of Kent, from A. D. 1757 to A. D. 1773. Edited from the original manuscript in the possession of Joseph Mayer, ESQ, with Notes and Introduction by Charles Roach Smith (London 1856).

Fehring, G. P. 1970 Erpfingen, Lkr. Reutlingen, Südwürttemberg. Wüstung im Gewann »Untere Wässere«. In: G. P. Fehring, Arbeiten der Archäologie des Mittelalters in Baden-Württemberg. Rückblick und Ausblick. Nachrichtenblatt der Denkmalpflege in Baden-Württemberg 13, Heft 3/4, 1970, 66–105.

Fiala, J./Paděra, K. 1977 The chemistry of the minerals of the Pyrope Dunite from Borehole T-7 near Staré (Bohemia). Tschermaks Mineralogische und Petrographische Mitteilungen 24, 1977, 205–219.

Fingerlin, G. 1971 Die alamannischen Gräberfelder von Güttingen und Merdingen in Südbaden. Germanische Denkmäler der Völkerwanderungszeit A 12 (Berlin 1971).

Fingerlin, G. 1974 Imitationsformen byzantinischer Körbchen-Ohringe nördlich der Alpen. Fundberichte aus Baden-Württemberg 1, 1974, 597–627.

Fingerlin, G. 1981 Merowingerzeit. In: R. Dehn/G. Fingerlin, Ausgrabungen der archäologischen Denkmalpflege Freiburg im Jahr 1980. Archäologische Nachrichten aus Baden 26, 1981, 29–33.

Fingerlin, G. 1985 Merowingerzeitliche Adelsgräber in der Peterskirche von Lahr-Burgheim. Archäologische Nachrichten aus Baden 35, 1985, 23–35.

Fingerlin, G. 1986 Begräbnisplatz einer merowingerzeitlichen Adelsfamilie in Dürbheim. In: Gemeinde Dürbheim (Hg.), 1200 Jahre Dürbheim. Festbuch mit Beiträgen zur Vergangenheit und Gegenwart der Gemeinde Dürbheim (Dürbheim 1986) 104–106.

Fingerlin, G. 2004 Das Ende der Reihengräberzeit. In: H. U. Nuber/H. Steuer/Th. Zotz (Hg.), Der Südwesten im 8. Jahrhundert aus historischer und archäologischer Sicht. Archäologie und Geschichte, Freiburger Forschungen zum ersten Jahrtausend in Südwestdeutschland 13 (Ostfildern 2004) 31–61.

Fischer, Th. 1993 Das bajuwarische Reihengräberfeld von Staubing. Studien zur Frühgeschichte im bayerischen Donauraum. Nach Unterlagen aus dem Nachlass von Rainer Christlein. Kataloge der Prähistorischen Staatssammlung 26 (Kallmünz 1993).

Fleury, M. 1963a L'anneau sigillaire de la reine Arnégonde, femme de Clotaire Ier. Annexe aux Procès-verbaux de la Commission municipale du Vieux Paris (séance du 11 février 1963) (Paris 1963) 5–14.

Fleury, M. 1963b L'anneau sigillaire d'Arégonde, femme de Clotaire Ier, découvert à Saint-Denis. Bulletin de la Société nationale des Antiquaires de France (séance du 20 février 1963) (Paris 1963) 34–42.

Fleury, M. 1979 Le Monogramme de l'anneau d'Aregonde. In: M. Fleury, Les fouilles de Saint-Denis: découverts Saint-Denis. Bijoux et parures maerovingiens de la reine Aregonde belle-fille de Clovis. Des objets admirables, nouvelles méthodes d'analyse et de reconstitution appliquées à Nancy. Dossiers d'Archéologie 32, 1979, 43–45.

Fleury, M./France-Lanord, A. 1998 Les trésors mérovingiens de la basilique de Saint-Denis (Paris 1998).

Flug, B. 2006 Äußere Bindung und innere Ordnung. Das Altmünsterkloster in Mainz in seiner Geschichte und Verfassung von den Anfängen bis zum Ende des 14. Jahrhunderts. Geschichtliche Landeskunde 61 (Stuttgartt 2006).

Flügel, Ch. u. a. 2004 mit E. Blumenau/E. Deschler-Erb/S. Hartmann/E. Lehmann, Römische Cingulumbeschläge mit Millefiorieeinlagen. Archäologisches Korrespondenzblatt 34, 2004, 531–546.

Foltz, E. 1981 Untersuchungen und Beobachtungen zu den Herstellungstechniken der Funde aus dem alamannischen Fürstengrab von Wittislingen. Archäologie und Naturwissenschaften 2, 1981, 171–203.

Fourlas, A. A. 1971 Der Ring in der Antike und im Christentum: der Ring als Herrschaftssymbol und Würdezeichen. Forschungen zur Volkskunde 45 (Münster 1971).

France-Lanord, A./Fleury, M. 1962 Das Grab der Arnegundis in Saint-Denis. Germania 40, 1962, 341–359.

Franken, M. 1944 Die Alamannen zwischen Iller und Lech. Germanische Denkmäler der Völkerwanderungszeit 5 (Berlin 1944).

Franz, L. 1944 Frühdeutsche Altertümer im Tiroler Landesmuseum zu Innsbruck. Alpenschriften 4 (Innsbruck 1944).

v. Freeden, U. 1979 Untersuchungen zu merowingerzeitlichen Ohrringen bei den Alamannen. Berichte der Römisch-Germanischen Kommission 60, 1979, 227–441.

v. Freeden, U. 1991 Awarische Funde in Süddeutschland? Jahrbuch des Römisch-Germanischen Zentralmuseums Mainz 38/2, 1991, 593–627.

v. Freeden, U. 2003 Das frühmittelalterliche Gräberfeld von Tauberbischofsheim-Dittigheim. Erste Ergebnisse und Probleme seiner Publikation. Vortrag zur Jahressitzung 2003 der Römisch-Germanischen Kommission. Bericht der Römisch-Germanischen Kommission 84, 2003, 5–48.

v. Freeden, U./Koch, U./Wieczorek, A. (Hg.) 1999 Völker an Nord- und Ostsee und die Franken. Akten des 48. Sachsensymposiums in Mannheim vom 7. bis 11. September 1997 (Bonn 1999).

Fremersdorf, F. 1955 Das fränkische Gräberfeld Köln-Müngersdorf. Germanische Denkmäler der Völkerwanderungszeit 6 (Berlin 1955).

Fries-Knoblach, J. 2013 Goldtextilien aus frühmittelalterlichen Gräbern Altbayerns. In: S. Feldmann/Th. Uthmeier (Hg.), Gedankenschleifen. Gedenkschrift für Wolfgang Weissmüller. Erlanger Studien zur Prähistorischen Archäologie 1 (Büchenbach 2013) 81–103.

Fürnkranz, S. 2005 Metallstickerei im außereuropäischen Raum. Beispiele aus der Sammlung des Museums für Völkerkunde Wien. Technologische Studien, Kunsthistorisches Museum 2 (Wien 2005) 11–49.

Gabriel, I. 1988 Hof- und Sakralkultur sowie Gebrauchs- und Handelsgut im Spiegel der Kleinfunde von Starigard/Oldenburg. Oldenburg – Wolin – Staraja Ladoga– Novgorod – Kiev. Handel und Handelsverbindungen im südlichen und östlichen Ostseeraum während des frühen Mittelalters. Kongressbericht Internationale Fachkonferenz der Deutschen Forschungsgemeinschaft vom 5.–9. Oktober 1987 in Kiel. Bericht der Römisch-Germanischen Kommission 69, 1988, 103–291.

Gabriel, I. 1991 Hofkultur, Heerwesen, Burghandwerk, Hauswirtschaft. In: M. Müller-Wille (Hg.), Starigard/Oldenburg. Ein slawischer Herrschersitz des frühen Mittelalters in Ostholstein (Neumünster 1991) 181–250.

Gairhos, A. 2010 Späte Merowingerzeit im Ingolstädter Raum. Die Bestattungsplätze von Etting-Sandfeld, Etting-Ziegelsaumäcker, Großmehring-Straßgwender und Enkering-Mauergarten. Beiträge zur Geschichte Ingolstadts 6 (Ingolstadt 2010).

Garam, É. 1993 Katalog der awarenzeitlichen Goldgegenstände und der Fundstücke aus den Fürstengräbern im Ungarischen Nationalmuseum. Catalogi Musei Nationalis Hungarici Seria archaeologica/

Magyar. Nemzeti Múzeum 1 (Budapest 1993).

Garam, É. 2001 Funde byzantinischer Herkunft in der Awarenzeit vom Ende des 6. bis zum Ende des 7. Jahrhunderts. Monumenta Avarorum archaeologica 5 (Budapest 2001).

Garscha, F. 1937 Aus der Frühgeschichte des Ufgaues. Badische Heimat 24, 1937, 78–84.

Garscha, F. 1970 Die Alamannen in Südbaden. Katalog der Grabfunde. Germanische Denkmäler der Völkerwanderungszeit A 11 (Berlin 1970).

Gebhard, R. 1991 Aus der Werkstatt eines antiken Feinschmiedes – Zum Depotfund von Ošanić bei Stolac in Jugoslawien. Zeitschrift für Schweizerische Archäologie und Kunstgeschichte 48 (Zürich 1991) 1–11.

Gebhard, R. 1999 »Investigative Conservation« – Konzepte zur Eisen- und Bronzerestaurierung von frühmittelalterlichen Grabfunden. Dedicatio, Hermann Dannheimer zum 70. Geburtstag. Prähistorische Staatssammlung München 5 (Kallmünz 1999) 179–190.

Geisler, H. 1989 Schmuck der Bajuwaren. In: 7000 Jahre Schmuck. Ausstellungskatalog Gäubodenmuseum Straubing 14 (Straubing 1989).

Geisler, H. 1998 Das frühbairische Gräberfeld Straubing-Bajuwarenstraße I. Katalog der archäologischen Befunde und Funde. Internationale Archäologie 30 (Rahden/Westf. 1998).

Gély, J. P./Wyss, M. 2004 Les sarcophages de pierre de Saint-Denis, origine des roches et reconstitution des axes de diffusion. In: Saint-Denis, de sainte Geneviève à Suger. Les découvertes archéologiques et les témoignages historiques. Les Dossiers d'archéologie N° 297, 2004, 36–37.

Giesler, J. 1980 Zur Archäologie des Ostalpenraumes vom 8. bis 11. Jahrhundert. Archäologisches Korrespondenzblatt 10, 1980, 85–98.

Giesler, J. unpubliziert Der Ostalpenraum vom 8. bis 11. Jahrhundert. Studien zu archäologischen und schriftlichen Zeugnissen. Teil 1 (unpubliziert).

Giesler-Müller, U. 1992 Das frühmittelalterliche Gräberfeld von Basel-Kleinhüningen. Basler Beiträge zur Vor- und Frühgeschichte 11 B (Derendingen/Solothurn 1992).

Gilg, H. A. u. a. 2010 mit N. Gast/Th. Calligaro, Vom Karfunkelstein. In: L. Wamser (Hg.), Karfunkelstein und Seide. Ausstellungskataloge der archäologischen Staatssammlung. Fortsetzung der Ausstellungskataloge der Prähistorischen Staatssammlung 37 (München 2010) 87–100.

Gjessing, G. 1925 Vestagder i forhistorisk tid. In: H. Aall/A. W. Brøgger (Hg.), Norske bygder II. Vest-Agder I (Bergen 1925) 33–76.

Glatthaar, M. 2004 Bonifatius und das Sakrileg. Zur politischen Dimension eines Rechtsbegriffs. Freiburger Beiträge zur mittelalterlichen Geschichte 17 (Frankfurt 2004).

Gockel, M. 1974 Zur Verwandtschaft der Äbtissin Emhilt von Milz. In: H. Beumann (Hg.) Festschrift für Walter Schlesinger. Teil 2. Mitteldeutsche Forschungen 74/2 (Köln/Wien 1974) 1–70.

Goethert-Polaschek, K. 1984 Fingerringe. In: Trier: Kaiserresidenz und Bischofssitz. Die Stadt in spätantiker und frühchristlicher Zeit. Ausstellungskatalog Trier (Mainz 1984) 115–117.

Goetz, H.-W. 1989 Die Viten des heiligen Kilian. In: Erichsen 1989, 287–297.

Göldner, H./Sippel, K. 1981 Spätmerowingische Gräber unter der Kirche von Niedenstein-Kirchberg, Schwalm-Eder-Kreis. Archäologisches Korrespondenzblatt 11, 1981, 65–78.

Goldschmidt, A. 1919 Die Elfenbeinskulpturen aus der Zeit der karolingischen und sächsischen Kaiser, VIII.–XI. Jahrhundert. Teil 2 (Berlin 1919).

Goldschmidt, A. 1923 Die Elfenbeinskulpturen aus der Romanischen Zeit. XI.–XIII. Jahrhundert. Teil 3 (Berlin 1923).

Graenert, G. 2000 Langobardinnen in Alamannien. Zur Interpretation mediterranen Sachgutes in südwestdeutschen Frauengräbern des ausgehenden 6. Jahrhunderts. Germania 78/2, 2000, 417–447.

Graenert, G. 2007 Merowingerzeitliche Filigranscheibenfibeln westlich des Rheins. Europe médiévale 7 (Montagnac 2007).

Graenert, G./Wolf, R. 1999 Pfullingen in alamannischer Zeit. Gräberfelder und Martinskirche. Texte der Sonderausstellung vom 6. bis 26. September 1999 in der Martinskirche Pfullingen (Stuttgart 1999).

Greifenhagen, A. 1975 Schmuckarbeiten in Edelmetall. Antikensammlung Staatliche Museen Preußischer Kulturbesitz. Teil 2. Einzelstücke (Berlin 1975).

Greiff, S. 1998 Naturwissenschaftliche Untersuchungen zur Frage der Rohsteinquellen für frühmittelalterlichen Almandingranatschmuck rheinfränkischer Provenienz. Jahrbuch des Römisch-Germanischen Zentralmuseums Mainz 45, 1998, 599–646.

Greiff, S. 2006 Unpublizierter Analysenbericht zu den Granatobjekten aus dem Gräberfeld von Horb-Atheim.

Greiff, S./Hartmann, S. 2012 Materialanalyse an acht Artefakten aus Grab 29 von Inden-Pier I. In: S. Reichert, Die frühen Kirchen und frühmittelalterlichen Gräberfelder von Inden-Pier, Kr. Düren. Bonner Beiträge zur Vor- und Frühgeschichtlichen Archäologie 14 (Bonn 2012) 121–123.

Grimm, O. 2013 Bear-skins in northern European burials and some remarks on other bear-related furnishings in the north and middle of Europe in the 1st millennium AD. In: O. Grimm/U. Schmölcke (Hg.), Hunting in northern Europe until 1500 AD. Old traditions and regional developments, continental sources and continental inluences. (Neumünster 2013) 277–296.

Grootes, P. M./Nadeau, M.-J./Rieck, A. 2004 ^{14}C AMS at the Leibniz-Labor: radiocarbon dating and isotope research. Nuclear Instruments and Methods in Physics Research Section B 223-224, 2004, 55–61.

Groove, A. 2001 Das alamannische Gräberfeld von Munzingen/Stadt Freiburg. Materialhefte zur Archäologie in Baden-Württemberg 54 (Stuttgart 2001).

Grünewald, Ch. 1988 Das alamannische Gräberfeld von Unterthürheim, Bayerisch-Schwaben. Materialhefte zur bayerischen Vorgeschichte A 59 (Kallmünz 1988).

Grünewald, Ch. 2005 Frühgeschichtliche Brandgräber in Westfalen – Alter Väter Sitte oder Einfluß von außen? In: Häßler (Hg.) 2005, 199–211.

Grupe, G./Herrmann, B. 1983 Über das Schrumpfungsverhalten experimentell verbrannter Knochen am Beispiel des Caput femoris. Zeitschrift für Morphologie und Anthropologie 74, 1983, 121–127.

Guiraud, H. 1989 Bagues et anneaux à l'époque romaine en Gaule. Gallia 46, 1989, 173–211.

Gutmann, K. 1931 Der alamannisch-fränkische Friedhof von Iffezheim (B.-A. Rastatt in Baden). Mannus 23, 1931, 60–103.

Guyon, J. 1991 Le baptême et ses monuments. In: Naissance des Arts Chrétiennes. Atlas Archéologique de la France (Paris 1991) 70–87.

Haas, B. 1991 Ein awarisches Ohrringpaar aus Dittenheim. In: H. Dannheimer (Hg.), Spurensuche. Festschrift für Hans-Jörg Kellner zum 70. Geburtstag. Kataloge der Prähistorischen Staatssammlung. Beiheft 3 (Kallmünz 1991) 177–184.

Haas-Gebhard, B. 1998 Ein frühmittelalterliches Gräberfeld bei Dittenheim (D). Europe médiévale 1 (Montagnac 1998).

Haberstroh, J. 2007 Siedlungsgeschichtliche Grundzüge aus archäologischer Sicht bis zur Eingliederung in das Fränkische Reich. In: Haberstroh u. a. (Hg.) 2007, 161–178.

Haberstroh, J. u. a. (Hg.) 2007 mit R. Bergmann/G. Dippold/Chr. Lange/W. Weiß, Missionierung und Christianisierung im Regnitz- und Obermaingebiet (Bamberg 2007)

Hägg, I. 1991 Die Textilfunde aus der Siedlung und aus den Gräbern von Haithabu. Beschreibung und Gliederung. Neue Ausgrabungen in Haithabu, Bericht 29 (Neumünster 1991).

Hall, R. 1984 The Viking Dig. The Excavations at York (London/Sydney/NewYork 1984).

Hampel, A. 1993 Baubeginn um 680? – Ausgrabungen im Frankfurter Kaiserdom. Archäologie in Deutschland 3, 1993, 45 f.

Hampel, A. 1994 Der Kaiserdom zu Frankfurt am Main. Beiträge zum Denkmalschutz in Frankfurt am Main 8 (Nußloch 1994).

Hampel, A. 1997 Die Baugeschichte des Frankfurter Doms. In: R. Berndt (Hg.), Das Frankfurter Konzil von 794. Kristallisationspunkt Karolingischer Kultur. Teil 2: Kultur und Theologie (Mainz 1997) 587–602.

Hampel, A. 2013 Grabungen auf dem Domhügel – Die Königspfalz. In: A. Hampel/E. Wamers (Hg.), Fundgeschichten. Archäologie in Frankfurt 2012/2013 (Frankfurt am Main 2013) 20–21.

Hampel, A./Banerjee, A. 1995 Identifizierung und Differenzierung von Elfenbein am Beispiel des Merowingerzeitlichen Grabfundes aus dem Frankfurter Dom. Archäologisches Korrespondenzblatt 25, 1995, 143–153.

Hampel, A./ Orth, E. 1995 Frankfurt. Reallexikon der Germanischen Altertumskunde² IX, 1995, 468–470.

Hartmann, A. 1982 Prähistorische Goldfunde aus Europa II. Spektralanalytische Untersuchungen und deren Auswertung. Studien zu den Anfängen der Metallurgie (SAM) 5 (Berlin 1982).

Hartmann, A./Wolf, R. 1975 Vergleichende Spektralanalysen an einigen frühmittelalterlichen Goldfunden und Goldblattkreuzen. In: W. Hübner (Hg.), Die Goldblattkreuze des frühen Mittelalters. Alamannisches Institut Freiburg im Breisgau 37 (Bühl/Baden 1975) 23–30.

Hartmann, W. 2002 Ludwig der Deutsche (Darmstadt 2002).

Häßler, H.-J. 1983 Das sächsische Gräberfeld bei Liebenau, Kr. Nienburg (Weser). Teil 2. Studien zur Sachsenforschung 5,1 (Hildesheim 1983).

Häßler, H.-J. 1985 Das sächsische Gräberfeld bei Liebenau, Kr. Nienburg (Weser). Teil 3. Studien zur Sachsenforschung 5,2 (Hildesheim 1985).

Häßler, H.-J. 1990 Das sächsische Gräberfeld bei Liebenau, Kr. Nienburg (Weser). Teil 4. Studien zur Sachsenforschung 5,3 (Hildesheim 1990).

Häßler, H. J. (Hg.) 2005 Neue Forschungsergebnisse zur nordwesteuropäischen Frühgeschichte unter besonderer Berücksichtigung der altsächsischen Kultur im heutigen Niedersachsen. Studien zur Sachsenforschung 15 (Oldenburg 2005).

Hauck, K. 1978 Brakteatenikonologie. Reallexikon der Germanischen Altertumskunde² III, 1978, 361–400.

Hauck, K./Axboe, M. 1985–1989 Die Goldbrakteaten der Völkerwanderungszeit. Ikonographischer Katalog. Teil 1,1–3,2. Münstersche Mittelalter-Schriften 24 (München 1985–1989).

Hedeager, L. 1997 Odins offer. Skygger af en shamanistisk tradition i nordisk folkevandringstid. TOR 29, 1997, 265–278.

Heimberg, U. 1985 Perlen, Kugeln, Kettenglieder. Details an jemenitischem Schmuck. Jemen-Report 16/2, 1985, 11–13.

Heinrich-Tamáska, O. 2008 Avar-age metalworking technologies in the Carpathian Basin (sixth to eighth-century). In: F. Curta/R. Kovalev (Hg.), The Other Europe in the Middle Ages. Avars, Bulgars, Khazars, and Cumans (Leiden/Boston 2008) 237–261.

Heinrich-Tamáska O. /Krohn N./Ristow S. (Hg.) 2009 Dunkle Jahrhunderte in Mitteleuropa? Tagungsbeiträge der Arbeitsgemeinschaft Spätantike und Frühmittelalter 1 und 2. Studien zu Spätantike und Frühmittelalter 1 (Hamburg 2009).

Heizmann, W./Axboe, M. (Hg.) 2011 Die Goldbrakteaten der Völkerwanderungszeit – Auswertung und Neufunde. Ergänzungsbände zum Reallexikon der Germanischen Altertumskunde 40 (Berlin/New York 2011).

Hemmendorff, O. 1984 Människooffer: ett inslag i järnålderns gravritualer, belyst av ett fynd i Bollstanäs, Uppland. Fornvännen 79, 1984, 4–12.

den Hengst, P. 2013 De archeologische opgraving (1964) in de Grote Kerk van Emmen. Nieuwe Drentse Volksalmanak 2013, 117–156.

Henkel, J. 1913 Die römischen Fingerringe der Rheinlande und der benachbarten Gebiete 2 (Bonn 1913).

Henriksen, M. B. 2009 Brudager Mark – en romertidsgravplads nær Gudme på Sydøstfyn 1. Fynske Jernaldergrave 6 = Fynske Studier 22 (Odense 2009).

Henriksen, M. M. 2001 Bjørnen – fruktbarhetssymbol i eldre jernalder? Spor – nytt fra fortiden 16, 2001, 10–13.

v. Hessen, O. 1983 Langobardische Königssiegel aus Italien. Frühmittelalterliche Studien 17, 1983, 148–155.

Hilberg, V. 2000 Monogrammverwendung und Schriftlichkeit im merowingischen Frankenreich. In: E. Eisenlohr/P. Worm (Hg.), Arbeiten aus dem Marburger Hilfswissenschaftlichen Institut. Elementa diplomatica 8 (Marburg 2000) 63–122.

Holck, P. 1997/2008 Cremated Bones. A medical-anthopological study of an archaeological material on cremation burials. Antropologiske skrifter nr. 1c (Oslo 1997, Neuaufl. 2008).

Höneisen, M. 1993 Frühgeschichte der Region Stein am Rhein. Archäologische Forschungen am Ausfluss des Untersees. Schaffhauser Archäologie 1 (Schaffhausen 1993).

Hüls, C. M. u. a. 2010 mit H. Erlenkeuser/M.-J. Nadeau/P. M. Grootes/N. Andersen, Experimental study on the origin of cremated bone apatite carbon. Radiocarbon 52/2, 2010, 587–599.

Hummel, S./Schutkowski H. 1986 Neue Ansätze in der Leichenbranduntersuchung. In: B. Herrmann (Hg.), Innovative Trends in der Prähistorischen Anthropologie. Mitteilungen der Berliner Gesellschaft für Anthropologie, Ethnologie und Urgeschichte 7, 1986, 141–146.

Hundt, H. J. 1992 Die Textilreste von Oberflacht. In: S. Schiek (Hg.), Das Gräberfeld der Merowingerzeit in Oberflacht (Gemeinde Seitingen-Oberflacht, Lkr. Tuttlingen). Forschungen und Berichte zur Vor- und Frühgeschichte in Baden-Württemberg 41/1 (Stuttgart 1992) 105–120.

IK siehe Hauck, K./Axboe, M. 1985–1989

Iregren, E. 1988, Finds of Brown Bear (Ursus arctos) in Southern Scandinavia – Indications of Local Hunting or Trade? In: B. Hårdh/L. Larsson/D. Olausson/ R. Petré (Hg.), Trade and Exchange in Prehistory. Studies in Honour of Berta Stjernquist. Acta Archaeologica Lundensia 1. Ser. 8/6 (Lund 1988) 295–308.

Jacques, A. 1994a Arras (Pas-de-Calais): fouilles à l'emplacement de la place de la préfecture (résidence épiscopale ?). In: A. Renoux (Hg.), Palais médiévaux (France-Belgique) 25 ans d'archéologie (Le Mans 1994) 128–129.

Jacques, A. 1994b Pas-de-Calais: Arras au Moyen Age. Archéologia 304, 1994, 58–66.

James, E. 1992 Royal Burials among the Franks. In: M. O. H. Carver (Hg.), The Age of Sutton Hoo. The seventh century in North-Western Europe (Woodbridge 1992) 243–254.

Jantzen, D. 1998 Sukow, Lkr. Güstrow. Fpl. 27. Bodendenkmalpflege in Mecklenburg-Vorpommern 46, 1998, 602–603.

Járó, M. 1990 Gold Embroidery and Fabrics in Europe: XI–XIV Centuries. Gold Bulletin Vol. 23 (2), 1990, 40–57.

Járó, M./Gondár, E./Tóth, A. 1993 Technical revolutions in producing gold threads used for European textile decoration. In: Ch. Eluère (Hg.), Outils et ateliers d'orfèvres des temps anciens (Saint-Germain-en-Laye 1993) 119–124.

v. Jenny, W. A./Volbach, W. F. 1933 Germanischer Schmuck des frühen Mittelalters (Berlin 1933).

Joffroy, R. 1974 Le cimetière de Lavoye (Meuse). Nécropole Mérovingienne (Paris 1974).

Jüttner, G. 1986 Elektron. In: R.-H. Bautier/R. Auty/N. Angermann (Hg.), Lexikon des Mittelalters 3 (München 1986) Sp. 1797 f.

Kälble, M. 2009 Ethnogenese und Herzogtum. Thüringen im Frankenreich (6.–9. Jahrhundert). In: H. Castritius/ D. Geuenich/M. Werner (Hg.), Die Frühzeit der Thüringer. Archäologie, Sprache, Geschichte. Ergänzungsbände zum Reallexikon der Germanischen Altertumskunde 63 (Berlin/New York 2009) 329–413.

Karius-Berg, S. 1989 Der Raum Lahr: Natürliche Gegebenheiten – Urgeschichte – Römerzeit – Frühes Mittelalter. In: Stadt Lahr (Hg.)/Th. M. Bauer/ Th. Baumann/G. Bohnert/U. Parlow/ R. Schrambke/D. Geuenich, Geschichte der Stadt Lahr Bd. 1: Von den Anfängen bis zum Ausgang des Mittelalters (Lahr 1989) 15–63.

Katalog Berlin/Bonn 2002 W. Menghin/ D. Planck (Hg.), Menschen – Zeiten – Räume. Archäologie in Deutschland, Begleitband zur Ausstellung in Berlin und Bonn 2002/2003 (Stuttgart 2002).

Katalog Bonn 2008 Landschaftsverband Rheinland (Hg.), Die Langobarden. Das Ende der Völkerwanderung. Katalog zur Ausstellung im Rheinischen Landes-Museum Bonn (Bonn/Darmstadt 2008).

Katalog Frankfurt 2009 E. Wamers (Hg.), Die letzten Wikinger. Der Teppich von Bayeux und die Archäologie (Frankfurt am Main 2009).

Katalog Frankfurt 2013 E. Wamers/P. Périn (Hg.), Königinnen der Merowingerzeit. Adelsgräber aus den Kirchen von Köln, Saint-Denis, Chelles und Frankfurt am Main[2] (Regensburg 2013).

Katalog Mailand 1990 G. C. Menis (Hg.), I Longobardi. Ausstellungskatalog Codroipo, Cividale (Mailand 1990).

Katalog Mannheim 2001 A. Wieczorek/ P. Périn (Hg.), Das Gold der Barbarenfürsten. Schätze aus Prunkgräbern des 5. Jahrhunderts n. Chr. zwischen Kaukasus und Gallien. Publikationen des Reiss-Museums 3 (Stuttgart 2001).

Katalog Mannheim/Paris/Berlin 1996/1997 A. Wieczorek/P. Périn/K. v. Welck/ W. Menghin (Hg.), Die Franken, Wegbereiter Europas. Vor 1500 Jahren: König Chlodwig und seine Erben. Ausstellungskatalog Mannheim/Paris/Berlin[2] (Mainz 1996/1997).

Katalog München 1998 L. Wamser/ G. Zahlhaas (Hg.), Rom und Byzanz. Archäologische Kostbarkeiten aus Bayern. Katalog zur Ausstellung der Prähistorischen Staatssammlung München (München 1998).

Katalog Nürnberg/Frankfurt 1987/1988 W. Menghin/T. Springer/E. Wamers (Hg.), Germanen, Hunnen und Awaren. Schätze der Völkerwanderungszeit. Ausstellungskatalog Nürnberg 1987/88, Frankfurt am Main 1988 (Nürnberg 1987).

Katalog Paderborn 1999 Ch. Stiegemann/ M. Wemhoff (Hg.), 799 – Kunst und Kultur der Karolingerzeit. Karl der Große und Papst Leo III. in Paderborn. Teil 3 (Mainz 1999).

Katalog Rosenheim/Mattsee 1988

H. Dannheimer/H. Dopsch (Hg.), Die Bajuwaren. Von Severin bis Tassilo 488–788. Gemeinsame Landesausstellung des Freistaates Bayern und des Landes Salzburg. Ausstellungskatalog Rosenheim/Bayern, Mattsee/Salzburg (München 1988).

Katalog Stuttgart/Zürich/Augsburg 1997/1998 Archäologisches Landesmuseum Baden-Württemberg (Hg.), Die Alamannen. Begleitband zur Ausstellung (Stuttgart 1997).

Katalog Valenciennes 1997 M. Wierre (Hg.), Trésors archéologiques du Nord de la France. Gallo-Romaines et Mérovingiens. Ausstellungkatalog des Musée des Beaux-Arts de Valenciennes (Valenciennes 1997).

Kazanski, M. 1997 La Gaule et le Danube a l'époque des Grandes Migrations. In: J. Tejral/H. Friesinger/M. Kazanski (Hg.), Neue Beiträge zur Erforschung der Spätantike im mittleren Donauraum. Materialien zur Internationalen Fachkonferenz Kravsko 17.–20. Mai 1995. Spisy Archeologického Ústavu AV ČR Brno 8 (Brünn 1997) 285–319.

Kazanski, M. 1999 Les barbares en Gaule du Sud-Ouest durant la première moitie du Ve siècle. In: J. Tejral/Ch. Pilet/M. Kazanski (Hg.), L'Occident romain et l'Europe centrale au début de l'époque des Grandes Migrations. Spisy Archeologického Ústavu AV ČR Brno 13 (Brünn 1999) 15–23.

Keller, Ch./Müssemeier, U. 2001 Die merowinger- und karolingerzeitlichen Bauten unter der Münsterkirche in Bonn. In: E. Pohl/U. Recker/C. Theune (Hg.), Archäologisches Zellwerk. Beiträge zur Kulturgeschichte in Europa und Asien. Festschrift für Helmut Roth. Internationale Archäologie – Studia honoraria 16 (Rahden/Westf. 2001) 287–318.

Kern, J. H. C. 1960 Gräcoskythische Dreiecke südrussischer Herkunft aus Goldblech im Altertumsmuseum zu Leiden. Analecta Archaeologica. Festschrift für Fritz Fremersdorf (Köln 1960), 59–66.

Kerth, K./Rettner, A./Stauch, E. 1994 Die tierischen Speisebeigaben von zwei merowingerzeitlichen Gräberfeldern in Unterfranken. Archäologisches Korrespondenzblatt 24, 1994, 441–455.

Kind, Th. 2007 Das karolingerzeitliche Kloster Fulda – ein »monasterium in solitudine.« Seine Strukturen und Handwerksproduktion nach den seit 1898 gewonnenen archäologischen Daten. In: J. Henning (Hg.), Post-Roman Towns, Trade and Settlement in Europe and Byzantium.Teil 1. The Heirs of the Roman West. Millennium-Studien 5/1 (Berlin/New York 2007) 367–410.

Kind, Th. 2009 Pfahlbauten und merowingische curtis in Fulda? In: W. Hamberger/Th. Heiler/W. Kirchhoff (Hg.), Geschichte der Stadt Fulda 1. Von den Anfängen bis zum Ende des Alten Reiches (Fulda 2009) 45–68.

Kiss, A. 1996 Das awarenzeitlich-gepidische Gräberfeld von Kölked-Feketekapu A. Monographien zur Frühgeschichte und Mittelalterarchäologie 2 = Studien zur Archäologie der Awaren 5 (Innsbruck 1996).

Kleemann, J. 2002 Sachsen und Friesen im 8. und 9. Jahrhundert. Eine archäologisch-historische Analyse der Grabfunde. Veröffentlichungen der urgeschichtlichen Sammlungen des Landesmusums zu Hannover 50 (Oldenburg 2002).

Klein-Pfeuffer, M. 1993 Merowingerzeitliche Fibeln und Anhänger aus Pressblech. Marburger Studien zur Vor- und Frühgeschichte 14 (Marburg 1993).

Klindt-Jensen, O. 1978 Slusegårdsgravpladsen: Bornholm fra 1. årh. f. till 5. årh. e. v. t. Teil 2. Beskrivelse af oprindelig og grave. Jysk Arkæologisk Selskabs skrifter 14,2 (København 1978).

Kloft, M./Schmieder, F. 2007 Hii sunt vigiles qui custodiunt civitatem. Die Frankfurter Heiligentopographie zwischen Kirche, Bürgerschaft und Rat. In: D. R. Bauer/K. Herbers/G. Signori (Hg.), Patriotische Heilige. Beiträge zur Konstruktion religiöser und politischer Identitäten in der Vormoderne (Stuttgart 2007) 229–252.

Klose, O./Silber, M. 1929 Iuvavum. Führer durch die Altertumssammlungen des Museums Carolino-Augusteum in Salzburg (Wien 1929).

Kluge-Pinsker, A. im Druck In: A. Kluge-Pinsker/A. Nisters/B. Theune-Großkopf (Hg.), Handbuch der frühmittelalterlichen Kirchen in Frankreich. Teil 1. Arras (Pas-de-Calais) (im Druck).

Koch, H. 2006 Zur Chronologie des bajuwarischen Gräberfeldes von Ergolding, Hagnerleiten, Lkr. Landshut. In: K. Schmotz (Hg.), Vorträge des 24. Niederbayerischen Archäologentages (Rahden/Westf. 2006) 191–199.

Koch, H./Stelzle-Hüglin, S. 2001 Das bajuwarische Reihengräberfeld von Ergolding. Das archäologische Jahr in Bayern 2001, 111.

Koch, R. 1967 Bodenfunde der Völkerwanderungszeit aus dem Main-Tauber-Gebiet. Germanische Denkmäler der Völkerwanderungszeit A 8 (Berlin 1967).

Koch, R./Koch, U. 1996 Die fränkische Expansion ins Main- und Neckargebiet. In: Katalog Mannheim/Paris/Berlin 1996/1997, 270–284.

Koch, U. 1968 Die Grabfunde der Merowingerzeit aus dem Donautal um Regensburg. Germanische Denkmäler der Völkerwanderungszeit A 10 (Berlin 1968).

Koch, U. 1977 Das Reihengräberfeld bei Schretzheim. Germanische Denkmäler Völkerwanderungszeit A 13 (Berlin 1977).

Koch, U. 1980 Mediterranes und langobardisches Kulturgut in Gräbern der älteren Merowingerzeit zwischen Main, Neckar und Rhein. In: Centro Italiano di studi sull'Alto Medioevo (Hg.), Longobardi e Lombardia: aspetti di Civiltà longobarda. Atti del 6° Congresso internazionale di studi sull'Alto Medioevo, Milano, 21–25 Ottobre 1978 (Spoleto 1980) 107–121.

Koch, U. 1982 Die fränkischen Gräberfelder von Bargen und Berghausen in Nordbaden. Forschungen und Berichte zur Vor- und Frühgeschichte in Baden-Württemberg 12 (Stuttgart 1982).

Koch, U. 1984 Die Metallfunde der frühgeschichtlichen Perioden aus den Plangrabungen 1967–1981. Der Runde Berg bei Urach V (Heidelberg 1984).

Koch, U. 1990 Das fränkische Gräberfeld von Klepsau im Hohenlohekreis. Forschungen und Berichte zur Vor- und

Frühgeschichte in Baden-Württemberg 38 (Stuttgart).

Koch, U. 1991 Der Runde Berg von Urach VII. Frühgeschichtliche Funde von den Hängen und Terrassen und Nachträge zu Urach V und VI. Schriften der Heidelberger Akademie der Wissenschaften. Kommission für Alamannische Altertumskunde 13 (Heidelberg 1991).

Koch, U. 1996 Die Hierarchie der Frauen in merowingischer Zeit, beobachtet in Pleidelsheim (Kr. Ludwigsburg) und Klepsau (Hohenlohekreis). In: H. Brandt/ J. K. Koch (Hg.), Königin, Klosterfrau, Bäuerin. Frauen im Frühmittelalter. Bericht zur dritten Tagung des Netzwerks archäologisch arbeitender Frauen 19.–22. Oktober 1995 in Kiel (Münster 1996) 29–54.

Koch, U. 1999a Nordeuropäisches Fundmaterial in Gräbern Süddeutschlands rechts des Rheins. In: v. Freeden/ U. Koch/Wieczorek (Hg.) 1999, 175–194.

Koch, U. 1999b Eine sächsisch-thüringische Familie am Neckar. Vogelfibeln aus Liebenau an der Weser und Pleidelsheim am Neckar. In: H.-J. Häßler (Hg.), Die Altsachsen im Spiegel der nationalen und internationalen Sachsenforschung: Neue Forschungsergebnisse. Studien zur Sachsenforschung 13 (Oldenburg 1999) 263–271.

Koch, U. 2001 Das alamannisch-fränkische Gräberfeld bei Pleidelsheim, Kr. Ludwigsburg. Forschungen und Berichte zur Vor- und Frühgeschichte in Baden-Württemberg 60 (Stuttgart 2001).

Koch, U. 2007 Mannheim unter fränkischer Herrschaft. Die merowingerzeitlichen Grabfunde aus dem Stadtgebiet. In: H. Probst (Hg.), Mannheim vor der Stadtgründung. Teil I,2 (Regensburg 2007) 10–420.

Koch, U. 2011a Hierarchie der Frauen merowingerzeitlicher Hofgesellschaften. In: Quast (Hg.) 2011, 15–31.

Koch, U. 2011b Das frühmittelalterliche Gräberfeld von Mainz-Hechtsheim. Mainzer Archäologische Schriften 11 = Publikation der Reiss-Engelhorn-Museen 51 (Mainz 2011).

Koch, U. 2013 Die weibliche Elite im Merowingerreich – Königinnen, Hofherrinnen und Töchter. In: Katalog Frankfurt 2013, 37–58.

Kolb, F. 1977 Zur Statussymbolik im antiken Rom. Chiron 7, 1977, 239–259.

Kötzsche, D. 1992 Der Quedlinburger Schatz wieder vereint (Berlin 1992).

Kovrig, I. 1963 Das awarenzeitliche Gräberfeld von Alattyán. Archaeologia Hungarica 40 (Budapest 1963).

Krause, R. 1995 Das Gewinde in der Antike. In: R. Wüth/D. Planck (Hg.), Die Schraube zwischen Macht und Pracht. Das Gewinde in der Antike. Katalog Ausstellung Künzelsau-Gaisbach 1995 (Sigmaringen 1995) 23–54.

Kreß, T./Wicha, J. 2008 Blockbergungen und 3D-Comutertomografie. Archäologie in Deutschland, 2008/1, 60–61.

Kristoffersen, S./Østigård, T. 2006 »Dødsmyter«– regissering av ritualer og variasjon i likbehandling i folkevandringstid. In: T. Østigård (Hg.), Lik og ulik. Tilnærminger til variasjon i gravskikk. UBAS – Universitetet i Bergen Arkeologiske Skrifter. Nordisk 2 (Bergen 2006) 113–132.

Kristoffersen, S./Østigård, T. 2008 »Death Myths«: Performing of Rituals and Variation in Corpse Treatment during the Migration Period in Norway. In: F. Fahlander/T. Oestigaard (Hg.), The Materiality of Death. Bodies, burials, beliefs. BAR International Series 1768 (Oxford 2008) 127–139.

Krohn, N. 2002 *Memoria, fanum* und Friedhofskapelle: Zur archäologischen und religionsgeschichtlichen Interpretation von Holzpfostenstrukturen auf frühmittelalterlichen Bestattungsplätzen. In: Ch. Bücker u. a. (Hg.), Regio Archaeologica. Archäologie und Geschichte an Ober- und Hochrhein. Festschrift für Gerhard Fingerlin zum 65. Geburtstag. Internationale Archäologie. Studia honoraria 18 (Rahden/Westf. 2002) 311–335.

Krohn, N. 2004/2005 Kirchenbauten und Kirchengräber der frühmittelalterlichen Alamannia als archäologische Zeugnisse nobilitärer Lebensweise und christlicher Institutionalisierung: Lahr-Burgheim St. Peter, Dürbheim »Häuslesrain«, Kirchdorf St. Martin. Inauguraldissertation Freiburg i. Br., Bd. 1–3 (Freiburg i. Br. 2004/2005).

Krohn, N. 2005 Kirchenbauten und Kirchengräber der frühmittelalterlichen Alamannia als archäologische Zeugnisse nobilitärer Lebensweise und christlicher Institutionalisierung: Lahr-Burgheim St. Peter, Dürbheim »Häuslesrain«, Kirchdorf St. Martin. Inauguraldissertation Freiburg i. Br., Bd. 1–3 (Freiburg i. Br. 2005).

Krohn, N. 2008 Schmuck und Kleidungsbestandteile aus dem »Grab der reichen Dame« von Lahr-Burgheim. Kostbare Zeugnisse frühmittelalterlichen Goldschmiedehandwerks Geroldsecker Land 50, 2008, 17–30.

Krohn, N. 2009 Überlange Riemenzungen – eine ›Modetorheit‹ der späten und ausgehenden Merowingerzeit. In: Heinrich-Tamáska/Krohn/Ristow (Hg.) 2009, 217–250.

Krohn, N. 2012 Die spätmerowingerzeitliche Grabhügelnekropole auf dem Mont Sainte-Odile. Entdeckungsgeschichte, Fundanalyse und Befundauswertung. Zeitschrift für Archäologie des Mittelalters 40, 2012, 71–98.

Krohn, N. 2013a Goldlahn in der Alamania: Beispiele aus Dürbheim »Häuslesrain« (Kreis Tuttlingen) und Lahr-Burgheim, St. Peter (Ortenaukreis). Bericht der Bayerischen Bodendenkmalpflege 53, 2012, 355–360.

Krohn, N. 2013b Bestattungsformen bei Alamannen und Bajuwaren im 8. Jahrhundert zwischen Prunk und Politik. In: Zwischen Prunk und Politik. Fürstliche Gräber der Merowingerzeit in Sondershausen und Süddeutschland (Ausstellung Sondershausen 2013). Sondershäuser Beiträge Püstrich, Beiheft 2 (Sondershausen 2013) 63–88.

Krohn, N./Bohnert, G. 2006 Lahr-Burgheim – 50 Jahre Kirchenarchäologie. Begleitheft zur gleichnamigen Ausstellung der Stadt Lahr in Zusammenarbeit mit dem Alemannischen Institut. Museum Lahr, Villa Jamm im Stadtpark 1. Oktober bis 30. Dezember 2006. Veröffentlichungen des Alemannischen Instituts 74 (Remshalden 2006).

Krohn, N./Fischer, J. F. 2012 Langobardische Trienten der späten Merowingerzeit im alamannisch-bajuwarischen Raum: Obolus, Schmuck – und kurantes Zahlungsmittel? In: N. Krohn/U. Koch (Hg.), Grosso Modo. Quellen und Funde aus Spätantike und Mittelalter. Festschrift für Gerhard Fingerlin zum 75. Geburtstag. Forschungen zu Spätantike und Mittelalter 1 = Mannheimer Geschichtsblätter Sonderveröffentlichung 6 (Weinstadt 2012) 113–126.

Kropat, W.-A. 1973 Wettereiba und Niddagau. In: F. Knöpp (Hg.), Die Reichsabtei Lorsch. Festschrift zum Gedenken an ihre Stiftung 764. Teil 1 (Darmstadt 1973) 645–652.

Krüger, K. H. 1971 Königsgrabkirchen der Franken, Angelsachsen und Langobarden bis zur Mitte des 8. Jahrhunderts. Ein historischer Katalog. Münstersche Mittelalterschriften 4 (München 1971).

Krüger, S. H. 1988 Bjørneklør i vestlandske graver. In: Festskrift til Anders Hagen. Historisk Museum i Bergen, Skrifter nr. 4 (Bergen 1988) 357–366.

Krutzler, G. 2009 Fremdwahrnehmungen in der frühmittelalterlichen Ethnographie. Dissertation Wien 2009 (http://othes.univie.ac.at/6784/1/2009-06-17_9702380.pdf).

Kubitschek, W. 1911 Grabfunde in Untersiebenbrunn (auf dem Marchfeld). Jahrbuch für Altertumskunde 5, 1911, 32–74.

Kurze, W. 1986 Siegelringe aus Italien als Quellen zur Langobardengeschichte. Frühmittelalterliche Studien 20, 1986, 414–451.

La Baume, P. 1952/1953 Die Wikingerzeit auf den Nordfriesischen Inseln. Jahrbuch des nordfriesischen Vereins für Heimatkunde und Heimatliebe 29, 1952/1953, 5–185.

La Baume, P. 1967 Das fränkische Gräberfeld von Junkersdorf bei Köln. Germanische Denkmäler der Völkerwanderungszeit Serie B 3 (Berlin 1967).

Lamm, J. P. 2005 Die Situlen aus Isberga. In: C. Dobiat (Hg.), Reliquiae Gentium. Festschrift für Horst Wolfgang Böhme zum 65. Geburtstag. Internationale Archäologie. Studia honoraria 23 (Rahden/Westf. 2005) 273–284.

Langenbahn, S. K. 1997 Taufe. II. Taufritus. Lexikon des Mittelalters VIII (München 1997) Sp. 495–501.

Lanting, J. N./Aerts-Bijma, A. T./v. d. Plicht, J. 2001 Dating of cremated Bones. Radiocarbon, 43/2A, 2001, 249–254.

Laporte, J.-P. 2012/2013 Grab und Reliquien der Königin Balthilde in Celles-sur-Marne. In: Katalog Frankfurt 2013, 127–144.

Laporte, J.-P./Boyer, R. 1991 Trésors de Chelles: Sépultures de la reine Bathilde (morte vers 680) et de l'abbesse Bertille (morte vers 704). Catalogue de l'exposition organisée au Musée Alfred Bonno (Chelles 1991).

Launert, E. 1974 Scent and Scent Bottles (London 1974).

Launert, E. 1985 Parfüm und Flakons. Kostbare Gefäße für erlesenen Duft (München 1985).

Laux, F. 1980 Das frühmittelalterliche Gräberfeld beim Rehrhof, Samtgemeinde Amelinghausen, Kr. Lüneburg (Niedersachsen). In: H.-J. Häßler (Hg.), Studien zur Sachsenforschung 2 (Hildesheim 1980) 203–229.

Laux, F. 1987 Nachklingendes heidnisches Brauchtum auf spätsächsischen Reihengräberfriedhöfen und an Kultstätten der nördlichen Lüneburger Heide in frühchristlicher Zeit. Die Kunde NF 38, 1987, 179.

Le Blant, E. 1856–1865 Inscriptions chrétiennes de la Gaule antérieures au VIIIe siècle (Paris 1856–1865, Nachdruck Hildesheim 1999).

Lehner, H./Bader, W. 1932 Baugeschichtliche Untersuchungen am Bonner Münster. A. Die vor-und frühmittelalterlichen Anlagen. I. Die Gräber. Bonner Jahrbücher 136/137, 1932, 3–216.

Leitz, W. 2002 Das Gräberfeld von Bel-Air bei Lausanne. Frédéric Troyon (1815–1866) und die Anfänge der Frühmittelalterarchäologie. Cahiers d'archéologie Romande 84 (Lausanne 2002).

Leman, P. 1995 Topographie chrétienne d'Arras au VIe siècle: la Vita Vedasti et les données de l'archéologie. Revue du Nord-Archéologie 77, 1995, 169–184.

Lenz-Bernhard, G. 1999 Ein Grabfund mit Helmbeigabe aus dem neckarsuebischen Gräberfeld von Ladenburg am »Erbsenweg«. Zu Gräbern mit Helmbeigabe an Ober- und Mittelrhein. Mannheimer Geschichtsblätter N.F. 6, 1999, 11–58.

Lindenschmit, L. 1880–1889 Handbuch der deutschen Alterthumskunde. Übersicht der Denkmale und Gräberfunde frühgeschichtlicher und vorgeschichtlicher Zeit. Erster Theil: Die Alterthümer der merovingischen Zeit (Braunschweig 1880–1889).

Lindenschmit, L. 1858 Die Alterthümer unserer heidnischen Vorzeit. Nach den in öffentlichen und Privatsammlungen befindlichen Originalien zusammengestellt und herausgegeben von dem Römisch-Germanischen Zentralmuseum in Mainz Bd. 1 (Mainz 1858).

Lindenschmit, L. 1900 Die Alterthümer unserer heidnischen Vorzeit. Nach den in öffentlichen und Privatsammlungen befindlichen Originalien zusammengestellt und herausgegeben von dem Römisch-Germanischen Zentralmuseum in Mainz. Teil 4 (Mainz 1900).

Lindner, K. 1972 Untersuchungen zur Frühgeschichte des Bistums Würzburg und des Würzburger Raumes. Veröffentlichungen des Max-Planck-Instituts für Geschichte 33 (Göttingen 1972).

Lindquist, S. 1926 Vendelkulturens. Ålder och Ursprung (Stockholm 1926).

Lippert, A. 1967 Die zeitliche Stellung des frühgeschichtlichen Gräberfeldes von Zwölfaxing, politischer und Gerichts-Bezirk Schwechat, Niederrösterreich. Mitteilungen der Anthropologischen Gesellschaft in Wien 96/97, 1967, 298–309.

Lippert, A. 1969 Das awarenzeitliche Gräberfeld von Zwölfaxing in Niederösterreich. Prähistorische Forschungen 7 (Horn/Wien 1969).

Lobbedey, U. 1995 Besprechung von: A. Hampel, Der Kaiserdom zu Frankfurt am Main. Ausgrabungen 1991–93 (Beiträge zum Denkmalschutz in Frankfurt am Main 8). Hessisches Jahrbuch für Landesgeschichte 45, 1995, 380–383.

Lohrke, B. 2004 Kinder in der Merowingerzeit. Gräber von Mädchen und Jungen in der Alemannia. Freiburger Beiträge zur Archäologie und Geschichte des ersten Jahrtausends 9 (Rahden/Westf. 2004).

Longin, R. 1971 New Method of Collagen

Extraction for Radiocarbon Dating. Nature, 230 (5291), 1971, 241–242.
Losert, H. 2007 Ansätze ethnischer Deutung archäologischer Sachkultur. In: Haberstroh u. a. (Hg.) 2007, 137–160.
Losert, H. 2011 Das Brandgräberfeld von Regensburg-Großprüfening und die frühen Slawen in Pannonien. In: O. Heinrich-Tamáska (Hg.), Keszthely-Fenékpuszta im Kontext spätantiker Kontinuitätsforschung zwischen Noricum und Moesia. Castellum Pannonicum Pelsonense 2 (Budapest, Leipzig, Keszthely, Rahden/Westf. 2011) 475–487.
Lüdecke, A. 1987 Das Gräberfeld von Klein-Welzheim. Archäologische Denkmäler in Hessen 72 (Wiesbaden 1987).
Lund, H. E. 1938/1939 Undersøkelser av jernalders gårdsanlegg på Fosse og Grødeim i Time prestegjeld, Høg-Jæren. Stavanger Museums Årshefte 49, 1938/1939, 35–54.
Mälarstedt, H. 1984 Nadelbüchsen. In: Arwidsson (Hg.) 1984, 191–194.
Mansrud, A. 2004 Dyret i jernalderens forestillingsverden. En studie av forholdet mellom mennesker og dyr i nordisk jernalder, med utgangspunkt i dyrebein fra graver. Hovedfagsoppgave i arkeologi, IAKK, Universitetet i Oslo (Oslo 2004).
Mansrud, A. 2006 Flytende identiteter. Dyrebein i graver og førkristne personoppfatninger. In: Lik og ulik, Tilnærminger til variasjon i gravskikk. Universitetet i Bergen Arkeologiske Skrifter. Nordisk 2. Universitetet i Bergen (Bergen 2006).
Martin, M. 1974 Das Frauengrab 48 in der Pfarrkirche St. Martin von Schwyz. Mitteilungen des historischen Vereins des Kantons Schwyz 66, 1974, 139–152.
Martin, M. 1976 Römische und frühmittelalterliche Zahnstocher. Germania 54, 1976, 456–460.
Martin, M. 1984 Kommentar zu den Zahnstocher-Ohrlöffelchen. In: Der spätrömische Silberschatz von Kaiseraugst. Basler Beiträge zur Ur- und Frühgeschichte 9 (Derendingen 1984) 124–131.
Martin, M. 1987 Redwalds Börse. Gewicht und Gewichtskategorien völkerwanderungszeitlicher Objekte aus Edelmetall. Frühmittelalterliche Studien 21, 1987, 206–238.
Martin, M. 1991 Das spätrömisch-frühmittelalterliche Gräberfeld von Kaiseraugst, Kt. Aargau. Basler Beiträge zur Ur- und Frühgeschichte 5. Teil A: Text; Teil B: Katalog und Tafeln (Derendingen, Solothurn 1991).
Martin, M. 1997/98 Schrift aus dem Norden. Runen in der Alamannia – archäologisch betrachtet. In: Archäologisches Landesmuseum Baden-Würtemberg (Hg.), Die Alamannen. Begleitband zur Ausstellung (Stuttgart 1997) 499–502.
Martin-Kilcher, S. 2008 Der römische Schmuck aus Lunnern (ZH). Ein Hortfund des 3. Jahrhunderts und seine Geschichte. Collectio Archaeologica 6, Schweizer Landesmuseum Zürich (Zürich 2008).
Masanz, R. 2010 Brandbestattungen auf merowingerzeitlichen Gräberfeldern Süddeutschlands. Bericht der Bayerischen Bodendenkmalpflege 51, 2010, 321–406.
May, E. 1994 Die Pferdeskelette aus den Pferdegräbern und weitere Tierknochenfunde aus dem Gräberfeld bei Liebenau. In: H.-J. Häßler (Hg.), Das sächsische Gräberfeld bei Liebenau, Kreis Nienburg (Weser). Studien zur Sachsenforschung 5,4 (Hannover 1994) 133–188.
McKinley, J./Bond, J. 1994 The Anglo-Saxon Cemetery at Spong Hill, North Elmham Part VIII: The Cremations. East Anglian Archaeology Report 69 (Norfolk 1994).
Meaney, A. L. 1981 Anglo-Saxon Amulets and Curing Stones. BAR British Series 96 (Oxford 1981).
Meissner, I. 2010 Untersuchungen an Goldtextilien des frühen Mittelalters. Diplomarbeit Technische Universität München 2012 (http://www.rkk.ar.tum.de/index.php?id=141http://www.rkk.ar.tum.de/index.php?id=1705).
Melin, J./Sigvallius, B. 2001 Cemetry 118 and Buiding Group 7 and Cemetry 115. Excavations at Helgö XIV. Kungliga Vitterhets Historie och Antikvitets Akademien (Stockholm 2001).
Mengarelli, R. 1902 La necropoli barbarica di Castel Trosino presso Ascoli Piceno. Monumenti Antichi 12, 1902, 145–380.
Menghin, O. 1926 Einführung in die Urgeschichte Böhmens und Mährens (Reichenberg 1926).
Menghin, W. 1985 Die Langobarden. Archäologie und Geschichte (Stuttgart 1985).
Mertens, J. 1962 Recherches archéologiques dans l'abbaye mérovingienne de Nivelles. Archaeologica Belgica 61, 1962, 89–113.
Metz, W. 1960 Das karolingische Reichsgut. Eine verfassungs- und verwaltungsgeschichtliche Untersuchung (Berlin 1960).
Metz, W. 1972 Forschungen zum Reichsgut im Rhein-Main-Gebiet. Geschichtliche Landeskunde 7, 1972, 209–217.
Migne, J. P. 1844–1855 Patrologia Latina. Patrologiae cursus completus sive bibliotheca universalis, integra, uniformis, commoda, oeconomica, omnium ss. patrum, doctorum scriptorum que ecclesiasticorum qui ab aevo apostolico ad usque Innocentii III tempora floruerunt (Paris 1844–1855).
Mittermeier, I. 1986 Speisebeigaben in Gräbern der Merowingerzeit. Universität Würzburg (Ungedruckte Dissertation 1986).
Møhl, U. 1977 Bjørnekløer og brandgrave. Dyreknogler fra germansk jernalder i Stilling (Kuml 1977) 199–129.
Möller, L. 2008 Die Enzyklopädie des Isidor von Sevilla. Übersetzt und mit Anmerkungen versehen von L. Möller (Wiesbaden 2008).
Moosbrugger-Leu, R. 1971 Die Schweiz zur Merowingerzeit. Die archäologische Hinterlassenschaft der Romanen, Burgunder und Alamannen. Teil 1 und 2 (Bern 1971).
Moosleitner, F. 1988 Handwerk und Handel. In: Katalog Rosenheim/Mattsee 1988, 208–219.
Mordek, H. 1994 Die Hedenen als politische Kraft im austrasischen Frankenreich. In: J. Jarnut/U. Nonn/M. Richter (Hg.), Karl Martell in seiner Zeit. Beihefte der Francia 37 (Sigmaringen 1994) 345–366.
Möslein, St. 2005a Ein einzigartiger Goldtextil-Befund der späten Merowingerzeit aus Straubing-Altburg (Niederbayern). Vorbericht . Bericht der Bayerischen Bodendenkmalpflege 43/44, 2002/2003, 251–259.

Möslein, St. 2005b »...LONGISSIMAE ILLAE CORRIGIAE...« – Ein einzigartiger Goldtextil-Befund zur männlichen Beinkleidung der späten Merowingerzeit aus Straubing-Alburg (Niederbayern). In: A. Huber/J. Prammer (Hg.), Jahresbericht des historischen Vereins für Straubing und Umgebung 105, 2003, 79–118.

Müller, W. 1986 Archäologische Zeugnisse frühen Christentums zwischen Taunus und Alpenkamm. Helvetia archaeologica 17 (Basel 1986) 3–77.

Müller-Wille, M. 1999 Das Frankenreich und der Norden. Zur Archäologie wechselseitiger Beziehungen während der Merowinger- und frühen Karolingerzeit. In: v. Freeden/U. Koch/Wieczorek (Hg.) 1999, 1–18.

Nadler, M./Weinlich, E. 1997 Die Gräber der Herren von Höbing. Großhöbing, Stadt Greding, Landkreis Roth, Mittelfranken. Das Archäologische Jahr in Bayern 1997, 139–142.

Nadeau, M.-J. u. a. 1997 mit M. Schleicher/ P. M. Grootes/H. Erlenkeuser/ A. Gottdang/D. J. W. Mous/ J. M. Sarnthein/H. Willkomm, The Leibniz-Labor AMS facility at the Christian-Albrechts University, Kiel, Germany. Nuclear Instruments and Methods in Physics Research Section B 123, 1997, 22–30.

Nadeau, M.-J. u. a. 1998 mit P. M. Grootes/M. Schleicher/P. Hasselberg/ A. Rieck/M. Bitterling, Sample throughput and data quality at the Leibniz-Labor AMS facility. Radiocarbon 40/1, 1998, 239–245.

Nawroth, M. 2001 Das Gräberfeld von Pfahlheim und das Reitzubehör der Merowingerzeit. Wissenschaftliche Beibände zum Anzeiger des Germanischen Nationalmuseums 19 (Nürnberg 2001).

Nelson, J. L. 1997 The siting of the Council at Frankfort: Some reflections on Family and Politics. In: R. Berndt (Hg.), Das Frankfurter Konzil von 794. Kristallisationspunkt Karolingischer Kultur. Teil I: Politik und Kirche. Quellen und Abhandlungen zur Mittelrheinischen Kirchengeschichte 80 (Mainz 1997) 149–165.

Nelson, Ph. 1939 An Anglo-Saxon Gold Finger-Ring. The Antiquaries Journal 19/2, 1939, 182–184.

Neuffer, E. M. 1972 Der Reihengräberfriedhof von Donzdorf. Forschungen und Berichte zur Vor- und Frühgeschichte in Baden-Württemberg 2 (Stuttgart 1972).

Neuffer-Müller, Ch. 1966 Ein Reihengräberfriedhof in Sontheim an der Brenz (Kreis Heidenheim). Veröffentlichungen des Staatlichen Amtes für Denkmalpflege in Stuttgart A 11 (Stuttgart 1966).

Neuffer-Müller, Ch. 1983 Der alamannische Adelsbestattungsplatz und die Reihengräberfriedhöfe von Kirchheim am Ries (Ostalbkreis). Forschungen und Berichte zur Vor- und Frühgeschichte in Baden-Württemberg 15 (Stuttgart 1983).

Nicklasson, P. 1997 Svärdet ljuger inte. Vapenfynd från äldre järnålder på Sveriges fastland. Acta Archaeologica Lundensia, Series Prima in 4° N° 22 (Stockholm 1997).

Nielsen, J. N. 2008 Postgården. Skalk 6, 2008, 6–10.

Niemeyer, W. 1952 Zur Klärung hessischer Stammesnamen des frühen Mittelalters. Beiträge zur Stammeskunde Hessen 1. Zeitschrift des Vereins für hessische Geschichte und Landeskunde 63, 1952, 3–16.

Noll, R. 1958 Vom Altertum zum Mittelalter. Spätantike, altchristliche, völkerwanderungszeitliche und frühmittelalterliche Denkmäler der Antikensammlung. Führer des Kunsthistorischen Museums Wien 8 (Wien 1958).

Nothdurfter, H. 1999 Archäologische Hinweise auf Adel und Raumorganisation des 7./8. Jahrhunderts im westlichen Südtirol. In: R. Loose/S. Lorenz (Hg.), König – Kirche – Adel. Herrschaftsstrukturen im mittleren Alpenraum und angrenzenden Gebieten (6.–13. Jahrhundert). Vorträge der Wissenschaftlichen Tagung des Südtiroler Kulturinstituts und des Instituts für Geschichtliche Landeskunde und Historische Hilfswissenschaften der Universität Tübingen im Bildungshaus Schloß Goldrain/Vintschgau, 17. bis 21. Juni 1998 (Bozen 1999) 97–124.

Nowak, B. 2004 Zur Bearbeitung und Konservierung von Goldfäden aus dem frühmittelalterlichen Männergrab 21 in Lauchheim/Mittelhofen (Ostalbkreis/ Baden-Württemberg). In: J. Maik (Hg.), Princeless Invention of Humanity – Textiles. Bericht vom 8. Nordeuropäischen Symposium für Archäologische Textilien, Łódź 2002, NESAT VIII, Acta Archaeologica Lodziensia 50/1, Łódzkie Towarzystwo Naukowe, Institut Archeologii i Etnologii pan (Łódź 2004) 179–184.

Nowak-Böck, B. 2013 Goldtextilien aus dem frühen Mittelalter – Anmerkungen zum praktischen Umgang und zur wissenschaftlichen Auswertbarkeit. Bericht der Bayerischen Bodendenkmalpflege 53, 2012, 261–269.

Nowotny, E. 2005 Das frühmittelalterliche Gräberfeld von Hohenberg, Steiermark. Mit Exkursen zur historischen und archäologischen Situation im Ostalpenraum. Archaeologia Austriaca 89, 2005 (2007) 177–250.

Oehmichen, G./Weber-Jenisch, G. 1997 Die Alamannen an der Neckarquelle. Das frühmittelalterliche Gräberfeld von Schwenningen »Auf der Lehr«. Archäologische Informationen aus Baden-Württemberg 35 (Stuttgart 1997).

Oehrl, S. 2013, Svá beitum vér björnuna á mörkinni norðr – Bear hunting and its ideological context (as a background for the interpretation of bear claws and other remains of bears in Germanic graves of the 1st millennium AD) In: O. Grimm/U. Schmölcke (Hg.), Hunting in northern Europe until 1500 AD. Old traditions and regional developments, continental sources and continental inluences (Neumünster 2013) 297–332.

Oman, Ch. 1974 British Rings 800–1914 (London 1974).

Ormándy, J. 1995 Granulációs díszítés avar kori tárgyakon. Gúla-és lemeszgömbcsungős arany fülbevalók/ Awarenzeitliche Gegenstände mit Granulationsverzierung. Goldene Ohrgehänge mit Pyramiden- und Kugelanhänger. Móra Ferenc Múzeum Évkönyve – Studia Archaeologica 1, 1995, 151–181.

Orth, E. 1986 Die deutschen Königspfalzen. Repertorium der Pfalzen, Königshöfe und übrigen Aufenthaltsorte der Könige im deutschen Reich des Mittelalters. Teil 1. Hessen (Göttingen 1986).

Osterhaus, U./Wintergerst, E. 1993 Die

Ausgrabungen bei St. Emmeram in Regensburg. Ein Vorbericht. Bayerische Vorgeschichtsblätter 58, 1993, 280–303.

Ott, C. 1988 Zur Technik der Herstellung einer gewebten Vitta. In: Dannheimer 1988, 135–136.

Øye, L. 2011 Textile-production Equipment. In: D. Skre (Hg.), Things from the Town. Artefacts and Inhabitants in Viking-age Kaupang. Kaupang Excavation Project Publication Series 3. Norske Oldfunn 24 (Århus 2011) 349–372.

Paa, W. 2010 Das Tal und seine kleine, sensationelle Holzkirche. Augsburger Allgemeine, 7. September 2010.

v. Padberg, L. 2003 Bonifatius. Missionar und Reformer (München 2003).

Päffgen, B. 1992 Die Ausgrabungen in St. Severin zu Köln. Kölner Forschungen 5,1 (Mainz 1992).

Päffgen, B./Ristow, S. 1996 Die Religion der Franken im Spiegel archäologischer Zeugnisse. In: Katalog Mannheim/Paris/Berlin 1996/1997, 738–744.

Pape, J. 1996 Das frühmittelalterliche Gräberfeld von Iffezheim, Lkr. Rastatt – Fundvorlage und Auswertung einer Altgrabung. Fundberichte aus Baden-Württemberg 21, 1996, 483–525.

Paret, O. 1922 Goldener Ohrschmuck aus alamannisch-fränkischen Reihengräbern. Fundberichte aus Schwaben, Neue Folge 1, 1917–1922, 115–116.

Paribeni, R. 1918 Necropoli barbarica di Nocera Umbra. Monumenti Antichi 25, 1918, 137–352.

Paroli, L. 1997 Umbria Longobarda. La necropoli di Nocera Umbra nel centenario della scoperta. Nocera Umbra, Museo Civico, 27 Juglio 1996 – 10 Gennaio 1997 (Rom 1997).

Paulsen, P. 1967 Alemannische Adelsgräber von Niederstotzingen (Kreis Heidenheim). Veröffentlichungen des Staatlichen Amtes für Denkmalpflege Stuttgart A 12/I (Stuttgart 1967).

Paulsen, P. 1992 Die Holzfunde aus dem Gräberfeld bei Oberflacht und ihre kulturhistorische Bedeutung. Forschungen und Berichte zur Vor- und Frühgeschichte in Baden-Württemberg 41/2 (Stuttgart 1992).

Peek, Ch./Siegmüller, A. 2006 Kleinod und Gebrauchsgegenstand – Nadelröhrchen als Bestandteil des karolingischen Gürtelgehänges. Archäologisches Korrespondenzblatt 36, 2006, 445–453.

Peek, Ch./Ebinger-Rist, N./Stelzner, J. 2009 Zur Bearbeitung frühmittelalterlicher Grabfunde des Friedhofs von Laucheim (Ostalbkr.) – Möglichkeiten und Grenzen digitaler Untersuchungsmethoden. Archäologisches Korrespondenzblatt 39, 2009, 559–578.

Périn, P. 1980 La datation des tombes mérovingiennes. Historique, méthodes, applications. Mit einem Beitrag von R. Legoux. IVe section de l'Ecole pratique des Hautes Etudes, Hautes Etudes médiévales et modernes, V, 39 (Genf 1980).

Périn, P. 1989 A propos des origines de Saint-Ouen de Rouen. Contribution de l'archéologie funéraire. In: H. Atsma (Hg.), La Neustrie. Les pays au nord de la Loire de 650 à 850. Beihefte der Francia 16/2 (Sigmaringen 1989) 21–40.

Périn, P. 1991 Pour une révision de la datation de la tombe d'Arégonde épousse de Clotaire Ie, découverte en 1959 dans la Basilique de Saint-Denis. Archéologie Médiévale 21, 1992, 21–50.

Périn, P./Calligaro, Th. 2007 Neue Erkenntnisse zum Arnegundegrab, Ergebnisse der Metallanalysen und der Untersuchungen organischer Überreste aus Sarkophag 49 aus der Basilika von Saint-Denis. Acta Praehistorica et Archaeologica 39, 2007, 147–179.

Périn, P. u. a. 2013 Die Bestattung in Sarkophag 49 unter der Basilika von Saint-Denis. In: Katalog Frankfurt 2013, 100–121.

Pesch, A. 2004 Formularfamilien kontinentaler Goldbrakteaten. In: M. Lodewijckx (Hg.), Bruc Ealles Well. Archaeological Essays Concerning the Peoples of North-West Europe in the First Millennium AD. Acta Archaeologica Lovaniensia Monographiae 15 (Leuven 2004) 157–180.

Pesch, A. 2007 Die Goldbrakteaten der Völkerwanderungszeit – Thema und Variation. Ergänzungsbände zum Reallexikon der Germanischen Altertumskunde 36 (Berlin/New York 2007).

Pesch, A. 2011 Gold bracteates and female burials. Material as a medium of elite communication in the Migration Period. In: Quast (Hg.) 2011, 377–397.

Pescheck, Ch. 1939 Die frühwandalische Kultur im Mittelschlesien (100 vor bis 200 nach Christus). Quellenschriften zur ostdeutschen Vor- und Frühgeschichte 5 (Leipzig 1939).

Pescheck, Ch. 1996 Das fränkische Reihengräberfeld von Kleinlangheim, Lkr. Kitzingen/Nordbayern. Germanische Denkmäler der Völkerwanderungszeit A 17 (Mainz 1996).

Peška, J./Tejral, J. 2002 Das Germanische Königsgrab von Mušov in Mähren. RGZM-Monographie 55 (Mainz 2002).

Pesseg, P. 2010 Das frühmittelalterliche Gräberfeld von Breitenschützing-Schlatt. Magisterarbeit Universität Wien 2010 (http://othes.univie.ac.at/11470/).

Peters, D. 2011 Das frühmittelalterliche Gräberfeld von Soest. Studien zur Gesellschaft im Grenzraum und Epochenumbruch. Veröffentlichungen der Altertumskommission Westfalen Landschaftsverband Westfalen-Lippe 19 (Münster 2011).

Petersen, J. 1951 Vikingetidens Redskaper. Skrifter. Norske Videnskaps-Akademi i Oslo, Historisk-Filosofisk Klasse 4 (Oslo 1951).

Petrascheck-Heim, I. 1978 Textilkundliche Untersuchung von Stickereien aus Grab 1 in der Stadtpfarrkirche von Traismauer. Fundberichte aus Österreich 16, 1977/1978, 261–274.

Petré, B. 1980 Björnfällen i begravningsritualen – statusobjekt speglande regional skinnhandel? Fornvännen 75, 1980, 5–14.

Petrinec, M. 2009 Gräberfelder aus dem 8. bis 11. Jahrhundert im Gebiet des frühmittelalterlichen kroatischen Staates. Monumenta Medii Aevi Croatiae 3 (Split 2009).

Pietsch, M. 2004 Reiche Gräber des 7. Jahrhunderts n. Chr. aus Bruckmühl, Lkr. Rosenheim, Oberbayern. Das Archäologische Jahr in Bayern 2003, 104–106.

Pillivuyt, G. 1985 Les Flacons de la Séduction. L'Art du Parfum au XVIIIe (Lausanne 1985).

Pirling, R. 1989 Das römisch-fränkische Gräberfeld von Krefeld-Gellep 1966–

1974. Germanische Denkmäler der Völkerwanderungszeit B 13 (Stuttgart 1989).

Plank, L. 1964 Die Bodenfunde des frühen Mittelalters aus Nordtirol. Veröffentlichungen des Museums Ferdinandeum 44, 1964, 99–210.

Platz-Horster, G. 1984 Die antiken Gemmen im Rheinischen Landesmuseum Bonn. Kunst und Altertum am Rhein 113 (Köln 1984).

Pohl, G. 1977 Die spätrömischen Gräber mit Beigaben. In: J. Werner (Hg.), Die Ausgrabungen in St. Ulrich und Afra in Augsburg 1961–1968. Veröffentlichungen der Kommission zur archäologischen Erforschung des spätrömischen Raetien der Bayerischen Akademie der Wissenschaften = Münchner Beiträge zur Vor- und Frühgeschichte 23 (München 1977).

Polenz, H. 1988 Katalog der merowingerzeitlichen Funde in der Pfalz. Germanische Denkmäler der Völkerwanderungszeit B 12 (Stuttgart 1988).

Pöllath, R. 2002 Die Karolingerzeit in Nordostbayern. Studien zur Besiedlungsgeschichte anhand der Gräberfelder und Einzelfunde aus Metall. Teil 1–4 (Wittislingen/München).

Powlesland, D./Haughton, C. A. 1999 Haughton, West Heslerton – The Anglian Cemetery. Teil 1. The excavation and discussion of the evidence. Teil 2. Catalogue of the Anglian graves and associated assemblages. Landscape Research Centre Monograph 1 (Yedingham 1999).

Preidel, H. 1926 Germanen in Böhmen im Spiegel der Bodenfunde. Ein Beitrag zur Frühgeschichte des Landes. Anstalt für Sudetendeutsche Heimatforschung, Vorgeschichtliche Abteilung 3 (Reichenberg 1926).

Prévost, G. 1885 Fouilles à Saint-Ouen de Rouen. Revue de l'Art chrétien, 1885, 1–14.

Prinz, F. 1965 Frühes Mönchtum im Frankenreich. Kultur und Gesellschaft in Gallien, den Rheinlanden und Bayern am Beispiel der monastischen Entwicklung (4. bis 8. Jahrhundert) (München/Wien 1965).

Pritchard, V. 1967 English Medieval Graffiti (Cambridge 1967).

Quast, D. 1993 Die merowingerzeitlichen Grabfunde aus Gültlingen (Stadt Wildberg, Kreis Calw). Forschungen und Berichte zur Vor- und Frühgeschichte in Baden-Württemberg 52 (Stuttgart 1993).

Quast, D. 1995 Bemerkungen zum merowingerzeitlichen Gräberfeld bei Fridingen an der Donau, Kr. Tuttlingen. Fundberichte aus Baden-Württemberg 20, 1995, 803–836.

Quast, D. 1996 Bemerkungen zum Goldohrring aus der Martinskirche in Gruibingen (Lkr. Göppingen). Archäologische Spuren eines Adelsgrabes der Zeit um 700. Fundberichte aus Baden-Württemberg 21, 1996, 541–554.

Quast, D. (Hg.) 2011 Weibliche Eliten in der Frühgeschichte. Female Elites in protohistoric Europe. Internationale Tagung vom 13. bis zum 14. Juni 2008 im RGZM im Rahmen des Forschungsschwerpunktes »Eliten«. Römisch-Germanisches Zentralmuseum Tagungen 10 (Mainz 2011).

Quast, D./Schüssler, U. 2000 Mineralogische Untersuchungen zur Herkunft der Granate merowingerzeitlicher Cloisonné-arbeiten. Germania 78, 2000, 75–96.

Quilling, F. 1896 Fränkische Funde in Frankfurt am Main. Archiv für Frankfurts Geschichte und Kunst N. F. 3, Folge 5, 1896, 319–330.

Rau, R. 1968 Die Reichsannalen (Annales Regni Francorum). Übers. von O. Abel u. J. v. Jasmund, neu bearbeitet von R. Rau. Quellen zur karolingischen Reichsgeschichte, Teil 1. Ausgewählte Quellen zur deutschen Geschichte des Mittelalters. Freiherr vom Stein-Gedächtnisausgabe V (Darmstadt 1968).

Rau, R. 1969 Notker Taten Karls (Notkeri Gesta Karoli). Übers. von C. Rehdantz, E. Dümmler u. W. Wattenbach, neu bearbeitet von R. Rau. Quellen zur karolingischen Reichsgeschichte, Teil 3. Ausgewählte Quellen zur deutschen Geschichte des Mittelalters. Freiherr vom Stein-Gedächtnisausgabe VII (Darmstadt 1969).

Rau, R. 1988 Briefe des Bonifatius. Willibalds Leben des Bonifatius. Nebst einigen zeitgenössischen Dokumenten (Bonifatii Epistulae. Willibaldi Vita Bonifatii. Aliquot Litterarum Monumenta Coaeva). Übers. von M. Tangel u. Ph. H. Külb, neu bearbeitet von R. Rau. Ausgewählte Quellen zur deutschen Geschichte des Mittelalters. Freiherr vom Stein-Gedächtnisausgabe IVb[2] (Darmstadt 1988).

Raub, Ch. 1996 Die Goldverarbeitung von der Antike bis heute. In: U. Bauer/M. Angerer (Hg.), Gold im Herzen Europas, Gewinnung, Bearbeitung, Verwendung. Aufsätze und Katalog. Schriftenreihe des Bergbau- und Industriemuseums Ostbayern 34 (Kümmersbruck 1996) 109–141.

Raub, Ch./Weiss, H. 1994 Untersuchung von Resten der Goldfäden eines Brokatgewebes aus Lauchheim, Ostalbkreis, Gräberfeld »Wasserfurche«, Grab 785. Archäologische Ausgrabungen in Baden-Württemberg 1994, 217–220.

Reichert, S. 2012 Die frühen Kirchen und frühmittelalterlichen Gräberfelder von Inden-Pier, Kr. Düren. Bonner Beiträge zur Vor- und Frühgeschichtlichen Archäologie 14 (Bonn 2012).

Reimann, D./Neumair, A./Neumair, E. 2001 Eine fremde Dame in Alpersdorf? Das Archäologische Jahr in Bayern 2001, 116–118.

Reimer, P. J. u. a. 2013 IntCal13 and Marine13 radiocarbon age calibration curves, 0-50,000 years cal BP. Radiocarbon 55/4, 2013, 1869–1887.

Reinecke, P. 1899 Studien über Denkmäler des frühen Mittelalters. Mitteilungen der Anthropologischen Gesellschaft in Wien 29, 1899, 35–52.

Reiß, R. 1994 Der merowingerzeitliche Reihengräberfriedhof von Westheim (Kreis Weißenburg-Gunzenhausen). Forschungen zur frühmittelalterlichen Landesgeschichte im südwestlichen Mittelfranken. Wissenschaftliche Beibände zum Anzeiger des Germanischen Nationalmuseums Nürnberg 10 (Nürnberg 1994).

Renner, D. 1970 Die durchbrochenen Zierscheiben der Merowingerzeit (Mainz 1970).

Rettner, A. 1998 Thüringisches und Fränkisches in Zeuzleben. Acta Praehistorica et Archaeologica 30, 1998, 113–125.

Rhé, G./Fettich, N. 1931 Jutas und Öskü.

Zwei Gräberfelder aus der Völkerwanderungszeit in Ungarn. Skythika 4 (Prag 1931).

Riemer, E. 1992 Byzantinische Körbchen- und Halbmondohrringe im Römisch-Germanischen Museum Köln (Sammlung Diergardt). Kölner Jahrbuch für Vor- und Frühgeschichte 25, 1992, 121–136.

Riemer, E. 1997/1998 Im Zeichen des Kreuzes. Goldblattkreuze und andere Funde mit christlichem Symbolgehalt. In: Katalog Stuttgart/Zürich/Augsburg 1997/1998, 447–454.

Riemer, E. 2000 Romanische Grabfunde des 5.–8. Jahrhunderts in Italien. Internationale Archäologie 57 (Rahden/Westf. 2000).

Ristow, S. 1998 Baptisterien im Frankenreich. Acta Praehistorica et Archaeologica 30, 1998, 166–176.

Ristow, S. 2006 Grab und Kirche. Zur funktionalen Bestimmung archäologischer Baubefunde im östlichen Frankenreich. Römische Quartalschrift für Christliche Altertumskunde und Kirchengeschichte 101, 2006, 214–239.

Ristow, S. 2013a Gräber der merowingerzeitlichen Elite in und bei Kirchen. In: Katalog Frankfurt 2013, 59–76.

Ristow, S. 2013b Prunkgräber des 6. Jahrhunderts in einem Vorgängerbau des Kölner Domes. In: Katalog Frankfurt 2013, 78–98.

Ristow, S./Roth, H. 1995 Fingerring §2: Merowingerzeit. b. Hauptformen. Reallexikon der Germanischen Altertumskunde[2] IX, 1995, 57–65.

Roffia, E. 1986 La Necropoli Longobarda di Trezzo sull' Adda. Richerche di archeologia altomedievale e medievale 12/13 (Florenz 1986).

Rogers, G. A. 1986 Nadel – Faden – Fingerhut. Eine illustrierte Geschichte des Nähzubehörs (Stuttgart 1986).

Ross, M. C. 1965 Catalogue of the Byzantine and Early Mediaeval Antiquities in the Dumbarton Oaks Collection. Teil 2: Jewelry, Enamels and Art of the Migration Period (Washington D. C. 1965).

Roth, H. 1980 Urcei alexandrini. Zur Herkunft gegossenen »Koptischen« Buntmetallgerätes aufgrund von Schriftquellen. Germania 58, 1980, 156–161.

Roth, H. 1984 Das ostfränkisch-alamannische Verhältnis aus archäologischer Sicht. In: F. Quarthal (Hg.), Alemannen und Ostfranken im Frühmittelalter (Bühl 1984) 39–45.

Roth, H. 1986 Zweifel an Aregunde. In: O.-H. Frey (Hg.), Gedenkschrift für Gero von Merhart zum 100. Geburtstag. Marburger Studien zur Vor- und Frühgeschichte 7 (Marburg 1986) 267–276.

v. Rummel, Ph. 2007 Habitus barbarus. Kleidung und Repräsentation spätantiker Eliten im 4. und 5. Jahrhundert. Ergänzungsbände zum Reallexikon der Germanischen Altertumskunde 55 (Berlin/New York 2007).

Rupp, C. B. 1995 Das Langobardische Gräberfeld von Nocera Umbra (Bonn 1995).

Sage, W. 1984 Das Reihengräberfeld von Altenerding in Oberbayern. Katalog der anthropologischen und archäologischen Funde und Befunde. Text und Tafeln. Germanische Denkmäler der Völkerwanderungszeit A 14 (Berlin 1984).

Sander, B. 1997 Cemetery 116. Excavations at Helgö XIII. Kungliga Vitterhets Historie och Antikvitets Akademien (Stockholm 1997).

Sander, U. 2008 Der ältere Lindauer Buchdeckel in seinen originalen Bestandteilen. Schriften zur Kunstgeschichte 22 (Hamburg 2008).

Schalles-Fischer, M. 1969 Pfalz und Fiskus Frankfurt. Eine Untersuchung zur Verfassungsgeschichte des fränkisch-deutschen Königtums (Göttingen 1969).

Scheibelreiter, G. 1999 Historisches. Reallexikon der Germanischen Altertumskunde[2] XIV, 1999, 107–109.

Scheid, J. 2004 Körperbestattung und Verbrennungssitte aus der Sicht der schriftlichen Quellen. In: A. Faber/ P. Fasold /M. Struck/M. Witteyer (Hg.), Körpergräber des 1. bis 3. Jahrhunderts in der römischen Welt. Schriften des Archäologischen Museums Frankfurt 21 (Frankfurt am Main 2004) 19–25.

Schetelig, H. 1912 Vestlandske graver fra jernalderen. Bergens Museums Skrifter, Ny Række II,1 (Bergen 1912).

Schetelig, H. 1917 Nye jernaldersfund paa Vestlandet. Bergen Museum Årbok 2 (Bergen 1917).

Scheuer, L./Black, S. 2000 Developmental Juvenile Osteology (London 2000).

Scheuer, L./MacLaughlin-Black, S. 1994 Age estimation from the bars basilaris of the fetal and juvenile occipital bone. International Journal of Osteoarchaeology 4, 1994, 377–380.

Schieffer, R. 2007 Neue Bonifatius-Literatur, in: Deutsches Archiv für Erforschung des Mittelalters 63 (Köln/Weimar/Wien 2007) 111–123.

Schieffer, T. 1954 Winfrid Bonifatius und die christliche Grundlegung Europas (Freiburg 1954).

Schiek, S. 1992 Das Gräberfeld der Merowingerzeit bei Oberflacht. Forschungen und Berichte zur Vor- und Frühgeschichte in Baden-Württemberg 41/1 (Stuttgart 1992).

Schimpf, V. 2008 Die Heden-Orte in Thüringen. Concilium medii aevi 11, 2008, 21–70.

Schlesinger, W. 1968 Das Frühmittelalter. In: H. Patze/W. Schlesinger (Hg.), Geschichte Thüringens. Teil 1. Grundlagen und frühes Mittelalter. Mitteldeutsche Forschungen 48/I (Köln/Wien 1968) 317–380.

Schlesinger, W. 1975 Althessen im Frankenreich. Nationes 2 (Sigmaringen 1975).

Schlicksbier, G. 2003 Die Keramik des sächsischen Gräberfeldes bei Liebenau, Kreis Nienburg/Weser. Studien zur Sachsenforschung 5,7 (Oldenburg 2003).

Schmaedecke, M. 1999 Der Sarkophag. In: F. Schmaedecke (Hg.), Das Münster Sankt Fridolin in Säckingen. Archäologie und Baugeschichte bis ins 17. Jahrhundert. Forschungen und Berichte zur Archäologie des Mittelalters in Baden-Württemberg 24 (Stuttgart 1999) 317–326.

Schmidt, B. 1961 Die späte Völkerwanderungszeit in Mitteldeutschland. Veröffentlichungen des Landesamtes für Denkmalpflege und Archäologie Sachsen-Anhalt – Landesmuseum für Vorgeschichte 18 (Halle 1961).

Schmidt, B. 1970 Die späte Völkerwanderungszeit in Mitteldeutschland. Katalog (Südteil). Veröffentlichungen des Landesamtes für Denkmalpflege und Archäologie Sachsen-Anhalt – Landesmuseum für Vorgeschichte 25 (Berlin 1970).

Schmidt, B. 2005 Sächsische, angelsächsische und skandinavische Einflüsse in Mitteldeutschland während des 6. und 7. Jhs. In: Häßler (Hg.) 2005, 403 – 426.

Schmidt, B./Bemmann, J. 2008 Körperbestattungen der jüngeren Römischen Kaiserzeit und der Völkerwanderungszeit Mitteldeutschlands: Katalog. Veröffentlichungen des Landesamtes für Archäologie – Landesmuseum für Vorgeschichte – Sachsen-Anhalt 61 (Halle a. d. Saale 2008).

Schmieder, F. im Druck Die Reichsstadt Frankfurt 900 bis ca. 1500. In: Handbuch der Hessischen Geschichte. Teil III,2: Hessen im alten Deutschen Reich 900 bis 1806 (im Druck).

Schmitt, G. 2007 Die Alamannen im Zollernalbkreis. Materialhefte zur Archäologie in Baden-Württemberg 80 (Stuttgart 2007).

Schmotz, K. 2001 Neue Aspekte zur Siedlungsgeschichte des frühen und älteren Mittelalters im Landkreis Deggendorf. In: Vorträge des 19. Niederbayerischen Archäologentages (Rahden/Westf. 2001) 139 – 193.

Schneebauer-Meißner, I. 2013 Untersuchungen an Goldtextilien des frühen Mittelalters. Bericht der Bayerischen Bodendenkmalpflege 53, 2012, 271 – 336.

Schneider, J. 1983 Deersheim. Ein völkerwanderungszeitliches Gräberfeld im Nordharzvorland. Jahresschrift für mitteldeutsche Vorgeschichte 66, 1983, 75 – 358.

v. Schnurbein, A. 1987 Der alamannische Friedhof bei Fridingen an der Donau (Kreis Tuttlingen). Forschungen und Berichte zur Vor- und Frühgeschichte in Baden-Württemberg 21 (Stuttgart 1987).

Scholkmann, B. 1997 Kultbau und Glaube. Die frühen Kirchen. In: Katalog Stuttgart/Zürich/Augsburg 1997/1998, 455 – 464.

Schönfelder, M. 1994 Bear-Claws in Germanic Graves. Oxford Journal of Archaeology 13, 1994, 217 – 227.

Schrenk, S. 2007 Newly discovered textiles from the early middle Ages in Köln/Cologne. In: A. Rast-Eicher/R. Windler (Hg.), Archäologische Textilfunde – Archaeological Textiles, NESAT IX, Nordeuropäisches Symposium für archäologische Textilien, Braunwald, 18.–20. Mai 2005. NESAT 9 (Ennenda 2007) 102 – 107.

Schrenk, S. 2011 Fundort Schrein. Der Textilfund aus St. Severin in Köln. In: A. Stauffer (Hg.), Textilien in der Archäologie. Materialien zur Bodendenkmalpflege im Rheinland 22 (Bonn 2011) 95 – 103.

Schultz, M. 1988 Paläopathologische Diagnostik. In: R. Knußmann (Hg.), Anthropologie. Handbuch der vergleichenden Biologie des Menschen. Teil 1 (Stuttgart 1988) 480 – 496.

Schulze-Dörrlamm, M. 1986 Preßblechscheibenfibeln des 7. Jahrhunderts. Jahrbuch des Römisch-Germanischen Zentralmuseums Mainz 33/2, 1986, 920 f.

Schulze-Dörrlamm, M. 1990 Die spätrömischen und frühmittelalterlichen Gräberfelder von Gondorf, Gem. Kobern-Gondorf, Kr. Mayen-Koblenz. Germanische Denkmäler der Völkerwanderungszeit B 14,1 – 2 (Stuttgart 1990).

Schulze-Dörrlamm, M. 2002 Verschollene Schmuckstücke aus dem spätrömischen und karolingischen Mainz. Archäologisches Korrespondenzblatt 32, 2002, 137 – 149.

Schwarz, K. 1958 Neue archäologische Zeugnisse frühmittelalterlichen Landesausbaues. Bayerische Vorgeschichtsblätter 23, 1958, 101 – 126.

Schwarz, K. 1975 Der frühmittelalterliche Landesausbau in Nordost-Bayern archäologisch gesehen. In: Ausgrabungen in Deutschland. Teil 2: Römische Kaiserzeit im freien Germanien, Frühmittelalter I. Monographien des Römisch-Germanischen Zentralmuseums Mainz 1,2 (Mainz 1975) 338 – 409.

Schwarzmann, A./Eckerle, K. 1973 Die Alamannen in Südwestdeutschland. Ausstellung im Gartensaal des Karlsruher Schlosses vom 17. April bis 17. Juni 1973 (Karlsruhe 1973).

Schweissing, M. M. 2009 Archäologische Fragen zu Migration: Grundlagen, Chancen und Probleme von Untersuchungen stabiler Strontiumisotope (87Sr/86Sr). In: Heinrich-Tamáska/Krohn/Ristow (Hg.) 2009, 292 – 308.

Schwind, F. 1999 Hessen. Reallexikon der Germanischen Altertumskunde[2] XIV, 1999, 501 – 510.

Scott, D. A. 1991 Metallography and Microstructure of Ancient and Historic Metals (London 1991).

v. See, K. 1961a Exkurs zum Haraldskvæði: Berserker. Zeitschrift für deutsche Wortforschung 17, 1961, 129 – 135.

v. See, K. 1961b Studien zum Haraldskvæði. Arkiv för nordisk filologi 76, 1961, 96 – 111.

Seifert, Â. V./Vrána, S. 2005 Bohemian Garnet. Bulletin of Geosciences 80, 2005, 113 – 124.

Sennhauser, H. 1983 Mausoleen, Krypten, Klosterkirchen und St. Peter I–III in Salzburg. In: E. Zwink (Hg.), Frühes Mönchtum in Salzburg. Probleme der Forschung. Wissenschaftliche Tagung zur 3. Salzburger Landesausstellung »St. Peter in Salzburg« vom 16. bis 18. September 1982 in der Universität Salzburg. Salzburger Diskussionen 4 (Salzburg 1983) 57 – 78.

Siebrecht, A. 1974 Nadelbüchsen und Lanzenschuhe aus einem frühmittelalterlichen Gräberfeld in Halberstadt-Ost. Ausgrabungen und Funde 19/1, 1974, 29 – 34.

Siegmüller, A. 2011 Leichentücher und Federstreuungen. Das frühmittelalterliche Gräberfeld von Dunum als Spiegel politisch-religiöser Wandlungen des 7.–10. Jahrhunderts im Küstenraum. In: T. A. S. M. Panhuysen (Hg.), Transformations in North-Western Europe (AD 300 – 1000): proceedings of the 60th Sachsensymposion, 19. –23. September 2009, Maastricht. Neue Studien zur Sachsenforschung 3 (Stuttgart 2011) 239 – 250.

Siegmund, F. 1991 Kirchengrab von Rommerskirchen. In: J. Engemann/Ch. B. Rüger (Hg.), Spätantike und frühes Mittelalter. Ausgewählte Denkmäler im Rheinischen Landesmuseum Bonn. Kunst und Altertum am Rhein. Führer des Rheinischen Landesmuseums Bonn und des Rheinischen Amtes für Bodendenkmalpflege 134 (Köln 1991) 44 – 48.

Siegmund, F. 1998 Merowingerzeit am Niederhein. Die frühmittelalterlichen Funde aus dem Regierungsbezirk Düsseldorf und dem Kreis Heinsberg. Rheinische Ausgrabungen 34 (Köln 1998).

Siegmund, F. 2014 Rezension zu Bayliss, A./Hines, J./Høilund Nielsen, K./Mc-Cormac, G./Scull, Chr., Anglo-Saxon graves and grave goods of the 6th and 7th centuries AD: a chronological framework. The Society for Medieval Archaeology Monograph 33 (London 2013). Archäologische Informationen 36, 2014, 200–202.

Sigvallius, B. 1994 Funeral Pyres. Iron Age cremations in Northern Spanga. Theses and Papers in Osteology 1 (Stockholm 1994).

Simek, R. 1995 Lexikon der germanischen Mythologie[2] (Stuttgart 1995).

Sippel, K. 1987 Ein merowingisches Kammergrab mit Pferdegeschirr aus Eschwege, Werra-Meißner-Kreis (Hessen). Germania 65, 1987, 107–158.

Sippel, K. 1989 Die frühmittelalterlichen Grabfunde in Nordhessen. Materialien zur Vor- und Frühgeschichte von Hessen 7 (Wiesbaden 1989).

Sippel, K. 1999 Hessen. Reallexikon Germanischer Altertumskunde[2] XIV, 1999, 497–501.

Sippel, K. 2002 Niederhone. Reallexikon der Germanischen Altertumskunde[2] XXI, 2002, 162–164.

Sjøvold, T. 1974 The Iron Age Settlement of Arctic Norway. A Study in the Expansion of European Iron Age Culture within the Arctic Circle. Teil 2. Late Iron Age (Merovingian and Viking Periods). Tromsø Musemums Skrifter 10,2 (Tromsø/Oslo/Bergen 1974).

Smolík, J. 1885/1886 Ǔherecy hrob. Památky Archaeologické 13, 1885/1886.

Sörries, R. 2005 Großes Lexikon der Bestattungs- und Friedhofskultur. Wörterbuch zur Sepulkralkultur. Teil 2. Archäologisch-kunstgeschichtlicher Teil: von Abfallgrube bis Zwölftafelgesetz (Braunschweig 2005).

Spitzbart, G. 1982 Beda der Ehrwürdige. Kirchengeschichte des englischen Volkes (Venerabilis Beda. Historia ecclesiastica gentis Anglorum). Übers. von G. Spitzbart. Texte zur Forschung 34 (Darmstadt 1982).

Staab, F. 1990 Die Pfalz. Probleme einer Begriffsgeschichte vom Kaiserpalast auf dem Palatin bis zum heutigen Regierungsbezirk. Referate und Aussprachen der Arbeitstagung vom 4.–6. Oktober 1988 in St. Martin/Pfalz. Veröffentlichungen der Pfälzischen Gesellschaft zur Förderung der Wissenschaften 81 (Speyer 1990).

Staab, F. 1997 Die Königin Fastrada. In: R. Berndt (Hg.), Das Frankfurter Konzil von 794. Kristallisationspunkt Karolingischer Kultur. Teil I: Politik und Kirche. Quellen und Abhandlungen zur Mittelrheinischen Kirchengeschichte 80 (Mainz 1997) 183–217.

Stadler, H. 1998 Die Siedlungsgeschichte von Oberlienz nach den archäologischen Zeugnissen. In: Oberlienz in Geschichte und Gegenwart (Lienz 1998) 9–25.

Stamm, O. 1962 Spätrömische und frühmittelalterliche Keramik der Altstadt Frankfurt am Main. Schriften des Frankfurter Museums für Vor-und Frühgeschichte 1 (Frankfurt am Main 1962).

Stauch, E. 2004 Wenigumstadt. Ein Bestattungsplatz der Völkerwanderungszeit und des frühen Mittelalters im nördlichen Odenwaldvorland. Universitätsforschungen zur prähistorischen Archäologie 111 (Bonn 2004).

Stauch, E. 2005 Ein Blick über den frühmittelalterlichen Tellerrand … In: C. Dobiat (Hg.), Reliquiae Gentium. Festschrift für Horst Wolfgang Böhme zum 65. Geburtstag. Internationale Archäologie. Studia honoraria 23 (Rahden/Westf. 2005) 375–401.

Stauch, E. 2008 Alter ist Silber, Jugend ist Gold! Zur altersdifferenzierten Analyse frühgeschichtlicher Bestattungen. In: S. Brather (Hg.), Zwischen Spätantike und Frühmittelalter. Archäologie des 4. bis 7. Jahrhunderts im Westen. Ergänzungsbände zum Reallexikon der Germanischen Altertumskunde 57 (Berlin/New York 2008) 275–295.

Stauffer, A./Weisse, F. 1998 Ein frühmittelalterliches Goldgewebe aus Lauchheim. Fundberichte aus Baden-Württemberg 22/1, 1998, 729–736.

Steen, S./Vretemark, M. V. 1992 Osteologische Analysen knochenreicher Brandgräber der jüngeren Eisenzeit in Schweden. Zeitschrift für Archäologie 26, 1992, 87–103.

Steidl, B. 2000 Die Wetterau vom 3. bis 5. Jahrhundert n. Chr. Materialien zur Vor- und Frühgeschichte Hessens 22 (Wiesbaden 2000).

Stein, F. 1961 Die goldenen Ohrringe des reichen Mädchengrabes 139 von Linz-Zizlau. Kunstjahrbuch der Stadt Linz 1, 1961, 5–14.

Stein, F. 1966 Kleinfunde des 7. und 8. Jahrhunderts aus der Kirchengrabung Esslingen – St. Dionysius. Germania 44, 1966, 374–385.

Stein, F. 1967 Adelsgräber des 8. Jahrhunderts in Deutschland. Germanische Denkmäler der Völkerwanderungszeit A 9 (Berlin 1967).

Stein, F. 1968 Awarisch-merowingische Beziehungen, ein Beitrag zur absoluten Chronologie der awarenzeitlichen Funde. Študijné Zvesti Archeologického Ústavu Slovenskej Akadémie Vied 16 (Symposium über die Besiedlung des Karpatenbeckens im VII. – VIII. Jahrhundert, Nitra – MaléVozokany, 28. August – 1. September 1966) (Nitra 1968) 233–244.

Stein, F. 1995 Die frühmittelalterlichen Kleinfunde. In: G. P. Fehring/B. Scholkmann (Hg.), Die Stadtkirche St. Dionysius in Esslingen. Archäologie und Baugeschichte Teil 1: Die Archäologische Untersuchung und ihre Ergebnisse. Forschungen und Berichte zur Archäologie des Mittelalters in Baden-Württemberg 13/1 (Stuttgart 1995) 299–332.

Stenberger, M. 1977 Nordische Vorzeit. Teil 4. Vorgeschichte Schwedens (Neumünster 1977).

Steuer, H. 1982 Schlüsselpaare in frühgeschichtlichen Gräbern. Zur Deutung einer Amulett-Beigabe. In: H.-J. Häßler (Hg.), Studien zur Sachsenforschung 3 (Oldenburg 1982) 185–247.

Steuer, H. 1997 Krieger und Bauern – Bauernkrieger. Die gesellschaftliche Ordnung der Alamannen. In: Katalog Stuttgart/Zürich/Augsburg 1997/1998, 275–287.

Steuer, H. 2007 Toilettebesteck. Reallexikon der Germanischen Altertumskunde[2] XXXV, 2007, 172–186.

Stiefel, C. 2007/2008 Goldtextilien der Merowingerzeit in Süd- und Westdeutschland. Zur Herstellung, Verwendung und dem sozialen Kontext. Albert-Ludwigs-Universität Freiburg i. Br. (Unveröffentlichte Magisterarbeit 2007/2008).

Stiefel-Ludwig, C. 2013 Merowingerzeitliche Goldtextilien in Süd- und Westdeutschland im sozialen Kontext. Bericht der Bayerischen Bodendenkmalpflege 53, 2012, 337–340.

Stoll, H. 1939 Die Alamannengräber von Hailfingen in Württemberg (Berlin 1939).

Stolz, S./Potzek, J. M. 1986 Dreifaltigkeit II: Darstellungen in der Kunst. In: R.-H. Bautier/R. Auty/N. Angermann (Hg.), Lexikon des Mittelalters 3 (München 1986) Sp. 1374 f.

Stork, I. 1983 Das fränkische Gräberfeld von Dittigheim, Stadt Tauberbischofsheim, Main-Tauber-Kreis. Archäologische Ausgrabungen in Baden-Württemberg 1983, 199–202.

Stork, I. 1984 Weitere Untersuchungen im fränkischen Gräberfeld von Dittigheim, Stadt Tauberbischofsheim, Main-Tauber-Kreis. Archäologische Ausgrabungen in Baden-Württemberg 1984, 179–185.

Stork, I. 1987/1988 Lauchheim und Pfahlheim. Gedanken zur Struktur zweier frühmittelalterlicher Gräberfelder auf der Ostalb. Ellwanger Jahrbuch 32/1, 1987/1988, 9–20.

Stork, I. 1990 Frühes Mittelalter um die Kapfenburg. In: Oberfinanzdirektion Stuttgart, Referat Staatliche Schlösser und Gärten (Hg.), 800 Jahre Deutscher Orden. Die Kapfenburg – Vom Adelssitz zum Deutschordensschloß. Ausstellungskatalog (Stuttgart 1990) 95–115.

Stork, I. 1995 Fürst und Bauer – Heide und Christ. 10 Jahre archäologische Forschungen in Lauchheim/Ostalbkreis. Archäologische Informationen aus Baden-Württemberg 29 (Stuttgart 1995).

Stork, I. 2001 Lauchheim. Reallexikon der Germanischen Altertumskunde^{2} XVIII, 2001, 131–136.

Stork, I./Rösch, M. 1992 Zum Fortgang der Untersuchungen im frühmittelalterlichen Gräberfeld, Adelshof und Hofgrablege bei Lauchheim, Ostalbkreis. Archäologische Ausgrabungen in Baden-Württemberg 1992, 231–243.

Stork, I./Wahl, J. 2006 Eine birituelle Doppelbestattung aus dem Gräberfeld von Hessigheim, Kreis Ludwigsburg. Archäologische Ausgrabungen in Baden-Württemberg 2006, 174–177.

Störmer, W. 1989 Die Herzöge in Franken und die Mission. In: Erichsen 1989, 257–267.

Störmer, W. 1993 Zu Herkunft und Wirkungskreis der merowingerzeitlichen »mainfränkischen« Herzöge. In: K. Schnith/R. Pauler (Hg.), Festschrift für Eduard Hlawitschka. Münchener Historische Studien. Abteilung Mittelalterliche Geschichte 5 (Kallmünz 1993) 11–21.

Störmer, W. 1997 Einhards Herkunft: Überlegungen und Beobachtungen zu Einhards Erbbesitz und familiärem Umfeld. In: H. Schefers (Hg.), Einhard. Studien zu Leben und Werk. Arbeiten der Hessischen Historischen Kommission, N.F. 12 (Darmstadt 1997) 15–39.

Streiter, A./Weiland, E. 2003 Das seidene Aufnähkreuz aus Oberflacht. Gewebeanalyse und Musterrekonstruktion. In: L. Bender-Jørgensen/J. Banck-Burgess/ A. Rast-Eicher (Hg.), Festschrift für Klaus Tidow: Textilien aus Archäologie und Geschichte (Neumünster 2003) 142–147.

Stroh, F. 1954 Die Reihengräber der karolingisch-ottonischen Zeit in der Oberpfalz. Materialhefte zur bayerischen Vorgeschichte 4 (Kallmünz 1954).

Ström, Å. 1980 Björnfällar och Oden-religionen. Fornvännen 75, 1980, 266–270.

van Strydonck, M. u. a. 2005 mit M. Boudin/M. Hoefkens/G. d. Mulder, ^{14}C-dating of cremated bones, why does it work? Lunula Archaeologia Protohistorica 13, 2005, 3–10.

van Strydonck, M./Boudin, M./de Mulder, G. 2010 The Carbon Origin of Structural Carbonate in Bone Apatite of Cremated Bones. Radiocarbon 52/2, 2010, 578–586.

Stuiver, M./Polach, H. A. 1977 Reporting of ^{14}C Data. Radiocarbon 19/3, 1977, 355–363.

Stylegar, F.-A. 2007 The Kaupang Cemeteries Revisited. In: D. Skre (Hg.): Kaupang in Skiringssal. The Kaupang Excavation Project. Publication Series 1, Aarhus University Press (Århus 2007) 65–128.

Suhr, G./Fehr, H. 2007 Goldohrring und Bajuwarenschwert – Bruckmühl am Ende der Merowingerzeit (Bruckmühl 2007).

Svoboda, B. 1965 Böhmen in der Völkerwanderungszeit. Monumenta Archaeologica 13 (Prag 1965).

Swift, E. 2000 Regionality in Dress Accessories in the late Roman West. Monographies Instrumentum 11 (Montagnac 2000).

Szőke, B. M. 1992 Die Beziehungen zwischen dem oberen Donautal und Westungarn in der ersten Hälfte des 9. Jahrhunderts (Frauentrachtzubehör und Schmuck). In: F. Daim (Hg.), Awarenforschungen. Teil 2. Studien zur Archäologie der Awaren 4 (Wien 1992) 841–968.

Szőke, B. M./Éry, K./Müller, R./Vándor, L. 1992 Die Karolingerzeit im unteren Zalatal. Gräberfelder und Siedlungsreste von Garabonc I–II und Zalaszabar-Dezsösziget. Antaeus 21 (Budapest 1992).

Teichner, F. 1999 Kahl am Main. Siedlung und Gräberfeld der Völkerwanderungszeit. Materialhefte zur bayerischen Vorgeschichte A 80 (München/Kallmünz 1999).

Tejral, J. 1975 K Langobardskému odkazu v archeologických pramenech na území Československa (Zum langobardischen Nachlaß in archäologischen Quellen aus dem Gebiet der Tschechoslowakei). Slovenská Archeológia 23/2, 1975, 379–446.

Tejral, J. 1976 Grundzüge der Völkerwanderungszeit in Mähren. Studie Archeologického Ústavu Ceskolovenské Akademie ved Brne 4,2 (Prag 1976).

Tejral, J. 1997 Neue Aspekte der frühvölkerwanderungszeitlichen Chronologie im Mitteldonauraum. In: J. Tejral/ H. Friesinger/M. Kazanski (Hg.), Neue Beiträge zur Erforschung der Spätantike im mittleren Donauraum: Materialien der Internationalen Fachkonferenz »Neue Beiträge zur Erforschung der Spätantike im mittleren Donauraum«, Kravsko 17.–20. Mai 1995 (Brno 1997) 321–392.

Tempel, W.-D. 1970 Die Kämme aus Haithabu (Ausgrabung 1963–1964).

Berichte über die Ausgrabungen in Haithabu 4 (Neumünster 1969).

Tempel, W.-D. 1972 Unterschiede zwischen den Formen der Dreilagenkämme in Skandinavien und auf den friesischen Wurten vom 8. bis 10. Jahrhundert. Archäologisches Korrespondenzblatt 2, 1972, 57–59.

Tempel, W.-D. 1979 Elisenhof. Die Ergebnisse der Ausgrabung der frühgeschichtlichen Marschensiedlung beim Elisenhof in Eiderstedt 1957/58 und 1961/64. Teil 3. Die Kämme aus der frühgeschichtlichen Wurt Elisenhof (Frankfurt am Main/Bern/Las Vegas 1979) 151–174.

Thiedemann, A. 2008 Die merowingerzeitlichen Grabfunde in der Wetterau. Materialien zur Vor- und Frühgeschichte von Hessen 24 (Wiesbaden 2008).

Thieme, B. 1978 Filigranscheibenfibeln der Merowingerzeit aus Deutschland. Bericht der Römisch-Germanischen Kommission 59, 1978, 383–497.

Thomas, A. H. 1893 Une nouvelle page ajoutée à l'histoire de Rosny-su-Seine. Exhumation d'une nécropole des premiers siècles de notre ère. Découverte d'une partie d'un autel païen. Substructions d'une basilique chrétienne gallo-romaine. Un deuxième cimetière mérovingien (Paris 1893).

Thörle, S. 2001 Gleicharmige Bügelfibeln des frühen Mittelalters. Universitätsforschungen zur prähistorischen Archäologie 81 (Bonn 2001).

Thunmark-Nylén, L. 1998, Die Wikingerzeit Gotlands II. Typentafeln. Kungliga Vitterhets Historie och Antikvitets Akademien (Stockholm 1998).

Thunmark-Nylén, L. 2006 Die Wikingerzeit Gotlands III. Teil 2. Text. Kungliga Vitterhets Historie och Antikvitets Akademien (Stockholm 2006).

Tímár-Balázy, Á./Eastop, D. 1998 Metal threads. In: Chemical Principles of Textile Conservation (Oxford 1998) 128–138.

Timpel, W. 1977 Ein spätmerowingerzeitlicher Grabhügel von Urleben, Kr. Bad Langensalza. Alt-Thüringen 14, 1977, 258–284.

Trenkmann, U. 2008 Nota sulla fibula di Planis con animali sul bordo. In: M. Buora/L. Villa (Hg.), Goti dall'Oriente alle Alpi. Archeologia di frontiera (Triest 2008) 89–97.

Trier, M. 1991 Zur frühmittelalterlichen Besiedlung Friedbergs und des näheren Umlands. In: Stadt Friedberg (Hg.), Stadtbuch Friedberg 1: Landesnatur, Vor- und Frühgeschichte, Geschichte in Mittelalter und Neuzeit, Wirtschaft und Verkehr (Friedberg 1991) 90–98.

Trier, M. 2002 Die frühmittelalterliche Besiedlung des unteren und mittleren Lechtales nach archäologischen Quellen. Teil 1 und 2. Materialhefte zur Bayerischen Vorgeschichte A 84 (Kallmünz 2002).

Ubelaker, D. H. 1978 Human Skeletal Remains: Excavation, Analysis and Interpretation (Washington DC 1978).

Ulbricht, I. 1978 Die Geweihverarbeitung von Haithabu. Die Ausgrabungen in Haithabu 7 (Neumünster 1978).

Ulriksen, J. 2011 Vikingetidens gravskik i Danmark. Spor av begravelsesritualer i jordfæstegraver (Kuml 2011) 161–245.

Urner-Astholz, H. 1978 Mosaiksteine. Studien zur Kunst- und Kulturgeschichte (Bern/München 1978).

Veeck, W. 1931 Die Alamannen in Württemberg. Germanische Denkmäler der Völkerwanderungszeit 1 (Berlin/Leipzig 1931).

Veeck, W. 1939 Ein alamannisches Frauengrab aus Schwenningen a. N. Germania 23, 1939, 40–42.

Vielitz, K. 2003 Die Granatscheibenfibeln der Merowingerzeit. Europe médievale 3 (Montagnac 2003).

Vierck, H. 1974 Werke des Eligius. In: G. Kossack/G. Ulbert (Hg.), Studien zur vor- und frühgeschichtlichen Archäologie. Festschrift für Joachim Werner. Teil 2. Münchner Beiträge zur Vor- und Frühgeschichte; Ergänzungband 1/II (München 1974) 309–380.

Vita Vedasti Ionae Vitae sanctorum Columbani, Vedasti, Iohannis, hg. von B. Krusch. Monumenta Germaniae Historica, Scriptores rerum Germanicarum in usum scholarum separatim editi (Hannover 1905).

Vita Wynnebaldi Vita Wynnebaldi abbatis Heidenheimensis, hg. von O. Holder-Egger. Monumenta Germaniae Historica, Scriptores 15,1 (Hannover 1887).

Volbach, W. F. 1976 Elfenbeinarbeiten der Spätantike und des frühen Mittelalters. Römisch-Germanisches Zentralmuseum Mainz. Kataloge vor- und frühgeschichtlicher Altertümer 7³ (Mainz 1976).

Wagner, E. 1908 Fundstätten und Funde aus vorgeschichtlicher, römischer und alamannisch-fränkischer Zeit im Großherzogtum Baden. Erster Teil. Das Badische Oberland (Tübingen1908).

Wagner, G. 1956 Comitate in Hessen. Zeitschrift des Vereins für hessische Geschichte und Landeskunde 67, 1956, 39–75.

Wagner, H. 2003 Bonifatiusstudien. Quellen und Forschungen zur Geschichte des Bistums Würzburg LX (Würzburg 2003).

Wahl, J. 1982 Der römische Militärstützpunkt auf dem Frankfurter Domhügel. Mit einer Untersuchung zur germanischen Besiedlung des Frankfurter Stadtgebietes in vorflavischer Zeit. Schriften des Frankfurter Museums für Vor- und Frühgeschichte 6 (Bonn 1982).

Wahl, J. 1988 Süderbrarup. Ein Gräberfeld der römischen Kaiserzeit und Völkerwanderungszeit in Angeln 2. Anthropologische Untersuchungen. Offa-Bücher 64 (Neumünster 1988).

Wahl, J./Wahl, S. 1983 Zur Technik der Leichenverbrennung I. Verbrennungsplätze aus ethnologischen Quellen. Archäologisches Korrespondenzblatt 13, 1983, 513–520.

Walter, S. 2009 Das frühmittelalterliche Gräberfeld von Mengen, Kr. Breisgau-Hochschwarzwald. Materialhefte zur Archäologie 82 (Stuttgart 2009).

Walter, S./Peek, Ch./Gillich, A. 2008 Kleidung im Frühen Mittelalter. Am liebsten schön bunt! Porträt Archäologie 3 (Esslingen 2008).

Wamers, E. 1986 Schmuck des frühen Mittelalters im Frankfurter Museum für Vor- und Frühgeschichte. Archäologische Reihe 7 (Frankfurt 1986).

Wamers, E. 1994a Die frühmittelalterlichen Lesefunde aus der Löhrstraße (Neubau Hilton 2) in Mainz. Mainzer Archäologische Schriften 1 (Mainz 1994).

Wamers, E. 1994b Fibel und Fibeltracht. M.

Karolingerzeit. Reallexikon der Germanischen Altertumskunde[2] VIII 5/6, 1994, 586 – 602.

Wamers, E. 1994c König im Grenzland. Neue Analyse des Bootkammergrabes von Haiðaby. Mit Beiträgen von H. Drescher, E. Lietz, H. Patotzki, G. Possnert. Acta Archaeologica 65, 1994, 1 – 56.

Wamers, E. 1994d Das Untermaingebiet im frühen Mittelalter. In: J. Fried (Hg), 794 – Karl der Große in Frankfurt am Main. Ein König bei der Arbeit. Ausstellungskatalog (Frankfurt am Main 1994) 36 – 44.

Wamers, E. 1995 Eine burgundische Pyxis ›vom Niederrhein‹. Zu merowingerzeitlichen Amulettkapseln und Kosmetikbüchsen. Frühmittelalterliche Studien 29, 1995, 144 – 166.

Wamers, E. 1997 Hammer und Kreuz. Typologische Aspekte einer nordeuropäischen Amulettsitte aus der Zeit des Glaubenswechsels. In: M. Müller-Wille (Hg.), Rom und Byzanz im Norden. Mission und Glaubenswechsel im Ostseeraum während des 8.–14. Jahrhunderts. Teil 1. Internationale Fachkonferenz der Deutschen Forschungsgemeinschaft in Verbindung mit der Akademie der Wissenschaften und der Literatur, Mainz, Kiel, 18.–25. September 1994 (Stuttgart 1997) 83 – 107.

Wamers, E. 2000 Zur Funktion des Gandersheimer Runenkästchens. In: E. Marth (Hg.), Das Gandersheimer Runenkästchen. Internationales Kolloquium Braunschweig, 24.–26. März 1999 (Braunschweig 2000) 73 – 82.

Wamers, E. 2001 Vom römischen Militärstützpunkt zur karolingischen Pfalz. Neue Aspekte zur Kontinuität auf dem Domhügel in Frankfurt am Main. In: S. Felgenhauer-Schmiedt/A. Eibner/H. Knittler (Hg.), Zwischen Römersiedlung und mittelalterlicher Stadt. Archäologische Aspekte zur Kontinuitätsfrage. Beiträge zur Mittelalterarchäologie in Österreich 17 (Wien 2001) 67 – 88.

Wamers, E. 2003 Pyxis. Reallexikon der Germanische Altertumskunde[2] XXIII, 2003, 620 – 624.

Wamers, E. 2008 Franconofurd. Die karolingisch-ottonische Kaiserpfalz Frankfurt am Main. 3D-Computerrekonstruktion des Archäologischen Museums Frankfurt und von Architectura Virtualis GmbH Darmstadt (M. Grellert, E. Heller, M. Koob) (Frankfurt am Main/Darmstadt 2008).

Wamers, E. 2009 Von Bären und Männern. Berserker, Bärenkämpfer und Bärenführer im frühen Mittelalter. Zeitschrift für Archäologie des Mittelalters 37, 2009, 1 – 46.

Wamers, E. 2011 Die Frankfurter Pfalz im 9. und 10. Jahrhundert. In: G. K. Stach/F. Verse (Hg.), König Konrad I. Herrschaft und Alltag (Fulda 2011) 103 – 114.

Wamers, E. 2013a Balthilde und Eligius. Eine archäologische Spurensuche. In: Katalog Frankfurt 2013, 149 – 158.

Wamers, E. 2013b Das Kinderdoppelgrab unter der Frankfurter Bartholomäuskirche. In: Katalog Frankfurt 2013, 161 – 182.

Wamers, E. 2013c Tassilo III. von Baiern oder Karl der Große? Zur Ikonographie und Programmatik des sogenannten Tassilokelch-Stils. In: H. R. Sennhauser (Hg.), Wandel und Konstanz zwischen Bodensee und Lombardei zur Zeit Karls des Grossen. Kloster St. Johann in Müstair und Churrätien. Acta Müstair, Kloster St. Johann 3 (Zürich 2013) 1 – 22.

Wamers, E. 2015a im Druck Locus amoenus. »Becher 19« im Kontext der kontinentalen Kunst des 8. und 9. Jahrhunderts. In: F. Daim (Hg.), Der Goldschatz von Sânnicolau Mare (ungarisch: Nagyszentmiklós). Römisch-Germanisches Zentralmuseum Tagungen (Mainz 2015 im Druck).

Wamers, E. 2015b im Druck Carolingian Pfalzen and Law. In: L. Jørgensen/H. Vogt (Hg.), Law and Archaeology. Scientia Danica. Series H, Humanistica, 4. Royal Danish Academy of Sciences and Letters (Kopenhagen 2015 im Druck).

Wampach, C. 1930 Geschichte der Grundherrschaft. Echternach im Frühmittelalter 1, Teil 2 (Quellenband). Publications de la Section historique de l'Institut Grand-Ducal de Luxembourg 63 (Luxemburg 1930).

Wamser, L. 1983 Merowingerzeitlicher Frauenschmuck, Amulette und Geräte. In: E. Keller/D. Reimann/L. Wamser/S. Winghart (Hg.), Schätze aus Bayerns Erde. 75 Jahre archäologische Denkmalpflege in Bayern. Kulturgeschichtlicher Führer durch die Jubiläumsausstellung im Mainfränkischen Museum Würzburg, Festung Marienberg, vom 11. Juni bis 6. November 1983. Arbeitshefte des Bayerischen Landesamtes für Denkmalpflege 17 (Würzburg 1983).

aus'm Weerth, E. 1882 Rothe Edelsteine fränkischen und alamannischen Goldschmucks. Bonner Jahrbücher 72, 1882, 186 – 187.

Wegewitz, W. 1937 Die langobardische Kultur im Gau Moswidi (Niederelbe) zu Beginn unserer Zeitrechnung. Die Urnenfriedhöfe in Niedersachsen 2 (Hildesheim/Leipzig 1937).

Weidemann, M. 1982 Kulturgeschichte der Merowingerzeit nach den Werken Gregors von Tours. Monographien des Römisch-Germanischen Zentralmuseums 3,1 – 2 (Mainz 1982).

Weiß, W. 2007 Linien der Missionierungs- und Christianisierungsgeschichte Frankens. In: Haberstroh u. a. (Hg.) 2007, 119 – 136.

Werner, J. 1935 Münzdatierte austrasische Gabfunde. Germanische Denkmäler der Völkerwanderungszeit 3 (Berlin/Leipzig 1935).

Werner, J. 1950 Das alamannische Fürstengrab von Wittislingen. Münchner Beiträge zur Vor- und Frühgeschichte 2 (München 1950).

Werner, J. 1953 Das alamannische Gräberfeld von Bülach. Monographien zur Ur- und Frühgeschichte der Schweiz 9 (Basel 1953).

Werner, J. 1962 Die Langobarden in Pannonien. Beiträge zur Kenntnis der langobardischen Bodenfunde vor 568. Teil A: Text; Teil B: Tafeln. Abhandlungen der bayerischen Akademie der Wissenschaften, Philosophisch-Historische Klasse, Neue Folge 55 (München 1962).

Werner, J. 1987 Rezension zu Roffia 1986. Germania 65/1, 1987, 286 – 288.

Werner, M. 1982a Iren und Angelsachsen in Mitteldeutschland. Zur vorbonifatianischen Mission in Hessen und Thüringen. In: H. Löwe (Hg.), Die Iren und Europa im frühen Mittelalter. Veröffentlichungen des Europa Zentrums Tübingen:

Kulturwissenschaftliche Reihe, Teilband 1 (Stuttgart 1982) 239–318.

Werner, M. 1982b Adelsfamilien im Umkreis der frühen Karolinger. Die Verwandtschaft Irminas von Oeren und Adelas von Pfalzel. Personengeschichtliche Untersuchungen zur frühmittelalterlichen Führungsschicht im Maas-Mosel-Gebiet. Vorträge und Forschungen, Sonderband 28 (Sigmaringen 1982).

Wicha, J. 2005 Die Untersuchung und Bearbeitung einer Blockbergung aus einem hallstattzeitlichen Grabhügel mit 3D-Röntgen-Computertomographie. Fachhochschule für Technik und Wirtschaft (Unveröffentlichte Diplomarbeit 2005).

Wintergerst, M. 2007 Franconofurd I: Die Befunde der karolingisch-ottonischen Pfalz aus den Frankfurter Altstadtgrabungen 1953–1993. Mit einem Beitrag von E. Wamers. Schriften des Archäologischen Museums Frankfurt 22/1 (Frankfurt am Main 2007).

Wolfram, H. 1985 Ethnogenesen im frühmittelalterlichen Donau und Ostalpenraum (6. Bis 10. Jahrhundert). In: H. Beumann/W. Schröder (Hg.), Frühmittelalterliche Ethnogenese im Alpenraum. (Sigmaringen 1985) 97–152

Wolters, J. 2001 Drahtherstellung im Mittelalter. In: U. Lindgren (Hg.), Europäische Technik im Mittelalter: 800 bis 1400; Tradition und Innovation; ein Handbuch4 (Berlin 2001) 205–216.

Wood, I. 1995 Pagan Religion and Superstitions East of the Rhine from the Fifth to the Ninth Century. In: G. Ausenda (Hg.), After Empire: Towards an Ethnology of Europe's Barbarians. Studies in Historical Archaeoethnology (Woodbridge 1995) 253–279.

Wührer, B. 2000 Merowingerzeitlicher Armschmuck aus Metall. Europe médiévale 2 (Montagnac 2000).

Zazzo, A. u. a. 2012 mit J.-F. Saliège/M. Lebon/S. Lepetz/C. Moreau, Radiocarbon dating of calcined bones: insights from combustion experiments under natural conditions. Radiocarbon 54/3–4, 2012, 855–866.

Zeiß, H. 1941 Die germanischen Grabfunde des frühen Mittelalters zwischen mittlerer Seine und Loiremündung. Bericht der Römisch-Germanischen Kommission 31/1, 1941, 5–173.

Zeller, G. 1992 Die fränkischen Altertümer des nördlichen Rheinhessens. Teil 1: Text; Teil 2: Katalog und Tafeln. Germanische Denkmäler der Völkerwanderungszeit B 15 (Stuttgart 1992).

Zeman, J. 1976 Nejstarší slovanské osídlení Čech (Die älteste slawische Besiedlung Böhmens). Památky Archeologicke 67, 1976, 115–235.

Zhang, L. 1988 Filigrananhänger der Merowingerzeit in Süd- und Westdeutschland. Albert-Ludwigs-Universität Freiburg i. Br. (Unveröffentlichte Magisterarbeit 1988).

Ziegel, K. 1939 Die Thüringe der späten Völkerwanderungszeit im Gebiet östlich der Saale. Jahresschrift für die Vorgeschichte der Sächsisch-Thüringischen Länder 31, 1939, 1–118.

Zischka, U. 1977 Zur sakralen und profanen Anwendung des Knotenmotivs als magisches Mittel, Symbol oder Dekor. Eine vergleichend-volkskundliche Untersuchung (München 1977).

Zorzi, A. 1899 Notizie guida e bibliografia del R. R. Museo archeologico, archivio e biblioteca, già capitolari ed antico archivio comunale di Cividale del Friuli (Cividale 1899).

Zunz, L. 1997 Die vierundzwanzig Bücher der Heiligen Schrift nach dem Masoretischen Text (Tel-Aviv 1997).

Zwink, E. 1983 Frühes Mönchtum in Salzburg. Salzburg Diskussionen 4 (Salzburg 1983).

Abbildungsnachweis

Cover Bayerisches Landesamt für Denkmalpflege/B. Noack-Böck, I. Schneebauer-Meißner
S. 9 Utrecht, Universiteitsbibliotheek Ms. 32, fol. 55v
S. 11/12 Stadt Frankfurt am Main/F. Widmann
1 nach Wintergerst 2007, Plan 1
2 Denkmalamt Frankfurt am Main
3 nach Wintergerst 2007, Plan 14
4 nach Wintergerst 2007, Plan 2
5 Architectura Virtualis GmbH Darmstadt/Archäologisches Museum Frankfurt
6 1 nach Wintergerst 2007; 2–5 nach Sennhauser 1983
7 nach Jaques 1994
8 nach Wintergerst 2007, Plan 9
9 Denkmalamt Frankfurt am Main
10 Denkmalamt Frankfurt am Main
11 Architectura Virtualis GmbH Darmstadt /Archäologisches Museum Frankfurt
12 nach Hampel 1994, Abb. 71
13 Archäologisches Museum Frankfurt
14 Denkmalamt Frankfurt am Main
15–16 M. Hüls, Leibniz-Labor für Altersbestimmung und Isotopenforschung der Christian-Albrechts-Universität zu Kiel
17 B. Kromer, 14C-Labor des Klaus-Tschira-Archäometrie-Zentrums des Curt-Engelhorn-Zentrums Archäometrie, Mannheim
18 Archäologisches Museum Frankfurt/U. Dettmar
19 Denkmalamt Frankfurt am Main
20 Archäologisches Museum Frankfurt
21 Denkmalamt Frankfurt am Main
22 Archäologisches Museum Frankfurt
23 Archäologisches Museum Frankfurt
24 nach Bruce-Mitford 1983
25 nach Katalog Bonn 2008
26 nach Katalog Frankfurt 2009, 147 (Szene 44)
27 1 Archäologisches Museum Frankfurt/U. Dettmar; 2 RMN/J.-G. Berizzi; 3 Archäologisches Museum Frankfurt
28 Archäologisches Museum Frankfurt/U. Dettmar
29 1–2 Archäologisches Museum Frankfurt/U. Dettmar; 3 Denkmalamt Frankfurt am Main (= Hampel 1994, Abb. 80)
30 1–2 Archäologisches Museum Frankfurt/U. Dettmar; 3–4 Denkmalamt Frankfurt am Main
31 Archäologische Staatssammlung München/S. Friedrich
32 Landesmuseum Württemberg, Stuttgart/P. Frankenstein, H. Zwietasch
33 1 Archäologisches Museum Frankfurt; 2 nach Greiff; Quast/Schüssler 2000; Calligaro u. a. 2006
34 Archäologisches Museum Frankfurt/U. Dettmar
35 nach Koch 2011, Abb. 19
36 Archäologisches Museum Frankfurt
37 nach von Freeden 1979 und Burzler 1993; Entwurf: N. Krohn; Ausführung: E. Quednau
38 Archäologisches Museum Frankfurt/U. Dettmar
39 Archäologisches Museum Frankfurt/U. Dettmar
40 1 nach Hampel 1994, 129; 2 nach Jantzen 1998
41 nach Hauck/Axboe 1985–1989
42 nach Hauck/Axboe 1985–1989
43 Archäologisches Museum Frankfurt (Entwurf: A. Pesch; Ausführung: E. Quednau)
44 Archäologisches Museum Frankfurt/U. Dettmar
45 Archäologisches Museum Frankfurt
46 Archäologisches Museum Frankfurt/U. Dettmar
47 Archäologisches Museum Frankfurt (Entwurf: N. Krohn; Ausführung: E. Quednau)
48 1 Archäologisches Museum Frankfurt; 2 nach Hampel 1994, Abb. 91
49 T. Capelle
50 Stift Kremsmünster
51 Archäologisches Museum Frankfurt
52 Archäologisches Museum Frankfurt/U. Dettmar
53 nach Hampel 1994, Abb. 82
54 1–3 nach Swift 2000, Abb. 144; 4 nach Schmotz 2001
55 Archäologisches Museum Frankfurt/U. Dettmar
56 Archäologisches Museum Frankfurt
57 nach Wamers 2003, Abb. 104
58 http://www.ebay.com/itm/Birmingham-1878-Sterling-Silver-Vinaigrette-with-Chain/251771967280?pt=Antiques_Silver&hash=item3a9ec75730sch/Vinaigrettes-/107441/i.html, Stand: 31.03.2015
59 1 Römisch-Germanisches Zentralmuseum Mainz/R. Müller, PH_2007_1963; 2 Römisch-Germanisches Zentralmuseum Mainz, R07 128
60 Römisch-Germanisches Zentralmuseum Mainz/R. Müller, Ausschnitte PH_2007_1963
61 nach Hampel 1994, Abb. 71 und 95
62 Römisch-Germanisches Zentralmuseum Mainz/R. Müller, PH_2007_1965
63 Römisch-Germanisches Zentralmuseum Mainz/R. Müller, Ausschnitt PH_2007_1963
64 1 Römisch-Germanisches Zentralmuseum Mainz/R. Müller, Ausschnitt PH_2007_1965; 2 Römisch-Germanisches Zentralmuseum Mainz/R. Goedecker-Ciolek, DK_2007_0531
65 nach Römisch-Germanisches Zentralmuseum Mainz/R. Müller, SC_2007_0058
66 Römisch-Germanisches Zentralmuseum Mainz/R. Müller, _2007_1956
67 Römisch-Germanisches Zentralmuseum Mainz/R. Goedecker-Ciolek, DK_2007_0644
68 Römisch-Germanisches Zentralmuseum Mainz/R. Goedecker-Ciolek, 1 DK_2006_0185; 2 DK_2007_0131; 3 DK_2007_0136; 4 DK_2007_0134; 5 DK_2007_0528; 6 DK_2007_0137; 7 DK_2006_0087
69 nach Krohn 2004
70 1–3 Musée Départemental des Antiquités, Rouen
71 1 nach Prévost 1885, Abb. 5; 2 nach Salin 1956
72 Dominic Powlesland
73 1–2 Archäologisches Museum Frankfurt; 3 nach Hampel 1994, Abb. 96
74 1 Römisch-Germanisches Zentralmuseum Mainz/R. Müller, PH_2007_1959; 2 Römisch-Germanisches Zentralmuseum Mainz, Ausschnitt R14 099; 3 nach Hampel 1997, Abb. 8
75 1–2 Archäologisches Museum Frankfurt; 3–4 nach Sippel 1989, Taf. 2,8; 20,8
76 1 nach Dohrn-Ihmig 1999, Taf. 1 5,3; 2 Archäologisches Museum Frankfurt; 3 http://www.pauls-praxis.de/index_details.html?_filterartnr=8013968&_searchkeyword=Nadeln&_nav=suche&_

random=689932677, Stand: 31.03.2015; 4 nach Reiß 1994, Taf. 52, Grab 103,6

77 1 nach Stein 1967, Taf. 67,8; 2 nach Giesler 1980, Abb. 1,12; 3 nach Pescheck 1996, Taf. 11,9; 4 nach Peek/Siegmüller 2006, Abb. 2; 5 nach Mälarstedt 1984, Abb. 21:1

78 http://www.aldfryslan.nl/resultaten.php, Stand: 31.03.2015

79 Archäologisches Museum Frankfurt (Entwurf: E. Wamers; Ausführung: F. Vincent, Paris)

80–82 Bayerisches Landesamt für Denkmalpflege/B. Nowak-Böck, I. Schneebauer-Meißner

83 Firma ZEISS

84 Firma Siemens

85–94 Bayerisches Landesamt für Denkmalpflege/B. Nowak-Böck, I. Schneebauer-Meißner

95 Archäologisches Museum Frankfurt (Rekonstruktion nach A. Streiter und E. Weiland)

96 Archäologisches Museum Frankfurt/U. Dettmar

97 nach Schetelig 1912

98 nach Wamers 2009, Abb. 5 mit Ergänzungen und Korrekturen

99 1 Niedersächsisches Landesmuseum Hannover/U. Bohnhorst; 2 nach Brieske 2001, Karte 11

100 Archäologisches Museum Frankfurt

101 nach Koch 1999a

102 Archäologisches Museum Frankfurt

103 nach Störmer 1997

104 Amt für Bau- und Kunstdenkmäler, Autonome Provinz Bozen-Südtirol

105 Dombauarchiv Köln, Matz und Schenk

106 Architectura Virtualis GmbH Darmstadt/Archäologisches Museum Frankfurt

Schriften des Archäologischen Museums

(vormals Schriften des Frankfurter Museums für Vor- und Frühgeschichte)

Otto Stamm
Spätrömische und frühmittelalterliche Keramik der Altstadt Frankfurt am Main
Bd. 1 (1962, Nachdruck 2002), 170 S., 19 s/w-Abb., 31 s/w-Tafeln/Pläne, 21 × 26,5 cm
ISBN 978-3-7954-2779-5

Ulrich Fischer
Grabungen im römischen Steinkastell von Heddernheim 1957–1959
Bd. 2 (1973), 253 S., 83 s/w-Abb., 8 Tafeln/Pläne, 3 Beilagen, 21 × 26,5 cm
ISBN 978-3-7954-2815-0

Edith Welker
Die römischen Gläser von NIDA-Heddernheim I
Bd. 3 (1974)
vergriffen

Ulrich Fischer
Ein Grabhügel der Bronze- und Eisenzeit im Frankfurter Stadtwald
Bd. 4 (1979), 152 S., 15 s/w-Abb., 34 s/w-Tafeln/Pläne, 2 Beilagen, 21 × 26,5 cm
ISBN 978-3-7954-2780-1

Elisabeth Rüger
Die römischen Terrakotten von NIDA-Heddernheim
Bd. 5 (1980), 134 S., 11 s/w-Abb., 112 Tafeln/Pläne, 21 × 26,5 cm
ISBN 978-3-7954-2816-7

Jürgen Wahl
Der römische Militärstützpunkt auf dem Frankfurter Domhügel
Bd. 6 (1982)
vergriffen

Andrea Hampel
Die linienbandkeramische Siedlung im Frankfurter Osthafen
Bd. 7 (1984), 182 S., 58 s/w-Abb., 65 s/w-Tafeln/Pläne, 21 × 26,5 cm
ISBN 978-3-7954-2781-8

Edith Welker
Die römischen Gläser von NIDA-Heddernheim II
Bd. 8 (1985)
vergriffen

Frankfurter Beiträge zur Mittelalter-Archäologie I
Bd. 9 (1986)
vergriffen

Vera Rupp
Wetterauer Ware. Schneider, Gerwulf: Chemische Zusammensetzung …
Bd. 10 (1988), 327 S., 25 s/w-Abb., 66 Tafeln/Pläne, 2 farbige Beilagen, 21,5 × 27,5 cm
ISBN 978-3-7954-2817-4

Frankfurter Fundchronik der Jahre 1980–1986
Bd. 11 (1988), 211 S., 22 Farb-, 99 s/w-Abb., 21,5 × 27,5 cm
ISBN 978-3-7954-2818-1

Frankfurter Beiträge zur Mittelalter-Archäologie II
Bd. 12 (1990), 134 S., 5 Farb-, 68 s/w-Abb., 21,5 × 27,5 cm
ISBN 978-3-7954-2782-5

Jürgen Obmann
Die römischen Funde aus Bein von NIDA-Heddernheim
Bd. 13 (1997), 211 S., 13 s/w-Abb., 51 s/w-Tafeln/Pläne, 21,5 × 27,5 cm
ISBN 978-3-7954-2819-8

Grabungen im römischen Vicus von Heddernheim 1960–62
Bd. 14 (1998), 457 S., 11 Farb-, 241 s/w-Abb., 6 s/w-Tafeln/Pläne, 1 Beilage, 21,5 × 27,5 cm
ISBN 978-3-7954-2783-2

Susanne Biegert
Römische Töpfereien in der Wetterau
Bd. 15 (1999), 290 S., 32 s/w-Abb., 86 Tafeln/Pläne, 21,5 × 27,5 cm
ISBN 978-3-7954-2784-9

Markus Scholz
Graffiti auf römischen Tongefäßen aus NIDA-Heddernheim
Bd. 16 (1999), 304 S., 71 Farb-, 22 s/w-Abb., 21,5 × 27,5 cm
ISBN 978-3-7954-2785-6

Carsten Wenzel
Die Stadtbefestigung von NIDA-Heddernheim
Bd. 17 (2000), 92 S., 26 s/w Abb., 19 s/w Tafeln/Pläne,1 Beilage, 21,5 × 27,5 cm
ISBN 978-3-7954-2786-3

Magnus Wintergerst
mit einem Beitrag von Herbert Hagn
Hoch- und spätmittelalterliche Keramik aus der Altstadt Frankfurt
Text und Tafeln
Bd. 18/1 (2002), 182 S., 1 Farb-, 53 s/w-Abb., 79 s/w-Tafeln/Pläne, 6 farbige Beilagen, 21,5 × 27,5 cm
ISBN 978-3-7954-2787-0

Magnus Wintergerst
mit einem Beitrag von Herbert Hagn
Hoch- und spätmittelalterliche Keramik aus der Altstadt Frankfurt
Katalog
Bd. 18/2 (2002), 270 S., 21,5 × 27,5 cm

Egon Wamers, Fritz Backhaus (Hrsg.)
Synagogen, Mikwen, Siedlungen
Jüdisches Alltagsleben im Lichte neuer archäologischer Funde
Bd. 19 (2004), 218 S., 51 Farb-, 53 s/w-Abb., 21,5 × 27,5 cm
ISBN 978-3-7954-2789-4

Peter Fasold
Die Bestattungsplätze des röm. Militärlagers und Civitas Hauptortes NIDA
Bd. 20/1 (2012), 303 S., 17 Farb-, 22 s/w-Abb., 11 farbige Beilagen, 21,5 × 27,5 cm
ISBN 978-3-7954-2790-0

Peter Fasold
Die Bestattungsplätze des röm. Militärlagers und Civitas Hauptortes NIDA
Katalog der Funde und Befunde
Bd. 20/2 (2006), 279 S., 51 s/w-Abb., 7 s/w-Beilagen, 21,5 × 27,5 cm
ISBN 978-3-7954-2791-7

Peter Fasold
Die Bestattungsplätze des röm. Militärlagers und Civitas Hauptortes NIDA
Tafeln
Bd. 20/3 (2006), 582 S., 582 s/w-Tafeln/Pläne, 21,5 × 27,5 cm
ISBN 978-3-7954-2792-4

Körpergräber des 1.–3. Jh. in der römischen Welt. Internationales Kolloquium Frankfurt am Main, 19.–20. November 2004
Bd. 21 (2007), 444 S., 210 s/w-Abb., 17 farbige-, 3 s/w-Tafeln/Pläne, 21,5 × 27,5 cm
ISBN 978-3-7954-2793-1

Magnus Wintergerst
Franconofurd I: Die Befunde der karolingisch-ottonischen Pfalz aus den Frankfurter Altstadtgrabungen 1953–1993
Bd. 22/1 (2007), 177 S., 27 Farb-, 28 s/w-Abb., 21,5 × 27,5 cm
ISBN 978-3-7954-2794-8

Rolf Kubon
Forschungen zum römischen Höchst
Bd. 23/1 (2011), 209 S., 12 Farb-, 3 s/w Abb., 40 s/w-Tafeln/Pläne, 2 Beilagen, 21,5 × 27,5 cm
ISBN 978-3-7954-2795-5

Alexander Reis
NIDA-Heddernheim im 3. Jahrhundert n. Chr.
Bd. 24 (2010), 320 S., 52 s/w Abb., 100 s/w-Tafeln/Pläne, 21,5 × 27,5 cm
ISBN 978-3-7954-2796-2

Ingeborg Huld-Zetsche
Die Lampen aus den römischen Töpfereien von Frankfurt am Main-Nied
Bd. 25 (2014), 152 S., 121 s/w Abb., 11 farb. Abb., 21,5 × 27,5 cm
ISBN 978-3-7954-2838-9